U0895940

中国彩票年鉴编辑委员会

2015

Yearbook of the Chinese Lotteries

中国彩票年鉴 2015

中国财经出版传媒集团
中国财政经济出版社

图书在版编目（CIP）数据

中国彩票年鉴. 2015/《中国彩票年鉴》编辑委员会编. —北京：中国财政经济出版社，2016.6

ISBN 978－7－5095－6739－5

Ⅰ.①中… Ⅱ.①中… Ⅲ.①彩票－中国－2015－年鉴 Ⅳ.①F832.5－54

中国版本图书馆 CIP 数据核字（2016）第 111583 号

责任编辑：陆宗祥　　责任校对：刘　靖
封面设计：孙俪铭　　版式设计：兰　波

中国财政经济出版社 出版

URL：http：//www.cfeph.cn

E－mail：cfeph @ cfeph.cn

社址：北京市海淀区阜成路甲 28 号　邮政编码：100142

营销中心电话：88190406　北京财经书店电话：64033436　84041336

北京时捷印刷有限公司印刷　各地新华书店经销

787×1092 毫米　16 开　41 印张　813 000 字

2016 年 11 月第 1 版　2016 年 11 月北京第 1 次印刷

定价：220.00 元

ISBN 978－7－5095－6739－5/F·5421

（图书出现印装问题，本社负责调换）

本社质量投诉电话：010－88190744

打击盗版举报热线：010－88190492，QQ：634579818

2014 年 4 月，中国法律援助基金会岳宣义理事长赴云南项目实施单位考察调研

残疾儿童在中央专项彩票公益金扶持建设的残疾人康复中心内接受康复训练

2014 年 9 月 22 日，全国彩票公益金项目评估暨定点医院工作会

中央专项彩票公益金支持贵州湄潭县永兴镇少年宫项目：活动展演之太极

2014 年 2 月 28 日，中国红基金、小天使基金、天使阳光基金彩票公益金项目资助评审会

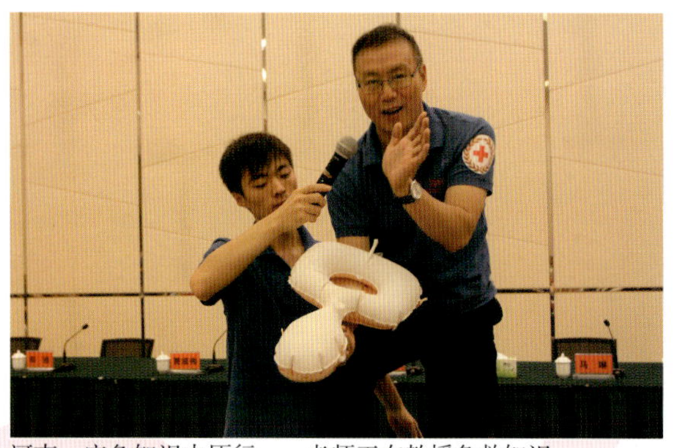
河南：应急知识中原行——老师正在教授急救知识

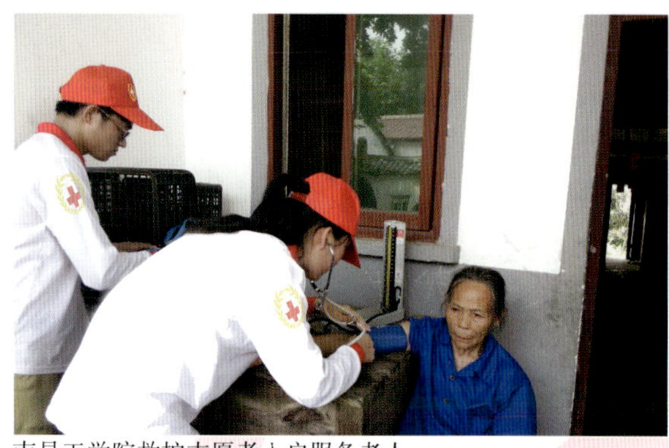
南昌工学院救护志愿者入户服务老人

红十字生命健康安全教育项目系列

总会训练中心：师资培训提高班

上海：向学生普及急救知识

浙江海洋学院救护志愿服务队

中央专项彩票公益金

婴幼儿营养补助项目系列

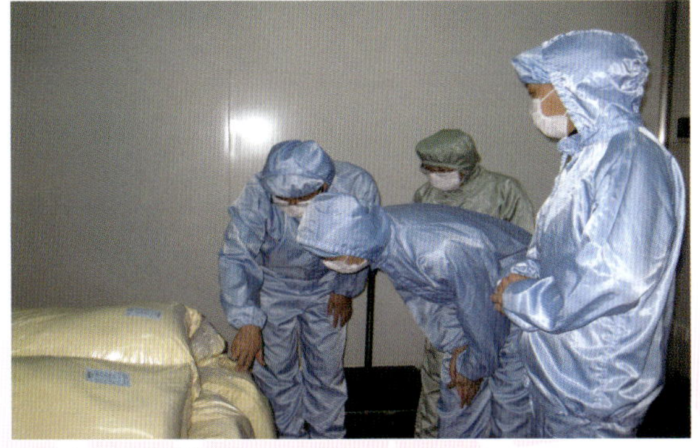
项目专家赴营养包生产企业进行质量考察

营养包外包装车间

宁夏灵武市受助婴幼儿

新疆昌吉市服用营养包的龙凤胎宝宝

在2014年新增项目地区杭锦旗受助婴幼儿家长高兴地捧着营养包

2014 年 3 月 14 日，民政部窦玉沛副部长视察湖南省福彩中心（摄影：龚毅）

2014 年 5 月 14 日，浙江“公益福彩·与你同行”暨“五个一千”公益资助活动启动，残困少年儿童代表收到特殊的“六一”节礼物（摄影：陶怡心）

2014 年 1 月 18 日，深圳福彩“2014 爱心福彩——资助来深建设者春节返乡”活动举行欢送仪式（摄影：邓雪玲）

2014 年 7 月 17 日，2014 年全国福利彩票年中市场形势分析视频会在京召开（摄影：严露霞）

2014 年 10 月 10 日，湖北福彩社会责任建设暨资助孤儿大学生仪式现场，来自福彩销售一线的“诚信之星”接受表彰（摄影：郑晏莉）

2014 年 10 月 10 日，安徽福彩“汇聚爱 传递爱：2014 爱心站点一线人员看福彩”活动启动，销售员和业主们走访合肥市社会福利中心（摄影：盛文）

2014 年 5 月 15 日，全国福彩系统反腐倡廉工作会议在天津滨海召开（摄影：涂斌）

2014 年 8 月 27 日，长沙福彩“励志田园”公益助学活动圆满落下帷幕（摄影：崔玲）

2014 年 8 月 25 日，“龙江福彩情系公安英烈”资助金发放仪式在哈尔滨公安局举行（摄影：侯守炎）

2014 年 4 月 2 日，全国即开型福利彩票座谈会在广东佛山召开（摄影：林秀明）

2014 年 5 月 24 日，青海省福彩中心开展关爱贫困学子"六一"特别活动（摄影：杨蓉）

2014 年 5 月 22 日，山东福彩"爱与希望同行——我爱阅读"福彩图书会走进临沂沂南县张庄镇留田八一希望小学（摄影：罗燕）

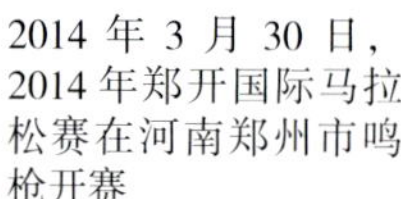
2014 年 3 月 30 日，2014 年郑开国际马拉松赛在河南郑州市鸣枪开赛

2014 年 1 月 1 日，“中国体育彩票”全国新年群众登高健身活动的发令枪声在深圳莲花山、北京八达岭、福州鼓山同时鸣响，近万名登山健身群众怀着对新年的祝福与憧憬，步步登高，喜迎新年。国家体育总局局长刘鹏、深圳市市长许勤为活动鸣枪

2014 年 4 月 26 日，来自浙江金华的 20 名体彩彩民和销售员一起到北京丰台的中国体育彩票开奖大厅，见证超级大乐透、排列 3 和排列 5 开奖的全过程

2014 年 4 月 26—27 日，甘肃天水市举办了首届"体彩杯"青少年体育俱乐部乒乓球比赛

2014 年 7 月 5 日，中国体育彩票"超级大乐透杯"2014 年海南省乡镇惠民广场健身操（舞）比赛总决赛圆满落幕

2014 年 5 月 13 日，2014 年"中国体育彩票杯"首届江西省大学生足球联赛启动新闻发布会举行

2014年7月8日，中央电视台《豪门盛宴》节目携手“公益体彩快乐操场”走进吉林省松原市额莫勒小学

2014年7月22日，”公益体彩 快乐操场”走进青海省果洛藏族自治州拉加镇吉美坚赞民族职业学校

2014年9月4日，上海市首届体彩销售员技能大赛在东方体育中心举行

2014 年 10 月 26 日，历时一个月的 2014 年“谁是球王”中国足球民间争霸赛河北赛区海选赛暨“中国竞彩”河北省五人制足球联赛圆满结束

2014 年 9 月 23 日，湖北体彩的一线业主和销售员参加湖北省第十四届运动会火炬传递在古城荆州举行

2014 年 11 月 1 日，“2014 体彩杯”西安城墙国际马拉松赛在西安城墙南门鸣枪出发。活动共吸引来自全球 2752 名运动员报名参赛

集太服务，非你莫属！

适应

“我们的彩票销售网点需要一个快速、安全的方法解决方案，目的是跟踪其计费系统上的彩票销售额。这样，销售网点就可以准确地从其他销售收入中甄别出彩票的销售收入。集太公司设计并实现了条形码解决方案，让销售网点快速扫描，然后准确捕获收款机上的彩票购买额。**现在，我们的网点通过此解决方案对彩票销售额具备清晰、完整的了解。同时，彩票中心也可以及时管控彩票的销售情况。**”

爱尔兰国家彩票局，高级客户经理，吉姆·奥康纳

Jim O' Connor, Key Account Manager, The National Lottery, Ireland

满足

“我们彩票局拥有业界最高的网点销售人员比例，需要集太公司帮忙接手管理我们3000个小额的即开票网点。集太公司创建了一个临时的现场销售团队处理该项目，并且在六个月内，使这些网点的收入增长了20%。集太公司帮助我们验证了：我们彩票局确实需要更多的工作人员。因此，国家批准了21个新的工作岗位。**没有与集太的合作，我们绝不可能顺利地完成该项目。**”

密歇根州彩票局，销售副首席，特里·邦廷

Terry Bunting, Deputy Commissioner of Sales, Michigan Lottery

创新

“包括我们在内的许多彩票公司都在努力扩大经销商网点。在了解到各彩票公司的努力收效甚微后，集太公司与销售网点精心策划了一次会议，使得各销售网点可以以平等的机会代理各彩票中心的产品。经批准后，集太公司倾力培训经销商网点，确保无故障部署，并培训网点正确使用专用报告工具。由于集太公司的实力、专业和全国推广，佐治亚州彩票公司成功增加了一条新出路。**对于佐治亚州彩票公司来说，我们恐怕找不到一个比集太公司更好的合作伙伴了。**”

佐治亚州彩票公司，客户经理，比尔·詹姆斯

Bill James, Corporate Account Manager, Georgia Lottery Corporation

可靠

“我们让集太公司分析我们所有的网点和业务范围，然后我们决定如何将销售渠道的潜力最大化。集太递交了一份非常深入的报告，以及一份如何提高业绩和增加收入的指导。除了彩票网点外，集太甚至对区域内的一般业态网点也进行调研，帮助我们决定甄选网点的重点在哪里。集太公司交给我们调研结果，并在网点优化的业态选择上对我们进行培训。**集太公司帮助我们修改战略计划，我们很高兴能使用这些信息来提高销售额。**”

弗吉尼亚州彩票局，销售总监，罗布·韦斯利

Rob Wesley, Director of Sales, Virginia Lottery

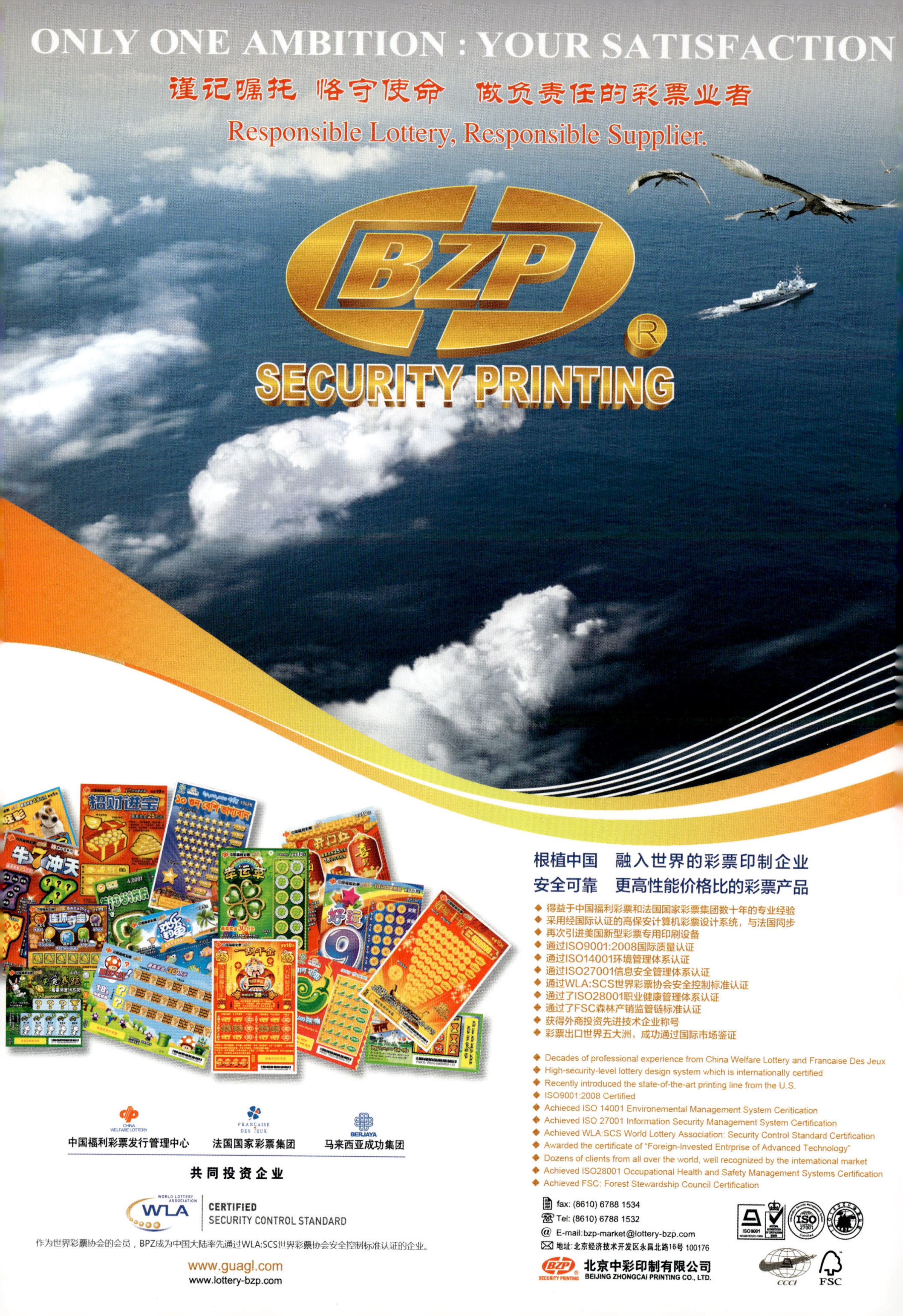
ONLY ONE AMBITION : YOUR SATISFACTION
谨记嘱托 恪守使命 做负责任的彩票业者
Responsible Lottery, Responsible Supplier.
BZP
SECURITY PRINTING
根植中国 融入世界的彩票印制企业
安全可靠 更高性能价格比的彩票产品
◆ 得益于中国福利彩票和法国国家彩票集团数十年的专业经验
◆ 采用经国际认证的高保安计算机彩票设计系统，与法国同步
◆ 再次引进美国新型彩票专用印刷设备
◆ 通过ISO9001:2008国际质量认证
◆ 通过ISO14001环境管理体系认证
◆ 通过ISO27001信息安全管理体系认证
◆ 通过WLA:SCS世界彩票协会安全控制标准认证
◆ 通过了ISO28001职业健康管理体系认证
◆ 通过了FSC森林产销监管链标准认证
◆ 获得外商投资先进技术企业称号
◆ 彩票出口世界五大洲，成功通过国际市场鉴证
◆ Decades of professional experience from China Welfare Lottery and Francaise Des Jeux
◆ High-security-level lottery design system which is internationally certified
◆ Recently introduced the state-of-the-art printing line from the U.S.
◆ ISO9001:2008 Certified
◆ Achieced ISO 14001 Environemental Management System Ceritication
◆ Achieved ISO 27001 Information Security Management System Certification
◆ Achieved WLA:SCS World Lottery Association: Security Control Standard Certification
◆ Awarded the certificate of "Foreign-Invested Entrprise of Advanced Technology"
◆ Dozens of clients from all over the world, well recognized by the international market
◆ Achieved ISO28001 Occupational Health and Safety Management Systems Certification
◆ Achieved FSC: Forest Stewardship Council Certification
CHINA WELFARE LOTTERY
中国福利彩票发行管理中心
FRANÇAISE DES JEUX
法国国家彩票集团
BERJAYA
马来西亚成功集团
共同投资企业
WORLD LOTTERY ASSOCIATION
WLA
CERTIFIED
SECURITY CONTROL STANDARD
作为世界彩票协会的会员，BPZ成为中国大陆率先通过WLA:SCS世界彩票协会安全控制标准认证的企业。
www.guagl.com
www.lottery-bzp.com
fax: (8610) 6788 1534
Tel: (8610) 6788 1532
E-mail:bzp-market@lottery-bzp.com
地址:北京经济技术开发区永昌北路16号 100176
BZP
SECURITY PRINTING
北京中彩印制有限公司
BEIJING ZHONGCAI PRINTING CO., LTD.
ISO9001
ISO 27001
CCCI
FSC

中国彩票年鉴2015

编 辑 委 员 会

中国彩票年鉴2015

编辑出版工作人员

编辑工作小组

胡忠勇　靳　俐　郭　梅　顾兆霞　王守刚　纪雪蕾　夏晓曦　刘　艺　崔　露
王　乐　陆宗祥

责任编辑

陆宗祥

英文目录翻译

吴楚松

英文校订

陆宗祥

封面设计

孙俪铭

版式设计

兰　波

责任校对

刘　靖

印制监督

刘春年

广告代理

北京映氏辉煌广告有限公司

编辑部电话

010－88190975
88190969
88190906（传真）

编辑说明

《中国彩票年鉴》是财政部综合司组织中国福利彩票发行管理中心和国家体育总局体育彩票管理中心等单位共同编纂的有关中国彩票业年度发展基本情况的综合信息密集型工具书，自2002年起每年出版一卷，已成系列。现奉献给读者的是该系列中的第十四本。

年鉴一般是以出版年号为卷次名称。2015卷主要收录从2014年1月1日到2014年12月31日间中国彩票业的发展概况，汇集这期间的相关资料。为体现《中国彩票年鉴》本身编纂所特有的连续性，也为遵循年鉴内容与卷次名称的统一性，本年卷虽推迟付梓，但卷名中仍冠以“2015”年份，特此说明。

《中国彩票年鉴》不仅收录了最新游戏规则、玩法说明，而且还汇集了如按系统、按类型、分地区，或按年、按月等多重方式叠加的游戏销售统计数字，更加有利于读者从不同侧面深入了解全国彩票的发行销售结构，脉络清晰，划分得当。

自2011年卷开始，年鉴已把“四、统计资料”部分的“（三）历年彩票游戏销售统计资料”栏目中“历年”的时间跨度改为十年，本年卷即为“2005—2014年”，以后仍逐年递推，敬请读者留意。

本年卷主体分为七部分，包括彩票市场发展概况，大事记，彩票制度、政策和文献，统计资料，中央专项彩票公益金使用情况及附录和彩票票样等，其中彩票票样仍由中国福利彩票发行管理中心和国家体育总局体育彩票管理中心提供。

为扩大彩票公益金使用宣传，便于社会各界了解中央专项彩票公益金使用效果，自2012卷开始，增添“中央专项彩票公益金使用情况”栏目，以飨读者。

本年卷文字记述中，凡涉及数据的，一般满亿的以亿为单位，不足亿的以万为单位，保留两位小数，四舍五入；读者如采用数据，请以统计资料中的数字为准；凡未注明提供者的统计数据均由财政部综合司提供，特此说明。

为进一步诠释国家彩票发行事业的“公益”理念，提高全书质量，增强可读性，在正文前设置了若干主要由中国红十字会总会、中国残疾人联合会、扶贫机构、教育机构，以及中国福利彩票发行管理中心、国家体育总局体育彩票管理中心等部门提供的专题彩色插页，力求生动、鲜活地反映 2014 年度彩票行业的发展风貌。此外，也收录了部分为中国彩票事业健康发展作出突出贡献的相关企业的宣传图片。凡是来稿中注明摄影者的，本书采用时就予以署名，而其他图片不再一一注明供稿机构。

《中国彩票年鉴 2015》是集体协作的结晶，编辑过程中，特别得到了财政部综合司及两国家级彩票发行管理中心领导的热情支持。在此，谨向他们及其他为本年鉴的编辑出版付出辛勤劳动、给予大力支持的个人和单位，一并致以最诚挚的谢意！

中国彩票年鉴编辑委员会

2016 年 4 月

目　录

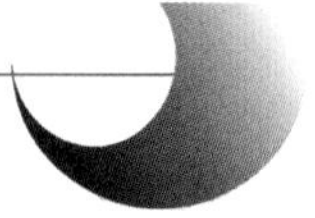

Contents

一、2014年彩票市场发展概况

全国彩票市场发展概况

2014 年，在党中央、国务院的坚强领导下，各级财政部门与民政、体育行政部门及彩票机构密切配合，开拓进取，扎实工作，国家彩票事业继续保持稳定增长态势。

一、2014 年彩票发行销售情况

2014 年，全国彩票发行销售保持良好的发展态势。全国共销售彩票 3 823.78 亿元，比上年增加 730.53 亿元，增长 23.6%，增速同比上升 5.3 个百分点。除 1 月份和 2 月份受到彩票市场春节休市影响外，全年其他月份销售量均在 300 亿元以上，总体运行平稳。

分机构看，两家彩票机构均维持了较高的增长态势。其中，福利彩票机构销售 2 059.68 亿元，比上年增加 294.40 亿元，增长 16.7%；体育彩票机构销售 1 764.10 亿元，比上年增加 436.13 亿元，增长 32.8%。

分类型看，大多数彩票品种保持稳步增长态势。乐透数字型彩票销售 2 488.09 亿元，增长 17.7%；竞猜型彩票销售 614.80 亿元，增长 81.7%，增幅较大的主要原因是受世界杯举办、竞彩游戏返奖比例提高以及竞彩门店大幅增加带动；视频型彩票销售 377.46 亿元，增长 30.4%；即开型彩票销售情况并不乐观，同比下降 2.4%，销量为 343.43 亿元。相应地，各彩票品种所占份额分别为：乐透数字型 65%，竞猜型 16%，视频型 10%，即开型 9%。

二、2014 年彩票公益金收入和分配使用情况

（一）全国彩票公益金收入和分配情况

2014 年，全国彩票公益金收入首次突破千亿元，达到 1 042.52 亿元，比上年增加 181.94 亿元，增长 21.1%。其中，中央集中彩票公益金收入 511.84 亿元，地方留成彩票公益金收入 530.68 亿元（包括 2014 年逾期未兑奖奖金额 18.84 亿元）。

中央集中彩票公益金收入，按照 60:30:5:5 的比例，分配给全国社会保障基金、中央专项彩票公益金、民政部和国家体育总局；地方留成彩票公益金收入，由省级财政部门商民政、体育行政等有关部门研究确定分配原则。

（二）中央集中彩票公益金收支情况

2014 年，中央集中彩票公益金可用收入 573.27 亿元，其中，当年收入 511.84 亿元，上年结转收入 61.43 亿元。

中央集中彩票公益金安排支出501.84亿元，包括全国社会保障基金269.81亿元、中央专项彩票公益金187.05亿元、民政部22.49亿元和国家体育总局22.49亿元。收支相抵，结余71.43亿元。

（三）中央专项彩票公益金分配使用情况

2014年，中央专项彩票公益金支出187.05亿元。主要用于：教育事业49.98亿元，残疾人事业21.64亿元，城乡医疗救助16亿元，扶贫15亿元，地震灾后恢复重建13亿元，农村养老服务9.98亿元，文化事业7.5亿元，精神病人福利机构建设5亿元，红十字事业4.46亿元，法律援助、农村贫困妇女两癌救助、婴幼儿营养补助等小型公益项目3.4亿元，新疆、西藏、贵州、宁夏、赣南等原中央苏区、山东沂蒙革命老区等社会公益事业建设41.09亿元。

三、2014年彩票监管的主要工作

（一）稳步推进彩票市场健康发展

优化彩票游戏品种结构，批准变更双色球和超级大乐透、3D和排列3游戏规则，系统研究快速开奖彩票游戏发展情况，发展乐透数字型主力游戏，进一步夯实彩票市场发展基础。批准变更竞彩游戏规则，丰富游戏玩法；试点发行电影主题即开票，提高即开型彩票的文化娱乐性和市场吸引力。修订电话销售彩票管理暂行办法，同意中体彩中心在江苏省试点销售手机即开彩票游戏，研究互联网销售彩票管理问题。

（二）扎实做好市场监管及舆论引导工作

不断健全工作交流会、专家咨询会、形势分析会等工作机制，提升监管工作的科学性和规范性。配合公安部等部门开展查处擅自利用互联网销售彩票工作，切实维护彩票市场秩序。基本建成彩票发行、销售和资金管理信息系统。支持《国家彩票》杂志创刊发行，加强与新华社等媒体沟通，及时回应市场关切，澄清外界质疑，做好彩票市场舆情监测，积极营造良好的舆论环境。

（三）彩票公益金管理扎实推进

做好中央集中彩票公益金预算编制执行工作，研究提出拓展中央专项彩票公益金使用范围的政策建议，新增安排中央专项彩票公益金28.55亿元，制定完善新增项目管理办法，支持地方社会公益事业发展，建设30个未成年人校外示范性综合实践基地，新建和改扩建20个精神病人福利机构，推进3万个农村幸福院和3 600个乡村学校少年宫建设，惠及约4 700万农村老人和270万农村儿童。公告2013年全国彩票公益金筹集、分配和使用情况，编制2015年中央集中彩票公益金预算。

（四）不断规范彩票机构财务管理

按照全面深化财税体制改革的总体要求，研究将彩票发行机构业务费纳入政府性基金预算管理相关政策，从2015年起开始实施。配合民政部、国家体育总局研究提出调整部分彩票游戏彩票发行机构业务费比例的意见。审核批复彩票发行机构年度财务收支计划、调整计划及决算。

（财政部综合司供稿）

全国福利彩票市场发展概况

一、全国福利彩票市场基本情况

2014 年，全国福利彩票市场总体上安全平稳运行，发行销售实现了新突破，市场呈现出以下几个主要特点：

（一）发行销售实现历史性突破

2014 年，全国福利彩票年销量首次突破 2 000 亿元，达到 2 059.68 亿元，再创历史新高，比上年同期（以下简称“同比”）增加 294.4 亿元，增长 16.7%；筹集公益金约 586 亿元，公益金筹集率约为 28.4%。全年福利彩票市场无重大安全事故，各月销量走势平稳，市场整体呈现稳步增长态势。

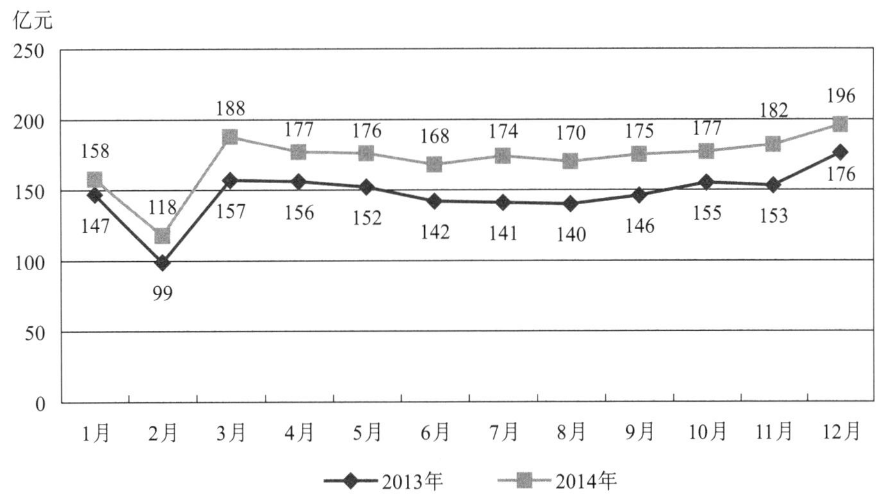

图 1　2014 年福利彩票月销量与上年同期比较图

截至 2014 年 3 月 14 日，福利彩票历年累计销量突破 1 万亿元；截至 2014 年年末，全国福利彩票历年累计销量达到 11 702 亿元，筹集公益金约 3 600 亿元，为支持国家社会福利和公益慈善事业发展做出了突出贡献。

（二）三大类型销量全部实现增长

分类型看，2014 年福利彩票乐透数字型、即开型和视频型彩票销量同比均实现增长，三大类型彩票分别占福利彩票总销量的 72.7%、9%和 18.3%。

2014 年，乐透数字型彩票销售 1 496.32

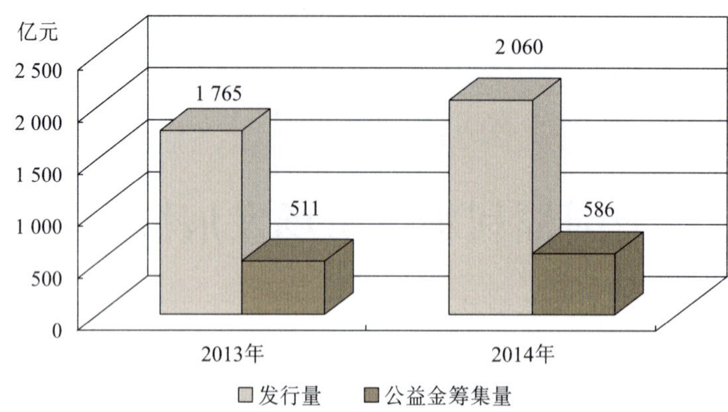

图 2　2014 年福利彩票发行量及公益金筹集量与上年同期比较图

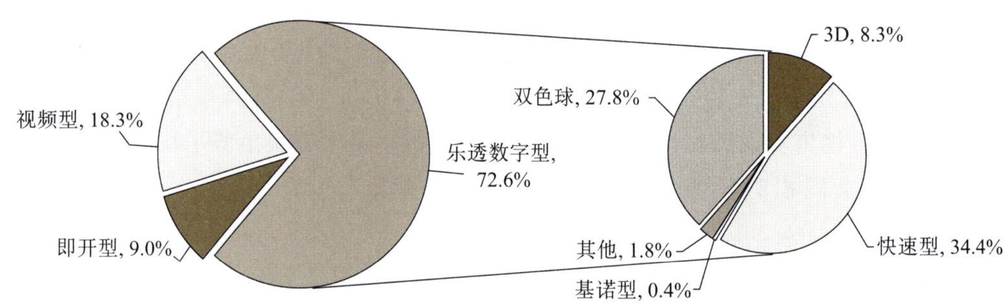

图 3　2014 年福利彩票各票种及主力游戏占总销量比重示意图

亿元，同比增加 206.01 亿元，增长 16%；其中，双色球销售 573.2 亿元，同比增加 24.22 亿元，增长 4.4%；快开游戏销售 707.57 亿元，同比增加 203.9 亿元，增长 40.5%；3D 销售 170.54 亿元，同比减少 15.17 亿元，下降 8.2%；基诺型游戏共销售 8.74 亿元，同比减少 0.64 亿元，下降 6.8%。

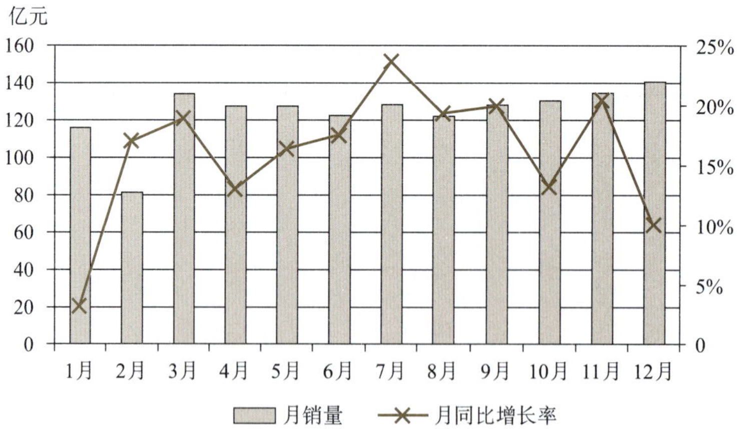

图 4　2014 年乐透数字型彩票月销量及同比增长率示意图

即开型彩票销售185.9亿元，同比增加0.31亿元，同比增长0.2%。平均单张销售价格为5.55元。全年共上市销售40款新游戏，新推出的全国联销超大奖组“黄金盛典”等游戏获得市场高度认可。

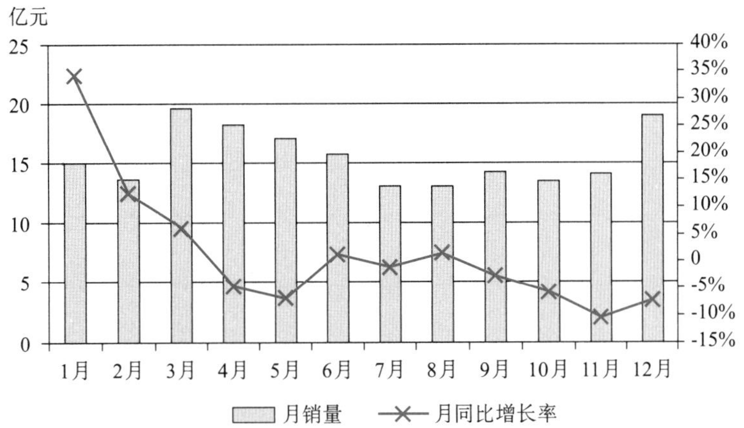

图5　2014年即开型彩票月销量及同比增长率示意图

视频型彩票销售377.46亿元，同比增加88.08亿元，增长30.4%。单厅日均销售6.7万元，单机日均销售2 752.88元；平均每日销售1.03亿元，全年单日最高销量达1.22亿元。

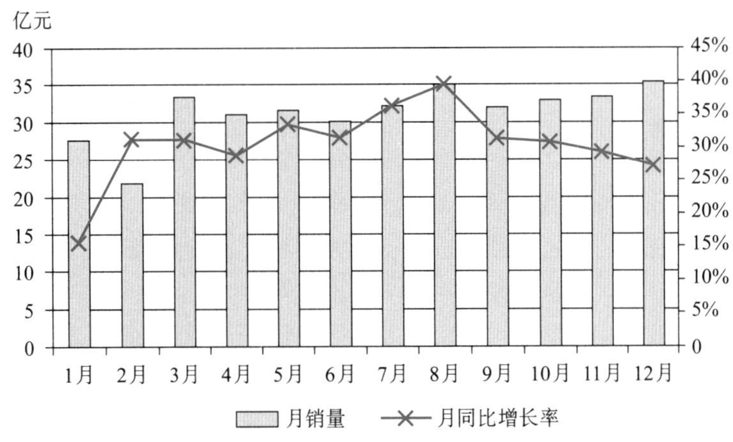

图6　2014年视频型彩票月销量及同比增长率示意图

（三）各省销量全部实现增长

2014年，全国31个省份年销量全部实现增长。广东首次实现单省年销量突破200亿元，再创历史新纪录；山东、江苏、浙江在百亿元平台上实现稳步增长；辽宁首次突破100亿元；湖北接近90亿元，河北突破80亿元，四川接近80亿元，陕西、湖南和广西突破70亿元；安徽、河南、重庆和江西超过60亿元；云南、北京、黑龙江和福建超过50亿元；

内蒙古、上海、甘肃、吉林、天津和山西超过 40 亿元；新疆、贵州分别超过 30 亿元和 20 亿元；在 10 亿—20 亿元的省份有海南、宁夏和青海，西藏也取得了明显进步。

增速方面，西藏增速达 70.2%，为全国最高；广西、宁夏、重庆、天津和甘肃增速超过 40%，山西增速接近 40%，上海、江西、内蒙古、湖北和湖南增速超过 20%，陕西、青海、黑龙江、安徽、云南、四川、辽宁、河北、吉林、浙江和山东等 11 省增速超过 10%，新疆、广东、江苏、贵州、河南、北京、福建和海南也实现销量增长。

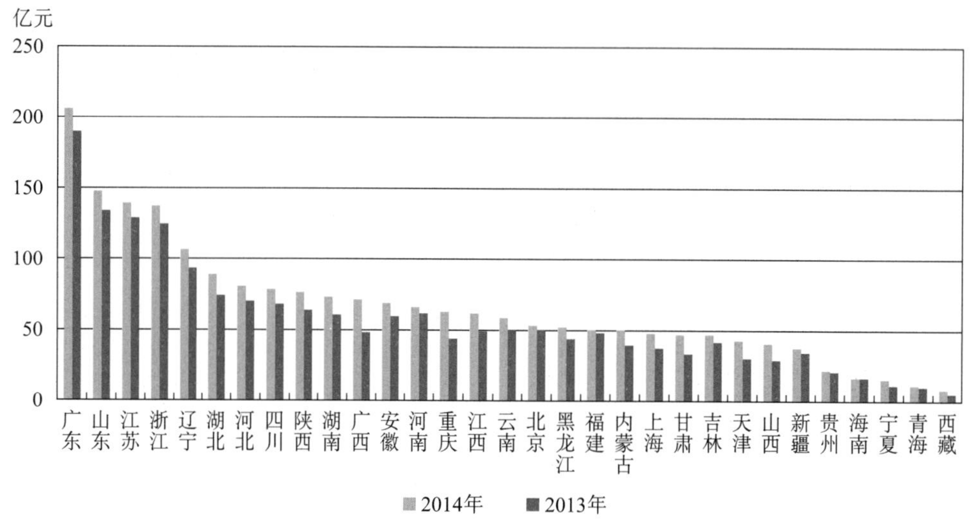

图 7 2014 年全国省级福利彩票机构销量与上年对比图

二、主要工作情况

2014 年，全国福利彩票系统按照“整体推进、重点突破”的工作思路，勤奋拼搏、扎实工作，推动各项业务工作取得了新成绩。

（一）游戏研发和上市成果显著

一是存量游戏市场潜力充分挖掘。调整双色球和 3D 游戏规则，改善提升游戏销量，全年双色球共销售 573.2 亿元，同比增长 4.4%；3D 游戏共销售 170.54 亿元，增速下降幅度同比减少 3.2 个百分点。二是新游戏市场表现良好。完成了全国所有省份高返奖快开游戏部署，全年快开游戏共销售 707.57 亿元，同比增长 40.5%，实现较快发展。即开型彩票上市销售 40 款新游戏，新推出的全国联销超大奖组“黄金盛典”等游戏获得市场高度认可。

（二）整体营销市场效应显著

一是营销渠道体系更加完善。中福彩中心着力开发中央电视台、人民日报等国家权威媒体渠道，改造升级开奖节目，推出中国福彩官网手机 APP。各地积极拓展营销渠道，30 个省市完成了官网建设，20 个省市开办了福彩专刊，22 个省市开通了官方微信。二是派奖营销效果显著。中福彩中心创新开展了双色球 5 亿元大派奖，首次组织了中福在线2.8亿元派奖，取得良好效果。全国23个销售机构共实施派奖活动44项，大大提升了游戏的市场表现力。三是产品营销丰富多样。中福彩中心创新开展全国联销即开票新游戏上市营销，正式推出商业积分兑换福利彩票试点，组织了34批次“走近刮刮乐”、31批次“走近双色球”活动。全年32个销售机构共开展106项产品营销活动，覆盖各类型游戏，实现“月月有活动、全年无间断”，有效促进了市场平稳发展。

（三）制度建设更加完善

一是机制创新卓有成效。中福彩中心创新开展内部绩效考核，加强对系统的激励考评；首次与福建、新疆开展战略合作，从政策、管理、资金等多方面支持区域市场发展。《中国福利彩票市场调控资金管理办法》下发执行，福彩系统市场调控机制正式建立，全国市场的整体性、协调性进一步增强。二是制度规范体系进一步完善。中福彩中心梳理、制定、修订《会议费管理办法》等几十项规章制度，规范化建设明显增强。各销售机构围绕站点设置、营销宣传、派奖促销、开奖兑奖等主要业务工作，完善制度，强化执行，科学管理水平明显提升。

（四）品牌形象建设更加完善

一是阳光福彩建设深入开展。福彩系统认真贯彻落实天津会议精神，强化纪检监察力度，廉政及行风建设得到加强。扎实推进部省合作重点课题，形成了《福彩文化核心价值理念研究》等多份研究报告；编制并发布《中国福利彩票2013年社会责任报告》，指导浙江、湖北发布了省级社会责任报告，有效提高阳光福彩、文化福彩、责任福彩的建设水平。二是公益活动亮点纷呈。由中福彩中心牵头组织的“福彩有爱·孤老不独”、中央主流媒体记者“福彩公益行”和“福彩公益宣传进万家”活动顺利开展。各地创新形式和内容，广泛开展公益活动。全年福彩系统开展的公益活动累计达到114项，投入资金超过2亿元，超过10万人（次）受益，福彩公益宗旨充分彰显。

（五）渠道建设和创新稳步推进

一是实体渠道建设和拓展工作扎实有效。印发了《中国福利彩票销售场所管理办法》，完成了“刮刮乐”商超体系身份认证。各地积极推进“邮善促民生”、“福彩进社区”项目，大力拓展自助销售终端、户外销售亭等多样化渠道，优化调整站点布局，销售网点建设和管理水平持续提升。二是渠道创新稳步推进。中福彩中心研究确定了新渠道拓展工作思路，修订了电话售彩业务管理规范，加快推进电话销售试点申报工作，新渠道建设取得积极进展。

（六）自身建设扎实推进

一是队伍能力素质不断提升。《关于进一步加强福利彩票机构自身建设的指导意见》正式下发，为全国福彩系统加强自身建设提供了业务指导和政策依据。中福彩中心组织实施了首批福彩系统员工双向任职锻炼，开展系统业务培训、中外彩票实践交流研讨会和第二届创新竞赛，培养提高员工创新和实践能力。各地针对机构队伍、市场管理员队伍和销售员队伍的不同特点和需求，开展各类学习培训活动累计超过10万场（次），培训人数超过1 300万人（次），效果十分显著。二是安全保障能力持续增强。中福彩中心新开奖演播厅投入使用，新老演播厅顺利平稳过渡，全年 626 期联销游戏全部实现安全开奖。修订完善《福利彩票技术安全管理规范》，基本开发完成电话销售彩票账户管理系统和监控系统，完成即开票统一验奖平台和商业积分兑换福利彩票在线交易系统建设，全国数据中心基础设施建设工作基本完成。内蒙古、河北、浙江等地数据机房功能优化和灾备机房建设工作稳步推进，各地积极研发应用新技术新工具，全国福彩技术安全和运维保障能力进一步提升。

（中国福利彩票发行管理中心供稿）

全国体育彩票市场发展概况

2014 年，在国家体育总局党组的正确领导和财政部的大力支持下，在各级体育行政部门的高度重视下，全国体彩系统深入学习贯彻党的十八大和十八届三中、四中全会精神，紧紧围绕“打造体育彩票升级版”的总目标，稳中求进，改革创新，积极进取，大胆探索，圆满完成了年初制定的各项任务。

一、2014 年体育彩票市场基本情况

2014 年，全国体育彩票共销售 1 764 亿元，再创年度销量新纪录，比上年增加 436 亿元，增长 32.8%，筹集公益金 454 亿元，为国家公益事业和体育事业的发展做出了重要贡献。

乐透型彩票全年共销售 992 亿元，同比增长 20.5%。乐透型彩票以做强超级大乐透和确保高频游戏可持续发展为重点，继续强化各项基础工作。其中，超级大乐透的战略性基础地位日益受到重视，各地坚持系统推进市场培育，以品牌推广为主线，以派奖和促销活动为抓手，不断夯实网点基础。过去的一年，各地积极落实总局体彩中心的部署，逐渐建立了全国联动的工作机制，既在年初实现了游戏规则调整的平稳过渡，又确保了全年市场培育工作的整体协调。超级大乐透的品牌认知度不断提升，彩民群体进一步扩大，全年共销售 256 亿元，同比增长 61.9%。2014 年，各级体彩机构也积极转变思路，主动推动高频游戏向“精细运营、质量提升”转变，一些省市总结出了许多切实可行的市场日常维护经验，进一步加强了网点建设、销售员培训等工作，高频游戏全年共销售 595 亿元，同比增长 16.5%。排列 3 提高了返奖率，共销售 57 亿元，同比下降 8.3%。地方游戏共销售 23 亿元，同比下降 17.1%。七星彩共销售 27 亿元，同比下降 1.7%。排列 5 共销售 32 亿元，同比增长 1.3%。

竞猜型彩票全年共销售 615 亿元，同比增长 81.7%。2014 年“竞彩”游戏的返奖率政策取得了突破，返奖率提高到了 73%，单场固定奖金投注同步上市，与国际主流规则进一步接轨。各级体彩机构抓住了世界杯的有利契机，精心组织准备，创新营销方式，强化网点宣传，营造了浓厚的销售氛围，取得了令人瞩目的成绩，世界杯期间共销售 161 亿元，极大地提升了体育彩票的品牌认知度，有效地扩大了彩民群体。竞猜型彩票的运营管理水平迈上了一个新台阶，技术系统、风控管理和赛事管理都经受住了考验，整体能力不断增强。各地对网点建设的认识也进一步提

高，继续推进网点的标准化建设，网点管理水平和质量继续提升，在全国范围推选了优秀的“竞彩”网点代销者和销售员。传统单场共销售80亿元，增长129%，传统足彩共销售84亿元，增长14.1%。

即开型彩票全年共销售157亿元，同比下降5.3%。2014年，围绕夯实市场基础，进一步明确了以电彩渠道为基础、以行业渠道为重点、以户外渠道为辅助的发展策略，出台了行业渠道发展的指导意见，并开展了试点工作。总局中心完善了即开游戏的规范化管理，建立了新游戏的论证评审机制和定期推介机制，初步实现了从以产定销向以销定产的转变，全年共上市62款新票种。分价位来看，中高价位仍是销量主力军。其中，2元票销售9.25亿元、占比5.9%；3元票销售1.38亿元、占比0.9%；5元票销售35.98亿元、占比22.9%；10元票销售55.52亿元、占比35.3%；20元票销售39.36亿元、占比25%；30元票销售15.77亿元、占比10%。除10元价位同比增长3.3%外，2元、5元、10元和20元、30元价位均处于下降态势，降幅分别是15.1%、5.3%、11.3%、12.2%。

2014年，全国31个省市的销量均实现增长。江苏、山东、广东、浙江的销量超过百亿元。29个省市的增长率超过两位数，增长率超过全国平均水平的省份有16个。

二、2014年体育彩票主要工作情况

渠道建设工作扎实开展。2014年，全国电脑体育彩票销售网点规模进一步扩大。网点星级评定工作在全国全面铺开，各地从销量、形象、服务、营销、安全等多个维度对网点评星定级，通过这项工作，各地能够在同一标准下，衡量各自的工作水平，相互借鉴，相互学习。在过去的一年里，总局体彩中心扎实推进互联网销售的筹备工作，开展了互联网销售的内部测试，贯彻落实新修订的电话销售管理办法，制定了电话销售的相关管理规范和工作指南，建设完成了电话销售的监控系统，组织了全国业务培训，建立了对口联络帮扶机制，部分省市体彩中心依据管理办法深入研究市场，积极整合资源，推进电话销售的相关建设工作。

品牌宣传工作不断加强。2014年，各级体彩机构以“体彩20年”为核心，面向彩民和社会公众，开展了主题统一、形式多样的品牌传播活动，这对提升体彩形象、促进社会正面认知发挥了积极作用。各地继续推进“快乐操场”、“新长城助学”等品牌公益活动，顺应传统媒体与新兴媒体融合发展的趋势，开拓了体彩官方微博、微信号等公共信息服务渠道，进一步扩大了公益宣传的范围，传播内容也日益丰富。2014年下半年，总局下发了《体育彩票公益金资助项目宣传管理办法》，并开展了“体育彩票公益金优秀项目展示”活动，对此，各地配合体育行政部门和公益金使用部门，开展了形式多样的公益宣传，推动了公益金使用宣传工作的制度化、规范化、常态化。

重点技术项目建设稳步推进。2014年，更加灵活、安全和平台化的乐透二代系统后台应用系统上线，为未来乐透彩票业务的发行销售打下了坚实的基础。具有自主知识产权的竞猜二代系统目前也已上

线运行，实现了竞猜业务对外合作引进、消化、吸收、创新的目标。即开二代系统的开发和测试工作取得了新进展。新型实体渠道的技术预研和试点工作正在进行。技术管控机制和工作流程不断完善，电话销售系统的管理、技术、安全、测试等规范逐步建立，技术管理水平日益提高。

政策研究和基层基础工作取得成效。过去的一年，各级体彩机构贯彻落实中央关于改进工作作风、密切联系群众的要求，加强整体规划、宏观研究、市场分析，针对县域市场、培训体系、采购管理等重点工作开展了专项市场调研，加深了对一些深层次、关键性问题的认识，出台了一些有利于转变运营模式的措施，比如，调整了热敏票和投注单的采购方式，完善了相关管理制度和工作流程，促进了工作的规范化、制度化。省市中心也能够从长远发展出发，把更多资源投向基层，县域市场基础得到进一步夯实，全国县级体彩机构和专管员队伍规模进一步扩大，全国共组织了2.5万场73万人次的培训，乐透彩票远程培训平台也已建设完成并投入使用，这为各级体彩机构开展培训工作提供了便利。

安全和保障工作更加有力。一是启动了安全管理体系建设项目，对照国际成熟的管理体系要求，进行了差距分析和风险评估。二是开展了信息安全合规性建设，积极落实国家在信息安全方面的法律、法规和规章制度。加强了对新数据中心的运行管理，制定了相关制度，新数据中心实现了安全平稳运行，保障了业务的正常开展。三是开奖工作运行更为稳定，现有摇奖省市全年无事故，总局体彩中心进一步增强了开奖团队的整体素质和安全意识，完善了开奖工作流程，制作了开奖工作手册，提高了开奖管理工作的规范化水平。四是继续巩固和扩大党的群众路线教育实践活动的成果，进一步加强了党性修养，夯实作风建设。总局体彩中心深入学习了中央巡视组对体育总局的反馈意见，深刻对照检查，制定整改举措，加强整改落实，确保了工作顺利开展。

（国家体育总局体育彩票管理中心供稿）

二、2014年彩票大事记

2014年

1月

1日，“中国体育彩票杯”元旦群众登高健身活动举行。

13日，2014年全国福利彩票工作会议在沈阳召开。

16日至17日，2014年全国体育彩票工作会议在北京召开。

27日，中福彩中心印发《关于做好中国福利彩票即开票“勇士闯关4”等136款游戏停止销售有关工作的通知》（中彩发字［2014］18号），启动了《彩票管理条例》实施后的第一次即开票退市工作。

29日，印发《财政部 司法部关于印发〈中央专项彩票公益金法律援助项目实施与管理办法〉的通知》（财行［2014］1号）。办法自印发之日起施行。

30日0：00至2月6日24：00，除即开型彩票外，全国其他各类彩票游戏休市。

2月

21日至22日，全国体彩系统在北京举办财务管理与会计制度培训。

22日，山东省正式上市销售第二款返奖率59%的高频游戏快乐扑克3。

25日至26日，总局体彩中心在广西南宁举办超级大乐透品牌宣贯培训。

28日，总局体彩中心召开2014年“竞彩普及日”活动全国视频工作会议。

3月

1日，“竞彩”游戏启动历时3个月的“普及日”活动。

1日，即开型体育彩票将使用单一的集成条码进行兑奖。

3日，中福彩中心印发《中国福利彩票市场调控资金管理办法》。

5日，总局体彩中心在北京召开世界彩票协会安全与风险管理委员会专家工作交流筹备会。

5日至6日，全国体育宣传工作会议在北京召开，总局体彩中心刘晓副主任参加。

14日，中国福利彩票累计销量超过10 000亿元，累计筹集公益金量约3 100亿多元。

19日，海南省上市销售福利彩票快乐三宝游戏。

20日，2014年中国福利彩票游戏研发暨自身建设座谈会在北京召开。

25日，总局体彩中心启动了内控制

度建设。

27 日，印发《财政部关于印发〈电话销售彩票管理暂行办法〉的通知》（财综［2014］15 号）。办法自 2014 年 4 月 1 日起施行。

28 日上午，财政部综合司、民政部社会福利和慈善事业促进司、国家体育总局体育经济司、中国福利彩票发行管理中心、国家体育总局体育彩票管理中心在北京进行了彩票管理工作定期会商。

下午，财政部综合司在北京组织召开了彩票市场形势分析会议，财政部综合司、民政部社会福利和慈善事业促进司、国家体育总局体育经济司、中国福利彩票发行管理中心、国家体育总局体育彩票管理中心，以及部分地方财政、民政、体育部门和福利彩票、体育彩票销售机构有关负责同志参加了会议。

28 日，浙江舟山正式上市销售飞鱼游戏。

4 月

1 日至 2 日，总局体彩中心在江苏扬州举办全国电话销售体育彩票工作培训。

2 日，2014 年全国即开型福利彩票工作座谈会在广东省召开。

8 日，中国体育彩票迎来了全国统一发行 20 周年。

8 日，中国体彩网正式上线体彩开奖视频直播，彩民可以实时收看。

9 日，总局体彩中心召开超级大乐透规则调整及派奖工作部署视频会。

10 日，总局体彩中心举办全国体彩系统互联网工作视频培训。

11 日，中福彩中心在中国物品编码中心注册成功，获得厂商识别码。

12 日，体彩单场胜负过关游戏正式上市销售。

21 日，中福彩中心印发《商业积分兑换福利彩票资金结算规程》和《商业积分兑换福利彩票兑奖工作流程》

24 日，2014 年全国福利彩票整体营销工作座谈会在长沙召开。

26 日，天津市正式上市销售返奖率 59% 的高频游戏 11 选 5。

28 日，总局体彩中心启动世界杯竞猜工作筹备。

5 月

5 日，总局体彩中心启动了持续 15 期的超级大乐透亿元派奖活动。

7 日，财政部综合司与教育部基础教育一司，在江西兴国为全国校外活动场所统一启用“国家彩票公益金资助”标志揭牌。

12 日至 16 日，总局体彩中心赴重庆开展体彩系统培训体系建设调研。

15 日，全国福彩系统反腐倡廉工作会议在天津召开。民政部部长李立国作出重要批示，纪检组长曲淑辉出席会议并作重要讲话。会议提出要全面打造“阳光福彩”。

16 日，福利彩票双色球游戏高奖级奖金分配比例做出调整。

30 日，总局体彩中心举办即开票营销活动效果评价实证课题研究培训。

6月

4 日，总局体彩中心对海南电子即开监管方案进行研讨。

7 日，总局体彩中心在广州召开中国足球彩票 2014 年世界杯竞猜首发活动。

9 日，总局体彩中心召开世界杯竞猜工作全国视频会议。

9 日至 13 日，总局体彩中心在云南召开乐透型体育彩票片区研讨会。

13 日，总局体彩中心举办全国体彩系统市场分析方法的视频培训。

16 日，财政部综合司在北京组织召开了彩票机构财务管理制度改革座谈会，部分地方财政部门有关负责同志参加了会议。

16 日至 20 日，总局体彩中心举办第六期全国省区市体彩中心主任培训班。

17 日，总局体彩中心与来访的法国赛马集团举行会谈。

18 日，制定完成福彩系统首个《社会责任指标体系》。

18 日，印发《财政部 民政部关于印发〈中央专项彩票公益金支持精神病人福利机构项目管理办法〉的通知》（财综［2014］44 号）。办法自印发之日起施行。

26 日，即开型福利彩票 10 亿元超大规模奖组彩票游戏“黄金盛典”上市，首次实现了即开票全国联销。

30 日至 7 月 3 日，总局体彩中心在黑龙江召开全国电话销售体育彩票工作培训。

7月

8 日，总局体彩中心组织 2014 年专项调研成果汇报会。

16 日，中福彩中心与福建省民政厅签署《关于共同推进福彩事业发展的合作备忘录》。

17 日，2014 年全国福利彩票年中市场形势分析视频会召开。

17 日，总局体彩中心对世界杯竞猜工作进行全面总结，整个世界杯期间，竞猜型彩票共销售 169 亿元。

22 日至 23 日，总局体彩中心在内蒙古呼和浩特市召开 2014 年上半年体育彩票市场形势分析会。

23 日，开始开展中福在线连环夺宝游戏为期 40 天的派奖。

28 日至 31 日，总局体彩中心在吉林召开即开型体育彩票行业渠道发展研讨培训。

8月

1 日，中福彩中心举办第一期中国福利彩票即开票游戏征集活动，提高即开票游戏设计品质和各省参与即开票游戏设计的积极性。

4 日，体彩超级大乐透 14090 期开出 4.97 亿元巨奖，这也是体育彩票历史上的第一大奖。

4 日至 7 日，总局体彩中心在江苏无锡举办 2014 年第一期全国竞猜型彩票业务培训。

8 日，借助“全民健身日”，全国体

彩系统组织策划了一批品牌宣传活动，进一步提升了体育彩票的社会形象。

11 日至 14 日，总局体彩中心在黑龙江牡丹江举办 2014 年第二期全国竞猜型彩票业务培训。

18 日至 21 日，总局体彩中心在云南大理举办 2014 年第三期全国竞猜型彩票业务培训。

25 日，福利彩票 3D 游戏彩票资金构成比例和奖级奖金设置做出调整，返奖率由 50% 提升至 53%，各奖级奖金均有上调。

25 日，排列 3 正式调整游戏规则，返奖率由之前的 50% 提高至 53%，排列 5 开展 4 500 万元的派奖活动。

25 日至 29 日，总局体彩中心在宁夏银川举办 2014 年第四期全国竞猜型彩票业务培训。

26 日至 28 日，中福彩中心在黑龙江省哈尔滨市召开全国福利彩票财务工作会议。

27 日至 29 日，全国福彩系统市场营销和管理培训班在长沙举办。

28 日，财政部向社会公告 2013 年全国彩票公益金筹集分配情况和中央专项彩票公益金安排使用情况。

9 月

2 日，竞彩游戏的返奖率提升至 73%。

2 日至 4 日，总局体彩中心在北京召开乐透型体育彩票游戏业务培训会。

5 日，《中国福利彩票即开票发行销售异常情况处理办法》发布实施，进一步加强了纸质即开票发行销售的规范性。

9 日至 12 日，总局体彩中心在浙江杭州召开全国即开型体育彩票业务培训。

11 日起，组织实施首期福彩系统工作人员双向锻炼。

15 日，中福彩中心新开奖演播厅正式启用。

22 日，河南省上市销售福利彩票快 3 游戏。

26 日至 29 日，贵州省第五届体彩从业人员运动会召开，总局体彩中心闫玉丰副主任参加。

10 月

13 日，中福彩中心与新疆维吾尔自治区民政厅签署《关于共同推进福彩事业发展的合作备忘录》。

13 日至 17 日，2014 年亚太彩票协会区域会议在广州召开，总局体彩中心张弛副主任参加。

21 日，竞彩足球单场固定奖金投注正式上市销售。

22 日，商业积分兑换福利彩票业务试运行启动，由北京中彩积分科技有限公司负责运营管理。

23 日，确定中国福利彩票整体宣传语为“爱心与梦想——中国福利彩票”；确定购彩理念的宣传语为“理性购彩，快乐人生”。

24 日，福利彩票双色球游戏 5 亿元派奖活动启动，连续开展 40 期。

28 日，2014 年全国即开型福利彩票业务培训会在浙江省召开。

29 日，中福彩中心印发《建立全国

福利彩票资金风险防控机制总体意见》的通知，确保福利彩票事业安全运行、健康发展。

11月

2日至7日，世界彩票协会2014年峰会在意大利罗马举行，总局体彩中心张弛副主任带队参加。

6日，中福彩中心印发《中国福利彩票发行管理中心重点项目预算管理流程》，要求进一步加强重点预算项目管理，保障重点工作任务及时完成。

13日，发布福彩系统第一本社会责任报告——《中国福利彩票2013年社会责任报告》。

15日，北京市正式上市销售返奖率达59%的高频游戏11选5。

16日至21日，中福彩中心组织部分中央媒体记者赴四川开展“福彩公益行”活动。

22日至24日，2014中国体育文化·体育旅游博览会在安徽芜湖举办，体育彩票有专门展区展示和宣传。

26日至27日，总局体彩中心在北京举办了2014年体育彩票发展战略研讨及形势分析会，体育总局杨树安副局长出席会议并发表重要讲话。

28日，民政部印发《关于进一步加强福利彩票机构自身建设的指导意见》。

12月

3日，印发《中国福利彩票销售场所管理办法》。

5日，北京市上市销售福利彩票快3游戏。

12日，中福彩中心第二届创新竞赛决赛成功举行。民政部窦玉沛副部长以及财政部、民政部相关司局领导应邀出席。

12日，“中国体育彩票·新长城助学基金”活动走进新疆财经大学，惠及40名学子。

15日，中福彩中心发布《关于加强全国福彩系统反腐倡廉和行风建设工作的指导意见》。这是福彩行业出台的首个加强反腐倡廉和行风建设工作的全面、系统的管理文件，对进一步加强对全系统反腐倡廉及行风建设工作有重大意义。

16日，即开型福利彩票第一款添加手工验证码的游戏“5倍惊喜”在广东省上市，揭开了即开票技术系统升级的序幕。

18日，推出福彩手机客户端。

24日，中国福利彩票年销量超过2 000亿元，创福利彩票发展新纪录。

26日，《中国福利彩票预制票据》推荐性行业标准（标准号：MZ/T 057－2014）由民政部批准发布。

26日，“中国体育彩票·新长城助学基金”活动走进湖南大学，惠及40名贫困学子。

三、彩票制度、政策和文献

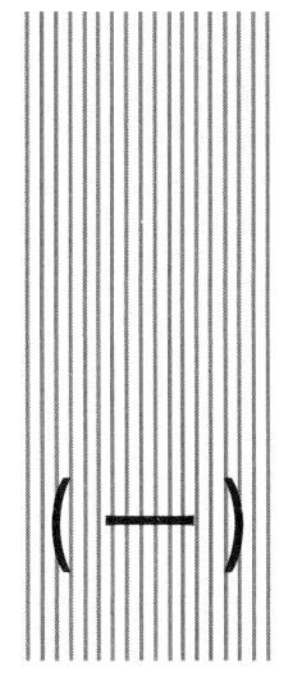

（一）国家彩票监督管理制度、政策和文献

中华人民共和国财政部公告

（2014 年 1 月 17 日　2014 年第 5 号）

根据《彩票管理条例实施细则》和《国务院办公厅关于 2014 年部分节假日安排的通知》的有关规定，现将 2014 年彩票市场春节休市有关事项公告如下：

一、休市时间为 2014 年 1 月 30 日 0：00 至2 月 6 日 24：00。

二、休市期间，除即开型彩票外，停止全国其他各类彩票游戏的销售、开奖和兑奖。具体彩票游戏的开奖、兑奖等时间调整安排，由彩票发行机构、彩票销售机构提前向社会公告。

三、休市期间，即开型彩票的销售活动或者休市安排，由彩票销售机构根据彩票发行机构的要求和本地实际情况决定。如果决定休市的，彩票销售机构要提前向社会公告。如果决定开展销售活动的，要制定全面细致的销售工作方案，切实加强安全管理。同时，彩票销售机构要充分尊重彩票代销者的意愿，不得强行要求销售。

四、彩票发行机构、彩票销售机构要妥善保管休市前形成的销售数据，确保数据安全；充分利用休市间隙对彩票销售系统及设备进行调整和维护，为休市结束后的彩票销售活动做好准备。

特此公告。

中华人民共和国财政部公告

（2014 年 8 月 28 日　2014 年第 63 号）

2013 年，在党中央、国务院的坚强领导下，各级财政部门与民政、体育等部门密切配合，开拓进取，推动我国彩票事业持续健康发展，彩票公益金筹集分配使用工作进展顺利。现将 2013 年彩票公益金筹集分配情况和中央专项彩票公益金安排使用情况公告如下：

一、2013 年全国彩票公益金筹集情况

2013 年，全国发行销售彩票 30 932 504 万元（见附件 1）。分机构看，福利彩票机构发行销售彩票 17 652 846 万元，体育彩票机构发行销售彩票 13 279 658 万元。分类型看，全年发行销售乐透数字型彩票 21 135 201 万元、即开型彩票 3 519 180 万元、视频型彩票 2 893 884 万元、竞猜型彩票 3 384 239 万元，占彩票销售总量的比重分别为 68.3%、11.4%、9.4% 和 10.9%。

根据现行彩票管理制度规定，彩票公益金来源于彩票发行销售收入和逾期未兑奖的奖金。彩票发行销售收入中，根据不同彩票品种，彩票公益金提取比例有所不同，主要有以下 4 种类型：一是以双色球、超级大乐透、3D、排列三等为主的乐透数字型彩票，其中绝大部分彩票游戏的彩票公益金提取比例为 35%，彩票奖金和彩票发行费的提取比例分别为 50% 和 15%，2013 年乐透数字型彩票筹集彩票公益金 6 679 602 万元。二是即开型彩票，彩票公益金的提取比例为 20%，彩票奖金和彩票发行费的提取比例分别为 65% 和 15%，2013 年即开型彩票筹集彩票公益金 703 836 万元。三是以中福在线为主的视频型彩票，彩票公益金的提取比例为 20%，彩票奖金和彩票发行费的提取比例分别为 65% 和 15%，2013 年视频型彩票筹集彩票公益金 578 777 万元。四是以足球彩票为主的竞猜型彩票，其中，大部分彩票游戏的彩票公益金提取比例为 18%，彩票奖金和彩票发行费的提取比例分别为 69% 和 13%，2013 年竞猜型彩票筹集彩票公益金 652 839 万元。2013 年逾期未兑奖奖金 160 332 万元。综上，2013 年共筹集彩票公益金 8 775 386 万元（见附件 2）。

二、2013 年全国彩票公益金分配情况

根据国务院批准的彩票公益金分配政策，彩票公益金在中央和地方之间按 50:50 的比例分配，专项用于社会福利、体育等社会公益事业，按政府性基金管理办法纳

入预算，实行“收支两条线”管理，专款专用，结余结转下年继续使用。中央集中彩票公益金，在全国社会保障基金、中央专项彩票公益金、民政部和国家体育总局之间分别按60%、30%、5%和5%的比例分配。地方留成彩票公益金，由省级财政部门商民政、体育等有关部门研究确定分配原则。

2013年中央财政当年收缴入库彩票公益金4 257 837万元，加上2012年结转收入857 460万元，共5 115 297万元。按上述分配政策，考虑结余结转因素，经全国人大审议批准，2013年中央财政安排彩票公益金支出4 500 918万元。其中，分配给全国社会保障基金理事会2 766 524万元，用于补充全国社会保障基金；分配给中央专项彩票公益金1 273 306万元，用于国务院批准的社会公益事业项目，由使用彩票公益金的部门或单位向财政部提出申请，经财政部审核报国务院批准后，组织实施和管理；分配给民政部230 544万元，按照“扶老、助残、救孤、济困、赈灾”的宗旨，由民政部安排用于资助为老年人、残疾人、孤儿、有特殊困难等人群服务的社会福利设施建设和受助对象直接受益的项目；分配给国家体育总局230 544万元，由国家体育总局安排用于落实《全民健身计划纲要》和《奥运争光计划》等体育事业项目。中央集中彩票公益金收支相抵，结余614 379万元。

三、2013年中央专项彩票公益金安排使用情况

2013年，中央专项彩票公益金1 273 306万元的具体支出安排如下：

（一）未成年人校外教育事业377 000万元（见附件3）。该项目由中央文明办、教育部等部门组织实施，主要用于校外教育活动保障、未成年人校外活动场所能力提升、示范性综合实践基地建设和乡村学校少年宫建设项目。

（二）教育助学85 000万元（见附件4）。该项目由中国教育发展基金会组织实施，主要用于资助特困学生（滋蕙计划），特困教师（励耕计划），以及救助教育发展中遇到的特殊困难或突发紧急事件（润雨计划）。

（三）农村医疗救助100 000万元（见附件5）。该项目由民政部组织实施，主要用于资助贫困农民参加新型农村合作医疗和对医疗救助对象符合规定的医疗费用给予资助。

（四）城市医疗救助60 000万元（见附件6）。该项目由民政部组织实施，主要用于资助城镇困难居民参加城镇居民基本医疗保险和对医疗救助对象符合规定的医疗费用给予资助。

（五）农村养老服务100 000万元（见附件7）。该项目由民政部组织实施，主要用于支持建设农村幸福院（老年人日间照料中心、托老所和老年人活动中心等）。

（六）扶贫120 000万元（见附件8）。该项目由国务院扶贫开发领导小组办公室组织实施，主要用于贫困革命老区贫困村基础设施建设、环境改善和产业发展。

（七）文化55 000万元（见附件9）。该项目由文化部组织实施，主要用于补助全国城市社区文化中心的设备购置和支持国家艺术基金。

（八）残疾人事业 113 304 万元（见附件 10）。该项目由中国残疾人联合会组织实施，主要用于康复、教育、体育、农村危房改造和家庭无障碍改造项目。

（九）红十字事业 28 126 万元。该项目由中国红十字会总会组织实施，主要用于人道救助救援，生命健康安全教育，中国造血干细胞资料库，贫困患儿救助和人体器官捐献。

（十）法律援助 10 000 万元（见附件 11）。该项目由中国法律援助基金会组织实施，主要用于资助办理农民工、残疾人、老年人、妇女和未成年人等方面的法律援助工作。

（十一）农村贫困母亲两癌救助 10 000 万元（见附件 12）。该项目由中国妇女发展基金会组织实施，主要用于救助患有乳腺癌和宫颈癌的农村贫困妇女。

（十二）婴幼儿营养补助 5 000 万元（见附件 13）。该项目由中国儿童少年基金会组织实施，主要用于向部分贫困地区 6—36 个月婴幼儿免费发放爱心营养包和开展健康宣传教育活动。

（十三）新疆社会福利设施建设 37 000 万元。该项目主要用于支持新疆维吾尔自治区孤残儿童、流浪未成年人和老年人等社会福利设施建设项目。

（十四）西藏社会公益事业建设 79 700 万元。该项目主要用于支持西藏自治区社会福利机构建设，发展高原特色体育事业和开展全民健身活动等项目。

（十五）赣南等原中央苏区社会公益事业建设 93 176 万元。该项目主要用于支持江西、福建和广东原中央苏区社会福利、残疾人康复和全民健身等社会公益事业建设项目。

特此公告。

附件：1. 2013 年全国彩票销售情况表
2. 2013 年全国彩票公益金筹集情况表
3. 2013 年中央专项彩票公益金支持未成年人校外教育项目资金分配表
4. 2013 年中央专项彩票公益金支持教育助学项目资金分配表
5. 2013 年中央专项彩票公益金支持农村医疗救助项目资金分配表
6. 2013 年中央专项彩票公益金支持城市医疗救助项目资金分配表
7. 2013 年中央专项彩票公益金支持农村养老服务项目资金分配表
8. 2013 年中央专项彩票公益金支持扶贫项目资金分配表
9. 2013 年中央专项彩票公益金支持文化事业项目资金分配表
10. 2013 年中央专项彩票公益金支持残疾人事业项目资金分配表
11. 2013 年中央专项彩票公益金支持法律援助项目资金分配表
12. 2013 年中央专项彩票公益金支持农村贫困妇女两癌救助项目资金分配表
13. 2013 年中央专项彩票公益金支持婴幼儿营养补助项目资金分配表

附件1

2013年全国彩票销售情况表

单位：万元

地区	全国销售量	分机构		分类型			
		福利彩票	体育彩票	乐透数字型	即开型	视频型	竞猜型
北京	1 048 245	509 369	538 876	535 164	176 112		336 968
天津	652 865	300 406	352 460	353 693	38 399	31 235	229 539
河北	1 268 716	703 777	564 939	1 011 946	134 390	90 186	32 194
山西	449 368	293 196	156 171	318 827	60 516	53 107	16 918
内蒙古	614 431	395 705	218 726	447 227	101 527	51 683	13 994
辽宁	1 426 090	929 441	496 648	1 079 520	142 654	126 102	77 814
吉林	747 339	416 053	331 287	579 486	85 247	54 639	27 967
黑龙江	867 066	440 035	427 031	713 969	100 984	15 550	36 563
上海	833 034	375 294	457 740	427 295	69 087	45 617	291 035
江苏	2 842 859	1 285 029	1 557 830	1 957 622	300 477	240 669	344 092
浙江	2 107 540	1 244 852	862 689	1 451 229	184 114	365 370	106 827
安徽	954 915	590 769	364 146	575 440	71 415	174 355	133 705
福建	1 078 215	479 583	598 632	784 928	154 343	91 367	47 577
江西	993 725	487 035	506 691	648 854	33 395	54 431	257 045
山东	2 568 489	1 344 280	1 224 209	1 728 432	334 920	277 879	227 259
河南	1 234 813	617 988	616 825	857 092	181 595	119 544	76 582
湖北	1 092 248	738 289	353 959	770 003	36 752	181 096	104 397
湖南	971 903	603 054	368 849	566 075	80 739	154 319	170 770
广东	3 078 772	1 899 420	1 179 352	1 972 560	468 437	243 197	394 578
广西	564 752	477 437	87 315	371 619	53 022	88 492	51 619
海南	211 362	160 176	51 186	176 025	8 306	18 856	8 175
重庆	626 087	435 129	190 958	412 224	40 992	72 767	100 104
四川	1 039 204	678 348	360 856	729 131	171 245	79 958	58 870
贵州	382 704	202 467	180 237	318 974	29 956	6 406	27 368
云南	980 746	499 102	481 644	738 444	132 028	61 080	49 194
西藏	72 233	42 694	29 539	46 902	23 872		1 459
陕西	855 169	631 348	223 821	647 501	101 802	78 288	27 578
甘肃	549 525	330 035	219 490	369 337	50 707	85 319	44 163
青海	158 741	95 626	63 115	91 164	19 538	14 066	33 973
宁夏	170 922	107 387	63 535	114 036	24 673	18 308	13 905
新疆	490 425	339 522	150 903	340 484	107 934		42 006
合计	**30 932 504**	**17 652 846**	**13 279 658**	**21 135 201**	**3 519 180**	**2 893 884**	**3 384 239**

附件 2

2013 年全国彩票公益金筹集情况表

单位：万元

地　区	彩票公益金	彩票品种				弃奖奖金
		乐透数字型	即开型	视频型	竞猜型	
北　京	297 931	187 308	35 222		70 727	4 674
天　津	173 808	112 968	7 680	6 247	45 260	1 652
河　北	368 048	310 794	26 878	18 037	6 225	6 114
山　西	133 060	104 585	12 103	10 621	3 268	2 482
内蒙古	183 011	146 369	20 305	10 337	2 768	3 232
辽　宁	408 787	333 101	28 531	25 220	15 035	6 901
吉　林	211 036	174 832	17 049	10 928	5 322	2 906
黑龙江	254 347	220 108	20 197	3 110	6 915	4 016
上　海	226 641	144 271	13 817	9 123	54 491	4 938
江　苏	790 892	603 072	60 095	48 134	63 339	16 252
浙　江	602 206	460 249	36 823	73 074	20 552	11 508
安　徽	263 374	184 675	14 283	34 871	25 214	4 331
福　建	313 005	247 548	30 869	18 273	9 219	7 096
江　西	275 728	206 846	6 679	10 886	49 318	1 999
山　东	698 026	523 901	66 984	55 576	41 977	9 589
河　南	355 276	273 794	36 319	23 909	14 212	7 043
湖　北	312 946	244 175	7 350	36 219	19 719	5 483
湖　南	267 093	182 879	16 148	30 864	32 718	4 484
广　东	862 999	622 353	93 687	48 639	79 348	18 970
广　西	165 466	124 755	10 604	17 698	10 057	2 351
海　南	51 336	43 316	1 661	3 771	1 561	1 026
重　庆	179 549	135 623	8 198	14 553	18 911	2 263
四　川	307 356	238 128	34 249	15 992	11 660	7 327
贵　州	118 866	103 014	5 991	1 281	5 238	3 341
云　南	297 585	240 944	26 406	12 216	9 334	8 685
西　藏	20 533	14 984	4 774		280	495
陕　西	248 625	203 142	20 360	15 658	5 415	4 049
甘　肃	155 851	117 573	10 141	17 064	8 101	2 972
青　海	44 118	30 162	3 908	2 813	6 147	1 088
宁　夏	50 525	38 461	4 935	3 662	2 576	892
新　疆	137 362	105 675	21 587		7 928	2 172
合　计	**8 775 386**	**6 679 602**	**703 836**	**578 777**	**652 839**	**160 332**

附件3

2013年中央专项彩票公益金支持未成年人校外教育事业项目资金分配表 单位：万元

地区	合计	地区	合计
北京	6 350	湖南	17 698
天津	2 803	广东	15 814
河北	15 652	广西	12 355
山西	10 729	海南	3 020
内蒙古	9 859	重庆	8 537
辽宁	10 727	四川	25 167
吉林	7 949	贵州	14 597
黑龙江	13 860	云南	15 853
上海	165	西藏	6 269
江苏	16 606	陕西	18 258
浙江	8 016	甘肃	10 471
安徽	17 331	青海	3 002
福建	11 643	宁夏	2 230
江西	15 427	新疆	12 902
山东	18 986	新疆生产建设兵团	2 232
河南	26 557	**合计**	**377 000**
湖北	15 935		

附件4

2013年中央专项彩票公益金支持教育助学项目资金分配表 单位：万元

地区	滋蕙计划	励耕计划	润雨计划	合计
河北			2 281	2 281
山西	2 760	4 100	1 275	8 135
内蒙古			324	324
吉林			351	351
黑龙江		3 300	430	3 730
安徽	4 280	5 400	1 585	11 265
江西	2 480	4 200	1 638	8 318
河南			2 886	2 886
湖北	4 140	4 900	1 619	10 659
湖南	3 420	5 600	1 769	10 789
广西			585	585
海南	540	1 000	275	1 815

续表

地区	滋蕙计划	励耕计划	润雨计划	合计
重庆			500	500
四川			1 074	1 074
贵州		3 800	504	4 304
云南		4 500	5 430	9 930
西藏	140		63	203
陕西			744	744
甘肃		3 000	1 081	4 081
青海	360		112	472
宁夏	480		106	586
新疆	1 140	200	307	1 647
新疆生产建设兵团	260		63	323
合计	**20 000**	**40 000**	**25 000**	**85 000**

附件5

2013年中央专项彩票公益金支持农村医疗救助项目资金分配表　　单位：万元

地区	金额	地区	金额
北京	83	湖北	3 937
天津	105	湖南	6 346
河北	3 443	广东	1 164
山西	2 319	广西	4 717
内蒙古	2 492	海南	958
辽宁	1 599	重庆	2 479
吉林	2 689	四川	9 905
黑龙江	3 401	贵州	6 798
上海	65	云南	7 298
江苏	1 101	西藏	1 119
浙江	628	陕西	5 148
安徽	4 875	甘肃	6 365
福建	1 001	青海	1 714
江西	4 523	宁夏	1 311
山东	2 472	新疆	3 238
河南	6 707	**合计**	**100 000**

附件 6

2013 年中央专项彩票公益金支持城市医疗救助项目资金分配表

单位：万元

地　区	金　　额	地　区	金　　额
北　京	177	湖　北	3 151
天　津	285	湖　南	3 968
河　北	1 704	广　东	503
山　西	1 952	广　西	1 368
内蒙古	2 444	海　南	974
辽　宁	1 906	重　庆	1 850
吉　林	3 917	四　川	4 936
黑龙江	4 896	贵　州	1 620
上　海	188	云　南	2 102
江　苏	596	西　藏	794
浙　江	185	陕　西	2 657
安　徽	2 249	甘　肃	2 715
福　建	323	青　海	1 416
江　西	3 166	宁　夏	1 046
山　东	1 050	新　疆	3 369
河　南	2 493	**合　计**	**60 000**

附件 7

2013 年中央专项彩票公益金支持农村养老服务项目资金分配表

单位：万元

地　区	合　　计	地　区	合　　计
北　京	699	湖　南	5 514
天　津	852	广　东	3 435
河　北	6 027	广　西	3 879
山　西	3 090	海　南	888
内蒙古	2 040	重　庆	2 547
辽　宁	2 523	四　川	7 563
吉　林	1 398	贵　州	3 543
黑龙江	2 061	云　南	3 354
江　苏	4 398	西　藏	954
浙　江	3 771	陕　西	3 843
安　徽	4 674	甘　肃	2 823
福　建	2 844	青　海	999
江　西	2 970	宁　夏	1 023
山　东	8 448	新　疆	2 067
河　南	6 576	新疆生产建设兵团	1 000
湖　北	4 197	**合　计**	**100 000**

附件 8

2013 年中央专项彩票公益金支持扶贫项目资金分配表

单位：万元

地　区	金　　额	地　区	金　　额
河　北	12 500	广　东	2 000
山　西	10 000	广　西	8 750
内蒙古	5 000	海　南	3 750
吉　林	3 750	重　庆	1 250
黑龙江	3 750	四　川	7 250
安　徽	3 750	贵　州	3 750
福　建	10 000	云　南	1 250
江　西	7 250	陕　西	7 250
山　东	6 000	甘　肃	1 500
河　南	6 250	宁　夏	2 500
湖　北	7 500	**合　计**	**120 000**
湖　南	5 000		

附件 9

2013 年中央专项彩票公益金支持文化事业项目资金分配表

单位：万元

地　区	城市社区文化中心设备购置	国家艺术基金	合计
中央本级		30 000	30 000
河　北	1 661		1 661
山　西	1 630		1 630
内蒙古	1 152		1 152
吉　林	747		747
黑龙江	678		678
上　海	300		300
浙　江	350		350
安　徽	386		386
厦　门	100		100
江　西	915		915
青　岛	100		100
河　南	2 268		2 268
湖　北	2 945		2 945
湖　南	2 234		2 234
广　东	400		400
广　西	94		94

续表

地　区	城市社区文化中心设备购置	国家艺术基金	合计
海　南	49		49
重　庆	1 587		1 587
四　川	2 394		2 394
贵　州	686		686
云　南	489		489
陕　西	1 956		1 956
甘　肃	461		461
青　海	12		12
宁　夏	155		155
新　疆	1 251		1 251
合　计	**25 000**	**30 000**	**55 000**

附件 10

2013 年中央专项彩票公益金支持残疾人事业项目资金分配表　　单位：万元

地　区	康复	教育	家庭无障碍改造	危房改造	体育	合计
中央本级	32 160	3 950			4 902	41 012
北　京	400	172				572
天　津	310	140				450
河　北	2 579	180	245	750		3 754
山　西	1 332	78	315	720		2 445
内蒙古	825	48	227	600		1 700
辽　宁	2 225	290	315	270		3 100
吉　林	1 603	183	175	660		2 621
黑龙江	1 578	96	297	810		2 781
江　苏	2 578	545				3 123
浙　江	1 065	300				1 365
安　徽	2 340	230	315	660		3 545
福　建	1 575	120	140	330		2 165
江　西	1 713	90	210	690		2 703
山　东	2 504	545	210	420		3 679
河　南	3 122	344	210	660		4 336
湖　北	2 033	150	298	720		3 201
湖　南	2 529	310	315	720		3 874
广　东	2 358	295		90		2 743

续表

地　区	康复	教育	家庭无障碍改造	危房改造	体育	合计
广　西	1 958	120	298	615		2 991
海　南	259	24	123	330		736
重　庆	1 047	100	175	450		1 772
四　川	2 311	228	280	630		3 449
贵　州	1 018	78	226	525		1 847
云　南	1 760	198	140	630		2 728
西　藏	73	9	70	150		302
陕　西	1 933	210	263	600		3 006
甘　肃	1 265	45	280	780		2 370
青　海	471	21	140	540		1 172
宁　夏	589	19	140	450		1 198
新　疆	763	190	140	930		2 023
新疆生产建设兵团	210	9	52	270		541
合　计	**78 486**	**9 317**	**5 599**	**15 000**	**4 902**	**113 304**

附件 11

2013 年中央专项彩票公益金支持法律援助项目资金分配表

单位：万元

地　区	金额	地　区	金额
北　京	650	湖　南	520
天　津	120	广　东	70
河　北	450	广　西	400
山　西	220	海　南	120
内蒙古	300	重　庆	255
辽　宁	500	四　川	400
吉　林	450	贵　州	325
黑龙江	395	云　南	400
上　海	30	西　藏	145
江　苏	50	陕　西	300
浙　江	80	甘　肃	375
安　徽	500	青　海	225
福　建	300	宁　夏	225
江　西	300	新　疆	255
山　东	400	新疆生产建设兵团	240
河　南	550	**合　计**	**10 000**
湖　北	450		

附件 12

2013 年中央专项彩票公益金支持农村贫困母亲两癌救助项目资金分配表　单位：万元

地　区	金额	地　区	金额
中央本级	100	湖　北	325
北　京	63	湖　南	680
天　津	52	广　东	128
河　北	67	广　西	422
山　西	252	海　南	95
内蒙古	284	重　庆	519
辽　宁	88	四　川	785
吉　林	120	贵　州	1 079
黑龙江	167	云　南	105
上　海	13	西　藏	75
江　苏	451	陕　西	597
浙　江	72	甘　肃	201
安　徽	254	青　海	75
福　建	39	宁　夏	179
江　西	1 330	新　疆	398
山　东	616	新疆生产建设兵团	104
河　南	265	**合　计**	**10 000**

附件 13

2013 年中央专项彩票公益金支持婴幼儿营养补助项目资金分配表　单位：万元

地　区	金额	地　区	金额
中央本级	236	甘　肃	941
内蒙古	257	宁　夏	769
四　川	976	新　疆	963
陕　西	857	**合　计**	**5 000**

财政部关于印发《电话销售彩票管理暂行办法》的通知

（2014 年 3 月 27 日　财政部　财综［2014］15 号）

中国福利彩票发行管理中心，国家体育总局体育彩票管理中心，各省、自治区、直辖市财政厅（局）：

为规范电话销售彩票行为，维护彩票市场秩序，促进彩票市场持续健康发展，根据《彩票管理条例》（国务院令第 554 号）和《彩票管理条例实施细则》（财政部　民政部　国家体育总局令第 67 号）有关规定，财政部修订了《电话销售彩票管理暂行办法》。现印发给你们，请遵照执行。

附件：电话销售彩票管理暂行办法

附件

电话销售彩票管理暂行办法

第一章　总　　则

第一条　为规范电话销售彩票行为，维护彩票市场秩序，保护彩票参与者的合法权益，促进彩票市场持续健康发展，根据《彩票管理条例》（以下简称《条例》）、《彩票管理条例实施细则》（以下简称《实施细则》），制定本办法。

第二条　在中华人民共和国境内开展电话销售彩票业务适用本办法。

第三条　电话销售彩票是指利用固定电话、移动电话通过短信、语音、客户端等方式销售彩票。

第四条　财政部负责全国电话销售彩票业务的监督管理工作。

省级财政部门负责本行政区域电话销售彩票业务的监督管理工作。

第五条　福利彩票发行机构、体育彩票发行机构（以下简称彩票发行机构）分别负责全国电话销售福利彩票、体育彩票业务的统一规划、管理和组织销售工作。福利彩票销售机构、体育彩票销售机构（以下简称彩票销售机构）分别负责本行政区域电话销售福利彩票、体育彩票业务的具体实施工作。

第六条 未经财政部批准，任何单位和个人不得开展电话销售彩票业务。

第二章 审批管理

第七条 彩票销售机构需要在本行政区域开展、调整或者停止电话销售彩票业务的，应当经省级财政部门提出意见后，向彩票发行机构提出书面申请建议。

彩票发行机构对彩票销售机构的申请建议研究同意后，应当经民政部或者国家体育总局审核同意，向财政部提出书面申请。

第八条 彩票销售机构可以委托单位开展电话代理销售彩票业务。

彩票销售机构委托单位开展电话代理销售彩票业务，应当与接受委托的单位（以下简称“电话代销者”）签订电话销售彩票的代销合同。

第九条 电话代销者应当具备以下条件：

（一）具有独立法人资格；

（二）注册资本不低于1 000万元人民币；

（三）有符合要求的场所和安全保障措施；

（四）有健全的组织机构、内部控制制度和风险管理措施；

（五）单位及其高级管理人员近五年内无犯罪记录和不良商业信用记录；

（六）取得相关增值电信业务经营许可证。

第十条 申请开展电话销售彩票业务的，彩票发行机构应当向财政部提交下列申请材料：

（一）申请书，包括电话代销者、电话代销者销售费用管理方案、电话销售的彩票游戏、限额限时管理方案等；

（二）市场分析报告及技术可行性分析报告；

（三）电话代销者的资质证明材料；

（四）合同类材料，与电话代销者的合同（协议）意向书；

（五）管理类材料，包括电话代销者管理、资金管理、销售管理、风险控制方案、设备和技术服务管理、监督和审计管理、应急处理方案等；

（六）第三方专业检测机构出具的电话销售彩票管理系统、电话销售彩票监控预警系统和彩票游戏技术检测报告。

第十一条 申请调整电话代销者、电话代销者销售费用管理方案、电话销售的彩票游戏和限额限时管理方案等电话销售彩票业务的，彩票发行机构应当向财政部提交与调整事项有关的材料。

第十二条 申请停止电话销售彩票业务的，彩票发行机构应当向财政部提交下列申请材料：

（一）申请书；

（二）彩票参与者合法权益保障方案；

（三）停止后的相关处理方案。

第十三条 财政部应当根据《条例》、《实施细则》有关变更彩票品种审批事项的规定，对彩票发行机构的申请进行审查并作出书面决定。

第十四条 获得财政部批准后，彩票销售机构应当在开展、调整或者停止电话销售彩票业务的10个自然日前，将电话代销者、电话销售的彩票游戏、限额限时管理方案等有关信息向社会公告。

第三章　销售管理

第十五条　彩票销售机构和电话代销者应当按照财政部批准的电话销售的彩票游戏进行销售。未经财政部批准，任何彩票游戏不得利用电话销售。

第十六条　电话销售的彩票游戏包括奖池由彩票销售机构管理的彩票游戏和手机即开型彩票游戏等。

第十七条　电话代销者应当按照财政部批准的事项、代销合同开展电话销售彩票业务，不得委托他人代销。

第十八条　彩票购买者利用电话购买彩票，应当注册开设投注账户。投注账户信息包括彩票购买者姓名、有效身份证件号码、银行借记卡账号、注册电话号码、归属行政区域等。

彩票购买者提供的银行借记卡账户、注册电话号码应当与投注账户的个人有关信息一致。

每个有效身份证件仅限注册一个电话销售彩票投注账户。投注账户仅限彩票购买者本人使用，彩票购买者应当保管好投注账户、密码等信息。

第十九条　彩票发行机构统一管理投注账户，负责彩票购买者身份信息验证、注册电话号码绑定、银行借记卡绑定等，并依据绑定的注册电话号码、绑定的银行借记卡或者其他相关信息划分投注账户归属行政区域。

彩票销售机构依据属地原则具体管理本行政区域投注账户。

禁止利用电话跨省销售彩票。

第二十条　彩票发行机构应当建立全国统一的电话销售彩票投注账户管理系统。彩票销售机构或电话代销者接受彩票购买者开设、变更或者注销投注账户等请求，经彩票销售机构初审后向彩票发行机构提出申请，彩票发行机构通过电话销售彩票投注账户管理系统审核有关信息并最终确认。

第二十一条　彩票购买者利用电话购买彩票，电话代销者或者彩票销售机构应当参照彩票发行机构制定的范本，与彩票购买者签订服务协议。

第二十二条　彩票销售机构利用电话销售彩票，应当实行投注限额限时管理，对彩票购买者利用电话购买彩票的当天投注额度、单一彩票游戏投注额度、持续投注时间等作出明确规定。

第二十三条　彩票销售机构应当及时划转、结算彩票购买者的投注资金，确保电话销售彩票过程中的资金安全。

第二十四条　彩票购买者的投注信息经电话销售彩票管理系统受理、彩票销售系统确认后，由电话销售彩票管理系统向彩票购买者发送购买成功或者未成功信息。

第二十五条　彩票发行机构、彩票销售机构和电话代销者应当妥善保管彩票购买者投注账户信息，并对彩票购买者个人信息进行保密。

第二十六条　电话代销者应当按照彩票发行机构、彩票销售机构的规定缴纳销售保证金，用于防范电话销售彩票活动中可能产生的风险。

第二十七条　彩票销售机构应当保存彩票销售原始数据，保存期限不得少于60个月。

第二十八条　禁止为未成年人开设投

注账户。不得向未成年人兑奖。

第四章 资金管理

第二十九条 电话销售彩票的资金按照财政部批准的比例，分别计提彩票奖金、彩票发行费和彩票公益金。

第三十条 彩票销售机构应当按照规定归集电话销售彩票的资金，分配结算彩票奖金、彩票发行费和彩票公益金。

第三十一条 彩票奖金由彩票销售机构按照规定支付给中奖者。

第三十二条 彩票发行费按照规定比例和代销合同，分别计提彩票发行机构业务费、彩票销售机构业务费、电话代销者销售费用。

彩票发行机构业务费、彩票销售机构业务费按照规定分别缴入中央财政专户和省级财政专户，电话代销者销售费用按照代销合同进行结算。

第三十三条 彩票公益金按照规定分别缴入中央国库和省级国库。

第五章 安全管理

第三十四条 彩票发行机构应当制定全国统一的电话销售彩票设备和技术服务标准，定期组织对彩票发行机构和彩票销售机构电话销售彩票有关管理系统进行安全测评和风险评估。

彩票销售机构应当建立健全彩票资金管理体系和制度，保障电话销售彩票的资金管理规范和安全。

第三十五条 彩票发行机构和彩票销售机构应当加强电话销售彩票客户端管理。

彩票销售机构对电话销售彩票客户端软件进行初审后，报经彩票发行机构组织检测合格，在彩票发行机构官方网站或者指定的电话销售彩票客户端软件发布平台发布，只供电话销售彩票投注使用。彩票发行机构应当定期组织对电话销售彩票客户端进行安全测评和风险评估。

第三十六条 彩票发行机构应当建立电话销售彩票监控预警系统。电话销售彩票监控预警系统应当具有实时监控电话销售的彩票游戏、数据和资金、跨行政区域销售彩票游戏行为识别、限额限时管理等功能。

第三十七条 彩票销售机构应当建立电话销售彩票管理系统。电话销售彩票管理系统应当具有投注账户管理、投注受理和确认、资金划转结算、奖金支付管理、统计报表、投注服务指南、销售信息查询等功能。

第三十八条 电话销售彩票监控预警系统和电话销售彩票管理系统应当具有完善的数据备份、数据恢复、防病毒、防入侵等安全措施，确保系统安全可靠运行。

第三十九条 电话销售彩票监控预警系统和电话销售彩票管理系统应当实时连接，实现彩票销售数据实时交换，保证彩票销售数据的安全性、时效性和一致性。

第四十条 电话销售彩票的数据应当与彩票销售系统实现实时交换，并以彩票销售系统的记录为准。

第四十一条 彩票发行机构应当建立电话销售彩票信息查询平台，用于电话销售彩票注册用户查验所购电话销售的彩票游戏信息真伪。

第四十二条 电话销售彩票监控预警系统和电话销售彩票管理系统应当预留信

息采集接口。

第六章 附 则

第四十三条 彩票发行机构应当根据《条例》、《实施细则》和本办法规定，制定电话销售彩票管理规范，对投注账户管理、资金管理、销售管理、兑奖管理、风险控制方案、设备和技术标准及服务管理、监督和审计管理、应急处理等做出明确规定。

彩票销售机构应当根据彩票发行机构的统一要求，加强电话代销者管理，制定本行政区域的电话销售彩票操作规程。

第四十四条 违反本办法规定的，依照《条例》、《实施细则》规定追究法律责任。

第四十五条 本办法自2014年4月1日起施行。财政部2010年9月26日发布的《电话销售彩票管理暂行办法》（财综［2010］82号）同时废止。

财政部、民政部关于印发《中央专项彩票公益金支持精神病人福利机构项目管理办法》的通知

（2014年6月18日 财政部 财综［2014］44号）

各省、自治区、直辖市财政厅（局）、民政厅（局），新疆生产建设兵团财务局、民政局：

为了规范和加强中央专项彩票公益金支持精神病人福利机构项目管理工作，根据《彩票管理条例》、《彩票管理条例实施细则》和《彩票公益金管理办法》（财综［2012］15号）的有关规定，财政部、民政部联合制定了《中央专项彩票公益金支持精神病人福利机构项目管理办法》，现印发给你们，请遵照执行。

附件：中央专项彩票公益金支持精神病人福利机构项目管理办法

附件

中央专项彩票公益金支持精神病人福利机构项目管理办法

第一章　总　　则

第一条　为了规范和加强中央专项彩票公益金支持精神病人福利机构项目管理工作，根据《彩票管理条例》、《彩票管理条例实施细则》和《彩票公益金管理办法》（财综［2012］15号）的有关规定，制定本办法。

第二条　本办法所称中央专项彩票公益金支持精神病人福利机构项目（以下简称“项目”），是指2014年至2015年利用中央财政安排的中央专项彩票公益金进行建设的精神病人福利机构项目。

第三条　本办法所称精神病人福利机构，是指对城镇“三无”、农村“五保”、流浪乞讨人员、复员退伍军人等城乡特殊困难群体中精神障碍患者开展救治、救助、康复、护理和照料等服务的精神病人社会福利院。

第四条　用于项目的中央专项彩票公益金（以下简称项目资金），应当坚持公开透明、规范管理、讲求绩效和专款专用的原则。

第二章　资金使用范围与标准

第五条　项目资金用于支持地级精神病人福利机构新建、迁建、改扩建和配置设备。

第六条　新建、迁建精神病人福利机构的资助标准为每个3 000万元，改扩建精神病人福利机构的资助标准为每个2 000万元。

第七条　项目重点资助在本地区具有填补空白意义或有辐射示范和带动作用的，具有精神障碍患者救治、救助、康复、长期护理照料等服务功能的精神病人福利机构。

第三章　项目申报

第八条　项目申报审批程序如下：

（一）民政部会同财政部制定项目整体规划、申报办法和项目申报书范本，下达各地精神病人福利机构建设指标；

（二）省级民政部门会同同级财政部门根据项目申报办法和申报书范本组织本地区申报工作，经审核并提出意见形成申报文件后，上报民政部和财政部；

（三）民政部会同财政部组织评审立项。

第九条　项目申报须满足如下条件：

（一）项目所在地政府应当无偿提供土地，项目须经所在地政府发展改革委员会批准；

（二）每个新建、迁建项目新增床位应当不少于300张，每个改扩建项目新增床位应当不少于200张；

（三）项目建设主体应当包括门诊室、医技科室、工疗室、康复训练（医疗康复、职业康复、社会康复）、护理照料、保障系统等设施用房，无障碍设施建设应当符合《无障碍环境建设条例》要求，医疗设备的配置标准应当符合卫生部门的要求。

第十条 项目申报应当提供如下材料：

（一）项目申报书；

（二）本地区医疗保障水平和社会救助等配套政策，特别是特殊困难精神障碍患者的救治、救助政策等情况；

（三）项目后续管理运转方式；

（四）其他需要说明的材料。

第十一条 项目经批准立项后，原则上不得调整。执行过程中由于特殊原因需要调整的，应当按照原申报审批程序报批。

第四章 资金使用

第十二条 项目资金预算由财政部按照项目资金资助标准和各地精神病人福利机构建设指标，按年度下达各省、自治区、直辖市财政厅（局）和新疆生产建设兵团财务局（以下简称省级财政部门）。

第十三条 地方财政部门应对项目资金实行专项管理，并严格按照规定用途使用，不得截留、挤占、挪用。

第十四条 项目资金安排使用时，填列《政府收支分类科目》中 229 类“其他支出”60 款“彩票公益金安排的支出”02 项“用于社会福利的彩票公益金支出”。

第十五条 项目资金支出属于政府采购范围的，按照政府采购有关规定执行。

第十六条 项目资金支付管理，按照财政国库管理制度有关规定执行。

第五章 公告报告

第十七条 由项目资金资助建设的场所和设施设备，应当在显著位置标识“彩票公益金资助——中国福利彩票和中国体育彩票”字样。

第十八条 省级财政部门和省级民政部门，应当于每年 3 月底前，将上一年度项目资金分配使用和项目执行情况报送财政部和民政部。

第十九条 省级民政部门应当于每年 6 月底前，向社会公告上一年度项目资金分配使用和项目执行情况。

第六章 监督管理

第二十条 各级财政部门和民政部门应当加强对项目资金管理和项目实施情况的监督检查，确保资金专款专用。

第二十一条 单位和个人违反规定，截留、挤占、挪用项目资金的，依照《财政违法行为处罚处分条例》、《彩票管理条例》等国家有关规定追究法律责任。

第七章 附则

第二十二条 本办法由财政部和民政部负责解释。

第二十三条 本办法自印发之日起施行。

关于停止销售“勇士闯关4”等136款即开型福利彩票的通知

（2013年12月31日　财政部　财办综［2013］91号）

中国福利彩票发行管理中心：

你中心《关于停止销售“勇士闯关4”等136款中国福利彩票网点即开票游戏的请示》（中彩发字［2013］178号）收悉。经研究，根据《彩票管理条例》、《彩票管理条例实施细则》、《彩票发行销售管理办法》（财综［2012］102号）等有关规定，现就有关事项通知如下：

一、同意你中心停止销售“勇士闯关4”等136款即开型福利彩票（见附件）。你中心应当自批准之日起2个月内向社会发布公告，公告内容包括财政部的批准文件名称及文号、停止销售日期、兑奖截止日期等。自公告之日起满60个自然日后，可以停止销售这136款即开型福利彩票。

二、这136款即开型福利彩票停止销售后，在兑奖期内，应当按照规定兑付奖金。兑奖期结束后，你中心和各省（市）福利彩票销售机构应当对上述彩票资金进行结算。逾期不兑奖奖金纳入彩票公益金，奖金结余转为彩票销售机构一般调节基金，超兑奖金在彩票销售机构的彩票发行销售风险基金中列支。同时，按照规定做好尾票销毁工作。

三、兑奖期结束后，你中心和各省（市）福利彩票销售机构应当在60个自然日内分别向同级财政部门提交书面报告，报告内容包括这136款即开型福利彩票发行销售、资金结算等情况。

四、你中心应当严格按照现行彩票管理制度规定，督促福利彩票销售机构加强彩票销售的安全管理和风险控制，切实做好即开型彩票的发行销售工作。

附件：停止销售“勇士闯关4”等136款即开型福利彩票

附件

停止销售“勇士闯关4”等

136款即开型福利彩票

序号	方案代码－名称	批准文号
1	G0103－勇士闯关4	财办综［2005］119号
2	G0104－开心宾果	财办综［2005］119号
3	G0105－百变扑克	财办综［2005］119号
4	G0106－点石成金	财办综［2005］128号
5	G0107－喜庆吉祥	财办综［2005］119号
6	G0108－趣味麻将	财办综［2005］119号
7	G0109－F1赛车	财办综［2005］119号
8	G0110－即开3D	财办综［2005］119号
9	G0111－棒球小子	财办综［2005］119号

续表

序号	方案代码－名称	批准文号
10	G0113－趣味麻将一	财办综［2005］119 号
11	G0114－F1 赛车（一）	财办综［2005］119 号
12	G0124－喜庆吉祥 2	财办综［2005］119 号
13	G0125－比大小	财办综［2006］11 号
14	G0126－66 顺	财办综［2006］11 号
15	G0127－幸运宝贝	财办综［2006］11 号
16	G0129－鉴宝	财办综［2006］11 号
17	G0130－清一色	财办综［2006］11 号
18	G0131－游乐场	财办综［2006］11 号
19	G0132－棒球小子 2	财办综［2005］119 号
20	G0137－快乐生肖	财办综［2007］64 号
21	G0138－和气生财	财办综［2006］11 号
22	G0139－大富翁	财办综［2006］11 号
23	G0141－生肖	财办综［2006］11 号
24	G0142－硕果累累	财办综［2006］11 号
25	G0143－多彩扑克	财办综［2006］11 号
26	G0144－幸运宝藏	财办综［2006］11 号
27	G0146－富贵有余	财办综［2006］11 号
28	G0149－大富翁 2	财办综［2006］11 号
29	G0157－幸运宝贝 2	财办综［2006］11 号
30	G0158－和气生财 2	财办综［2006］11 号
31	G0159－四季发	财办综［2006］11 号
32	G0160－农家乐	财办综［2006］11 号
33	G0166－F1 赛车	财办综［2005］119 号
34	G0168－扑克比大小	财办综［2006］11 号
35	G0171－见缝插金	财办综［2006］11 号
36	G0174－双喜临门	财办综［2008］8 号

续表

序号	方案代码－名称	批准文号
37	G0177－66 顺 2	财办综［2006］11 号
38	G0180－双喜临门 2	财办综［2008］8 号
39	G0181－幸运宝贝 3	财办综［2006］11 号
40	G0182－数字魔方	财办综［2007］64 号
41	G0183－海底寻宝	财办综［2006］11 号
42	G0185－点石成金 2	财办综［2005］128 号
43	G0186－幸运宝藏 2	财办综［2006］11 号
44	G0187－主场 2 元	财办综［2008］63 号
45	G0188－主场 5 元	财办综［2008］63 号
46	G0190－宁夏票 5 元	财办综［2008］71 号
47	G0191－宁夏票 2 元	财办综［2008］71 号
48	G0192－齐鲁古车	财办综［2008］63 号
49	G0193－西游探宝	财办综［2008］71 号
50	G0194－游乐场	财办综［2008］71 号
51	G0195－节大欢喜	财办综［2008］71 号
52	G0196－硕果累累 2	财办综［2006］11 号
53	G0198－重建家园	财办综［2008］76 号
54	G0199－同舟共济	财办综［2008］76 号
55	G0200－众志成城	财办综［2008］76 号
56	G0201－扶危济困	财办综［2008］76 号
57	G0202－阖家欢乐	财办综［2008］71 号
58	G0205－万众一心	财办综［2008］76 号
59	G0206－福牛乐乐	财办综［2008］82 号
60	G0207－超越自我	财办综［2008］82 号
61	G0208－欢聚北京	财办综［2008］82 号
62	G0209－节大欢喜 2	财办综［2008］71 号
63	G0210－牛年 2 元	财办综［2008］104 号
64	G0211－牛年 5 元	财办综［2008］104 号
65	G0212－喜庆吉祥 3	财办综［2005］119 号

续表

序号	方案代码 - 名称	批准文号
66	G0213 - 阖家欢乐 3	财办综［2008］71 号
67	G0214 - 阖家欢乐 2	财办综［2008］71 号
68	G0215 - 富贵有余 3	财办综［2009］21 号
69	G0216 - 富贵有余 4	财办综［2009］21 号
70	G0217 - 富贵有余 5	财办综［2009］21 号
71	G0219 - 星座	财办综［2007］64 号
72	G220 - 放飞梦想	财办综［2009］21 号
73	G0221 - 万事如意	财办综［2009］21 号
74	G0225 - 欢乐碰碰	财办综［2009］21 号
75	G0226 - 开心时刻	财办综［2009］21 号
76	G0227 - 淘宝商城	财办综［2009］21 号
77	G0228 - 节大欢喜 3	财办综［2008］71 号
78	G0229 - 主场 2	财办综［2008］63 号
79	G0230 - 万众一心 2	财办综［2008］76 号
80	G0231 - 爱满人间	财办综［2009］21 号
81	G0233 - 水浒 108 将	财办综［2009］21 号
82	G0234 - 一刮一乐	财办综［2007］64 号
83	G0235 - 财源滚滚	财办综［2007］64 号
84	G0236 - 齐鲁古车 2	财办综［2008］63 号
85	G0237 - 梁祝	财办综［2009］21 号
86	G0240 - 游乐场 2	财办综［2006］11 号
87	G0241 - 祝福	财办综［2009］21 号
88	G0242 - 锦绣中华	财办综［2009］21 号
89	G0243 缤纷世博	财办综［2009］52 号
90	G0244 - 奇妙世博	财办综［2009］52 号
91	G0245 - 海宝风情	财办综［2009］52 号
92	G0246 - 吉祥海宝	财办综［2009］52 号

续表

序号	方案代码 - 名称	批准文号
93	G0249 - 水浒 108 将 2	财办综［2009］21 号
94	G0250 - 放飞梦想 2	财办综［2009］21 号
95	G0253 - 爱情密码	财办综［2010］85 号
96	G0254 - 奇妙世博 2	财办综［2009］52 号
97	G0256 - 彩运天天有	财办综［2009］21 号
98	G0258 - 欢天喜地	财办综［2007］82 号
99	G0259 - 阖家欢乐 2	财办综［2008］71 号
100	G0260 - 中华名人	财办综［2010］3 号
101	G0261 - 中华泰山	财办综［2010］3 号
102	G0262 - 楚天 2 元	财办综［2010］3 号
103	G0263 - 楚天 5 元	财办综［2010］3 号
104	G0266 - 畅游天下	财办综［2009］21 号
105	G0269 - 寻宝乐	财办综［2009］10 号
106	G0271 - 海宝魔术师	财办综［2009］10 号
107	G0272 - 海底大寻宝	财办综［2009］10 号
108	G0273 - 红楼探秘	财办综［2010］3 号
109	G0275 - 羊城八景	财办综［2010］3 号
110	G0282 - 星耀世博	财办综［2009］10 号
111	G0285 - 羊城新八景	财办综［2010］3 号
112	G0287 - 开奖啦	财办综［2010］3 号
113	G0290 - 中华名人 2	财办综［2010］3 号
114	G0298 - 缘定金生	财办综［2009］21 号
115	G0301 - 世博熊猫	财办综［2009］10 号
116	G0306 - 荷包满满	财办综［2009］10 号
117	G0307 - 紫荆花开	财办综［2009］10 号
118	G0308 - 宝岛风情	财办综［2009］10 号
119	G0310 - 东方之冠 1	财办综［2009］10 号

续表

序号	方案代码－名称	批准文号
120	G0312－漫游世博	财办综［2009］10 号
121	G0314－锦绣中华 2	财办综［2009］21 号
122	G0316－筑美世博	财办综［2009］10 号
123	G0317－筑美（套票）	财办综［2009］10 号
124	G0318－水浒 108 将 3	财办综［2009］21 号
125	G0319－灌篮高手	财办综［2010］85 号
126	G0320－超越梦想	财办综［2010］3 号
127	G0332－恭贺新春	财办综［2010］85 号
128	G0333－玉兔迎春	财办综［2010］85 号

续表

序号	方案代码－名称	批准文号
129	G0334－爱情密码 2	财办综［2010］85 号
130	G0336－吉祥如意	财办综［2010］3 号
131	G0339－欢乐园	财办综［2010］3 号
132	G0345－连连看	财办综［2010］3 号
133	G0346－神笔马良	财办综［2010］3 号
134	G0350－富贵有余 8	财办综［2009］21 号
135	G0362－奇兵夺宝	财办综［2010］3 号
136	G0377－三国争雄	财办综［2011］132 号

财政部办公厅关于同意印制发行“吉祥如意”等10款即开型体育彩票的通知

（2014 年 1 月 9 日　财政部　财办综［2014］2 号）

国家体育总局体育彩票管理中心：

你中心《关于印制发行“吉祥如意”等即开型体育彩票的请示》（体彩字［2014］1 号）收悉。为优化体育彩票游戏结构，促进彩票市场健康发展，经研究，根据《彩票管理条例》、《彩票管理条例实施细则》、《彩票发行销售管理办法》（财综［2012］102 号）等有关规定，现就有关事项通知如下：

一、同意你中心印制发行“吉祥如意”等 10 款即开型体育彩票，具体游戏规则见附件。“吉祥如意”等即开型体育彩票按销售总额的 65%、15% 和 20% 分别计提彩票奖金、彩票发行费和彩票公益金。

二、上市销售前，你中心应及时向社会发布公告，并在公告中注明财政部的批准文件名称、文号、上市销售的日期以及财政部批准的《“吉祥如意”等即开型体育彩票游戏规则》等。各省、自治区、直辖市体育彩票销售机构应当将拟上市销售日期、营销宣传计划、风险控制办法等销售实施方案报同级财政部门审核，经核准后上市销售。

三、你中心向各省、自治区、直辖市体育彩票销售机构分配即开型体育彩票时，应当将彩票游戏、数量和金额等具体分配方案报财政部备案，并按月报送全国印制和发行情况。上市销售满1个月后，你中心和各省、自治区、直辖市体育彩票销售机构应当向同级财政部门提交上市销售情况的书面报告。

四、你中心应当严格按照各项彩票管理制度规定，建立健全即开型彩票发行和销售风险防控制度及应急机制；督促各省、自治区、直辖市体育彩票销售机构切实加强安全管理，做好宣传等工作，确保即开型彩票市场平稳健康发展。

附件："吉祥如意"等即开型体育彩票游戏规则

附件

"吉祥如意"等即开型体育彩票游戏规则

一、切西瓜

（一）面值：2元。

（二）奖组：60万张（120万元）。

（三）玩法规则：刮开覆盖膜，如果三刀中的任意一刀切出"西瓜"标志，即中得该标志下方所示的金额；如果切出"金币"标志，即中得该标志下方所示金额的两倍。兼中兼得。

（四）设奖方案：

奖级	中奖金额（元）	中奖个数	中奖小计（元）
1	15 000	1	15 000
2	1 000	5	5 000
3	500	100	50 000
4	100	1 000	100 000
5	50	1 000	50 000
6	20	2 000	40 000
7	10	6 000	60 000
8	5	40 000	200 000
9	2	130 000	260 000
合计		**180 106**	**780 000**

二、开运罐

（一）面值：5元。

（二）奖组：60万张（300万元）。

（三）玩法规则：刮开覆盖膜，如果你的号码中的任意一个号码与中奖号码之一相同，即中得该号码下方所示的金额；如果出现"钱袋"标志，即中得该标志下方所示金额的五倍。兼中兼得。

（四）设奖方案：

奖级	中奖金额（元）	中奖个数	中奖小计（元）
1	100 000	1	100 000
2	1 000	30	30 000
3	600	225	135 000
4	300	380	114 000
5	100	710	71 000
6	50	1 300	65 000
7	40	1 500	60 000
8	20	20 000	400 000
9	10	35 000	350 000
10	5	125 000	625 000
合计		**184 146**	**1 950 000**

三、A&K

（一）面值：5 元。

（二）奖组：60 万张（300 万元）。

（三）玩法规则：刮开覆盖膜，如果出现“K”标志，即中得该标志下方所示的金额；如果出现“A”标志，即中得该标志下方所示金额的两倍。兼中兼得。

（四）设奖方案：

奖级	中奖金额（元）	中奖个数	中奖小计（元）
1	100 000	1	100 000
2	1 000	5	5 000
3	500	50	25 000
4	100	950	95 000
5	50	5 000	250 000
6	20	20 000	400 000
7	10	60 000	600 000
8	5	95 000	475 000
合计		**181 006**	**1 950 000**

四、梦想成金

（一）面值：5 元。

（二）奖组：30 万张（150 万元）。

（三）玩法规则：①游戏一：刮开覆盖膜，如果你的号码中的任意一个号码与中奖号码之一相同，即中得该号码右方所示的金额。②游戏二：刮开覆盖膜，如果在任一横线、竖线或对角线刮出三个相同标志，即中得刮开区内所示的金额。兼中兼得。

（四）设奖方案：

奖级	中奖金额（元）	中奖个数	中奖小计（元）
1	100 000	1	100 000
2	1 000	5	5 000
3	500	10	5 000
4	100	560	56 000
5	50	1 055	52 750
6	30	4 375	131 250
7	20	7 500	150 000
8	10	20 000	200 000
9	5	55 000	275 000
合计		**88 506**	**975 000**

五、通吃

（一）面值：10 元。

（二）奖组：60 万张（600 万元）。

（三）玩法规则：刮开覆盖膜，如果你的号码中的任意一个号码与中奖号码之一相同，即中得该号码下方所示的金额；如果你的号码中的任意一个号码与通吃号码之一相同，即中得刮开区内所示的 12 个金额之和。兼中兼得。

（四）设奖方案：

奖级	中奖金额（元）	中奖个数	中奖小计（元）
1	250 000	1	250 000
2	1 000	15	15 000
3	500	170	85 000

续表

奖级	中奖金额（元）	中奖个数	中奖小计（元）
4	200	7 500	1 500 000
5	50	5 000	250 000
6	20	15 000	300 000
7	10	150 000	1 500 000
合计		**177 686**	**3 900 000**

六、璀璨钻石

（一）面值：10 元。

（二）奖组：60 万张（600 万元）。

（三）玩法规则：刮开覆盖膜，如果出现两个及两个以上“钻石”标志，则按照刮开区中“钻石”标志的总数中得下表中相应的金额。不可兼中兼得。

（四）设奖方案：

奖级	中奖金额（元）	中奖个数	中奖小计（元）
1	250 000	1	250 000
2	5 000	2	10 000
3	1 000	60	60 000
4	500	70	35 000
5	100	2 950	295 000
6	50	5 000	250 000
7	30	30 000	900 000
8	20	50 000	1 000 000
9	10	110 000	1 100 000
合计		**198 083**	**3 900 000**

七、黑旋风 II

（一）面值：20 元。

（二）奖组：1 200 万张（24 000 万元）。

（三）玩法规则：刮开覆盖膜，如果出现“黑旋风”标志，即中得该标志下方所示的金额。兼中兼得。

（四）设奖方案：

奖级	中奖金额（元）	中奖个数	中奖小计（元）
1	1 000 000	1	1 000 000
2	100 000	1	100 000
3	10 000	5	50 000
4	5 000	10	50 000
5	1 000	2 000	2 000 000
6	500	38 800	19 400 000
7	100	400 000	40 000 000
8	50	300 000	15 000 000
9	30	1 100 000	33 000 000
10	20	2 270 000	45 400 000
合计		**4 110 817**	**156 000 000**

八、财富金字塔

（一）面值：20 元。

（二）奖组：3 000 万张（60 000 万元）。

（三）玩法规则：刮开覆盖膜，如果在任意一场游戏中的任意一个号码与中奖号码相同，即中得该场游戏右方所示的金额；如果出现“金砖”标志，即中得刮开区内所示的 16 个金额之和。兼中兼得。

（四）设奖方案：

奖级	中奖金额（元）	中奖个数	中奖小计（元）
1	1 000 000	12	12 000 000
2	100 000	24	2 400 000
3	3 000	200	600 000
4	1 000	30 000	30 000 000
5	300	150 000	45 000 000
6	100	500 000	50 000 000
7	50	1 000 000	50 000 000
8	30	2 000 000	60 000 000
9	20	7 000 000	140 000 000
合计		**10 680 236**	**390 000 000**

九、真金白银

（一）面值：20元。

（二）奖组：600万张（12 000万元）。

（三）玩法规则：①游戏一：刮开覆盖膜，如果你的号码中的任意一个号码与中奖号码之一相同，即中得该号码下方所示的金额。②游戏二：刮开覆盖膜，如果你的号码中的任意一个号码与中奖号码之一相同，即中得该号码下方所示金额的两倍。兼中兼得。

（四）设奖方案：

奖级	中奖金额（元）	中奖个数	中奖小计（元）
1	1 000 000	8	8 000 000
2	100 000	2	200 000
3	10 000	6	60 000
4	5 000	28	140 000
5	1 000	1 000	1 000 000
6	500	9 200	4 600 000
7	100	100 000	10 000 000
8	60	200 000	12 000 000
9	40	400 000	16 000 000
10	20	1 300 000	26 000 000
合计		**2 010 244**	**78 000 000**

十、吉祥如意

（一）面值：20元。

（二）奖组：3 000万张（60 000万元）。

（三）玩法规则：刮开覆盖膜，如果出现“8”标志，即中得该标志右方所示的金额；如果出现“10”标志，即中得该标志右方所示金额的10倍；如果出现“20”标志，即中得刮开区内所示的20个金额之和。兼中兼得。

（四）设奖方案：

奖级	中奖金额（元）	中奖个数	中奖小计（元）
1	1 000 000	6	6 000 000
2	60 000	15	900 000
3	6 000	100	600 000
4	1 000	27 500	27 500 000
5	300	100 000	30 000 000
6	100	1 000 000	100 000 000
7	60	750 000	45 000 000
8	30	2 000 000	60 000 000
9	20	6 000 000	120 000 000
合计		**9 877 621**	**390 000 000**

财政部办公厅关于变更中国福利彩票广东省快乐彩游戏规则的通知

（2014年1月27日　财政部　财办综［2014］4号）

中国福利彩票发行管理中心：

你中心《关于调整广东省福利彩票快乐彩游戏规则的请示》（中彩发字［2013］159号）收悉。为优化广东省福利彩票市场结构，促进彩票市场持续健康发展，利用市场手段打击非法彩票，经研究，根据《彩票管理条例》、《彩票管理条例实施细则》、《彩票发行销售管理办法》（财综［2012］102号）等相关规定，现就有关事项通知如下：

一、同意你中心变更中国福利彩票广东省快乐彩（以下简称“快乐彩”）游戏规则，变更后的游戏规则见附件。快乐彩游戏，每期按彩票销售额的67%、13%和20%，分别计提彩票奖金、彩票发行费和彩票公益金。彩票奖金分为当期奖金和调节基金，其中，65%为当期奖金，2%为调节基金。广东省福利彩票销售机构应当自批准之日起4个月内完成变更上市销售。

二、变更上市销售前，广东省福利彩票销售机构应当将快乐彩拟上市销售日期、营销宣传计划、风险控制办法等销售实施方案报同级财政部门审核，经核准后上市销售。广东省福利彩票销售机构应当及时向社会发布公告，公告内容包括财政部批准文件的名称及文号、同级财政部门核准文件的名称及文号、上市销售的日期、财政部批准的《中国福利彩票广东省快乐彩游戏规则》等。上市销售满1个月后，你中心和广东省福利彩票销售机构应当分别向同级财政部门提交上市销售情况的书面报告。

三、变更后快乐彩在广东省深圳市和汕头市试点销售。

四、你中心应当严格遵照各项彩票管理制度规定，督促广东省福利彩票销售机构加强彩票销售的风险控制和安全管理，切实做好宣传等工作，确保彩票市场持续健康发展。

附件：中国福利彩票广东省快乐彩游戏规则

附件

中国福利彩票广东省快乐彩游戏规则

第一章　总　　则

第一条　根据《彩票管理条例》、《彩票管理条例实施细则》、《彩票发行销售管理办法》（财综［2012］102号）等相关规定，制定本规则。

第二条　中国福利彩票广东省快乐彩游戏（以下简称“快乐彩”）由中国福利彩票发行管理中心发行和组织销售，由广东省福利彩票销售机构（以下简称“广东福彩机构”）在所辖区域内销售。

第三条　快乐彩采用计算机网络系统发行，在广东福彩机构设置的销售网点销售，定期开奖。

第四条　快乐彩实行自愿购买，凡购买者均被视为同意并遵守本规则。

第五条　不得向未成年人出售彩票或兑付奖金。

第二章 投　　注

第六条 快乐彩是指从 1—22 共二十二个号码中任意选择一个号码组成一注进行投注，其中，1—20 为数字号码球，21 和 22 为公益号码球。每注金额人民币 2 元。购买者可对其选定的投注号码进行多倍投注，投注倍数范围为 2—99 倍。单张彩票的投注金额最高不得超过 20 000 元。

第七条 购买者可在广东福彩机构设置的销售网点投注。投注号码经投注机打印出兑奖凭证，交购买者保存，此兑奖凭证即为快乐彩彩票。

第八条 购买者可选择机选号码投注、自选号码投注。机选号码投注是指由投注机随机产生投注号码进行投注，自选号码投注是指将购买者选定的号码输入投注机进行投注。

第九条 购买者可选择单式投注、复式投注。单式投注是指从 1—22 共二十二个号码中任意选择一个号码进行投注。复式投注是指所选号码个数超过单式投注的号码个数，所选号码可组合为每一种单式投注方式的多注彩票的投注。快乐彩游戏复式投注分为“组选 2”、“组选 4”、“组选 5”、“任选 2 个或以上”四种，具体规定如下：

（一）组选 2：是指从 20 个数字号码球中选择 2 个号码进行投注。根据投注号码区间，分别命名为：红（1、2），橙（3、4），黄（5、6），绿（7、8），青（9、10），蓝（11、12），紫（13、14），乐（15、16），运（17、18），彩（19、20）。

（二）组选 4：是指从 20 个数字号码球中选择 4 个号码进行投注。根据投注号码区间，分别命名为：东（1、2、3、4），南（5、6、7、8），西（9、10、11、12），北（13、14、15、16），中（17、18、19、20）。

（三）组选 5：是指从 20 个数字号码球中选择 5 个号码进行投注。根据投注号码区间，分别命名为：福（1、2、3、4、5），禄（6、7、8、9、10），寿（11、12、13、14、15），禧（16、17、18、19、20）。

（四）任选 2 个或以上：是指从 20 个数字号码球中任意选择 2 个或 2 个以上的号码进行投注。

第十条 购买者可选择多期投注。多期投注是指购买从当期起最多连续 12 期的彩票。

第十一条 快乐彩每期销售时间为 5 分钟。销售期号以销售日按每期开奖顺序编排。

第十二条 快乐彩每期全部投注号码的可投注数量实行限量销售，若投注号码受限，则不能投注。若因销售终端故障、通信线路故障和投注站信用额度受限等原因造成投注不成功，应退还购买者投注金额。

第三章 设　　奖

第十三条 快乐彩按当期销售额的 67%、13% 和 20% 分别计提彩票奖金、彩票发行费和彩票公益金。彩票奖金分为当期奖金和调节基金，其中，65% 为当期奖金，2% 为调节基金。

第十四条 快乐彩按不同单式投注方式设奖，均为固定奖。奖金规定如下：

（一）数字号码球：单注奖金固定为28元；

（二）公益号码球：单注奖金固定为12元。

第十五条 快乐彩设置调节基金。调节基金包括按销售总额2%提取部分、逾期未退票的票款。调节基金用于支付不可预见的奖金支出风险，以及设立特别奖。动用调节基金设立特别奖，应报同级财政部门审核批准。

第十六条 快乐彩设置奖池。奖池资金由当期计提奖金与实际中出奖金的差额组成。当期实际中出奖金小于计提奖金时，余额进入奖池；当期实际中出奖金超过计提奖金时，差额由奖池资金补足。当奖池资金总额不足时，由调节基金补足，调节基金不足时，用彩票兑奖周转金垫支。在出现彩票兑奖周转金垫支的情况下，当调节基金有资金滚入时优先偿还垫支的彩票兑奖周转金。当奖池资金超过200万元时，超出部分转入调节基金。

第四章　开　　奖

第十七条 快乐彩采用专用电子摇奖设备开奖，每期从1—22共二十二个号码中随机生成一个号码作为当期开奖号码。每期开奖时间为1分钟。

第十八条 每期开奖后，广东福彩机构应向社会公布开奖号码、当期销售总额、各奖级中奖情况及奖池资金余额等信息，并将开奖结果通知销售网点。

第五章　中　　奖

第十九条 根据购买者选择的快乐彩游戏的投注号码和投注方式，与当期开奖号码的相符情况，确定相应的中奖资格。具体规定如下：

（一）数字号码球：当期开奖号码为数字号码球，且投注号码与当期开奖号码相符，即中奖；

（二）公益号码球：当期开奖号码为公益号码球，且投注号码为两个公益号码球中的任意一个，即中奖。

第二十条 当期每注投注号码按其投注方式只有一次中奖机会，不能兼中兼得，特别设奖除外。

第六章　兑　　奖

第二十一条 快乐彩游戏兑奖当期有效。中奖者应当自开奖之日起60个自然日内，持中奖彩票到指定的地点兑奖。逾期未兑奖视为弃奖，弃奖奖金纳入彩票公益金。

第二十二条 中奖彩票为中奖唯一凭证，中奖彩票因玷污、损坏等原因不能正确识别的，不能兑奖。

第二十三条 兑奖机构可以查验中奖者的中奖彩票及有效身份证件，中奖者兑奖时应予配合。

第七章　附　　则

第二十四条 本规则自批准之日起执行。

财政部办公厅关于变更中国福利彩票双色球游戏规则的通知

（2014 年 3 月 11 日 财政部 财办综［2014］17 号）

中国福利彩票发行管理中心：

你中心《关于调整中国福利彩票双色球游戏规则的请示》（中彩发字［2014］6 号）收悉。为优化福利彩票市场结构，促进彩票市场持续健康发展，经研究，根据《彩票管理条例》、《彩票管理条例实施细则》、《彩票发行销售管理办法》（财综［2012］102 号）等相关规定，现就有关事项通知如下：

一、同意你中心变更中国福利彩票双色球（以下简称双色球）游戏规则。变更的内容是高奖级奖金的分配比例，即当奖池资金低于 1 亿元时，一等奖奖金总额为当期高奖级奖金的 75% 与奖池中累积的资金之和，单注奖金按注均分，单注最高限额封顶 500 万元。当奖池资金高于 1 亿元（含）时，一等奖奖金总额包括两部分，一部分为当期高奖级奖金的 55% 与奖池中累积的资金之和，单注奖金按注均分，单注最高限额封顶 500 万元；另一部分为当期高奖级奖金的 20%，单注奖金按注均分，单注最高限额封顶 500 万元。二等奖奖金总额为当期高奖级奖金的 25%，单注奖金按注均分，单注最高限额封顶 500 万元。变更后的游戏规则见附件。双色球游戏，每期按彩票销售额的 50%、15% 和 35%，分别计提彩票奖金、彩票发行费和彩票公益金。彩票奖金分为当期奖金和调节基金，其中，49% 为当期奖金，1% 为调节基金。你中心应当自批准之日起 4 个月内完成变更上市销售。

二、变更上市 10 个自然日前，你中心应当向社会发布公告。公告内容包括财政部批准文件的名称及文号、变更上市日期、变更后的《中国福利彩票双色球游戏规则》等。上市销售满 1 个月后，你中心应当向财政部提交上市销售情况的书面报告。

三、你中心应当严格遵照各项彩票管理制度规定，认真做好中国福利彩票双色球的发行和组织销售工作，督促各省、自治区、直辖市福利彩票销售机构加强彩票销售的风险控制和安全管理，做好宣传公告等工作，确保彩票市场平稳健康发展。

附件：中国福利彩票双色球游戏规则

附件

中国福利彩票双色球游戏规则

第一章　总　　则

第一条　根据《彩票管理条例》、《彩票管理条例实施细则》、《彩票发行销售管理办法》（财综［2012］102 号）等有关规定，制定本规则。

第二条　中国福利彩票双色球游戏（以下简称“双色球”）由中国福利彩票发行管理中心（以下称“中福彩中心”）发行和组织销售，由各省、自治区、直辖市福利彩票销售机构（以下称“各省福彩机构”）在所辖区域内销售。

第三条　双色球采用计算机网络系统发行，在各省福彩机构设置的销售网点销售，定期开奖。

第四条　双色球实行自愿购买，凡购买者均被视为同意并遵守本规则。

第五条　不得向未成年人销售彩票或兑付奖金。

第二章　投　　注

第六条　双色球投注区分为红色球号码区和蓝色球号码区，红色球号码区由1—33 共三十三个号码组成，蓝色球号码区由 1—16 共十六个号码组成。投注时选择 6 个红色球号码和 1 个蓝色球号码组成一注进行单式投注，每注金额人民币 2 元。

第七条　购买者可在各省福彩机构设置的销售网点投注。投注号码经投注机打印出对奖凭证，交购买者保存，此对奖凭证即为双色球彩票。

第八条　购买者可选择机选号码投注、自选号码投注。机选号码投注是指由投注机随机产生投注号码进行投注，自选号码投注是指将购买者选定的号码输入投注机进行投注。

第九条　购买者可选择复式投注。复式投注是指所选号码个数超过单式投注的号码个数，所选号码可组合为每一种单式投注方式的多注彩票的投注。具体规定如下：

（一）红色球号码复式：是指从红色球号码中选择 7 个号码以上（含 7 个号码），从蓝色球号码中选择 1 个号码，组合为多注单式投注号码的投注；

（二）蓝色球号码复式：是指从红色球号码中选择 6 个号码，从蓝色球号码中选择 2 个号码以上（含 2 个号码），组合为多注单式投注号码的投注；

（三）全复式：是指从红色球号码中选择 7 个号码以上（含 7 个号码），从蓝色球号码中选择 2 个号码以上（含 2 个号码），组合为多注单式投注号码的投注。

第十条　购买者可对其选定的投注号码进行多倍投注，投注倍数范围为 2—99 倍。单张彩票的投注金额最高不得超过 20 000 元。

第十一条　双色球按期销售，每周销售三期，期号以开奖日界定，按日历年度编排。

第十二条 若因销售终端故障、通讯线路故障和投注站信用额度受限等原因造成投注不成功，应退还购买者投注金额。

第三章 设 奖

第十三条 双色球按当期销售额的50%、15% 和 35% 分别计提彩票奖金、彩票发行费和彩票公益金。彩票奖金分为当期奖金和调节基金，其中，49% 为当期奖金，1% 为调节基金。

第十四条 双色球采取全国统一奖池计奖。

第十五条 双色球奖级设置分为高奖级和低奖级，一等奖和二等奖为高奖级，三至六等奖为低奖级。当期奖金减去当期低奖级奖金为当期高奖级奖金。各奖级和奖金规定如下：

一等奖：当奖池资金低于 1 亿元时，奖金总额为当期高奖级奖金的 75% 与奖池中累积的资金之和，单注奖金按注均分，单注最高限额封顶 500 万元。当奖池资金高于 1 亿元（含）时，奖金总额包括两部分，一部分为当期高奖级奖金的 55% 与奖池中累积的资金之和，单注奖金按注均分，单注最高限额封顶 500 万元；另一部分为当期高奖级奖金的 20%，单注奖金按注均分，单注最高限额封顶 500 万元。

二等奖：奖金总额为当期高奖级奖金的 25%，单注奖金按注均分，单注最高限额封顶 500 万元。

三等奖：单注奖金固定为 3 000 元。

四等奖：单注奖金固定为 200 元。

五等奖：单注奖金固定为 10 元。

六等奖：单注奖金固定为 5 元。

第十六条 双色球设置奖池，奖池资金由未中出的高奖级奖金和超出单注奖金封顶限额部分的奖金组成，奖池资金用于支付一等奖奖金。

第十七条 调节基金包括按销售总额的 1% 提取部分、逾期未退票的票款、浮动奖奖金按元取整后的余额。调节基金用于支付不可预见的奖金支出风险，以及设立特别奖。动用调节基金设立特别奖，应报财政部审核批准。

第十八条 当一等奖的单注奖金低于二等奖的单注奖金时，将一等奖和二等奖的奖金总额相加，由一等奖和二等奖的中奖者按注均分；当二等奖的单注奖金低于三等奖单注奖金的两倍时，由调节基金将二等奖的单注奖金补足为三等奖单注奖金的两倍。

第十九条 双色球的当期奖金和奖池资金不足以兑付当期中奖奖金时，由调节基金补足，调节基金不足时，用彩票兑奖周转金垫支。在出现彩票兑奖周转金垫支的情况下，当调节基金有资金滚入时优先偿还垫支的彩票兑奖周转金。

第四章 开 奖

第二十条 双色球由中福彩中心统一开奖，每周二、四、日开奖。

第二十一条 双色球每期开奖时，在公证人员封存销售数据资料之后，并在其监督下通过摇奖器确定开奖号码。摇奖时先摇出 6 个红色球号码，再摇出 1 个蓝色球号码。

第二十二条 每期开奖后，中福彩中心和各省福彩机构应向社会公布开奖号码、当期销售总额、各奖级中奖情况及奖池资金余额等信息，并将开奖结果通知销售网点。

第五章　中　　奖

第二十三条　双色球根据购买者所选单式投注号码（复式投注按其包含的每一注单式投注计）与当期开奖号码的相符情况，确定相应的中奖资格。具体规定如下：

一等奖：投注号码与当期开奖号码全部相同（顺序不限，下同），即中奖；

二等奖：投注号码与当期开奖号码中的6个红色球号码相同，即中奖；

三等奖：投注号码与当期开奖号码中的任意5个红色球号码和1个蓝色球号码相同，即中奖；

四等奖：投注号码与当期开奖号码中的任意5个红色球号码相同，或与任意4个红色球号码和1个蓝色球号码相同，即中奖；

五等奖：投注号码与当期开奖号码中的任意4个红色球号码相同，或与任意3个红色球号码和1个蓝色球号码相同，即中奖；

六等奖：投注号码与当期开奖号码中的1个蓝色球号码相同，即中奖。

第二十四条　高奖级中奖者按各奖级的中奖注数均分该奖级奖金，并以元为单位取整计算；低奖级中奖者按各奖级的单注固定奖金获得相应奖金。

第二十五条　当期每注投注号码只有一次中奖机会，不能兼中兼得，特别设奖除外。

第六章　兑　　奖

第二十六条　双色球兑奖当期有效。中奖者应当自开奖之日起60个自然日内，持中奖彩票到指定的地点兑奖。逾期未兑奖视为弃奖，弃奖奖金纳入彩票公益金。

第二十七条　中奖彩票为中奖唯一凭证，中奖彩票因玷污、损坏等原因不能正确识别的，不能兑奖。

第二十八条　兑奖机构可以查验中奖者的中奖彩票及有效身份证件，中奖者兑奖时应予配合。

第七章　附　　则

第二十九条　本规则自批准之日起执行。

财政部办公厅关于发行中国体育彩票单场胜负过关游戏的通知

（2014年3月12日　财政部　财办综［2014］19号）

国家体育总局体育彩票管理中心：

你中心《关于变更奥运竞猜彩票“胜负过关”游戏的请示》（体彩字［2014］58号）收悉。经研究，根据《彩票管理条例》、《彩票管理条例实施细则》、《彩票发行销售管理办法》（财综［2012］102 号）等有关规定，现就有关事项通知如下：

一、同意你中心将奥运竞猜彩票“胜负过关”游戏变更为中国体育彩票单场胜负过关游戏（以下简称“单场胜负过关游戏”），具体游戏规则见附件。单场胜负过关游戏按彩票销售额的 65%、13% 和 22% 分别计提彩票奖金、彩票发行费和彩票公益金。单场胜负过关游戏应当自批准之日起 4 个月内上市销售。

二、单场胜负过关游戏上市销售 10 个自然日前，你中心应当及时向社会发布公告，公告内容包括财政部的批准文件名称及文号、上市销售日期、《中国体育彩票单场胜负过关游戏规则》等。上市销售满 1 个月后，你中心应当向财政部提交发行销售情况的书面报告。

三、你中心应当严格遵守各项彩票管理制度规定，督促各体育彩票销售机构加强彩票销售的风险控制和安全管理，切实做好宣传公告等工作，确保竞猜型彩票市场平稳健康发展。

附件：中国体育彩票单场胜负过关游戏规则

附件

中国体育彩票单场胜负过关游戏规则

第一章　总　　则

第一条　根据《彩票管理条例》、《彩票管理条例实施细则》、《彩票发行销售管理办法》（财综［2012］102 号）等有关规定，制定本规则。

第二条　中国体育彩票单场胜负过关游戏（以下简称“单场胜负过关游戏”）由国家体育总局体育彩票管理中心发行和组织销售，由北京市、天津市、广东省体育彩票销售机构在本行政区域内销售。

第三条　单场胜负过关游戏采用计算机网络系统发行销售。

第四条　单场胜负过关游戏实行自愿购买，凡购买该彩票者即被视为同意并遵守本规则。

第五条　不得向未成年人出售彩票或兑付奖金。

第二章　投　　注

第六条　单场胜负过关游戏以国家体育总局体育彩票管理中心选定的运动项目的比赛为竞猜对象，包括足球、篮球、网球、橄榄球、排球、羽毛球、乒乓球、沙滩排球、冰球、曲棍球、手球、水球比赛。所竞猜的比赛根据赛事特点确定比赛结果：

（一）网球、排球、羽毛球、乒乓球、沙滩排球比赛为全场比赛结果；

（二）足球、手球、曲棍球、水球、冰球比赛为全场常规时间（含伤停补时，不含加时赛及点球）的比赛结果；

（三）篮球、橄榄球比赛为全场（含加时赛）的比赛结果。

彩票购买者对指定的比赛的胜负结果进行投注，每场比赛设置 2 个结果选项：

（一）“3”：表示主队胜，客队负；

（二）“0”：表示主队负，客队胜。

第七条 单场胜负过关游戏投注方式包括过关投注、单式投注、复式投注。

彩票购买者选择至少 3 场至多 15 场比赛投注为过关投注。

彩票购买者对所选比赛场次的比赛结果均选择 1 种投注结果为单式投注。对于某个或某几个比赛场次选择 2 种投注结果为复式投注。

彩票购买者可对其选定的结果进行多倍投注，投注倍数范围为 2 至 99 倍。

第八条 选定的比赛场次根据实际情况，由国家体育总局体育彩票管理中心采用让球（分、局、盘）方式确定胜负关系。具体让球（分、局、盘）球队（选手）及让球（分、局、盘）数量与竞猜赛程一同公布。

第九条 单场胜负过关游戏每注金额人民币 2 元。单张彩票最大投注金额不超过 20 000 元。

第十条 如果因销售终端故障、通讯线路故障或彩票代销者销售额度受限等原因造成投注不成功，应当退还彩票购买者的投注资金。

第十一条 单场胜负过关游戏的过关投注具体投注注数的分配如下表：

序号	过关投注	三关	四关	五关	六关	七关	八关	九关	十关	十一关	十二关	十三关	十四关	十五关
1	3*1	1												
2	4*1		1											
3	4*5	4	1											
4	5*1			1										
5	5*6		5	1										
6	5*16	10	5	1										
7	6*1				1									
8	6*7			6	1									
9	6*22		15	6	1									
10	6*42	20	15	6	1									
11	7*1					1								
12	8*1						1							
13	9*1							1						
14	10*1								1					
15	11*1									1				
16	12*1										1			
17	13*1											1		
18	14*1												1	
19	15*1													1

第十二条　单场胜负过关游戏投注单只用于辅助彩票购买者投注，不作为兑奖凭证，也不作为彩票购买者投注结果的间接证明。

第三章　设　奖

第十三条　单场胜负过关游戏按销售总额的65%、13%和22%分别计提彩票奖金、彩票发行费和彩票公益金。

第十四条　奖金分配办法如下：

单场胜负过关游戏设一个奖级，为浮动奖：单注奖金=单注本金×所选场次的单场SP值连乘×65%。例如：选择1、2、5、6场比赛竞猜，按4*1方式进行过关投注，如四场比赛全部竞猜正确，则中奖奖金=2元×SP1×SP2×SP5×SP6×65%。再如：选择1、2、5、6场比赛竞猜，按4*5方式进行过关投注，如第1、2、5场竞猜正确，第6场竞猜错误，则只有1注过三关的投注中奖，中奖奖金=2元×SP1×SP2×SP5×65%。

第十五条　单场胜负过关游戏单注彩票中奖奖金最高限额500万元。

第十六条　单场胜负过关游戏设置调节基金，调节基金由浮动奖奖金取整后的余额、未中出转入、逾期未退票的票款和超出单注封顶限额部分的奖金组成，专项用于支付不可预见的奖金支出风险和设置特别奖。

第十七条　单场胜负过关游戏单注奖金如果不足2元，补足至2元，补足资金从调节基金支出；调节基金不足时，用彩票兑奖周转金垫支。在出现彩票兑奖周转金垫支的情况下，当调节基金出现余额后，应当优先偿还垫支的彩票兑奖周转金。

第四章　开　奖

第十八条　单场胜负过关游戏在竞猜比赛结束后，根据实际比赛结果进行开奖。实际比赛结果以赛事主办方及其他相关机构正式公布结果为准，其后对比赛结果的各类更改不影响原确认的开奖结果。

开奖结果、销售情况等信息，通过销售网点和指定的互联网网站及其他媒体等信息渠道向社会公布。

第五章　中　奖

第十九条　每注单场胜负过关游戏有效投注与对应开奖结果对照，与开奖结果一致即为中奖。

第二十条　在单场胜负过关游戏销售过程中，如遇以下情形发生，则特别规定如下：

（一）在某个比赛场次开始销售前，如其比赛时间提前或推迟或取消比赛，则相应更改该比赛场次的开始、截止销售时间或取消该比赛场次竞猜；

（二）在某个比赛场次开始销售后，如其比赛时间提前，则相应提前该比赛场次的截止销售时间；

（三）在某个比赛场次开始销售后，如其比赛时间提前，且比赛开始时仍在进行销售，则认定该比赛场次对于在比赛开始时刻前发生的投注为有效场次，所涉及投注可正常参与兑奖；认定该比赛场次对于在比赛开始时刻后发生的投注则为无效场次；

（四）在某个比赛场次开始销售后，如其比赛时间推迟且未超过原定开奖时间

12 小时，则相应推迟该比赛场次的截止销售时间；如其比赛时间推迟且超过原定开奖时间 12 小时或无法获知具体推迟时间或取消比赛，则认定该比赛场次为无效场次；

（五）如某个比赛场次在比赛进行中因故中断，且在原定开奖时间 12 小时内继续完成了比赛，则认定该比赛场次为有效场次，所涉及投注可正常参与兑奖；如在原定开奖时间 12 小时内未继续完成比赛或无法获知具体补赛时间或取消补赛，则认定该比赛场次为无效场次；

（六）在某个比赛场次开始销售后，如参赛双方中有一方与原定参赛队伍不同，则认定该比赛场次为无效场次；

（七）如投注中的所有比赛场次均为无效场次，则该投注按退票处理，于 60 个自然日内在指定地点办理退票手续；如投注中部分场次为无效场次，则无效场次的所有选项均视为中奖，SP 值按 1 计算。

第二十一条 每注彩票只有一次中奖机会，不兼中兼得。

第六章 兑 奖

第二十二条 单场胜负过关游戏中奖者应当在每张彩票所涉及的所有比赛场次开奖结果，全部公布后次日起 60 个自然日内，到指定地点兑奖。逾期未兑奖的奖金纳入彩票公益金。

第二十三条 中奖彩票为唯一兑奖凭证。中奖彩票因玷污、损坏等原因不能正确识别的，不能兑奖。

第二十四条 兑奖机构有权查验彩票中奖者的中奖彩票以及有效身份证件，彩票中奖者兑奖时应予配合。

第七章 附 则

第二十五条 本规则自批准之日起执行。

财政部办公厅关于停止销售中国体育彩票天津市泳坛夺金游戏 变更中国体育彩票天津市 11 选 5 游戏规则的通知

（2014 年 3 月 27 日 财政部 财办综［2014］21 号）

国家体育总局体育彩票管理中心：

你中心《关于变更天津市体育彩票高频游戏的请示》（体彩字［2014］128 号）收悉。为优化天津市体育彩票市场结构，促进体育彩票市场持续健康发展，经研究，根据《彩票管理条例》、《彩票管理条例实施细则》、《彩票发行销售管理办法》（财综［2012］102 号）等相关规定，现就有关事项通知如下：

一、同意你中心停止销售中国体育彩

票天津市泳坛夺金游戏（以下简称泳坛夺金）。天津市体育彩票销售机构应当自批准之日起2个月内向社会发布公告，公告内容包括财政部的批准文件名称及文号、停止销售日期、兑奖截止日期等。自公告之日起满60个自然日后，天津市体育彩票销售机构可以停止销售泳坛夺金。

二、泳坛夺金停止销售后，在兑奖期内，应当按照规定兑付奖金。兑奖期结束后，奖池资金和调节基金有结余的，转为一般调节基金；奖池资金和调节基金余额为负数的，从彩票发行销售风险基金列支。兑奖期结束后，你中心和天津市体育彩票销售机构应当在60个自然日内分别向同级财政部门提交书面报告，报告内容包括泳坛夺金的发行销售、彩票奖金提取与兑付、奖池资金和调节基金结余与划转等情况。

三、同意你中心变更中国体育彩票天津市11选5（以下简称11选5）游戏规则。变更的内容是调整彩票资金分配比例，变更后11选5每期按彩票销售额的59%、13%和28%，分别计提彩票奖金、彩票发行费和彩票公益金。彩票奖金分为当期奖金和调节基金，其中，58%为当期奖金，1%为调节基金。变更后的游戏规则见附件。天津市体育彩票销售机构应当自批准之日起4个月内完成变更上市销售。

四、11选5变更上市销售前，天津市体育彩票销售机构应当将11选5拟上市销售日期、营销宣传计划、风险控制办法等销售实施方案报同级财政部门审核，经核准后上市销售。天津市体育彩票销售机构应当及时向社会发布公告，公告内容包括财政部批准文件的名称及文号、同级财政部门核准文件的名称及文号、上市销售的日期、财政部批准的《中国体育彩票天津市11选5游戏规则》等。上市销售满1个月后，你中心和天津市体育彩票销售机构应当分别向同级财政部门提交上市销售情况的书面报告。

五、你中心应当严格遵照各项彩票管理制度规定，督促天津市体育彩票销售机构加强彩票销售的风险控制和安全管理，切实做好公告宣传等工作，确保彩票市场持续健康发展。

附件：中国体育彩票天津市11选5
　　　游戏规则

附件

中国体育彩票天津市11选5游戏规则

第一章　总　　则

第一条　根据《彩票管理条例》、《彩票管理条例实施细则》、《彩票发行销售管理办法》（财综［2012］102号）等有关规定，制定本规则。

第二条　中国体育彩票11选5游戏（以下简称“11选5”）由国家体育总局

体育彩票管理中心发行和组织销售，由经财政部批准的体育彩票销售机构（以下称“相关省体彩机构”）在所辖区域内销售。

第三条　11选5采用计算机网络系统发行，在相关省体彩机构设置的销售网点销售，定期开奖。

第四条　11选5实行自愿购买，凡购买者均被视为同意并遵守本规则。

第五条　不得向未成年人出售彩票或兑付奖金。

第二章　投　　注

第六条　11选5是指从1—11共十一个号码中任意选择一至八个号码进行投注，一组一至八个号码的组合称为一注。每注金额人民币2元。购买者可对其选定的投注号码进行多倍投注，投注倍数范围为2—99倍。单张彩票的投注金额最高不得超过20 000元。

第七条　购买者可在相关省体彩机构设置的销售网点投注。投注号码经投注机打印出对奖凭证，交购买者保存，此对奖凭证即为11选5彩票。

第八条　11选5根据投注号码个数分为“任选一”至“任选八”投注，以及“选前二”、“选前三”投注，具体规定如下：

任选一：从十一个号码中任选一个号码投注；

任选二：从十一个号码中任选两个号码投注；

任选三：从十一个号码中任选三个号码投注；

任选四：从十一个号码中任选四个号码投注；

任选五：从十一个号码中任选五个号码投注；

任选六：从十一个号码中任选六个号码投注；

任选七：从十一个号码中任选七个号码投注；

任选八：从十一个号码中任选八个号码投注。

选前二、选前三：从十一个号码中选择两个或者三个号码分别对应当期开奖号码的前两个或者前三个号码投注，具体分为：

直选投注：所选两个或者三个号码与当期开奖号码的前两个或者前三个号码按先后顺序一一对应投注；

组选投注：所选两个或者三个号码与当期开奖号码的前两个或者前三个号码不按先后顺序一一对应投注。

第九条　购买者可选择机选号码投注、自选号码投注。机选号码投注是指由投注机随机产生投注号码进行投注，自选号码投注是指将购买者选定的号码输入投注机进行投注。

第十条　购买者可选择复式投注、胆拖投注。复式投注是指所选号码个数超过单式投注的号码个数，所选号码可组合为每一种单式投注方式的多注彩票的投注。胆拖投注是指先选取少于单式投注号码个数的号码作为胆码（即每注彩票均包含的号码），再选取除胆码以外的号码作为拖码，胆码与拖码个数之和必须多于单式投注号码个数，由胆码与拖码的每一种组合按单式投注方式组成多注彩票的投注。

第十一条　11选5每期销售时间为

10分钟。销售期号以销售日按每期开奖顺序编排。

第十二条 11选5每期全部投注号码的可投注数量实行限量销售，若投注号码受限，则不能投注。若因销售终端故障、通讯线路故障和投注站信用额度受限等原因造成投注不成功，应退还购买者投注金额。

第三章 设 奖

第十三条 11选5按当期销售额的59%、13%和28%分别计提彩票奖金、彩票发行费和彩票公益金。彩票奖金分为当期奖金和调节基金，其中，58%为当期奖金，1%为调节基金。

第十四条 11选5按不同单式投注方式设奖，均为固定奖。奖金规定如下：

任选一中一：单注奖金固定为13元；

任选二中二：单注奖金固定为6元；

任选三中三：单注奖金固定为19元；

任选四中四：单注奖金固定为78元；

任选五中五：单注奖金固定为540元；

任选六中五：单注奖金固定为90元；

任选七中五：单注奖金固定为26元；

任选八中五：单注奖金固定为9元。

选前二直选：单注奖金固定为130元；

选前二组选：单注奖金固定为65元；

选前三直选：单注奖金固定为1 170元；

选前三组选：单注奖金固定为195元。

第十五条 11选5设置调节基金。调节基金包括按销售总额1%提取部分、逾期未退票的票款。调节基金用于支付不可预见的奖金风险支出，以及设立特别奖。动用调节基金设立特别奖，应报同级财政部门审核批准。

第十六条 11选5设置奖池。奖池资金由当期计提奖金与实际中出奖金的差额组成。当期实际中出奖金小于计提奖金时，余额进入奖池；当期实际中出奖金超过计提奖金时，差额由奖池资金补足。当奖池资金总额不足时，由调节基金补足，调节基金不足时，用彩票兑奖周转金垫支。在出现彩票兑奖周转金垫支的情况下，当调节基金有资金滚入时优先偿还垫支的彩票兑奖周转金。当奖池资金总额超过200万元时，超过部分转入调节基金。

第四章 开 奖

第十七条 11选5采用专用电子开奖设备开奖，每期从1—11共十一个号码中随机依次生成五个不同号码，作为当期开奖号码。开奖号码的顺序不能颠倒。每期开奖时间为1分钟。

第十八条 每期开奖后，相关省体彩机构应向社会公布开奖号码、当期销售总额、各奖级中奖情况及奖池资金余额等信息，并将开奖结果通知销售网点。

第五章 中 奖

第十九条 根据购买者选择的11选5的投注号码和投注方式，与当期开奖号码按数位顺序的相符情况，确定相应的中奖资格。具体规定如下：

任选一中一：投注的一个号码与当期开奖号码的第一个号码相同，即中奖；

任选二中二：投注的两个号码与当期

开奖号码任意两个号码相同，即中奖；

任选三中三：投注的三个号码与当期开奖号码任意三个号码相同，即中奖；

任选四中四：投注的四个号码与当期开奖号码任意四个号码相同，即中奖；

任选五中五：投注的五个号码与当期开奖号码相同，即中奖；

任选六中五：投注的六个号码有任意五个号码与当期开奖号码相同，即中奖；

任选七中五：投注的七个号码有任意五个号码与当期开奖号码相同，即中奖；

任选八中五：投注的八个号码有任意五个号码与当期开奖号码相同，即中奖。

选前二直选：投注的两个号码与当期开奖号码前两个号码相同且先后顺序一致，即中奖；

选前二组选：投注的两个号码与当期开奖号码前两个号码相同（先后顺序不限），即中奖；

选前三直选：投注的三个号码与当期开奖号码前三个号码相同且先后顺序一致，即中奖；

选前三组选：投注的三个号码与当期开奖号码前三个号码相同（先后顺序不限），即中奖。

第二十条 当期每注投注号码按其投注方式只有一次中奖机会，不能兼中兼得，特别设奖除外。

第六章 兑 奖

第二十一条 11选5兑奖当期有效。中奖者应当自开奖之日起60个自然日内，持中奖彩票到指定的地点兑奖。逾期未兑奖视为弃奖，弃奖奖金纳入彩票公益金。

第二十二条 中奖彩票为中奖唯一凭证，中奖彩票因玷污、损坏等原因不能正确识别的，不能兑奖。

第二十三条 兑奖机构有权查验中奖者的中奖彩票及有效身份证件，中奖者兑奖时应予配合。

第七章 附 则

第二十四条 本规则自批准之日起执行。

财政部办公厅关于变更中国体育彩票超级大乐透游戏规则的通知

（2014年4月8日 财政部 财办综［2014］23号）

国家体育总局体育彩票管理中心：

你中心《体育总局彩票中心关于调整中国体育彩票超级大乐透游戏规则的请示》（体彩字［2014］49号）收悉。为优化体育彩票市场结构，促进彩票市场持续健康发展，经研究，根据《彩票管理条例》、《彩票管理条例实施细则》、《彩票发行销售管理办法》（财综［2012］102号）等相关规定，现就有关事项通知如下：

一、同意你中心变更中国体育彩票超级大乐透（以下简称“超级大乐透”）游戏规则。变更的内容包括调整奖级和奖金设置、调整一等奖奖金分配方案、调整一、二、三等奖单注最低奖金设置等。变更后的游戏规则见附件。超级大乐透每期按彩票销售额的51%、14%和35%，分别计提彩票奖金、彩票发行费和彩票公益金。彩票奖金分为当期奖金和调节基金，其中，49%为当期奖金，2%为调节基金。你中心应当自批准之日起4个月内完成变更上市销售。

二、变更上市10个自然日前，你中心应当将拟变更上市日期、营销宣传计划、风险控制办法等销售实施方案报财政部审核，经核准后上市销售。你中心应当及时向社会发布公告，公告内容包括财政部批准文件的名称及文号、财政部核准文件的名称及文号、变更上市日期、变更后的《中国体育彩票超级大乐透游戏规则》等。上市销售满1个月后，你中心应当向财政部提交上市销售情况的书面报告。

三、你中心应当严格遵照各项彩票管理制度规定，认真做好超级大乐透的发行和组织销售工作，督促各省、自治区、直辖市体育彩票销售机构加强彩票销售的风险控制和安全管理，做好公告宣传等工作，确保彩票市场平稳健康发展。

附件：中国体育彩票超级大乐透游戏规则

附件

中国体育彩票超级大乐透游戏规则

第一章　总　　则

第一条　根据《彩票管理条例》、《彩票管理条例实施细则》、《彩票发行销售管理办法》（财综［2012］102号）等有关规定，制定本规则。

第二条　中国体育彩票超级大乐透（以下简称“超级大乐透”）由国家体育总局体育彩票管理中心发行和组织销售，由各省、自治区、直辖市体育彩票销售机构（以下称“各省体彩机构”）在所辖区域内销售。

第三条　超级大乐透采用计算机网络系统发行，在各省体彩机构设置的销售网点销售，定期开奖。

第四条　超级大乐透实行自愿购买，凡购买者均被视为同意并遵守本规则。

第五条　不得向未成年人出售彩票或兑付奖金。

第二章　投　　注

第六条　超级大乐透基本投注是指从

前区号码中任选5个号码，并从后区号码中任选2个号码的组合进行投注。其中，前区号码由01—35共35个号码组成，后区号码由01—12共12个号码组成。每注基本投注金额人民币2元。

购买者在基本投注的基础上，可对购买的每注号码进行一次追加投注，每注追加投注金额人民币1元。

第七条 购买者可以进行复式投注。复式投注是指所选号码个数超过基本投注的号码个数，所选号码可组合为每一种基本投注方式的多注彩票的投注。复式投注包括三种形式：

（一）前区复式：前区选取6个及以上号码，后区号码选取2个号码；

（二）后区复式：前区选取5个号码，后区选取3个及以上号码；

（三）双区复式：前区选取6个及以上号码，后区选取3个及以上号码。

第八条 购买者可以进行胆拖投注。胆拖投注是指选择少于基本投注号码个数的号码作为每注都有的号码作为胆码，再选取除胆码以外的号码作为拖码，由胆码和拖码组合成多注投注，胆拖投注包括三种形式：

（一）前区胆拖：从01—35中选取1至4个号码为胆码，再选取除胆码以外的号码作为拖码，胆码和拖码组成前区号码（其数量之和必须等于或多于6个号码），并从01—12中选取2个号码为后区号码。

（二）后区胆拖：从01—35中选取5个号码为前区号码，并从01—12中选取1个号码为胆码，再选取除胆码以外的2个以上（含2个）的号码为拖码，胆码和拖码组成后区号码。

（三）双区胆拖：从01—35中选取1至4个号码为胆码，再选取除胆码以外的号码作为拖码，胆码和拖码组成前区号码（其数量之和必须等于或多于6个号码）；并从01—12中选取1个号码为胆码，再选取除胆码以外的2个以上（含2个）的号码为拖码，胆码和拖码组成后区号码。

第九条 复式投注和胆拖投注均可按注进行追加投注。

第十条 购买者可对其选定的结果进行多倍投注，投注倍数范围为2—99倍。单张彩票基本投注的最大投注金额不超过20 000元，基本投注加追加投注的最大投注金额不超过30 000元。

第十一条 超级大乐透按期销售，每周销售三期，期号以开奖日界定，按日历年度编排。

第十二条 购买者可在各省体彩机构设置的销售网点投注。投注号码经投注机打印出的对奖凭证，交购买者保存，此对奖凭证即为超级大乐透彩票。

第十三条 投注者可选择机选号码投注、自选号码投注。机选号码投注是指由投注机随机产生投注号码进行投注，自选号码投注是指将购买者选定的号码输入投注机进行投注。

第三章 设 奖

第十四条 超级大乐透按当期销售总额的51%、14%、35%分别计提彩票奖金、彩票发行费和彩票公益金。彩票奖金分为当期奖金和调节基金，其中，49%为当期奖金，2%为调节基金。

第十五条 超级大乐透共设六个奖级，一、二、三等奖为浮动奖，四、五、六等奖为固定奖。各奖级和奖金规定如下：

一等奖：当奖池资金低于 1 亿元时，奖金总额为当期奖金额减去固定奖总额后的 75% 与奖池中累积的奖金之和，单注奖金按注均分，单注最高限额封顶 500 万元。当奖池资金高于 1 亿元（含）且低于 3 亿元时，奖金总额包括两部分，一部分为当期奖金额减去固定奖总额后的 58% 与奖池中累积的奖金之和，单注奖金按注均分，单注最高限额封顶 500 万元；另一部分为当期奖金额减去固定奖总额后的 17%，单注奖金按注均分，单注最高限额封顶 500 万元。当奖池资金高于 3 亿元（含）时，奖金总额包括两部分，第一部分为当期奖金额减去固定奖总额后的 42% 与奖池中累积的奖金之和，单注奖金按注均分，单注最高限额封顶 500 万元；第二部分为当期奖金额减去固定奖总额后的 33%，单注奖金按注均分，单注最高限额封顶 500 万元。

二等奖：奖金总额为当期奖金额减去固定奖总额后的 18%，单注奖金按注均分，单注最高限额封顶 500 万元。

三等奖：奖金总额为当期奖金额减去固定奖总额后的 7%，单注奖金按注均分，单注最高限额封顶 500 万元。

四等奖：单注奖金固定为 200 元。

五等奖：单注奖金固定为 10 元。

六等奖：单注奖金固定为 5 元。

第十六条 浮动奖级单注奖金根据该奖级基本投注与追加投注中奖数量按比例分配。

第十七条 追加投注仅参与一至五等奖的奖金分配。追加投注一、二、三等奖为浮动奖，四至五等奖为固定奖。如追加投注中得浮动奖，则追加投注奖金为当期基本投注对应单注奖金的 60%。如追加投注中得固定奖，则追加投注奖金为当期基本投注对应单注奖金的 50%。

第十八条 超级大乐透设置奖池，奖池由未中出的浮动奖奖金和超出浮动奖单注奖金封顶限额部分的奖金组成。奖池与当期奖金中用于一等奖的部分及调节基金转入部分合并支付一等奖奖金。

第十九条 调节基金包括按销售总额的 2% 提取部分、浮动奖奖金按元取整后的余额和逾期未退票的票款。调节基金专项用于支付各种不可预见情况下的奖金支出风险、调节浮动奖奖金以及设立特别奖。动用调节基金设立特别奖，应当报财政部审核批准。

第二十条 若当期奖金额不足以支付固定奖总额时，不足部分从调节基金中支付。若调节基金不足时，用彩票兑奖周转金垫支。

第二十一条 一、二、三等奖按照该奖级实际中奖注数平均分配该奖级奖金。一、二、三等奖均设置单注最低奖金，一等奖单注最低奖金为单注奖金封顶金额的 3%，二等奖单注最低奖金为单注奖金封顶金额的 0.3%，三等奖单注最低奖金为单注奖金封顶金额的 0.03%。同时，当上一奖级单注奖金低于下一奖级单注奖金的 2 倍且低于 500 万元时，上一奖级单注奖金补足至下一奖级单注奖金的 2 倍并不高于 500 万元。所需资金从调节基金中支付，若调节基金不足时，用彩票兑奖周转金垫支。

第二十二条 在出现彩票兑奖周转金

垫支情况下，当调节基金有资金滚入时优先偿还垫支的彩票兑奖周转金。

第四章　开　　奖

第二十三条　超级大乐透每周一、三、六开奖。

第二十四条　每期开奖时，在公证人员封存销售数据资料之后，并在其监督下从01—35共35个号码中随机摇出5个前区号码，从01—12共12个号码中随机摇出2个后区号码。

第二十五条　每期开奖后，体育彩票发行机构应向社会公布当期销售总额、开奖号码、各奖级中奖情况以及奖池资金余额等信息，并将开奖结果通知各销售网点。

第五章　中　　奖

第二十六条　超级大乐透根据投注号码与开奖号码相符情况确定相应中奖资格。具体规定如下：

一等奖：投注号码与当期开奖号码全部相同（顺序不限，下同），即中奖；

二等奖：投注号码与当期开奖号码中的5个前区号码及任意1个后区号码相同，即中奖；

三等奖：投注号码与当期开奖号码中的5个前区号码相同，或者任意4个前区号码及2个后区号码相同，即中奖；

四等奖：投注号码与当期开奖号码中的任意4个前区号码及任意1个后区号码相同，或者任意3个前区号码及2个后区号码相同，即中奖；

五等奖：投注号码与当期开奖号码中的任意4个前区号码相同，或者任意3个前区号码及1个后区号码相同，或者任意2个前区号码及2个后区号码相同，即中奖；

六等奖：投注号码与当期开奖号码中的3个前区号码相同，或者任意1个前区号码及2个后区号码相同，或者任意2个前区号码及任意1个后区号码相同，或者2个后区号码相同，即中奖。

第二十七条　当期每注投注号码只有一次中奖机会，不能兼中兼得，特别设立奖除外。

第六章　兑　　奖

第二十八条　超级大乐透兑奖当期有效。中奖者应当自开奖之日起60个自然日内，持中奖彩票到指定的地点兑奖。逾期未兑奖视为弃奖，弃奖奖金纳入彩票公益金。

第二十九条　中奖彩票为兑奖唯一凭证，中奖彩票因玷污、损坏等原因不能正确识别的，不能兑奖。

第三十条　兑奖机构有权查验中奖者的中奖彩票及有效身份证件，兑奖者应予配合。

第七章　附　　则

第三十一条　本规则自批准之日起执行。

财政部办公厅关于变更中国福利彩票北京市 PK 拾游戏规则的通知

（2014 年 4 月 16 日　财政部　财办综［2014］25 号）

中国福利彩票发行管理中心：

你中心《关于调整中国福利彩票北京市 PK 拾游戏的请示》（中彩发字［2014］38 号）收悉。为优化北京市福利彩票市场结构，促进彩票市场持续健康发展，经研究，根据《彩票管理条例》、《彩票管理条例实施细则》、《彩票发行销售管理办法》（财综［2012］102 号）等相关规定，现就有关事项通知如下：

一、同意你中心变更中国福利彩票北京市 PK 拾（以下简称“PK 拾”）游戏规则，增加“精确组选”、“位置”、“拖拉机”、“猜奇偶”、“猜大小”、“和数”六种投注方式，变更后的游戏规则见附件。PK 拾每期按彩票销售额的 50%、15% 和 35%，分别计提彩票奖金、彩票发行费和彩票公益金。彩票奖金分为当期奖金和调节基金，其中，49% 为当期奖金，1% 为调节基金。北京市福利彩票销售机构应当自批准之日起 4 个月内完成变更上市销售。

二、变更上市销售前，北京市福利彩票销售机构应当将 PK 拾拟上市销售日期、营销宣传计划、风险控制办法等销售实施方案报同级财政部门审核，经核准后上市销售。北京市福利彩票销售机构应当及时向社会发布公告，公告内容包括财政部批准文件的名称及文号、同级财政部门核准文件的名称及文号、上市销售的日期、财政部批准的《中国福利彩票北京市 PK 拾游戏规则》等。上市销售满 1 个月后，你中心和北京市福利彩票销售机构应当分别向同级财政部门提交上市销售情况的书面报告。

三、你中心应当严格遵照各项彩票管理制度规定，督促北京市福利彩票销售机构加强彩票销售的风险控制和安全管理，切实做好公告宣传等工作，确保彩票市场持续健康发展。

附件：中国福利彩票北京市 PK 拾游戏规则

附件

中国福利彩票北京市 PK 拾游戏规则

第一章　总　　则

第一条　根据《彩票管理条例》、《彩票管理条例实施细则》、《彩票发行销售管理办法》（财综［2012］102 号）等有关规定，制定本规则。

第二条　中国福利彩票 PK 拾游戏（以下简称“PK 拾”）由中国福利彩票发行管理中心发行和组织销售，由北京市福利彩票销售机构（以下称“北京福彩机构”）在所辖区域内销售。

第三条　PK 拾采用计算机网络系统发行，在北京福彩机构设置的销售网点销售，定期开奖。

第四条　PK 拾实行自愿购买，凡购买者均被视为同意并遵守本规则。

第五条　不得向未成年人销售彩票或兑付奖金。

第二章　投　　注

第六条　PK 拾采用排列式玩法。从左至右共有十个投注位置，排列顺序分别为一至十号位置，每个位置可从 1—10 的自然数中选择一个号码。投注者先选择投注位置个数，投注位置个数最少一个、最多十个；然后按照从左至右的顺序，必须从一号位置开始，在每个位置上从 1—10 的自然数中选择一个号码进行投注；若投注位置个数超过两个的，后选位置的投注号码不能与前面所有已选位置的投注号码相同。投注者所选号码按位置顺序排序组成一组号码，该组号码即为一注 PK 拾投注号码。每注金额人民币 2 元。购买者可对其选定的投注号码进行多倍投注，投注倍数为 2、3、4、5、10。单张彩票的投注金额不得超过 20 000 元。

第七条　购买者可在北京福彩机构设置的销售网点投注。投注号码经投注机打印出兑奖凭证，交购买者保存，此兑奖凭证即为 PK 拾彩票。

第八条　PK 拾设置“普通”、“精确”、“精确组选”、“位置”、“拖拉机”、“猜奇偶”、“猜大小”以及“和数”投注方式，具体规定如下：

（一）普通投注：从一号位置开始，选择最少一个、最多十个位置，每个位置上从 1—10 的自然数中选择一个号码，投注位置个数超过两个的，后选位置的投注号码不能与前面所有已选位置的投注号码相同，将选定的号码按照位置顺序连续组成一组号码进行投注。

（二）精确投注：从一号位置开始，选择两个或三个或四个位置，每个位置上从 1—10 的自然数中选择一个号码，且后选位置的投注号码不能与前面所有已选位置的投注号码相同，将选定的号码按照位置顺序连续组成一组号码进行投注。

（三）精确组选投注：从一号位置开

始，选择两个或三个或四个位置，每个位置上从 1—10 的自然数中选择一个号码，且后选位置的投注号码不能与前面所有已选位置的投注号码相同，将选定位置上的号码的所有排列方式作为一注投注号码进行投注。

（四）位置投注：从一至三号位置中，选择一个或二个位置，每个位置上从 1—10 的自然数中选择一个号码，且后选位置的投注号码不能与前面已选位置的投注号码相同，将选定的一个或两个号码作为一注投注号码进行投注。

（五）拖拉机投注：以一至三号位置上的开奖号码是否是一个连续的三位数字（升序或降序）作为投注结果进行投注。

（六）猜奇偶投注：以一至三号位置上的开奖号码是否全部是奇数或偶数作为投注结果进行投注。“猜奇偶”投注又分为“全偶”和“全奇”两种投注。

（七）猜大小投注：以一至三号位置上的开奖号码的三个数字之和的数值大小作为投注结果进行投注。“猜大小”投注又分为“猜大”和“猜小”两种投注。

（八）和数投注：以一至三号位置上的开奖号码的三个数字之和的数值作为投注结果进行投注。

第九条 购买者可选择机选号码投注、自选号码投注。机选号码投注是指由投注机随机产生投注号码进行投注，自选号码投注是指将购买者选定的号码输入投注机进行投注。

第十条 购买者可选择多期投注。多期投注是指购买从当期起连续不超过 12 期的彩票。

第十一条 PK 拾每期销售时间为 5 分钟。销售期号按每期开奖顺序编排。

第十二条 PK 拾每期全部投注号码的可投注数量实行限量销售，若投注号码受限，则不能投注。若因销售终端故障、通讯线路故障和销售网点信用额度受限等原因造成投注不成功，应退还购买者投注金额。

第三章 设　奖

第十三条 PK 拾按当期销售额的 50%、15% 和 35% 分别计提彩票奖金、彩票发行费和彩票公益金。彩票奖金分为当期奖金和调节基金，其中，49% 为当期奖金，1% 为调节基金。

第十四条 PK 拾按照不同投注方式分别设奖。具体设奖如下：

（一）普通投注

投注方式 / 匹配个数	普通投注									
	选 10	选 9	选 8	选 7	选 6	选 5	选 4	选 3	选 2	选 1
10	888 888 元/注	—	—	—	—	—	—	—	—	—
9	—	80 000 元/注		—	—	—	—	—	—	—
8	—	10 000 元/注	40 000 元/注		—	—	—	—	—	—

续表

投注方式 / 匹配个数	普通投注									
	选 10	选 9	选 8	选 7	选 6	选 5	选 4	选 3	选 2	选 1
7	—	5 000 元/注	2 000 元/注	20 000 元/注		—	—	—	—	—
6	—	250 元/注	500 元/注	4 500 元/注	10 000 元/注	—	—	—	—	—
5	—	50 元/注	100 元/注	400 元/注	2 000 元/注	500 元/注	—	—	—	—
4	—	10 元/注	20 元/注	25 元/注	100 元/注	30 元/注	350 元/注	—	—	—
3	—	5 元/注	10 元/注	10 元/注	10 元/注	8 元/注	20 元/注	160 元/注	—	—
2	—	2 元/注	2 元/注	2 元/注	2 元/注	3 元/注	5 元/注	10 元/注	55 元/注	—
1	—	—	—	—	—	2 元/注	2 元/注	2 元/注	2 元/注	10 元/注
0	2 元/注	—	—	—	—	—	—	—	—	—

普通投注中的“选十中十”作如下特别规定：若当期所有“选十中十”的中奖总金额低于500万元（含500万元），则每注奖金按888 888元兑付；若当期所有“选十中十”的中奖总金额高于500万元，则兑付奖金总额按500万元计算，由当期中奖注数均分。

（二）精确投注

投注方式 / 匹配个数	精确投注		
	选 4	选 3	选 2
4	5 000 元/注	—	—
3	—	700 元/注	—
2	—	—	90 元/注

（三）精确组选投注

精确组选投注	组选 4	组选 3	组选 2
中奖金额	205 元/注	118 元/注	44 元/注

（四）位置、拖拉机、猜奇偶、猜大小、和数投注

投注方式		中奖金额（元/注）
位置投注	位置 1	3
	位置 2	15
拖拉机投注		44
猜奇偶投注	全偶	12
	全奇	12
猜大小投注	猜大	5
	猜小	5
和数投注	和数 6	118
	和数 7	118
	和数 8	59
	和数 9	39
	和数 10	29
	和数 11	23
	和数 12	17
	和数 13	15
	和数 14	13
	和数 15	11
	和数 16	11
	和数 17	11
	和数 18	11

续表

投注方式		中奖金额（元/注）
和数投注	和数19	13
	和数20	15
	和数21	17
	和数22	23
	和数23	29
	和数24	39
	和数25	59
	和数26	118
	和数27	118

第十五条 PK拾设置调节基金。调节基金包括按销售总额1%提取部分、逾期未退票的票款。调节基金用于支付不可预见的奖金支出风险，以及设立特别奖。动用调节基金设立特别奖，应报同级财政部门审核批准。

第十六条 PK拾设置奖池。奖池资金由当期计提奖金与实际中出奖金的差额组成。当期实际中出奖金小于当期计提奖金时，余额进入奖池；当期实际中出奖金超过当期计提奖金时，差额由奖池资金补足。当奖池资金总额不足时，由调节基金补足，调节基金不足时，用彩票兑奖周转金垫支。在出现彩票兑奖周转金垫支的情况下，当调节基金有资金滚入时优先偿还垫支的彩票兑奖周转金。

第四章　开　　奖

第十七条 PK拾采用专用电子开奖设备开奖。每期开奖时按照从左至右的顺序进行，第一个开出的号码对应一号位置，第二个开出的号码对应二号位置，依次类推，直到开出对应十号位置的号码为止，这十个位置对应的号码排列组成当期开奖号码。每期开奖时间为1分钟。

第十八条 每期开奖后，北京福彩机构应向社会公布开奖号码、当期销售总额、各奖级中奖情况及奖池资金余额等信息，并将开奖结果通知销售网点。

第五章　中　　奖

第十九条 根据购买者选择的PK拾的投注号码和投注方式与当期开奖号码按数位顺序的相符情况，确定相应的中奖资格。具体规定如下：

（一）普通投注

1. 投注一个位置：投注号码与对应位置的开奖号码完全相同，即选一中一，中奖10元。

2. 投注两个位置：投注号码与对应位置的两个开奖号码完全相同，即选二中二，中奖55元；其中任意一个相同，即选二中一，中奖2元。

3. 投注三个位置：投注号码与对应位置的三个开奖号码完全相同，即选三中三，中奖160元；其中任意两个相同，即选三中二，中奖10元；其中任意一个相同，即选三中一，中奖2元。

4. 投注四个位置：投注号码与对应位置的四个开奖号码完全相同，即选四中四，中奖350元；其中任意三个相同，即选四中三，中奖20元；其中任意两个相同，即选四中二，中奖5元；其中任意一个相同，即选四中一，中奖2元。

5. 投注五个位置：投注号码与对应位置的五个开奖号码完全相同，即选五中五，中奖500元；其中任意四个相同，即选五中四，中奖30元；其中任意三个相同，即选五中三，中奖8元；其中任意两个相同，即选五中二，中奖3元；其中任意一个相同，即选五中一，中奖2元。

6. 投注六个位置：投注号码与对应位置的六个开奖号码完全相同，即选六中六，中奖10 000元；其中任意五个相同，即选六中五，中奖2 000元；其中任意四个相同，即选六中四，中奖100元；其中任意三个相同，即选六中三，中奖10元；其中任意两个相同，即选六中二，中奖2元。

7. 投注七个位置：投注号码与对应位置的七个开奖号码完全相同，即选七中七，中奖20 000元；其中任意六个相同，即选七中六，中奖4 500元；其中任意五个相同，即选七中五，中奖400元；其中任意四个相同，即选七中四，中奖25元；其中任意三个相同，即选七中三，中奖10元；其中任意两个相同，即选七中二，中奖2元。

8. 投注八个位置：投注号码与对应位置的八个开奖号码完全相同，即选八中八，中奖40 000元；其中任意七个相同，即选八中七，中奖2 000元；其中任意六个相同，即选八中六，中奖500元；其中任意五个相同，即选八中五，中奖100元；其中任意四个相同，即选八中四，中奖20元；其中任意三个相同，即选八中三，中奖10元；其中任意两个相同，即选八中二，中奖2元。

9. 投注九个位置：投注号码与对应位置的九个开奖号码完全相同，即选九中九，中奖80 000元；其中任意八个相同，即选九中八，中奖10 000元；其中任意七个相同，即选九中七，中奖5 000元；其中任意六个相同，即选九中六，中奖250元；其中任意五个相同，即选九中五，中奖50元；其中任意四个相同，即选九中四，中奖10元；其中任意三个相同，即选九中三，中奖5元；其中任意两个相同，即选九中二，中奖2元。

10. 投注十个位置：投注号码与对应位置的十个开奖号码完全相同，即选十中十，中奖888 888元；投注号码与对应位置的十个开奖号码全部不同，中奖2元。

（二）精确投注

1. 投注两个位置：投注号码与一至二号位置的两个开奖号码完全相同，即选二中二，中奖90元。

2. 投注三个位置：投注号码与一至三号位置的三个开奖号码完全相同，即选三中三，中奖700元。

3. 投注四个位置：投注号码与一至四号位置的四个开奖号码完全相同，即选四中四，中奖5 000元。

（三）精确组选投注

1. 投注两个位置：投注号码与一至二号位置的两个开奖号码不按先后顺序一一对应，即中精确组选2奖，中奖44元。

2. 投注三个位置：投注号码与一至三号位置的三个开奖号码不按先后顺序一一对应，即中精确组选3奖，中奖118元。

3. 投注四个位置：投注号码与一至四号位置的四个开奖号码不按先后顺序一一对应，即中精确组选4奖，中奖205元。

（四）位置投注

1. 位置1：投注号码与一至三号位置中任意一个位置上的开奖号码相同，即中奖3元；

2. 位置2：投注号码与一至三号位置中任意两个位置上的开奖号码不按先后顺序一一对应，即中奖15元。

（五）拖拉机投注

一至三号位置上的三个开奖号码按照升序或降序排列成连续的三位数字（“9-10-1”和“1-10-9”、“10-1-2”和“2-1-10”除外），即中奖44元。

（六）猜奇偶投注

1. 全偶：一至三号位置上的三个开奖号码全部为偶数，即中奖12元。

2. 全奇：一至三号位置上的三个开奖号码全部为奇数，即中奖12元。

（七）猜大小投注

1. 猜大：一至三号位置上开奖号码的三个数字之和介于21（含）和27（含）之间，即中奖5元；

2. 猜小：一至三号位置上开奖号码的三个数字之和介于6（含）和12（含）之间，即中奖5元。

（八）和数投注

投注号码与一至三号位置上开奖号码的三个数字之和相同，即中奖。

第二十条 当期每注投注号码只有一次中奖机会，按其投注方式中得匹配号码最多的奖等，不能兼中兼得，特别设奖除外。

第六章 兑 奖

第二十一条 PK拾兑奖期当期有效。中奖者应当自开奖之日起60个自然日内，持中奖彩票到指定的地点兑奖。逾期未兑奖视为弃奖，弃奖奖金纳入彩票公益金。

第二十二条 中奖彩票是兑奖唯一凭证，中奖彩票因玷污、损坏等原因不能正确识别的，不能兑奖。

第二十三条 兑奖机构有权查验中奖者的中奖彩票及有效身份证件，兑奖者应予配合。

第七章 附 则

第二十四条 本规则自批准之日起执行。

财政部办公厅关于同意中国体育彩票超级大乐透变更上市销售实施方案的通知

（2014年4月17日 财政部 财办综［2014］26号）

国家体育总局体育彩票管理中心：

你中心《关于请予核准〈超级大乐透变更游戏规则销售实施方案〉的请示》（体彩字［2014］153号）收悉。经研究，根据《彩票管理条例》、《彩票管理条例实施细则》、《彩票发行销售管理办法》（财综［2012］102号）等相关规定，现就有关事项通知如下：

一、同意你中心所报中国体育彩票超级大乐透变更上市销售实施方案。

二、你中心应当严格遵照各项彩票管理制度规定，切实加强中国体育彩票超级大乐透发行销售的风险控制和安全管理；做好公告宣传等工作，确保体育彩票市场持续健康发展。

财政部办公厅关于开展中国体育彩票超级大乐透派奖活动有关事项的通知

（2014 年 4 月 17 日　财政部　财办综［2014］27 号）

国家体育总局体育彩票管理中心：

你中心《关于开展 2014 年超级大乐透派奖活动的请示》（体彩字［2014］135 号）收悉。经研究，根据《彩票管理条例》、《彩票管理条例实施细则》、《彩票发行销售管理办法》（财综［2012］102 号）等相关规定，现就有关事项通知如下：

一、同意你中心自 2014 年 5 月 5 日起，对中国体育彩票超级大乐透连续开展 15 期派奖活动。派奖方案如下：派奖活动期间，每期安排 1 000 万元派奖奖金，由当期一等奖中奖者按中奖注数均分，基本投注和追加投注按照超级大乐透游戏规则规定的比例分配。若当期一等奖未中出，则派奖奖金滚入下一期，与下一期派奖奖金合并后派奖，依此类推。单注派奖奖金最高为 500 万元，当期派奖奖金按一等奖中奖注数均分后，若单注派奖奖金超过 500 万元，超过部分滚入下一期，与下一期派奖奖金合并后派奖。最后一期一等奖若未中出，或者最后一期派奖奖金按一等奖中奖注数均分后单注派奖奖金超过 500 万元，则派奖活动往后顺延，直至派奖奖金派送完毕为止，但不再增加新的派奖奖金。

二、本次派奖活动所需资金 1.5 亿元从你中心的一般调节基金和中国体育彩票超级大乐透的调节基金中支出。派奖活动尚未到期，如果你中心的一般调节基金和中国体育彩票超级大乐透的调节基金已用完，应当停止派奖。

三、你中心应当在派奖活动开始 5 个自然日前，向社会公告中国体育彩票超级大乐透的派奖方案，并在公告中注明财政部的批准文件名称及文号。

四、你中心应当严格按照现行彩票管理制度规定，督促各省、自治区、直辖市体育彩票销售机构加强彩票销售的风险控制和安全管理，做好公告宣传等工作，确保彩票市场平稳健康发展。

财政部办公厅关于同意中国福利彩票双色球变更上市销售实施方案的通知

（2014 年 4 月 24 日　财政部　财办综［2014］28 号）

中国福利彩票发行管理中心：

你中心《关于核准中国福利彩票双色球调整游戏规则实施方案的请示》（中彩发字［2014］51 号）收悉。经研究，根据《彩票管理条例》、《彩票管理条例实施细则》、《彩票发行销售管理办法》（财综［2012］102 号）等相关规定，现就有关事项通知如下：

一、同意你中心所报中国福利彩票双色球变更上市销售实施方案。

二、你中心应当严格遵照各项彩票管理制度规定，切实加强中国福利彩票双色球发行销售的风险控制和安全管理；做好公告宣传等工作，确保彩票市场持续健康发展。

财政部办公厅关于同意印制发行“天降好礼”等9款即开型福利彩票的通知

（2014 年 4 月 28 日　财政部　财办综［2014］33 号）

中国福利彩票发行管理中心：

你中心《关于申报 2014 年第 1 批中国福利彩票即开型彩票新游戏的请示》（中彩发字［2014］33 号）收悉。为优化福利彩票游戏结构，促进彩票市场健康发展，经研究，根据《彩票管理条例》、《彩票管理条例实施细则》、《彩票发行销售管理办法》（财综［2012］102 号）等有关规定，现就有关事项通知如下：

一、同意你中心印制发行“天降好礼”等 9 款即开型福利彩票，具体游戏规则见附件。“天降好礼”等即开型福利彩票按销售总额的 65%、15% 和 20% 分别计提彩票奖金、彩票发行费和彩票公益金。

二、上市销售前，你中心应及时向社

会发布公告，并在公告中注明财政部的批准文件名称、文号、上市销售的日期以及财政部批准的《“天降好礼”等即开型福利彩票游戏规则》等。各省、自治区、直辖市福利彩票销售机构应当将拟上市销售日期、营销宣传计划、风险控制办法等销售实施方案报同级财政部门审核，经核准后上市销售。

三、你中心向各省、自治区、直辖市福利彩票销售机构分配即开型福利彩票时，应当将彩票游戏、数量和金额等具体分配方案报财政部备案，并按月报送全国印制和发行情况。上市销售满1个月后，你中心和各省、自治区、直辖市福利彩票销售机构应当向同级财政部门提交上市销售情况的书面报告。

四、你中心应当严格按照各项彩票管理制度规定，建立健全即开型彩票发行和销售风险防控制度及应急机制；督促各省、自治区、直辖市福利彩票销售机构切实加强安全管理，做好公告宣传等工作，确保即开型彩票市场平稳健康发展。

附件：“天降好礼”等即开型福利彩票游戏规则

附件

“天降好礼”等即开型彩票游戏规则

一、天降好礼

（一）面值：2元

（二）奖组：100万张

（三）玩法规则：刮开覆盖膜，如果刮出“◇”钻石图符，即可获得该图符下方所对应的奖金，中奖奖金兼中兼得；其他图符下方所对应的奖金无效。

（四）设奖方案：

奖级	单奖金额（元）	中奖个数	奖金小计（元）
1	50 000	1	50 000
2	1 000	500	500 000
3	100	1 400	140 000
4	10	11 000	110 000
5	2	250 000	500 000
合计		**262 901**	**1 300 000**

二、幸运星

（一）面值：5元

（二）奖组：100万张

（三）玩法规则：本彩票共有两个玩法，两个玩法区内的中奖奖金兼中兼得。

玩法一：刮开覆盖膜，如果任意一个“我的号码”与“中奖号码”相同，即可获得该“我的号码”下方所对应的奖金，中奖奖金兼中兼得；其他不相同的号码下方所对应的奖金无效。

玩法二：刮开覆盖膜，如果刮出“★”星星图符，即可获得20元奖金。

（四）设奖方案：

奖级	单奖金额（元）	中奖个数	奖金小计（元）
1	150 000	1	150 000
2	5 000	1	5 000
3	1 000	10	10 000
4	200	400	80 000
5	100	4 000	400 000
6	50	5 500	275 000
7	20	30 000	600 000
8	15	15 000	225 000
9	10	50 000	500 000
10	5	201 000	1 005 000
合计		**305 912**	**3 250 000**

三、砸金蛋

（一）面值：5 元

（二）奖组：40 万张

（三）玩法规则：刮开覆盖膜，如果任意一个“我的号码”与“中奖号码”相同，即可获得该“我的号码”下方所对应的奖金，中奖奖金兼中兼得；其他不相同的号码下方所对应的奖金无效。

（四）设奖方案：

奖级	单奖金额（元）	中奖个数	奖金小计（元）
1	100 000	1	100 000
2	500	80	40 000
3	100	1 400	140 000
4	50	6 000	300 000
5	10	25 000	250 000
6	5	94 000	470 000
合计		**126 481**	**1 300 000**

四、“粽”奖

（一）面值：5 元

（二）奖组：60 万张

（三）玩法规则：刮开覆盖膜，如果刮出“ ”粽子图符，即可获得该图符下方所对应的奖金，中奖奖金兼中兼得；其他图符下方所对应的奖金无效。

（四）设奖方案：

奖级	单奖金额（元）	中奖个数	奖金小计（元）
1	150 000	1	150 000
2	10 000	3	30 000
3	1 000	120	120 000
4	500	120	60 000
5	100	1 200	120 000
6	50	3 000	150 000
7	20	6 000	120 000
8	15	6 000	90 000
9	10	30 000	300 000
10	5	162 000	810 000
合计		**208 444**	**1 950 000**

五、陕西名胜（一）

（一）面值：5 元

（二）奖组：60 万张

（三）玩法规则：刮开覆盖膜，如果任意一个“我的号码”与任意一个“中奖号码”相同，即可获得该“我的号码”下方所对应的奖金，其他不相同的号码下方所对应的奖金无效；如果刮出“ ”华山图符，即可获得该图符下方所对应奖金的两倍。中奖奖金兼中兼得。

（四）设奖方案：

奖级	单奖金额（元）	中奖个数	奖金小计（元）
1	100 000	1	100 000
2	5 000	1	5 000
3	500	120	60 000
4	100	1 200	120 000

续表

奖级	单奖金额（元）	中奖个数	奖金小计（元）
5	50	3 000	150 000
6	20	15 000	300 000
7	10	60 000	600 000
8	5	123 000	615 000
合计		**202 322**	**1 950 000**

六、九华仙境

（一）面值：5 元

（二）奖组：20 万张

（三）玩法规则：刮开覆盖膜，如果刮出“九仙华境”九华仙境图符，即可获得该图符下方所对应的奖金，中奖奖金兼中兼得；其他图符下方所对应的奖金无效。

（四）设奖方案：

奖级	单奖金额（元）	中奖个数	奖金小计（元）
1	100 000	2	200 000
2	5 000	10	50 000
3	500	100	50 000
4	100	400	40 000
5	10	4 000	40 000
6	5	54 000	270 000
合计		**58 512**	**650 000**

七、足球盛宴 10 元

（一）面值：10 元

（二）奖组：100 万张

（三）玩法规则：本彩票共有两个玩法，两个玩法区内的中奖奖金兼中兼得。玩法一：刮开覆盖膜，如果任意一个“我的号码”与“中奖号码”相同，即可获得该“我的号码”下方所对应的奖金，其他不相同的号码下方所对应的奖金无效；如果刮出“”足球图符，即可获得该图符下方所对应奖金的两倍。中奖奖金兼中兼得。玩法二：刮开覆盖膜，如果任意一个“候选球员”号码与“最佳球员”号码相同，即可获得该“候选球员”号码下方所对应的奖金；其他不相同的“候选球员”号码下方所对应的奖金无效。

（四）设奖方案：

奖级	单奖金额（元）	中奖个数	奖金小计（元）
1	300 000	1	300 000
2	5 000	2	10 000
3	1 000	10	10 000
4	500	400	200 000
5	200	100	20 000
6	100	4 900	490 000
7	50	23 000	1 150 000
8	30	24 000	720 000
9	20	80 000	1 600 000
10	10	200 000	2 000 000
合计		**332 413**	**6 500 000**

八、多彩假日

（一）面值：10 元

（二）奖组：100 万张

（三）玩法规则：本彩票共有两个玩法，两个玩法区内的中奖奖金兼中兼得。玩法一：刮开覆盖膜，如果出现“”帆船图符，即可获得该图符下方所对应的奖金。中奖奖金兼中兼得。

玩法二：刮开覆盖膜，在任意一局游戏中，如果任意一个“我的号码”与“中奖号码”相同，即可获得该“我的号码”下方所对应的奖金，其他不相同的号码下方所对应的奖金无效；如果出现“”太阳图符，即可获得 20 元奖金。

共有三局游戏，中奖奖金兼中兼得。

（四）设奖方案：

奖级	中奖金额（元）	中奖个数	中奖小计（元）
1	250 000	1	250 000
2	1 000	10	10 000
3	500	400	200 000
4	200	600	120 000
5	100	11 000	1 100 000
6	80	2 000	160 000
7	60	2 000	120 000
8	50	4 000	200 000
9	40	4 000	160 000
10	30	4 000	120 000
11	20	102 000	2 040 000
12	10	202 000	2 020 000
合计		**332 011**	**6 500 000**

九、黄金盛典

（一）面值：20 元

（二）奖组：5 000 万张

（三）玩法规则：本彩票共有两个玩法，两个玩法区内的中奖奖金兼中兼得。玩法一：刮开覆盖膜，如果任意一个“我的号码”与任意一个“中奖号码”相同，即可获得该“我的号码”下方所对应的奖金，其他不相同的号码下方所对应的奖金无效；如果刮出“  ”元宝图符，即可获得该图符下方所对应的奖金的两倍；如果刮出“  ”金条图符，即可获得玩法一区内所有的 28 个奖金之和。中奖奖金兼中兼得。玩法二：刮开覆盖膜，如果刮出“  ”金币图符，即可获得该图符下方所对应的奖金，中奖奖金兼中兼得；其他图符下方所对应的奖金无效。

（四）设奖方案：

奖级	单奖金额（元）	中奖个数	奖金小计（元）
1	1 000 000	20	20 000 000
2	100 000	100	10 000 000
3	10 000	100	1 000 000
4	1 000	20 000	20 000 000
5	500	20 000	10 000 000
6	200	25 000	5 000 000
7	100	600 000	60 000 000
8	50	1 800 000	90 000 000
9	40	3 600 000	144 000 000
10	30	1 000 000	30 000 000
11	20	13 000 000	260 000 000
合计		**20 065 220**	**650 000 000**

财政部办公厅关于同意印制发行“笑口常开”等 10 款即开型体育彩票的通知

（2014 年 4 月 29 日　财政部　财办综［2014］34 号）

国家体育总局体育彩票管理中心：

你中心《关于印制发行“笑口常开”等 10 款即开型体育彩票的请示》（体彩字［2014］145 号）收悉。为优化体育彩票游戏结构，促进彩票市场健康发展，经研究，根据《彩票管理条例》、《彩票管理条例实施细则》、《彩票发行销售管理办法》（财综［2012］102号）等有关规定，现就有关事项通知如下：

一、同意你中心印制发行“笑口常开”等10款即开型体育彩票，具体游戏规则见附件。“笑口常开”等即开型体育彩票按销售总额的65%、15%和20%分别计提彩票奖金、彩票发行费和彩票公益金。

二、上市销售前，你中心应及时向社会发布公告，并在公告中注明财政部的批准文件名称、文号、上市销售的日期以及财政部批准的《“笑口常开”等即开型体育彩票游戏规则》等。各省、自治区、直辖市体育彩票销售机构应当将拟上市销售日期、营销宣传计划、风险控制办法等销售实施方案报同级财政部门审核，经核准后上市销售。

三、你中心向各省、自治区、直辖市体育彩票销售机构分配即开型体育彩票时，应当将彩票游戏、数量和金额等具体分配方案报财政部备案，并按月报送全国印制和发行情况。上市销售满1个月后，你中心和各省、自治区、直辖市体育彩票销售机构应当向同级财政部门提交上市销售情况的书面报告。

四、你中心应当严格按照各项彩票管理制度规定，建立健全即开型彩票发行和销售风险防控制度及应急机制；督促各省、自治区、直辖市体育彩票销售机构切实加强安全管理，做好宣传公告等工作，确保即开型彩票市场持续健康发展。

附件：“笑口常开”等即开型体育彩票游戏规则

附件

“笑口常开”等即开型体育彩票游戏规则

一、笑口常开

（一）面值：2元。

（二）奖组：60万张（120万元）。

（三）玩法规则：刮开覆盖膜，在任意一场游戏中，如果出现两个相同的标志，即中得该场游戏右方所示的金额。兼中兼得。

（四）设奖方案：

奖级	中奖金额（元）	中奖个数	中奖小计（元）
1	15 000	1	15 000
2	1 000	2	2 000
3	500	60	30 000
4	100	180	18 000
5	50	1 500	75 000
6	20	2 000	40 000
7	10	10 000	100 000
8	5	60 000	300 000
9	2	100 000	200 000
合计		**173 743**	**780 000**

二、星光大道

（一）面值：5 元。

（二）奖组：60 万张（300 万元）。

（三）玩法规则：刮开覆盖膜，在任意一场游戏中，如果你的分数大于对手的分数，即中得该场游戏右方所示的金额；如果出现“奖杯”标志，即中得该场游戏右方所示金额的两倍。兼中兼得。

（四）设奖方案：

奖级	中奖金额（元）	中奖个数	中奖小计（元）
1	100 000	1	100 000
2	1 000	5	5 000
3	500	90	45 000
4	100	2 000	200 000
5	50	5 000	250 000
6	20	15 000	300 000
7	10	60 000	600 000
8	5	90 000	450 000
合计		**172 096**	**1 950 000**

三、魔钻

（一）面值：5 元。

（二）奖组：60 万张（300 万元）。

（三）玩法规则：刮开覆盖膜，如果红区号码中的任意一个号码与红区中奖号码相同，即中得该号码下方所示的金额；如果蓝区号码中的任意一个号码与蓝区中奖号码相同，即中得该号码下方所示金额的两倍。兼中兼得。

（四）设奖方案：

续表

奖级	中奖金额（元）	中奖个数	中奖小计（元）
1	100 000	1	100 000
2	1 000	10	10 000
3	400	475	190 000
4	100	2 500	250 000
5	40	5 000	200 000
6	20	12 500	250 000
7	10	45 000	450 000
8	5	100 000	500 000
合计		**165 486**	**1 950 000**

四、清凉水果

（一）面值：5 元。

（二）奖组：24 万张（120 万元）。

（三）玩法规则：刮开覆盖膜，如果你的号码中的任意一个号码与中奖号码之一相同，即中得该号码右方所示的金额；如果出现“冰块”标志，即中得刮开区内所示的 8 个金额之和。兼中兼得。

（四）设奖方案：

奖级	中奖金额（元）	中奖个数	中奖小计（元）
1	30 000	1	30 000
2	1 000	2	2 000
3	100	255	25 500
4	50	500	25 000
5	30	4 000	120 000
6	15	12 000	180 000
7	10	23 000	230 000
8	5	33 500	167 500
合计		**73 258**	**780 000**

五、赚翻天

（一）面值：10 元。

（二）奖组：60 万张（600 万元）。

（三）玩法规则：刮开覆盖膜，在任意一场游戏中，如果你的号码与中奖号码之一相同，即中得该场游戏所示的金额乘以该场游戏外侧所示的倍数。兼中兼得。

（四）设奖方案：

奖级	中奖金额（元）	中奖个数	中奖小计（元）
1	250 000	1	250 000
2	9 000	2	18 000
3	1 000	12	12 000
4	600	40	24 000
5	300	1 290	387 000
6	120	3 200	384 000
7	60	8 750	525 000
8	30	10 000	300 000
9	20	40 000	800 000
10	10	120 000	1 200 000
合计		**183 295**	**3 900 000**

六、巅峰之战

（一）面值：10 元。

（二）奖组：30 万张（300 万元）。

（三）玩法规则：①游戏一（小组赛）：刮开覆盖膜，如果任意一场比赛中出现“胜”标志，即中得该标志下方所示的金额。②游戏二（决赛）：刮开覆盖膜，如果出现“Goal”标志，即中得该标志下方所示的金额；如果出现“竞彩”标志，即中得该标志下方所示金额的两倍。兼中兼得。

（四）设奖方案：

奖级	中奖金额（元）	中奖个数	中奖小计（元）
1	250 000	1	250 000
2	5 000	2	10 000
3	1 000	10	10 000
4	500	180	90 000
5	100	2 700	270 000

续表

奖级	中奖金额（元）	中奖个数	中奖小计（元）
6	50	3 650	182 500
7	20	20 000	400 000
8	15	12 500	187 500
9	10	55 000	550 000
合计		**94 043**	**1 950 000**

七、天下大足

（一）面值：10 元。

（二）奖组：30 万张（300 万元）。

（三）玩法规则：刮开覆盖膜，如果你的号码中的任意一个号码与中奖号码之一相同，即中得该号码下方所示的金额；如果出现“佛手”标志，即中得 100 元。兼中兼得。

（四）设奖方案：

奖级	中奖金额（元）	中奖个数	中奖小计（元）
1	250 000	1	250 000
2	5 000	1	5 000
3	500	40	20 000
4	100	1 250	125 000
5	50	5 000	250 000
6	20	40 000	800 000
7	10	50 000	500 000
合计		**96 292**	**1 950 000**

八、绿色生活

（一）面值：10 元。

（二）奖组：60 万张（600 万元）。

（三）玩法规则：刮开覆盖膜，如果你的号码中的任意一个号码与中奖号码之一相同，即中得该号码右方所示的金额；如果出现“太阳”标志，即中得该标志右方所示金额的九倍。兼中兼得。

（四）设奖方案：

奖级	中奖金额（元）	中奖个数	中奖小计（元）
1	250 000	1	250 000
2	9 000	10	90 000
3	900	75	67 500
4	450	600	270 000
5	180	2 275	409 500
6	90	1 950	175 500
7	50	750	37 500
8	20	60 000	1 200 000
9	15	40 000	600 000
10	10	80 000	800 000
合计		**185 661**	**3 900 000**

九、喜结良缘

（一）面值：10 元。

（二）奖组：60 万张（600 万元）。

（三）玩法规则：①游戏一：刮开覆盖膜，如果在任意竖线、横线或对角线出现三个“双心”标志，即中得该游戏下方所示的金额。②游戏二：刮开覆盖膜，如果出现“凤凰”标志，即中得该标志下方所示的金额；如果出现“鸳鸯”标志，即中得该标志下方所示金额的两倍。③游戏三：刮开覆盖膜，如果出现“喜”、“结”、“良”、“缘”中的任意一个标志，既中得该标志下方所示的金额。兼中兼得。

（四）设奖方案：

奖级	中奖金额（元）	中奖个数	中奖小计（元）
1	10 000	1	10 000
2	500	10	5 000
3	100	4 250	425 000
4	20	58 000	1 160 000

续表

奖级	中奖金额（元）	中奖个数	中奖小计（元）
5	10	160 000	1 600 000
6	5	140 000	700 000
合计		**362 261**	**3 900 000**

十、欢乐扑克

（一）面值：20 元。

（二）奖组：600 万张（12 000 万元）。

（三）玩法规则：①找王牌：刮开覆盖膜，如果出现“王牌”标志，即中得 50 元。②单对单：刮开覆盖膜，在任意一场游戏中，如果你的牌比对手的牌大，即中得该场游戏右方所示的金额。③碰对子：刮开覆盖膜，在任意一场游戏中，如果出现两张相同的牌，即中得该场游戏右方所示的金额。④凑炸弹：刮开覆盖膜，在任意一场游戏中，如果抓到的牌与已有的三张手中的牌数字相同，可组成四张相同的炸弹牌，即中得该张牌下方所示的金额。兼中兼得。

（四）设奖方案：

奖级	中奖金额（元）	中奖个数	中奖小计（元）
1	1 000 000	1	1 000 000
2	100 000	2	200 000
3	10 000	10	100 000
4	1 000	6 000	6 000 000
5	500	6 000	3 000 000
6	200	10 000	2 000 000
7	100	25 000	2 500 000
8	80	40 000	3 200 000
9	50	300 000	15 000 000
10	30	900 000	27 000 000
11	20	900 000	18 000 000
合计		**2 187 013**	**78 000 000**

财政部办公厅关于变更中国福利彩票黑龙江省快乐十分游戏规则的通知

（2014 年 5 月 6 日　财政部　财办综［2014］35 号）

中国福利彩票发行管理中心：

你中心《关于调整中国福利彩票黑龙江省快乐十分游戏规则的请示》（中彩发字［2014］44 号）收悉。为优化黑龙江省福利彩票市场结构，促进彩票市场持续健康发展，经研究，根据《彩票管理条例》、《彩票管理条例实施细则》、《彩票发行销售管理办法》（财综［2012］102 号）等相关规定，现就有关事项通知如下：

一、同意你中心变更中国福利彩票黑龙江省快乐十分（以下简称快乐十分）游戏规则，增加“猜全数”、“猜大数”、“猜单数”三种投注方式，变更后的游戏规则见附件。快乐十分每期按彩票销售额的 59%、13% 和 28%，分别计提彩票奖金、彩票发行费和彩票公益金。彩票奖金分为当期奖金和调节基金，其中，58% 为当期奖金，1% 为调节基金。黑龙江省福利彩票销售机构应当自批准之日起 4 个月内完成变更上市销售。

二、变更上市销售前，黑龙江省福利彩票销售机构应当将快乐十分拟上市销售日期、营销宣传计划、风险控制办法等销售实施方案报同级财政部门审核，经核准后上市销售。黑龙江省福利彩票销售机构应当及时向社会发布公告，公告内容包括财政部批准文件的名称及文号、同级财政部门核准文件的名称及文号、上市销售的日期、财政部批准的《中国福利彩票黑龙江省快乐十分游戏规则》等。上市销售满 1 个月后，你中心和黑龙江省福利彩票销售机构应当分别向同级财政部门提交上市销售情况的书面报告。

三、你中心应当严格遵照各项彩票管理制度规定，督促黑龙江省福利彩票销售机构加强彩票销售的风险控制和安全管理，切实做好公告宣传等工作，确保彩票市场持续健康发展。

附件：中国福利彩票黑龙江省快乐十分游戏规则

附件

中国福利彩票黑龙江省快乐十分游戏规则

第一章　总　　则

第一条　根据《彩票管理条例》、《彩票管理条例实施细则》、《彩票发行销售管理办法》（财综［2012］102号）等相关规定，制定本规则。

第二条　中国福利彩票黑龙江省快乐十分游戏（以下简称"快乐十分"）由中国福利彩票发行管理中心发行和组织销售，由经财政部批准的福利彩票销售机构（以下称"相关省福彩机构"）在所辖区域内销售。

第三条　快乐十分采用计算机网络系统发行，在相关省福彩机构设置的销售网点销售，定期开奖。

第四条　快乐十分实行自愿购买，凡购买者均被视为同意并遵守本规则。

第五条　不得向未成年人出售彩票或兑付奖金。

第二章　投　　注

第六条　快乐十分是指从01—20共二十个号码中任意选择一至五个号码或选择对开奖号码中全部为数字号码、大区数号码个数、单数号码个数进行投注，一组一至五个号码或一类号码的个数称为一注。每注金额人民币2元。购买者可对其选定的投注号码进行多倍投注，投注倍数范围为2—99倍。单张彩票的投注金额最高不得超过20 000元。

第七条　购买者可在相关省福彩机构设置的销售网点投注。投注号码经投注机打印出对奖凭证，交购买者保存，此对奖凭证即为快乐十分彩票。

第八条　快乐十分分为"选一"、"选二"、"选三"、"选四"、"选五"、"猜全数"、"猜大数"、"猜单数"投注方式，具体规定如下：

（一）选一投注：是指从01—20中任意选择一个号码进行投注，规定01至18为数字号码，19和20为红色号码，分为如下两种投注方式：

1. 选一数投，是指从01—18中任意选择一个数字号码，对开奖号码中按开奖顺序出现的第一个位置的投注；

2. 选一红投，是指任意选择一个红色号码，对开奖号码中按开奖顺序出现的第一个位置的投注。

（二）选二投注：是指从01—20中任意选择两个号码进行投注，具体分为：

1. 选二任选，是指对开奖号码中任意两个位置的投注；

2. 选二连组，是指对开奖号码中按开奖顺序出现的两个连续位置的投注；

3. 选二连直，是指对开奖号码中按开奖顺序出现的两个连续位置按位相符的投注。

（三）选三投注：是指从01—20中

任意选择三个号码进行投注，具体分为：

1. 选三任选，是指对开奖号码中任意三个位置的投注；

2. 选三前组，是指对开奖号码中按开奖顺序出现的前三个连续位置的投注；

3. 选三前直，是指对开奖号码中按开奖顺序出现的前三个连续位置按位相符的投注。

（四）选四投注：是指从 01—20 中任意选择四个号码，对开奖号码中任意四个位置的投注。

（五）选五投注：是指从 01—20 中任意选择五个号码，对开奖号码中任意五个位置的投注。

（六）猜全数投注：是指对 8 个开奖号码全部为 01 至 18 的数字号码（不含 19 和 20 两个红色号码）的投注。

（七）猜大数投注：是指对 8 个开奖号码中出现大区数号码个数的投注。其中：01—10 为小区数，11—20 为大区数。

（八）猜单数投注：是指对 8 个开奖号码中出现单数号码个数的投注。其中：01、03、05、07、09、11、13、15、17、19 为单数号码。

第九条 购买者可选择机选号码投注、自选号码投注。机选号码投注是指由投注机随机产生投注号码进行投注，自选号码投注是指将购买者选定的号码输入投注机进行投注。

第十条 购买者可选择复式投注、胆拖投注、多期投注。复式投注是指所选号码个数超过单式投注的号码个数，所选号码可组合为每一种单式投注方式的多注彩票的投注。胆拖投注是指先选取少于单式投注号码个数的号码作为胆码（即每注彩票均包含的号码），再选取除胆码以外的号码作为拖码，胆码与拖码个数之和必须多于单式投注号码个数，由胆码与拖码的每一种组合按单式投注方式组成多注彩票的投注。多期投注是指购买从当期起最多连续 6 期的彩票。

第十一条 快乐十分每期销售时间为 10 分钟。销售期号以销售日按每期开奖顺序编排。

第十二条 快乐十分每期全部投注号码的可投注数量实行限量销售，若投注号码受限，则不能投注。若因销售终端故障、通讯线路故障和投注站信用额度受限等原因造成投注不成功，应退还购买者投注金额。

第三章 设 奖

第十三条 快乐十分按当期销售额的 59%、13% 和 28% 分别计提彩票奖金、彩票发行费和彩票公益金。彩票奖金分为当期奖金和调节基金，其中，58% 为当期奖金，1% 为调节基金。

第十四条 快乐十分按不同单式投注方式设奖，均为固定奖。奖金规定如下：

（一）选一投注

1. 选一数投中一：单注奖金固定为 24 元；

2. 选一红投中一：单注奖金固定为 8 元。

（二）选二投注

1. 选二任选中二：单注奖金固定为 8 元；

2. 选二连组中二：单注奖金固定为 31 元；

3. 选二连直中二：单注奖金固定为

62 元。

（三）选三投注

1. 选三任选中三：单注奖金固定为 24 元；

2. 选三前组中三：单注奖金固定为 1 300 元；

3. 选三前直中三：单注奖金固定为 8 000 元。

（四）选四投注

选四任选中四：单注奖金固定为 80 元。

（五）选五投注

选五任选中五：单注奖金固定为 320 元。

（六）猜全数投注

猜全数：单注奖金固定为 3 元。

（七）猜大数投注

1. 猜大数 8：单注奖金固定为 3 200 元；

2. 猜大数 7：单注奖金固定为 120 元；

3. 猜大数 6：单注奖金固定为 15 元；

4. 猜大数 5：单注奖金固定为 5 元；

5. 猜大数 4：单注奖金固定为 3 元；

6. 猜大数 3：单注奖金固定为 5 元；

7. 猜大数 2：单注奖金固定为 15 元；

8. 猜大数 1：单注奖金固定为 120 元；

9. 猜大数 0：单注奖金固定为 3 200 元。

（八）猜单数投注

1. 猜单数 8：单注奖金固定为 3 200 元；

2. 猜单数 7：单注奖金固定为 120 元；

3. 猜单数 6：单注奖金固定为 15 元；

4. 猜单数 5：单注奖金固定为 5 元；

5. 猜单数 4：单注奖金固定为 3 元；

6. 猜单数 3：单注奖金固定为 5 元；

7. 猜单数 2：单注奖金固定为 15 元；

8. 猜单数 1：单注奖金固定为 120 元；

9. 猜单数 0：单注奖金固定为 3 200 元。

第十五条 快乐十分设置调节基金。调节基金包括按销售总额 1% 提取部分、逾期未退票的票款。调节基金用于支付不可预见的奖金支出风险，以及设立特别奖。动用调节基金设立特别奖，应报同级财政部门审核批准。

第十六条 快乐十分设置奖池。奖池资金由当期计提奖金与实际中出奖金的差额组成。当期实际中出奖金小于计提奖金时，余额进入奖池；当期实际中出奖金超过计提奖金时，差额由奖池资金补足。当奖池资金总额不足时，由调节基金补足，调节基金不足时，用彩票兑奖周转金垫支。在出现彩票兑奖周转金垫支的情况下，当调节基金有资金滚入时优先偿还垫支的彩票兑奖周转金。

第四章 开 奖

第十七条 快乐十分采用专用电子摇奖设备开奖，每期从 01—20 共二十个号码中随机依次生成八个不同号码，作为当期开奖号码。开奖号码的顺序不能颠倒。每期开奖时间为 1 分钟。

第十八条 每期开奖后，相关省福彩机构应向社会公布开奖号码、当期销售总额、各奖级中奖情况及奖池资金余额等信息，并将开奖结果通知销售网点。

第五章　中　　奖

第十九条　根据购买者选择的快乐十分的投注号码和投注方式，与当期开奖号码按数位顺序的相符情况，确定相应的中奖资格。具体规定如下：

（一）选一投注

1. 选一数投中一：投注号码与当期开奖号码中按开奖顺序出现的第一个位置数字号码相符，即中奖；

2. 选一红投中一：投注号码与当期开奖号码中按开奖顺序出现的第一个位置为红色号码，即中奖。

（二）选二投注

1. 选二任选中二：投注号码与当期开奖号码中任意两个位置的号码相符，即中奖；

2. 选二连组中二：投注号码与当期开奖号码中按开奖顺序出现的两个连续位置的号码相符（顺序不限），即中奖；

3. 选二连直中二：投注号码与当期开奖号码中按开奖顺序出现的两个连续位置的号码按位相符，即中奖。

（三）选三投注

1. 选三任选中三：投注号码与当期开奖号码中任意三个位置的号码相符，即中奖；

2. 选三前组中三：投注号码与当期开奖号码中按开奖顺序出现的前三个连续位置的号码相符（顺序不限），即中奖；

3. 选三前直中三：投注号码与当期开奖号码中按开奖顺序出现的前三个连续位置的号码按位相符，即中奖。

（四）选四投注

选四任选中四：投注号码与当期开奖号码中任意四个位置的号码相符，即中奖。

（五）选五投注

选五任选中五：投注号码与当期开奖号码中任意五个位置的号码相符，即中奖。

（六）猜全数投注

猜全数：当期开奖号码全部为数字号码，即中奖。

（七）猜大数投注

1. 猜大数 8：当期开奖号码中有 8 个大区数，即中奖；

2. 猜大数 7：当期开奖号码中有 7 个大区数，即中奖；

3. 猜大数 6：当期开奖号码中有 6 个大区数，即中奖；

4. 猜大数 5：当期开奖号码中有 5 个大区数，即中奖；

5. 猜大数 4：当期开奖号码中有 4 个大区数，即中奖；

6. 猜大数 3：当期开奖号码中有 3 个大区数，即中奖；

7. 猜大数 2：当期开奖号码中有 2 个大区数，即中奖；

8. 猜大数 1：当期开奖号码中有 1 个大区数，即中奖；

9. 猜大数 0：当期开奖号码中没有大区数，即中奖。

（八）猜单数投注

1. 猜单数 8：当期开奖号码中有 8 个单数，即中奖；

2. 猜单数 7：当期开奖号码中有 7 个单数，即中奖；

3. 猜单数 6：当期开奖号码中有 6 个

单数，即中奖；

4. 猜单数 5：当期开奖号码中有 5 个单数，即中奖；

5. 猜单数 4：当期开奖号码中有 4 个单数，即中奖；

6. 猜单数 3：当期开奖号码中有 3 个单数，即中奖；

7. 猜单数 2：当期开奖号码中有 2 个单数，即中奖；

8. 猜单数 1：当期开奖号码中有 1 个单数，即中奖；

9. 猜单数 0：当期开奖号码中没有单数，即中奖。

第二十条 当期每注投注号码按其投注方式只有一次中奖机会，不能兼中兼得，特别设奖除外。

第六章 兑 奖

第二十一条 快乐十分兑奖当期有效。中奖者应当自开奖之日起 60 个自然日内，持中奖彩票到指定的地点兑奖。逾期未兑奖视为弃奖，弃奖奖金纳入彩票公益金。

第二十二条 中奖彩票为中奖唯一凭证，中奖彩票因玷污、损坏等原因不能正确识别的，不能兑奖。

第二十三条 兑奖机构有权查验中奖者的中奖彩票及有效身份证件，中奖者兑奖时应予配合。

第七章 附 则

第二十四条 本规则自批准之日起执行。

财政部办公厅关于停止销售中国体育彩票北京市 33 选 7 游戏的通知

（2014 年 5 月 19 日 财政部 财办综［2014］37 号）

国家体育总局体育彩票管理中心：

你中心《关于停售中国体育彩票北京市 33 选 7 的请示》（体彩字［2014］185 号）收悉。为优化北京市体育彩票市场结构，促进彩票市场持续健康发展，经研究，根据《彩票管理条例》、《彩票管理条例实施细则》、《彩票发行销售管理办法》（财综［2012］102 号）等相关规定，现就有关事项通知如下：

一、同意你中心停止销售中国体育彩票北京市 33 选 7 游戏（以下简称“33 选 7”）。北京市体育彩票销售机构应当自批准之日起 2 个月内向社会发布公告，公告内容包括财政部的批准文件名称及文号、停止销售日期、兑奖截止日期等。自公告之日起满 60 个自然日后，北京市体育彩票销售机构可以停止销售 33 选 7。

二、33 选 7 停止销售后，在兑奖期

内，应当按照规定兑付奖金。兑奖期结束后，奖池资金和调节基金有结余的，转为北京市体育彩票销售机构一般调节基金；奖池资金和调节基金余额为负数的，从北京市体育彩票销售机构彩票发行销售风险基金列支。兑奖期结束后，你中心和北京市体育彩票销售机构应当在60个自然日内分别向同级财政部门提交书面报告，报告内容包括33选7的发行销售、彩票奖金提取与兑付、奖池资金和调节基金结余与划转等情况。

三、你中心应当严格遵照各项彩票管理制度规定，督促北京市体育彩票销售机构加强彩票销售的风险控制和安全管理，切实做好公告宣传等工作，确保彩票市场持续健康发展。

财政部办公厅关于停止销售中国福利彩票山西省22选5游戏的通知

（2014年5月26日　财政部　财办综［2014］41号）

中国福利彩票发行管理中心：

你中心《关于停止销售中国福利彩票山西省21选5游戏的请示》（中彩发字［2014］47号）收悉。为优化山西省福利彩票市场结构，促进彩票市场持续健康发展，经研究，根据《彩票管理条例》、《彩票管理条例实施细则》、《彩票发行销售管理办法》（财综［2012］102号）等相关规定，现就有关事项通知如下：

一、同意你中心停止销售中国福利彩票山西省21选5游戏（以下简称“21选5”）。山西省福利彩票销售机构应当自批准之日起2个月内向社会发布公告，公告内容包括财政部的批准文件名称及文号、停止销售日期、兑奖截止日期等。自公告之日起满60个自然日后，山西省福利彩票销售机构可以停止销售21选5。

二、21选5停止销售后，在兑奖期内，应当按照规定兑付奖金。兑奖期结束后，奖池资金和调节基金有结余的，转为山西省福利彩票销售机构一般调节基金；奖池资金和调节基金余额为负数的，从山西省福利彩票销售机构彩票发行销售风险基金列支。兑奖期结束后，你中心和山西省福利彩票销售机构应当在60个自然日内分别向同级财政部门提交书面报告，报告内容包括21选5的发行销售、彩票奖金提取与兑付、奖池资金和调节基金结余与划转等情况。

三、你中心应当严格遵照各项彩票管理制度规定，督促山西省福利彩票销售机构加强彩票销售的风险控制和安全管理，切实做好公告宣传等工作，确保彩票市场持续健康发展。

财政部办公厅关于开展中福在线视频型彩票连环夺宝游戏派奖活动有关事项的通知

（2014 年 7 月 14 日　财政部　财办综［2014］49 号）

中国福利彩票发行管理中心：

你中心《关于对中福在线视频票“连环夺宝”游戏开展派奖活动的请示》（中彩发字［2014］96 号）收悉。为了促进中福在线视频型彩票持续健康发展，经研究，根据《彩票管理条例》（国务院令第 554 号）、《彩票管理条例实施细则》（财政部、民政部、国家体育总局令第 67 号）、《财政部关于印发〈彩票发行销售管理办法〉的通知》（财综［2012］102 号）等相关规定，现将有关事项通知如下：

一、同意你中心自 2014 年 7 月 23 日至 2014 年 8 月 31 日，开展中福在线视频型彩票“连环夺宝”游戏派奖活动。派奖方案如下：派奖活动期间，每天安排 700 万元派奖奖金，由当天累积奖中奖者按注数均分，若当天累积奖未中出，则派奖奖金滚入第二天，与第二天派奖奖金合并后派奖，依此类推。单注派奖奖金最高为 5 万元，当天派奖奖金按累积奖中奖注数均分后，若单注派奖奖金超过 5 万元，超过部分滚入第二天，与第二天派奖奖金合并后派奖。最后一天累积奖若未中出，或者最后一天派奖奖金按累积奖中奖注数均分后单注派奖奖金超过 5 万元，则派奖活动往后顺延，直至派奖奖金派送完毕为止，但不再增加新的派奖奖金。

二、本次派奖活动按照每天 700 万元奖金，共 40 天，所需派奖奖金 2.8 亿元从中福在线视频型彩票“连环夺宝”游戏调节基金中支出。派奖活动尚未到期，如果中福在线视频型彩票“连环夺宝”游戏的调节基金和你中心的一般调节基金已经用完，应当停止派奖。

三、你中心应当在派奖活动开始 5 个自然日前，向社会公告中福在线视频型彩票“连环夺宝”游戏的派奖方案，并在公告中注明财政部的批准文件名称及文号。

四、你中心应当严格按照现行彩票管理制度规定，督促各省、自治区、直辖市福利彩票销售机构加强彩票销售的风险控制和安全管理，切实做好中福在线视频型彩票发行销售工作。

财政部办公厅关于同意上市销售中国福利彩票河南省快3游戏的通知

（2014年7月29日　财政部　财办综［2014］52号）

中国福利彩票发行管理中心：

你中心《关于河南省上市销售中国福利彩票快3游戏的请示》（中彩发字［2014］98号）收悉。为优化河南省福利彩票市场结构，促进彩票市场持续健康发展，经研究，根据《彩票管理条例》、《彩票管理条例实施细则》、《彩票发行销售管理办法》（财综［2012］102号）等相关规定，现就有关事项通知如下：

一、同意你中心在河南省上市销售中国福利彩票河南省快3游戏（以下简称“快3”），具体游戏规则见附件。快3每期按彩票销售额的59%、13%和28%，分别计提彩票奖金、彩票发行费和彩票公益金。彩票奖金分为当期奖金和调节基金，其中，58%为当期奖金，1%为调节基金。河南省福利彩票销售机构应当自批准之日起4个月内上市销售快3。

二、快3上市销售前，河南省福利彩票销售机构应当将快3拟上市销售日期、营销宣传计划、风险控制办法等销售实施方案报同级财政部门审核，经核准后上市销售。河南省福利彩票销售机构应当及时向社会发布公告，公告内容包括财政部批准文件的名称及文号、同级财政部门核准文件的名称及文号、上市销售的日期、财政部批准的《中国福利彩票河南省快3游戏规则》等。上市销售满1个月后，你中心和河南省福利彩票销售机构应当分别向同级财政部门提交上市销售情况的书面报告。

三、你中心应当严格遵照各项彩票管理制度规定，督促河南省福利彩票销售机构加强彩票销售的风险控制和安全管理，切实做好公告等工作，确保彩票市场持续健康发展。

附件：中国福利彩票河南省快3游戏规则

附件

中国福利彩票河南省快 3 游戏规则

第一章 总 则

第一条 根据《彩票管理条例》、《彩票管理条例实施细则》、《彩票发行销售管理办法》（财综［2012］102 号）等相关规定，制定本规则。

第二条 中国福利彩票河南省快 3 游戏（以下简称“快 3”）由中国福利彩票发行管理中心发行和组织销售，由经财政部批准的福利彩票销售机构（以下称“相关省福彩机构”）在所辖区域内销售。

第三条 快 3 采用计算机网络系统发行，在相关省福彩机构设置的销售网点销售，定期开奖。

第四条 快 3 实行自愿购买，凡购买者均被视为同意并遵守本规则。

第五条 不得向未成年人出售彩票或兑付奖金。

第二章 投 注

第六条 快 3 是指以三个号码组合为一注进行单式投注，每个投注号码为 1—6 共六个自然数中的任意一个，一组三个号码的组合称为一注。每注金额人民币 2 元。购买者可对其选定的投注号码进行多倍投注，投注倍数范围为 2—99 倍。单张彩票的投注金额最高不得超过 20 000 元。

第七条 购买者可在相关省福彩机构设置的销售网点投注。投注号码经投注机打印出对奖凭证，交购买者保存，此对奖凭证即为快 3 彩票。

第八条 快 3 根据号码组合共分为“和值”、“三同号”、“二同号”、“三不同号”、“二不同号”、“三连号通选”投注方式，具体规定如下：

（一）和值投注：是指对三个号码的和值进行投注，包括“和值 4”至“和值 17”投注。

（二）三同号投注：是指对三个相同的号码进行投注，具体分为：

1. 三同号通选：是指对所有相同的三个号码（111、222、…、666）进行投注；

2. 三同号单选：是指从所有相同的三个号码（111、222、…、666）中任意选择一组号码进行投注。

（三）二同号投注：是指对两个指定的相同号码进行投注，具体分为：

1. 二同号复选：是指对三个号码中两个指定的相同号码和一个任意号码进行投注；

2. 二同号单选：是指对三个号码中两个指定的相同号码和一个指定的不同号码进行投注。

（四）三不同号投注：是指对三个各不相同的号码进行投注。

（五）二不同号投注：是指对三个号码中两个指定的不同号码和一个任意号码进行投注。

（六）三连号通选投注：是指对所有

三个相连的号码（仅限：123、234、345、456）进行投注。

第九条 购买者可选择机选号码投注、自选号码投注。机选号码投注是指由投注机随机产生投注号码进行投注，自选号码投注是指将购买者选定的号码输入投注机进行投注。

第十条 购买者可选择多期投注。多期投注是指购买从当期起最多连续6期的彩票。

第十一条 快3每期销售时间为10分钟。销售期号以销售日按每期开奖顺序编排。

第十二条 快3每期全部投注号码的可投注数量实行限量销售，若投注号码受限，则不能投注。若因销售终端故障、通讯线路故障和投注站信用额度受限等原因造成投注不成功，应退还购买者投注金额。

第三章 设 奖

第十三条 快3按当期销售额的59%、13%和28%分别计提彩票奖金、彩票发行费和彩票公益金。彩票奖金分为当期奖金和调节基金，其中，58%为当期奖金，1%为调节基金。

第十四条 快3按不同单式投注方式设奖，均为固定奖。奖金规定如下：

（一）和值投注。

1. 和值4：单注奖金固定为80元；
2. 和值5：单注奖金固定为40元；
3. 和值6：单注奖金固定为25元；
4. 和值7：单注奖金固定为16元；
5. 和值8：单注奖金固定为12元；
6. 和值9：单注奖金固定为10元；
7. 和值10：单注奖金固定为9元；
8. 和值11：单注奖金固定为9元；
9. 和值12：单注奖金固定为10元；
10. 和值13：单注奖金固定为12元；
11. 和值14：单注奖金固定为16元；
12. 和值15：单注奖金固定为25元；
13. 和值16：单注奖金固定为40元；
14. 和值17：单注奖金固定为80元。

（二）三同号投注。

1. 三同号通选：单注奖金固定为40元；
2. 三同号单选：单注奖金固定为240元。

（三）二同号投注。

1. 二同号复选：单注奖金固定为15元；
2. 二同号单选：单注奖金固定为80元。

（四）三不同号投注。

三不同号：单注奖金固定为40元。

（五）二不同号投注。

二不同号：单注奖金固定为8元。

（六）三连号通选投注。

三连号通选：单注奖金固定为10元。

第十五条 快3设置调节基金。调节基金包括按销售总额1%提取部分、逾期未退票的票款。调节基金用于支付不可预见的奖金支出风险，以及设立特别奖。动用调节基金设立特别奖，应报同级财政部门审核批准。

第十六条 快3设置奖池。奖池资金由当期计提奖金与实际中出奖金的差额组成。当期实际中出奖金小于计提奖金时，余额进入奖池；当期实际中出奖金超过计提奖金时，差额由奖池资金补足。当奖池资金总额不足时，由调节基金补足，调节基金不足时，用彩票兑奖周转金垫支。在出现彩票兑奖周转金垫支的情况下，当调节基金有资金滚入时优先偿还垫支的彩票兑奖周转金。当奖池资金超过 200 万元时，超出部分转入调节基金。

第四章　开　　奖

第十七条　快 3 采用专用电子开奖设备开奖，每期随机生成三个号码，作为当期开奖号码，每个号码为 1—6 共六个自然数中的任意一个。每期开奖时间为 1 分钟。

第十八条　每期开奖后，相关省福彩机构应向社会公布开奖号码、当期销售总额、各奖级中奖情况及奖池资金余额等信息，并将开奖结果通知销售网点。

第五章　中　　奖

第十九条　根据购买者选择的快 3 的投注号码和投注方式，与当期开奖号码的相符情况，确定相应的中奖资格。具体规定如下：

（一）和值投注。

和值：投注号码与当期开奖号码的三个号码的和值相符，即中奖。

（二）三同号投注。

1. 三同号通选：当期开奖号码的三个号码相同，即中奖；

2. 三同号单选：当期开奖号码的三个号码相同，且投注号码与当期开奖号码相符，即中奖。

（三）二同号投注。

1. 二同号复选：当期开奖号码中有两个号码相同，且投注号码中的两个相同号码与当期开奖号码中两个相同号码相符，即中奖；

2. 二同号单选：当期开奖号码中有两个号码相同，且投注号码与当期开奖号码中两个相同号码和一个不同号码分别相符，即中奖。

（四）三不同号投注。

三不同号投注：当期开奖号码的三个号码各不相同，且投注号码与当期开奖号码全部相符，即中奖。

（五）二不同号投注。

二不同号投注：当期开奖号码中有两个号码不相同，且投注号码中的两个不同号码与当期开奖号码中的两个不同号码相符，即中奖。

（六）三连号通选投注。

三连号通选：当期开奖号码为三个相连的号码（仅限：123、234、345、456），即中奖。

第二十条　当期每注投注号码按其投注方式只有一次中奖机会，不能兼中兼得，特别设奖除外。

第六章　兑　　奖

第二十一条　快 3 兑奖当期有效。中奖者应当自开奖之日起 60 个自然日内，持中奖彩票到指定的地点兑奖。逾期未兑奖视为弃奖，弃奖奖金纳入彩票公益金。

第二十二条　中奖彩票为中奖唯一凭证，中奖彩票因玷污、损坏等原因不能正确识别的，不能兑奖。

第二十三条　兑奖机构可以查验中奖者的中奖彩票及有效身份证件，中奖者兑奖时应予配合。

第七章　附　　则

第二十四条　本规则自批准之日起执行。

财政部办公厅关于同意销毁2007年上市的“蝶舞”等9款即开型体育彩票尾票的通知

（2014年8月1日　财政部　财办综［2014］53号）

国家体育总局体育彩票管理中心：

你中心《关于销毁“蝶舞”等9款停售即开型体育彩票库存尾票的请示》（体彩字［2014］234号）收悉。经研究，根据《彩票管理条例》、《彩票管理条例实施细则》和《彩票发行销售管理办法》（财综［2012］102号）等有关规定，现就有关事项通知如下：

一、同意你中心组织河北、上海、江西、山东、四川省（市）销毁“蝶舞”等9款即开型体育彩票尾票，共计8 342.75万张，票面价值共计16 685.5万元，具体数量和票面价值见附件。

二、你中心应当在国家体育总局的监督下，选择粉碎或打浆等方式进行彩票销毁。实施销毁前，负责销毁彩票和负责监督销毁的工作人员，应当将经批准销毁彩票的名称、面值、数量、金额与现场待销毁彩票实物进行核对，清点零张票，抽点整本票。核对无误后，出具销毁确认单并签字、盖章。核对中发现问题的，应当立即停止销毁工作，查明原因并处置后再行销毁。你中心应当在此文件印发之日起30个工作日内完成销毁工作，在销毁工作完成后20个工作日内向财政部报送销毁情况报告。

三、你中心应当严格按照各项彩票管理制度规定，建立健全即开型彩票风险防控制度及应急机制；督促体育彩票销售机构切实加强彩票数据和安全管理等工作，确保即开型彩票市场平稳健康发展。

附表：1.“蝶舞”等即开型体育彩票资金结算情况及库存尾票情况统计表

2.“蝶舞”等即开型体育彩票库存尾票数量明细及销毁地点情况表

附表 1

“蝶舞”等即开型体育彩票资金结算情况及库存尾票情况统计表

序号	停售游戏名称	彩票代码	面值（元）	印制金额（元）	销售金额（元）	兑奖资金结算合计(元)					丢失彩票合计（元）	库存尾票（元）
						应返奖金（元）	实兑奖金（元）	弃奖奖金（元）	结余奖金（元）	超兑奖金（元）		
1	蝶舞	107 002	2	97 800 000	75 526 696	49 092 352	48 043 100	647 525	401 727	0	0	22 273 304
2	中国结	107 001	2	156 400 000	129 706 890	84 309 479	83 764 861	442 675	101 943	0	0	26 693 110
3	生日快乐	107 003	2	44 000 000	3 757 036	2 442 073	2 601 736	23 070	0	182 733	798	40 242 166
4	幸运星座	107 004	2	46 000 000	6 144 692	3 994 050	3 867 653	126 397	0	0	0	39 855 308
5	赛车	107 005	2	6 000 000	5 952 100	3 868 865	3 677 412	191 453	0	0	0	47 900
6	赛道	107 006	2	4 800 000	2 796 400	1 817 660	1 727 712	89 948	0	0	0	2 003 600
7	竞速	107 007	2	4 200 000	2 380 000	1 547 000	1 470 446	76 554	0	0	0	1 820 000
8	顽强拼搏	107 008	2	34 000 000	5 518 000	3 586 700	3 496 293	90 407	0	0	0	28 482 000
9	快乐台球	107 009	2	12 000 000	6 562 426	4 265 577	4 143 626	121 951	0	0	0	5 437 574
合计				405 200 000	238 344 240	154 923 756	152 792 839	1 809 980	503 670	182 733	798	166 854 962

附表 2

“蝶舞”等即开型体育彩票库存尾票数量明确及销毁地点情况表

序号	停售游戏名称	尾票库存及销毁地点:省市										库存及销毁地点:北京				库存合计	
		河北/石家庄库存情况		上海/上海库存情况		江西/南昌库存情况		山东/济南库存情况		四川/成都库存情况		代省市保管库存合计		国家中心库存合计			
		数量(张)	金额(元)	数量(张)	金额(元)	数量(张)	金额(元)	数量(张)	金额(元)	数量(张)	金额(元)	数量(张)	金额(元)	数量(张)	金额(元)	数量(张)	金额(元)
1	蝶舞	2 307 300	4 614 600	1 889 200	3 778 400	1 189 522	2 379 044	350 630	701 260	0	0	5 400 000	10 800 000	0	0	11 136 652	22 273 304
2	中国结	1 321 400	2 642 800	2 150 000	4 300 000	3 383 355	6 766 710	61 800	123 600	3 830 000	7 660 000	2 600 000	5 200 000	0	0	13 346 555	26 693 110
3	生日快乐	1 695 100	3 390 200	0	0	8 425 983	16 851 966	0	0	0	0	400 000	800 000	9 600 000	19 200 000	20 121 083	40 242 166
4	幸运星座	894 000	1 788 000	0	0	0	0	5 533 654	11 067 308	0	0	3 500 000	7 000 000	10 000 000	20 000 000	19 927 654	39 855 308
5	赛车	0	0	23 950	47 900	0	0	0	0	0	0	0	0	0	0	23 950	47 900
6	赛道	0	0	1 001 800	2 003 600	0	0	0	0	0	0	0	0	0	0	1 001 800	2 003 600
7	竞速	0	0	910 000	1 820 000	0	0	0	0	0	0	0	0	0	0	910 000	1 820 000
8	顽强拼搏	570 200	1 140 400	0	0	0	0	90 800	181 600	9 380 000	18 760 000	1 700 000	3 400 000	2 500 000	5 000 000	14 241 000	28 482 000
9	快乐台球	1 139 400	2 278 800	0	0	0	0	179 387	358 774	0	0	1 400 000	2 800 000	0	0	2 718 787	5 437 574
合计		7 927 400	15 854 800	5 974 950	11 949 900	12 998 860	25 997 720	6 216 271	12 432 542	13 210 000	26 420 000	15 000 000	30 000 000	22 100 000	44 200 000	83 427 481	166 854 962

财政部办公厅关于变更中国体育彩票排列3游戏规则的通知

（2014年8月1日　财政部　财办综［2014］54号）

国家体育总局体育彩票管理中心：

你中心《关于变更中国体育彩票排列3游戏规则的请示》（体彩字［2014］244号）收悉。为支持壮大数字型彩票主力游戏，促进彩票市场持续健康发展，经研究，根据《彩票管理条例》、《彩票管理条例实施细则》、《彩票发行销售管理办法》（财综［2012］102号）等相关规定，现就有关事项通知如下：

一、同意你中心变更中国体育彩票排列3（以下简称排列3）游戏规则。变更的内容是彩票资金构成比例和奖级奖金设置。变更后的游戏规则见附件。排列3每期按彩票销售额的53%、13%和34%，分别计提彩票奖金、彩票发行费和彩票公益金。彩票奖金分为当期奖金和调节基金，52%为当期奖金，1%为调节基金。你中心应当自批准之日起4个月内完成变更上市销售。

二、排列3上市销售前，你中心应当将排列3拟上市销售日期、营销宣传计划、风险控制办法等销售实施方案报财政部审核，经核准后上市销售。你中心应当及时向社会发布公告，公告内容包括财政部批准文件的名称及文号、财政部核准文件的名称及文号、变更上市销售的日期、变更后的《中国体育彩票排列3游戏规则》等。上市销售满1个月后，你中心应当向财政部提交上市销售情况的书面报告。

三、你中心应当严格遵照各项彩票管理制度规定，认真做好排列3的发行和组织销售工作，督促各省、自治区、直辖市体育彩票销售机构加强彩票销售的风险控制和安全管理，做好公告等工作，确保彩票市场平稳健康发展。

附件：中国体育彩票排列3游戏规则

附件

中国体育彩票排列3游戏规则

第一章　总　则

第一条　根据《彩票管理条例》、《彩票管理条例实施细则》、《彩票发行销售管理办法》（财综［2012］102号）等相关规定，制定本规则。

第二条 中国体育彩票排列 3 游戏（以下简称“排列3”）由国家体育总局体育彩票管理中心（以下简称“中体彩中心”）发行和组织销售，由各省、自治区、直辖市体育彩票销售机构（以下称“各省体彩机构”）在所辖区域内销售。

第三条 排列 3 采用计算机网络系统发行，在各省体彩机构设置的销售网点销售，定期开奖。

第四条 排列 3 实行自愿购买，凡购票者均被视为同意并遵守本规则。

第五条 不得向未成年人出售彩票或兑付奖金。

第二章 投　注

第六条 排列 3 是指从 000—999 的数字中选取 1 个 3 位数作为一注投注号码进行的投注。每注金额人民币 2 元。

第七条 排列 3 投注方式分为直选投注和组选投注。

（一）直选投注：所选 3 位数以唯一排列方式作为一注的投注。

（二）组选投注：所选 3 位数以所有排列方式作为一注的投注。具体分为：

组选 6：如果一注组选投注的 3 位数中每位数字各不相同，则有 6 种不同的排列方式，有 6 次中奖机会；

组选 3：如果一注组选投注的 3 位数中有 2 位数字相同，则有 3 种不同的排列方式，有 3 次中奖机会。

第八条 购买者可对其选定的投注号码进行多倍投注，投注倍数范围为 2—99 倍。单张彩票的投注金额最高不得超过 20 000 元。

第九条 排列 3 每天销售一期，期号以开奖日界定，按日历年度编排。

第十条 购买者可在各省体彩机构设置的销售网点投注。投注号码经投注机打印出的对奖凭证，交购买者保存，此对奖凭证即为排列 3 彩票。

第十一条 投注者可选择机选号码投注、自选号码投注。机选号码投注是指由投注机随机产生投注号码进行投注，自选号码投注是指将购买者选定的号码输入投注机进行投注。

第十二条 排列 3 对每期全部投注号码的可投注数量实行限量销售，若投注号码受限，则不能投注。若因销售终端故障、通讯线路故障和投注站信用额度受限等原因造成投注不成功，应退还购买者投注金额。

第三章 设　奖

第十三条 排列 3 按当期销售总额的 53%、13%、34% 分别计提彩票奖金、彩票发行费和彩票公益金。彩票奖金分为当期奖金和调节基金，其中，52% 为当期奖金，1% 为调节基金。

第十四条 排列 3 按不同投注方式设奖，均为固定奖。奖金规定如下：

（一）直选投注：单注奖金固定为 1 040 元。

（二）组选投注：

组选 6：单注奖金固定为 173 元；

组选 3：单注奖金固定为 346 元。

第十五条 排列 3 设置调节基金。调节基金包括按销售总额 1% 的提取部分、逾期未退票的票款。调节基金专项用于支付不可预见情况下的奖金支出风险，以及设立特别奖。动用调节基金设立特别奖，应报同级财政部门审核批准。

第十六条 排列3设置奖池，奖池资金由计提当期奖金与实际中出奖金的差额组成。当期实际中出奖金小于计提当期奖金时，余额进入奖池；当期实际中出奖金超过计提当期奖金时，差额由奖池资金补足；当奖池资金不足时，由调节基金补足，调节基金不足时，用彩票兑奖周转金垫支。在出现彩票兑奖周转金垫支情况下，当调节基金有资金滚入时优先偿还垫支的彩票兑奖周转金。

第四章 开 奖

第十七条 排列3每天开奖一次。以中国体育彩票排列5当期开奖号码的前三位号码作为排列3当期开奖号码。

第十八条 每期开奖后，由各省体彩机构向社会公布当期销售总额、开奖号码、各奖级中奖情况以及奖池资金余额等信息，并将开奖结果通知各销售网点。

第五章 中 奖

第十九条 排列3根据投注号码与开奖号码相符情况确定相应中奖资格。具体规定如下：

（一）直选投注：投注号码与开奖号码数字相同且顺序一致，即中奖。例如，开奖号码为123，则直选投注号码为123即中奖。

（二）组选投注：

组选6：开奖号码中每位数字均不相同，投注号码与开奖号码数字相同且顺序不限，即中奖。例如，组选6投注号码为123，则开奖号码为123、132、213、231、312、321之一均中奖。

组选3：开奖号码中任意2位数字相同，投注号码与开奖号码数字相同且顺序不限，即中奖。例如，组选3投注号码为122，则开奖号码为122、212、221之一均中奖。

第六章 兑 奖

第二十条 排列3兑奖当期有效。中奖者应当自开奖之日起60个自然日内，持中奖彩票到指定的地点兑奖。逾期未兑奖视为弃奖，弃奖奖金纳入彩票公益金。

第二十一条 中奖彩票为兑奖唯一凭证，中奖彩票因玷污、损坏等原因不能正确识别的，不能兑奖。

第二十二条 兑奖机构有权查验中奖者的中奖彩票及有效身份证件，兑奖者应予配合。

第七章 附 则

第二十三条 本规则自批准之日起执行。

财政部办公厅关于变更中国福利彩票 3D 游戏规则的通知

（2014 年 8 月 1 日　财政部　财办综［2014］55 号）

中国福利彩票发行管理中心：

你中心《关于提高 3D 游戏返奖比例完善游戏规则的请示》（中彩发字［2014］92 号）收悉。为支持壮大数字型彩票主力游戏，促进彩票市场持续健康发展，经研究，根据《彩票管理条例》、《彩票管理条例实施细则》、《彩票发行销售管理办法》（财综［2012］102 号）等相关规定，现就有关事项通知如下：

一、同意你中心变更中国福利彩票 3D（以下简称"3D"）游戏规则。变更的主要内容是彩票资金构成比例和奖级奖金设置，增加猜大小、猜 1D、猜 2D、猜三同、拖拉机和猜奇偶等投注方式。变更后的游戏规则见附件。3D 每期按彩票销售额的 53%、13% 和 34%，分别计提彩票奖金、彩票发行费和彩票公益金。彩票奖金分为当期奖金和调节基金，52% 为当期奖金，1% 为调节基金。你中心应当自批准之日起 4 个月内完成变更上市销售。

二、3D 上市销售前，你中心应当将 3D 拟上市销售日期、营销宣传计划、风险控制办法等销售实施方案报财政部审核，经核准后上市销售。你中心应当及时向社会发布公告，公告内容包括财政部批准文件的名称及文号、财政部核准文件的名称及文号、变更上市销售的日期、变更后的《中国福利彩票 3D 游戏规则》等。上市销售满 1 个月后，你中心应当向财政部提交上市销售情况的书面报告。

三、你中心应当严格遵照各项彩票管理制度规定，认真做好 3D 的发行和组织销售工作，督促各省、自治区、直辖市福利彩票销售机构加强彩票销售的风险控制和安全管理，做好公告等工作，确保彩票市场平稳健康发展。

附件：中国福利彩票 3D 游戏规则

附件

中国福利彩票3D游戏规则

第一章　总　　则

第一条　根据《彩票管理条例》、《彩票管理条例实施细则》、《彩票发行销售管理办法》（财综［2012］102号）等相关规定，制定本规则。

第二条　中国福利彩票3D游戏（以下简称“3D”）由中国福利彩票发行管理中心（以下简称“中福彩中心”）发行和组织销售，由各省、自治区、直辖市福利彩票销售机构（以下称“福彩销售机构”）在所辖区域内销售。

第三条　3D采用计算机网络系统发行，在福彩销售机构设置的销售网点销售，定期开奖。

第四条　3D实行自愿购买，凡购买者均被视为同意并遵守本规则。

第五条　不得向未成年人出售彩票或兑付奖金。

第二章　投　　注

第六条　3D是指以三个号码排列或组合为一注进行单式投注，投注号码由000—999组成，三个位置从左至右分别为“百位”、“十位”、“个位”，一组三个号码的排列或组合称为一注。每注金额人民币2元。购买者可对其选定的投注号码进行多倍投注，投注倍数范围为2—99倍。单张彩票的投注金额最高不得超过20 000元。

第七条　投注者可在福彩销售机构设置的销售网点投注。投注号码经投注机打印出兑奖凭证，交购买者保存，此兑奖凭证即为3D彩票。

第八条　3D根据投注号码的排列或组合分为“单选”、“组选”、“1D”、“猜1D”、“2D”、“猜2D”、“通选”、“和数”、“包选”、“猜大小”、“猜三同”、“拖拉机”、“猜奇偶”等投注方式，具体规定如下：

（一）单选投注：是指对三个号码以唯一的排列方式进行投注。

（二）组选投注：是指将三个号码的所有排列方式作为一注投注号码进行投注。如果一注组选的三个号码中有两个号码相同，则包括三种不同的排列方式，称为“组选3”；如果一注组选的三个号码各不相同，则包括六种不同的排列方式，称为“组选6”。

（三）1D投注：是指对百位、十位或个位中某一特定位置上的号码进行投注。

（四）猜1D投注：是指对百位、十位或个位中任意一个位置上的号码进行投注。

（五）2D投注：是指对百位和十位、十位和个位或百位和个位号码，以唯一的排列方式进行投注。

（六）猜 2D 投注：是指对百位、十位或个位中任意两个位置上的号码进行投注。

（七）通选投注：是指对三个号码以唯一的排列方式进行投注。

（八）和数投注：是指对三个号码相加之和进行投注。

（九）包选投注：是指同时用单选和组选的方式对三个号码进行投注。如果三个号码中有两个号码相同，则包括三种不同的排列方式，称为“包选 3”；如果三个号码各不相同，则包括六种不同的排列方式，称为“包选 6”。

（十）猜大小投注：是指对三个号码相加之和的大、小性质进行投注。其中，三个号码相加之和在 19（含）至 27（含）之间时为大，在 0（含）至 8（含）之间时为小。

（十一）猜三同投注：是指对全部三个相同的号码进行投注。

（十二）拖拉机投注：是指对全部以升序或降序连续排列的号码进行投注（890、098、901、109 除外）。

（十三）猜奇偶投注：是指对全部三个号码的奇数、偶数性质进行投注。其中，1、3、5、7、9 为奇，0、2、4、6、8 为偶。

第九条 购买者可选择机选号码投注、自选号码投注。机选号码投注是指由投注机随机产生投注号码进行投注，自选号码投注是指将购买者选定的号码输入投注机进行投注。

第十条 购买者可选择复式投注、多期投注。复式投注是指所选号码个数超过单式投注的号码个数，所选号码可排列或组合为每一种单式投注方式的多注彩票的投注。多期投注是指购买从当期起最多连续 7 期的彩票。

第十一条 3D 每天销售一期，期号以开奖日界定，按日历年度编排。

第十二条 3D 每期全部投注号码的可投注数量实行限量销售，由福彩销售机构根据实际情况确定具体的限额，若投注号码受限，则不能投注。若因销售终端故障、通讯线路故障和投注站信用额度受限等原因造成投注不成功，应退还购买者投注金额。

第三章 设　奖

第十三条 3D 按当期销售额的 53%、13% 和 34% 分别计提彩票奖金、彩票发行费和彩票公益金。彩票奖金分为当期奖金和调节基金，其中，52% 为当期奖金，1% 为调节基金。

第十四条 3D 按不同单式投注方式设奖，均为固定奖。奖金规定如下：

（一）单选投注

单选：单注奖金固定为 1 040 元。

（二）组选投注

1. 组选 3：单注奖金固定为 346 元。

2. 组选 6：单注奖金固定为 173 元。

（三）1D 投注：

1D：单注奖金固定为 10 元。

（四）猜 1D 投注：

1. 猜中 1：单注奖金固定为 2 元；

2. 猜中 2：单注奖金固定为 12 元；

3. 猜中 3：单注奖金固定为 230 元。

（五）2D 投注：

2D：单注奖金固定为 104 元。

（六）猜 2D 投注：

1. 两同号：单注奖金固定为37元；

2. 两不同号：单注奖金固定为19元。

（七）通选投注：

1. 通选1：单注奖金固定为470元；

2. 通选2：单注奖金固定为21元。

（八）和数投注：

1. 和数0或27：单注奖金固定为1 040元；

2. 和数1或26：单注奖金固定为345元；

3. 和数2或25：单注奖金固定为172元；

4. 和数3或24：单注奖金固定为104元；

5. 和数4或23：单注奖金固定为69元；

6. 和数5或22：单注奖金固定为49元；

7. 和数6或21：单注奖金固定为37元；

8. 和数7或20：单注奖金固定为29元；

9. 和数8或19：单注奖金固定为23元；

10. 和数9或18：单注奖金固定为19元；

11. 和数10或17：单注奖金固定为16元；

12. 和数11或16：单注奖金固定为15元；

13. 和数12或15：单注奖金固定为15元；

14. 和数13或14：单注奖金固定为14元。

（九）包选投注：

1. 包选3：

（1）全中：单注奖金固定为693元；

（2）组中：单注奖金固定为173元。

2. 包选6：

（1）全中：单注奖金固定为606元；

（2）组中：单注奖金固定为86元。

（十）猜大小投注：

猜大小：单注奖金固定为6元。

（十一）猜三同投注：

猜三同：单注奖金固定为104元。

（十二）拖拉机投注：

拖拉机：单注奖金固定为65元。

（十三）猜奇偶投注：

猜奇偶：单注奖金固定为8元。

第十五条 3D设置调节基金。调节基金包括按销售总额1%提取部分、逾期未退票的票款和奖池资金达到一定数额后超出部分转入资金。调节基金用于支付不可预见的奖金支出风险，以及设立特别奖。动用调节基金设立特别奖，应报同级财政部门审核批准。

第十六条 3D设置奖池。奖池资金由当期计提奖金与实际中出奖金的差额组成。当期实际中出奖金小于计提奖金时，余额进入奖池；当期实际中出奖金超过计提奖金时，差额由奖池资金补足。当奖池资金总额不足时，由调节基金补足，调节基金不足时，用彩票兑奖周转金垫支。在出现彩票兑奖周转金垫支的情况下，当调节基金有资金滚入时优先偿还垫支的彩票兑奖周转金。当奖池资金达到200万元后，超出部分可以转入调节基金。

第四章 开　奖

第十七条 3D由中福彩中心统一开

奖，每天开奖一次。

第十八条 3D 通过专用摇奖设备确定开奖号码。每期按百位、十位、个位的顺序从 000—999 中摇出一个三位数的号码，作为当期开奖号码。

第十九条 每期开奖后，福彩销售机构应向社会公布开奖号码、当期销售总额、各投注方式中奖情况及奖池资金余额等信息，并将开奖结果通知销售网点。

第五章 中 奖

第二十条 根据购买者选择的 3D 的投注号码和投注方式，与当期开奖号码的相符情况，确定相应的中奖资格。具体规定如下：

（一）单选投注：

单选：投注号码与当期开奖号码按位全部相同（百位 + 十位 + 个位），即中奖。

（二）组选投注：

1. 组选 3：当期开奖号码的三位数中任意两位数字相同，且投注号码与当期开奖号码相同（顺序不限），即中奖。

2. 组选 6：当期开奖号码的三位数各不相同，且投注号码与当期开奖号码相同（顺序不限），即中奖。

（三）1D 投注：

1D：投注号码与当期开奖号码中对应位置的号码相同，即中奖。

（四）猜 1D 投注：

1. 猜中 1：投注号码与当期开奖号码中任意一个位置的号码相同，即中奖；

2. 猜中 2：投注号码与当期开奖号码中任意两个位置的号码相同，即中奖；

3. 猜中 3：投注号码与当期开奖号码中全部三个位置的号码相同，即中奖。

（五）2D 投注：

2D：投注号码与当期开奖号码中对应两个位置的号码按位相同，即中奖。

（六）猜 2D 投注：

1. 两同号：投注号码为两个相同的号码，若当期开奖号码中包含投注的两个相同号码，即中奖；

2. 两不同号：投注号码为两个不同的号码，若当期开奖号码中包含投注的两个不同号码（顺序不限），即中奖。

（七）通选投注：

1. 通选 1：投注号码与当期开奖号码按位全部相同（百位 + 十位 + 个位），即中奖；

2. 通选 2：投注号码与当期开奖号码中任意两个位置的号码按位相同，即中奖。

（八）和数投注：

和数：投注号码与当期开奖号码的三个号码相加之和相同，即中奖。

（九）包选投注：

1. 包选 3：

（1）全中：投注号码的三位数中任意两位数字相同，且投注号码与当期开奖号码按位全部相同，即中奖；

（2）组中：投注号码的三位数中任意两位数字相同，且投注号码与当期开奖号码全部相同（顺序不同），即中奖。

2. 包选 6：

（1）全中：投注号码的三位数各不相同，且投注号码与当期开奖号码按位全部相同，即中奖；

（2）组中：投注号码的三位数各不相同，且投注号码与当期开奖号码全部相同（顺序不同），即中奖。

（十）猜大小投注：

猜大小：投注号码与当期开奖号码的三个号码相加之和的大、小性质相同，即中奖。其中，三个号码相加之和在19（含）至27（含）之间时为大，在0（含）至8（含）之间时为小。

（十一）猜三同投注：

猜三同：当期开奖号码为三个相同的号码，即中奖。

（十二）拖拉机投注：

拖拉机：当期开奖号码的三个号码为以升序或降序连续排列的号码（890、098、901、109除外），即中奖。

（十三）猜奇偶投注：

猜奇偶：当期开奖号码的三个号码全部为奇数或偶数，且投注号码与当期开奖号码的三个号码的奇数、偶数性质相同，即中奖。其中，1、3、5、7、9为奇，0、2、4、6、8为偶。

第二十一条 当期每注投注号码按其投注方式只有一次中奖机会，不能兼中兼得，特别设奖除外。

第六章 兑 奖

第二十二条 3D兑奖当期有效。中奖者应当自开奖之日起60个自然日内，持中奖彩票到指定的地点兑奖。逾期未兑奖视为弃奖，弃奖奖金纳入彩票公益金。

第二十三条 中奖彩票为中奖唯一凭证，中奖彩票因玷污、损坏等原因不能正确识别的，不能兑奖。

第二十四条 兑奖机构可以查验中奖者的中奖彩票及有效身份证件，中奖者兑奖时应予配合。

第七章 附 则

第二十五条 本规则自批准销售之日起执行。

财政部办公厅关于调整中国足球彩票单场竞猜、中国篮球彩票单场竞猜、中国体育彩票冠军竞猜和中国体育彩票冠亚军竞猜游戏规则的通知

（2014年8月1日 财政部 财办综［2014］57号）

国家体育总局体育彩票管理中心：

你中心《关于提高竞彩游戏返奖率推出单场固定奖金投注的请示》（体彩字［2014］172号）收悉。经研究，根据《彩票管理条例》、《彩票管理条例实施细则》、《彩票发行销售管理办法》（财综［2012］102号）等有关规定，现就有关事项通知如下：

一、同意你中心调整中国足球彩票单场竞猜游戏、中国篮球彩票单场竞猜游

戏、中国体育彩票冠军竞猜游戏和中国体育彩票冠亚军竞猜游戏的彩票资金构成比例，即按照彩票销售额的 73%、11% 和 16% 分别计提彩票奖金、彩票发行费和彩票公益金；彩票奖金中，72% 为当期奖金，1% 为调节基金。同意你中心将中国足球彩票单场竞猜胜平负游戏、让球胜平负游戏、半全场胜平负游戏、总进球数游戏和中国篮球彩票单场竞猜胜负游戏、让分胜负游戏、大小分游戏的单场投注的奖金设置调整为固定奖金。具体游戏规则见附件。你中心应当自批准之日起 4 个月内完成变更上市销售。

二、中国足球彩票单场竞猜游戏规则、中国篮球彩票单场竞猜游戏规则、中国体育彩票冠军竞猜游戏规则和中国体育彩票冠亚军竞猜游戏规则变更上市销售前，你中心应当将拟上市销售时间、营销宣传计划、风险控制办法等销售实施方案报财政部审核，经核准后上市销售。你中心应当及时向社会发布公告，公告内容包括财政部批准文件的名称及文号、财政部核准文件的名称及文号、变更上市销售的日期、财政部批准的彩票游戏规则等。变更上市销售满 1 个月后，你中心应当向财政部提交上市销售情况的书面报告。

三、你中心应当严格遵守各项彩票管理制度规定，切实加强竞猜型彩票发行销售的风险控制和安全管理，做好公告等工作，确保彩票市场持续健康发展。

附件：1. 中国足球彩票单场竞猜胜平负游戏规则
2. 中国足球彩票单场竞猜让球胜平负游戏规则
3. 中国足球彩票单场竞猜总进球数游戏规则
4. 中国足球彩票单场竞猜比分游戏规则
5. 中国足球彩票单场竞猜半全场胜平负游戏规则
6. 中国篮球彩票单场竞猜胜负游戏规则
7. 中国篮球彩票单场竞猜让分胜负游戏规则
8. 中国篮球彩票单场竞猜大小分游戏规则
9. 中国篮球彩票单场竞猜胜分差游戏规则
10. 中国体育彩票冠军竞猜彩票游戏规则
11. 中国体育彩票冠亚军竞猜彩票游戏规则

附件 1

中国足球彩票单场竞猜胜平负游戏规则

第一章　总　　则

第一条　根据《彩票管理条例》、《彩票管理条例实施细则》、《彩票发行销售管理办法》（财综［2012］102 号）等有关规定，制定本规则。

第二条 中国足球彩票单场竞猜胜平负游戏（以下简称“单场胜平负游戏”）由国家体育总局体育彩票管理中心发行和组织销售，由各体育彩票销售机构在本行政区域内销售。

第三条 单场胜平负游戏采用计算机网络系统发行销售。

第四条 单场胜平负游戏实行自愿购买，凡购买该彩票者即被视为同意并遵守本规则。

第五条 不得向未成年人出售彩票或兑付奖金。

第二章 投 注

第六条 单场胜平负游戏以国家体育总局体育彩票管理中心选定的国际重要足球比赛为竞猜对象，由彩票购买者对指定的比赛场次在全场90分钟（含伤停补时）的比赛结果进行投注。每一场比赛设置3种比赛结果选项：

（一）“胜”：表示主队胜，客队负；

（二）“平”：表示主队与客队平；

（三）“负”：表示主队负，客队胜。

第七条 单场胜平负游戏投注方式包括单场投注、过关投注、单式投注、复式投注。

彩票购买者选择1场比赛投注为单场投注，选择2场或者2场以上比赛投注为过关投注。在过关投注中，前后比赛场次均选择同一种游戏投注的为一般过关投注，前后比赛场次选择同一运动项目不同游戏投注的为混合过关投注。同一比赛场次不同游戏不能混合过关投注，不同运动项目不能混合过关投注。

彩票购买者对所选比赛场次的比赛结果均选择1种投注结果为单式投注。对于某个或某几个比赛场次选择2种或2种以上的投注结果为复式投注。

彩票购买者可对其选定的结果进行多倍投注，投注倍数范围为2至99倍。

第八条 单场胜平负游戏每注金额人民币2元。单张彩票最大投注金额不得超过人民币20 000元。

第九条 如果因销售终端故障、通讯线路故障或彩票代销者信用额度受限等原因造成投注不成功，应当退还彩票购买者的投注资金。

第十条 单场胜平负游戏的单场投注和过关投注具体投注方式如下表所示。

	过关投注	单场	两关	三关	四关	五关	六关	七关	八关
1	单场	1							
2	2＊1		1						
3	2＊3	2	1						
4	3＊1			1					
5	3＊3		3						
6	3＊4		3	1					
7	3＊6	3	3						
8	3＊7	3	3	1					
9	4＊1				1				

续表

	过关投注	单场	两关	三关	四关	五关	六关	七关	八关
10	4*4			4					
11	4*5			4	1				
12	4*6		6						
13	4*10	4	6						
14	4*11		6	4	1				
15	4*14	4	6	4					
16	4*15	4	6	4	1				
17	5*1					1			
18	5*5				5				
19	5*6				5	1			
20	5*10		10						
21	5*15	5	10						
22	5*16			10	5	1			
23	5*20		10	10					
24	5*25	5	10	10					
25	5*26		10	10	5	1			
26	5*30	5	10	10	5				
27	5*31	5	10	10	5	1			
28	6*1						1		
29	6*6					6			
30	6*7					6	1		
31	6*15		15						
32	6*20			20					
33	6*21	6	15						
34	6*22				15	6	1		
35	6*35		15	20					
36	6*41	6	15	20					
37	6*42			20	15	6	1		
38	6*50		15	20	15				
39	6*56	6	15	20	15				
40	6*57		15	20	15	6	1		
41	6*62	6	15	20	15	6			
42	6*63	6	15	20	15	6	1		
43	7*1							1	
44	7*7						7		

续表

	过关投注	单场	两关	三关	四关	五关	六关	七关	八关
45	7 * 8						7	1	
46	7 * 21					21			
47	7 * 35				35				
48	7 * 120		21	35	35	21	7	1	
49	7 * 127	7	21	35	35	21	7	1	
50	8 * 1								1
51	8 * 8							8	
52	8 * 9							8	1
53	8 * 28						28		
54	8 * 56					56			
55	8 * 70				70				
56	8 * 247		28	56	70	56	28	8	1
57	8 * 255	8	28	56	70	56	28	8	1

第十一条 单场胜平负游戏竞猜比赛场次的投注方式，由国家体育总局体育彩票管理中心根据实际情况从第十条表中所列的投注方式中全部或部分选择。

每个竞猜比赛场次的开售和停售时间由国家体育总局体育彩票管理中心根据实际情况确定。

在某个竞猜比赛场次的销售过程中，国家体育总局体育彩票管理中心可以根据投注情况、突发事件等因素，拒绝某些大额投注或特定投注，暂停或提前停止该比赛场次某个结果选项的投注，暂停或提前停止包含该比赛场次的某些特定过关组合的投注。

以上具体信息通过销售系统和其他指定方式予以公布。

第十二条 单场胜平负游戏投注单只用于辅助彩票购买者投注，不作为兑奖凭证，也不作为彩票购买者投注结果的间接证明。

第三章 设 奖

第十三条 单场胜平负游戏按销售总额的73%、11%和16%分别计提彩票奖金、彩票发行费和彩票公益金。彩票奖金中，72%为当期奖金，1%为调节基金。

第十四条 奖金分配办法如下：

单场胜平负游戏设置固定奖金。在每个竞猜比赛场次开始销售前，国家体育总局体育彩票管理中心通过专用计算机分析系统为每个比赛结果选项初设固定奖金。该固定奖金为相对固定奖金，其在销售过程中根据投注额和其他相关因素调整变动，购买者在完成某一投注时所获得的对应固定奖金额即为该投注中奖后的奖金额，不受之后调整变动的影响。

固定奖金的初设和调整变动情况通过销售系统和其他指定方式予以公布。

第十五条 单场胜平负游戏根据投注情况设置最高奖金限额，具体为：

单场投注，单注最高奖金限额10万元；

2场和3场过关投注，单注最高奖金限额20万元。

4场和5场过关投注，单注最高奖金限额50万元。

6场和6场以上过关投注，单注最高奖金限额100万元。

彩票中奖后，若单注应兑奖金高于对应的最高奖金限额，则只兑付本规则设定的对应最高限额奖金。

第十六条 单场胜平负游戏设置调节基金。调节基金包括按照销售额1%提取的部分、逾期未退票的票款，专项用于支付各种不可预见的奖金风险支出和开展派奖。

第十七条 单场胜平负游戏设置奖池。奖池资金由每个竞猜场次彩票的计提奖金与实际中出奖金的差额累计而成。当某个竞猜场次彩票的计提奖金超过其实际中出奖金时，余额进入奖池。当某个竞猜场次彩票的计提奖金小于其实际中出奖金时，差额由奖池资金补足。当奖池资金总额不足时，由调节基金补足；调节基金不足时，用彩票兑奖周转金垫支。在出现彩票兑奖周转金垫支的情况下，当调节基金出现余额后，应当优先偿还垫支的彩票兑奖周转金。

第十八条 单场胜平负游戏与其他中国足球彩票单场竞猜游戏共用奖池、调节基金。

第四章 开 奖

第十九条 单场胜平负游戏在竞猜比赛场次结束后，根据实际比赛结果进行开奖。实际比赛结果以当值裁判员在本规则涉及的比赛时长结束时刻裁定的比赛结果为准，其后对比赛结果的各种更改不影响原先确认的开奖结果。

开奖结果、销售情况等信息，通过彩票销售网点和指定的互联网网站及其他媒体等信息渠道向社会公布。

第五章 中 奖

第二十条 每注单场胜平负游戏有效投注与相应开奖结果进行对照，与开奖结果一致的即为中奖。

第二十一条 在单场胜平负游戏销售过程中，如果遇以下情形发生，则特别规定如下：

（一）在某个比赛场次开始销售前，其比赛时间提前、推迟或者取消比赛，则相应更改该比赛场次的开始、截止销售时间或者取消该比赛场次竞猜。

（二）在某个比赛场次开始销售后，如果其比赛时间提前，则相应提前该比赛场次的截止销售时间。

（三）在某个比赛场次开始销售后，如果其比赛时间提前，且比赛开始时仍在进行销售，则认定在该比赛开始时刻前发生的投注为有效投注，可正常参与兑奖；认定在该比赛场次开始时刻后发生的投注为无效投注。

（四）在某个比赛场次开始销售后，如果其比赛时间推迟且未超过原定时间36小时，则相应推迟该比赛场次的截止销售时间。

（五）在某个比赛场次开始销售后，如果其比赛时间推迟且超过原定时间36小时或无法获知具体推迟时间或取消比赛，则认定该比赛场次为无效场次。

（六）如果某个比赛场次在比赛进行

中因故中断，且自中断时刻起36小时内继续完成了比赛，则认定该比赛场次为有效场次，所涉及投注可正常参与兑奖。

（七）如果某个比赛场次在比赛进行中因故中断，且自中断时刻起36小时内未继续完成比赛或无法获知具体补赛时间或取消补赛，则认定该比赛场次为无效场次。

（八）在某个比赛场次开始销售后，如果比赛主办方决定更换比赛场地，如果是从一中立比赛场地更换至另一中立比赛场地，则认定该比赛场次为有效场次，所涉及投注可正常参与兑奖；如果不符合前述更换条件，则认定该比赛场次为无效场次。

（九）在某个比赛场次开始销售后，如果参赛双方中有一方与原定参赛队伍不同，则认定该比赛场次为无效场次。

（十）在某个比赛场次开始销售后，如果比赛主办方决定在无观众、无转播的封闭条件下进行比赛，则认定该比赛场次为无效场次。

（十一）对上述无效场次的认定由国家体育总局体育彩票管理中心最终解释。

（十二）当某场比赛被认定为无效场次时，则该比赛场次的所有单场投注按退票处理，于60个自然日内在指定地点办理退票手续；在过关投注中对该比赛场次的所有投注选择均为无效，涉及该比赛场次的过关投注组合的固定奖金按照在原投注时刻去除该比赛场次后的投注组合所对应的固定奖金计算。

第二十二条 每注彩票只有一次中奖机会，不兼中兼得。

第六章 兑　奖

第二十三条 单场胜平负游戏中奖者应当在每张彩票所涉及的所有比赛场次开奖结果，全部公布后次日起60个自然日内，到指定地点兑奖。逾期未兑奖的奖金纳入彩票公益金。

第二十四条 中奖彩票为唯一兑奖凭证。中奖彩票因玷污、损坏等原因不能正确识别的，不能兑奖。

第二十五条 兑奖机构有权查验彩票中奖者的中奖彩票以及有效身份证件，彩票中奖者兑奖时应予配合。

第二十六条 凡伪造、变造彩票或使用伪造、变造彩票兑奖的，按照《彩票管理条例》等相关规定依法追究法律责任。

第七章 附　则

第二十七条 本规则自批准之日起执行。

附件2

中国足球彩票单场竞猜让球胜平负游戏规则

第一章 总　则

第一条 根据《彩票管理条例》、《彩票管理条例实施细则》、《彩票发行销售管理办法》（财综［2012］102号）等有关规定，制定本规则。

第二条 中国足球彩票单场竞猜让球胜平负游戏（以下简称“单场让球胜平负游戏”）由国家体育总局体育彩票管理中心发行和组织销售，由各体育彩票销售机构在本行政区域内销售。

第三条 单场让球胜平负游戏采用计算机网络系统发行销售。

第四条 单场让球胜平负游戏实行自愿购买，凡购买该彩票者即被视为同意并遵守本规则。

第五条 不得向未成年人出售彩票或兑付奖金。

第二章 投　注

第六条 单场让球胜平负游戏以国家体育总局体育彩票管理中心选定的国际重要足球比赛为竞猜对象，由彩票购买者对指定的比赛场次在全场 90 分钟（含伤停补时）的比赛结果进行投注。每一场比赛设置 3 种比赛结果选项：

（一）“胜”：表示主队胜，客队负；

（二）“平”：表示主队与客队平；

（三）“负”：表示主队负，客队胜。

第七条 单场让球胜平负游戏投注方式包括单场投注、过关投注、单式投注、复式投注。

彩票购买者选择 1 场比赛投注为单场投注，选择 2 场或者 2 场以上比赛投注为过关投注。在过关投注中，前后比赛场次均选择同一种游戏投注的为一般过关投注，前后比赛场次选择同一运动项目不同游戏投注的为混合过关投注。同一比赛场次不同游戏不能混合过关投注，不同运动项目不能混合过关投注。

彩票购买者对所选比赛场次的比赛结果均选择 1 种投注结果为单式投注。对于某个或某几个比赛场次选择 2 种或 2 种以上的投注结果为复式投注。

彩票购买者可对其选定的结果进行多倍投注，投注倍数范围为 2 至 99 倍。

第八条 每个选定的比赛场次，均采用让球方式确定胜平负关系，具体让球球队及让球数量由国家体育总局体育彩票管理中心根据实际比赛情况确定并和竞猜赛程一同公布。

例如，主队让 1 球：

1. “胜”：主队得分减去客队得分大于 1 时，主队胜，客队负；

2. “平”：主队得分减去客队得分等于 1 时，主队与客队平；

3. “负”：主队得分减去客队得分小于 1 时，主队负，客队胜。

客队让 3 球：

1. “胜”：客队得分减去主队得分小于 3 时，主队胜，客队负；

2. “平”：客队得分减去主队得分等于 3 时，主队与客队平；

3. “负”：客队得分减去主队得分大于 3 时，主队负，客队胜。

第九条 单场让球胜平负游戏每注金额人民币 2 元。单张彩票最大投注金额不得超过人民币 20 000 元。

第十条 如果因销售终端故障、通讯线路故障或彩票代销者信用额度受限等原因造成投注不成功，应当退还彩票购买者的投注资金。

第十一条 单场让球胜平负游戏的单场投注和过关投注具体投注方式如下表所示。

	过关投注	单场	两关	三关	四关	五关	六关	七关	八关
1	单场	1							
2	2＊1		1						
3	2＊3	2	1						
4	3＊1			1					
5	3＊3		3						
6	3＊4		3	1					
7	3＊6	3	3						
8	3＊7	3	3	1					
9	4＊1				1				
10	4＊4			4					
11	4＊5			4	1				
12	4＊6		6						
13	4＊10	4	6						
14	4＊11		6	4	1				
15	4＊14	4	6	4					
16	4＊15	4	6	4	1				
17	5＊1					1			
18	5＊5				5				
19	5＊6				5	1			
20	5＊10		10						
21	5＊15	5	10						
22	5＊16			10	5	1			
23	5＊20		10	10					
24	5＊25	5	10	10					
25	5＊26		10	10	5	1			
26	5＊30	5	10	10	5				
27	5＊31	5	10	10	5	1			
28	6＊1						1		
29	6＊6					6			
30	6＊7					6	1		
31	6＊15		15						
32	6＊20			20					
33	6＊21	6	15						
34	6＊22				15	6	1		
35	6＊35		15	20					
36	6＊41	6	15	20					

续表

	过关投注	单场	两关	三关	四关	五关	六关	七关	八关
37	6*42			20	15	6	1		
38	6*50		15	20	15				
39	6*56	6	15	20	15				
40	6*57		15	20	15	6	1		
41	6*62	6	15	20	15	6			
42	6*63	6	15	20	15	6	1		
43	7*1							1	
44	7*7						7		
45	7*8						7	1	
46	7*21					21			
47	7*35				35				
48	7*120		21	35	35	21	7	1	
49	7*127	7	21	35	35	21	7	1	
50	8*1								1
51	8*8							8	
52	8*9							8	1
53	8*28						28		
54	8*56					56			
55	8*70				70				
56	8*247		28	56	70	56	28	8	1
57	8*255	8	28	56	70	56	28	8	1

第十二条 单场让球胜平负游戏竞猜比赛场次的投注方式，由国家体育总局体育彩票管理中心根据实际情况从第十一条表中所列的投注方式中全部或部分选择。

每个竞猜比赛场次的开售和停售时间由国家体育总局体育彩票管理中心根据实际情况确定。

在某个竞猜比赛场次的销售过程中，国家体育总局体育彩票管理中心可以根据投注情况、突发事件等因素，拒绝某些大额投注或特定投注，暂停或提前停止该比赛场次某个结果选项的投注，暂停或提前停止包含该比赛场次的某些特定过关组合的投注。

以上具体信息通过销售系统和其他指定方式予以公布。

第十三条 单场让球胜平负游戏投注单只用于辅助彩票购买者投注，不作为兑奖凭证，也不作为彩票购买者投注结果的间接证明。

第三章 设 奖

第十四条 单场让球胜平负游戏按销售总额的73%、11%和16%分别计提彩票奖金、彩票发行费和彩票公益金。彩票奖金中，72%为当期奖金，1%为调节基金。

第十五条 奖金分配办法如下：

单场让球胜平负游戏设置固定奖金。在每个竞猜比赛场次开始销售前，国家体育总局体育彩票管理中心通过专用计算机分析系统为每个比赛结果选项初设固定奖金。该固定奖金为相对固定奖金，其在销售过程中根据投注额和其他相关因素调整变动，购买者在完成某一投注时所获得的对应固定奖金额即为该投注中奖后的奖金额，不受之后调整变动的影响。

固定奖金的初设和调整变动情况通过销售系统和其他指定方式予以公布。

第十六条 单场让球胜平负游戏根据投注情况设置最高奖金限额，具体为：

单场投注，单注最高奖金限额 10 万元；

2 场和 3 场过关投注，单注最高奖金限额 20 万元。

4 场和 5 场过关投注，单注最高奖金限额 50 万元。

6 场和 6 场以上过关投注，单注最高奖金限额 100 万元。

彩票中奖后，若单注应兑奖金高于对应的最高奖金限额，则只兑付本规则设定的对应最高限额奖金。

第十七条 单场让球胜平负游戏设置调节基金。调节基金包括按照销售额 1% 提取的部分、逾期未退票的票款，专项用于支付各种不可预见的奖金风险支出和开展派奖。

第十八条 单场让球胜平负游戏设置奖池。奖池资金由每个竞猜场次彩票的计提奖金与实际中出奖金的差额累计而成。当某个竞猜场次彩票的计提奖金超过其实际中出奖金时，余额进入奖池。当某个竞猜场次彩票的计提奖金小于其实际中出奖金时，差额由奖池资金补足。当奖池资金总额不足时，由调节基金补足；调节基金不足时，用彩票兑奖周转金垫支。在出现彩票兑奖周转金垫支的情况下，当调节基金出现余额后，应当优先偿还垫支的彩票兑奖周转金。

第十九条 单场让球胜平负游戏与其他中国足球彩票单场竞猜游戏共用奖池、调节基金。

第四章 开　　奖

第二十条 单场让球胜平负游戏在竞猜比赛场次结束后，根据实际比赛结果进行开奖。实际比赛结果以当值裁判员在本规则涉及的比赛时长结束时刻裁定的比赛结果为准，其后对比赛结果的各种更改不影响原先确认的开奖结果。

开奖结果、销售情况等信息，通过彩票销售网点和指定的互联网网站及其他媒体等信息渠道向社会公布。

第五章 中　　奖

第二十一条 每注单场让球胜平负游戏有效投注与相应开奖结果进行对照，与开奖结果一致的即为中奖。

第二十二条 在单场让球胜平负游戏销售过程中，如果遇以下情形发生，则特别规定如下：

（一）在某个比赛场次开始销售前，其比赛时间提前、推迟或者取消比赛，则相应更改该比赛场次的开始、截止销售时间或者取消该比赛场次竞猜。

（二）在某个比赛场次开始销售后，

如果其比赛时间提前，则相应提前该比赛场次的截止销售时间。

（三）在某个比赛场次开始销售后，如果其比赛时间提前，且比赛开始时仍在进行销售，则认定在该比赛开始时刻前发生的投注为有效投注，可正常参与兑奖；认定在该比赛场次开始时刻后发生的投注为无效投注。

（四）在某个比赛场次开始销售后，如果其比赛时间推迟且未超过原定时间36 小时，则相应推迟该比赛场次的截止销售时间。

（五）在某个比赛场次开始销售后，如果其比赛时间推迟且超过原定时间 36 小时或无法获知具体推迟时间或取消比赛，则认定该比赛场次为无效场次。

（六）如果某个比赛场次在比赛进行中因故中断，且自中断时刻起 36 小时内继续完成了比赛，则认定该比赛场次为有效场次，所涉及投注可正常参与兑奖。

（七）如果某个比赛场次在比赛进行中因故中断，且自中断时刻起 36 小时内未继续完成比赛或无法获知具体补赛时间或取消补赛，则认定该比赛场次为无效场次。

（八）在某个比赛场次开始销售后，如果比赛主办方决定更换比赛场地，如果是从一中立比赛场地更换至另一中立比赛场地，则认定该比赛场次为有效场次，所涉及投注可正常参与兑奖；如果不符合前述更换条件，则认定该比赛场次为无效场次。

（九）在某个比赛场次开始销售后，如果参赛双方中有一方与原定参赛队伍不同，则认定该比赛场次为无效场次。

（十）在某个比赛场次开始销售后，如果比赛主办方决定在无观众、无转播的封闭条件下进行比赛，则认定该比赛场次为无效场次。

（十一）对上述无效场次的认定由国家体育总局体育彩票管理中心最终解释。

（十二）当某场比赛被认定为无效场次时，则该比赛场次的所有单场投注按退票处理，于 60 个自然日内在指定地点办理退票手续；在过关投注中对该比赛场次的所有投注选择均为无效，涉及该比赛场次的过关投注组合的固定奖金按照在原投注时刻去除该比赛场次后的投注组合所对应的固定奖金计算。

第二十三条 每注彩票只有一次中奖机会，不兼中兼得。

第六章 兑 奖

第二十四条 单场让球胜平负游戏中奖者应当在每张彩票所涉及的所有比赛场次开奖结果，全部公布后次日起 60 个自然日内，到指定地点兑奖。逾期未兑奖的奖金纳入彩票公益金。

第二十五条 中奖彩票为唯一兑奖凭证。中奖彩票因玷污、损坏等原因不能正确识别的，不能兑奖。

第二十六条 兑奖机构有权查验彩票中奖者的中奖彩票以及有效身份证件，彩票中奖者兑奖时应予配合。

第二十七条 凡伪造、变造彩票或使用伪造、变造彩票兑奖的，按照《彩票管理条例》等相关规定依法追究法律责任。

第七章 附 则

第二十八条 本规则自批准之日起执行。

附件3

中国足球彩票单场竞猜总进球数游戏规则

第一章　总　　则

第一条　根据《彩票管理条例》、《彩票管理条例实施细则》、《彩票发行销售管理办法》（财综［2012］102号）等有关规定，制定本规则。

第二条　中国足球彩票单场竞猜总进球数游戏（以下简称“单场总进球数游戏”）由国家体育总局体育彩票管理中心发行和组织销售，由各体育彩票销售机构在本行政区域内销售。

第三条　单场总进球数游戏采用计算机网络系统发行销售。

第四条　单场总进球数游戏实行自愿购买，凡购买该彩票者即被视为同意并遵守本规则。

第五条　不得向未成年人出售彩票或兑付奖金。

第二章　投　　注

第六条　单场总进球数游戏以国家体育总局体育彩票管理中心选定的国际重要足球比赛为竞猜对象，由彩票购买者对指定的比赛场次在全场90分钟（含伤停补时）的主队和客队的总进球数结果进行投注。每一场比赛设置8种总进球数选项：

（一）“0”：表示主队和客队总进球数为0个；

（二）“1”：表示主队和客队总进球数为1个；

（三）“2”：表示主队和客队总进球数为2个；

（四）“3”：表示主队和客队总进球数为3个；

（五）“4”：表示主队和客队总进球数为4个；

（六）“5”：表示主队和客队总进球数为5个；

（七）“6”：表示主队和客队总进球数为6个；

（八）“7+”：表示主队和客队总进球数为7个或7个以上。

第七条　单场总进球数游戏投注方式包括单场投注、过关投注、单式投注、复式投注。

彩票购买者选择1场比赛投注为单场投注，选择2场或者2场以上比赛投注为过关投注。在过关投注中，前后比赛场次均选择同一种游戏投注的为一般过关投注，前后比赛场次选择同一运动项目不同游戏投注的为混合过关投注。同一比赛场次不同游戏不能混合过关投注，不同运动项目不能混合过关投注。

彩票购买者对所选比赛场次的比赛结果均选择1种投注结果为单式投注。对于某个或某几个比赛场次选择2种或2种以上的投注结果为复式投注。

彩票购买者可对其选定的结果进行多

倍投注，投注倍数范围为 2 至 99 倍。

第八条 单场总进球数游戏每注金额人民币 2 元。单张彩票最大投注金额不得超过人民币 20 000 元。

第九条 如果因销售终端故障、通讯线路故障或彩票代销者信用额度受限等原因造成投注不成功，应当退还彩票购买者的投注资金。

第十条 单场总进球数游戏的单场投注和过关投注具体投注方式如下表所示。

	过关投注	单场	两关	三关	四关	五关	六关	七关	八关
1	单场	1							
2	2*1		1						
3	2*3	2	1						
4	3*1			1					
5	3*3		3						
6	3*4		3	1					
7	3*6	3	3						
8	3*7	3	3	1					
9	4*1				1				
10	4*4			4					
11	4*5			4	1				
12	4*6		6						
13	4*10	4	6						
14	4*11		6	4	1				
15	4*14	4	6	4					
16	4*15	4	6	4	1				
17	5*1					1			
18	5*5				5				
19	5*6				5	1			
20	5*10		10						
21	5*15	5	10						
22	5*16			10	5	1			
23	5*20		10	10					
24	5*25	5	10	10					
25	5*26		10	10	5	1			
26	5*30	5	10	10	5				
27	5*31	5	10	10	5	1			
28	6*1						1		
29	6*6					6			
30	6*7					6	1		

续表

	过关投注	单场	两关	三关	四关	五关	六关	七关	八关
31	6*15		15						
32	6*20			20					
33	6*21	6	15						
34	6*22				15	6	1		
35	6*35		15	20					
36	6*41	6	15	20					
37	6*42			20	15	6	1		
38	6*50		15	20	15				
39	6*56	6	15	20	15				
40	6*57		15	20	15	6	1		
41	6*62	6	15	20	15	6			
42	6*63	6	15	20	15	6	1		
43	7*1							1	
44	7*7						7		
45	7*8						7	1	
46	7*21					21			
47	7*35				35				
48	7*120		21	35	35	21	7	1	
49	7*127	7	21	35	35	21	7	1	
50	8*1								1
51	8*8							8	
52	8*9							8	1
53	8*28						28		
54	8*56					56			
55	8*70				70				
56	8*247		28	56	70	56	28	8	1
57	8*255	8	28	56	70	56	28	8	1

第十一条　单场总进球数游戏竞猜比赛场次的投注方式，由国家体育总局体育彩票管理中心根据实际情况从第十条表中所列的投注方式中全部或部分选择。

每个竞猜比赛场次的开售和停售时间由国家体育总局体育彩票管理中心根据实际情况确定。

在某个竞猜比赛场次的销售过程中，国家体育总局体育彩票管理中心可以根据投注情况、突发事件等因素，拒绝某些大额投注或特定投注，暂停或提前停止该比赛场次某个总进球数选项的投注，暂停或提前停止包含该比赛场次的某些特定过关组合的投注。

以上具体信息通过销售系统和其他指定方式予以公布。

第十二条 单场总进球数游戏投注单只用于辅助彩票购买者投注，不作为兑奖凭证，也不作为彩票购买者投注结果的间接证明。

第三章 设 奖

第十三条 单场总进球数游戏按销售总额的73%、11%和16%分别计提彩票奖金、彩票发行费和彩票公益金。彩票奖金中，72%为当期奖金，1%为调节基金。

第十四条 奖金分配办法如下：

单场总进球数游戏设置固定奖金。在每个竞猜比赛场次开始销售前，国家体育总局体育彩票管理中心通过专用计算机分析系统为每个总进球数选项初设固定奖金。该固定奖金为相对固定奖金，其在销售过程中根据投注额和其他相关因素调整变动，购买者在完成某一投注时所获得的对应固定奖金额即为该投注中奖后的奖金额，不受之后调整变动的影响。

固定奖金的初设和调整变动情况通过销售系统和其他指定方式予以公布。

第十五条 单场总进球数游戏根据投注情况设置最高奖金限额，具体为：

单场投注，单注最高奖金限额10万元；

2场和3场过关投注，单注最高奖金限额20万元。

4场和5场过关投注，单注最高奖金限额50万元。

6场和6场以上过关投注，单注最高奖金限额100万元。

彩票中奖后，若单注应兑奖金高于对应的最高奖金限额，则只兑付本规则设定的对应最高限额奖金。

第十六条 单场总进球数游戏设置调节基金。调节基金包括按照销售额1%提取的部分、逾期未退票的票款，专项用于支付各种不可预见的奖金风险支出和开展派奖。

第十七条 单场总进球数游戏设置奖池。奖池资金由每个竞猜场次彩票的计提奖金与实际中出奖金的差额累计而成。当某个竞猜场次彩票的计提奖金超过其实际中出奖金时，余额进入奖池。当某个竞猜场次彩票的计提奖金小于其实际中出奖金时，差额由奖池资金补足。当奖池资金总额不足时，由调节基金补足；调节基金不足时，用彩票兑奖周转金垫支。在出现彩票兑奖周转金垫支的情况下，当调节基金出现余额后，应当优先偿还垫支的彩票兑奖周转金。

第十八条 单场总进球数游戏与其他中国足球彩票单场竞猜游戏共用奖池、调节基金。

第四章 开 奖

第十九条 单场总进球数游戏在竞猜比赛场次结束后，根据实际比赛结果进行开奖。实际比赛结果以当值裁判员在本规则涉及的比赛时长结束时刻裁定的比赛结果为准，其后对比赛结果的各种更改不影响原先确认的开奖结果。

开奖结果、销售情况等信息，通过彩票销售网点和指定的互联网网站及其他媒体等信息渠道向社会公布。

第五章 中 奖

第二十条 每注单场总进球数游戏有

效投注与相应开奖结果进行对照，与开奖结果一致的即为中奖。

第二十一条 在单场总进球数游戏销售过程中，如果遇以下情形发生，则特别规定如下：

（一）在某个比赛场次开始销售前，其比赛时间提前、推迟或者取消比赛，则相应更改该比赛场次的开始、截止销售时间或者取消该比赛场次竞猜。

（二）在某个比赛场次开始销售后，如果其比赛时间提前，则相应提前该比赛场次的截止销售时间。

（三）在某个比赛场次开始销售后，如果其比赛时间提前，且比赛开始时仍在进行销售，则认定在该比赛开始时刻前发生的投注为有效投注，可正常参与兑奖；认定在该比赛场次开始时刻后发生的投注为无效投注。

（四）在某个比赛场次开始销售后，如果其比赛时间推迟且未超过原定时间36小时，则相应推迟该比赛场次的截止销售时间。

（五）在某个比赛场次开始销售后，如果其比赛时间推迟且超过原定时间36小时或无法获知具体推迟时间或取消比赛，则认定该比赛场次为无效场次。

（六）如果某个比赛场次在比赛进行中因故中断，且自中断时刻起36小时内继续完成了比赛，则认定该比赛场次为有效场次，所涉及投注可正常参与兑奖。

（七）如果某个比赛场次在比赛进行中因故中断，且自中断时刻起36小时内未继续完成比赛或无法获知具体补赛时间或取消补赛，则认定该比赛场次为无效场次。

（八）在某个比赛场次开始销售后，如果比赛主办方决定更换比赛场地，如果是从一中立比赛场地更换至另一中立比赛场地，则认定该比赛场次为有效场次，所涉及投注可正常参与兑奖；如果不符合前述更换条件，则认定该比赛场次为无效场次。

（九）在某个比赛场次开始销售后，如果参赛双方中有一方与原定参赛队伍不同，则认定该比赛场次为无效场次。

（十）在某个比赛场次开始销售后，如果比赛主办方决定在无观众、无转播的封闭条件下进行比赛，则认定该比赛场次为无效场次。

（十一）对上述无效场次的认定由国家体育总局体育彩票管理中心最终解释。

（十二）当某场比赛被认定为无效场次时，则该比赛场次的所有单场投注按退票处理，于60个自然日内在指定地点办理退票手续；在过关投注中对该比赛场次的所有投注选择均为无效，涉及该比赛场次的过关投注组合的固定奖金按照在原投注时刻去除该比赛场次后的投注组合所对应的固定奖金计算。

第二十二条 每注彩票只有一次中奖机会，不兼中兼得。

第六章 兑　奖

第二十三条 单场总进球数游戏中奖者应当在每张彩票所涉及的所有比赛场次开奖结果，全部公布后次日起60个自然日内，到指定地点兑奖。逾期未兑奖的奖金纳入彩票公益金。

第二十四条 中奖彩票为唯一兑奖凭证。中奖彩票因玷污、损坏等原因不能正确识别的，不能兑奖。

第二十五条 兑奖机构有权查验彩票中奖者的中奖彩票以及有效身份证件，彩票中奖者兑奖时应予配合。

第二十六条 凡伪造、变造彩票或使用伪造、变造彩票兑奖的，按照《彩票管理条例》等相关规定依法追究法律责任。

第七章 附 则

第二十七条 本规则自批准之日起执行。

附件4

中国足球彩票单场竞猜比分游戏规则

第一章 总 则

第一条 根据《彩票管理条例》、《彩票管理条例实施细则》、《彩票发行销售管理办法》（财综［2012］102号）等有关规定，制定本规则。

第二条 中国足球彩票单场竞猜比分游戏（以下简称“单场比分游戏”）由国家体育总局体育彩票管理中心发行和组织销售，由各体育彩票销售机构在本行政区域内销售。

第三条 单场比分游戏采用计算机网络系统发行销售。

第四条 单场比分游戏实行自愿购买，凡购买该彩票者即被视为同意并遵守本规则。

第五条 不得向未成年人出售彩票或兑付奖金。

第二章 投 注

第六条 单场比分游戏以国家体育总局体育彩票管理中心选定的国际重要足球比赛为竞猜对象，由彩票购买者对指定的比赛场次在全场90分钟（含伤停补时）的具体比分结果进行投注。每一场比赛设置31种比分结果选项。

主队胜比分：

（一）“1:0”：主队进球数为1个，客队进球数为0个；

（二）“2:0”：主队进球数为2个，客队进球数为0个；

（三）“2:1”：主队进球数为2个，客队进球数为1个；

（四）“3:0”：主队进球数为3个，客队进球数为0个；

（五）“3:1”：主队进球数为3个，客队进球数为1个；

（六）“3:2”：主队进球数为3个，客队进球数为2个；

（七）“4:0”：主队进球数为4个，客队进球数为0个；

（八）“4:1”：主队进球数为4个，客队进球数为1个；

（九）“4:2”：主队进球数为4个，

客队进球数为2个；

（十）“5:0”：主队进球数为5个，客队进球数为0个；

（十一）“5:1”：主队进球数为5个，客队进球数为1个；

（十二）“5:2”：主队进球数为5个，客队进球数为2个；

（十三）“胜其他”：除去上述比分以外，主队获胜的比分。

主队和客队打平比分：

（十四）“0:0”：主队进球数为0个，客队进球数为0个；

（十五）“1:1”：主队进球数为1个，客队进球数为1个；

（十六）“2:2”：主队进球数为2个，客队进球数为2个；

（十七）“3:3”：主队进球数为3个，客队进球数为3个；

（十八）“平其他”：除去上述比分以外，主客队打平的比分。

主队负比分：

（十九）“0:1”：主队进球数为0个，客队进球数为1个；

（二十）“0:2”：主队进球数为0个，客队进球数为2个；

（二十一）“1:2”：主队进球数为1个，客队进球数为2个；

（二十二）“0:3”：主队进球数为0个，客队进球数为3个；

（二十三）“1:3”：主队进球数为1个，客队进球数为3个；

（二十四）“2:3”：主队进球数为2个，客队进球数为3个；

（二十五）“0:4”：主队进球数为0个，客队进球数为4个；

（二十六）“1:4”：主队进球数为1个，客队进球数为4个；

（二十七）“2:4”：主队进球数为2个，客队进球数为4个；

（二十八）“0:5”：主队进球数为0个，客队进球数为5个；

（二十九）“1:5”：主队进球数为1个，客队进球数为5个；

（三十）“2:5”：主队进球数为2个，客队进球数为5个；

（三十一）“负其他”：除去上述比分以外，主队负的比分。

第七条 单场比分游戏投注方式包括单场投注、过关投注、单式投注、复式投注。

彩票购买者选择1场比赛投注为单场投注，选择2场或者2场以上比赛投注为过关投注。在过关投注中，前后比赛场次均选择同一种游戏投注的为一般过关投注，前后比赛场次选择同一运动项目不同游戏投注的为混合过关投注。同一比赛场次不同游戏不能混合过关投注，不同运动项目不能混合过关投注。

彩票购买者对所选比赛场次的比赛结果均选择1种投注结果为单式投注。对于某个或某几个比赛场次选择2种或2种以上的投注结果为复式投注。

彩票购买者可对其选定的结果进行多倍投注，投注倍数范围为2至99倍。

第八条 单场比分游戏每注金额人民币2元。单张彩票最大投注金额不得超过人民币20 000元。

第九条 如果因销售终端故障、通讯线路故障或彩票代销者信用额度受限等原因造成投注不成功，应当退还彩票购买者的投注资金。

第十条 单场比分游戏的单场投注和过关投注具体投注方式如下表所示。

	过关投注	单场	两关	三关	四关	五关	六关	七关	八关
1	单场	1							
2	2*1		1						
3	2*3	2	1						
4	3*1			1					
5	3*3		3						
6	3*4		3	1					
7	3*6	3	3						
8	3*7	3	3	1					
9	4*1				1				
10	4*4			4					
11	4*5			4	1				
12	4*6		6						
13	4*10	4	6						
14	4*11		6	4	1				
15	4*14	4	6	4					
16	4*15	4	6	4	1				
17	5*1					1			
18	5*5				5				
19	5*6				5	1			
20	5*10		10						
21	5*15	5	10						
22	5*16			10	5	1			
23	5*20		10	10					
24	5*25	5	10	10					
25	5*26		10	10	5	1			
26	5*30	5	10	10	5				
27	5*31	5	10	10	5	1			
28	6*1						1		
29	6*6					6			
30	6*7					6	1		
31	6*15		15						
32	6*20			20					
33	6*21	6	15						

续表

	过关投注	单场	两关	三关	四关	五关	六关	七关	八关
34	6*22				15	6	1		
35	6*35		15	20					
36	6*41	6	15	20					
37	6*42			20	15	6	1		
38	6*50		15	20	15				
39	6*56	6	15	20	15				
40	6*57		15	20	15	6	1		
41	6*62	6	15	20	15	6			
42	6*63	6	15	20	15	6	1		
43	7*1							1	
44	7*7						7		
45	7*8						7	1	
46	7*21					21			
47	7*35				35				
48	7*120		21	35	35	21	7	1	
49	7*127	7	21	35	35	21	7	1	
50	8*1								1
51	8*8							8	
52	8*9							8	1
53	8*28						28		
54	8*56					56			
55	8*70				70				
56	8*247		28	56	70	56	28	8	1
57	8*255	8	28	56	70	56	28	8	1

第十一条 单场比分游戏竞猜比赛场次的投注方式，由国家体育总局体育彩票管理中心根据实际情况从第十条表中所列的投注方式中全部或部分选择。

每个竞猜比赛场次的开售和停售时间由国家体育总局体育彩票管理中心根据实际情况确定。

在某个竞猜比赛场次的销售过程中，国家体育总局体育彩票管理中心可以根据投注情况、突发事件等因素，拒绝某些大额投注或特定投注，暂停或提前停止该比赛场次某个结果选项的投注，暂停或提前停止包含该比赛场次的某些特定过关组合的投注。

以上具体信息通过销售系统和其他指定方式予以公布。

第十二条 单场比分游戏投注单只用于辅助彩票购买者投注，不作为兑奖凭证，也不作为彩票购买者投注结果的间接证明。

第三章 设 奖

第十三条 单场比分游戏按销售总额的 73%、11% 和 16% 分别计提彩票奖金、彩票发行费和彩票公益金。彩票奖金中，72% 为当期奖金，1% 为调节基金。

第十四条 奖金分配办法如下：

单场比分游戏设置固定奖金。在每个竞猜比赛场次开始销售前，国家体育总局体育彩票管理中心通过专用计算机分析系统为每个比分结果选项初设固定奖金。该固定奖金为相对固定奖金，其在销售过程中根据投注额和其他相关因素调整变动，购买者在完成某一投注时所获得的对应固定奖金额即为该投注中奖后的奖金额，不受之后调整变动的影响。

固定奖金的初设和调整变动情况通过销售系统和其他指定方式予以公布。

第十五条 单场比分游戏根据投注情况设置最高奖金限额，具体为：

单场投注，单注最高奖金限额 10 万元；

2 场和 3 场过关投注，单注最高奖金限额 20 万元。

4 场和 5 场过关投注，单注最高奖金限额 50 万元。

6 场和 6 场以上过关投注，单注最高奖金限额 100 万元。

彩票中奖后，若单注应兑奖金高于对应的最高奖金限额，则只兑付本规则设定的对应最高限额奖金。

第十六条 单场比分游戏设置调节基金。调节基金包括按照销售额 1% 提取的部分、逾期未退票的票款，专项用于支付各种不可预见的奖金风险支出和开展派奖。

第十七条 单场比分游戏设置奖池。奖池资金由每个竞猜场次彩票的计提奖金与实际中出奖金的差额累计而成。当某个竞猜场次彩票的计提奖金超过其实际中出奖金时，余额进入奖池。当某个竞猜场次彩票的计提奖金小于其实际中出奖金时，差额由奖池资金补足。当奖池资金总额不足时，由调节基金补足；调节基金不足时，用彩票兑奖周转金垫支。在出现彩票兑奖周转金垫支的情况下，当调节基金出现余额后，应当优先偿还垫支的彩票兑奖周转金。

第十八条 单场比分游戏与其他中国足球彩票单场竞猜游戏共用奖池、调节基金。

第四章 开 奖

第十九条 单场比分游戏在竞猜比赛场次结束后，根据实际比赛结果进行开奖。实际比赛结果以当值裁判员在本规则涉及的比赛时长结束时刻裁定的比赛结果为准，其后对比赛结果的各种更改不影响原先确认的开奖结果。

开奖结果、销售情况等信息，通过彩票销售网点和指定的互联网网站及其他媒体等信息渠道向社会公布。

第五章 中 奖

第二十条 每注单场比分游戏有效投注与相应开奖结果进行对照，与开奖结果一致的即为中奖。

第二十一条 在单场比分游戏销售过程中，如果遇以下情形发生，则特别规定如下：

（一）在某个比赛场次开始销售前，其比赛时间提前、推迟或者取消比赛，则相应更改该比赛场次的开始、截止销售时间或者取消该比赛场次竞猜。

（二）在某个比赛场次开始销售后，如果其比赛时间提前，则相应提前该比赛场次的截止销售时间。

（三）在某个比赛场次开始销售后，如果其比赛时间提前，且比赛开始时仍在进行销售，则认定在该比赛开始时刻前发生的投注为有效投注，可正常参与兑奖；认定在该比赛场次开始时刻后发生的投注为无效投注。

（四）在某个比赛场次开始销售后，如果其比赛时间推迟且未超过原定时间36小时，则相应推迟该比赛场次的截止销售时间。

（五）在某个比赛场次开始销售后，如果其比赛时间推迟且超过原定时间36小时或无法获知具体推迟时间或取消比赛，则认定该比赛场次为无效场次。

（六）如果某个比赛场次在比赛进行中因故中断，且自中断时刻起36小时内继续完成了比赛，则认定该比赛场次为有效场次，所涉及投注可正常参与兑奖。

（七）如果某个比赛场次在比赛进行中因故中断，且自中断时刻起36小时内未继续完成比赛或无法获知具体补赛时间或取消补赛，则认定该比赛场次为无效场次。

（八）在某个比赛场次开始销售后，如果比赛主办方决定更换比赛场地，如果是从一中立比赛场地更换至另一中立比赛场地，则认定该比赛场次为有效场次，所涉及投注可正常参与兑奖；如果不符合前述更换条件，则认定该比赛场次为无效场次。

（九）在某个比赛场次开始销售后，如果参赛双方中有一方与原定参赛队伍不同，则认定该比赛场次为无效场次。

（十）在某个比赛场次开始销售后，如果比赛主办方决定在无观众、无转播的封闭条件下进行比赛，则认定该比赛场次为无效场次。

（十一）对上述无效场次的认定由国家体育总局体育彩票管理中心最终解释。

（十二）当某场比赛被认定为无效场次时，则该比赛场次的所有单场投注按退票处理，于60个自然日内在指定地点办理退票手续；在过关投注中对该比赛场次的所有投注选择均为无效，涉及该比赛场次的过关投注组合的固定奖金按照在原投注时刻去除该比赛场次后的投注组合所对应的固定奖金计算。

第二十二条 每注彩票只有一次中奖机会，不兼中兼得。

第六章 兑 奖

第二十三条 单场比分游戏中奖者应当在每张彩票所涉及的所有比赛场次开奖结果，全部公布后次日起60个自然日内，到指定地点兑奖。逾期未兑奖的奖金纳入彩票公益金。

第二十四条 中奖彩票为唯一兑奖凭证。中奖彩票因玷污、损坏等原因不能正确识别的，不能兑奖。

第二十五条 兑奖机构有权查验彩票中奖者的中奖彩票以及有效身份证件，彩票中奖者兑奖时应予配合。

第二十六条 凡伪造、变造彩票或使用伪造、变造彩票兑奖的，按照《彩票管理条例》等相关规定依法追究法律责任。

第七章 附 则

第二十七条 本规则自批准之日起执行。

附件 5

中国足球彩票单场竞猜半全场胜平负游戏规则

第一章 总 则

第一条 根据《彩票管理条例》、《彩票管理条例实施细则》、《彩票发行销售管理办法》（财综［2012］102 号）等有关规定，制定本规则。

第二条 中国足球彩票单场竞猜半全场胜平负游戏（以下简称“单场半全场胜平负游戏”）由国家体育总局体育彩票管理中心发行和组织销售，由各体育彩票销售机构在本行政区域内销售。

第三条 单场半全场胜平负游戏采用计算机网络系统发行销售。

第四条 单场半全场胜平负游戏实行自愿购买，凡购买该彩票者即被视为同意并遵守本规则。

第五条 不得向未成年人出售彩票或兑付奖金。

第二章 投 注

第六条 单场半全场胜平负游戏以国家体育总局体育彩票管理中心选定的国际重要足球比赛为竞猜对象，由彩票购买者对指定的比赛场次在上半场 45 分钟（含伤停补时）和全场 90 分钟（含伤停补时）的比赛结果进行投注。每一场比赛设置 9 种比赛结果选项：

（一）“胜胜”：表示上半场主队胜，全场主队胜；

（二）“胜平”：表示上半场主队胜，全场主队平；

（三）“胜负”：表示上半场主队胜，全场主队负；

（四）“平胜”：表示上半场主队平，全场主队胜；

（五）“平平”：表示上半场主队平，全场主队平；

（六）“平负”：表示上半场主队平，全场主队负；

（七）“负胜”：表示上半场主队负，全场主队胜；

（八）“负平”：表示上半场主队负，全场主队平；

（九）“负负”：表示上半场主队负，全场主队负。

第七条 单场半全场胜平负游戏投注方式包括单场投注、过关投注、单式投注、复式投注。

彩票购买者选择 1 场比赛投注为单场投注，选择 2 场或者 2 场以上比赛投注为过关投注。在过关投注中，前后比赛场次均选择同一种游戏投注的为一般过关投注，前后比赛场次选择同一运动项目不同游戏投注的为混合过关投注。同一比赛场次不同游戏不能混合过关投注，不同运动项目不能混合过关投注。

彩票购买者对所选比赛场次的比赛结果均选择 1 种投注结果为单式投注。对于某个或某几个比赛场次选择 2 种或 2 种以上的投注结果为复式投注。

彩票购买者可对其选定的结果进行多倍投注，投注倍数范围为 2 至 99 倍。

第八条 单场半全场胜平负游戏每注金额人民币 2 元。单张彩票最大投注金额不得超过人民币 20 000 元。

第九条 如果因销售终端故障、通讯线路故障或彩票代销者信用额度受限等原因造成投注不成功，应当退还彩票购买者的投注资金。

第十条 单场半全场胜平负游戏的单场投注和过关投注具体投注方式如下表所示。

	过关投注	单场	两关	三关	四关	五关	六关	七关	八关
1	单场	1							
2	2*1		1						
3	2*3	2	1						
4	3*1			1					
5	3*3		3						
6	3*4		3	1					
7	3*6	3	3						
8	3*7	3	3	1					
9	4*1				1				
10	4*4			4					
11	4*5			4	1				
12	4*6		6						
13	4*10	4	6						
14	4*11		6	4	1				
15	4*14	4	6	4					
16	4*15	4	6	4	1				
17	5*1					1			
18	5*5				5				
19	5*6				5	1			
20	5*10		10						
21	5*15	5	10						
22	5*16			10	5	1			
23	5*20		10	10					

续表

	过关投注	单场	两关	三关	四关	五关	六关	七关	八关
24	5*25	5	10	10					
25	5*26		10	10	5	1			
26	5*30	5	10	10	5				
27	5*31	5	10	10	5	1			
28	6*1						1		
29	6*6					6			
30	6*7					6	1		
31	6*15		15						
32	6*20			20					
33	6*21	6	15						
34	6*22				15	6	1		
35	6*35		15	20					
36	6*41	6	15	20					
37	6*42			20	15	6	1		
38	6*50		15	20	15				
39	6*56	6	15	20	15				
40	6*57		15	20	15	6	1		
41	6*62	6	15	20	15	6			
42	6*63	6	15	20	15	6	1		
43	7*1							1	
44	7*7						7		
45	7*8						7	1	
46	7*21					21			
47	7*35				35				
48	7*120		21	35	35	21	7	1	
49	7*127	7	21	35	35	21	7	1	
50	8*1								1
51	8*8							8	
52	8*9							8	1
53	8*28						28		
54	8*56					56			
55	8*70				70				
56	8*247		28	56	70	56	28	8	1
57	8*255	8	28	56	70	56	28	8	1

第十一条 单场半全场胜平负游戏竞猜比赛场次的投注方式，由国家体育总局体育彩票管理中心根据实际情况从第十条表中所列的投注方式中全部或部分选择。

每个竞猜比赛场次的开售和停售时间由国家体育总局体育彩票管理中心根据实际情况确定。

在某个竞猜比赛场次的销售过程中，国家体育总局体育彩票管理中心可以根据投注情况、突发事件等因素，拒绝某些大额投注或特定投注，暂停或提前停止该比赛场次某个结果选项的投注，暂停或提前停止包含该比赛场次的某些特定过关组合的投注。

以上具体信息通过销售系统和其他指定方式予以公布。

第十二条 单场半全场胜平负游戏投注单只用于辅助彩票购买者投注，不作为兑奖凭证，也不作为彩票购买者投注结果的间接证明。

第三章 设 奖

第十三条 单场半全场胜平负游戏按销售总额的 73%、11% 和 16% 分别计提彩票奖金、彩票发行费和彩票公益金。彩票奖金中，72% 为当期奖金，1% 为调节基金。

第十四条 奖金分配办法如下：

单场半全场胜平负游戏设置固定奖金。在每个竞猜比赛场次开始销售前，国家体育总局体育彩票管理中心通过专用计算机分析系统为每个比赛结果选项初设固定奖金。该固定奖金为相对固定奖金，其在销售过程中根据投注额和其他相关因素调整变动，购买者在完成某一投注时所获得的对应固定奖金额即为该投注中奖后的奖金额，不受之后调整变动的影响。

固定奖金的初设和调整变动情况通过销售系统和其他指定方式予以公布。

第十五条 单场半全场胜平负游戏根据投注情况设置最高奖金限额，具体为：

单场投注，单注最高奖金限额 10 万元；

2 场和 3 场过关投注，单注最高奖金限额 20 万元。

4 场和 5 场过关投注，单注最高奖金限额 50 万元。

6 场和 6 场以上过关投注，单注最高奖金限额 100 万元。

彩票中奖后，若单注应兑奖金高于对应的最高奖金限额，则只兑付本规则设定的对应最高限额奖金。

第十六条 单场半全场胜平负游戏设置调节基金。调节基金包括按照销售额 1% 提取的部分、逾期未退票的票款，专项用于支付各种不可预见的奖金风险支出和开展派奖。

第十七条 单场半全场胜平负游戏设置奖池。奖池资金由每个竞猜场次彩票的计提奖金与实际中出奖金的差额累计而成。当某个竞猜场次彩票的计提奖金超过其实际中出奖金时，余额进入奖池。当某个竞猜场次彩票的计提奖金小于其实际中出奖金时，差额由奖池资金补足。当奖池资金总额不足时，由调节基金补足；调节基金不足时，用彩票兑奖周转金垫支。在出现彩票兑奖周转金垫支的情况下，当调节基金出现余额后，应当优先偿还垫支的彩票兑奖周转金。

第十八条 单场半全场胜平负游戏与

其他中国足球彩票单场竞猜游戏共用奖池、调节基金。

第四章 开 奖

第十九条 单场半全场胜平负游戏在竞猜比赛场次结束后，根据实际比赛结果进行开奖。实际比赛结果以当值裁判员在本规则涉及的比赛时长结束时刻裁定的比赛结果为准，其后对比赛结果的各种更改不影响原先确认的开奖结果。

开奖结果、销售情况等信息，通过彩票销售网点和指定的互联网网站及其他媒体等信息渠道向社会公布。

第五章 中 奖

第二十条 每注单场半全场胜平负游戏有效投注与相应开奖结果对照，与开奖结果一致即为中奖。

第二十一条 在单场半全场胜平负游戏销售过程中，如果遇以下情形发生，则特别规定如下：

（一）在某个比赛场次开始销售前，其比赛时间提前、推迟或者取消比赛，则相应更改该比赛场次的开始、截止销售时间或者取消该比赛场次竞猜。

（二）在某个比赛场次开始销售后，如果其比赛时间提前，则相应提前该比赛场次的截止销售时间。

（三）在某个比赛场次开始销售后，如果其比赛时间提前，且比赛开始时仍在进行销售，则认定在该比赛开始时刻前发生的投注为有效投注，可正常参与兑奖；认定在该比赛场次开始时刻后发生的投注为无效投注。

（四）在某个比赛场次开始销售后，如果其比赛时间推迟且未超过原定时间36小时，则相应推迟该比赛场次的截止销售时间。

（五）在某个比赛场次开始销售后，如果其比赛时间推迟且超过原定时间36小时或无法获知具体推迟时间或取消比赛，则认定该比赛场次为无效场次。

（六）如果某个比赛场次在比赛进行中因故中断，且自中断时刻起36小时内继续完成了比赛，则认定该比赛场次为有效场次，所涉及投注可正常参与兑奖。

（七）如果某个比赛场次在比赛进行中因故中断，且自中断时刻起36小时内未继续完成比赛或无法获知具体补赛时间或取消补赛，则认定该比赛场次为无效场次。

（八）在某个比赛场次开始销售后，如果比赛主办方决定更换比赛场地，如果是从一中立比赛场地更换至另一中立比赛场地，则认定该比赛场次为有效场次，所涉及投注可正常参与兑奖；如果不符合前述更换条件，则认定该比赛场次为无效场次。

（九）在某个比赛场次开始销售后，如果参赛双方中有一方与原定参赛队伍不同，则认定该比赛场次为无效场次。

（十）在某个比赛场次开始销售后，如果比赛主办方决定在无观众、无转播的封闭条件下进行比赛，则认定该比赛场次为无效场次。

（十一）对上述无效场次的认定由国家体育总局体育彩票管理中心最终解释。

（十二）当某场比赛被认定为无效场次时，则该比赛场次的所有单场投注按退票处理，于60个自然日内在指定地点办理退票手续；在过关投注中对该比赛场次的所有投注选择均为无效，涉及该比赛场次的过关投注组合的固定奖金按照在原投注时刻去除该比赛场次后的投注组合所对应的固定奖金计算。

第二十二条 每注彩票只有一次中奖机会，不兼中兼得。

第六章 兑 奖

第二十三条 单场半全场胜平负游戏中奖者应当在每张彩票所涉及的所有比赛场次开奖结果，全部公布后次日起60个自然日内，到指定地点兑奖。逾期未兑奖的奖金纳入彩票公益金。

第二十四条 中奖彩票为唯一兑奖凭证。中奖彩票因玷污、损坏等原因不能正确识别的，不能兑奖。

第二十五条 兑奖机构有权查验彩票中奖者的中奖彩票以及有效身份证件，彩票中奖者兑奖时应予配合。

第二十六条 凡伪造、变造彩票或使用伪造、变造彩票兑奖的，按照《彩票管理条例》等相关规定依法追究法律责任。

第七章 附 则

第二十七条 本规则自批准之日起执行。

附件6

中国篮球彩票单场竞猜胜负游戏规则

第一章 总 则

第一条 根据《彩票管理条例》、《彩票管理条例实施细则》、《彩票发行销售管理办法》（财综［2012］102号）等有关规定，制定本规则。

第二条 中国篮球彩票单场竞猜胜负游戏（以下简称“单场胜负游戏”）由国家体育总局体育彩票管理中心发行和组织销售，由各体育彩票销售机构在本行政区域内销售。

第三条 单场胜负游戏采用计算机网络系统发行销售。

第四条 单场胜负游戏实行自愿购买，凡购买该彩票者即被视为同意并遵守本规则。

第五条 不得向未成年人出售彩票或兑付奖金。

第二章 投 注

第六条 单场胜负游戏以国家体育总局体育彩票管理中心选定的国际重要篮球比赛为竞猜对象，由彩票购买者对指定的比赛场次在全场（含加时赛）的比赛结果进行投注。每一场比赛设置2种比赛结果选项：

（一）“胜”：表示主队胜，客队负；

（二）“负”：表示主队负，客队胜。

第七条 单场胜负游戏投注方式包括单场投注、过关投注、单式投注、复式投注。

彩票购买者选择 1 场比赛投注为单场投注，选择 2 场或者 2 场以上比赛投注为过关投注。在过关投注中，前后比赛场次均选择同一种游戏投注的为一般过关投注，前后比赛场次选择同一运动项目不同游戏投注的为混合过关投注。同一比赛场次不同游戏不能混合过关投注，不同运动项目不能混合过关投注。

彩票购买者对所选比赛场次的比赛结果均选择 1 种投注结果为单式投注。对于某个或某几个比赛场次选择 2 种或 2 种以上的投注结果为复式投注。

彩票购买者可对其选定的结果进行多倍投注，投注倍数范围为 2 至 99 倍。

第八条 单场胜负游戏每注金额人民币 2 元。单张彩票最大投注金额不得超过人民币 20 000 元。

第九条 如果因销售终端故障、通讯线路故障或彩票代销者信用额度受限等原因造成投注不成功，应当退还彩票购买者的投注资金。

第十条 单场胜负游戏的单场投注和过关投注具体投注方式如下表所示。

	过关投注	单场	两关	三关	四关	五关	六关	七关	八关
1	单场	1							
2	2*1		1						
3	2*3	2	1						
4	3*1			1					
5	3*3		3						
6	3*4		3	1					
7	3*6	3	3						
8	3*7	3	3	1					
9	4*1				1				
10	4*4			4					
11	4*5			4	1				
12	4*6		6						
13	4*10	4	6						
14	4*11		6	4	1				
15	4*14	4	6	4					
16	4*15	4	6	4	1				
17	5*1					1			
18	5*5				5				
19	5*6				5	1			
20	5*10		10						
21	5*15	5	10						
22	5*16			10	5	1			

续表

	过关投注	单场	两关	三关	四关	五关	六关	七关	八关
23	5 * 20		10	10					
24	5 * 25	5	10	10					
25	5 * 26		10	10	5	1			
26	5 * 30	5	10	10	5				
27	5 * 31	5	10	10	5	1			
28	6 * 1						1		
29	6 * 6					6			
30	6 * 7					6	1		
31	6 * 15		15						
32	6 * 20			20					
33	6 * 21	6	15						
34	6 * 22				15	6	1		
35	6 * 35		15	20					
36	6 * 41	6	15	20					
37	6 * 42			20	15	6	1		
38	6 * 50		15	20	15				
39	6 * 56	6	15	20	15				
40	6 * 57		15	20	15	6	1		
41	6 * 62	6	15	20	15	6			
42	6 * 63	6	15	20	15	6	1		
43	7 * 1							1	
44	7 * 7						7		
45	7 * 8						7	1	
46	7 * 21					21			
47	7 * 35				35				
48	7 * 120		21	35	35	21	7	1	
49	7 * 127	7	21	35	35	21	7	1	
50	8 * 1								1
51	8 * 8							8	
52	8 * 9							8	1
53	8 * 28						28		
54	8 * 56					56			
55	8 * 70				70				
56	8 * 247		28	56	70	56	28	8	1
57	8 * 255	8	28	56	70	56	28	8	1

第十一条 单场胜负游戏竞猜比赛场次的投注方式，由国家体育总局体育彩票管理中心根据实际情况从第十条表中所列的投注方式中全部或部分选择。

每个竞猜比赛场次的开售和停售时间由国家体育总局体育彩票管理中心根据实际情况确定。

在某个竞猜比赛场次的销售过程中，国家体育总局体育彩票管理中心可以根据投注情况、突发事件等因素，拒绝某些大额投注或特定投注，暂停或提前停止该比赛场次某个结果选项的投注，暂停或提前停止包含该比赛场次的某些特定过关组合的投注。

以上具体信息通过销售系统和其他指定方式予以公布。

第十二条 单场胜负游戏投注单只用于辅助彩票购买者投注，不作为兑奖凭证，也不作为彩票购买者投注结果的间接证明。

第三章 设　奖

第十三条 单场胜负游戏按销售总额的 73%、11% 和 16% 分别计提彩票奖金、彩票发行费和彩票公益金。彩票奖金中，72% 为当期奖金，1% 为调节基金。

第十四条 奖金分配办法如下：

单场胜负游戏设置固定奖金。在每个竞猜比赛场次开始销售前，国家体育总局体育彩票管理中心通过专用计算机分析系统为每个比赛结果选项初设固定奖金。该固定奖金为相对固定奖金，其在销售过程中根据投注额和其他相关因素调整变动，购买者在完成某一投注时所获得的对应固定奖金额即为该投注中奖后的奖金额，不受之后调整变动的影响。

固定奖金的初设和调整变动情况通过销售系统和其他指定方式予以公布。

第十五条 单场胜负游戏根据投注情况设置最高奖金限额，具体为：

单场投注，单注最高奖金限额 10 万元；

2 场和 3 场过关投注，单注最高奖金限额 20 万元。

4 场和 5 场过关投注，单注最高奖金限额 50 万元。

6 场和 6 场以上过关投注，单注最高奖金限额 100 万元。

彩票中奖后，若单注应兑奖金高于对应的最高奖金限额，则只兑付本规则设定的对应最高限额奖金。

第十六条 单场胜负游戏设置调节基金。调节基金包括按照销售额 1% 提取的部分、逾期未退票的票款，专项用于支付各种不可预见的奖金风险支出和开展派奖。

第十七条 单场胜负游戏设置奖池。奖池资金由每个竞猜场次彩票的计提奖金与实际中出奖金的差额累计而成。当某个竞猜场次彩票的计提奖金超过其实际中出奖金时，余额进入奖池。当某个竞猜场次彩票的计提奖金小于其实际中出奖金时，差额由奖池资金补足。当奖池资金总额不足时，由调节基金补足；调节基金不足时，用彩票兑奖周转金垫支。在出现彩票兑奖周转金垫支的情况下，当调节基金出现余额后，应当优先偿还垫支的彩票兑奖周转金。

第十八条 单场胜负游戏与其他中国篮球彩票单场竞猜游戏共用奖池、调节基金。

第四章　开　　奖

第十九条　单场胜负游戏在竞猜比赛场次结束后，根据实际比赛结果进行开奖。实际比赛结果以当值裁判员在本规则涉及的比赛时长结束时刻裁定的比赛结果为准，其后对比赛结果的各种更改不影响原先确认的开奖结果。

开奖结果、销售情况等信息，通过彩票销售网点和指定的互联网网站及其他媒体等信息渠道向社会公布。

第五章　中　　奖

第二十条　每注单场胜负游戏有效投注与相应开奖结果进行对照，与开奖结果一致的即为中奖。

第二十一条　在单场胜负游戏销售过程中，如遇以下情形发生，则特别规定如下：

（一）在某个比赛场次开始销售前，其比赛时间提前或推迟或取消比赛，则相应更改该比赛场次的开始、截止销售时间或取消该比赛场次竞猜。

（二）在某个比赛场次开始销售后，若其比赛时间提前，则相应提前该比赛场次的截止销售时间。

（三）在某个比赛场次开始销售后，若其比赛时间提前，且比赛开始时仍在进行销售，则认定该比赛场次对于在比赛开始时刻前发生的投注为有效场次，所涉及投注可正常参与兑奖；认定该比赛场次对于在比赛开始时刻后发生的投注则为无效场次。

（四）在某个比赛场次开始销售后，若其比赛时间推迟且未超过原定时间36小时，则相应推迟该比赛场次的截止销售时间。

（五）在某个比赛场次开始销售后，若其比赛时间推迟且超过原定时间36小时或无法获知具体推迟时间或取消比赛，则认定该比赛场次为无效场次。

（六）若某个比赛场次，在比赛进行至35分钟及以上（全场时长40分钟制比赛）或进行至43分钟及以上（全场时长48分钟制比赛）时因故中断，且当值裁判或比赛主办方裁决比赛正式完成，则认定该比赛场次为有效场次，所涉及投注可正常参与兑奖。

（七）若某个比赛场次在比赛进行中因故中断，且不符合前述（六）中描述的条件，如果自中断时刻起36小时内继续完成了比赛，则认定该比赛场次为有效场次，所涉及投注可正常参与兑奖。

（八）若某个比赛场次在比赛进行中因故中断，且不符合前述（六）中描述的条件，如果自中断时刻起36小时内未继续完成比赛或无法获知具体补赛时间或取消补赛，则认定该比赛场次为无效场次。

（九）在某个比赛场次开始销售后，如果比赛主办方决定更换比赛场地，若是从一中立比赛场地更换至另一中立比赛场地，则认定该比赛场次为有效场次，所涉及投注可正常参与兑奖；若不符合前述更换条件，则认定该比赛场次为无效场次。

（十）在某个比赛场次开始销售后，若参赛双方中有一方与原定参赛队伍不同，则认定该比赛场次为无效场次。

（十一）在某个比赛场次开始销售后，若比赛主办方决定在无观众、无转播的封闭条件下进行比赛，则认定该比赛场次为无效场次。

（十二）对上述无效场次的认定由国家体育总局体育彩票管理中心最终解释。

（十三）当某场比赛被认定为无效场次，则该比赛场次的所有单场投注按退票处理，于60个自然日内在指定地点办理退票手续；在过关投注中对该比赛场次的所有选择均为无效，涉及该比赛场次的过关投注组合之固定奖金按在原投注时刻去除该比赛场次后的投注组合对应的固定奖金计算。

第二十二条 每注彩票只有一次中奖机会，不兼中兼得。

第六章 兑 奖

第二十三条 单场胜负游戏中奖者应当在每张彩票所涉及的所有比赛场次开奖结果，全部公布后次日起60个自然日内，到指定地点兑奖。逾期未兑奖的奖金纳入彩票公益金。

第二十四条 中奖彩票为唯一兑奖凭证。中奖彩票因玷污、损坏等原因不能正确识别的，不能兑奖。

第二十五条 兑奖机构有权查验彩票中奖者的中奖彩票以及有效身份证件，彩票中奖者兑奖时应予配合。

第二十六条 凡伪造、变造彩票或使用伪造、变造彩票兑奖的，按照《彩票管理条例》等相关规定依法追究法律责任。

第七章 附 则

第二十七条 本规则自批准之日起执行。

附件7

中国篮球彩票单场竞猜让分胜负游戏规则

第一章 总 则

第一条 根据《彩票管理条例》、《彩票管理条例实施细则》、《彩票发行销售管理办法》（财综［2012］102号）等有关规定，制定本规则。

第二条 中国篮球彩票单场竞猜让分胜负游戏（以下简称“单场让分胜负游戏”）由国家体育总局体育彩票管理中心发行和组织销售，由各体育彩票销售机构在本行政区域内销售。

第三条 单场让分胜负游戏采用计算机网络系统发行销售。

第四条 单场让分胜负游戏实行自愿购买，凡购买该彩票者即被视为同意并遵守本规则。

第五条 不得向未成年人出售彩票或兑付奖金。

第二章 投 注

第六条 单场让分胜负游戏以国家体育总局体育彩票管理中心选定的国际重要

篮球比赛为竞猜对象，由彩票购买者对指定的比赛场次在全场（含加时赛）的比赛结果进行投注。每一场比赛设置2种比赛结果选项：

（一）“胜”：表示主队胜，客队负；

（二）“负”：表示主队负，客队胜。

第七条 单场让分胜负游戏投注方式包括单场投注、过关投注、单式投注、复式投注。

彩票购买者选择1场比赛投注为单场投注，选择2场或者2场以上比赛投注为过关投注。在过关投注中，前后比赛场次均选择同一种游戏投注的为一般过关投注，前后比赛场次选择同一运动项目不同游戏投注的为混合过关投注。同一比赛场次不同游戏不能混合过关投注，不同运动项目不能混合过关投注。

彩票购买者对所选比赛场次的比赛结果均选择1种投注结果为单式投注。对于某个或某几个比赛场次选择2种或2种以上的投注结果为复式投注。

彩票购买者可对其选定的结果进行多倍投注，投注倍数范围为2至99倍。

第八条 对每个选定的比赛场次，均采用让分方式确定胜负关系，具体让分球队及让分数量由国家体育总局体育彩票管理中心根据实际比赛情况确定并和竞猜赛程一同公布。

例如，主队让1.5分：

1.“胜”：主队得分减去客队得分大于1.5时，主队胜，客队负；

2.“负”：主队得分减去客队得分小于1.5时，主队负，客队胜。

客队让3.5分：

1.“胜”：客队得分减去主队得分小于3.5时，主队胜，客队负；

2.“负”：客队得分减去主队得分大于3.5时，主队负，客队胜。

各比赛场次的让分数量在销售过程中根据投注额和其他相关因素调整，并通过销售系统和其他指定方式予以公布。彩票购买者在完成有效投注时刻所获得的某场比赛对应的让分数量即为该有效投注判断是否中奖的依据。

第九条 单场让分胜负游戏每注金额人民币2元。单张彩票最大投注金额不得超过人民币20 000元。

第十条 如果因销售终端故障、通讯线路故障或彩票代销者信用额度受限等原因造成投注不成功，应当退还彩票购买者的投注资金。

第十一条 单场让分胜负游戏的单场投注和过关投注具体投注方式如下表所示。

	过关投注	单场	两关	三关	四关	五关	六关	七关	八关
1	单场	1							
2	2*1		1						
3	2*3	2	1						
4	3*1			1					
5	3*3		3						
6	3*4		3	1					
7	3*6	3	3						

续表

	过关投注	单场	两关	三关	四关	五关	六关	七关	八关
8	3 * 7	3	3	1					
9	4 * 1				1				
10	4 * 4			4					
11	4 * 5			4	1				
12	4 * 6		6						
13	4 * 10	4	6						
14	4 * 11		6	4	1				
15	4 * 14	4	6	4					
16	4 * 15	4	6	4	1				
17	5 * 1					1			
18	5 * 5				5				
19	5 * 6				5	1			
20	5 * 10		10						
21	5 * 15	5	10						
22	5 * 16			10	5	1			
23	5 * 20		10	10					
24	5 * 25	5	10	10					
25	5 * 26		10	10	5	1			
26	5 * 30	5	10	10	5				
27	5 * 31	5	10	10	5	1			
28	6 * 1						1		
29	6 * 6					6			
30	6 * 7					6	1		
31	6 * 15		15						
32	6 * 20			20					
33	6 * 21	6	15						
34	6 * 22				15	6	1		
35	6 * 35		15	20					
36	6 * 41	6	15	20					
37	6 * 42			20	15	6	1		
38	6 * 50		15	20	15				
39	6 * 56	6	15	20	15				
40	6 * 57		15	20	15	6	1		
41	6 * 62	6	15	20	15	6			
42	6 * 63	6	15	20	15	6	1		

续表

	过关投注	单场	两关	三关	四关	五关	六关	七关	八关
43	7*1							1	
44	7*7						7		
45	7*8						7	1	
46	7*21					21			
47	7*35				35				
48	7*120		21	35	35	21	7	1	
49	7*127	7	21	35	35	21	7	1	
50	8*1								1
51	8*8							8	
52	8*9							8	1
53	8*28						28		
54	8*56					56			
55	8*70				70				
56	8*247		28	56	70	56	28	8	1
57	8*255	8	28	56	70	56	28	8	1

第十二条 单场让分胜负游戏竞猜比赛场次的投注方式，由国家体育总局体育彩票管理中心根据实际情况从第十一条表中所列的投注方式中全部或部分选择。

每个竞猜比赛场次的开售和停售时间由国家体育总局体育彩票管理中心根据实际情况确定。

在某个竞猜比赛场次的销售过程中，国家体育总局体育彩票管理中心可以根据投注情况、突发事件等因素，拒绝某些大额投注或特定投注，暂停或提前停止该比赛场次某个结果选项的投注，暂停或提前停止包含该比赛场次的某些特定过关组合的投注。

以上具体信息通过销售系统和其他指定方式予以公布。

第十三条 单场让分胜负游戏投注单只用于辅助彩票购买者投注，不作为兑奖凭证，也不作为彩票购买者投注结果的间接证明。

第三章 设　奖

第十四条 单场让分胜负游戏按销售总额的73%、11%和16%分别计提彩票奖金、彩票发行费和彩票公益金。彩票奖金中，72%为当期奖金，1%为调节基金。

第十五条 奖金分配办法如下：

单场让分胜负游戏设置固定奖金。在每个竞猜比赛场次开始销售前，国家体育总局体育彩票管理中心通过专用计算机分析系统为每个比赛结果选项初设固定奖金。该固定奖金为相对固定奖金，其在销售过程中根据投注额和其他相关因素调整变动，购买者在完成某一投注时所获得的对应固定奖金额即为该投注中奖后的奖金额，不受之后调整变动的影响。

固定奖金的初设和调整变动情况通过销售系统和其他指定方式予以公布。

第十六条 单场让分胜负游戏根据投注情况设置最高奖金限额，具体为：

单场投注，单注最高奖金限额 10 万元；

2 场和 3 场过关投注，单注最高奖金限额 20 万元。

4 场和 5 场过关投注，单注最高奖金限额 50 万元。

6 场和 6 场以上过关投注，单注最高奖金限额 100 万元。

彩票中奖后，若单注应兑奖金高于对应的最高奖金限额，则只兑付本规则设定的对应最高限额奖金。

第十七条 单场让分胜负游戏设置调节基金。调节基金包括按照销售额 1% 提取的部分、逾期未退票的票款，专项用于支付各种不可预见的奖金风险支出和开展派奖。

第十八条 单场让分胜负游戏设置奖池。奖池资金由每个竞猜场次彩票的计提奖金与实际中出奖金的差额累计而成。当某个竞猜场次彩票的计提奖金超过其实际中出奖金时，余额进入奖池。当某个竞猜场次彩票的计提奖金小于其实际中出奖金时，差额由奖池资金补足。当奖池资金总额不足时，由调节基金补足；调节基金不足时，用彩票兑奖周转金垫支。在出现彩票兑奖周转金垫支的情况下，当调节基金出现余额后，应当优先偿还垫支的彩票兑奖周转金。

第十九条 单场让分胜负游戏与其他中国篮球彩票单场竞猜游戏共用奖池、调节基金。

第四章 开 奖

第二十条 单场让分胜负游戏在竞猜比赛场次结束后，根据实际比赛结果进行开奖。实际比赛结果以当值裁判员在本规则涉及的比赛时长结束时刻裁定的比赛结果为准，其后对比赛结果的各种更改不影响原先确认的开奖结果。

开奖结果、销售情况等信息，通过彩票销售网点和指定的互联网网站及其他媒体等信息渠道向社会公布。

第五章 中 奖

第二十一条 每注单场让分胜负游戏有效投注与相应开奖结果进行对照，与开奖结果一致的即为中奖。

第二十二条 在单场让分胜负游戏销售过程中，如果遇以下情形发生，则特别规定如下：

（一）在某个比赛场次开始销售前，其比赛时间提前或推迟或取消比赛，则相应更改该比赛场次的开始、截止销售时间或取消该比赛场次竞猜。

（二）在某个比赛场次开始销售后，若其比赛时间提前，则相应提前该比赛场次的截止销售时间。

（三）在某个比赛场次开始销售后，若其比赛时间提前，且比赛开始时仍在进行销售，则认定该比赛场次对于在比赛开始时刻前发生的投注为有效场次，所涉及投注可正常参与兑奖；认定该比赛场次对于在比赛开始时刻后发生的投注则为无效场次。

（四）在某个比赛场次开始销售后，若其比赛时间推迟且未超过原定时间 36

小时，则相应推迟该比赛场次的截止销售时间。

（五）在某个比赛场次开始销售后，若其比赛时间推迟且超过原定时间 36 小时或无法获知具体推迟时间或取消比赛，则认定该比赛场次为无效场次。

（六）若某个比赛场次，在比赛进行至 35 分钟及以上（全场时长 40 分钟制比赛）或进行至 43 分钟及以上（全场时长 48 分钟制比赛）时因故中断，且当值裁判或比赛主办方裁决比赛正式完成，则认定该比赛场次为有效场次，所涉及投注可正常参与兑奖。

（七）若某个比赛场次在比赛进行中因故中断，且不符合前述（六）中描述的条件，如果自中断时刻起 36 小时内继续完成了比赛，则认定该比赛场次为有效场次，所涉及投注可正常参与兑奖。

（八）若某个比赛场次在比赛进行中因故中断，且不符合前述（六）中描述的条件，如果自中断时刻起 36 小时内未继续完成比赛或无法获知具体补赛时间或取消补赛，则认定该比赛场次为无效场次。

（九）在某个比赛场次开始销售后，如果比赛主办方决定更换比赛场地，若是从一中立比赛场地更换至另一中立比赛场地，则认定该比赛场次为有效场次，所涉及投注可正常参与兑奖；若不符合前述更换条件，则认定该比赛场次为无效场次。

（十）在某个比赛场次开始销售后，若参赛双方中有一方与原定参赛队伍不同，则认定该比赛场次为无效场次。

（十一）在某个比赛场次开始销售后，若比赛主办方决定在无观众、无转播的封闭条件下进行比赛，则认定该比赛场次为无效场次。

（十二）对上述无效场次的认定由国家体育总局体育彩票管理中心最终解释。

（十三）当某场比赛被认定为无效场次，则该比赛场次的所有单场投注按退票处理，于 60 个自然日内在指定地点办理退票手续；在过关投注中对该比赛场次的所有选择均为无效，涉及该比赛场次的过关投注组合之固定奖金按在原投注时刻去除该比赛场次后的投注组合对应的固定奖金计算。

第二十三条 每注彩票只有一次中奖机会，不兼中兼得。

第六章 兑 奖

第二十四条 单场让分胜负游戏中奖者应当在每张彩票所涉及的所有比赛场次开奖结果，全部公布后次日起 60 个自然日内，到指定地点兑奖。逾期未兑奖的奖金纳入彩票公益金。

第二十五条 中奖彩票为唯一兑奖凭证。中奖彩票因玷污、损坏等原因不能正确识别的，不能兑奖。

第二十六条 兑奖机构有权查验彩票中奖者的中奖彩票以及有效身份证件，彩票中奖者兑奖时应予配合。

第二十七条 凡伪造、变造彩票或使用伪造、变造彩票兑奖的，按照《彩票管理条例》等相关规定依法追究法律责任。

第七章 附 则

第二十八条 本规则自批准之日起执行。

附件 8

中国篮球彩票单场竞猜大小分游戏规则

第一章 总　　则

第一条 根据《彩票管理条例》、《彩票管理条例实施细则》、《彩票发行销售管理办法》（财综［2012］102 号）等有关规定，制定本规则。

第二条 中国篮球彩票单场竞猜大小分游戏（以下简称“单场大小分游戏”）由国家体育总局体育彩票管理中心发行和组织销售，由各体育彩票销售机构在本行政区域内销售。

第三条 单场大小分游戏采用计算机网络系统发行销售。

第四条 单场大小分游戏实行自愿购买，凡购买该彩票者即被视为同意并遵守本规则。

第五条 不得向未成年人出售彩票或兑付奖金。

第二章 投　　注

第六条 单场大小分游戏以国家体育总局体育彩票管理中心选定的国际重要篮球比赛为竞猜对象，由彩票购买者对指定的比赛场次在全场（含加时赛）的主队和客队得分总数大于或小于预设总分数进行投注。每一场比赛设置 2 种选项：

（一）“大”：表示主队和客队得分总数大于预设总分数；

（二）“小”：表示主队和客队得分总数小于预设总分数。

第七条 单场大小分游戏投注方式包括单场投注、过关投注、单式投注、复式投注。

彩票购买者选择 1 场比赛投注为单场投注，选择 2 场或者 2 场以上比赛投注为过关投注。在过关投注中，前后比赛场次均选择同一种游戏投注的为一般过关投注，前后比赛场次选择同一运动项目不同游戏投注的为混合过关投注。同一比赛场次不同游戏不能混合过关投注，不同运动项目不能混合过关投注。

彩票购买者对所选比赛场次的比赛结果均选择 1 种投注结果为单式投注。对于某个或某几个比赛场次选择 2 种或 2 种以上的投注结果为复式投注。

彩票购买者可对其选定的结果进行多倍投注，投注倍数范围为 2 至 99 倍。

第八条 对每个选定的比赛场次，国家体育总局体育彩票管理中心根据实际比赛情况给出主队和客队得分的预设总分数。具体的预设总分数和竞猜赛程一同公布。

例如，A 队和 B 队比赛的预设总分数为 168.5 分：

1.“大”：主队和客队得分总数大于 168.5 分；

2.“小”：主队和客队得分总数小于 168.5 分。

各比赛场次的预设总分数在销售过程

中根据投注额和其他相关因素调整，并通过销售系统和其他指定方式予以公布。彩票购买者在完成有效投注时刻所获得的某场比赛对应的预设总分数即为该有效投注判断是否中奖的依据。

第九条 单场大小分游戏每注金额人民币 2 元。单张彩票最大投注金额不得超过人民币 20 000 元。

第十条 如果因销售终端故障、通讯线路故障或彩票代销者信用额度受限等原因造成投注不成功，应当退还彩票购买者的投注资金。

第十一条 单场大小分游戏的单场投注和过关投注具体投注方式如下表所示。

	过关投注	单场	两关	三关	四关	五关	六关	七关	八关
1	单场	1							
2	2＊1		1						
3	2＊3	2	1						
4	3＊1			1					
5	3＊3		3						
6	3＊4		3	1					
7	3＊6	3	3						
8	3＊7	3	3	1					
9	4＊1				1				
10	4＊4			4					
11	4＊5			4	1				
12	4＊6		6						
13	4＊10	4	6						
14	4＊11		6	4	1				
15	4＊14	4	6	4					
16	4＊15	4	6	4	1				
17	5＊1					1			
18	5＊5				5				
19	5＊6				5	1			
20	5＊10		10						
21	5＊15	5	10						
22	5＊16			10	5	1			
23	5＊20		10	10					
24	5＊25	5	10	10					
25	5＊26		10	10	5	1			
26	5＊30	5	10	10	5				
27	5＊31	5	10	10	5	1			
28	6＊1						1		

续表

	过关投注	单场	两关	三关	四关	五关	六关	七关	八关
29	6*6					6			
30	6*7					6	1		
31	6*15		15						
32	6*20			20					
33	6*21	6	15						
34	6*22				15	6	1		
35	6*35		15	20					
36	6*41	6	15	20					
37	6*42			20	15	6	1		
38	6*50		15	20	15				
39	6*56	6	15	20	15				
40	6*57		15	20	15	6	1		
41	6*62	6	15	20	15	6			
42	6*63	6	15	20	15	6	1		
43	7*1							1	
44	7*7						7		
45	7*8						7	1	
46	7*21					21			
47	7*35				35				
48	7*120		21	35	35	21	7	1	
49	7*127	7	21	35	35	21	7	1	
50	8*1								1
51	8*8							8	
52	8*9							8	1
53	8*28						28		
54	8*56					56			
55	8*70				70				
56	8*247		28	56	70	56	28	8	1
57	8*255	8	28	56	70	56	28	8	1

第十二条 单场大小分游戏竞猜比赛场次的投注方式，由国家体育总局体育彩票管理中心根据实际情况从第十一条表中所列的投注方式中全部或部分选择。

每个竞猜比赛场次的开售和停售时间由国家体育总局体育彩票管理中心根据实际情况确定。

在某个竞猜比赛场次的销售过程中，国家体育总局体育彩票管理中心可以根据投注情况、突发事件等因素，拒绝某些大额投注或特定投注，暂停或提前停止该比赛场次某个选项的投注，暂停或提前停止包含该比赛场次的某些特定过关组合的投注。

以上具体信息通过销售系统和其他指定方式予以公布。

第十三条 单场大小分游戏投注单只用于辅助彩票购买者投注，不作为兑奖凭证，也不作为彩票购买者投注结果的间接证明。

第三章 设 奖

第十四条 单场大小分游戏按销售总额的73%、11%和16%分别计提彩票奖金、彩票发行费和彩票公益金。彩票奖金中，72%为当期奖金，1%为调节基金。

第十五条 奖金分配办法如下：

单场大小分游戏设置固定奖金。在每个竞猜比赛场次开始销售前，国家体育总局体育彩票管理中心通过专用计算机分析系统为每个选项初设固定奖金。该固定奖金为相对固定奖金，其在销售过程中根据投注额和其他相关因素调整变动，购买者在完成某一投注时所获得的对应固定奖金额即为该投注中奖后的奖金额，不受之后调整变动的影响。

固定奖金的初设和调整变动情况通过销售系统和其他指定方式予以公布。

第十六条 单场大小分游戏根据投注情况设置最高奖金限额，具体为：

单场投注，单注最高奖金限额10万元；

2场和3场过关投注，单注最高奖金限额20万元。

4场和5场过关投注，单注最高奖金限额50万元。

6场和6场以上过关投注，单注最高奖金限额100万元。

彩票中奖后，若单注应兑奖金高于对应的最高奖金限额，则只兑付本规则设定的对应最高限额奖金。

第十七条 单场大小分游戏设置调节基金。调节基金包括按照销售额1%提取的部分、逾期未退票的票款，专项用于支付各种不可预见的奖金风险支出和开展派奖。

第十八条 单场大小分游戏设置奖池。奖池资金由每个竞猜场次彩票的计提奖金与实际中出奖金的差额累计而成。当某个竞猜场次彩票的计提奖金超过其实际中出奖金时，余额进入奖池。当某个竞猜场次彩票的计提奖金小于其实际中出奖金时，差额由奖池资金补足。当奖池资金总额不足时，由调节基金补足；调节基金不足时，用彩票兑奖周转金垫支。在出现彩票兑奖周转金垫支的情况下，当调节基金出现余额后，应当优先偿还垫支的彩票兑奖周转金。

第十九条 单场大小分游戏与其他中国篮球彩票单场竞猜游戏共用奖池、调节基金。

第四章 开 奖

第二十条 单场大小分游戏在竞猜比赛场次结束后，根据实际比赛结果进行开奖。实际比赛结果以当值裁判员在本规则涉及的比赛时长结束时刻裁定的比赛结果为准，其后对比赛结果的各种更改不影响原先确认的开奖结果。

开奖结果、销售情况等信息，通过彩

票销售网点和指定的互联网网站及其他媒体等信息渠道向社会公布。

第五章　中　　奖

第二十一条　每注单场大小分游戏有效投注与相应开奖结果进行对照，与开奖结果一致的即为中奖。

第二十二条　在单场大小分游戏销售过程中，如果遇以下情形发生，则特别规定如下：

（一）在某个比赛场次开始销售前，其比赛时间提前或推迟或取消比赛，则相应更改该比赛场次的开始、截止销售时间或取消该比赛场次竞猜。

（二）在某个比赛场次开始销售后，若其比赛时间提前，则相应提前该比赛场次的截止销售时间。

（三）在某个比赛场次开始销售后，若其比赛时间提前，且比赛开始时仍在进行销售，则认定该比赛场次对于在比赛开始时刻前发生的投注为有效场次，所涉及投注可正常参与兑奖；认定该比赛场次对于在比赛开始时刻后发生的投注则为无效场次。

（四）在某个比赛场次开始销售后，若其比赛时间推迟且未超过原定时间36小时，则相应推迟该比赛场次的截止销售时间。

（五）在某个比赛场次开始销售后，若其比赛时间推迟且超过原定时间36小时或无法获知具体推迟时间或取消比赛，则认定该比赛场次为无效场次。

（六）若某个比赛场次，在比赛进行至35分钟及以上（全场时长40分钟制比赛）或进行至43分钟及以上（全场时长48分钟制比赛）时因故中断，且当值裁判或比赛主办方裁决比赛正式完成，则认定该比赛场次为有效场次，所涉及投注可正常参与兑奖。

（七）若某个比赛场次在比赛进行中因故中断，且不符合前述（六）中描述的条件，如果自中断时刻起36小时内继续完成了比赛，则认定该比赛场次为有效场次，所涉及投注可正常参与兑奖。

（八）若某个比赛场次在比赛进行中因故中断，且不符合前述（六）中描述的条件，如果自中断时刻起36小时内未继续完成比赛或无法获知具体补赛时间或取消补赛，则认定该比赛场次为无效场次。

（九）在某个比赛场次开始销售后，如果比赛主办方决定更换比赛场地，若是从一中立比赛场地更换至另一中立比赛场地，则认定该比赛场次为有效场次，所涉及投注可正常参与兑奖；若不符合前述更换条件，则认定该比赛场次为无效场次。

（十）在某个比赛场次开始销售后，若参赛双方中有一方与原定参赛队伍不同，则认定该比赛场次为无效场次。

（十一）在某个比赛场次开始销售后，若比赛主办方决定在无观众、无转播的封闭条件下进行比赛，则认定该比赛场次为无效场次。

（十二）对上述无效场次的认定由国家体育总局体育彩票管理中心最终解释。

（十三）当某场比赛被认定为无效场次，则该比赛场次的所有单场投注按退票处理，于60个自然日内在指定地点办理退票手续；在过关投注中对该比赛场次的所有选择视为无效，涉及该比赛场次的过关投注组合之固定奖金按在原投注时刻去除该比赛场次后的投注组合对应的固定奖金计算。

第二十三条 每注彩票只有一次中奖机会，不兼中兼得。

第六章 兑 奖

第二十四条 单场大小分游戏中奖者应当在每张彩票所涉及的所有比赛场次开奖结果，全部公布后次日起60个自然日内，到指定地点兑奖。逾期未兑奖的奖金纳入彩票公益金。

第二十五条 中奖彩票为唯一兑奖凭证。中奖彩票因玷污、损坏等原因不能正确识别的，不能兑奖。

第二十六条 兑奖机构有权查验彩票中奖者的中奖彩票以及有效身份证件，彩票中奖者兑奖时应予配合。

第二十七条 凡伪造、变造彩票或使用伪造、变造彩票兑奖的，按照《彩票管理条例》等相关规定依法追究法律责任。

第七章 附 则

第二十八条 本规则自批准之日起执行。

附件9

中国篮球彩票单场竞猜胜分差游戏规则

第一章 总 则

第一条 根据《彩票管理条例》、《彩票管理条例实施细则》、《彩票发行销售管理办法》（财综［2012］102号）等有关规定，制定本规则。

第二条 中国篮球彩票单场竞猜胜分差游戏（以下简称“单场胜分差游戏”）由国家体育总局体育彩票管理中心发行和组织销售，由各体育彩票销售机构在本行政区域内销售。

第三条 单场胜分差游戏采用计算机网络系统发行销售。

第四条 单场胜分差游戏实行自愿购买，凡购买该彩票者即被视为同意并遵守本规则。

第五条 不得向未成年人出售彩票或兑付奖金。

第二章 投 注

第六条 单场胜分差游戏以国家体育总局体育彩票管理中心选定的国际重要篮球比赛为竞猜对象，由彩票购买者对指定的比赛场次在全场（含加时赛）的主队和客队的得分差距结果进行投注。每一场比赛设置12种得分差距结果选项：

（一）“主26+”：表示主队胜客队26分或26分以上；

（二）“主21—25”：表示主队胜客队21分至25分；

（三）“主 16—20”：表示主队胜客队 16 分至 20 分；

（四）“主 11—15”：表示主队胜客队 11 分至 15 分；

（五）“主 6—10”：表示主队胜客队 6 分至 10 分；

（六）“主 1—5”：表示主队胜客队 1 分至 5 分；

（七）“客 1—5”：表示客队胜主队 1 分至 5 分；

（八）“客 6—10”：表示客队胜主队 6 分至 10 分；

（九）“客 11—15”：表示客队胜主队 11 分至 15 分；

（十）“客 16—20”：表示客队胜主队 16 分至 20 分；

（十一）“客 21—25”：表示客队胜主队 21 分至 25 分；

（十二）“客 26 +”：表示客队胜主队 26 分或 26 分以上；

第七条 单场胜分差游戏投注方式包括单场投注、过关投注、单式投注、复式投注。

彩票购买者选择 1 场比赛投注为单场投注，选择 2 场或者 2 场以上比赛投注为过关投注。在过关投注中，前后比赛场次均选择同一种游戏投注的为一般过关投注，前后比赛场次选择同一运动项目不同游戏投注的为混合过关投注。同一比赛场次不同游戏不能混合过关投注，不同运动项目不能混合过关投注。

彩票购买者对所选比赛场次的比赛结果均选择 1 种投注结果为单式投注。对于某个或某几个比赛场次选择 2 种或 2 种以上的投注结果为复式投注。

彩票购买者可对其选定的结果进行多倍投注，投注倍数范围为 2 至 99 倍。

第八条 单场胜分差游戏每注金额人民币 2 元。单张彩票最大投注金额不得超过人民币 20 000 元。

第九条 如果因销售终端故障、通讯线路故障或彩票代销者信用额度受限等原因造成投注不成功，应当退还彩票购买者的投注资金。

第十条 单场胜分差游戏的单场投注和过关投注具体投注方式如下表所示。

	过关投注	单场	两关	三关	四关	五关	六关	七关	八关
1	单场	1							
2	2*1		1						
3	2*3	2	1						
4	3*1			1					
5	3*3		3						
6	3*4		3	1					
7	3*6	3	3						
8	3*7	3	3	1					
9	4*1				1				
10	4*4			4					
11	4*5			4	1				

续表

	过关投注	单场	两关	三关	四关	五关	六关	七关	八关
12	4*6		6						
13	4*10	4	6						
14	4*11		6	4	1				
15	4*14	4	6	4					
16	4*15	4	6	4	1				
17	5*1					1			
18	5*5				5				
19	5*6				5	1			
20	5*10		10						
21	5*15	5	10						
22	5*16			10	5	1			
23	5*20		10	10					
24	5*25	5	10	10					
25	5*26		10	10	5	1			
26	5*30	5	10	10	5				
27	5*31	5	10	10	5	1			
28	6*1						1		
29	6*6					6			
30	6*7					6	1		
31	6*15		15						
32	6*20			20					
33	6*21	6	15						
34	6*22				15	6	1		
35	6*35		15	20					
36	6*41	6	15	20					
37	6*42			20	15	6	1		
38	6*50		15	20	15				
39	6*56	6	15	20	15				
40	6*57		15	20	15	6	1		
41	6*62	6	15	20	15	6			
42	6*63	6	15	20	15	6	1		
43	7*1							1	
44	7*7						7		
45	7*8						7	1	
46	7*21					21			

续表

	过关投注	单场	两关	三关	四关	五关	六关	七关	八关
47	7 * 35				35				
48	7 * 120		21	35	35	21	7	1	
49	7 * 127	7	21	35	35	21	7	1	
50	8 * 1								1
51	8 * 8							8	
52	8 * 9							8	1
53	8 * 28						28		
54	8 * 56					56			
55	8 * 70				70				
56	8 * 247		28	56	70	56	28	8	1
57	8 * 255	8	28	56	70	56	28	8	1

第十一条 单场胜分差游戏竞猜比赛场次的投注方式，由国家体育总局体育彩票管理中心根据实际情况从第十条表中所列的投注方式中全部或部分选择。

每个竞猜比赛场次的开售和停售时间由国家体育总局体育彩票管理中心根据实际情况确定。

在某个竞猜比赛场次的销售过程中，国家体育总局体育彩票管理中心可以根据投注情况、突发事件等因素，拒绝某些大额投注或特定投注，暂停或提前停止该比赛场次某个结果选项的投注，暂停或提前停止包含该比赛场次的某些特定过关组合的投注。

以上具体信息通过销售系统和其他指定方式予以公布。

第十二条 单场胜分差游戏投注单只用于辅助彩票购买者投注，不作为兑奖凭证，也不作为彩票购买者投注结果的间接证明。

第三章 设 奖

第十三条 单场胜分差游戏按销售总额的 73%、11% 和 16% 分别计提彩票奖金、彩票发行费和彩票公益金。彩票奖金中，72% 为当期奖金，1% 为调节基金。

第十四条 奖金分配办法如下：

单场胜分差游戏设置固定奖金。在每个竞猜比赛场次开始销售前，国家体育总局体育彩票管理中心通过专用计算机分析系统为每个得分差距结果选项初设固定奖金。该固定奖金为相对固定奖金，其在销售过程中根据投注额和其他相关因素调整变动，购买者在完成某一投注时所获得的对应固定奖金额即为该投注中奖后的奖金额，不受之后调整变动的影响。

固定奖金的初设和调整变动情况通过销售系统和其他指定方式予以公布。

第十五条 单场胜分差游戏根据投注情况设置最高奖金限额，具体为：

单场投注，单注最高奖金限额 10 万元；

2 场和 3 场过关投注，单注最高奖金限额 20 万元。

4 场和 5 场过关投注，单注最高奖金

限额50万元。

6场和6场以上过关投注，单注最高奖金限额100万元。

彩票中奖后，若单注应兑奖金高于对应的最高奖金限额，则只兑付本规则设定的对应最高限额奖金。

第十六条 单场胜分差游戏设置调节基金。调节基金包括按照销售额1%提取的部分、逾期未退票的票款，专项用于支付各种不可预见的奖金风险支出和开展派奖。

第十七条 单场胜分差游戏设置奖池。奖池资金由每个竞猜场次彩票的计提奖金与实际中出奖金的差额累计而成。当某个竞猜场次彩票的计提奖金超过其实际中出奖金时，余额进入奖池。当某个竞猜场次彩票的计提奖金小于其实际中出奖金时，差额由奖池资金补足。当奖池资金总额不足时，由调节基金补足；调节基金不足时，用彩票兑奖周转金垫支。在出现彩票兑奖周转金垫支的情况下，当调节基金出现余额后，应当优先偿还垫支的彩票兑奖周转金。

第十八条 单场胜分差游戏与其他中国篮球彩票单场竞猜游戏共用奖池、调节基金。

第四章 开　　奖

第十九条 单场胜分差游戏在竞猜比赛场次结束后，根据实际比赛结果进行开奖。实际比赛结果以当值裁判员在本规则涉及的比赛时长结束时刻裁定的比赛结果为准，其后对比赛结果的各种更改不影响原先确认的开奖结果。

开奖结果、销售情况等信息，通过彩票销售网点和指定的互联网网站及其他媒体等信息渠道向社会公布。

第五章 中　　奖

第二十条 每注单场胜分差游戏有效投注与相应开奖结果进行对照，与开奖结果一致的即为中奖。

第二十一条 在单场胜分差游戏销售过程中，如果遇以下情形发生，则特别规定如下：

（一）在某个比赛场次开始销售前，其比赛时间提前或推迟或取消比赛，则相应更改该比赛场次的开始、截止销售时间或取消该比赛场次竞猜。

（二）在某个比赛场次开始销售后，若其比赛时间提前，则相应提前该比赛场次的截止销售时间。

（三）在某个比赛场次开始销售后，若其比赛时间提前，且比赛开始时仍在进行销售，则认定该比赛场次对于在比赛开始时刻前发生的投注为有效场次，所涉及投注可正常参与兑奖；认定该比赛场次对于在比赛开始时刻后发生的投注则为无效场次。

（四）在某个比赛场次开始销售后，若其比赛时间推迟且未超过原定时间36小时，则相应推迟该比赛场次的截止销售时间。

（五）在某个比赛场次开始销售后，若其比赛时间推迟且超过原定时间36小时或无法获知具体推迟时间或取消比赛，则认定该比赛场次为无效场次。

（六）若某个比赛场次，在比赛进行至35分钟及以上（全场时长40分钟制比赛）或进行至43分钟及以上（全场时长

48 分钟制比赛）时因故中断，且当值裁判或比赛主办方裁决比赛正式完成，则认定该比赛场次为有效场次，所涉及投注可正常参与兑奖。

（七）若某个比赛场次在比赛进行中因故中断，且不符合前述（六）中描述的条件，如果自中断时刻起 36 小时内继续完成了比赛，则认定该比赛场次为有效场次，所涉及投注可正常参与兑奖。

（八）若某个比赛场次在比赛进行中因故中断，且不符合前述（六）中描述的条件，如果自中断时刻起 36 小时内未继续完成比赛或无法获知具体补赛时间或取消补赛，则认定该比赛场次为无效场次。

（九）在某个比赛场次开始销售后，如果比赛主办方决定更换比赛场地，若是从一中立比赛场地更换至另一中立比赛场地，则认定该比赛场次为有效场次，所涉及投注可正常参与兑奖；若不符合前述更换条件，则认定该比赛场次为无效场次。

（十）在某个比赛场次开始销售后，若参赛双方中有一方与原定参赛队伍不同，则认定该比赛场次为无效场次。

（十一）在某个比赛场次开始销售后，若比赛主办方决定在无观众、无转播的封闭条件下进行比赛，则认定该比赛场次为无效场次。

（十二）对上述无效场次的认定由国家体育总局体育彩票管理中心最终解释。

（十三）当某场比赛被认定为无效场次，则该比赛场次的所有单场投注按退票处理，于 60 个自然日内在指定地点办理退票手续；在过关投注中对该比赛场次的所有选择视为无效，涉及该比赛场次的过关投注组合之固定奖金按在原投注时刻去除该比赛场次后的投注组合对应的固定奖金计算。

第二十二条 每注彩票只有一次中奖机会，不兼中兼得。

第六章 兑 奖

第二十三条 单场胜分差游戏中奖者应当在每张彩票所涉及的所有比赛场次开奖结果，全部公布后次日起 60 个自然日内，到指定地点兑奖。逾期未兑奖的奖金纳入彩票公益金。

第二十四条 中奖彩票为唯一兑奖凭证。中奖彩票因玷污、损坏等原因不能正确识别的，不能兑奖。

第二十五条 兑奖机构有权查验彩票中奖者的中奖彩票以及有效身份证件，彩票中奖者兑奖时应予配合。

第二十六条 凡伪造、变造彩票或使用伪造、变造彩票兑奖的，按照《彩票管理条例》等相关规定依法追究法律责任。

第七章 附 则

第二十七条 本规则自批准之日起执行。

附件 10

中国体育彩票冠军竞猜彩票游戏规则

第一章 总 则

第一条 根据《彩票管理条例》、《彩票管理条例实施细则》、《彩票发行销售管理办法》（财综［2012］102 号）等有关规定，制定本规则。

第二条 中国体育彩票冠军竞猜彩票游戏（以下简称“冠军竞猜游戏”）由国家体育总局体育彩票管理中心发行和组织销售，由各体育彩票销售机构在本行政区域内销售。

第三条 冠军竞猜游戏采用计算机网络系统发行销售。

第四条 冠军竞猜游戏实行自愿购买，凡购买该彩票者即被视为同意并遵守本规则。

第五条 不得向未成年人出售彩票或兑付奖金。

第二章 投 注

第六条 冠军竞猜游戏以国家体育总局体育彩票管理中心选定的国际重要足球、篮球赛事为竞猜对象，由彩票购买者对指定竞猜赛事的冠军归属结果进行投注，每项竞猜赛事设置特定数量的结果选项。

结果选项包括 2 种：

（一）“某队伍”：某队伍获得该项竞猜赛事的冠军。

（二）“其他”：任意未包含在“某队伍”范围内的队伍获得该项竞猜赛事的冠军。

第七条 冠军竞猜游戏投注方式包括单式投注、复式投注。

彩票购买者对所选竞猜赛事选择 1 种投注结果为单式投注，选择 2 种或 2 种以上投注结果为复式投注。

彩票购买者可对其选定的结果进行多倍投注，投注倍数范围为 2 至 99 倍。

第八条 冠军竞猜游戏每注金额人民币 2 元。单张彩票最大投注金额不得超过人民币 20 000 元。

第九条 如果因销售终端故障、通讯线路故障或彩票代销者信用额度受限等原因造成投注不成功，应当退还彩票购买者的投注资金。

第十条 冠军竞猜游戏每项竞猜赛事的开售和停售时间由国家体育总局体育彩票管理中心根据实际情况确定。

在某项竞猜赛事的销售过程中，国家体育总局体育彩票管理中心可以根据投注情况、突发事件等因素，拒绝某些大额投注或特定投注，暂停或提前停止该项赛事某个结果选项的投注。

以上具体信息通过销售系统和其他指定方式予以公布。

第十一条 冠军竞猜游戏投注单只用于辅助彩票购买者投注，不作为兑奖凭证，也不作为彩票购买者投注结果的间接证明。

第三章　设　　奖

第十二条　冠军竞猜游戏按销售总额的 73%、11% 和 16% 分别计提彩票奖金、彩票发行费和彩票公益金。彩票奖金中，72% 为当期奖金，1% 为调节基金。

第十三条　奖金分配办法如下：

冠军竞猜游戏设置固定奖金。在每项竞猜赛事开始销售前，国家体育总局体育彩票管理中心通过专用计算机分析系统为每个结果选项初设固定奖金。该固定奖金为相对固定奖金，其在销售过程中根据投注额和其他相关因素调整变动，购买者在完成某一投注时所获得的对应固定奖金额即为该投注中奖后的奖金额，不受之后调整变动的影响。

固定奖金的初设和调整变动情况通过销售系统和其他指定方式予以公布。

第十四条　冠军竞猜游戏设置调节基金。调节基金包括按照销售额 1% 提取的部分、逾期未退票的票款，专项用于支付各种不可预见的奖金风险支出和开展派奖。

第十五条　冠军竞猜游戏设置奖池，奖池资金由竞猜赛事的计提奖金与实际中出奖金的差额累计而成。当某个赛事的计提奖金超过其实际中出奖金时，余额进入奖池。当某个赛事的计提奖金小于其实际中出奖金时，差额由奖池资金补足。当奖池资金总额不足时，由调节基金补足；调节基金不足时，用彩票兑奖周转金垫支。在出现彩票兑奖周转金垫支的情况下，当调节基金出现余额后，应当优先偿还垫支的彩票兑奖周转金。

第十六条　冠军竞猜游戏的奖池、调节基金按竞猜对象分类管理。足球赛事冠军竞猜游戏与中国足球彩票单场竞猜游戏共用奖池、调节基金；篮球赛事冠军竞猜游戏与中国篮球彩票单场竞猜游戏共用奖池、调节基金。

第四章　开　　奖

第十七条　冠军竞猜游戏在该项竞猜赛事结束后，根据实际赛事结果进行开奖。实际赛事结果以竞猜赛事组织机构正式公布结果为准，其后对赛事结果的各类更改不影响原先确认的开奖结果。

开奖结果、销售情况等信息，通过彩票销售网点和指定的互联网网站及其他媒体等信息渠道向社会公布。

第五章　中　　奖

第十八条　每注冠军竞猜游戏有效投注与相应开奖结果进行对照，与开奖结果一致的即为中奖。

第十九条　在冠军竞猜游戏销售过程中，如果遇以下情形发生，则特别规定如下：

（一）如果某个竞猜赛事的开赛时间提前或推迟，则相应更改该项竞猜赛事冠军竞猜游戏的开始销售时间和截止销售时间。如果某个竞猜赛事长时间延期或整体取消赛事，则停止该项竞猜赛事冠军竞猜游戏的销售工作，所有已售出投注按照退票处理。

（二）在某个竞猜赛事开始销售后，如果该项竞猜赛事因故中断，且无法产生有效开奖结果，则在冠军竞猜游戏中，所有已售出投注，除已确定不能中奖的之外，其余按退票处理。

（三）在某个竞猜赛事开始销售后，如果某队伍因故退出，且其退出时未进行任何一场该项竞猜赛事的比赛，则在冠军竞猜游戏中，涉及该队伍的已售出投注按退票处理。

在某个竞猜赛事开始销售后，如果某队伍因故退出，且其退出时已进行至少一场该项竞猜赛事的比赛（含中断比赛退出），则认定在冠军竞猜游戏中，涉及该队伍的已售出投注不能中奖。

（四）所有退票投注于60个自然日内在指定地点办理退票手续。

第二十条　每注彩票只有一次中奖机会，不兼中兼得。

第六章　兑　　奖

第二十一条　冠军竞猜游戏中奖者应在赛事开奖结果公布后次日起60个自然日内，到指定地点兑奖。逾期未兑奖的奖金纳入彩票公益金。

第二十二条　中奖彩票为唯一兑奖凭证，中奖彩票因玷污、损坏等原因不能正确识别的，不能兑奖。

第二十三条　兑奖机构有权查验彩票中奖者的中奖彩票以及有效身份证件，彩票中奖者兑奖时应予配合。

第二十四条　凡伪造、变造彩票或使用伪造、变造彩票兑奖的，按照《彩票管理条例》等相关规定依法追究法律责任。

第七章　附　　则

第二十五条　本规则自批准之日起执行。

附件11

中国体育彩票冠亚军竞猜彩票游戏规则

第一章　总　　则

第一条　根据《彩票管理条例》、《彩票管理条例实施细则》、《彩票发行销售管理办法》（财综［2012］102号）等有关规定，制定本规则。

第二条　中国体育彩票冠亚军竞猜彩票游戏（以下简称“冠亚军竞猜游戏”）由国家体育总局体育彩票管理中心发行和组织销售，由各体育彩票销售机构在本行政区域内销售。

第三条　冠亚军竞猜游戏采用计算机网络系统发行销售。

第四条　冠亚军竞猜游戏实行自愿购买，凡购买该彩票者均被视为同意并遵守本规则。

第五条　不得向未成年人出售彩票或兑付奖金。

第二章　投　　注

第六条　冠亚军竞猜游戏以国家体育总局体育彩票管理中心选定的国际重要足

球、篮球赛事为竞猜对象，由彩票购买者对指定竞猜赛事的冠亚军归属结果进行投注，每项竞猜赛事设置特定数量的结果选项。

结果选项包括 2 种：

（一）“某队伍 A _ 某队伍 B”：某队伍 A 和某队伍 B 以任意顺序获得该项竞猜赛事的冠亚军。

（二）“其他”：任意未包含在“某队伍 A _ 某队伍 B”范围内的队伍获得该项竞猜赛事的冠亚军。

第七条 冠亚军竞猜游戏投注方式包括单式投注、复式投注。

彩票购买者对所选竞猜赛事选择 1 种投注结果为单式投注，选择 2 种或 2 种以上投注结果为复式投注。

彩票购买者可对其选定的结果进行多倍投注，投注倍数范围为 2 至 99 倍。

第八条 冠亚军竞猜游戏每注金额人民币 2 元。单张彩票最大投注金额不得超过人民币 20 000 元。

第九条 如果因销售终端故障、通讯线路故障或彩票代销者信用额度受限等原因造成投注不成功，应当退还彩票购买者的投注资金。

第十条 冠亚军竞猜游戏每项竞猜赛事的开售和停售时间由国家体育总局体育彩票管理中心根据实际情况确定。

在某项竞猜赛事的销售过程中，国家体育总局体育彩票管理中心可以根据投注情况、突发事件等因素，拒绝某些大额投注或特定投注，暂停或提前停止该项赛事某个结果选项的投注。

以上具体信息通过销售系统和其他指定方式予以公布。

第十一条 冠亚军竞猜游戏投注单只用于辅助彩票购买者投注，不作为兑奖凭证，也不作为彩票购买者投注结果的间接证明。

第三章 设 奖

第十二条 冠亚军竞猜游戏按销售总额的 73%、11% 和 16% 分别计提彩票奖金、彩票发行费和彩票公益金。彩票奖金中，72% 为当期奖金，1% 为调节基金。

第十三条 奖金分配办法如下：

冠亚军竞猜游戏设置固定奖金。在每项竞猜赛事开始销售前，国家体育总局体育彩票管理中心通过专用计算机分析系统为每个结果选项初设固定奖金。该固定奖金为相对固定奖金，其在销售过程中根据投注额和其他相关因素调整变动，购买者在完成某一投注时所获得的对应固定奖金额即为该投注中奖后的奖金额，不受之后调整变动的影响。

固定奖金的初设和调整变动情况通过销售系统和其他指定方式予以公布。

第十四条 冠亚军竞猜游戏设置调节基金。调节基金包括按照销售额 1% 提取的部分、逾期未退票的票款，专项用于支付各种不可预见的奖金风险支出和开展派奖。

第十五条 冠亚军竞猜游戏设置奖池，奖池由竞猜赛事的计提奖金与实际中出奖金的差额累计而成。当某个赛事的计提奖金超过其实际中出奖金时，余额进入奖池。当某个赛事的计提奖金小于其实际中出奖金时，差额由奖池资金补足。当奖池资金总额不足时，由调节基金补足；调节基金不足时，用彩票兑奖周转金垫支。

在出现彩票兑奖周转金垫支的情况下，当调节基金出现余额后，应当优先偿还垫支的彩票兑奖周转金。

第十六条 冠亚军竞猜游戏的奖池、调节基金按竞猜对象分类管理。足球赛事冠亚军竞猜游戏与中国足球彩票单场竞猜游戏共用奖池、调节基金；篮球赛事冠亚军竞猜游戏与中国篮球彩票单场竞猜游戏共用奖池、调节基金。

第四章 开 奖

第十七条 冠亚军竞猜游戏在该项竞猜赛事结束后，根据实际赛事结果进行开奖。实际赛事结果以竞猜赛事组织机构正式公布结果为准，其后对赛事结果的各类更改不影响原先确认的开奖结果。

开奖结果、销售情况等信息，通过彩票销售网点和指定的互联网网站及其他媒体等信息渠道向社会公布。

第五章 中 奖

第十八条 每注冠亚军竞猜游戏有效投注与相应开奖结果进行对照，与开奖结果一致的即为中奖。

第十九条 在冠亚军竞猜游戏销售过程中，如果遇以下情形发生，则特别规定如下：

（一）如果某个竞猜赛事的开赛时间提前或推迟，则相应更改该项竞猜赛事冠亚军竞猜游戏的开始销售时间和截止销售时间。如果某个竞猜赛事长时间延期或整体取消赛事，则停止该项竞猜赛事冠亚军竞猜游戏的销售工作，所有已售出投注按照退票处理。

（二）在某个竞猜赛事开始销售后，如果该项竞猜赛事因故中断，且无法产生有效开奖结果，则在冠亚军竞猜游戏中，所有已售出投注，除已确定不能中奖的之外，其余按退票处理。

（三）在某个竞猜赛事开始销售后，如果某队伍因故退出，且其退出时未进行任何一场该项竞猜赛事的比赛，则在冠亚军竞猜游戏中，涉及该队伍的已售出投注按退票处理，但不包括选择“其他”结果选项的投注。

在某个竞猜赛事开始销售后，如果某队伍因故退出，且其退出时已进行至少一场该项竞猜赛事的比赛（含中断比赛退出），则认定在冠亚军竞猜游戏中，涉及该队伍的已售出投注不能中奖，但不包括选择“其他”结果选项的投注。

（四）所有退票投注于60个自然日内在指定地点办理退票手续。

第二十条 每注彩票只有一次中奖机会，不兼中兼得。

第六章 兑 奖

第二十一条 冠军竞猜游戏中奖者应在赛事开奖结果公布后次日起60个自然日内，到指定地点兑奖。逾期未兑奖的奖金纳入彩票公益金。

第二十二条 中奖彩票为唯一兑奖凭证，中奖彩票因玷污、损坏等原因不能正确识别的，不能兑奖。

第二十三条 兑奖机构有权查验彩票中奖者的中奖彩票以及有效身份证件，彩票中奖者兑奖时应予配合。

第二十四条 凡伪造、变造彩票或使用伪造、变造彩票兑奖的，按照《彩票管理条例》等相关规定依法追究法律责任。

第七章　附　　则

第二十五条　本规则自批准之日起执行。

财政部办公厅关于同意上市销售福利彩票北京市快 3 游戏的通知

（2014 年 8 月 12 日　财政部　财办综［2014］58 号）

中国福利彩票发行管理中心：

你中心《关于在北京市销售中国福利彩票快 3 游戏的请示》（中彩发字［2014］104 号）收悉。为优化北京市福利彩票市场结构，促进彩票市场持续健康发展，经研究，根据《彩票管理条例》、《彩票管理条例实施细则》、《财政部关于印发〈彩票发行销售管理办法〉的通知》（财综［2012］102 号）等相关规定，现就有关事项通知如下：

一、同意你中心在北京市上市销售中国福利彩票北京市快 3 游戏（以下简称快 3），具体游戏规则见附件。快 3 每期按彩票销售额的 59%、13% 和 28%，分别计提彩票奖金、彩票发行费和彩票公益金。彩票奖金分为当期奖金和调节基金，其中，58% 为当期奖金，1% 为调节基金。北京市福利彩票销售机构应当自批准之日起 4 个月内上市销售快 3。

二、快 3 上市销售前，北京市福利彩票销售机构应当将快 3 拟上市销售日期、营销宣传计划、风险控制办法等销售实施方案报同级财政部门审核，经核准后上市销售。北京市福利彩票销售机构应当及时向社会发布公告，公告内容包括财政部批准文件的名称及文号、同级财政部门核准文件的名称及文号、上市销售的日期、财政部批准的《中国福利彩票北京市快 3 游戏规则》等。上市销售满 1 个月后，你中心和北京市福利彩票销售机构应当分别向同级财政部门提交上市销售情况的书面报告。

三、你中心应当严格遵照各项彩票管理制度规定，督促北京市福利彩票销售机构加强彩票销售的风险控制和安全管理，切实做好公告等工作，确保彩票市场持续健康发展。

附件：中国福利彩票北京市快 3 游戏规则

附件

中国福利彩票北京市快3游戏规则

第一章　总　　则

第一条　根据《彩票管理条例》、《彩票管理条例实施细则》、《彩票发行销售管理办法》（财综［2012］102号）等相关规定，制定本规则。

第二条　中国福利彩票北京市快3游戏（以下简称“快3”）由中国福利彩票发行管理中心发行和组织销售，由经财政部批准的福利彩票销售机构（以下称“相关省福彩机构”）在所辖区域内销售。

第三条　快3采用计算机网络系统发行，在相关省福彩机构设置的销售网点销售，定期开奖。

第四条　快3实行自愿购买，凡购买者均被视为同意并遵守本规则。

第五条　不得向未成年人出售彩票或兑付奖金。

第二章　投　　注

第六条　快3是指以三个号码组合为一注进行单式投注，每个投注号码为1—6共六个自然数中的任意一个，一组三个号码的组合称为一注。每注金额人民币2元。购买者可对其选定的投注号码进行多倍投注，投注倍数范围为2—99倍。单张彩票的投注金额最高不得超过20 000元。

第七条　购买者可在相关省福彩机构设置的销售网点投注。投注号码经投注机打印出对奖凭证，交购买者保存，此对奖凭证即为快3彩票。

第八条　快3根据号码组合共分为“和值”、“三同号”、“二同号”、“三不同号”、“二不同号”、“三连号通选”投注方式，具体规定如下：

（一）和值投注：是指对三个号码的和值进行投注，包括“和值4”至“和值17”投注。

（二）三同号投注：是指对三个相同的号码进行投注，具体分为：

1. 三同号通选：是指对所有相同的三个号码（111、222、…、666）进行投注；

2. 三同号单选：是指从所有相同的三个号码（111、222、…、666）中任意选择一组号码进行投注。

（三）二同号投注：是指对两个指定的相同号码进行投注，具体分为：

1. 二同号复选：是指对三个号码中两个指定的相同号码和一个任意号码进行投注；

2. 二同号单选：是指对三个号码中两个指定的相同号码和一个指定的不同号码进行投注。

（四）三不同号投注：是指对三个各不相同的号码进行投注。

（五）二不同号投注：是指对三个号码中两个指定的不同号码和一个任意号码

进行投注。

（六）三连号通选投注：是指对所有三个相连的号码（仅限：123、234、345、456）进行投注。

第九条 购买者可选择机选号码投注、自选号码投注。机选号码投注是指由投注机随机产生投注号码进行投注，自选号码投注是指将购买者选定的号码输入投注机进行投注。

第十条 购买者可选择多期投注。多期投注是指购买从当期起最多连续 6 期的彩票。

第十一条 快 3 每期销售时间为 10 分钟。销售期号以销售日按每期开奖顺序编排。

第十二条 快 3 每期全部投注号码的可投注数量实行限量销售，若投注号码受限，则不能投注。若因销售终端故障、通讯线路故障和投注站信用额度受限等原因造成投注不成功，应退还购买者投注金额。

第三章 设 奖

第十三条 快 3 按当期销售额的 59%、13% 和 28% 分别计提彩票奖金、彩票发行费和彩票公益金。彩票奖金分为当期奖金和调节基金，其中，58% 为当期奖金，1% 为调节基金。

第十四条 快 3 按不同单式投注方式设奖，均为固定奖。奖金规定如下：

（一）和值投注。

1. 和值 4：单注奖金固定为 80 元；
2. 和值 5：单注奖金固定为 40 元；
3. 和值 6：单注奖金固定为 25 元；
4. 和值 7：单注奖金固定为 16 元；
5. 和值 8：单注奖金固定为 12 元；
6. 和值 9：单注奖金固定为 10 元；
7. 和值 10：单注奖金固定为 9 元；
8. 和值 11：单注奖金固定为 9 元；
9. 和值 12：单注奖金固定为 10 元；
10. 和值 13：单注奖金固定为 12 元；
11. 和值 14：单注奖金固定为 16 元；
12. 和值 15：单注奖金固定为 25 元；
13. 和值 16：单注奖金固定为 40 元；
14. 和值 17：单注奖金固定为 80 元。

（二）三同号投注。

1. 三同号通选：单注奖金固定为 40 元；

2. 三同号单选：单注奖金固定为 240 元。

（三）二同号投注。

1. 二同号复选：单注奖金固定为 15 元；

2. 二同号单选：单注奖金固定为 80 元。

（四）三不同号投注。

三不同号：单注奖金固定为 40 元。

（五）二不同号投注。

二不同号：单注奖金固定为 8 元。

（六）三连号通选投注。

三连号通选：单注奖金固定为 10 元。

第十五条 快 3 设置调节基金。调节基金包括按销售总额 1% 提取部分、逾期未退票的票款。调节基金用于支付不可预见的奖金支出风险，以及设立特别奖。动用调节基金设立特别奖，应报同级财政部门审核批准。

第十六条 快 3 设置奖池。奖池资金由当期计提奖金与实际中出奖金的差额组成。当期实际中出奖金小于计提奖金时，余额进入奖池；当期实际中出奖金超过计提奖金时，差额由奖池资金补足。当奖池资金总额不足时，由调节基金补足，调节基金不足时，用彩票兑奖周转金垫支。在出现彩票兑奖周转金垫支的情况下，当调节基金有资金滚入时优先偿还垫支的彩票兑奖周转金。当奖池资金超过 200 万元时，超出部分转入调节基金。

第四章　开　　奖

第十七条　快 3 采用专用电子开奖设备开奖，每期随机生成三个号码，作为当期开奖号码，每个号码为 1—6 共六个自然数中的任意一个。每期开奖时间为 1 分钟。

第十八条　每期开奖后，相关省福彩机构应向社会公布开奖号码、当期销售总额、各奖级中奖情况及奖池资金余额等信息，并将开奖结果通知销售网点。

第五章　中　　奖

第十九条　根据购买者选择的快 3 的投注号码和投注方式，与当期开奖号码的相符情况，确定相应的中奖资格。具体规定如下：

（一）和值投注。

和值：投注号码与当期开奖号码的三个号码的和值相符，即中奖。

（二）三同号投注。

1. 三同号通选：当期开奖号码的三个号码相同，即中奖；

2. 三同号单选：当期开奖号码的三个号码相同，且投注号码与当期开奖号码相符，即中奖。

（三）二同号投注。

1. 二同号复选：当期开奖号码中有两个号码相同，且投注号码中的两个相同号码与当期开奖号码中两个相同号码相符，即中奖；

2. 二同号单选：当期开奖号码中有两个号码相同，且投注号码与当期开奖号码中两个相同号码和一个不同号码分别相符，即中奖。

（四）三不同号投注。

三不同号投注：当期开奖号码的三个号码各不相同，且投注号码与当期开奖号码全部相符，即中奖。

（五）二不同号投注。

二不同号投注：当期开奖号码中有两个号码不相同，且投注号码中的两个不同号码与当期开奖号码中的两个不同号码相符，即中奖。

（六）三连号通选投注。

三连号通选：当期开奖号码为三个相连的号码（仅限：123、234、345、456），即中奖。

第二十条　当期每注投注号码按其投注方式只有一次中奖机会，不能兼中兼得，特别设奖除外。

第六章　兑　　奖

第二十一条　快 3 兑奖当期有效。中奖者应当自开奖之日起 60 个自然日内，持中奖彩票到指定的地点兑奖。逾期未兑奖视为弃奖，弃奖奖金纳入彩票公益金。

第二十二条　中奖彩票为中奖唯一凭证，中奖彩票因玷污、损坏等原因不能正确识别的，不能兑奖。

第二十三条　兑奖机构可以查验中奖者的中奖彩票及有效身份证件，中奖者兑奖时应予配合。

第七章 附 则

第二十四条 本规则自批准之日起执行。

财政部办公厅关于同意上市销售中国体育彩票北京市11选5游戏的通知

（2014年8月12日 财政部 财办综［2014］60号）

国家体育总局体育彩票管理中心：

你中心《关于在北京市发行销售中国体育彩票11选5游戏的请示》（体彩字［2014］261号）收悉。为优化北京市体育彩票市场结构，促进彩票市场持续健康发展，经研究，根据《彩票管理条例》、《彩票管理条例实施细则》、《财政部关于印发〈彩票发行销售管理办法〉的通知》（财综［2012］102号）等相关规定，现就有关事项通知如下：

一、同意你中心在北京市上市销售中国体育彩票北京市11选5游戏（以下简称“11选5”），具体游戏规则见附件。11选5每期按彩票销售额的59%、13%和28%，分别计提彩票奖金、彩票发行费和彩票公益金。彩票奖金分为当期奖金和调节基金，其中，58%为当期奖金，1%为调节基金。北京市体育彩票销售机构应当自批准之日起4个月内上市销售11选5。

二、11选5上市销售前，北京市体育彩票销售机构应当将11选5拟上市销售日期、营销宣传计划、风险控制办法等销售实施方案报同级财政部门审核，经核准后上市销售。北京市体育彩票销售机构应当及时向社会发布公告，公告内容包括财政部批准文件的名称及文号、同级财政部门核准文件的名称及文号、上市销售的日期、财政部批准的《中国体育彩票北京市11选5游戏规则》等。上市销售满1个月后，你中心和北京市体育彩票销售机构应当分别向同级财政部门提交上市销售情况的书面报告。

三、你中心应当严格遵照各项彩票管理制度规定，督促北京市体育彩票销售机构加强彩票销售的风险控制和安全管理，切实做好公告等工作，确保彩票市场持续健康发展。

附件：中国体育彩票北京市11选5游戏规则

附件

中国体育彩票北京市11选5游戏规则

第一章　总　　则

第一条　根据《彩票管理条例》、《彩票管理条例实施细则》、《彩票发行销售管理办法》（财综［2012］102号）等有关规定，制定本规则。

第二条　中国体育彩票北京市11选5游戏（以下简称“11选5”）由国家体育总局体育彩票管理中心发行和组织销售，由经财政部批准的体育彩票销售机构（以下称“相关省体彩机构”）在所辖区域内销售。

第三条　11选5采用计算机网络系统发行，在相关省体彩机构设置的销售网点销售，定期开奖。

第四条　11选5实行自愿购买，凡购买者均被视为同意并遵守本规则。

第五条　不得向未成年人出售彩票或兑付奖金。

第二章　投　　注

第六条　11选5是指从1—11共十一个号码中任意选择一至八个号码进行投注，一组一至八个号码的组合称为一注。每注金额人民币2元。购买者可对其选定的投注号码进行多倍投注，投注倍数范围为2—99倍。单张彩票的投注金额最高不得超过20 000元。

第七条　购买者可在相关省体彩机构设置的销售网点投注。投注号码经投注机打印出对奖凭证，交购买者保存，此对奖凭证即为11选5彩票。

第八条　11选5根据投注号码个数分为“任选一”至“任选八”投注，以及“选前二”、“选前三”投注，具体规定如下：

任选一：从十一个号码中任选一个号码投注；

任选二：从十一个号码中任选两个号码投注；

任选三：从十一个号码中任选三个号码投注；

任选四：从十一个号码中任选四个号码投注；

任选五：从十一个号码中任选五个号码投注；

任选六：从十一个号码中任选六个号码投注；

任选七：从十一个号码中任选七个号码投注；

任选八：从十一个号码中任选八个号码投注。

选前二、选前三：从十一个号码中选择两个或者三个号码分别对应当期开奖号码的前两个或者前三个号码投注，具体分为：

直选投注：所选两个或者三个号码与当期开奖号码的前两个或者前三个号码按

先后顺序一一对应投注；

组选投注：所选两个或者三个号码与当期开奖号码的前两个或者前三个号码不按先后顺序一一对应投注。

第九条 购买者可选择机选号码投注、自选号码投注。机选号码投注是指由投注机随机产生投注号码进行投注，自选号码投注是指将购买者选定的号码输入投注机进行投注。

第十条 购买者可选择复式投注、胆拖投注。复式投注是指所选号码个数超过单式投注的号码个数，所选号码可组合为每一种单式投注方式的多注彩票的投注。胆拖投注是指先选取少于单式投注号码个数的号码作为胆码（即每注彩票均包含的号码），再选取除胆码以外的号码作为拖码，胆码与拖码个数之和必须多于单式投注号码个数，由胆码与拖码的每一种组合按单式投注方式组成多注彩票的投注。

第十一条 11选5每期销售时间为10分钟。销售期号以销售日按每期开奖顺序编排。

第十二条 11选5每期全部投注号码的可投注数量实行限量销售，若投注号码受限，则不能投注。若因销售终端故障、通讯线路故障和投注站信用额度受限等原因造成投注不成功，应退还购买者投注金额。

第三章 设 奖

第十三条 11选5按当期销售额的59%、13%和28%分别计提彩票奖金、彩票发行费和彩票公益金。彩票奖金分为当期奖金和调节基金，其中，58%为当期奖金，1%为调节基金。

第十四条 11选5按不同单式投注方式设奖，均为固定奖。奖金规定如下：

任选一中一：单注奖金固定为13元；

任选二中二：单注奖金固定为6元；

任选三中三：单注奖金固定为19元；

任选四中四：单注奖金固定为78元；

任选五中五：单注奖金固定为540元；

任选六中五：单注奖金固定为90元；

任选七中五：单注奖金固定为26元；

任选八中五：单注奖金固定为9元。

选前二直选：单注奖金固定为130元；

选前二组选：单注奖金固定为65元；

选前三直选：单注奖金固定为1 170元；

选前三组选：单注奖金固定为195元。

第十五条 11选5设置调节基金。调节基金包括按销售总额1%提取部分、逾期未退票的票款。调节基金用于支付不可预见的奖金支出风险，以及设立特别奖。动用调节基金设立特别奖，应报同级财政部门审核批准。

第十六条 11选5设置奖池。奖池资金由当期计提奖金与实际中出奖金的差额组成。当期实际中出奖金小于计提奖金时，余额进入奖池；当期实际中出奖金超过计提奖金时，差额由奖池资金补足。当奖池资金总额不足时，由调节基金补足，调节基金不足时，用彩票兑奖周转金垫支。在出现彩票兑奖周转金垫支的情况下，当调节基金有资金滚入时优先偿还垫支的彩票兑奖周转金。当奖池资金总额超过200万元时，超过部分转入调节基金。

第四章　开　　奖

第十七条　11 选 5 采用专用电子开奖设备开奖，每期从 1—11 共十一个号码中随机依次生成五个不同号码，作为当期开奖号码。开奖号码的顺序不能颠倒。每期开奖时间为 1 分钟。

第十八条　每期开奖后，相关省体彩机构应向社会公布开奖号码、当期销售总额、各奖级中奖情况及奖池资金余额等信息，并将开奖结果通知销售网点。

第五章　中　　奖

第十九条　根据购买者选择的 11 选 5 的投注号码和投注方式，与当期开奖号码按数位顺序的相符情况，确定相应的中奖资格。具体规定如下：

任选一中一：投注的一个号码与当期开奖号码的第一个号码相同，即中奖；

任选二中二：投注的两个号码与当期开奖号码任意两个号码相同，即中奖；

任选三中三：投注的三个号码与当期开奖号码任意三个号码相同，即中奖；

任选四中四：投注的四个号码与当期开奖号码任意四个号码相同，即中奖；

任选五中五：投注的五个号码与当期开奖号码相同，即中奖；

任选六中五：投注的六个号码有任意五个号码与当期开奖号码相同，即中奖；

任选七中五：投注的七个号码有任意五个号码与当期开奖号码相同，即中奖；

任选八中五：投注的八个号码有任意五个号码与当期开奖号码相同，即中奖。

选前二直选：投注的两个号码与当期开奖号码前两个号码相同且先后顺序一致，即中奖；

选前二组选：投注的两个号码与当期开奖号码前两个号码相同（先后顺序不限），即中奖；

选前三直选：投注的三个号码与当期开奖号码前三个号码相同且先后顺序一致，即中奖；

选前三组选：投注的三个号码与当期开奖号码前三个号码相同（先后顺序不限），即中奖。

第二十条　当期每注投注号码按其投注方式只有一次中奖机会，不能兼中兼得，特别设奖除外。

第六章　兑　　奖

第二十一条　11 选 5 兑奖当期有效。中奖者应当自开奖之日起 60 个自然日内，持中奖彩票到指定的地点兑奖。逾期未兑奖视为弃奖，弃奖奖金纳入彩票公益金。

第二十二条　中奖彩票为中奖唯一凭证，中奖彩票因玷污、损坏等原因不能正确识别的，不能兑奖。

第二十三条　兑奖机构有权查验中奖者的中奖彩票及有效身份证件，中奖者兑奖时应予配合。

第七章　附　　则

第二十四条　本规则自批准之日起执行。

财政部办公厅关于开展中国体育彩票排列5派奖活动有关事项的通知

（2014年8月12日　财政部　财办综［2014］62号）

国家体育总局体育彩票管理中心：

你中心《关于开展2014年排列5派奖活动的请示》（体彩字［2014］253号）收悉。经研究，根据《彩票管理条例》、《彩票管理条例实施细则》、《彩票发行销售管理办法》（财综［2012］102号）等相关规定，现就有关事项通知如下：

一、同意你中心自2014年8月25日（中国体育彩票排列5第14230期）起，对中国体育彩票排列5（以下简称“排列5”）连续开展30期派奖活动。派奖方案如下：派奖活动期间，每期安排150万元派奖奖金，由当期一等奖中奖者按中奖注数均分。若当期一等奖未中出，则派奖奖金滚入下一期，与下一期派奖奖金合并后派奖，依此类推。单注派奖奖金最高为10万元，当期派奖奖金按一等奖中奖注数均分后，若单注派奖奖金超过10万元，超过部分滚入下一期，与下一期派奖奖金合并后派奖。最后一期一等奖若未中出，或者最后一期派奖奖金按一等奖中奖注数均分后单注派奖奖金超过10万元，则派奖活动往后顺延，直至派奖奖金派送完毕为止，但不再增加新的派奖奖金。

二、本次派奖活动所需资金4 500万元从排列5调节基金中支出。派奖活动尚未到期，如果排列5调节基金已用完，应当停止派奖。

三、你中心应当在派奖活动开始5个自然日前，向社会公告排列5的派奖方案，并在公告中注明财政部的批准文件名称及文号。

四、你中心应当严格按照现行彩票管理制度规定，督促各省、自治区、直辖市体育彩票销售机构加强彩票销售的风险控制和安全管理，做好公告等工作，确保彩票市场平稳健康发展。

财政部办公厅关于同意印制发行“六六顺”等10款即开型体育彩票的通知

（2014年7月29日　财政部　财办综［2014］65号）

国家体育总局体育彩票管理中心：

你中心《关于印制发行“六六顺”等10款即开型体育彩票的请示》（体彩字［2014］238号）收悉。为优化体育彩票游戏结构，促进彩票市场健康发展，经研究，根据《彩票管理条例》、《彩票管理条例实施细则》和《彩票发行销售管理办法》（财综［2012］102号）等有关规定，现就有关事项通知如下：

一、同意你中心印制发行“六六顺”等10款即开型体育彩票，具体游戏规则见附件。“六六顺”等即开型体育彩票按销售总额的65%、15%和20%分别计提彩票奖金、彩票发行费和彩票公益金。

二、上市销售前，你中心应及时向社会发布公告，并在公告中注明财政部的批准文件名称、文号、上市销售的日期以及财政部批准的《“六六顺”等即开型体育彩票游戏规则》等。各省、自治区、直辖市体育彩票销售机构应当将拟上市销售日期、营销宣传计划、风险控制办法等销售实施方案报同级财政部门审核，经核准后上市销售。

三、你中心向各省、自治区、直辖市体育彩票销售机构分配即开型体育彩票时，应当将彩票游戏、数量和金额等具体分配方案报财政部备案，并按月报送全国印制和发行情况。上市销售满1个月后，你中心和各省、自治区、直辖市体育彩票销售机构应当向同级财政部门提交上市销售情况的书面报告。

四、你中心应当严格按照各项彩票管理制度规定，建立健全即开型彩票发行和销售风险防控制度及应急机制；督促各省、自治区、直辖市体育彩票销售机构切实加强安全管理，做好宣传公告等工作，确保即开型彩票市场持续健康发展。

附件：“六六顺”等即开型体育彩票游戏规则

附件

“六六顺”等即开型体育彩票游戏规则

一、六六顺

（一）面值：2 元。

（二）奖组：60 万张（120 万元）。

（三）玩法规则：刮开覆盖膜，如果出现“6”标志，即中得该标志下方所示的金额；如果出现“66”标志，即中得该标志下方所示金额的两倍。兼中兼得。

（四）设奖方案：

奖级	中奖金额（元）	中奖个数	中奖小计（元）
1	15 000	1	15 000
2	1 000	2	2 000
3	300	75	22 500
4	100	725	72 500
5	50	1 000	50 000
6	30	2 000	60 000
7	10	10 000	100 000
8	5	30 000	150 000
9	2	154 000	308 000
合计		**197 803**	**780 000**

二、九宫格

（一）面值：5 元。

（二）奖组：60 万张（300 万元）。

（三）玩法规则：刮开覆盖膜，在任意一场游戏中，如果在任一横线、竖线或对角线刮出三个相同标志，即中得该场游戏刮开区内所示的金额。兼中兼得。

（四）设奖方案：

奖级	中奖金额（元）	中奖个数	中奖小计（元）
1	100 000	1	100 000
2	1 000	5	5 000
3	500	310	155 000
4	100	1 500	150 000
5	50	5 000	250 000
6	30	500	15 000
7	15	20 000	300 000
8	10	35 000	350 000
9	5	125 000	625 000
合计		**187 316**	**1 950 000**

三、弹珠

（一）面值：5 元。

（二）奖组：60 万张（300 万元）。

（三）玩法规则：刮开覆盖膜，如果你的弹珠中的任意一个弹珠与目标弹珠之一相同，即中得该目标弹珠下方所示的金额。刮开覆盖膜，如果你的弹珠中的任意一个弹珠与双倍弹珠之一相同，即中得该双倍弹珠下方所示金额的两倍；如果你的弹珠中的任意一个弹珠与通吃弹珠相同，即中得刮开区内所示的 8 个金额之和。兼中兼得。

（四）设奖方案：

奖级	中奖金额（元）	中奖个数	中奖小计（元）
1	100 000	1	100 000
2	1 000	5	5 000

续表

奖级	中奖金额（元）	中奖个数	中奖小计（元）
3	200	500	100 000
4	100	2 700	270 000
5	50	4 000	200 000
6	20	20 000	400 000
7	10	30 000	300 000
8	5	115 000	575 000
合计		**172 206**	**1 950 000**

四、富贵金锁

（一）面值：5元。

（二）奖组：60万张（300万元）。

（三）玩法规则：刮开覆盖膜，如果你的号码中的任意一个号码与中奖号码之一相同，即中得该号码下方所示的金额；如果出现“金币”标志，即中得该标志下方所示金额的两倍。兼中兼得。

（四）设奖方案：

奖级	中奖金额（元）	中奖个数	中奖小计（元）
1	100 000	1	100 000
2	1 000	30	30 000
3	400	500	200 000
4	100	1 100	110 000
5	50	2 200	110 000
6	20	20 000	400 000
7	10	35 000	350 000
8	5	130 000	650 000
合计		**188 831**	**1 950 000**

五、金砖

（一）面值：10元。

（二）奖组：180万张（1 800万元）。

（三）玩法规则：刮开覆盖膜，如果你的号码中的任意一个号码与中奖号码之一相同，即中得该号码下方所示的金额；如果出现“金砖”标志，即中得刮开区内所示的12个金额之和。兼中兼得。

（四）设奖方案：

奖级	中奖金额（元）	中奖个数	中奖小计（元）
1	250 000	1	250 000
2	8 000	1	8 000
3	1 000	600	600 000
4	400	1 980	792 000
5	100	22 500	2 250 000
6	40	30 000	1 200 000
7	20	150 000	3 000 000
8	10	360 000	3 600 000
合计		**565 082**	**11 700 000**

六、狂热中

（一）面值：10元。

（二）奖组：12万张（120万元）。

（三）玩法规则：①幸运奖：刮开覆盖膜，如果幸运奖区内出现“热”标志，即中得50元。②刮开覆盖膜，在任意一场游戏中，如果你的数字大于对手的数字，即中得该场游戏右方所示的金额；如果出现“中”标志，即中得该场游戏右方所示金额的五倍。兼中兼得。

（四）设奖方案：

奖级	中奖金额（元）	中奖个数	中奖小计（元）
1	50 000	1	50 000
2	1 000	2	2 000
3	100	280	28 000
4	50	4 000	200 000
5	25	4 000	100 000
6	20	8 000	160 000
7	10	24 000	240 000
合计		**40 283**	**780 000**

七、吉星高照

（一）面值：10 元。

（二）奖组：60 万张（600 万元）。

（三）玩法规则：刮开覆盖膜，如果出现“吉祥”标志，即中得该标志下方所示的金额；如果出现“星星”标志，即中得该标志下方所示金额的两倍。兼中兼得。

（四）设奖方案：

奖级	中奖金额（元）	中奖个数	中奖小计（元）
1	250 000	1	250 000
2	5 000	2	10 000
3	1 000	15	15 000
4	500	225	112 500
5	200	500	100 000
6	100	3 750	375 000
7	60	3 750	225 000
8	50	5 000	250 000
9	40	5 000	200 000
10	30	6 250	187 500
11	20	63 750	1 275 000
12	10	90 000	900 000
合计		**178 243**	**3 900 000**

八、点秋香

（一）面值：10 元。

（二）奖组：120 万张（1 200 万元）。

（三）玩法规则：刮开覆盖膜，如果出现“秋香”标志，即中得该标志下方所示的金额。如果在幸运奖区内出现“绣球”标志，即中得 50 元。兼中兼得。

（四）设奖方案：

奖级	中奖金额（元）	中奖个数	中奖小计（元）
1	250 000	1	250 000
2	10 000	2	20 000
3	1 000	20	20 000
4	500	620	310 000
5	200	1 000	200 000
6	100	5 000	500 000
7	50	20 000	1 000 000
8	30	50 000	1 500 000
9	15	160 000	2 400 000
10	10	160 000	1 600 000
合计		**396 643**	**7 800 000**

九、四季来财

（一）面值：20 元。

（二）奖组：600 万张（12 000 万元）。

（三）玩法规则：①春：刮开覆盖膜，在任意一场游戏中，如果出现两个相同的符号，即中得该场游戏右方所示的金额。②夏：刮开覆盖膜，如果出现“蝴蝶”标志，即中得该标志下方所示的金额。③秋：刮开覆盖膜，在任意一场游戏中，如果你的号码大于对手的号码，即中得该场游戏右方所示的金额。④冬 ：刮开覆盖膜，如果你的号码中的任意一个号码与中奖号码之一相同，即中得该号码下方所示的金额。兼中兼得。

（四）设奖方案：

奖级	中奖金额（元）	中奖个数	中奖小计（元）
1	1 000 000	1	1 000 000
2	100 000	1	100 000
3	4 000	50	200 000
4	1 000	4 200	4 200 000

续表

奖级	中奖金额（元）	中奖个数	中奖小计（元）
5	400	20 000	8 000 000
6	100	45 000	4 500 000
7	80	150 000	12 000 000
8	40	400 000	16 000 000
9	20	1 600 000	32 000 000
合计		**2 219 252**	**78 000 000**

十、金玉满堂

（一）面值：30 元。

（二）奖组：600 万张（18 000 万元）。

（三）玩法规则：①游戏一：刮开覆盖膜，如果你的号码中的任意一个号码与中奖号码之一相同，即中得该号码下方所示的金额；如果出现“玉佩”标志，即中得该标志下方所示金额的十倍。②游戏二：刮开覆盖膜，如果出现“金币”标志，即中得该标志下方所示的金额。③游戏三：刮开覆盖膜，在任意一场游戏中，如果你的数字大于对手的数字，即中得该场游戏右方所示的金额。兼中兼得。

（四）设奖方案：

奖级	中奖金额（元）	中奖个数	中奖小计（元）
1	1 000 000	1	1 000 000
2	200 000	2	400 000
3	50 000	4	200 000
4	5 000	30	150 000
5	1 000	2 000	2 000 000
6	500	15 000	7 500 000
7	300	42 500	12 750 000
8	100	262 500	26 250 000
9	50	300 000	15 000 000
10	30	1 725 000	51 750 000
合计		**2 347 037**	**117 000 000**

财政部办公厅关于停止销售中国体育彩票重庆市 11 选 5 游戏和上市销售中国体育彩票重庆市百变王牌游戏的通知

（2014 年 9 月 17 日　财政部　财办综［2014］75 号）

国家体育总局体育彩票管理中心：

你中心《关于变更重庆市体育彩票高频游戏的请示》（体彩字［2014］137 号）收悉。为优化重庆市体育彩票市场结构，促进彩票市场持续健康发展，经研究，根据《彩票管理条例》、《彩票管理条例实施细则》、《彩票发行销售管理办法》（财综［2012］102 号）等相关规定，现就有关事项通知如下：

一、同意你中心停止销售中国体育彩票重庆市 11 选 5 游戏（以下简称“11 选 5”）。重庆市体育彩票销售机构应当自批准之日起2个月内向社会发布公告，公告内容包括财政部的批准文件名称及文号、停止销售日期、兑奖截止日期等。自公告之日起满60个自然日后，重庆市体育彩票销售机构可以停止销售11选5。

二、11选5停止销售后，在兑奖期内，应当按照规定兑付奖金。兑奖期结束后，奖池资金和调节基金有结余的，转为重庆市体育彩票销售机构一般调节基金；奖池资金和调节基金余额为负数的，从重庆市体育彩票销售机构彩票发行销售风险基金列支。兑奖期结束后，你中心和重庆市体育彩票销售机构应当在60个自然日内分别向同级财政部门提交书面报告，报告内容包括11选5的发行销售、彩票奖金提取与兑付、奖池资金和调节基金结余与划转等情况。

三、同意你中心在重庆市发行销售中国体育彩票重庆市百变王牌游戏（以下简称“百变王牌”），具体游戏规则见附件。百变王牌每期按彩票销售额的59%、13%和28%，分别计提彩票奖金、彩票发行费和彩票公益金。彩票奖金分为当期奖金和调节基金，其中，58%为当期奖金，1%为调节基金。重庆市体育彩票销售机构应当自批准之日起4个月内上市销售百变王牌。

四、百变王牌上市销售前，重庆市体育彩票销售机构应当将百变王牌拟上市销售日期、营销宣传计划、风险控制办法等销售实施方案报同级财政部门审核，经核准后上市销售。重庆市体育彩票销售机构应当及时向社会发布公告，公告内容包括财政部批准文件的名称及文号、同级财政部门核准文件的名称及文号、上市销售的日期、财政部批准的《中国体育彩票重庆市百变王牌游戏规则》等。上市销售满1个月后，你中心和重庆市体育彩票销售机构应当分别向同级财政部门提交上市销售情况的书面报告。

五、你中心应当严格遵照各项彩票管理制度规定，会同重庆市体育彩票销售机构加强彩票销售的风险控制和安全管理，切实做好公告等工作，确保彩票市场持续健康发展。

附件：中国体育彩票重庆市百变王牌游戏规则

附件

中国体育彩票重庆市百变王牌游戏规则

第一章　总　　则

第一条　根据《彩票管理条例》、《彩票管理条例实施细则》、《彩票发行销售管理办法》（财综［2012］102号）等相关规定，制定本规则。

第二条　中国体育彩票百变王牌游戏（以下简称“百变王牌”）由国家体育总

局体育彩票管理中心发行和组织销售，由经财政部批准的体育彩票销售机构（以下称“相关省级体彩机构”）在所辖区域内销售。

第三条　百变王牌采用计算机网络系统发行，在相关省级体彩机构设置的销售网点销售，定期开奖。

第四条　百变王牌实行自愿购买，凡购买者均被视为同意并遵守本规则。

第五条　不得向未成年人出售彩票或兑付奖金。

第二章　投　　注

第六条　百变王牌是以传统扑克牌为载体，从同一种花色的 A—K 共 13 张扑克牌中任选 1—5 张牌进行投注，每组投注组合称为一注。每注金额人民币 2 元。购买者可对其选定的投注号码进行多倍投注，投注倍数范围为 2—99 倍。单张彩票的投注金额最高不得超过 20 000 元。

第七条　购买者可在相关省级体彩机构设置的销售网点投注。投注号码经投注机打印出的对奖凭证，交购买者保存，此对奖凭证即为百变王牌彩票。

第八条　百变王牌设“任选投注”、“位置投注”、“同花任选投注”和“同花位置投注”四种投注方式，具体规定如下：

（一）任选投注：是指从 A—K（不分花色）共 13 张牌中任选 2—5 张进行投注，具体分为：

1．任选二：从 13 张牌中任选 2 张牌进行投注；

2．任选三：从 13 张牌中任选 3 张牌进行投注；

3．任选四：从 13 张牌中任选 4 张牌进行投注；

4．任选五：从 13 张牌中任选 5 张牌进行投注。

（二）位置投注：是指从 A—K（不分花色）共 13 张牌中任选 1—3 张，对当期开出的前一至前三位置的开奖号码进行投注，具体分为：

1．前一：从 13 张牌中任选 1 张牌，对第一个位置的开奖号码进行投注；

2．前二直选、前二组选、前二组通选：从 13 张牌中任选 2 张牌，对前两个位置的开奖号码进行投注；

3．前三直选、前三直通选、前三组选、前三组通选：从 13 张牌中任选 3 张牌，对前三个位置的开奖号码进行投注。

（三）同花任选投注：是指先从黑桃、红桃、梅花、方块四种花色中选择一种花色，再从该花色 A—K 共 13 张牌中任选 2—5 张进行投注，具体分为：

1．同花任二：从任意一种花色的 13 张牌中任选 2 张牌进行投注；

2．同花任三：从任意一种花色的 13 张牌中任选 3 张牌进行投注；

3．同花任四：从任意一种花色的 13 张牌中任选 4 张牌进行投注；

4．同花任五、同花任五通选：从任意一种花色的 13 张牌中任选 5 张牌进行投注；

（四）同花位置投注：是指先从黑桃、红桃、梅花、方块四种花色中选择一种花色，再从该花色 A—K 共 13 张牌中任选 1—3 张，对当期开出的前一至前三位置的开奖号码进行投注，具体分为：

1．同花前一：从任意一种花色的 13

张牌中任选 1 张牌，对第一个位置的开奖号码进行投注；

2. 同花前二直、同花前二组：从任意一种花色的 13 张牌中任选 2 张牌，对前两个位置的开奖号码进行投注；

3. 同花前三直、同花前三组：从任意一种花色的 13 张牌中任选 3 张牌，对前三个位置的开奖号码进行投注。

第九条 购买者可选择机选号码投注、自选号码投注。机选号码投注是指由投注机随机产生投注号码进行投注，自选号码投注是指将购买者选定的号码输入投注机进行投注。

第十条 购买者可选择复式投注、胆拖投注。复式投注是指所选号码个数超过单式投注的号码个数，所选号码可组合为每一种单式投注方式的多注彩票的投注。胆拖投注是指先选取少于单式投注号码个数的号码作为胆码（即每注彩票均包含的号码），再选取除胆码以外的号码作为拖码，胆码与拖码个数之和必须多于单式投注号码个数，由胆码与拖码的每一种组合按单式投注方式组成多注彩票的投注。

第十一条 百变王牌每期销售时间为 10 分钟。销售期号以销售日按每期开奖顺序编排。

第十二条 百变王牌每期全部投注号码的可投注数量实行限量销售，若投注号码受限，则不能投注。若因销售终端故障、通讯线路故障和投注站信用额度受限等原因造成投注不成功，应退还购买者投注金额。

第三章 设 奖

第十三条 百变王牌按当期销售总额的 59%、13% 和 28% 分别计提彩票奖金、彩票发行费和彩票公益金。彩票奖金分为当期奖金和调节基金，其中，58% 为当期奖金，1% 为调节基金。

第十四条 百变王牌按不同投注方式设奖，均为固定奖。奖金规定如下：

（一）任选投注

1. 任选二：单注固定奖金 5 元；

2. 任选三：单注固定奖金 15 元；

3. 任选四：单注固定奖金 48 元；

4. 任选五：单注固定奖金 222 元。

（二）位置投注

1. 前一：单注固定奖金 14 元；

2. 前二直选：单注固定奖金 160 元；

3. 前二组选：单注固定奖金 80 元；

4. 前二组通选：一级奖单注固定奖金 52 元，二级奖单注固定奖金 2 元；

5. 前三直选：单注固定奖金 1 780 元；

6. 前三直通选：一级奖单注固定奖金 1 480 元，二级奖单注固定奖金 10 元；

7. 前三组选：单注固定奖金 296 元；

8. 前三组通选：一级奖单注固定奖金 200 元，二级奖单注固定奖金 5 元。

（三）同花任选投注

1. 同花任二：单注固定奖金 21 元；

2. 同花任三：单注固定奖金 58 元；

3. 同花任四：单注固定奖金 195 元；

4. 同花任五：单注固定奖金 888 元；

5. 同花任五通选：一级奖单注固定奖金 700 元，二级奖单注固定奖金 60 元。

（四）同花位置投注

1. 同花前一：单注固定奖金 54 元；

2. 同花前二直：单注固定奖金 640 元；

3. 同花前二组：单注固定奖金320元；

4. 同花前三直：单注固定奖金7 120元；

5. 同花前三组：单注固定奖金1 184元。

第十五条 百变王牌设置调节基金。调节基金包括按销售总额1%提取部分、逾期未退票的票款。调节基金用于支付不可预见的奖金支出风险，以及设立特别奖。动用调节基金设立特别奖，应报同级财政部门审核批准。

第十六条 百变王牌设置奖池。奖池资金由当期计提奖金与实际中出奖金的差额组成。当期实际中出奖金小于当期计提奖金时，余额进入奖池；当期实际中出奖金超过当期计提奖金时，差额由奖池资金补足。当奖池资金总额不足时，由调节基金补足，调节基金不足时，用彩票兑奖周转金垫支。在出现彩票兑奖周转金垫支的情况下，当调节基金有资金滚入时优先偿还垫支的彩票兑奖周转金。当奖池资金总额超过1 000万元时，超过部分转入调节基金。

第四章 开 奖

第十七条 百变王牌采用专用电子开奖设备开奖，每期从4种花色中随机生成一种花色，并从该花色的A－K共13张扑克牌和大王或者小王中随机生成一组6张不重复牌，大王或者小王不同时开出。若未开出大王或者小王，则6张同一种花色的不重复牌作为开奖结果；若在某个位置开出小王，该位置将从当期该花色剩余的8张扑克牌中随机开出2张牌替换小王，并与之前开出的5张牌按开出位置重新组成2组号码作为当期的开奖结果；若在某个位置开出大王，该位置将开出当期该花色所有剩余的8张扑克牌替换大王，并与之前开出的5张牌按开出位置重新组成8组号码作为当期的开奖结果。此外，若当期开奖号码中出现大王或小王时，由大王或小王组成的号码不作为开奖结果，不能作为当期的兑奖依据。开奖号码的顺序不能颠倒。每期开奖时间为1分钟。

第十八条 百变王牌的开奖结果生成步骤如下：

（一）从4种花色中随机生成1种花色，确定开奖结果花色。

（二）从0000—9999共10 000个数字中随机生成1个随机数，判断是否开出大王或小王，其中随机数取值在0000—0058区间，代表开出大王；随机数取值在0059—0764区间，代表开出小王；随机数取值在0765—9999区间，代表未开出大王或小王。

（三）若未开出大王或小王，从A—K中随机顺序生成6张牌组成开奖号码，当期开奖结果产生，开奖结束。

若开出大王或小王，从6个位置中随机生成1个位置，确定大王或小王所在位置；从A到K中随机生成8张牌或2张牌作为替换大王或小王的牌，并从剩余的牌中随机顺序生成5张牌，分别与替换大王或小王的牌按所在位置组成8组或2组开奖号码，当期开奖结果产生，开奖结束。

第十九条 每期开奖后，相关省体彩机构应向社会公布开奖号码、当期销售总额、各奖级中奖情况及奖池资金余额等信息，并将开奖结果通知销售网点。

第五章 中 奖

第二十条 根据购买者选择的百变王牌的投注号码与当期开奖结果的对照情况，分别对照当期开出的一组或若干组开奖号码以确定相应的中奖资格。具体规定如下：

（一）任选投注

1. 任选二：所投注的2张牌与当期开奖结果中任意2张牌（不分花色）相同，即中奖；

2. 任选三：所投注的3张牌与当期开奖结果中任意3张牌（不分花色）相同，即中奖；

3. 任选四：所投注的4张牌与当期开奖结果中任意4张牌（不分花色）相同，即中奖；

4. 任选五：所投注的5张牌与当期开奖结果中任意5张牌（不分花色）相同，即中奖。

（二）位置投注

1. 前一：所投注的1张牌与当期开奖结果中第1张牌（不分花色）相同，即中奖；

2. 前二直选：所投注的2张牌与当期开奖结果中前2张牌（不分花色）相同且位置一一对应，即中奖；

3. 前二组选：所投注的2张牌与当期开奖结果中前2张牌（不分花色）相同位置不限，即中奖；

4. 前二组通选：所投注的2张牌，若与当期开奖结果中前2张牌（不分花色）相同位置不限，即中一级奖；若与当期开奖结果中任意2张牌（不分花色）相同，即中二级奖；

5. 前三直选：所投注的3张牌与当期开奖结果中前3张牌（不分花色）相同且位置一一对应，即中奖；

6. 前三直通选：所投注的3张牌，若与当期开奖结果中前3张牌（不分花色）相同且位置一一对应，即中一级奖；若只有2张牌与当期开奖结果中前3张牌的任意2张（不分花色）相同且位置一一对应，即中二级奖；

7. 前三组选：所投注的3张牌与当期开奖结果中前3张牌（不分花色）相同位置不限，即中奖；

8. 前三组通选：所投注的3张牌，若与当期开奖结果中前3张牌（不分花色）相同位置不限，即中一级奖；若与当期开奖结果中任意3张牌（不分花色）相同，即中二级奖。

（三）同花任选投注

1. 同花任二：所投注的2张同一花色牌与当期开奖结果中的任意2张牌及其花色相同，即中奖；

2. 同花任三：所投注的3张同一花色牌与当期开奖结果中的任意3张牌及其花色相同，即中奖；

3. 同花任四：所投注的4张同一花色牌与当期开奖结果中任意4张牌及其花色相同，即中奖；

4. 同花任五：所投注的5张同一花色牌与当期开奖结果中任意5张牌及其花色相同，即中奖；

5. 同花任五通选：所投注的5张同一花色牌，若与当期开奖结果中任意5张牌及其花色相同，即中一级奖；若只与当期开奖结果中任意5张牌相同花色不限，即中二级奖。

（四）同花位置投注

1. 同花前一：所投注的 1 张花色牌与当期开奖结果中第 1 张牌及其花色相同，即中奖；

2. 同花前二直：所投注的 2 张同一花色牌与当期开奖结果中前 2 张牌及其花色相同且位置一一对应，即中奖；

3. 同花前二组：所投注的 2 张同一花色牌与当期开奖结果中前 2 张牌及其花色相同位置不限，即中奖；

4. 同花前三直：所投注的 3 张同一花色牌与当期开奖结果中前 3 张牌及其花色相同且位置一一对应，即中奖；

5. 同花前三组：所投注的 3 张同一花色牌与当期开奖结果中前 3 张牌及其花色相同位置不限，即中奖。

第二十一条 若当期未开出大王或者小王，则每注投注号码对应当期开奖结果只有一次中奖机会；若当期出现小王，则每注投注号码分别对应当期每组开奖号码，各有 1 次中奖机会，共 2 次中奖机会；若当期出现大王，则每注投注号码分别对应当期每组开奖号码，各有 1 次中奖机会，共 8 次中奖机会。在每次中奖机会下，每注投注号码仅可中得该投注方式的奖金，其中通选投注只兑付最高奖级奖金，不兼中兼得，另行设立的特别奖除外。

第六章 兑　　奖

第二十二条 百变王牌兑奖当期有效。中奖者应当自开奖之日起 60 个自然日内，持中奖彩票到指定的地点兑奖，逾期未兑视为弃奖。弃奖奖金纳入彩票公益金。

第二十三条 中奖彩票为兑奖唯一凭证，中奖彩票因玷污、损坏等原因不能正确识别的，不能兑奖。

第二十四条 兑奖机构可以查验中奖者的中奖彩票及有效身份证件，兑奖者应予配合。

第七章 附　　则

第二十五条 本规则自批准之日起执行。

财政部办公厅关于同意印制发行“天长地久”等 11 款即开型彩票的复函

（2014 年 9 月 19 日　财政部　财办综［2014］76 号）

中国福利彩票发行管理中心：

你中心《关于申报“天长地久”等中国福利彩票即开型彩票新游戏的请示》（中彩发字［2014］140 号）收悉。为优化福利彩票游戏结构，促进彩票市场健康发展，经研究，根据《彩票管理条例》、《彩票管理条例实施细则》和《彩票发行销售管理办法》（财综［2012］102 号）等有关规定，现就有关事项函复如下：

一、同意你中心印制发行“天长地久”等 11 款即开型福利彩票，具体游戏规则见附件。“天长地久”等即开型福利彩票按销售总额的 65%、15% 和 20% 分别计提彩票奖金、彩票发行费和彩票公益金。

二、上市销售前，你中心应及时向社会发布公告，并在公告中注明财政部的批准文件名称、文号、上市销售的日期以及财政部批准的《“天长地久”等 11 款即开型福利彩票游戏规则》等。各省、自治区、直辖市福利彩票销售机构应当将拟上市销售日期、营销宣传计划、风险控制办法等销售实施方案报同级财政部门审核，经核准后上市销售。

三、你中心向各省、自治区、直辖市福利彩票销售机构分配即开型福利彩票时，应当将彩票游戏、数量和金额等具体分配方案报财政部备案，并按月报送全国印制和发行情况。上市销售满 1 个月后，你中心和各省、自治区、直辖市福利彩票销售机构应当向同级财政部门提交上市销售情况的书面报告。

四、你中心应当严格按照各项彩票管理制度规定，建立健全即开型彩票发行和销售风险防控制度及应急机制；督促各省、自治区、直辖市福利彩票销售机构切实加强安全管理，做好公告宣传等工作，确保即开型彩票市场平稳健康发展。

此复。

附件：“天长地久”等 11 款即开型福利彩票游戏规则

附件

“天长地久”等 11 款即开型福利彩票游戏规则

一、天长地久

（一）面值：5 元

（二）奖组：60 万张

（三）玩法规则：刮开覆盖膜，如果任意一个“我的号码”与任意一个“中奖号码”相同，即可获得该“我的号码”下方所对应的奖金，其他不相同的号码下方所对应的奖金无效；如果刮出“♡”桃心图符，即可获得玩法区内所有的 9 个奖金之和。中奖奖金兼中兼得。

（四）设奖方案：

奖级	单奖金额（元）	中奖个数	奖金小计（元）
1	10 000	1	10 000
2	500	300	150 000
3	100	770	77 000
4	50	6 300	315 000
5	10	39 600	396 000
6	5	200 400	1 002 000
合计		**247 371**	**1 950 000**

二、钻石联盟

（一）面值：5 元

（二）奖组：100 万张

（三）玩法规则：刮开覆盖膜，如果刮出“”钻石图符的个数与《奖金对照表》中所示的个数相同，即可获得所对应的奖金。不可兼中兼得。

（四）设奖方案：

奖级	单奖金额（元）	中奖个数	奖金小计（元）
1	200 000	1	200 000
2	5 000	1	5 000
3	1 000	5	5 000
4	500	100	50 000
5	200	200	40 000
6	100	1 000	100 000
7	50	7 000	350 000
8	40	1 000	40 000
9	30	6 000	180 000
10	20	41 000	820 000
11	15	2 000	30 000
12	10	50 000	500 000
13	5	186 000	930 000
合计		**294 307**	**3 250 000**

三、金冠

（一）面值：5 元

（二）奖组：100 万张

（三）玩法规则：刮开覆盖膜，如果出现“”金冠图符，即可获得该图符下方所对应的奖金；其他图符不中奖。中奖奖金兼中兼得。

（四）设奖方案：

奖级	单奖金额（元）	中奖个数	奖金小计（元）
1	100 000	1	100 000
2	1 000	10	10 000
3	500	180	90 000
4	200	200	40 000
5	100	2 500	250 000
6	50	12 000	600 000
7	20	18 000	360 000
8	15	10 000	150 000
9	10	80 000	800 000
10	5	170 000	850 000
合计		**292 891**	**3 250 000**

四、莲乡意蕴

（一）面值：5 元

（二）奖组：40 万张

（三）玩法规则：刮开覆盖膜，在任意一组游戏中，如果出现三个相同的图符，即可获得该组游戏右侧所对应的奖金。共有八组游戏，中奖奖金兼中兼得。

（四）设奖方案：

奖级	单奖金额（元）	中奖个数	奖金小计（元）
1	300 000	1	300 000
2	30 000	4	120 000
3	5 000	20	100 000
4	1 000	160	160 000
5	50	2 000	100 000
6	10	4 000	40 000
7	5	96 000	480 000
合计		**102 185**	**1 300 000**

五、连环夺宝

（一）面值：10 元

（二）奖组：100 万张

（三）玩法规则：本彩票共有三个玩法，三个玩法区内的中奖奖金兼中兼得。

玩法一：刮开覆盖膜，如果刮出的任意一个宝石名称与画面上的宝石名称相同，即可获得该名称所对应的奖金，中奖奖金兼中兼得。

玩法二：刮开覆盖膜，如果在任意一局游戏中刮出三个“ ”钻头图符，即可获得该局游戏右方所对应的奖金。共有五局游戏，中奖奖金兼中兼得。

玩法三：刮开覆盖膜，如果刮出三个相同的奖金金额，即中该单一奖金。

（四）设奖方案：

奖级	单奖金额（元）	中奖个数	奖金小计（元）
1	250 000	1	250 000
2	5 000	2	10 000
3	1 000	10	10 000
4	500	400	200 000
5	200	100	20 000
6	100	4 500	450 000
7	50	22 000	1 100 000
8	40	14 000	560 000
9	30	10 000	300 000
10	20	80 000	1 600 000
11	10	200 000	2 000 000
合计		**331 013**	**6 500 000**

六、好运百万

（一）面值：10 元

（二）奖组：1 000 万张

（三）玩法规则：刮开覆盖膜，如果任意一个“我的号码”与“中奖号码”相同，即可获得该“我的号码”所在行对应的奖金；如果在“我的号码”区刮出号码“10”，即可获得该号码所在行对应奖金的十倍。中奖奖金兼中兼得。

（四）奖级结构：

奖级	单奖金额（元）	中奖个数	奖金小计（元）
1	1 000 000	1	1 000 000
2	5 000	100	500 000
3	1 000	500	500 000
4	500	6 000	3 000 000
5	200	8 000	1 600 000
6	100	100 000	10 000 000
7	60	20 000	1 200 000
8	50	80 000	4 000 000
9	40	100 000	4 000 000
10	30	200 000	6 000 000
11	20	780 000	15 600 000
12	10	1 760 000	17 600 000
合计		**3 054 601**	**65 000 000**

七、冰 VS 火

（一）面值：10 元

（二）奖组：100 万张

（三）玩法规则：刮开覆盖膜，如果刮出任何奖金金额，即可获得该奖金；如果刮出“ ”冰图符即可获得 50 元奖金；如果刮出“ ”火图符即可获得 100 元奖金。中奖奖金兼中兼得。

（四）设奖方案：

奖级	单奖金额（元）	中奖个数	奖金小计（元）
1	250 000	1	250 000
2	1 000	50	50 000
3	500	500	250 000
4	100	14 000	1 400 000

续表

奖级	单奖金额（元）	中奖个数	奖金小计（元）
5	50	12 000	600 000
6	40	10 000	400 000
7	30	20 000	600 000
8	20	50 000	1 000 000
9	15	10 000	150 000
10	10	180 000	1 800 000
合计		**296 551**	**6 500 000**

八、雪人

（一）面值：10 元

（二）奖组：100 万张

（三）玩法规则：本彩票共有两个玩法，两个玩法区内的中奖奖金兼中兼得。

玩法一：刮开覆盖膜，如果任意一个“我的图符”与任意一个“中奖图符”相同，即可获得该“我的图符”下方所对应的奖金；如果在“我的图符”区刮出“⛄”雪人图符，即可获得该图符下方所对应奖金的十倍。中奖奖金兼中兼得。

玩法二：刮开覆盖膜，如果出现三个相同的奖金金额，即中该单一奖金。

（四）设奖方案：

奖级	单奖金额（元）	中奖个数	奖金小计（元）
1	300 000	1	300 000
2	10 000	1	10 000
3	1 000	10	10 000
4	500	800	400 000
5	200	400	80 000
6	100	10 000	1 000 000
7	50	10 000	500 000
8	40	12 000	480 000
9	20	80 000	1 600 000
10	10	212 000	2 120 000
合计		**325 212**	**6 500 000**

九、好运成双－百万大奖

（一）面值：10 元

（二）奖组：800 万张

（三）玩法规则：本彩票分为左右两部分，左侧部分为即开区，右侧部分为摇奖区。即开区和摇奖区的奖金不可兼中兼得。

即开区：刮开覆盖膜，如果任意一个“我的号码”与任意一个“中奖号码”相同，即可获得该“我的号码”下方所对应的奖金，中奖奖金兼中兼得；其他不相同的号码下方所对应的奖金无效。

摇奖区：刮开覆盖膜，用摇奖区内的 5 个红球号码加 1 个蓝球号码，与“指定期数的双色球开奖结果”进行比对，如果对中的号码个数与《摇奖区奖金对照表》中一致，即可获得所对应的奖金，不可兼中兼得。

注：如因特殊原因双色球开奖延迟，仍以该期开奖结果为准进行比对。

（四）设奖方案：

奖级	单奖金额（元）	中奖个数	奖金小计（元）
1	200 000	8	1 600 000
2	5 000	8	40 000
3	1 000	40	40 000
4	200	4 800	960 000
5	100	32 000	3 200 000
6	50	80 520	4 026 000
7	40	64 000	2 560 000
8	30	64 000	1 920 000
9	20	656 000	13 120 000
10	10	1 776 000	17 760 000
合计		**2 677 376**	**45 226 000**

“好运成双－百万大奖”摇奖区奖级结构表

奖级	中奖金额（元）	中奖个数	奖金小计（元）
1	1 000 000	6	6 000 000
2	3 200	90	288 000
3	450	405	182 250
4	50	6 075	303 750
合计		**6 576**	**6 774 000**

十、博饼嘉年华

（一）面值：10 元

（二）奖组：100 万张

（三）玩法规则：本彩票共有两个玩法，两个玩法区内的中奖奖金兼中兼得。

玩法一：刮开覆盖膜，如果在任意一组游戏中刮出与《玩法一奖金对照表》中相同的图符组合，即可获得《玩法一奖金对照表》中该图符组合所对应的奖金。共有四组游戏，中奖奖金兼中兼得。

玩法二：刮开覆盖膜，如果任意一个“我的号码”与任意一个“中奖号码”相同，即可获得该“我的号码”下方所对应的奖金，中奖奖金兼中兼得；其他不相同的号码下方所对应的奖金无效。

（四）设奖方案：

奖级	单奖金额（元）	中奖个数	奖金小计（元）
1	500 000	1	500 000
2	5 000	10	50 000
3	1 000	50	50 000
4	500	300	150 000
5	200	800	160 000
6	100	7 700	770 000
7	50	8 000	400 000

续表

奖级	单奖金额（元）	中奖个数	奖金小计（元）
8	40	6 000	240 000
9	30	20 000	600 000
10	20	84 000	1 680 000
11	10	190 000	1 900 000
合计		**316 861**	**6 500 000**

十一、美丽嘉兴

（一）面值：10 元

（二）奖组：50 万张

（三）玩法规则：本彩票共有两个玩法，两个玩法区内的中奖奖金兼中兼得。

玩法一：刮开覆盖膜，如果任意一个“我的号码”与任意一个“中奖号码”相同，即可获得该“我的号码”下方所对应的奖金，中奖奖金兼中兼得；其他不相同的号码下方所对应的奖金无效。

玩法二：刮开覆盖膜，如果刮出“　”船图符，即可获得 50 元奖金。

（四）设奖方案：

奖级	单奖金额（元）	中奖个数	奖金小计（元）
1	400 000	1	400 000
2	5 000	1	5 000
3	1 000	5	5 000
4	500	350	175 000
5	100	2 000	200 000
6	50	11 300	565 000
7	20	50 000	1 000 000
8	10	90 000	900 000
合计		**153 657**	**3 250 000**

财政部办公厅关于批准在浙江省舟山群岛新区试点发行销售中国福利彩票浙江省快2游戏的通知

（2014年9月22日　财政部　财办综［2014］79号）

中国福利彩票发行管理中心：

你中心《关于在浙江省舟山群岛新区销售中国福利彩票快2游戏的请示》（中彩发字［2014］142号）收悉。为优化浙江省福利彩票市场结构，促进彩票市场持续健康发展，支持浙江省舟山群岛新区建设发展，经研究，根据《彩票管理条例》、《彩票管理条例实施细则》、《彩票发行销售管理办法》（财综［2012］102号）等相关规定，现就有关事项通知如下：

一、同意你中心在浙江省舟山群岛新区试点发行销售中国福利彩票浙江省快2游戏（以下简称“快2”），具体游戏规则见附件。快2每期按彩票销售额的67%、13%和20%，分别计提彩票奖金、彩票发行费和彩票公益金。彩票奖金分为当期奖金和调节基金，其中，66%为当期奖金，1%为调节基金。浙江省福利彩票销售机构应当自批准之日起4个月内上市销售快2。

二、快2上市销售前，浙江省福利彩票销售机构应当将快2拟上市销售日期、营销宣传计划、风险控制办法等销售实施方案报同级财政部门审核，经核准后上市销售。浙江省福利彩票销售机构应当及时向社会发布公告，公告内容包括财政部批准文件的名称及文号、同级财政部门核准文件的名称及文号、上市销售的日期、财政部批准的《中国福利彩票浙江省快2游戏规则》等。上市销售满1个月后，你中心和浙江省福利彩票销售机构应当分别向同级财政部门提交上市销售情况的书面报告。

三、快2仅在浙江省舟山群岛新区福彩销售网点发行销售。

四、你中心应当严格遵照各项彩票管理制度规定，督促浙江省福利彩票销售机构加强彩票销售的风险控制和安全管理，切实做好公告等工作，确保彩票市场持续健康发展。

附件

中国福利彩票浙江省快2游戏规则

第一章　总　　则

第一条　根据《彩票管理条例》、《彩票管理条例实施细则》、《彩票发行销售管理办法》（财综［2012］102号）等相关规定，制定本规则。

第二条　中国福利彩票浙江省快2游戏（以下简称“快2”）由中国福利彩票发行管理中心发行和组织销售，由浙江省福利彩票销售机构（以下简称“浙江福彩机构”）在所辖舟山群岛新区内销售。

第三条　快2采用计算机网络系统发行，在浙江福彩机构设置的销售网点销售，定期开奖。

第四条　快2实行自愿购买，凡购买者均被视为同意并遵守本规则。

第五条　不得向未成年人出售彩票或兑付奖金。

第二章　投　　注

第六条　快2是指从1—22共二十二个号码中任意选择一个号码组成一注进行投注，其中，1—20为数字号码球，21和22为公益号码球。每注金额人民币2元。购买者可对其选定的投注号码进行多倍投注，投注倍数范围为2—99倍。单张彩票的投注金额最高不得超过20 000元。

第七条　购买者可在浙江福彩机构设置的销售网点投注。投注号码经投注机打印出兑奖凭证，交购买者保存，此兑奖凭证即为快2彩票。

第八条　购买者可选择机选号码投注、自选号码投注。机选号码投注是指由投注机随机产生投注号码进行投注，自选号码投注是指将购买者选定的号码输入投注机进行投注。

第九条　购买者可选择单式投注、复式投注。单式投注是指从1—22共二十二个号码中任意选择一个号码进行投注。复式投注是指所选号码个数超过单式投注的号码个数，所选号码可组合为每一种单式投注方式的多注彩票的投注。快2游戏复式投注分为“组选2”、“组选4”、“组选5”、“任选2个或以上”四种，具体规定如下：

（一）组选2：是指从20个数字号码球中选择2个号码进行投注。根据投注号码区间，分别命名为：红（1、2），橙（3、4），黄（5、6），绿（7、8），青（9、10），蓝（11、12），紫（13、14），乐（15、16），运（17、18），彩（19、20）。

（二）组选4：是指从20个数字号码球中选择4个号码进行投注。根据投注号码区间，分别命名为：东（1、2、3、4），南（5、6、7、8），西（9、10、11、12），北（13、14、15、16），中（17、18、19、20）。

（三）组选5：是指从20个数字号码球中选择5个号码进行投注。根据投注号码区间，分别命名为：福（1、2、3、4、5），禄（6、7、8、9、10），寿（11、12、13、14、15），禧（16、17、18、19、20）。

（四）任选2个或以上：是指从20个数字号码球中任意选择2个或2个以上的号码进行投注。

第十条 购买者可选择多期投注。多期投注是指购买从当期起最多连续12期的彩票。

第十一条 快2每期销售时间为5分钟。销售期号以销售日按每期开奖顺序编排。

第十二条 快2每期全部投注号码的可投注数量实行限量销售，若投注号码受限，则不能投注。若因销售终端故障、通讯线路故障和投注站信用额度受限等原因造成投注不成功，应退还购买者投注金额。

第三章 设 奖

第十三条 快2按当期销售额的67%、13%和20%分别计提彩票奖金、彩票发行费和彩票公益金。彩票奖金分为当期奖金和调节基金，其中，66%为当期奖金，1%为调节基金。

第十四条 快2按不同单式投注方式设奖，均为固定奖。奖金规定如下：

（一）数字号码球：单注奖金固定为29元；

（二）公益号码球：单注奖金固定为12元。

第十五条 快2设置调节基金。调节基金包括按销售总额1%提取部分、逾期未退票的票款。调节基金用于支付不可预见的奖金支出风险，以及设立特别奖。动用调节基金设立特别奖，应报同级财政部门审核批准。

第十六条 快2设置奖池。奖池资金由当期计提奖金与实际中出奖金的差额组成。当期实际中出奖金小于计提奖金时，余额进入奖池；当期实际中出奖金超过计提奖金时，差额由奖池资金补足。当奖池资金总额不足时，由调节基金补足，调节基金不足时，用彩票兑奖周转金垫支。在出现彩票兑奖周转金垫支的情况下，当调节基金有资金滚入时优先偿还垫支的彩票兑奖周转金。当奖池资金超过200万元时，超出部分转入调节基金。

第四章 开 奖

第十七条 快2采用专用电子摇奖设备开奖，每期从1—22共二十二个号码中随机生成一个号码作为当期开奖号码。每期开奖时间为1分钟。

第十八条 每期开奖后，浙江福彩机构应向社会公布开奖号码、当期销售总额、各奖级中奖情况及奖池资金余额等信息，并将开奖结果通知销售网点。

第五章 中 奖

第十九条 根据购买者选择的快2游戏的投注号码和投注方式，与当期开奖号码的相符情况，确定相应的中奖资格。具体规定如下：

（一）数字号码球：当期开奖号码为数字号码球，且投注号码与当期开奖号码相符，即中奖；

（二）公益号码球：当期开奖号码为公益号码球，且投注号码为两个公益号码球中的任意一个，即中奖。

第二十条 当期每注投注号码按其投注方式只有一次中奖机会，不能兼中兼得，特别设奖除外。

第六章 兑 奖

第二十一条 快 2 游戏兑奖当期有效。中奖者应当自开奖之日起 60 个自然日内，持中奖彩票到指定的地点兑奖。逾期未兑奖视为弃奖，弃奖奖金纳入彩票公益金。

第二十二条 中奖彩票为中奖唯一凭证，中奖彩票因玷污、损坏等原因不能正确识别的，不能兑奖。

第二十三条 兑奖机构可以查验中奖者的中奖彩票及有效身份证件，中奖者兑奖时应予配合。

第七章 附 则

第二十四条 本规则自批准之日起执行。

财政部办公厅关于同意试点发行销售中国体育彩票海南省体育娱乐视频电子即开彩票游戏的通知

（2014 年 9 月 22 日 财政部 财办综［2014］80 号）

国家体育总局体育彩票管理中心：

你中心《关于在海南省开展体育娱乐视频电子即开彩票项目的请示》（体彩字［2014］161 号）收悉。为贯彻落实《国务院关于推进海南国际旅游岛建设发展的若干意见》（国发〔2009〕44 号）文件精神，支持海南国际旅游岛建设，促进彩票市场持续健康发展，经研究，根据《彩票管理条例》、《彩票管理条例实施细则》、《彩票发行销售管理办法》（财综［2012］102 号）等相关规定，现就有关事项通知如下：

一、同意你中心在海南省试点发行销售中国体育彩票海南省体育娱乐视频电子即开长城拼图、海南珍宝、足球三猜、视频赛马等 4 款彩票游戏（游戏规则见附件 1 至 4）。上述 4 款彩票游戏每期按彩票销售额的 67%、12% 和 21%，分别计提彩票奖金、彩票发行费和彩票公益金。海南省体育彩票销售机构应当自批准之日起 4 个月内试点发行销售上述 4 款彩票游戏。

二、上述 4 款彩票游戏上市销售前，海南省体育彩票销售机构应当将拟上市销售日期、营销宣传计划、风险控制办法等销售实施方案报同级财政部门审核，经核准后上市销售。海南省体育彩票销售机构应当及时向社会发布公告，公告内容包括财政部批准文件的名称及文号、同级财政部门核准文件的名称及文号、上市销售的日期、财政部批准的《中国体育彩票海南省体育娱乐电子即开长城拼图游戏规则》、《中国体育彩票海南省体育娱乐视频海南珍宝游戏规则》、《中国体育彩票海南省体育娱乐视频足球三猜游戏规则》、《中国体育彩票海南省体育娱乐视频赛马游戏规则》等。上市销售满1个月后，你中心和海南省体育彩票销售机构应当分别向同级财政部门提交试点发行销售情况的书面报告。

三、上述4款彩票游戏仅限在经批准设立的中国体育彩票海南省体育娱乐视频电子即开游戏销售厅内销售。中国体育彩票海南省体育娱乐视频电子即开游戏专用投注卡单日充值金额不超过200元，销售厅经营时间为每日10：00至次日2：00。

四、你中心应当严格遵照各项彩票管理制度规定，会同海南省体育彩票销售机构加强彩票销售的风险控制和安全管理，切实做好公告等工作，确保彩票市场持续健康发展。

附件：1. 中国体育彩票海南省体育娱乐电子即开长城拼图游戏规则

2. 中国体育彩票海南省体育娱乐视频海南珍宝游戏规则

3. 中国体育彩票海南省体育娱乐视频足球三猜游戏规则

4. 中国体育彩票海南省体育娱乐视频赛马游戏规则

附件1

中国体育彩票海南省体育娱乐电子即开长城拼图游戏规则

第一章　总　　则

第一条　根据《彩票管理条例》、《彩票管理条例实施细则》、《彩票发行销售管理办法》（财综［2012］102号）等相关规定，制定本规则。

第二条　中国体育彩票海南省体育娱乐电子即开长城拼图游戏（以下简称“长城拼图”）由国家体育总局体育彩票管理中心发行和组织销售，由经财政部批准的体育彩票销售机构（以下简称“相关省体彩机构”）在所辖区域内销售。

第三条　长城拼图采用计算机网络系统发行，在经批准设立的销售厅内通过彩票投注专用设备销售，实时开奖。

第四条　长城拼图实行自愿购买，凡购买者均被视为同意并遵守本规则。

第五条　长城拼图不得在销售厅之外

的任何场所销售，不得向未成年人销售彩票或兑付奖金。

第二章　投　　注

第六条　长城拼图是在4行6列共24个位置上，每次顺序反转24个图案，形成若干组图案组合，每变换一次为一注。

第七条　购买者按规定可在销售厅中任意选择一台投注终端机使用投注卡登录销售系统，在投注卡通过销售系统检验及本人同意《彩民协议》后，方可开始投注。

第八条　长城拼图设有0.5元、1元、2元和5元四个投注价格。购买者可自愿选择投注价格。

第九条　每次投注结束后购买者可以选择继续投注或退出本游戏返回游戏大厅，退出登录后凭投注卡可向销售厅索取结算清单。

第三章　游　　戏

第十条　长城拼图有两个游戏环节，游戏中如果在第一环节中获得两个或以上"红灯笼"、一个"铜钱"、两个或以上"福"字完整图案时，可以进入第二环节。

第十一条　在第一环节中，首先选择投注价格再开始游戏。屏幕上有4×6区域的长城墙砖将会顺序反转，每块长城墙砖成为中国传统吉祥物图案拼图的一个板块，当多个板块排列组成一个或多个完整的吉祥物图案时，可中得相对应的奖金。

第十二条　在第二环节中，如果在第一环节中，获得两个或以上"红灯笼"完整图案，可获得"碰运气"的机会，点开任意一个"红灯笼"图案，获得其中隐藏的奖金；如果在第一环节中，获得一个"铜钱"完整图案，可获得"再玩一次"的机会，免费以原投注价格从第一环节重玩一次；如果在第一环节中，获得两个或以上"福"字完整图案，可以进入"长城之旅"。

第十三条　在第二环节的"长城之旅"中，可以点击屏幕上的"开始"按钮转动幸运转轮，点击"停止"按钮停止幸运转轮，转轮停止后，按照转轮指针当时所指示的数字移动相应的步数，用尽所有转动转轮的机会时，按照最后停留的位置获取该位置上所对应的奖金。如果可用步数已经超过终点，则本次游戏自动结束，并获得结束游戏时最后停留位置上所对应的奖金。

第四章　设　　奖

第十四条　长城拼图按销售额的67%、12%、21%分别计提彩票奖金、彩票发行费和彩票公益金。

第十五条　长城拼图四个投注价格的固定奖奖级设置如下：

奖级＼投注价格	不同投注价格对应的中奖金额（元）			
	0.5元	1元	2元	5元
一等奖	20 000	50 000	100 000	200 000
二等奖	2 500	10 000	10 000	25 000
三等奖	1 000	2 500	5 000	10 000
四等奖	500	1 000	1 500	5 000
五等奖	100	500	1 000	1 000
六等奖	50	150	500	500
七等奖	30	50	100	200
八等奖	20	40	50	100
九等奖	10	25	30	50

续表

奖级＼投注价格	不同投注价格对应的中奖金额（元）			
	0.5 元	1 元	2 元	5 元
十等奖	5	20	25	40
十一等奖	2.5	10	20	20
十二等奖	2	5	10	10
十三等奖	1	2.5	5	5
十四等奖	0.5	1	2	2.5

第五章 中　　奖

第十六条 在长城拼图第一环节中，屏幕上有 4×6 区域的长城墙砖将会顺序反转，每块长城墙砖成为中国传统吉祥物图案拼图的一个板块，当多个板块排列组成一个或多个符合规定的完整吉祥物图案时，即中得相应奖级和对应奖金。

第十七条 长城拼图中奖条件匹配表如下：

奖级	图案	图案数量（个）
一等奖	龙凤呈祥	龙×1 加凤凰×1
二等奖	龙	×2
三等奖	凤凰	×2
四等奖	麒麟	×2
五等奖	熊猫	×2
六等奖	金元宝	×2
七等奖	狮子	×2
八等奖	龙	×1
九等奖	凤凰	×1
十等奖	麒麟	×1
十一等奖	熊猫	×1
十二等奖	金元宝	×1
十三等奖	狮子	×1
十四等奖	金鱼	×1

第十八条 在第二环节中，通过“碰运气”、“长城之旅”也可以按规则获得与第一环节同样的十四个奖级的奖金，中奖奖金直接在游戏页面显示。

第十九条 投注及中奖情况，以相关省体彩机构彩票销售系统数据为准。

第六章 兑　　奖

第二十条 长城拼图的中奖凭证是购买者所持的投注卡和销售厅出具的结算清单。

第二十一条 单注中出一万元及以下的奖金，由彩票销售系统自动转至中奖者投注卡。

第二十二条 单注中出超过一万元的奖金，中奖者兑奖时需持投注卡、销售厅出具的结算清单、本人有效身份证件到相关省体彩机构指定兑奖点办理兑奖手续，需缴纳的个人所得税，由指定兑奖点代扣代缴。

第二十三条 长城拼图兑奖有效期为自中奖之日起 60 个自然日内。逾期未兑奖的奖金视为弃奖，弃奖奖金纳入彩票公益金。

第二十四条 兑奖机构可以查验中奖者的中奖彩票及有效身份证件，中奖者兑奖时应予配合。

第七章 附　　则

第二十五条 本规则自批准之日起执行。

附件 2

中国体育彩票海南省体育娱乐视频海南珍宝游戏规则

第一章 总 则

第一条 根据《彩票管理条例》、《彩票管理条例实施细则》、《彩票发行销售管理办法》（财综［2012］102 号）等相关规定，制定本规则。

第二条 中国体育彩票海南省体育娱乐视频海南珍宝游戏（以下简称“海南珍宝”）由国家体育总局体育彩票管理中心发行和组织销售，由经财政部批准的体育彩票销售机构（以下简称“相关省体彩机构”）在所辖区域内销售。

第三条 海南珍宝采用计算机网络系统发行，在经批准设立的销售厅内通过彩票投注专用设备销售，实时开奖。

第四条 海南珍宝实行自愿购买，凡购买该彩票均被视为同意并遵守本规则。

第五条 海南珍宝不得在销售厅之外的任何场所销售，不得向未成年人销售彩票或兑付奖金。

第二章 投 注

第六条 海南珍宝是在 3 行 3 列共 9 个位置上，每次变换 9 个图案，沿 5 条固定中奖线形成 5 组不同的图案组合，每变换一次为一注。

第七条 购买者按规定可在销售厅任意选择一台投注终端机使用投注卡登录销售系统，只有当投注卡通过销售系统检验且购买者本人同意《彩民协议》后，方可开始投注。

第八条 海南珍宝设有 0.5 元、1 元、1.5 元、2 元、3 元、4 元、5 元和 10 元八个投注价格。购买者可自愿选择投注价格。

第九条 每次投注结束后购买者可以选择继续投注或退出本游戏返回游戏大厅，退出登录后凭投注卡可向销售厅索取结算清单。

第三章 游 戏

第十条 海南珍宝有两个游戏环节，游戏中如果在第一环节中获得奖金后可进入第二环节，进行猜扑克牌大小游戏，并按照本规则获得相应奖金。

第十一条 在第一环节中，首先选择投注价格再开始游戏。点击“开始”按钮后，三个转轴开始转动，再次点击“开始”按钮后，转轴逐渐停止转动。

第十二条 在第一环节中，“海南珍宝”符号出现且通过“海南珍宝”符号至少有一条中奖线中奖时，购买者可以获得免费游戏的机会，最多连续获得 10 次。

第十三条 在第二环节猜扑克牌大小游戏中，猜中后当前奖金翻倍，猜错后当前奖金归零并结束本次游戏。翻倍无次数限制，但以最高奖金为限制，翻倍后最高奖金不得超过 100 000 元。当多轮猜扑克牌大小游戏过后，当前的奖金翻倍基数在大于 50 000 元小于或等于 100 000 元之间时，则本次游戏自动结束。在每轮猜扑克牌大小游戏开始以前，购买者可选择提取当前奖金并结束本次游戏。

第四章　设　　奖

第十四条　海南珍宝按销售额的 67%、12%、21%分别计提彩票奖金、彩票发行费和彩票公益金。

第十五条　在第一环节中，每条中奖线对应不同图案组合固定奖奖级设置如下：

投注价格 中奖符号	单条中奖线中奖金额（元）							
	0.5 元	1 元	1.5 元	2 元	3 元	4 元	5 元	10 元
黄花梨	500	1 000	1 500	2 000	3 000	4 000	5 000	10 000
珍珠	100	200	300	400	600	800	1 000	2 000
红珊瑚	50	100	150	200	300	400	500	1 000
玳瑁	20	40	60	80	120	160	200	400
砗磲	10	20	30	40	60	80	100	200
黎锦	5	10	15	20	30	40	50	100
水晶石	1.5	3	4.5	6	9	12	15	30
灵芝	0.5	1	1.5	2	3	4	5	10
椰雕	0.2	0.4	0.6	0.8	1.2	1.6	2	4

第十六条　在第二环节中，奖金翻倍的初始基数为第一环节中得的奖金数额，以此为基数开始翻倍。

第十七条　海南珍宝最高奖金限制为 100 000 元，单条中奖线可中得的最高奖金为 10 000 元。

第五章　中　　奖

第十八条　在第一环节中，有 5 条固定中奖线，当转轴停转后，如有 3 个相同的符号组成与某一条中奖线排列相同，可中得该符号相对应奖金；“海南珍宝”为通配符，可替代任何符号。在游戏中，可能有一条或多条中奖线同时中奖，兼中兼得。

第十九条　在第二环节猜扑克牌大小游戏中，猜中后当前奖金翻倍，猜错后当前奖金归零。当猜中多轮后，购买者当前获得总奖金大于 50 000 元小于或等于 100 000元时，本次游戏自动结束并中得当前奖金。在每轮猜扑克牌大小开始以前，购买者可以选择提取当前奖金。

第二十条　第一环节每次中奖后，中奖符号会通过动画连成中奖线进行提示；第二环节每次中奖后，屏幕会提示是否继续游戏。

第二十一条　投注及中奖情况，以相关省体彩机构彩票销售系统数据为准。

第六章　兑　　奖

第二十二条　海南珍宝的中奖凭证是购买者所持的投注卡和销售厅出具的结算清单。

第二十三条　单注中出 10 000 元及

以下的奖金，由彩票销售系统自动转至中奖者投注卡。

第二十四条 单注中出超过一万元的奖金，中奖者兑奖时需持投注卡、销售厅出具的结算清单、本人有效身份证件到相关省体彩机构指定兑奖点办理兑奖手续，需缴纳的个人所得税，由指定兑奖点代扣代缴。

第二十五条 海南珍宝兑奖有效期为自中奖之日起 60 自然日内。逾期未兑奖的奖金视为弃奖，弃奖奖金纳入彩票公益金。

第二十六条 兑奖机构可以查验中奖者的中奖彩票及有效身份证件，中奖者兑奖时应予配合。

第七章 附 则

第二十七条 本规则自批准之日起执行。

附件 3

中国体育彩票海南省体育娱乐视频足球三猜游戏规则

第一章 总 则

第一条 根据《彩票管理条例》、《彩票管理条例实施细则》、《彩票发行销售管理办法》（财综［2012］102 号）等相关规定，制定本规则。

第二条 中国体育彩票海南省体育娱乐视频足球三猜游戏（以下简称“足球三猜”）由国家体育总局体育彩票管理中心发行和组织销售，由经财政部批准的体育彩票销售机构（以下简称“相关省体彩机构”）在所辖区域内销售。

第三条 足球三猜采用计算机网络系统发行，在经批准设立的销售厅内通过彩票投注专用设备销售，实时开奖。

第四条 足球三猜实行自愿购买，凡购买者均被视为同意并遵守本规则。

第五条 足球三猜不得在销售厅之外的任何场所销售，不得向未成年人销售彩票或兑付奖金。

第二章 投 注

第六条 足球三猜是指依次转动三个足球上 0—3 个共 4 个号码，任意选择三个足球转动停止后被框选的三个数字之和候选项或三个数字相同候选项，共 12 个候选项进行投注，一个候选项为一注。

第七条 购买者按规定可在销售厅任意选择一台投注终端机使用投注卡登录销售系统，只有当投注卡通过销售系统检验且购买者本人同意《彩民协议》后，方可开始投注。

第八条 在第一环节中，购买者可以选择一个或多个候选项进行投注，单注彩票一次投注人民币金额最低为0.1元，最高为10元。

第九条 每次投注结束后购买者可以选择继续投注或退出本游戏返回游戏大厅，退出登录后凭投注卡可向销售厅索取结算清单。

第三章 游　　戏

第十条 足球三猜有两个游戏环节，游戏中如果在第一环节中获得奖金后可进入第二环节，进行点球射门游戏，并按照本规则获得相应奖金。

第十条 在第一环节中，预测三个足球转动停止后被框选的三个数字之和或三个数字相同，如果购买者预测的结果与当场开奖开出的数值或排列相一致，则中得相应的奖金。

第十一条 购买者可以通过点击候选项来增加在该候选项下的投注额，在每个候选项下的投注额增加规则如下：

价格区间（单位：元）	增幅
小于0.5	0.1
大于等于0.5且小于1	0.5
大于等于1且小于10	1

第十二条 在第二环节点球射门游戏中，购买者可以为射门球员选择“左”、“右”作为射门方向，进球后当前奖金翻倍、射失后当前奖金归零并结束本次游戏。点球射门游戏最多进行6轮，6轮过后本次游戏自动结束。在每轮点球射门游戏开始以前，购买者可选择提取当前奖金并结束本次游戏。

第四章 设　　奖

第十三条 足球三猜按销售额的67%、12%、21%分别计提彩票奖金、彩票发行费和彩票公益金。

第十四条 在第一环节中，以单注投注金额1元计，每个候选项固定奖奖级设置如下：

投注候选项	中奖金额（单位：元）
1	14.29
2	7.15
3	4.29
4	3.57
5	3.57
6	4.29
7	7.15
8	14.29
3×0	42.88
3×1	42.88
3×2	42.88
3×3	42.88

第十五条 在第二环节中，奖金翻倍的初始基数为第一环节中得的奖金数额，以此为基数开始翻倍。

第五章 中　　奖

第十六条 在第一环节中，购买者选择投注的候选项数值与当场三个框选数字之和相同，即中奖；购买者选择投注的候选项排列与当场框选的三个数字完全相同，即中奖。

第十七条 在第一环节中，购买者中奖金额等于本局购买方案中中奖候选项的投注金额与该候选项的固定奖奖金之乘积。在游戏中，可能中得一个或两个候选项，兼中兼得。

第十八条 在第二环节中，购买者可以为射门球员选择“左”、“右”作为射门方向，进球后当前奖金翻倍、射失后当前奖金归零。点球射门进行 6 轮过后，本次游戏自动结束并中得当前奖金。在每轮点球射门游戏开始以前，购买者可选择提取当前奖金并结束本次游戏。

第十九条 投注及中奖情况，以相关省体彩机构彩票销售系统数据为准。

第六章 兑 奖

第二十条 足球三猜的中奖凭证是购买者所持的投注卡和销售厅出具的结算清单。

第二十一条 单注中出一万元及以下的奖金，由彩票销售系统自动转至中奖者投注卡。

第二十二条 第二环节奖金总额中出超过一万元的奖金，中奖者兑奖时需持投注卡、销售厅出具的结算清单、本人有效身份证件到相关省体彩机构指定兑奖点办理兑奖手续，需缴纳的个人所得税，由指定兑奖点代扣代缴。

第二十三条 足球三猜兑奖有效期为自中奖之日起 60 自然日内。逾期未兑奖金视为弃奖，弃奖奖金纳入彩票公益金。

第二十四条 兑奖机构可以查验中奖者的中奖彩票及有效身份证件，中奖者兑奖时应予配合。

第七章 附 则

第二十五条 本规则自批准之日起执行。

附件 4

中国体育彩票海南省体育娱乐视频赛马游戏规则

第一章 总 则

第一条 根据《彩票管理条例》、《彩票管理条例实施细则》、《彩票发行销售管理办法》（财综［2012］102 号）等相关规定，制定本规则。

第二条 中国体育彩票海南省体育娱乐视频赛马游戏（以下简称“视频赛马”）由国家体育总局体育彩票管理中心发行和组织销售，由经财政部批准的体育彩票销售机构（以下简称“相关省体彩机构”）在所辖区域内销售。

第三条 视频赛马采用计算机网络系统发行销售，在经批准设立的销售厅内通过彩票投注专用设备销售，实时开奖。

第四条 视频赛马实行自愿购买，凡购买该彩票均被视为同意并遵守本规则。

第五条 视频赛马不得在销售厅之外的任何场所销售，不得向未成年人销售彩票或兑付奖金。

第二章 投 注

第六条 视频赛马是从 1—7 共 7 个虚拟参赛马匹的号码中，任意选择含有一个或两个号码组合的候选项进行投注，一个候选项为一注。

第七条 购买者按规定可在销售厅任意选择一台投注终端机使用投注卡登录销售系统，只有当投注卡通过销售系统检验且购买者本人同意《彩民协议》后，方可开始投注。

第八条 在一场视频赛马比赛中，购买者可以选择一个或多个候选项进行投注，单注彩票一次投注人民币金额最低为0.1元，最高为10元。

第九条 每次投注结束后购买者可以选择继续投注或退出本游戏返回游戏大厅，退出登录后凭投注卡可向销售厅索取结算清单。

第三章 游 戏

第十条 视频赛马每场赛事中的虚拟参赛马匹均为7匹马，每场赛事均会通过专用计算机系统，对每个投注候选项设定一个固定奖金（以单注投注金额1元计）。左上角有“F”字样图案的投注候选项表示最有可能猜中获胜的候选项。

第十一条 视频赛马包含以下四类候选项，购买者可以选择其中一类或者多类进行投注。

独赢（前1）：从7匹虚拟参赛马匹中选择获得比赛第一名的赛马投注；

位置（前2中1）：从7匹虚拟参赛马匹中任选1匹排名前二的赛马投注；

连赢位（前2定位）：从7匹虚拟参赛马匹中选择2匹获得比赛第一名和第二名的赛马投注；

连赢（前2不定位）：从7匹虚拟参赛马匹中任选2匹排名前二的赛马投注。

第十二条 点击屏幕右上角的“连赢（前2不定位）”按钮可以从“连赢位（前2定位）”模式切换到“连赢（前2不定位）”模式；通过点击“取消”按钮，可以从“连赢（前2不定位）”模式返回到“连赢位（前2定位）”模式。

第十三条 购买者可以通过点击候选项来增加在该候选项下的投注额，在每个候选项下的投注额增加规则如下：

价格区间（单位：元）	增幅
小于0.5	0.1
大于等于0.5且小于1	0.5
大于等于1且小于10	1

第四章 设 奖

第十四条 视频赛马按销售额的67%、12%、21%分别计提彩票奖金、彩票发行费和彩票公益金。

第十五条 视频赛马的每场赛事均会通过专用计算机系统，对每个投注候选项设定一个固定奖金（以单注投注金额1元计），当场比赛结果中奖金额等于当场购买方案中中奖候选项的投注金额与该候选项固定奖金（以单注投注金额1元计）之乘积。

第五章 中 奖

第十六条 根据购买者选择的候选项与当场虚拟参赛马匹的号码按比赛名次顺序的相符情况，确定相应的中奖资格，具体规定如下：

独赢（前1）：所投注的候选项号码与当场赛事中比赛结果第一名的赛马号码相同，即中奖。

位置（前2中1）：所投注的候选项号码与当场赛事中排名前两名赛马号码中的任意1个号码相同，即中奖。

连赢位（前2定位）：所投注的候选项号码与当场赛事中结果第一名和第二名的赛马号码和排名位次相同，即中奖。

连赢（前2不定位）：所投注的候选项号码与当场赛事中排名前两名赛马号码中的任意2个号码相同，即中奖。

第十七条 购买者中奖金额等于当场购买方案中中奖候选项的投注金额与该候选项固定奖金（以单注投注金额1元计）之乘积。根据比赛结果可能中得多个候选项，兼中兼得。

第十八条 投注及中奖情况，以相关省体彩机构彩票销售系统数据为准。

第六章 兑 奖

第十九条 视频赛马的中奖凭证是购买者所持的投注卡和销售厅出具的结算清单。

第二十条 单注中出一万元及以下的奖金，由彩票销售系统自动转至中奖者投注卡。

第二十一条 单注中出超过一万元的奖金，中奖者兑奖时需持投注卡、销售厅出具的结算清单、本人有效身份证件到相关省体彩机构指定兑奖点办理兑奖手续，需缴纳的个人所得税，由指定兑奖点代扣代缴。

第二十二条 视频赛马兑奖有效期为自中奖之日起60个自然日内。逾期未兑奖的奖金视为弃奖，弃奖奖金纳入彩票公益金。

第二十三条 兑奖机构可以查验中奖者的中奖彩票及有效身份证件，中奖者兑奖时应予配合。

第七章 附 则

第二十四条 本规则自批准之日起执行。

财政部办公厅关于同意在江苏省试点发行销售中国体育彩票手机即开游戏的通知

（2014年9月17日 财政部 财办综［2014］81号）

国家体育总局体育彩票管理中心：

你中心《关于在江苏省试点开展手机即开体育彩票销售的请示》（体彩字［2014］182号）和《关于江苏手机即开体育彩票项目补充说明材料的报告》（体彩字［2014］269号）收悉。为完善体育彩票市场结构，培育彩票市场新增长点，促进体育彩票市场持续健康发展，经研究，根据《彩票管理条例》、《彩票管理条例实施细则》、《彩票发行销售管理办法》（财综［2012］102号）、《电话销售彩票管理暂行办法》（财综［2014］15号）等相关规定，现就有关事项通知如下：

一、同意你中心在江苏省试点发行销售中国体育彩票江苏省手机即开好运扑克、明星大赛、金牌闯关、趣味台球、趣味弹珠台、魔力四射等六款彩票游戏（游戏规则见附件1至6）。上述六款彩票游戏每期按彩票销售额的65%、12%和23%，分别计提彩票奖金、彩票发行费和彩票公益金。你中心应当自批准之日起4个月内上市销售上述六款彩票游戏。

二、上述六款彩票游戏上市销售前，你中心应当将拟上市销售日期、营销宣传计划、风险控制办法等销售实施方案报财政部审核，经核准后上市销售。你中心和江苏省体育彩票销售机构应当及时向社会发布公告，公告内容包括财政部批准文件的名称及文号、核准文件的名称及文号、上市销售的日期、财政部批准的《中国体育彩票江苏省手机即开好运扑克游戏规则》、《中国体育彩票江苏省手机即开全明星大赛游戏规则》、《中国体育彩票江苏省手机即开金牌闯关游戏规则》、《中国体育彩票江苏省手机即开趣味台球游戏规则》、《中国体育彩票江苏省手机即开趣味弹珠台游戏规则》、《中国体育彩票江苏省手机即开魔力四射游戏规则》等。上市销售满1个月后，你中心和江苏省体育彩票销售机构应当分别向同级财政部门提交上市销售情况的书面报告。

三、上述六款彩票游戏仅限在江苏省通过手机客户端方式销售，禁止在彩票实体销售网点销售。

四、彩票购买者利用电话购买彩票，应当注册开设投注账户。单个投注账户单日投注限额不得超过400元/天；手机即开彩票游戏单次投注限额不得超过10元/次；投注账户持续投注时间达到两小时，应当强制退出一个小时。

五、电话代销者应当按照财政部批准的事项、代销合同开展电话销售彩票业务，不得委托他人代销。电话代销者销售费用提取比例不得超过6%。

六、你中心应当通过电话销售彩票投注账户管理系统和监控预警系统合理确定彩票购买者归属行政区域划分，落实限额限时管理规定，不得跨省销售上述六款彩票游戏。

七、你中心和江苏省体育彩票销售机构应当严格遵照各项彩票管理制度规定，加强彩票销售的风险控制和安全管理；做好公告等工作，确保彩票市场持续健康发展。

附件：1. 中国体育彩票江苏省手机即开好运扑克游戏规则
2. 中国体育彩票江苏省手机即开全明星大赛游戏规则
3. 中国体育彩票江苏省手机即开金牌闯关游戏规则
4. 中国体育彩票江苏省手机即开趣味台球游戏规则
5. 中国体育彩票江苏省手机即开趣味弹珠台游戏规则
6. 中国体育彩票江苏省手机即开魔力四射游戏规则

附件1

中国体育彩票江苏省手机即开好运扑克游戏规则

第一章　总　　则

第一条　根据《彩票管理条例》、《彩票管理条例实施细则》、《彩票发行销售管理办法》（财综［2012］102号）、《电话销售彩票管理暂行办法》（财综［2014］15号）等有关规定，制定本规则。

第二条　中国体育彩票江苏省手机即开好运扑克（以下简称“好运扑克”）由国家体育总局体育彩票管理中心（以下简称“中体彩中心”）发行和组织销售，由经财政部批准的体育彩票销售机构（以下称“相关省级体彩机构”）在所辖区域内销售。

第三条　好运扑克采用计算机网络系统发行，通过手机客户端方式销售。

第四条　好运扑克实行自愿购买，凡购买该彩票者即视为同意并遵守本规则。

第五条　不得向未成年人出售彩票或兑付奖金。

第二章　投　　注

第六条　购买好运扑克时，购买者应当首先注册开设投注账户，方可进行投注。购买者从A、2、3、4、5、6、7、8、9、10、J、Q、K（不分花色）共13张牌中任意选择3张牌进行投注。根据所选牌型不同，可分为三种投注方式：

（一）异号投注：所选3张牌号码完全不同。

（二）双同号投注：所选3张牌号码有2张相同。

（三）三同号投注：所选3张牌号码完全相同。

第七条　单注投注金额为人民币0.1元、0.2元、0.5元、1元、2元、3元、5元、10元。单次游戏投注金额不超过10元。

第八条　在游戏过程中不能追加、修改或取消投注额。游戏完毕后可选择继续投注进行游戏，或退出游戏。

第三章　设　　奖

第九条　好运扑克按销售额的65%、12%、23%分别计提彩票奖金、彩票发行费和彩票公益金。

第十条　好运扑克对每种投注方式，均设有普通奖和附加奖，两种设奖兼中兼得。各奖级和奖金规定如下（以投注1元计算）：

（一）普通奖

1. 异号投注

（1）三张牌对应：单注奖金250元。

（2）三张牌相同：单注奖金25元。

（3）两张牌对应：单注奖金5元。

（4）两张牌相同：单注奖金1元。

（5）一张牌对应：单注奖金0.5元。

2. 双同号投注

（1）三张牌对应：单注奖金 250 元。

（2）三张牌相同：单注奖金 120 元。

（3）两张牌对应：单注奖金 5 元。

（4）两张牌相同：单注奖金 2.5 元。

（5）一张牌对应：单注奖金 0.5 元。

3. 三同号投注

（1）三张牌对应：单注奖金 300 元。

（2）两张牌对应：单注奖金 20 元。

（3）一张牌对应：单注奖金 0.5 元。

（二）附加奖

1. 同花顺：单注奖金 25 元。

2. 三同号：单注奖金 10 元。

3. 顺子：单注奖金 2 元。

4. 同花：单注奖金 1 元。

5. 对子：单注奖金 0.2 元。

第四章　开　　奖

第十一条　游戏开始后，系统从 A、2、3、4、5、6、7、8、9、10、J、Q、K（区分 4 种花色）共 52 张牌中随机抽取 3 张互不相同的牌。

第十二条　3 张牌按抽出顺序依次摆放在系统牌的相应位置，作为本次游戏的开奖结果。

第五章　中　　奖

第十三条　由系统开出牌与购买者所选牌进行比对。若比对结果符合普通奖中奖条件组合，即可中得普通奖；若系统随机抽取的 3 张牌符合附加奖条件组合，即可中得附加奖。具体规定如下：

（一）普通奖

1. 三张牌对应：所选牌与系统抽取牌，全部 3 张号码相同且位置对应。

2. 三张牌相同：所选牌与系统抽取牌，全部 3 张号码相同。

3. 两张牌对应：所选牌与系统抽取牌，有 2 张号码相同且位置对应。

4. 两张牌相同：所选牌与系统抽取牌，有 2 张号码相同。

5. 一张牌对应：所选牌与系统抽取牌，有 1 张号码相同且位置对应。

（二）附加奖

1. 同花顺：3 张牌花色相同且号码连续。

2. 三同号：3 张牌号码相同。

3. 顺子：3 张牌号码连续。

4. 同花：3 张牌花色相同。

5. 对子：2 张牌号码相同。

第十四条　若中奖奖金低于 500 元（含）时，购买者可以选择参与附加游戏猜单双。

第十五条　在附加游戏猜单双中，购买者竞猜系统随机选择的单张牌号码为单或双（竞猜范围 A、2、3、4、5、6、7、8、9、10，共 10 张牌；其中 A、3、5、7、9 为单，2、4、6、8、10 为双）。若猜中则游戏获胜，购买者可选择获得翻倍奖金或继续竞猜。若猜错则游戏结束，不获得任何奖金。当奖金超过 2 000 元时，游戏结束，系统自动兑奖。

第十六条　若购买者在游戏中途退出，或因软件硬件故障、通讯线路故障等原因造成未完成游戏的，系统将保留当前游戏进度，购买者可在即日起 30 天内返回游戏继续进行。如超过 30 天，系统自动完成当前游戏，若有中奖则奖金计入购买者账户。

第十七条　投注、开奖及中奖信息，以彩票销售系统中心数据机房存储的数据为准。

第六章　兑　　奖

第十八条　单注中奖金额在一万元（含）人民币以下的，于开奖当日由系统自动转至中奖者投注账户中。

第十九条　单注中奖金额超过一万元人民币的，中奖者需持本人有效身份证件，到相关省级体彩机构指定地点办理兑奖手续。需缴纳个人所得税的，由相关省级体彩机构代扣代缴。兑奖有效期为开奖之日起60个自然日内，逾期未兑奖视为弃奖，弃奖奖金纳入彩票公益金。

第七章　附　　则

第二十条　本规定自批准之日起执行。

附件2

中国体育彩票江苏省手机即开全明星大赛游戏规则

第一章　总　　则

第一条　根据《彩票管理条例》、《彩票管理条例实施细则》、《彩票发行销售管理办法》（财综［2012］102号）、《电话销售彩票管理暂行办法》（财综［2014］15号）等有关规定，制定本规则。

第二条　中国体育彩票江苏省手机即开全明星大赛（以下简称“全明星大赛”）由国家体育总局体育彩票管理中心（以下简称“中体彩中心”）发行和组织销售，由经财政部批准的体育彩票销售机构（以下称“相关省级体彩机构”）在所辖区域内销售。

第三条　全明星大赛采用计算机网络系统发行，通过手机客户端方式销售。

第四条　全明星大赛实行自愿购买，凡购买该彩票者即视为同意并遵守本规则。

第五条　不得向未成年人出售彩票或兑付奖金。

第二章　投　　注

第六条　购买全明星大赛时，购买者应当首先注册开设投注账户，方可进行投注。购买者预先将账户资金按1元＝100分的比例换算为相应游戏积分，但只有在游戏积分使用后方为有效投注。

第七条　投注后，进入积分累积游戏过程。在该过程中，每次游戏使用游戏积分最低10分，最高1 000分。

第八条　使用积分后，系统在3×3的方形区域内随机派发相应数量的图案，图案分为6种普通图案（大赛标志、奖杯、战术板、充气棒、绿色球衣、黄色球衣）、1种幸运图案（球员）和1种特殊图案（篮球进框）。

第九条 若任意横行、竖行或斜行出现3个相同的图案，即可获得相应游戏积分。若为幸运图案组合，即可参与幸运游戏。在幸运游戏中，从5张卡牌中随机抽取1张，并获得抽取卡牌对应的游戏积分。

第十条 在游戏中随机出现特殊图案，累积得到16个特殊图案后，积分累积游戏过程结束。结束后，根据所得游戏积分进入不同级别的开奖环节“三分投篮”。

第三章 设 奖

第十一条 全明星大赛按销售额的65%、12%、23%分别计提彩票奖金、彩票发行费和彩票公益金。

第十二条 全明星大赛设累积奖和固定奖。累积奖为浮动奖，按投注金额的5%累积设立。

第十三条 根据本场游戏所得游戏积分不同，设置不同奖级。各奖级对应奖金见下表：

奖级	五级 1—999分	四级 1 000—4 999分	三级 5 000—9 999分	二级 10 000—99 999分	一级 100 000分以上
积分 / 奖金 / 进球	500分	1 000分	5 000分	10 000分	100 000分
进5球	7.5元	15元	70元	125元	1 200元
进4球	6.5元	13元	62元	115元	1 120元
进3球	5.5元	11元	54元	105元	1 040元
进2球	4.5元	9元	46元	95元	960元
进1球	3.5元	7元	38元	85元	880元
不进球	2.5元	5元	30元	75元	800元

第四章 开 奖

第十四条 在开奖环节“三分投篮”游戏过程中，设有5个篮球和1个球筐。

第十五条 开始后，购买者先后投掷5个篮球。

第十六条 根据投进的篮球数量，作为本次游戏的开奖结果。

第五章 中 奖

第十七条 根据积分累积游戏过程结束后获得的游戏积分，选择对应奖级，并按等比例换算为对应的中奖奖金。中奖奖金不足0.01元时按0.01元计算。

第十八条 在开奖环节完成“三分投篮”游戏后，根据投进的篮球数量，对照奖级表获得相应的中奖奖金。

第十九条 购买者在投注过程中，一次使用100积分及以上，且出现9个相同的指定图案，本次游戏即可中出当前时刻的累积奖。单注累积奖封顶20万元人民币。累积奖中奖后，不影响游戏正常进行。

第二十条 若购买者在游戏中途停止，可选择退出或保留游戏。若选择退出游戏，即视为自愿放弃当前游戏进度，包括已获得的本场积分、特殊图案数量，若此刻已获得累积奖，则单独对累积奖予以兑奖。若选择保留游戏，或因软件硬件故障、通讯线路故障等原因造成未完成游戏的，系统将保留当前游戏进度，包括已获得的本场获得积分、特殊图案数量、累积奖。购买者可在即日起30天内返回游戏继续进行。如超过30天，视为自愿选择退出游戏，按退出游戏进行相应处理。

第二十一条　投注、开奖及中奖信息，以彩票销售系统中心数据机房存储的数据为准。

第六章　兑　　奖

第二十二条　单注中奖金额在10 000元（含）人民币以下的，于开奖当日由系统自动转至中奖者投注账户中。

第二十三条　单注中奖金额超过一万元人民币的，中奖者需持本人有效身份证件，到相关省级体彩机构指定地点办理兑奖手续。需缴纳个人所得税的，由相关省级体彩机构代扣代缴。兑奖有效期为开奖之日起60个自然日内，逾期未兑奖视为弃奖，弃奖奖金纳入彩票公益金。

第七章　附　　则

第二十四条　本规定自批准之日起执行。

附件3

中国体育彩票江苏省手机即开金牌闯关游戏规则

第一章　总　　则

第一条　根据《彩票管理条例》、《彩票管理条例实施细则》、《彩票发行销售管理办法》（财综［2012］102号）、《电话销售彩票管理暂行办法》（财综［2014］15号）等有关规定，制定本规则。

第二条　中国体育彩票江苏省手机即开金牌闯关（以下简称“金牌闯关”）由国家体育总局体育彩票管理中心（以下简称“中体彩中心”）发行和组织销售，由经财政部批准的体育彩票销售机构（以下称“相关省级体彩机构”）在所辖区域内销售。

第三条　金牌闯关采用计算机网络系统发行，通过手机客户端方式销售。

第四条　金牌闯关实行自愿购买，凡购买该彩票者即视为同意并遵守本规则。

第五条　不得向未成年人出售彩票或兑付奖金。

第二章　投　　注

第六条　购买金牌闯关时，购买者应当首先注册开设投注账户，方可进行投注。单注投注金额为人民币2元、4元、6元、8元、10元。单次游戏投注金额不得超过10元。

第七条　在游戏过程中不能追加、修改或取消投注额。游戏完毕后可选择继续投注进行游戏，或退出游戏。

第三章 设　　奖

第八条 金牌闯关按销售额的65%、12%、23%分别计提彩票奖金、彩票发行费和彩票公益金。

第九条 金牌闯关设置高、低两个奖级，根据初始数字设置对应奖金。各奖级和奖金规定（以投注2元计算）：

初始数字	设奖		初始数字	设奖	
	猜中“高”	猜中“低”		猜中“高”	猜中“低”
2	1.32元	62.40元	26	2.71元	2.49元
3	1.35元	31.20元	27	2.83元	2.40元
4	1.38元	20.80元	28	2.97元	2.31元
5	1.41元	15.60元	29	3.12元	2.22元
6	1.45元	12.48元	30	3.28元	2.15元
7	1.48元	10.40元	31	3.46元	2.08元
8	1.52元	8.91元	32	3.67元	2.01元
9	1.56元	7.80元	33	3.90元	1.95元
10	1.60元	6.93元	34	4.16元	1.89元
11	1.64元	6.24元	35	4.45元	1.83元
12	1.68元	5.67元	36	4.80元	1.78元
13	1.73元	5.20元	37	5.20元	1.73元
14	1.78元	4.80元	38	5.67元	1.68元
15	1.83元	4.45元	39	6.24元	1.64元
16	1.89元	4.16元	40	6.93元	1.60元
17	1.95元	3.90元	41	7.80元	1.56元
18	2.01元	3.67元	42	8.91元	1.52元
19	2.08元	3.46元	43	10.40元	1.48元
20	2.15元	3.28元	44	12.48元	1.45元
21	2.22元	3.12元	45	15.60元	1.41元
22	2.31元	2.97元	46	20.80元	1.38元
23	2.40元	2.83元	47	31.20元	1.35元
24	2.49元	2.71元	48	62.40元	1.32元
25	2.60元	2.60元			

第四章 开　　奖

第十条 游戏开始后，系统从2—48的数字中随机开出一个初始数字。

第十一条 根据初始数字不同，高和低均设有一组对应的猜中奖金。

第十二条 由购买者竞猜下一个数字（1—49）与初始数字相比高或低。

第五章　中　　奖

第十三条　若猜中，购买者可以选择兑奖、继续竞猜或兑半。

第十四条　若选择兑奖，则获得当前所有奖金；若选择继续竞猜，则以上一个开出的数字作为初始数字（上一个开出的数字为1或49，则跳过该数字，系统重新开出一个非1、非49的数字），竞猜下一个数字与之相比高或低；若选择兑半，可获得一半奖金并继续竞猜；若猜错则游戏结束，不获得当前奖金。

第十五条　若购买者在游戏中途退出，或因软件硬件故障、通讯线路故障等原因造成未完成游戏的，系统将保留当前游戏进度，购买者可在即日起30天内返回游戏继续进行。如超过30天，系统自动完成当前游戏，若有中奖则奖金计入购买者账户。

第十六条　投注、开奖及中奖信息，以彩票销售系统中心数据机房存储的数据为准。

第六章　兑　　奖

第十七条　单注中奖金额在10 000元（含）人民币以下的，于开奖当日由系统自动转至中奖者投注账户中。

第十八条　单注中奖金额超过10 000元人民币的，中奖者需持本人有效身份证件，到相关省级体彩机构指定地点办理兑奖手续。需缴纳个人所得税的，由相关省级体彩机构代扣代缴。兑奖有效期为开奖之日起60个自然日内，逾期未兑奖视为弃奖，弃奖奖金纳入彩票公益金。

第七章　附　　则

第十九条　本规定自批准之日起执行。

附件4

中国体育彩票江苏省手机即开趣味台球游戏规则

第一章　总　　则

第一条　根据《彩票管理条例》、《彩票管理条例实施细则》、《彩票发行销售管理办法》（财综［2012］102号）、《电话销售彩票管理暂行办法》（财综［2014］15号）等有关规定，制定本规则。

第二条　中国体育彩票江苏省手机即开趣味台球（以下简称“趣味台球”）由国家体育总局体育彩票管理中心（以下简称“中体彩中心”）发行和组织销售，由经财政部批准的体育彩票销售机构（以下称“相关省级体彩机构”）在所辖区域内销售。

第三条　趣味台球采用计算机网络系统发行，通过手机客户端方式销售。

第四条　趣味台球实行自愿购买，凡购买该彩票者即视为同意并遵守本规则。

第五条 不得向未成年人出售彩票或兑付奖金。

第二章 投　注

第六条 购买趣味台球时，购买者应当首先注册开设投注账户，方可进行投注。购买者预先将账户资金按 1 元 =100 分的比例换算为相应游戏积分，但只有在游戏积分使用后方为有效投注。

第七条 投注后，进入积分累积游戏过程。在该过程中，每次游戏使用游戏积分最低 10 分，最高 1 000 分。

第八条 使用积分后，系统在 5×5 的方形区域内随机派发相应数量的图案，图案分为 5 种普通图案（黄球、红球、绿球、蓝球、紫球）和 1 种特殊图案（黑球）。

第九条 若出现 5 个及以上相连（上下相连或左右相连）的相同普通图案组合，即可获得相应游戏积分。同时，系统自动生成新的图案，直至不再形成 5 个及以上相连的相同普通图案组合。

第十条 在游戏中随机出现特殊图案，累积得到 20 个特殊图案后，积分累积游戏过程结束。结束后，根据所得游戏积分进入不同级别的开奖环节“花式撞球”。

第三章 设　奖

第十一条 趣味台球按销售额的 65%、12%、23% 分别计提彩票奖金、彩票发行费和彩票公益金。

第十二条 趣味台球设累积奖和固定奖。累积奖为浮动奖，按投注金额的 5% 累积设立。

第十三条 根据本场游戏所得游戏积分不同，设置不同奖级。各奖级对应奖金见下表：

奖级	五级 1—999 分	四级 1 000—4 999 分	三级 5 000—9 999 分	二级 10 000—99 999 分	一级 100 000 分以上
积分 / 奖金 / 进球	400 分	1 000 分	5 000 分	10 000 分	100 000 分
进 6 球	7 元	16 元	68 元	130 元	1 150 元
进 5 球	6 元	14 元	62 元	120 元	1 100 元
进 4 球	5 元	12 元	56 元	110 元	1 050 元
进 3 球	4 元	10 元	50 元	100 元	1 000 元
进 2 球	3 元	8 元	44 元	90 元	950 元
进 1 球	2 元	6 元	38 元	80 元	900 元
不进球	1 元	4 元	32 元	70 元	850 元

第四章 开　奖

第十四条 在开奖环节“花式撞球”游戏过程中，设有 6 个彩球和 6 个袋口。

第十五条 由白球同时撞击 6 个彩球，由进入袋口的彩球数量作为本次游戏的开奖结果。

第五章 中 奖

第十六条 根据积分累积游戏过程结束后获得的游戏积分，选择对应奖级，并按等比例换算为对应的中奖奖金。中奖奖金不足0.01元时按0.01元计算。

第十七条 在开奖环节完成“花式撞球”游戏后，根据进入袋口的彩球数量，对照奖级表获得相应的中奖奖金。

第十八条 购买者在投注过程中，一次使用100积分及以上，且中出21个及以上相连的相同普通图案，本次游戏即可中得当前时刻的累积奖。累积奖封顶30万元人民币。累计奖中奖后，不影响游戏正常进行。

第十九条 若购买者在游戏中途停止，可选择退出或保留游戏。若选择退出游戏，即视为自愿放弃当前游戏进度，包括已获得的本场积分、特殊图案数量，若此刻已获得累积奖，则单独对累积奖予以兑奖。若选择保留游戏，或因软件硬件故障、通讯线路故障等原因造成未完成游戏的，系统将保留当前游戏进度，包括已获得的本场获得积分、特殊图案数量、累积奖。购买者可在即日起30天内返回游戏继续进行。如超过30天，视为自愿选择退出游戏，按退出游戏进行相应处理。

第二十条 投注、开奖及中奖信息，以彩票销售系统中心数据机房存储的数据为准。

第六章 兑 奖

第二十一条 单注中奖金额在10 000元（含）人民币以下的，于开奖当日由系统自动转至中奖者投注账户中。

第二十二条 单注中奖金额超过10 000元人民币的，中奖者需持本人有效身份证件，到相关省级体彩机构指定地点办理兑奖手续。需缴纳个人所得税的，由相关省级体彩机构代扣代缴。兑奖有效期为开奖之日起60个自然日内，逾期未兑奖视为弃奖，弃奖奖金纳入彩票公益金。

第七章 附 则

第二十三条 本规定自批准之日起执行。

附件5

中国体育彩票江苏省手机即开趣味弹珠台游戏规则

第一章 总 则

第一条 根据《彩票管理条例》、《彩票管理条例实施细则》、《彩票发行销售管理办法》（财综［2012］102号）、《电话销售彩票管理暂行办法》（财综［2014］15号）等有关规定，制定本规则。

第二条 中国体育彩票江苏省手机即开趣味弹珠台（以下简称“趣味弹珠台”）由国家体育总局体育彩票管理中心（以下简称“中体彩中心”）发行和组织销售，由经财政部批准的体育彩票销售机构（以下称“相关省级体彩机构”）在所辖区域内销售。

第三条 趣味弹珠台采用计算机网络系统发行，通过手机客户端方式销售。

第四条 趣味弹珠台实行自愿购买，凡购买该彩票者即视为同意并遵守本规则。

第五条 不得向未成年人出售彩票或兑付奖金。

第二章 投 注

第六条 购买趣味弹珠台时，购买者应当首先注册开设投注账户，方可进行投注。单注投注金额为人民币 0.5 元、1 元、2 元、3 元、5 元、10 元。单次游戏投注金额不得超过 10 元。

第七条 在游戏过程中不能追加、修改或取消投注额。游戏完毕后可选择继续投注进行游戏，或退出游戏。

第三章 设 奖

第八条 趣味弹珠台按销售总额的 65%、12%、23% 分别计提彩票奖金、彩票发行费和彩票公益金。

第九条 趣味弹珠台各格子对应奖金规定（以投注 1 元计算）：

格子	落入弹珠数	设奖
1	3	50 元
	4	3 000 元
	5	100 000 元
2	3	2 元
	4	10 元
	5	100 元
3	3	1 元
	4	2 元
	5	10 元
4	3	0.5 元
	4	1 元
	5	5 元
5	3	3 元
	4	20 元
	5	200 元
6	3	30 元
	4	2 000 元
	5	80 000 元

第四章 开 奖

第十条 游戏设有 5 个弹珠和 6 个格子。

第十一条 游戏开始后，购买者拉动弹簧使弹珠从入口落下，在碰到障碍物后，弹珠随机向左或向右改变方向并继续下落，最终落入下方的格子中。

第十二条 5 个弹珠全部落入格子后，游戏结束。

第五章 中 奖

第十三条 若任意格子获得 3 个或以上的弹珠，可中得对应奖金。

第十四条 若中奖奖金低于 500 元（含）时，购买者可以选择参与附加游戏猜弹珠。

第十五条 在附加游戏猜弹珠中，购买者竞猜 2 个杯子中哪个杯子里有弹珠，若猜中则游戏获胜，购买者可选择获得翻倍奖金或继续竞猜。若猜错则游戏结束，不获得任何奖金。当奖金超过 2 000 元时，游戏结束，系统自动兑奖。

第十六条 若购买者在游戏中途退出，或因软件硬件故障、通讯线路故障等原因造成未完成游戏的，系统将保留当前游戏进度，购买者可在即日起 30 天内返回游戏继续进行。如超过 30 天，系统自动完成当前游戏，若有中奖则奖金计入购买者账户。

第十七条 投注、开奖及中奖信息，以彩票销售系统中心数据机房存储的数据为准。

第六章 兑　奖

第十八条 单注中奖金额在一万元（含）人民币以下的，于开奖当日由系统自动转至中奖者投注账户中。

第十九条 单注中奖金额超过一万元人民币的，中奖者需持本人有效身份证件，到相关省级体彩机构指定地点办理兑奖手续。需缴纳个人所得税的，由相关省级体彩机构代扣代缴。兑奖有效期为开奖之日起 60 个自然日内，逾期未兑奖视为弃奖，弃奖奖金纳入彩票公益金。

第七章 附　则

第二十条 本规定自批准之日起执行。

附件 6

中国体育彩票江苏省手机即开魔力四射游戏规则

第一章 总　则

第一条 根据《彩票管理条例》、《彩票管理条例实施细则》、《彩票发行销售管理办法》（财综［2012］102 号）、《电话销售彩票管理暂行办法》（财综［2014］15 号）等有关规定，制定本规则。

第二条 中国体育彩票江苏省手机即开魔力四射（以下简称“魔力四射”）由国家体育总局体育彩票管理中心（以下简称“中体彩中心”）发行和组织销售，由经财政部批准的体育彩票销售机构（以下称“相关省级体彩机构”）在所辖区域内销售。

第三条 魔力四射采用计算机网络系统发行销售，通过手机客户端方式销售。

第四条 魔力四射实行自愿购买，凡购买该彩票者即视为同意并遵守本规则。

第五条 不得向未成年人出售彩票或兑付奖金。

第二章 投　注

第六条 购买魔力四射时，购买者应当首先注册开设投注账户，方可进行投注。购买者预先将账户资金按 1 元 = 100 分的比例换算为相应游戏积分，但只有在游戏积分使用后方为有效投注。

第七条 投注后，进入积分累积游戏过程。在该过程中，每次游戏使用游戏积分最低 10 分，最高 1 000 分。

第八条 使用积分后，魔方自动旋转并停止，停止后显示魔方的 3 个面。

第九条 若所显示的 3 个面中的任意 1 个面内，出现 3 个相同颜色块连成的横行或竖行，即为获得 1 行。根据本次游戏在 3 个面内总共获得行的数量，获得相应游戏积分。

第十条 在游戏中随机出现特殊图案，累积得到 20 个特殊图案后，积分累积游戏过程结束。结束后，根据所得游戏积分进入不同级别的开奖环节“转魔方”。

第三章 设　　奖

第十一条 魔力四射按销售额的 65%、12%、23% 分别计提彩票奖金、彩票发行费和彩票公益金。

第十二条 魔力四射设累积奖和固定奖。累积奖为浮动奖，按投注金额的 5% 累积设立。

第十三条 根据本场游戏所得游戏积分不同，设置不同奖级。各奖级对应奖金见下表：

奖级	五级 1—999 分	四级 1 000—4 999 分	三级 5 000—9 999 分	二级 10 000—99 999 分	一级 100 000 分以上
积分 / 奖金 / 颜色	500 分	1 000 分	5 000 分	10 000 分	100 000 分
红色	7.5 元	15 元	70 元	125 元	1 200 元
绿色	6.5 元	13 元	62 元	115 元	1 120 元
黄色	5.5 元	11 元	54 元	105 元	1 040 元
白色	4.5 元	9 元	46 元	95 元	960 元
蓝色	3.5 元	7 元	38 元	85 元	880 元
橙色	2.5 元	5 元	30 元	75 元	800 元

第四章 开　　奖

第十四条 在开奖环节“转魔方”游戏过程中，设有一个魔方，魔方的 6 个面分别对应一种颜色。

第十五条 开始后，魔方整体自动旋转并停止。

第十六条 根据停止后朝上面的魔方颜色，作为本次游戏的开奖结果。

第五章 中　　奖

第十七条 根据积分累积游戏过程结束后获得的游戏积分，选择对应奖级，并按等比例换算为对应的中奖奖金。中奖奖金不足 0.01 元时按 0.01 元计算。

第十八条 在开奖环节完成“转魔方”游戏后，根据朝上面的魔方颜色，对照奖级表获得相应的中奖奖金。

第十九条 购买者在投注过程中，一次使用 100 积分及以上，且得到 18 行时，本次游戏即可中出当前时刻的累积奖。单注累积奖封顶 20 万元人民币。累计奖中奖后，不影响游戏正常进行。

第二十条 若购买者在游戏中途停

止，可选择退出或保留游戏。若选择退出游戏，即视为自愿放弃当前游戏进度，包括已获得的本场积分、特殊图案数量，若此刻已获得累积奖，则单独对累积奖予以兑奖。若选择保留游戏，或因软件硬件故障、通讯线路故障等原因造成未完成游戏的，系统将保留当前游戏进度，包括已获得的本场获得积分、特殊图案数量、累积奖。购买者可在即日起30天内返回游戏继续进行。如超过30天，视为自愿选择退出游戏，按退出游戏进行相应处理。

第二十一条 投注、开奖及中奖信息，以系统中心数据机房存储的数据为准。

第六章 兑 奖

第二十二条 单注中奖金额在一万元（含）人民币以下的，于开奖当日由系统自动转至中奖者投注账户中。

第二十三条 单注中奖金额超过一万元人民币的，中奖者需持本人有效身份证件，到相关省级体彩机构指定地点办理兑奖手续。需缴纳个人所得税的，由相关省级体彩机构代扣代缴。兑奖有效期为开奖之日起60个自然日内，逾期未兑奖视为弃奖，弃奖奖金纳入彩票公益金。

第七章 附 则

第二十四条 本规定自批准之日起执行。

财政部办公厅关于开展中国福利彩票双色球派奖活动有关事项的通知

（2014年9月30日 财政部 财办综［2014］82号）

中国福利彩票发行管理中心：

你中心《关于开展2014年中国福利彩票双色球派奖活动的请示》（中彩发字［2014］154号）收悉。为了进一步提升中国福利彩票双色球品牌形象，促进彩票市场持续健康发展。经研究，根据《彩票管理条例》、《彩票管理条例实施细则》、《彩票发行销售管理办法》（财综［2012］102号）等相关规定，现就有关事项通知如下：

一、同意你中心自中国福利彩票双色球（以下简称双色球）第2014124期（2014年10月26日开奖）起，连续开展40期一等奖派奖活动；自双色球第2014144期（2014年12月11日开奖）起，连续开展20期二等奖幸运蓝色球号码派奖活动。派奖方案如下：

1. 一等奖派奖方案。派奖活动期间，每期安排1 000万元对一等奖进行派奖，由当期一等奖中奖者按中奖注数均分。若当期一等奖未中出，则派奖奖金滚入下一期，与下一期派奖奖金合并后派奖；单注派奖奖金最高为500万元，当期派奖奖金按一等奖中奖注数均分后，若单注派奖奖金超过500万元，超过部分滚入下一期，与下一期派奖奖金合并后派奖，依次类推。最后一期一等奖若未中出，或者最后一期派奖奖金按一等奖中奖注数均分后单注派奖奖金超过500万元，则派奖活动往后顺延，直至派奖奖金派送完毕为止，但不再增加新的派奖奖金。

2. 二等奖幸运蓝色球号码派奖方案。派奖活动期间，每期安排500万元对二等奖幸运蓝色球号码进行派奖，由当期所有中得幸运蓝色球号码的二等奖中奖者按中奖注数均分。幸运蓝色球号码是指当期开奖摇出6个红色球号码和1个蓝色球号码后，在剩余的15个蓝色球号码中再摇出的另一个蓝色球号码。若二等奖中奖者所投注的蓝色球号码与当期幸运蓝色球号码相同，即可中得当期派奖奖金。若当期二等奖中奖者未中得幸运蓝色球号码，则派奖奖金滚入下一期，与下一期派奖奖金合并后派奖；单注派奖奖金最高为500万元，当期派奖奖金按所有中得幸运蓝色球号码的二等奖中奖注数均分后，若单注派奖奖金超过500万元，超过部分滚入下一期，与下一期派奖奖金合并后派奖，依次类推。最后一期二等奖中奖者未中得幸运蓝色球号码，或者最后一期派奖奖金按所有中得幸运蓝色球号码的二等奖中奖注数均分后单注派奖奖金超过500万元，则派奖活动往后顺延，直至派奖奖金派送完毕为止，但不再增加新的派奖奖金。

二、本次派奖活动所需资金5亿元从双色球调节基金中支出。派奖活动尚未到期，如果中国福利彩票双色球的调节基金已用完，应当停止派奖。

三、你中心应当在派奖活动开始5个自然日前，向社会公告双色球的派奖方案，并在公告中注明财政部的批准文件名称及文号。

四、你中心应当严格按照现行彩票管理制度规定，会同各省、自治区、直辖市福利彩票销售机构加强彩票销售的风险控制和安全管理，做好公告等工作，确保彩票市场平稳健康发展。

附件：中国福利彩票浙江省快2游戏规则

附件

中国福利彩票浙江省快2游戏规则

第一章　总　　则

第一条　根据《彩票管理条例》、《彩票管理条例实施细则》、《彩票发行销售管理办法》（财综［2012］102号）等相关规定，制定本规则。

第二条　中国福利彩票浙江省快2游戏（以下简称“快2”）由中国福利彩票发行管理中心发行和组织销售，由浙江省福利彩票销售机构（以下简称“浙江福彩机构”）在所辖舟山群岛新区内销售。

第三条 快 2 采用计算机网络系统发行，在浙江福彩机构设置的销售网点销售，定期开奖。

第四条 快 2 实行自愿购买，凡购买者均被视为同意并遵守本规则。

第五条 不得向未成年人出售彩票或兑付奖金。

第二章 投 注

第六条 快 2 是指从 1—22 共二十二个号码中任意选择一个号码组成一注进行投注，其中，1—20 为数字号码球，21 和 22 为公益号码球。每注金额人民币 2 元。购买者可对其选定的投注号码进行多倍投注，投注倍数范围为 2—99 倍。单张彩票的投注金额最高不得超过 20 000 元。

第七条 购买者可在浙江福彩机构设置的销售网点投注。投注号码经投注机打印出兑奖凭证，交购买者保存，此兑奖凭证即为快 2 彩票。

第八条 购买者可选择机选号码投注、自选号码投注。机选号码投注是指由投注机随机产生投注号码进行投注，自选号码投注是指将购买者选定的号码输入投注机进行投注。

第九条 购买者可选择单式投注、复式投注。单式投注是指从 1—22 共二十二个号码中任意选择一个号码进行投注。复式投注是指所选号码个数超过单式投注的号码个数，所选号码可组合为每一种单式投注方式的多注彩票的投注。快 2 游戏复式投注分为“组选 2”、“组选 4”、“组选 5”、“任选 2 个或以上”四种，具体规定如下：

（一）组选 2：是指从 20 个数字号码球中选择 2 个号码进行投注。根据投注号码区间，分别命名为：红（1、2），橙（3、4），黄（5、6），绿（7、8），青（9、10），蓝（11、12），紫（13、14），乐（15、16），运（17、18），彩（19、20）。

（二）组选 4：是指从 20 个数字号码球中选择 4 个号码进行投注。根据投注号码区间，分别命名为：东（1、2、3、4），南（5、6、7、8），西（9、10、11、12），北（13、14、15、16），中（17、18、19、20）。

（三）组选 5：是指从 20 个数字号码球中选择 5 个号码进行投注。根据投注号码区间，分别命名为：福（1、2、3、4、5），禄（6、7、8、9、10），寿（11、12、13、14、15），禧（16、17、18、19、20）。

（四）任选 2 个或以上：是指从 20 个数字号码球中任意选择 2 个或 2 个以上的号码进行投注。

第十条 购买者可选择多期投注。多期投注是指购买从当期起最多连续 12 期的彩票。

第十一条 快 2 每期销售时间为 5 分钟。销售期号以销售日按每期开奖顺序编排。

第十二条 快 2 每期全部投注号码的可投注数量实行限量销售，若投注号码受限，则不能投注。若因销售终端故障、通讯线路故障和投注站信用额度受限等原因造成投注不成功，应退还购买者投注金额。

第三章 设 奖

第十三条 快 2 按当期销售额的

67%、13%和20%分别计提彩票奖金、彩票发行费和彩票公益金。彩票奖金分为当期奖金和调节基金，其中，66%为当期奖金，1%为调节基金。

第十四条 快2按不同单式投注方式设奖，均为固定奖。奖金规定如下：

（一）数字号码球：单注奖金固定为29元；

（二）公益号码球：单注奖金固定为12元。

第十五条 快2设置调节基金。调节基金包括按销售总额1%提取部分、逾期未退票的票款。调节基金用于支付不可预见的奖金支出风险，以及设立特别奖。动用调节基金设立特别奖，应报同级财政部门审核批准。

第十六条 快2设置奖池。奖池资金由当期计提奖金与实际中出奖金的差额组成。当期实际中出奖金小于计提奖金时，余额进入奖池；当期实际中出奖金超过计提奖金时，差额由奖池资金补足。当奖池资金总额不足时，由调节基金补足，调节基金不足时，用彩票兑奖周转金垫支。在出现彩票兑奖周转金垫支的情况下，当调节基金有资金滚入时优先偿还垫支的彩票兑奖周转金。当奖池资金超过200万元时，超出部分转入调节基金。

第四章　开　　奖

第十七条 快2采用专用电子摇奖设备开奖，每期从1—22共二十二个号码中随机生成一个号码作为当期开奖号码。每期开奖时间为1分钟。

第十八条 每期开奖后，浙江福彩机构应向社会公布开奖号码、当期销售总额、各奖级中奖情况及奖池资金余额等信息，并将开奖结果通知销售网点。

第五章　中　　奖

第十九条 根据购买者选择的快2游戏的投注号码和投注方式，与当期开奖号码的相符情况，确定相应的中奖资格。具体规定如下：

（一）数字号码球：当期开奖号码为数字号码球，且投注号码与当期开奖号码相符，即中奖；

（二）公益号码球：当期开奖号码为公益号码球，且投注号码为两个公益号码球中的任意一个，即中奖。

第二十条 当期每注投注号码按其投注方式只有一次中奖机会，不能兼中兼得，特别设奖除外。

第六章　兑　　奖

第二十一条 快2游戏兑奖当期有效。中奖者应当自开奖之日起60个自然日内，持中奖彩票到指定的地点兑奖。逾期未兑奖视为弃奖，弃奖奖金纳入彩票公益金。

第二十二条 中奖彩票为中奖唯一凭证，中奖彩票因玷污、损坏等原因不能正确识别的，不能兑奖。

第二十三条 兑奖机构可以查验中奖者的中奖彩票及有效身份证件，中奖者兑奖时应予配合。

第七章　附　　则

第二十四条 本规则自批准之日起执行。

财政部办公厅关于同意印制发行“猜猜看”等 9 款即开型体育彩票的通知

（2014 年 10 月 14 日　财政部　财办综［2014］84 号）

国家体育总局体育彩票管理中心：

你中心《关于印制发行“猜猜看”等 9 款即开型体育彩票的请示》（体彩字［2014］302 号）收悉。为优化体育彩票游戏结构，促进彩票市场健康发展，经研究，根据《彩票管理条例》、《彩票管理条例实施细则》和《彩票发行销售管理办法》（财综［2012］102 号）等有关规定，现就有关事项通知如下：

一、同意你中心印制发行“猜猜看”等 9 款即开型体育彩票，具体游戏规则见附件。“猜猜看”等即开型体育彩票按其销售总额的 65%、15% 和 20% 分别计提彩票奖金、彩票发行费和彩票公益金。

二、上市销售前，你中心应及时向社会发布公告，并在公告中注明财政部批准的文件名称、文号、上市销售日期以及《“猜猜看”等即开型体育彩票游戏规则》等。各省、自治区、直辖市体育彩票销售机构应当将拟上市销售日期、营销宣传计划、风险控制办法等销售实施方案报同级财政部门审核，经核准后上市销售。

三、你中心向各省、自治区、直辖市体育彩票销售机构分配即开型体育彩票时，应当将彩票游戏、数量和金额等具体分配方案报财政部备案，并按月报送全国印制和发行情况。上市销售满 1 个月后，你中心和各省、自治区、直辖市体育彩票销售机构应当向同级财政部门提交上市销售情况的书面报告。

四、你中心应当严格按照各项彩票管理制度规定，建立健全即开型彩票发行销售的风险防控制度及应急机制；督促各省、自治区、直辖市体育彩票销售机构切实加强安全管理，做好公告等工作，确保即开型彩票市场持续健康发展。

附件：“猜猜看”等即开型体育彩票游戏规则

附件

“猜猜看”等即开型体育彩票游戏规则

一、猜猜看

（一）面值：2元。

（二）奖组：60万张（120万元）。

（三）玩法规则：刮开覆盖膜，如果在任意一场游戏中，你的分数大于朋友的分数，即中得该场游戏右方所示的金额。兼中兼得。

（四）设奖方案：

奖级	中奖金额（元）	中奖个数	中奖小计（元）
1	15 000	1	15 000
2	1 000	5	5 000
3	500	75	37 500
4	100	785	78 500
5	50	2 000	100 000
6	20	2 000	40 000
7	10	2 000	20 000
8	5	32 000	160 000
9	2	162 000	324 000
合计		**200 866**	**780 000**

二、中国红

（一）面值：5元。

（二）奖组：60万张（300万元）。

（三）玩法规则：刮开覆盖膜，如果你的号码中的任意一个号码与中奖号码之一相同，即中得该号码下方所示的金额；如果出现“红”标志，即中得该标志下方所示金额的两倍。如果在幸运奖区出现金额标志，即中得该金额。兼中兼得。

（四）设奖方案：

奖级	中奖金额（元）	中奖个数	中奖小计（元）
1	100 000	1	100 000
2	1 000	5	5 000
3	500	50	25 000
4	200	100	20 000
5	100	500	50 000
6	50	5 000	250 000
7	20	20 000	400 000
8	10	55 000	550 000
9	5	110 000	550 000
合计		**190 656**	**1 950 000**

三、双龙戏珠

（一）面值：5元。

（二）奖组：60万张（300万元）。

（三）玩法规则：①游戏一：刮开覆盖膜，如果出现两个相同号码，即中得该游戏右方所示的金额。②游戏二：刮开覆盖膜，如果出现两个相同符号，即中得该游戏右方所示的金额。③刮开自动中奖区覆盖膜，如果出现的号码与游戏一中的任意一个号码相同，即中得50元；如果出现的符号与游戏二中的任意一个符号相同，即中得100元。兼中兼得。

（四）设奖方案：

奖级	中奖金额（元）	中奖个数	中奖小计（元）
1	100 000	1	100 000
2	1 000	10	10 000
3	400	250	100 000
4	100	2 550	255 000
5	50	5 000	250 000
6	40	1 500	60 000
7	20	15 000	300 000
8	10	30 000	300 000
9	5	115 000	575 000
合计		**169 311**	**1 950 000**

四、中国红

（一）面值：10元。

（二）奖组：60万张（600万元）。

（三）玩法规则：刮开覆盖膜，如果你的号码中的任意一个号码与中奖号码之一相同，即中得该号码下方所示的金额；如果出现“红”标志，即中得该标志下方所示金额的两倍；如果出现“灯笼”标志，即中得该标志下方所示金额的五倍。如果在幸运奖区出现金额标志，即中得该金额。兼中兼得。

（四）设奖方案：

奖级	中奖金额（元）	中奖个数	中奖小计（元）
1	250 000	1	250 000
2	10 000	5	50 000
3	1 000	100	100 000
4	500	200	100 000
5	200	1 000	200 000
6	100	10 000	1 000 000
7	50	10 000	500 000
8	20	15 000	300 000
9	10	140 000	1 400 000
合计		**176 306**	**3 900 000**

五、大漠寻宝

（一）面值：10元。

（二）奖组：60万张（600万元）。

（三）玩法规则：刮开覆盖膜，如果出现“金币”标志，即中得该标志所在行所示的金额；如果出现“宝箱”标志，即中得该标志所在行所示金额的十倍。兼中兼得。

（四）设奖方案：

奖级	中奖金额（元）	中奖个数	中奖小计（元）
1	250 000	1	250 000
2	5 000	2	10 000
3	1 000	25	25 000
4	500	70	35 000
5	200	900	180 000
6	100	10 000	1 000 000
7	20	70 000	1 400 000
8	10	100 000	1 000 000
合计		**180 998**	**3 900 000**

六、三羊开泰

（一）面值：10元。

（二）奖组：60万张（600万元）。

（三）玩法规则：刮开覆盖膜，如果在任意一场游戏中出现三个“羊”标志，即中得该场游戏右方所示的金额。兼中兼得。

（四）设奖方案：

奖级	中奖金额（元）	中奖个数	中奖小计（元）
1	250 000	1	250 000
2	5 000	5	25 000
3	1 000	10	10 000
4	500	100	50 000
5	100	3 650	365 000
6	50	10 000	500 000
7	30	10 000	300 000
8	20	60 000	1 200 000
9	10	120 000	1 200 000
合计		**203 766**	**3 900 000**

七、炫动青运

（一）面值：10元。

（二）奖组：120万张（1 200万元）。

（三）玩法规则：刮开覆盖膜，如果你的号码中的任意一个号码与中奖号码之一相同，即中得该号码下方所示的金额；如果出现“奖杯”标志，即中得该标志下方所示金额的两倍。兼中兼得。

（四）设奖方案：

奖级	中奖金额（元）	中奖个数	中奖小计（元）
1	250 000	1	250 000
2	10 000	5	50 000
3	1 000	200	200 000
4	200	1 000	200 000
5	100	5 000	500 000
6	50	20 000	1 000 000
7	20	180 000	3 600 000
8	10	200 000	2 000 000
合计		**406 206**	**7 800 000**

八、福禄寿喜

（一）面值：10元。

（二）奖组：60万张（600万元）。

（三）玩法规则：刮开覆盖膜，如果出现“元宝”标志，即中得该标志下方所示的金额。如果在幸运奖区出现“金锁”标志，即中得50元。兼中兼得。

（四）设奖方案：

奖级	中奖金额（元）	中奖个数	中奖小计（元）
1	250 000	1	250 000
2	4 000	6	24 000
3	800	100	80 000
4	400	1 115	446 000
5	100	5 000	500 000
6	50	10 000	500 000
7	30	20 000	600 000
8	10	150 000	1 500 000
合计		**186 222**	**3 900 000**

九、中国红

（一）面值：20元。

（二）奖组：600万张（12 000万元）。

（三）玩法规则：刮开覆盖膜，如果你的号码中的任意一个号码与中奖号码之一相同，即中得该号码下方所示的金额；如果出现“红”标志，即中得该标志下方所示金额的两倍；如果出现“灯笼”标志，即中得该标志下方所示金额的五倍；如果出现“中国结”标志，即中得刮开区内的二十个金额之和。如果在幸运奖区出现金额标志，即中得该金额。兼中兼得。

（四）设奖方案：

奖级	中奖金额（元）	中奖个数	中奖小计（元）
1	1 000 000	1	1 000 000
2	100 000	1	100 000
3	10 000	5	50 000
4	5 000	10	50 000
5	1 000	1 000	1 000 000
6	500	9 600	4 800 000
7	200	150 000	30 000 000
8	50	100 000	5 000 000
9	30	200 000	6 000 000
10	20	1 500 000	30 000 000
合计		**1 960 617**	**78 000 000**

财政部办公厅关于同意印制发行羊年主题系列及电影主题即开型福利彩票的通知

（2014 年 11 月 26 日　财政部　财办综［2014］90 号）

中国福利彩票发行管理中心：

你中心《关于申报中国福利彩票羊年主题系列及电影主题即开型彩票新游戏的请示》（中彩发字［2014］174 号）收悉。为优化福利彩票游戏结构，促进彩票市场健康发展，经研究，根据《彩票管理条例》、《彩票管理条例实施细则》和《彩票发行销售管理办法》（财综［2012］102 号）等有关规定，现就有关事项通知如下：

一、同意你中心印制发行羊年主题系列及电影主题即开型福利彩票，其中，电影主题即开型福利彩票由你中心选择确定即开型彩票工作开展较好的部分地方发行销售。具体游戏规则见附件。羊年主题系列及电影主题即开型福利彩票按其销售总额的 65%、15% 和 20% 分别计提彩票奖金、彩票发行费和彩票公益金。

二、上市销售前，你中心应及时向社会发布公告，并在公告中注明财政部批准的文件名称、文号、上市销售日期以及《羊年主题系列及电影主题即开型福利彩票游戏规则》等。省级彩票销售机构应当将拟上市销售日期、营销宣传计划、风险控制办法等销售实施方案报同级财政部门审核，经核准后上市销售。

三、你中心向省级彩票销售机构分配即开型福利彩票时，应当将彩票游戏、数量和金额等具体分配方案报财政部备案，并按月报送全国印制和发行情况。上市销售满 1 个月后，你中心和省级销售机构应当向同级财政部门提交上市销售情况的书面报告。

四、你中心应当严格按照各项彩票管理制度规定，建立健全即开型彩票发行和销售的风险防控制度及应急机制；督促省级彩票销售机构切实加强安全管理，做好公告等工作，确保即开型彩票市场持续健康发展。

附件：羊年主题系列及电影主题即开型福利彩票游戏规则

附件

羊年主题系列及电影主题即开型福利彩票游戏规则

一、羊票 5 元

（一）面值：5 元。

（二）奖组：120 万张。

（三）玩法规则：刮开覆盖膜，如果刮出任何奖金金额，即中得该奖金。中奖奖金兼中兼得。

（四）奖级结构：

奖级	中奖金额（元）	中奖个数	奖金小计（元）
1	100 000	1	100 000
2	1 000	1	1 000
3	100	1 930	193 000
4	50	6 000	300 000
5	30	19 200	576 000
6	20	32 400	648 000
7	10	96 000	960 000
8	5	224 400	1 122 000
合计		**379 932**	**3 900 000**

二、羊票 10 元

（一）面值：10 元。

（二）奖组：120 万张。

（三）玩法规则：刮开覆盖膜，如果任意一个“我的号码”与任意一个“中奖号码”相同，即可获得该“我的号码”下方所对应的奖金，其他不相同的号码下方所对应的奖金无效；如果刮出“ ”羊头图符，即可获得玩法区内所有的 12 个奖金之和。中奖奖金兼中兼得。

（四）奖级结构：

奖级	中奖金额（元）	中奖个数	奖金小计（元）
1	250 000	1	250 000
2	1 000	14	14 000
3	500	720	360 000
4	100	12 000	1 200 000
5	50	16 800	840 000
6	20	115 200	2 304 000
7	10	283 200	2 832 000
合计		**427 935**	**7 800 000**

三、羊票 20 元

（一）面值：20 元。

（二）奖组：150 万张。

（三）玩法规则：刮开覆盖膜，如果任意一个“我的字符”与任意一个“中奖字符”相同，即可获得该“我的字符”下方所对应的奖金。其他不相同的字符下方所对应的奖金无效。如果刮出“ ”羊头图符，即可获得该刮开区内所有的 20 个奖金之和。中奖奖金兼中兼得。

（四）奖级结构：

奖级	中奖金额（元）	中奖个数	奖金小计（元）
1	1 000 000	1	1 000 000
2	10 000	2	20 000
3	1 000	1 500	1 500 000
4	500	3 000	1 500 000

续表

奖级	中奖金额（元）	中奖个数	奖金小计（元）
5	100	9 000	900 000
6	80	30 000	2 400 000
7	60	33 000	1 980 000
8	40	42 000	1 680 000
9	20	426 000	8 520 000
合计		**544 503**	**19 500 000**

四、我爱电影——一步之遥

（一）面值：10元。

（二）奖组：500万张。

（三）玩法规则：本彩票共有两个玩法，两个玩法区内的中奖奖金兼中兼得。

玩法一：刮开覆盖膜，如果任意一个“我的号码”与任意一个“中奖号码”相同，即可获得该“我的号码”下方所对应的奖金，其他不相同号码下方所对应的奖金无效；如果刮出“”手枪图符，即可获得该图符下方所对应奖金的两倍。中奖奖金兼中兼得。

玩法二：刮开覆盖膜，如果刮出“”电影胶卷图符，即可获得该图符下方所对应的奖金，中奖奖金兼中兼得。

（四）奖级结构：

奖级	中奖金额（元）	中奖个数	奖金小计（元）
1	1 000 000	1	1 000 000
2	50 000	10	500 000
3	1 000	2 000	2 000 000
4	100	50 000	5 000 000
5	50	150 000	7 500 000
6	20	222 500	4 450 000
7	10	1 205 000	12 050 000
合计		**1 629 511**	**32 500 000**

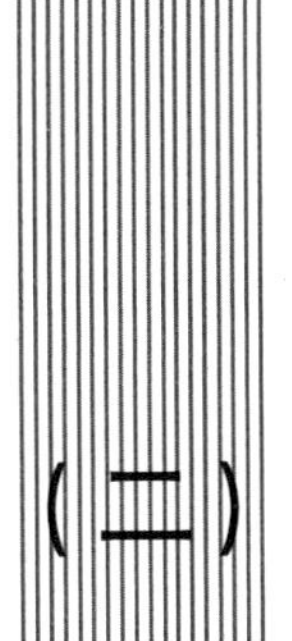

（二）福利彩票管理制度和文献

关于转发民政工作通报第4期李立国部长、窦玉沛副部长在2014年全国福利彩票工作会议上的讲话的通知

（2014年1月27日　中国福利彩票发行管理中心　中彩发字［2014］20号）

各省、自治区、直辖市福利彩票发行中心：

《民政工作通报》第4期印发了李立国部长、窦玉沛副部长在2014年全国福利彩票工作会议的讲话，现转发给你们，请认真贯彻执行。

更好发挥市场和政府作用，促进福利彩票事业持续健康发展

——在2014年全国福利彩票工作会议上的讲话

李立国

（2014年1月13日）

同志们：

在深入贯彻落实党的十八届三中全会精神，全面深化改革的新形势下，我们在这里召开全国福利彩票工作会议，总结分析2013年工作，研究部署2014年任务，认真谋划福利彩票发展新举措，进一步解放思想，深化福利彩票事业改革，着力开创福利彩票事业新局面。

这次会议在辽宁召开很有意义。辽宁省是共和国工业的长子，曾经为建立我国独立的工业经济体系做出重要贡献，是实施振兴东北地区等老工业基地战略的主要省份。近年来，辽宁省委、省政府坚持一手抓经济发展、一手抓民生改善，把民政工作摆在重要位置，出台一系列重要政策措施，加大投入保障力度，为民政事业发展提供了强大动力和有力支持。全省民政系统奋发进取、真抓实干，各项民政工作取得显著成绩，多项工作走在全国前列。福利彩票工作开拓创新，稳步发展，去年销量达 93 亿元，进入全国第一梯队行列。他们的做法和经验值得大家学习和借鉴。

2013 年，各级民政部门和福利彩票机构克服我国经济增长下行压力增大带来的诸多不利影响，坚持“安全运行、健康发展”方针，坚持夯基础、稳市场、促创新，锐意进取，迎难而上，实现了福利彩票在高位运行中的平稳增长。全年发行销售 1 765.28 亿元，筹集公益金 510.67 亿元，再创历史新高，为发展社会福利事业和社会公益事业做出了新贡献。在此，我代表民政部，向长期关心和支持福利彩票事业发展的财政部等有关部门、社会各界和广大彩民表示衷心的感谢，向全国民政部门和福利彩票系统的同志们表示亲切的慰问！

2014 年，国内经济进入中高速增长阶段，福利彩票发行要继续保持高位安全运行，实现平稳增长，面临更大压力、更多挑战。要解放思想、深化改革，实现持续健康发展。党的十八届三中全会对全面深化改革作出了系统部署，尤其是提出市场在资源配置中起决定性作用，对推进福利彩票事业改革发展具有极其重要的意义。

福利彩票是国家为了筹集资金发展社会福利事业和其他社会公益事业而特许发行的公益彩票，具有公益性和市场性两大基本属性，做好福利彩票工作，必须高度重视和正确处理好政府与市场的关系。在福利彩票发行中，发挥市场决定作用，就是要发挥市场对福利彩票的游戏、渠道、营销、技术、设备、人才、资金等要素资源进行有效配置的作用，努力实现资源配置效率最优化和效益最大化，提高福利彩票发行销售质量，增强福利彩票筹资能力，促进福利彩票事业与社会福利事业和其他社会公益事业协调发展。在福利彩票发行管理工作中发挥政府作用，就是要发挥政府部门和彩票机构在制定发展规划、完善市场规则，加强市场监管、促进市场公平、维护市场秩序等方面的作用，充分激发各类市场主体的生机活力和履行社会责任的能力，切实维护福利彩票参与者的合法权益，推动福利彩票市场健康发展。

第一，要推进福利彩票发行市场化改革。坚持福利彩票发行市场化改革的取向，是事关福利彩票长远发展的战略问题。27 年来，伴随改革开放大潮，顺应市场经济蓬勃发展趋势，福利彩票坚持公益慈善理念，依托政府特许发行，运用市场机制，实现了一次又一次跨越发展。但是，随着新科技革命的兴起和我国改革进入深水区，特别是年发行量迈上千亿元高位台阶以后，福利彩票市场体系不完善、市场规则不统一、市场竞争不充分、市场秩序不规范和政府管理不到位、不适当等问题逐渐显现，制约了福利彩票事业的发展。

解决这些问题，需要进一步解放思想，坚持市场化改革的取向。要围绕国家经济社会发展及民政事业发展大局，遵循市场规律，发挥市场机制作用，稳妥推进福利彩票发行市场化改革。一是搞好顶层设计，要借鉴国际彩票发展成功经验，立足我国国情，深入研究关系福利彩票改革发展的全局性、前瞻性、战略性举措和问题，谋划改革发展的总体布局和实现路径，发挥战略规划和政策导向的主导作用。二是注意稳妥推进，要根据福利彩票的属性与特点，明确哪些工作可以采用市场机制，制定市场化改革的路线图，明确目标、任务和步骤，妥善处理各方利益与关系，稳步推进改革进程。三是争取重点突破，要增强问题意识，善于运用问题倒逼机制，以新游戏研发、互联网渠道开拓、整体市场营销、自身建设等重点工作为抓手，着力推动解决福利彩票事业发展面临的一系列突出矛盾和问题，推进福利彩票事业战略转型、健康发展。四是坚持公益导向，要始终高举福利彩票公益慈善的大旗，始终坚持“扶老、助残、救孤、济困”的发行宗旨，将公益理念作为福利彩票发展之本，贯穿于福利彩票改革进程之中，积极倡导和吸纳各类市场主体和社会大众投身福利彩票改革发展事业，不断扩大福利彩票的社会影响，努力扩大群众基础，着力强化福利彩票公益慈善形象。

第二，要建立健全市场规则。建立健全市场规则，是发挥市场决定福利彩票资源配置作用的客观要求，是建立公开、公平、公正市场环境的前提和基础，也是融合政府管理与市场机制两大作用的关键所在。要建立健全以准入、退出规则为先导，以竞争规则为核心，以交易规则为基础，以仲裁和奖惩规则为保障的市场规则体系，建立地位平等、竞争有序、交易公平、奖罚分明的福利彩票市场运行环境。要充分开放竞争性市场，采取负面清单管理方式，除《彩票管理条例》及其《细则》规定的需要归集管理的事项，各类市场主体都可以依法平等参与。要公开市场准入事项的竞争方式、程序、结果、依据以及有关机构和人员的职责、权限，鼓励市场主体通过独资、参股、合作、租赁、并购等方式参与福利彩票销售业务，形成竞争有序、多元并存、共同发展的福利彩票市场格局。要加强标准化管理，修订完善福利彩票行业标准，尽快清理已有彩票印制、设备、技术等福利彩票行业标准，对不适应市场需要的要修订完善，对妨碍统一市场和公平竞争的要予以废除；根据信息技术发展进程，加快研究制定电话、手机、互联网销售彩票的技术标准，为推进电话、手机、互联网销售福利彩票业务创造条件。要加强信用体系建设，研究建立市场主体信用记录，实行负面信息披露制度和守信激励制度，褒扬诚信，惩戒失信，增强福利彩票行业自律，形成对市场主体的有效激励约束机制。

第三，要完善市场竞争机制。完善市场竞争机制，是增强福利彩票市场运行透明度，提高效率和公信力的重要手段。要明确不同业务、事项的竞争方式和管理方式，对数据管理、开奖兑奖、彩票资金管理等《条例》及其《细则》规定必须由福利彩票机构管理的业务，应严格依据国家相关政策法规办理，在管理方式上可借鉴市场机制，采取管办分离，引入内部竞争以及市场化运作模式，激发发展动力和活力；对彩票特许经营、专用设备和技术服务、游戏研发等，可在有关办法、标准的保障下，运用市场机制，提高服务水平和供给效率；对通用的市场营销、设备和技术服务可以完全采用公开招标的形式，公平竞争，择优选用。要营造透明竞争环境，加强市场信息服务和发布，按照国家法律规定及时公告福利彩票发行销售情况以及市场运行相关信息，促进信息对称与交流，坚决防止暗箱操作、定向操作，实现彩票市场主体公平、公正、公开、有序竞争。同时，要在自身建设上强化竞争，通过竞争上岗、绩效考核、人才流动增添事业发展活力。

第四，要着力加强市场监管。市场机制在发挥其优势作用的同时，也还存在自发性、利己性的不足和缺陷，要切实加强市场引导和监管，维护市场秩序，保证福利彩票市场安全运行、健康发展。各级民政部门要按照法规赋予的职责和权限，加强与相关部门的协调配合，加强对彩票市场的管理，完善彩票市场体系和市场规则，维护彩票市场良好秩序。福利彩票发行机构要坚持“公开、公平、公正、公信”的原则，建立健全福利彩票管理制度和工作规范，明确市场主体权利义务，推进福利彩票工作法制化，为维护彩票市场秩序提供坚实的制度保障。福利彩票销售机构要建立健全目标责任、激励约束和监督管理机制，加强自身管理，以身作则、率先垂范，为福利彩票市场树立遵章守纪、维护秩序的榜样。要宣传“多人少买、寓募于乐、重玩轻博、理性投注”的购彩理念，在游戏研发、渠道建设、营销宣传等方面减少彩票博弈性、增强游戏娱乐性，发挥福利彩票文化娱乐功能，引导彩民理性购彩，培育良好的彩票消费习惯。要建立健全问题彩民干预机制，及时提供心理咨询与服务，制定彩民典型性问题解决方案，及时化解因市场负面作用引发的问题与矛盾。要强化对市场主体的社会责任考核，推动福利彩票市场化经营与公益、慈善事业有机结合，增强福利彩票市场主体的公益意识、服务意识，共同构建积极健康的市场环境。

福利彩票诞生于改革开放，壮大在不断改革发展的伟大历程中。各级民政部门和福利彩票机构要认真总结福利彩票发行的市场化改革经验，与时俱进、深化改革，进一步发挥市场在福利彩票资源配置中的决定性作用，正确发挥政府部门规范、引导福利彩票市场的积极作用，努力开创福利彩票事业发展新局面。

在 2014 年全国福利彩票工作会议上的总结讲话

窦玉沛

（2014 年 1 月 13 日）

同志们：

今天上午，李立国部长作了《更好发挥市场和政府两个作用，促进福利彩票事业改革发展》的重要讲话，对福利彩票工作深入贯彻落实党的十八届三中全会精神，充分发挥市场和政府两个作用，深入推进福利彩票改革发展具有重要的战略指导意义。我们要深刻领会，抓好落实。财政部综合司常城副司长也作了讲话，分析了当前我国彩票市场的形势和特点，对福利彩票工作给予了关心、重视和支持，我们表示衷心感谢。建良同志系统总结了去年工作，对市场情况作了深入分析，对 2014 年工作做出了重点安排和部署，我都同意。辽宁、广东省民政厅和河南、湖南、新疆等省（区）福彩中心的代表作了经验介绍，起到了很好的交流和学习作用。下午，同志们围绕如何发挥市场和政府两个作用，做好今年工作，畅所欲言、献智献策，提出了很多建设性的意见和建议。

下面，我围绕大家讨论中提到的一些问题，就如何贯彻落实立国部长讲话精神讲几点意见。

一、认清形势，把握机遇，强化改革发展意识

福利彩票自 1987 年创设以来，已经走过了两个 13 年，一个从 1987 年到 2000 年，福利彩票以传统型、即开型彩票为主力票种，以大奖组为主要发行方式，实现了从无到有、从小到大的创业发展；一个从 2001 年到 2013 年，适应信息化时代需要，实行多票种联网销售、多品牌共同拓展，实现了跨越发展。今年，是国家全面深化改革元年，也是福利彩票改革发展的又一个新的历史起点。

大家在讨论中一致认为，福利彩票到了新的发展机遇期。一是国家在党的十八届三中全会指引下，全面深化改革的深入推进必将大幅提升我国改革开放和国家建设的总体水平，为福利彩票事业发展创造更加广阔的发展空间；二是互联网和大数据技术的蓬勃发展为彩票行业转型升级提供了全新的理念和技术支持；三是日益多元化多样化的消费需求带来了更多的市场机遇；四是行业规模持续扩大，福彩发展具备了坚实的基础。

但同时我们也要看到，伴随着福利彩票发行规模扩大，市场压力在上升，“瓶颈”问题日益凸显：首先，体制机制还不完善，市场要在有序竞争、自我调节的基础上实现资源优化配置还需要一个过程。其次，自身能力有待加强，机构的游戏研发能力、技术支持能力、人才队伍素

质难以满足市场要求。再次，市场环境日益复杂，互联网彩票在灰色地带无序扩张，非法彩票屡禁不绝，加剧了福彩机构的被动处境。最后，舆论环境越发严峻，围绕福利彩票的负面报道有所增加，一方面对我们是很好的监督，另一方面不实的炒作甚至恶意中伤加大了福彩机构风险。面对机遇和挑战，福利彩票事业又一次进入改革发展的关键期，又一次面临发行方式、销售模式、管理手段的转型转轨，全新的发展阶段已经拉开序幕。

在新的发展阶段，我们必须抓住机遇，直面挑战，把思想和行动统一到福彩事业转型升级的大局上来，把智慧和力量凝聚到加快创新发展的决策部署上来，切不可因循守旧，必须增强紧迫感、使命感。

一是增强市场意识。当前福利彩票工作中，行政化手段对于维护市场秩序、优化发展环境，起到了极为重要的作用。但也存在角色错位、管理越位、监督缺位等问题，发行销售上定任务、追销量、强行摊派，公益金使用上超范围、超标准、效益不高、标识缺失、监管不力等情况还时有发生。要解决这些问题，关键是牢固树立市场意识，转变管理理念，弱化行政手段对微观市场行为的直接干预，减少对资源的直接配置，依法有序向市场放权，让“看不见的手”充分施展，让“看得见的手”真正有效，使错位的正位、越位的归位、缺位的到位，在发行销售工作中形成政府与市场相互协调、相互补位的良好局面。

二是增强问题意识。改革由问题倒逼产生，又在不断解决问题中深化。当前，我们面临的问题彼此关联、错综复杂。互联网彩票冲击、实体渠道经营困难等是当前最为紧迫的问题，需要抓紧研究，尽快拿出解决方案；市场秩序、舆论环境等问题在今后很长一段时期需要我们协调各方，理性应对；各地基础设施建设、人才队伍建设等虽属于局部问题，但处理不好会形成“木桶”效应，需要因地制宜地加以解决；游戏研发、渠道管理、营销宣传等问题则涉及全局，需要整体谋划，逐步推进。总之，只有找准问题，理清关系，才能分类别、分层次地有序解决，推进改革发展。

三是增强创新意识。创新是深化改革的根本动力。在内外环境急剧变化的背景下，加快管理方式、运行机制、技术手段、游戏研发等领域的创新，对于我们突破现有瓶颈，适应市场需求具有极为重要的意义。一方面，要综合运用自主创新、引进创新和协同创新等多种创新形式，调动从业人员积极性，吸收行业内外相关成果，凝聚社会各方力量，共同推动福利彩票事业创新发展。去年中彩中心开展的“创新竞赛”活动，就是一个成功典范。另一方面，要着力建设创新激励机制和成果转化机制，以技术成果提成、人事待遇倾斜等措施为创新发展提供长效保障。

四是增强责任意识。坚定不移地把福利彩票的公益属性贯彻到队伍的思想行为中，贯穿于发行销售的环节中，落实在社会责任的践履中；融汇到市场化改革的取向中。充分利用多年积淀形成的文化价值理念、发行管理经验和市场运行经验；充分利用政府部门、社会各界共同搭建的深厚社会基础和良好市场基础，齐心协力，推动福利彩票事业在新的发展阶段实现新的飞跃。

二、规范管理，公开透明，建设阳光福彩机构

2014 年是福利彩票保持年销量千亿元的第四个年头，在持续高位运行的发展阶段，福彩机构面临的运行风险逐渐增加，深层次矛盾越发凸显，社会各方压力也日益聚集。归纳起来，有以下几个方面。

一是运营风险显著增加。《彩票管理条例》明确规定，销售系统的数据管理、开奖兑奖管理以及彩票资金的归集管理由彩票机构负责，不得委托他人管理。随着产品结构、渠道管理和营销方式日益丰富，这些关键工作的复杂性和艰巨性程度都在增加。机构承载的管理与保障职能越发繁重，运营风险不断加剧。

二是社会责任越发凸显。1987 年到 2013 年，福利彩票累计发行 9 642 亿元，筹集公益金 3 017 亿元。在行业发展规模扩大的同时，社会责任也在日益增加。一方面，福利彩票要保持稳步发展，适应社会福利事业发展的需求。比如，目前我国老龄人口呈加速增长趋势，预计到 2015 年，60 岁以上老年人将达到 2. 16 亿人，占总人口的 16. 7%。稳步推进社会养老服务体系建设需要福利彩票公益金的大力支持。另一方面，福彩机构要创造平和健康的购彩环境，减少非理性消费行为。近年来，非理性购彩行为有所增长，部分研究机构甚至将具有这些行为的消费者称为“问题彩民”，直接将问题成因指向彩票机构和彩票游戏，影响到福利彩票的社会形象。

三是资金使用备受关注。去年福彩公益金已达到 510. 67 亿元，随着福彩蛋糕越来越大，社会关注度日益提高。近年来审计发现福彩公益金使用中存在的问题不断增多：一些地方政府领导不按福彩发行宗旨分配，当做“唐僧肉”超范围使用，加剧了福彩公益金的社会风险和彩民质疑；还有一些部门要么要来分杯羹，要么要求发行其他彩票。因此，福彩公益金管理使用中的问题，不仅影响到福利彩票发行的社会公信，而且侵蚀着“特需发行”的根基。

四是舆论形势错综复杂。伴随着多媒体、新媒体、自媒体的发展，社会公益事业日益成为媒体关注的热点、焦点，尤其是其公信力经常遭受质疑和炒作，福利彩票作为亿万消费者投身公益、奉献爱心的平台，具有关注度高、敏感性强、公众容忍度低的特点。当前舆论突发性、交互性不断增强，非理性倾向突出，暴力成分增多，福利彩票极易成为恶意炒作对象。建设和维护福利彩票公信力的责任越来越重。

要解决这些问题，最重要的举措就是按照规范管理、公开透明的原则打造阳光福彩机构。

一要规范公益金管理，公开使用情况。管好用好公益金是维护福利彩票公益属性的必然要求，是打造阳光福彩的重要举措。民政部门要根据《彩票管理条例》及其《细则》、《福利彩票公益金使用管理办法》等法规，进一步规范公益金使用管理制度，实行因素法分配、资助审批、资金拨付、监督检查、绩效评估、跟

踪问效的全流程规范化管理。在使用情况发布上，要按规定设置使用标识、按要求公示使用情况报告。

二要规范发行销售，公开操作流程。“游戏公平、程序公正、操作公开、机构公信”是福利彩票的发行原则，是建设阳光福彩机构的内在要求，对于维护福彩机构的公信力和特许经营地位具有重要意义。福彩机构要以落实岗位职责为基础，以强化制度建设为重点，围绕游戏管理、渠道管理、资金管理、技术管理和开奖兑奖管理等核心业务环节规范发行销售行为。同时，福彩机构要通过官方媒体和销售渠道及时公布彩票品种的游戏规则以及开设、停止、变更等情况，公布游戏的销售、中奖和奖池资金情况，加大信息披露力度，确保公开透明。

三要践行社会责任，宣传公益形象。社会责任从根本上体现福彩机构的存在价值。去年，民政部已经将“福利彩票社会责任工作体系建设”列为部省合作重点课题。福彩系统要以发行责任、公益责任、安全责任、诚信责任和道义责任为重点建立健全社会责任工作体系，抓紧编制《福利彩票社会责任规范标准》和 2013 年社会责任报告，并指导销售机构做好各省市社会责任报告的编制工作。对于福彩机构履行社会责任的积极成果，要通过媒体宣传转化为公益形象，要在增强品牌的文化附加值上做好文章，提升福利彩票的知名度、美誉度，赢得社会认同。

四要建设积极向上的机构文化。“打铁还需自身硬”，建设阳光福彩机构，关键是强化机构的精神内核。要以“公益、慈善、健康、快乐、创新”的行业文化为引领，不断创新形式，开展福彩机构文化建设，营造健康向上、充满朝气的文化氛围，形成全员参与、自觉主动的文化建设机制，打造一支政治坚定、品格高尚、业务优良的干部队伍，保持福彩机构活力，支撑福彩事业持续健康发展。

三、把握方法，找准路径，有效推进市场化改革

党的十八届三中全会提出的“加强顶层设计和摸着石头过河相结合”，既是指导我国改革事业的重大理论方法，也是福利彩票事业改革发展需要坚持的方法。

福利彩票发展 26 年来，年发行量从 1987 年的 1 700 多万元增长到 2013 年的 1 700多亿元，发行规模越来越大，影响福利彩票发展的因素越来越复杂，积累的深层次矛盾和瓶颈问题也越来越多，尤其是彩票运行的市场化需求与彩票管理的行政化现状的矛盾日益突出。为了从根本上解决问题，需要做好福利彩票事业改革发展的顶层设计。

福利彩票市场化改革的顶层设计，就是在对福利彩票未来发展趋势前瞻性预判的基础上，运用科学的系统论方法，从发挥好市场和政府两个作用、充分激发彩票市场活力的着眼点出发，自上而下地对福利彩票未来市场化改革进行系统的、整体的谋划，找出福利彩票市场化改革的关键要素和主要挑战，提出解决的总体思路与框架，并让相关参与方充分发挥好各自的职能。

在做好顶层设计的同时，要允许“摸着石头过河”。改革受到多种因素的综合影响，不可能是一帆风顺的。改革实

践的效果与改革设计的目标之间可能存在一定偏差，有时差距还会很大，这就需要我们在改革的实践中不断积累正反两方面的经验，加深认识，摸索规律，指导下一步的改革实践。

顶层设计与“摸着石头过河”是相辅相成、辩证统一的。福利彩票的改革发展，需要自上而下的全局规划，也需要自下而上的地方经验，要将顶层设计与“摸着石头过河”有机结合起来。这既是福彩发展长期以来弥足珍贵的经验，也是福彩现行体制机制的优势所在。既要避免闭门造车式的顶层设计，也要避免摸着石头的时间太长，要善于总结摸着石头的经验，并及时用以指导下一步的实践，从实践中来，再到实践中去。

我们要善于将“顶层设计与摸着石头过河相结合”的方法应用到福利彩票改革发展的实践中，着重解决制约福利彩票事业发展面临的困难和瓶颈问题。以下四个方面的问题是大家反映多年，今年更为突出的问题，这些问题的解决既要在部层面上加强顶层设计，又要在基层先行先试。体制机制方面，中彩中心与地方福利彩票销售机构要根据彩票发行销售的市场化特点，建立权责清晰、规范有序、运转高效的市场机制，完善法人治理结构，探索专业化运营模式，建立市场调控机制、激励约束机制。中彩中心要推进相关政策研究工作，对市场化运行的体制机制建立与完善制定指导性意见；地方福利彩票销售机构也要根据当地实际，探索建立市场化的运行机制并逐步修正完善。互联网渠道建设方面，中彩中心要做好规划设计，研究制定互联网销售彩票的部署实施方案，研究制定相关规范与标准，也要善于利用市场的资源，积极稳妥地推进发展进程，满足市场客观需求。在做好顶层设计的同时，可以在有条件的地方先行先试，总结经验，并逐步拓展业务范围。实体销售网络建设方面，中彩中心和各地福利彩票销售机构要科学规划全国、地方的销售网点建设目标，统筹优化销售网点的类型、规模和布局，同时也要积极探索，采取措施着力解决当前网点经营困难问题，从资金、服务、培训多方面加大支持力度，鼓励地方积极探索与其他行业的兼营销售模式和特定类型游戏的专业销售模式，并灵活运用租赁、购置、自建等方式开辟实体渠道建设新途径。游戏研发方面，要坚持以市场需求为导向，中彩中心要探索建立机构主导与利用外部资源相结合、自主创新与引进借鉴相结合、内部评审与市场检验相结合、外部采购与自行研发相结合的游戏研发机制，充分调动社会各方参与福利彩票游戏研发的积极性，最大限度激发市场活力。

四、认真学习，增强本领，提高市场驾驭能力

时代在发展，形势在变化，知识在更新，如果我们不学习，就必然要落伍，要充分认识新形势下学习的重要意义。与以往相比，无论是外部的宏观环境，还是内部的发展环境，都发生了深刻的变化。为了尽快适应新形势，加快改革步伐，放大改革红利，抓住市场机遇，应对市场挑战，我们需要有充足的知识储备，这就要求我们必须以饱满的热情、高度的责任感认真学习，增强学习的自觉性和主动性，

把握学习重点，增强学习成效，以应对各种复杂的形势，确保改革的成效。

第一，认真学习党的十八大以来党中央、国务院领导同志的一系列重要讲话，特别是习近平总书记的系列讲话，深刻领会讲话提出的一系列新思想、新观点、新论断，准确把握讲话的内涵与实质，切实把思想统一到中央领导同志的重要讲话精神上来，增强对国情世情的认识。

第二，认真学习国家政策、社会政策，增强公益慈善理念。彩票是国家为筹集公益金而特许发行的，公益属性是彩票的首要属性，福利彩票事业是迄今为止中国最大的公益慈善事业。公益慈善事业的发展需要与我国现阶段的国情、社情相适应，这就要求我们认真学习国家政策、社会政策，将福利彩票事业的发展置身于国家经济发展、公益慈善事业发展、民政事业发展的大局中，自觉服从和服务于国家经济、社会公益和民政事业发展的需要，为社会福利和社会公益慈善事业做出更大贡献。

第三，认真学习市场经济的知识，增强市场管理的能力、应对竞争的能力、化解风险的能力。随着福利彩票发行规模的不断扩大，专业化的市场运行管理需求越来越迫切，我们要加强业务知识的学习，学习市场经济理论、市场管理理论、市场营销理论、市场经济法规，全面认识市场经济的特点，把握市场发展的规律，切实转变管理理念，改变管理方法，提升管理能力。要准确掌握市场动向，提高主动适应市场的能力，前瞻性地做好市场发展的各项准备工作，增强市场竞争力。要密切跟踪市场发展，针对市场发展中可能出现的问题，提前预判并有效识别，提高风险管理和风险控制能力。

同志们，这次会议是在全面贯彻党的十八届三中全会精神的背景下召开的，也是在福利彩票事业进入新的发展阶段的起点召开的，非常重要。会议理清了思路、统一了思想、提振了信心。我们一定要深入贯彻好立国部长讲话精神，继续保持持续健康发展的良好势头，为开创福利彩票的全新发展时代拼搏奋进。

农历马年的春节即将到来，在此，我谨代表部党组向大家拜年！祝大家在新的一年里心想事成，马到成功！

关于印发《中国福利彩票市场调控资金管理办法》的通知

（2014年3月3日　中国福利彩票发行管理中心　中彩发字［2014］31号）

各省、自治区、直辖市福利彩票发行中心：

根据《彩票管理条例实施细则》、《彩票机构财务管理办法》的有关规定，我们制定了《中国福利彩票市场调控资金管理办法》，已经财政部审定。现印发你们，请遵照执行。

附件：中国福利彩票市场调控资金管理办法

附件

中国福利彩票市场调控资金管理办法

第一章　总　　则

第一条　为了规范中国福利彩票市场调控资金的分配使用管理，切实加强福利彩票市场运行的调控能力，促进福利彩票事业全面持续协调健康发展，根据《彩票管理条例实施细则》（财政部、民政部、国家体育总局令第 67 号）、《彩票机构财务管理办法》（财综［2012］89 号）等规定，制定本办法。

第二条　本办法所称中国福利彩票市场调控资金（以下简称“市场调控资金”），是指由中国福利彩票发行管理中心（以下简称“中福彩中心”）业务费安排，用于调控福利彩票市场运行活动，增强发行销售能力的专项资金。

第三条　市场调控资金由中福彩中心提出安排意见，财政部审批拨付。

第二章　使用安排原则

第四条　市场调控资金的使用和安排应当坚持以下原则：

（一）统筹兼顾原则。针对当前福利彩票发行销售工作中面临的突出问题，综合考虑福利彩票区域协调发展、市场结构调整、游戏产品研发、销售渠道建设、市场营销宣传等因素，总体规划，点面结合，稳步推进。

（二）扶持重点原则。针对各地区福利彩票发行销售业务中面临的薄弱环节和发展瓶颈，以及各种因素造成的紧急事件和特殊困难，突出重点，集中资金，综合扶持。

（三）支持创新原则。针对福利彩票发行销售业务特点和市场变化情况，以及各地区各自资源优势，区别情况，因地制宜，激发创新。

第三章　使用范围和方式

第五条　市场调控资金使用范围主要包括：

（一）业务设施改善。主要包括专用机房、灾备机房、彩票开奖场所、兑奖服务场所、彩票存储专用仓库等业务设施。

（二）销售网点能力提升。主要包括销售网点形象提升、设备购置和维护、职业培训等。

（三）市场营销宣传。主要包括市场营销、游戏推广、品牌建设、公益宣传等。

（四）先行创新。主要包括游戏产品、销售渠道、业务运行等。

（五）其他方面。主要包括由各种不可预见因素造成的紧急事件和特殊困难等。

第六条 市场调控资金按项目进行使用管理，由中福彩中心统一组织，省福彩中心负责具体实施。

第四章 申报和审核

第七条 中福彩中心应紧密结合下一年度彩票管理工作重点，统筹考虑市场调控资金的使用方向，制定切实可行的市场调控资金调控目标及总体规划，并于每年8月31日前通知各省福彩中心。

第八条 省福彩中心可结合本地区实际情况，根据中福彩中心确定的市场调控目标和总体规划，研究提出市场调控资金项目需求，并于每年9月30日前向中福彩中心提交市场调控资金项目申报材料。

申报材料应当包括以下内容：

（一）项目申报书；

（二）项目可行性研究报告；

（三）项目实施方案；

（四）本地区财政部门批复的当年预算；

（五）本中心可支配资金规模；

（六）中福彩中心要求的其他材料。

第九条 中福彩中心成立市场调控资金项目评审机构，负责市场调控资金项目的审核工作。评审机构成立前，由中福彩中心财务部门会同有关业务部门对市场调控资金项目进行审核。

第十条 中福彩中心市场调控资金项目评审机构负责对申报材料内容进行初审，对不符合要求的材料，应通知申报单位予以修改完善后报送。

第十一条 对初审合格的项目，由中福彩中心市场调控资金项目评审机构研究提出审核意见和本系统年度市场调控资金项目安排建议，提请中心主任办公会议批准后与本级财务收支计划一同上报财政部审批。

第十二条 中福彩中心根据市场调控资金使用范围，分类建设项目评估指标。

（一）业务设施指标，主要根据各省福彩中心业务设施的配置状态和配置水平进行评估。

（二）销售网点能力提升指标，主要根据各省福彩中心销售网点的人口密度、空间密度、单机平均销量、设施使用和损耗状态、标准化建设水平等进行评估。

（三）市场营销宣传指标，主要根据各省福彩中心市场营销宣传能力、活动频率、实际效果等进行评估。

（四）创新指标，主要根据各省福彩中心在游戏产品、销售渠道、业务运行等方面先行探索试点试验的具体情况进行评估。

（五）可支配资金指标，主要根据各省福彩中心净资产、现金流和财政专户业务结余等进行评估。

第十三条 因自然灾害等不可预见的突发事件对本地区福利彩票发行销售业务造成重大影响急需资金支持的，有关省福彩中心可及时提交申请材料，经中福彩中心按规定程序审核后，单独上报财政部。

第五章 拨付和管理

第十四条 市场调控资金项目预算，

报经财政部批准后，由中福彩中心下达省福彩中心组织实施。

第十五条 市场调控资金由财政部按照批准的项目预算，从中央财政专户拨付给有关省级财政专户，由有关省级财政部门转拨省福彩中心。

第十六条 市场调控资金项目预算批准后，应当严格执行，不得擅自调整预算，改变支出用途。因特殊原因确需调整预算，改变支出用途的，由省福彩中心提出调整变更申请，按规定程序报批。

第十七条 市场调控资金必须按用途专款专用，当年项目资金结余，可结转下年使用。

第十八条 使用市场调控资金购买属于政府采购规定范围的货物、工程和服务的，应当按照政府采购有关规定执行。

第十九条 省福彩中心应当于每年1月15日前向中福彩中心报送上一年度市场调控资金使用情况。主要包括：

（一）项目组织实施情况；

（二）项目资金使用情况；

（三）中福彩中心要求报送的其他材料。

第二十条 市场调控资金项目完成后，省福彩中心应当对项目进行验收，并向中福彩中心报送有关项目验收报告。

第二十一条 中福彩中心每年应当对上年度完成项目进行绩效评价。

第二十二条 中福彩中心每年3月底前编报本机构财务收支决算时，一并编报市场调控资金上一年度预算执行情况，主要包括有关项目组织实施情况、项目资金使用和结余情况、项目预期目标的实现情况等，并作为报批当年市场调控资金的重要依据。

第六章 监督检查

第二十三条 中福彩中心和省福彩中心应对市场调控资金项目实施情况进行定期、不定期检查，及时掌握项目进程。

第二十四条 省福彩中心应当严格按照规定使用管理市场调控资金，并自觉接受中福彩中心、民政部门和财政部门的监督检查。

第二十五条 对违反本办法规定，截留、挤占、挪用市场调控资金，或改变资金用途的，一经查实，由中福彩中心收回市场调控资金，并在三年内不再安排市场调控资金。

第七章 附 则

第二十六条 本办法由中福彩中心负责解释。

第二十七条 本办法自印发之日起实施。

关于印发《商业积分兑换福利彩票资金结算规程》和《商业积分兑换福利彩票兑奖工作流程》的通知

（2014 年 4 月 22 日　中国福利彩票发行管理中心　中彩发字［2014］56 号）

各省、自治区、直辖市福利彩票发行中心，战略发展部、市场一部、市场二部、市场三部、技术管理部、财务部（结算中心）、中彩积分公司：

为加强商业积分兑换福利彩票的资金管理和奖金兑付管理工作，规范商业积分兑换福利彩票的资金归集、结算和兑奖等工作流程，中心制定了《商业积分兑换福利彩票资金结算规程》和《商业积分兑换福利彩票兑奖工作流程》。现印发给你们，请遵照执行。

附件：1. 商业积分兑换福利彩票资金结算规程

2. 商业积分兑换福利彩票兑奖工作流程

附件 1

商业积分兑换福利彩票资金结算规程

（全国统一奖池彩票游戏）

第一条　为加强商业积分兑换福利彩票的资金管理，规范彩票资金的归集、结算流程，特制定本规程。本规程仅适用于对商业积分兑换全国统一奖池彩票业务中涉及的相关业务流程。

第二条　中国福利彩票发行管理中心（以下简称“中福彩中心”）负责商业积分兑换福利彩票的资金归集、结算和奖金调配等工作；各省、自治区、直辖市福利彩票发行中心（以下简称“省级福彩中心”）负责公益金和省级福彩中心业务费的结算解缴等工作；北京中彩积分科技有限公司（以下简称“中彩积分公司”）负责商业积分兑换福利彩票的业务运营、预缴款收取以及奖金兑付等工作；商业积分兑换彩票业务渠道代理商（以下简称“渠道商”）负责预缴款的缴纳和福利彩票兑换等工作。

第三条　商业积分兑换福利彩票的销售额按照积分兑换者注册时绑定的银行卡所属地区划分统计，未完成注册的用户不能参与兑换福利彩票业务。

第四条　商业积分兑换福利彩票的公益金、奖金和发行费，按所兑换彩票游戏规则规定的比例计提。

第五条　商业积分兑换福利彩票计提的奖金，按所兑换彩票游戏规则规定的比例计入彩票游戏的奖池和调节基金，进行调配和派奖。

第六条　商业积分兑换福利彩票计提的彩票发行费，分为中福彩中心业务费、省级福彩中心业务费和代销费，具体分配比例另行确定。

第七条　商业积分兑换福利彩票计提的公益金，由中福彩中心按规定比例结算划拨至省级福彩中心，由省级福彩中心分别上缴中央财政和省级财政。

第八条　中福彩中心在合作银行设立商业积分兑换福利彩票银行专用账户（以下简称“积分换彩归集户”），用于商业积分兑换福利彩票的资金归集、结算和奖金调配。中彩积分公司在合作银行设立商业积分兑换福利彩票奖金管理专用账户（以下简称“奖金账户”）和预缴款专用账户（以下简称“预缴款账户”）。奖金账户用于商业积分兑换福利彩票的奖金兑付；预缴款账户用于商业积分兑换福利彩票的预缴款收取和彩票销售款的解缴。

第九条　商业积分兑换福利彩票资金归集采用预缴款额度管理制。渠道商预先向预缴款账户缴纳预缴款，商业积分兑换福利彩票在线交易系统（以下简称“积分换彩系统”）根据渠道商预缴款金额分配可兑换彩票额度。商业积分兑换福利彩票时，每兑换一注彩票，实时扣减相应的可兑换彩票额度。当渠道商可兑换彩票额度扣减为零时，积分换彩系统将停止受理渠道商兑换彩票业务，渠道商需再次向预缴款账户缴纳资金，积分换彩系统增加额度后，方可继续进行兑换彩票业务。

第十条　每期彩票期结后，积分换彩系统将当期计提奖金（不含调节基金）从预缴款账户划拨至奖金账户，其余资金（当期销售额扣除计提奖金）从预缴款账户上缴至积分换彩归集户。

第十一条　每期彩票开奖后，积分换彩系统进行奖金轧差计算，计算方法如下：奖金轧差金额＝销售额＊奖金计提比例（不含调节基金）－实际中奖奖金。奖金轧差额为正，多余资金从奖金账户划拨至积分换彩归集户；奖金轧差额为负，不足资金从积分换彩归集户划拨到奖金账户予以补足。

第十二条　为避免奖金兑付资金不足的风险，中福彩中心在积分换彩归集户中预存部分资金，专项用于商业积分兑换福利彩票业务中兑付奖金的周转支出。

第十三条　每期彩票期结次日下午两点，积分换彩系统从奖金账户分类兑付奖金。具体兑奖工作按《商业积分兑换福利彩票兑奖工作流程》执行。

第十四条　每周一（遇节假日顺延），中福彩中心技术部根据积分换彩系统记录的数据，按彩票游戏向中福彩中心财务部提供商业积分兑换福利彩票期结时间落在上周一至上周日的奖金轧差统计表并签字盖章，由中福彩中心财务部计入同款彩票游戏报表合并进行奖金调配。

第十五条 中福彩中心财务部定期根据合作银行提供的纸质及电子对账单与技术部提供的奖金轧差统计表进行核对，根据核对无误的数据编制记账凭证，登记入账。

第十六条 每月 5 日前，积分换彩系统将属于上个自然月的弃奖奖金从奖金账户上缴至积分换彩归集户。

第十七条 每月 5 日前（遇节假日顺延，下同），积分换彩系统将上个自然月期结的商业积分兑换福利彩票的销售额、弃奖奖金等基础数据分别按地区、彩票游戏进行统计，由中福彩中心技术部发送至各省级福彩中心，由省级福彩中心根据上述数据核算本省公益金、弃奖奖金和省级福彩中心业务费，不对其他业务进行账务处理。

第十八条 每月 10 日前，中福彩中心技术部向中福彩中心财务部和各省级福彩中心提供资金结算报表，由中福彩中心财务部与各省级福彩中心对期结时间属于上个自然月的彩票销售额、公益金、业务费以及弃奖奖金进行对账。经审核无误后，由中福彩中心财务部将相关款项从积分换彩归集户划拨至各省级福彩中心指定银行账户。

第十九条 中福彩中心与各省级福彩中心资金结算报表的勾辑关系为：

中福彩中心当月应拨付某省级福彩中心商业积分兑换福利彩票某彩票游戏资金

$$= \sum_{n=1}^{i} S(n) *（公益金计提比例 + 省级业务费计提比例）+ \sum_{n=1}^{m} Q(n)$$

$S(n)$ 为某彩票游戏当期销售额

$Q(n)$ 为某彩票游戏某期弃奖奖金

i 为某彩票游戏期结时间落在上一自然月的期数

m 为某彩票兑奖截止日期落在上一自然月的期数

第二十条 每月 10 日前，中福彩中心技术部向中福彩中心财务部提供中福彩中心业务费结算报表，由中福彩中心财务部对业务费进行结算、缴拨及账务处理。中福彩中心业务费由积分换彩归集户转入中福彩中心基本户中。

第二十一条 每月 5 日前，渠道商向中福彩中心出具商业积分兑换福利彩票渠道合作费账单和等额发票，经中福彩中心审核确认后，于每月 10 日前从积分换彩归集户划拨至渠道商指定银行账户。

第二十二条 本规程自发布之日起施行。

附件 2

商业积分兑换福利彩票兑奖工作流程

（全国统一奖池彩票游戏）

第一条 为加强商业积分兑换福利彩票奖金兑付管理工作，规范兑奖工作程序，明确兑奖工作职责，特制定本工作流程。本流程适用于商业积分兑换全国统一奖池彩票业务中涉及的相关工作。

第二条 中国福利彩票发行管理中心（以下简称“中福彩中心”）在合作银行设立商业积分兑换福利彩票银行专用账户（以下简称“积分换彩归集户”），用于商业积分兑换福利彩票的资金归集、结算和奖金调配。中彩积分公司在合作银行设立商业积分兑换福利彩票奖金管理专用账户（以下简称“奖金账户”）和预缴款专用账户（以下简称“预缴款账户”）。奖金账户用于商业积分兑换福利彩票的奖金兑付；预缴款账户用于商业积分兑换福利彩票的预缴款收取和彩票销售款的解缴。

第三条 福利彩票当期开奖后，积分公司利用商业积分兑换福利彩票在线交易系统（以下简称“积分换彩系统”）根据中福彩中心技术部运维的彩票交易信息实时监控与开奖管理系统（以下简称“中福彩后台系统”）发布的开奖公告，自动对商业积分兑换福利彩票的中奖彩票进行检索，生成相关中奖和兑奖报表，提供给中福彩中心财务部和北京中彩积分科技有限公司（以下简称“中彩积分公司”）查询。

第四条 中福彩中心技术部负责数据稽核；中福彩中心财务部负责与中彩积分公司进行奖金轧差；中彩积分公司负责中奖审核、奖金兑付并代扣代缴个人所得税。

第五条 为避免奖金兑付资金不足的风险，中福彩中心将在积分换彩归集户中预留兑奖周转金。兑奖周转金具体金额可根据商业积分兑换福利彩票销售额规模进行调节。当资金不足时，积分换彩系统将以短信方式通知相关工作人员及时调配资金。

第六条 单张彩票中每注中奖奖金均低于1万元（含1万元）的彩票（以下简称“小额中奖彩票”），按以下流程办理兑奖：

6.1 彩票当期开奖后，中福彩后台系统发布开奖公告，积分换彩系统自动为小额中奖者进行兑奖申请，并按开奖公告进行验奖和兑奖操作。

6.2 积分换彩系统通过银企直联系统向合作银行企业网银系统发送小额奖金提现申请。

6.3 合作银行企业网银系统根据小额奖金提现申请，从奖金账户向中奖者银行账户转账。

6.4 中彩积分公司定期根据合作银行出具的纸质及电子对账单，与积分换彩系统内汇总报表进行核对，根据核对无误的数据编制记账凭证，由中福彩中心结算中心登记入中彩积分公司账务中。

第七条 单张彩票中单注中奖奖金在1万元以上且该张彩票中奖总额在50万元以下的彩票（以下简称“中额中奖彩票”），按以下流程办理兑奖：

7.1 中奖者在兑奖期内登录商业积分兑换福利彩票渠道代理商指定网站，填写姓名、身份证号码、身份证地址和通讯地址等信息，并上传身份证扫描件，申请兑奖。

7.2 积分换彩系统根据中奖者的兑奖申请进行验奖，对通过验奖的兑奖申请生成中额中奖彩票奖金提现申请记录。

7.3 中彩积分公司工作人员负责登

录积分换彩系统查阅中额中奖彩票奖金提现申请记录，审核中奖者个人信息的真实性和完整性，审核通过后，由积分换彩系统将中奖奖金扣除应缴个人所得税后从奖金账户向中奖者银行账户转账。如奖金账户余额不足，积分换彩系统将暂停该笔转账，待余额足够时，再进行转账。

7.4 中彩积分公司定期根据合作银行出具的纸质及电子对账单，与积分换彩系统内汇总报表进行核对，根据核对无误的数据编制记账凭证，由中福彩中心结算中心登记入中彩积分公司账务中。

7.5 中额中奖彩票的兑奖，从中奖者发起兑奖申请至奖金划付完毕，原则上在 10 个工作日内完成。

第八条 单张彩票中单注中奖奖金在 1 万元以上且该张彩票中奖总额在 50 万元以上（含 50 万元）的彩票（以下简称“大额中奖彩票”），按以下流程办理兑奖：

8.1 中奖者持本人身份证原件及复印件在兑奖期内，到中彩积分公司指定的地点办理兑奖手续。

8.2 中奖者输入商业积分兑换福利彩票账户号码、账户密码及验证码，登录“商业积分兑换福利彩票大额中奖彩票兑现客户服务终端”，查询并核对所中大奖的彩票信息，核对无误后申请兑奖并打印兑奖凭证，填写《商业积分兑换福利彩票大奖兑奖登记表》。

8.3 中彩积分公司工作人员核对中奖者个人信息和身份证信息无误后，填写《商业积分兑换福利彩票大奖兑奖登记表》相应部分，并附中奖者身份证复印件和兑奖凭证，由中彩积分公司指定负责人签字确认。

8.4 中福彩中心结算中心人员登录“商业积分兑换福利彩票大额中奖彩票兑现客户服务终端”，扫描兑奖凭证上的兑奖编码并输入管理员密码后，系统自动进行验证。验证通过后，终端打印验奖单。结算中心填写《商业积分兑换福利彩票大奖兑奖登记表》相应部分，并附验奖单，由中福彩中心结算中心负责人签字确认。

8.5 中奖者在中彩积分公司指定的银行开设活期储蓄账户并自行加设密码，与中彩积分公司签订《代为划付中奖奖金委托书》后，中彩积分公司按规定一次性将奖金扣除应缴个人所得税后划入该账户内。

8.6 中彩积分公司应保存中奖者身份证复印件、兑奖凭证和验奖单，归入中彩积分公司会计凭证中。

第九条 中奖彩票中单注中奖奖金在 1 万元以上（不含 1 万元）的须依法由中奖者缴纳个人所得税，由中彩积分公司代扣代缴，并将完税凭证邮寄至中奖者提供的通讯地址。

第十条 中奖者若在兑奖期内死亡，提供相关证明文件后，奖金可由其法定继承人兑取。

第十一条 每期彩票开奖之日起 60 个自然日内为兑奖期，逾期不兑奖的视为弃奖，弃奖按《彩票管理条例》的规定纳入公益金。

第十二条 本工作流程自发布之日起施行。

附表：

商业积分兑换福利彩票大奖兑奖登记表			
以下由中奖者自行填写			
姓　　名		证件种类	
身份证号码			
身份证地址			
通讯地址			
以下由中彩积分公司员工填写			
工作人员姓名		日　　期	
中奖者个人身份信息是否有误		积分公司负责人签字	
财务人员姓名		日　　期	
中奖者个人银行存折是否有误		结算中心负责人签字	
注：本登记表后应附中奖者身份证复印件、兑奖凭证和验奖单			

关于调整中国福利彩票双色球游戏规则的通知

（2014年4月28日　中国福利彩票发行管理中心　中彩发字［2014］58号）

各省、自治区、直辖市福利彩票发行中心：

为了优化中国福利彩票双色球（以下简称“双色球”）游戏规则，加快奖池积累速度，提高奖池过亿的频次，保持双色球健康、稳定和可持续发展，根据财政部《关于变更中国福利彩票双色球游戏规则的通知》（财办综［2014］17号）、《关于同意中国福利彩票双色球变更上市销售实施方案的通知》（财办综［2014］28号），中福彩中心决定对双色球游戏规则做出部分调整。现就有关事项通知如下：

一、双色球游戏规则调整内容

对双色球浮动奖奖金分配比例做出如下调整：

（一）当奖池资金低于1亿元时，一等奖占当期高等奖奖金的比例由70%调整为75%；当奖池资金高于1亿元（含）时，一等奖占当期高等奖奖金的比例由50%和20%调整为55%和20%；

（二）二等奖占当期高等奖奖金的比例由 30% 调整为 25%。

二、双色球新游戏规则实施时间

调整后的双色球新游戏规则实施时间为 2014 年 5 月 16 日，自双色球第 2014055 期开始实施。

三、相关营销宣传工作安排

（一）中福彩中心负责的营销宣传工作

1. 在中国教育电视台每期开奖节目中，以主持人口播和飞播字幕形式发布双色球调整游戏规则相关信息。

2. 在中福彩官网和中彩网投放双色球调整游戏规则广告，并编辑宣传专题。

3. 组织《公益时报》编辑双色球调整游戏规则宣传专版。

4. 将双色球调整游戏规则有关新闻通稿发给各合作报刊刊登宣传。

5. 通过掌上通公司和福彩服务热线（95189518），以短信方式对订制开奖短信和参与福彩积分服务的用户进行双色球调整游戏规则相关信息通告。

6. 组织设计双色球新游戏规则宣传海报和宣传折页，将设计稿发给各省福彩中心。海报由各省福彩中心在当地印制发放。折页由中福彩中心统一印制发给各省，各省亦可根据本省需求酌情加印。由于折页印制需要公开招标，耗时较长，发放到各省的时间可能会在 6 月份以后。

（二）各省福彩中心负责的营销宣传工作

1. 按照中福彩中心下发的双色球新游戏规则宣传海报设计稿在当地印制海报，发给投注站等地方张贴。

2. 将中福彩中心下发的双色球新游戏规则宣传折页发至投注站，向彩民赠阅。

3. 在当地开展富有特色的其他形式的营销宣传活动。

四、相关技术工作说明

鉴于本次规则调整仅涉及派彩时的奖金计算，仅对中彩中心系统中的参数进行调整。对双色球销售和开奖环节，各省福彩中心与中彩中心之间的数据交换流程、内容和格式均沿用现有方式，不作调整。

五、几点要求

（一）各级福彩机构严格遵照各项彩票管理制度规定，认真做好组织销售工作，加强风险控制和安全管理。

（二）各级福彩机构要及时向社会公告双色球游戏规则调整内容，并围绕此次游戏规则调整所带来的双色球玩法新亮点开展广泛的宣传和市场营销工作。

（三）各级福彩机构要做好销售网点的培训工作，使销售人员尽快熟悉游戏规则调整内容，向彩民提供准确的咨询服务。

（四）省级销售机构在双色球新规则实施一个月后，向中彩中心提交上市销售情况书面报告。

附件：关于变更中国福利彩票双色球游戏规则的通知（财办综［2014］17 号）（略）

关于印发曲淑辉组长和张忻书记在2014年全国福彩系统反腐倡廉工作会议上的讲话和工作报告的通知

（2014年5月26日　中国福利彩票发行管理中心　中彩发字［2014］71号）

各省、自治区、直辖市福利彩票发行中心：

2014年5月15日，全国福彩系统反腐倡廉工作会议在天津召开。李立国部长5月14日作出重要批示，强调“福利彩票事业既是公益慈善宗旨，又运用市场机制发行，必须坚持公开透明，打造‘阳光福彩’。要多措并举，推进福彩系统反腐倡廉工作，不断提高福彩行业形象和社会公信力。”

现将民政部党组成员、中央纪委驻部纪检组组长曲淑辉和中国福利彩票发行管理中心党委书记张忻在2014年全国福彩系统反腐倡廉工作会议的讲话和工作报告印发给你们，请认真贯彻执行。

打造阳光福彩　推进反腐倡廉

——在全国福彩系统反腐倡廉工作会议上的讲话

民政部党组成员、中央纪委驻部纪检组组长　曲淑辉

（2014年5月15日）

同志们：

四年前，我们在上海召开了首次全国福彩系统行风建设工作会议。四年来，在部党组的领导下，各级民政部门高度重视，全国福彩系统认真落实会议提出的各项任务部署，深入开展为民服务创先争优活动和党的群众路线教育实践活动，严格执行中央八项规定精神和部党组十七条具体措施，不断加强对干部职工的教育、管理和监督，全面推进廉政风险防控管理，反腐倡廉工作取得了新成效，有力地推动了福彩事业健康发展。比如中福彩中心着力加强制度建设，仅2013年就出台了涵盖决策规则、采购招标、经济责任审计等方面的26项制度，还把廉政建设纳入绩效考核，实行“一票否决”。为体现公

平、公开、公正原则，广东等地面向社会公开征召投注站。北京、辽宁出台了防止利益冲突的有关规定。湖北率先发布了社会责任报告。福建制定了《福利彩票专营投注站等级划分与评定》首个地方标准。深入推进反腐倡廉工作已经成为福彩系统上下的共识，务实管用的制度框架和齐抓共管的工作格局初步形成，“诚信、公正、廉明、守规”的风气得到广泛弘扬，福彩公信力和满意度显著提升，为在高位发行阶段保持安全运行、健康发展提供了有力保证。

刚才，张忻同志代表中福彩中心作了一个比较全面的工作报告，天津、河北、辽宁、浙江、广东、陕西等省市作了经验交流，讲得都很好，我都同意。去年年底，在教育实践活动期间中福彩中心领导班子召开的专题民主生活上，李立国部长和窦玉沛副部长提出了打造阳光福彩的要求。今年年初，民政部召开了 2014 年全国福利彩票工作会议，提出了打造阳光福彩的任务。这是部党组在深刻分析福彩工作面临的新形势、新挑战的情况下，为推进福彩事业健康发展做出的科学研判和正确决策，这也是各地福彩机构实践探索成果的进一步升华。围绕进一步落实年初会议的要求，今天我主要从加强反腐倡廉工作角度，就如何深刻认识打造阳光福彩的重要性和必要性，明确打造阳光福彩的主要任务，落实打造阳光福彩的各项任务，讲几点意见。

一、为什么打造阳光福彩?

福利彩票是由国家特许发行，以国家信用为背书，承担着“扶老、助残、救孤、济困”宗旨使命的社会公益事业。自 1987 年以来，福彩累计发行超过 10 000 亿元，筹集公益金超过 3 000 亿元。目前，拥有销售网点 18 万多个，视频票销售厅 1 000 多个，从业人员 40 多万人，2013 年销量超过 1 700 亿元，成为世界排名第二的发行机构。福彩 27 年的发展历程，尤其是一次又一次的跨越式发展，充分体现了国家的高度重视，公众的广泛参与，民政系统上上下下的共同努力。今天的福彩要继续保持高位安全运行，实现平稳增长，面临的压力更大、挑战更多。我们必须站在新的历史起点上，以高度的历史责任感和使命感，全方位打造阳光福彩。其重要意义：

一是落实中央要求的需要。党的十八大以来，习近平总书记多次强调，要让权力在阳光下运行。随着市场经济发展和我国民主法治建设进程加快，实现党务公开、政务公开、办事公开，成为社会上下的普遍共识和积极行动。阳光政府、阳光民政、阳光决策、阳光工程、阳光合作、阳光采购、阳光服务等各种实践探索在各地各行业广泛开展，已经成为一种社会潮流。福彩作为一个国家特许发行的公益行业，随着发行量和筹集公益金的快速增长，公众参与度、社会关注度日益上升，在推进发行和销售工作公开透明，依法履行信息公开义务，保障公众知情权、参与权、监督权，改善服务、转变行风，进一步提高公信力和满意度，树立良好形象方面，要求更高、标准更严。这实际上对我们打造阳光福彩提出了更紧迫、更现实、更具体的要求。我们必须打造阳光福彩，全面落实党和政府的要求，依法履行信息公开义务，回应公众期待。

二是推动事业发展的需要。福利彩票始于改革开放，伴随着改革开放一起成长、发展壮大。经过多年高速增长，虽然福彩发行规模继续扩大，但增长势头明显趋缓。2011 年发行量增长 32.02%，2012 年 18.18%，2013 年 16.88%，2014 年第 1 季度 15.1%，增速进一步回落。同时，出现个别产品竞争力下滑、市场份额下降的苗头。在市场经济改革进入深水区、市场环境日益复杂和新科技革命兴起的大背景下，福彩游戏产品结构、新渠道建设与市场需求不适应，行政化管理与市场化运作不协调等问题日益凸显。依靠过去的观念和运作方式已经不能适应新时期福彩事业发展的需要，必须推进转型升级，从以往过度追求销量增长的观念，向自然增长、最佳增长的发展理念转变；从简单依靠铺站点、上游戏的数量规模扩张型增长模式，向产品结构优化、新渠道开拓、新技术运用为主的发展模式转变；从重销售、轻管理、轻服务的模式，向更加重视管理提升、更加重视服务增值的新模式转变。福彩承担着筹集公益金的神圣使命，社会关注度高、社会敏感性强、社会容忍度低。目前社会上对福彩仍然存在着一定的偏见和误解，有的把公益彩票与博彩等同起来；有的认为福彩运作透明度不高，存在暗箱操作；还有一些地方不按规定使用公益金，加剧了社会质疑。再加上一些媒体恶意炒作，对福彩公信力和公益形象造成了负面影响。我们必须打造阳光福彩，用全新的发展理念、发展方式，开辟一条新路，激活内生动力，突破发展瓶颈，增强市场竞争力和发展潜力，营造良好的发展环境。

三是解决实际问题的需要。福彩产业链条长、管理环节多、资金流量大、对外合作广、涉及利益群体复杂，容易出现腐败问题。这次会前，我们对近年来查办的福彩系统 16 起典型违纪违法案件进行了梳理，发现有三个明显特点：一是涉案主体比较集中。多数问题发生在福彩机构“一把手”身上，达到 87.5%。二是涉案领域比较集中。多数问题发生在福彩业务领域，包括财务管理、对外合作、物资与服务采购、投注站设立等，尤其是财务管理和对外合作领域成为腐败问题的高发区，分别占案件总数的 44% 和 37.5%。三是案件性质大多是贪污受贿和挪用公款，占案件总数的 94%。如青岛福彩中心主任王某在 2000 年至 2009 年间，先后多次索取和收受贿赂 768 万元，骗取、侵吞单位公款 4 684 万元（4 000 万元未遂）。此外，一些地方还存在公益金使用不透明，甚至被挤占挪用的问题。究其原因，除了个人因素外，主要是权力过于集中、运行不公开，制度执行不力，监督制约不够有效等。福彩系统发生的违纪违法案件，严重损害了福彩机构和民政部门的形象，侵害了人民群众的利益，影响了福彩事业的健康发展，挑战了政府的公信力。这些问题倒逼我们必须打造阳光福彩，深化反腐倡廉工作，建设廉洁队伍。

二、阳光福彩是什么？

打造阳光福彩是个全新命题，内涵丰富，外延广阔。所谓阳光福彩，就是要把福彩行业置身于阳光之下，主要工作、关键环节、重要事项都要依法公开、规范运行、有效监督。打造阳光福彩，公开透明是基本原则，规范运行是内在要求，有效监督是重要保障。打造阳光福彩，就是要抓住权力、资金、品牌、队伍这四个关键，实现权力阳光、资金阳光、品牌阳光、队伍阳光。

（一）权力阳光

权力阳光是阳光福彩的总开关。打造阳光福彩，必须扭住这个总开关，构建决策科学、执行坚决、监督有力的福彩权力运行体系，真正实现用制度管权，让权力在阳光下运行。一是规范“一把手”权力。今天在座的同志们绝大多数是“一把手”，希望你们正确对待手中的权力，正确处理个人与组织、领导者与领导集体的关系，带头完善集体决策机制，同时科学配置领导班子及其成员的权力。积极探索“一把手”不直接分管财务、对外合作等具体事务，防止权力过度集中，规避权力风险。二是建立权力运行清单。福彩发行销售环节多，每一个环节都有一定的权力，必须依法界定权力，明确责任，尤其是要依法界定福彩发行机构和销售机构的权限职责，全面梳理游戏申报、投注站设立、技术服务和物资采购等各类审核审批事项，建立清单，及时向社会公开，保证权力正确行使。三是对权力进行有效监督制约。有权必有责，权责要对等。要紧紧盯住福彩廉政风险高的重点领域和关键环节，强化监督。要把廉政措施融入福彩发行销售业务全过程，加快建设内容科学、程序严密、配套完备、管用有效的制度体系。要强化制度“红线”意识，建立健全责任追究机制，对在行使权力过程中出现问题的，要严肃追责。

（二）资金阳光

资金阳光是打造阳光福彩的重中之重。打造阳光福彩，必须抓住资金这个关键点，着力健全资金按票种归集、按规定结算、按要求使用的资金管理体系，实现资金管理使用的公开、安全、高效。一是资金管理使用的公开。要让资金公开成为常态，接受监督成为自觉。要及时向彩民公开福彩各品种销售额、中奖数额、奖池资金等信息；及时向社会公众公开福彩公益金的筹集、管理、申报、使用情况，建立公益金使用明白账，提高透明度。让彩民和社会公众看得清清楚楚、明明白白。二是资金管理使用的安全。要严肃财经纪律，严格财经制度，强化内部控制，提高财务管理规范化、标准化水平。要坚持收支两条线，全面实施预算管理模式，规范资金归集结算和稽核。要实施关口前移，加强资金风险防控，完善资金管理信息系统，加强资金的实时监控，确保资金安全。三是资金管理使用的高效。要加强资金使用全过程管理，切实用好资金，将有限资金用在推进事业发展的刀刃上。要坚决纠正一些福彩机构认为“不差钱”的错误观念，进一步规范资金支出程序，开展效能监察、监督检查，防止资金“跑冒滴漏”现象发生。要强化事中事后监督，积极引入审计等第三方机构，对公益金的使用情况进行绩效评估，提高资金使用效益。

（三）品牌阳光

品牌阳光是阳光福彩的生命。打造阳光福彩，必须树立品牌意识，塑造公益、诚信、责任的品牌形象。一是恪守公益宗旨。福彩因公益而生，承载社会公益重任，要实现基业长青必须打造公益品牌。27年来，福彩秉承“扶老、助残、救孤、济困”的发行宗旨，为社会福利、社会保障和社会公益事业发展作出了突出贡献。要进一步强化以公益慈善为核心的事业归属感、责任感和荣誉感，珍惜并维护福彩国家公益品牌。二是提高诚信水平。要通过构建“游戏公平、程序公正、操作公开和机构公信”的诚信体系，推进发行销售和采购招标、对外合作、站点设立等事项的公开透明、规范运作，杜绝暗箱操作，提升福彩公信力。事实上，越公开就越阳光，越阳光就越公信，越公信就越有利于树立诚信品牌。三是强化责任理念。作为国家公益彩票，福彩承担社会责任是题中应有之义。要宣传“多人少买、寓募于乐、重玩轻博、理性投注”的绿色购彩理念，在游戏研发、渠道建设、营销宣传等方面，减少彩票的博弈性，增强游戏的娱乐性，引导彩民理性购彩，培育良好的彩票消费习惯。要探索建立问题彩民干预机制，及时提供心理咨询与服务。要进一步完善社会责任报告发布制度，提高福彩机构的社会责任意识。

（四）队伍阳光

队伍阳光是打造阳光福彩的保证。要建立一支敬业、创新、廉洁的福彩行业队伍。一是培育敬业精神。大力弘扬“公益、慈善、健康、快乐、创新”的福彩文化，增进福彩核心价值认同，传播福彩正能量。加强职业道德建设，规范职业操守，推进行业自律。广泛开展“阳光服务”，深化行风建设示范单位建设，推进站点建设和服务标准化、便民化。主动回应社会关切，妥善处理投诉，维护彩民权益。二是激发创新能力。福彩工作政策性、专业性强，行业发展快，要求从业人员具备较好的专业能力、较高的综合素质和较强的创新意识。要建立激励约束机制，完善人才培养，提高专业人才比例。探索建立职业标准和智库，开展创新竞赛、岗位建功立业、星级投注站和优秀销售员评比等活动，提升队伍的整体创新能力。三是严格廉洁自律。坚持“严”字当头，对腐败问题零容忍，坚决惩治福彩领域发生的腐败问题。要加强全系统队伍作风建设，不折不扣地贯彻落实中央八项规定精神和部党组十七条具体措施，坚决纠正“四风”，建立健全作风建设长效机制，促进队伍廉洁。

三、如何打造阳光福彩？

阳光福彩是我们对社会的庄严承诺。打造阳光福彩，既是深化福彩系统反腐倡廉建设的有力举措，也是推进福彩事业健康发展的客观要求。为此，必须统一思想认识、落实主体责任、强化监管措施，以改革创新的精神把各项任务落到实处。

一是统一思想认识。打造阳光福彩，关键在于各级民政部门和福彩机构的主要领导必须统一认识，把打造阳光福彩各项任务落实到工作中，与福彩事业共同发展、共同进步。打造阳光福彩，这是一项新的任务，需要不断深化认识、探索研究、总结提炼。同时，也要看到，打造阳光福彩是福彩事业历久弥新的新课题，是一项长期的任务，不可能一蹴而就、一劳永逸，必须要全国一盘棋，上下共同努力，确保阳光福彩落地生根。

二是落实主体责任。要按照党风廉政

建设责任制要求，落实好主体责任，着力构建完整的责任网络。各级福彩机构领导班子和党组织承担主体责任，主要负责同志要切实起到抓总和带头作用。班子其他成员要坚持“一岗双责”，根据分工抓好职责范围内的各项任务。中福彩中心要履行行业监督管理责任，要围绕行业系统性风险防控做好顶层设计，建立健全行业监督管理机制。

三是强化监管措施。民政系统各级纪检监察机构和福彩机构纪检监察部门要切实落实监督责任，协助领导班子和党组织推进阳光福彩建设，深化反腐倡廉工作。要强化问题意识，坚持问题导向，针对福彩系统存在的问题，针对福彩反腐倡廉建设中存在的薄弱环节，研究一整套管用有效的监管措施，加强制度建设，强化执纪监督，加大案件查处力度。要以零容忍态度惩治福彩领域发生的各类腐败案件，做到有腐必惩、有贪必肃、有案必查，保持高压态势，形成震慑力。

四是加大改革创新。改革创新包括思想观念、方式方法、体制机制等多方面的创新。针对阳光福彩建设，我重点谈一下市场化改革创新，主要有两个方面：一方面是要以改革为动力，正确调整机构定位。发行机构要制定市场化改革的总体战略，通过向市场主体放权，把微观环节的经济活动交给市场调节，把自身职能转移到规划布局和制度安排上来，转移到为市场主体服务上来，转移到创造良好市场发展环境上来。另一方面是要以准入为重点，加快转变管理方式。逐步建立覆盖研发、测试、印制、营销等业务领域的市场准入标准，要尝试在设备耗材、游戏研发、物流配送等产品或服务的采购上完善行业标准和准入流程，让市场资源按照市场规则交易，以标准化管理取代行政审批，以制度导向取代指令导向，以科学管理激发市场活力，最大限度地从制度上压缩腐败空间，减少和杜绝腐败行为的发生。

同志们，福利彩票是我国最大的公益慈善事业，也是我们共同开创的一项阳光事业。阳光是造福万物的，阳光也是光彩照人的。坚持福彩姓“福”，保证福彩出“彩”，是我们打造阳光福彩的最高价值追求。这项工作，关系重大，意义深远，任务艰巨，工作繁重。我们要深入贯彻落实党的十八大、十八届三中全会和中央纪委三次全会精神，以改革的精神，以务实的作风，以昂扬的斗志，推进福彩系统反腐倡廉工作，为福彩事业健康发展提供坚强有力的保障！

深入推进反腐倡廉工作
为福彩事业持续健康发展提供坚强保障

——在全国福彩系统反腐倡廉工作会议上的报告

中国福利彩票发行管理中心党委书记　张　忻

（2014 年 5 月 15 日）

各位领导、同志们：

这次会议的主要任务是，总结交流 2010 年以来全国福彩系统行风建设和反腐倡廉工作情况，安排部署今后几年的工作。根据会议安排，我代表中福彩中心向大会报告有关工作。

一、四年来主要工作情况

2010 年全国福彩系统行风建设工作会议召开以来，在民政部党组的正确领导和地方民政部门的高度重视下，全国福彩系统以邓小平理论、“三个代表”重要思想和科学发展观为指导，深入贯彻落实中央八项规定精神，按照“诚信、公正、廉明、守规”总体要求，坚持福彩公益导向，遵循诚信责任理念，确保福彩安全运行，围绕抓管理、强基础、促服务、树形象，标本兼治、多措并举，全国福彩系统行风建设和反腐倡廉工作取得新成效，为促进福彩事业持续健康发展提供了强大动力。

（一）围绕落实党风廉政建设责任制，全面部署福彩系统行风建设和反腐倡廉工作

民政部党组高度重视福彩系统行风建设和反腐倡廉工作，2010 年首次召开全国福彩系统行风建设专题会议，驻民政部纪检组曲淑辉组长到会发表重要讲话，对福彩系统行风及反腐倡廉工作做出了全面部署。民政部将福彩行风建设纳入全国民政系统开展行风建设示范单位创建活动的范围，地方民政部门也为此进行了有力的指导帮助和监督检查，为福彩行风及反腐倡廉工作提供了坚强的组织保障。

按照民政部总体部署和行风会议精神，中福彩中心建立了主要负责人负总责，班子成员分工负责的领导机制，坚持以党风带作风促行风，创新工作思路，将行风建设纳入发展规划，促进业务工作与行风建设有机结合，共同进步。同时，中福彩中心党委和领导班子充分认识到党风廉政建设对保障福彩事业健康发展、促进行风建设具有基础性的重要作用，将行风建设纳入党风廉政建设体系中，将党风廉政建设摆在福彩事业发展全局来谋划，不断深化福彩反腐倡廉工作，加强和创新党风廉政建设的领导和工作机制，一是坚持党风廉政建设全员参与制度，营造全面参与、人人重视、整体推进的工作氛围；二是不断强化党风廉政建设领导责任制，认

真落实年度党风廉政建设工作分工，保证党风廉政建设责任制落到实处；三是创新党风廉政建设工作思路，将党风廉政建设纳入中心目标管理和绩效考核，实行党风廉政建设工作一票否决制。各地福彩机构也对贯彻落实行风和党风廉政建设责任制推出了扎实有效的举措，普遍成立了一把手负总责、分管领导分工负责，全员参与、群众民主监督的行风建设和反腐倡廉工作机制，研究制定行风建设方案和考核评比标准，使福彩系统党风廉政建设责任制得到了较好的落实，有力地推动了全国福彩系统行风建设和反腐倡廉工作深入开展。

（二）围绕廉政风险防控、健全制度体系，切实加强福彩行业的规范管理

《彩票管理条例》及其实施细则出台后，中福彩中心加快了制度创制、修订和完善工作，梳理了涉及人、财、物等重点项目、关键岗位的程序、流程和规范，全面开展了廉政风险防控管理工作。几年来，中福彩中心陆续出台了党风廉政学习教育、党务政务公开、经费支出审批、政府采购等一系列管理制度，促进了中心工作的规范化、制度化。北京、辽宁、山东、江苏等省市一贯注重以销售系统的先进技术为依托，加强福彩诚信建设和安全管理；河北建设阳光用权监控专网，把 7 类 AB 级风险权力及 43 个内控点，全程上网公示监控，实时更新；内蒙古成立对外合作小组，实施层层把关、公开公告；广东坚持推进投注站征召、物流配送和政府采购三公开；浙江制定了廉政风险防控工作实施方案；四川修订完善了 37 项规章制度。这些制度、机制促进了福彩系统风险防控工作的有效开展，为福彩行业规范管理、安全运行提供了制度保障。

（三）围绕优质服务、创先争优，广泛开展行风创建活动，有效提升服务水平

全国福彩系统大力倡导以人为本、服务兴业，积极构建服务基层、服务市场的服务体系。2011 年在全国福彩系统启动了以“公益福彩 · 优质服务”为主题的为民服务创先争优活动，推出了《福利彩票优质服务公约》，做实“三亮三比三评”活动载体，得到了社会肯定和好评。各地行风建设示范单位的创建活动各具特色、富有亮点。天津市首次尝试了技能大比武活动；辽宁在全省开展“文明服务窗口”评比活动；内蒙古、黑龙江、江苏、浙江、江西、福建、重庆、陕西、宁夏、深圳等地开展了贴近市场需求的服务承诺和责任履约活动。福彩行风创建活动有效提升了全行业服务水平和管理形象，并取得了良好成效。民政部 2011 年首批命名的“全国民政系统行风建设示范单位”，26 个福彩机构位列其中。第二批全国民政系统行风示范单位中，福彩系统共获得 18 个群众满意窗口、25 个优质服务品牌、13 名优秀服务标兵的荣誉称号，18 个福彩机构被命名为全国民政系统行风示范单位。

（四）围绕提升素质、改进作风，不断加强队伍建设，提高福彩系统凝聚力、执行力

福彩队伍是福彩行风的体现者，也是党风廉政建设的践行者，抓好队伍建设才能抓住行风和廉政建设的根本。中福彩中心通过不断地践行国家公益彩票的责任理念和发行宗旨，弘扬福彩文化，使广大党

员干部牢牢把握了角色定位和职责所在；通过深入开展党的群众路线教育实践活动，组织开展“走进福彩一线”活动，增强了服务基层、服务群众的意识，促进了机关作风的转变和效能的提升；通过学习型组织建设、举办《福彩课堂》《百家论坛》、开展创新竞赛等形式，将党风廉政建设寓于学习教育和业务培训之中，提升了职工综合素质。各地福彩机构也从多方面创新思想教育、业务培训的形式。山东在全省开展了“爱岗敬业”演讲比赛；湖南连续3年举办全省福彩系统监察审计业务专题培训；重庆创办梦想学院培训计划；贵州开展了“热爱福彩、忠诚福彩、奉献福彩”主题演讲比赛；宁夏通过“道德讲堂”开展传统职业操守教育；新疆对全区从业人员开展有针对性的轮训。各地形式多样的学习教育和主题活动，凝聚了人心，提升了广大员工的素质和能力。

（五）围绕树立福彩良好形象，广泛开展主题鲜明富有特色的实践活动和公益活动，弘扬福彩文化

福利彩票是国家特许发行的公益彩票。多年来，我们始终坚持公益为先、诚信为本、服务为基，将公益品牌作为福彩第一品牌，从整体上营销宣传。为了推进诚信福彩建设，中福彩中心开办官网和服务热线，深化“走近双色球”、“走近刮刮乐”等系列活动，提升了福彩公益形象和品牌信誉。各地福彩机构品牌宣传有声有色，北京福彩中心与北广传媒数字电视联合创办了“公益北京”频道；天津市举办以“文化、传承、大爱、希望”为主题的福彩文化周；广东与广东财经大学合作筹建“广东福利彩票社会责任研究和实践基地”，在广东电台开办社工服务热线，引导彩民理性购彩；河北、辽宁、黑龙江、江苏、安徽、湖北等地捐资助学活动、扶贫济困公益活动已持续举办多年；内蒙古《福彩草原情》、湖南《福泽潇湘》、贵州《温暖贵州》等一大批公益活动已成为在社会上颇具影响力的公益品牌项目。

（六）围绕强化监督检查，开展考评督查，有效保证了行风建设和反腐倡廉工作取得实效

监督制约是加强党风廉政建设的重要环节，社会监督机制是重要的外部监督力量。全国福彩系统注重加强与社会的广泛沟通，推进各项信息公开，主动接受社会监督。辽宁和省政府纠风办合作，在民心网开通了“辽宁福彩群众工作站”；陕西率先设立社会监督员，两年一届的社会监督员制度已运行四届；上海连续两年聘请专业调查公司进行行业满意度调查，委托社会第三方开展“神秘顾客拜访”；浙江每年派出多路工作组，深入全省展开大检查和现场督查；河南每年组织财务资金内审和第三方外审；海南邀请有关部门、新闻媒体、彩民代表参加行风评议。这些举措受到了社会各界的广泛关注，发挥了社会监督的作用。

总之，几年来，全国福彩系统通过积极探索和生动实践，积累了富有福彩特色的行风建设和反腐倡廉工作经验，为深入开展福彩系统党风廉政建设打下了坚实的基础。福彩系统规范管理和服务水平大幅提升，干部队伍素质能力显著增强，取得了党风廉政建设与业务发展的“双丰

收”。2010 年以来，福彩销售量持续保持较快增长速度。截至今年 3 月 14 日，全国福彩销售累计总量已突破 10 000 亿大关，筹集公益金超过 3 000 亿元，中国福利彩票事业步入了一个全新的发展阶段。

在总结成绩的同时，我们也清醒地认识到，当前福彩系统党风廉政建设的整体水平与中央和民政部党组的要求还有一定的差距，与福彩事业转型发展的需要还有不适应的方面，主要表现在：一些地方和单位对福彩系统党风廉政建设的重要性、紧迫性以及腐败问题的危害性的认识还不足，不同程度存在重发行、轻管理，重建立制度、轻监督检查的现象，依法管理、依规操作的意识仍需加强；党风廉政建设制度体系还有薄弱环节，存在着机制不顺、透明度不高、监管不严、执行不到位的问题；行业风险防控能力和整体水平有待提高，重点领域、关键环节的监管有待进一步加强；特别是一些地方和单位相继出现违规违纪违法的问题，严重影响了福彩的形象和声誉，有的工作人员还受到党纪国法的处理，令人痛惜，发人警省。对于这些问题和不足，我们务必要保持清醒头脑，进一步增强忧患意识、风险意识和责任意识，以更加有力的举措和更加扎实的工作，切实加以改进和解决。

二、突出重点，狠抓落实，深入推进福彩系统反腐倡廉工作

全国福彩系统行风建设和反腐倡廉工作，经过几年探索实践，已从起步阶段步入全面深化的发展阶段。一会儿，曲组长还将围绕打造阳光福彩、推进反腐倡廉为主题作重要讲话，提出新的要求，我们要认真学习领会，抓好贯彻落实。今后几年，全国福彩系统要全面贯彻党的十八大、十八届三中全会和习近平总书记系列重要讲话精神，聚焦福彩战略转型这一中心任务，围绕“建设阳光福彩”这条主线，以推进反腐倡廉制度体系建设为保障，以深化行风创建为抓手，进一步规范权力运行和发行销售行为，切实加强对重要领域和关键环节的风险防控，严格规范管理，增强公开透明，改进工作作风，提升服务水平，以改革创新精神，推进福彩党风廉政建设和反腐倡廉工作不断深入。

（一）加快推进福彩系统反腐倡廉制度体系建设

制度建设具有全局性、根本性和长远性，只有建立完备的规章制度体系，才能真正形成制度的约束力和执行上的监督力，实现按制度办事，用制度管人。

一是要全面落实党风廉政建设责任制。要按照党风廉政建设“一岗双责”的要求，认真落实好各级党组织和领导班子的主体责任，主要负责人切实履行好第一责任人的职责。主要体现在五个方面：(1)加强领导，选好用好干部，防止用人上的不正之风和腐败问题。（2）关心职工群众，坚决纠正损害群众利益的行为。（3）强化权力运行的制约和监督，从源头上防止腐败。（4）领导和支持执纪执法机关查处违纪违法问题。（5）管好班子，带好队伍，管好自己，当好廉洁从政的表率。同时，各级纪检监察部门要担负起党风廉政建设的监督责任，切实加强监督检查，做到执纪从严，违纪追责，敢于担当。要按照“管行业必须管行风”、“谁主管、谁授权、谁负责”的要求，切

实履行行风建设主管单位职责，成立相应的工作机构，加强组织协调和监督检查，纠正行业不正之风。要将党风廉政建设放在更加突出的位置，与业务工作同安排、同部署、同落实，形成职责明确、机制健全、上下联动、齐抓共管的机制和合力。

二是要全面推进廉政风险管理和内控制度建设。要按照《彩票管理条例》等法规的要求，全面系统梳理发行销售和内部运行管理制度，查缺补漏，建立健全以管理规范、行业标准、操作流程为主要内容的制度体系，使各项制度相互衔接，更具针对性和系统性。要根据福彩权力运行的特点，开展机构权力清权确权，编制清晰的权力运行图，明示廉政风险点。要根据廉政风险等级，综合运用风险管理、财务控制、内部审计和技术管理等手段，形成程序严密、配套完善和措施有效的内控制度及风险防范机制。

三是要完善“三重一大”决策机制。对于重大事项决策、重要干部任免、重要项目安排和大额资金使用，要进一步完善议事规则和决策程序。决策前要广泛听取意见，加强决策论证；决策时要坚持民主集中制，坚持集体研究决策；决策后要加强决策执行，跟进监督检查，从而形成相互制衡、科学管用的决策机制。

四是要完善内部监督检查机制。要加强福彩系统内部监督管理体系建设，建立健全纪检监察、内部审计、财务检查和市场监管的监督管理网络。要完善纪检监察（监督检查）机构建制，充实专业人才队伍，加快推进监督检查制度的修订和完善工作，更好地发挥监督职能作用。

五是要建立健全考评制度。要将行风和廉政建设纳入福彩系统年度工作考核体系之中，作为评价销售管理工作的重要指标。对各类违规违纪问题，要根据情节或造成影响的程度，降低考核等级或取消评选资格。

（二）切实加强重点领域、关键环节的监督管理

福彩发行销售涉及面广、环节多、资金量大、战线长，只有加强对重点领域和关键环节的监管，才能抓住反腐倡廉和行风建设工作的关键，从而有效规范权力运行，真正将反腐倡廉工作要求落到实处。一是要重点加强对外合作、物资采购、基建工程、宣传营销、彩票印制和物流配送等领域的管理，切实加强监督检查。要进一步完善内部论证、定价机制、审批流程，加强法律审核和审计监督，严把程序关、审核关和监督关，确保经费支出合理合规，合乎业务发展需要。

二是要加强对销售渠道、游戏品种审批环节的监督管理。游戏审核报批要严格按照有关规定和程序执行，切实把好论证关、质量关，禁止未经批准先斩后奏；对销售场所和销售渠道审批，要符合市场布局规划要求，满足代销者资质条件，严把网点建设标准。

三是要规范发行销售行为。对于彩票销售经营活动要加强管理，规范操作，特别是对代销者代销行为的规范，严格按照《彩票管理条例》和《代销合同示范文本》的要求，切实履行好机构和代销者双方的权利和义务，维护好福彩行业的声誉。

四是要加强对资金的预决算管理。要增强预算管理的意识，严格履行报批程

序，严格按照预算批准的项目执行，不得超预算和计划外开支，或擅自改变预算批准的范围和项目用途。对预算外支出要从严管理，对确有必要的，须追加预算报经批准。

五是严格管理“三公”经费和公务接待。认真落实中央八项规定和《党政机关厉行节约反对浪费条例》要求，严格执行国家对会议、公务出国、公务用车、公务接待的标准，反对铺张浪费，坚决杜绝私设小金库。

（三）深化行风建设，推进行风示范单位创建活动常态化

行风关系到福利彩票的整体形象，是福彩工作重要的评价依据，也是福彩工作的内在组成部分。要坚持标本兼治、纠建并举的方针，持续推进，一以贯之。

一是继续推进福彩系统行风示范单位创建活动。按照民政系统行风示范单位创建活动的要求，扎实开展福彩机构行风示范单位创建活动，着力在提高福彩机构工作效能和服务水平上下功夫，纠正“四风”，治理慵懒散。要围绕解决代销者、彩民关心关注的问题，改进服务态度，落实整改措施，建立服务承诺，接受民主评议，提高工作效率。

二是深入开展文明服务窗口创建活动。福彩销售场所是直接面向彩民、面向社会的窗口，其服务态度、服务质量的好坏，直接影响社会公众对福利彩票的评价与信任，因此有必要将行风示范单位创建活动延伸到销售场所，在销售场所广泛开展文明服务窗口创建活动。重点是规范代销者代销行为和服务标准，创新服务举措，切实提高窗口文明服务质量和群众满意度。各地要将文明服务窗口创建活动与星级投注站等级评定、形象化标准建设、投注站考核奖励、彩民评议等结合起来，统筹安排，使创建活动常态化。

三是建立社会责任报告制度。履行社会责任是福彩机构的核心价值，通过建立社会责任报告制度，不仅反映福彩行风行貌，也是推进行风建设和反腐倡廉工作的重要举措。2014 年，民政部将“福利彩票社会责任体系建设”列为部省合作重点课题，中福彩中心将在完成《中国福利彩票社会责任标准规范》的基础上，参照国际彩票协会标准，编制发布《中国福利彩票社会责任报告范本》和《中国福利彩票年度社会责任报告》，建立相应的培训、服务、考评等制度机制，并指导和推动销售机构发布本地区年度社会责任报告，逐步建成福利彩票社会责任体系。

（四）推进办事公开，实现阳光操作，提升福彩公信力和群众满意度

阳光是最好的防腐剂，也是规范权力运行的利剑。推进办事公开、实行阳光操作，是加强福彩系统反腐倡廉工作的重要途径。一是要全面推行销售场所面向社会公开征召。《彩票管理条例实施细则》对征召彩票代销站点做出了明确规定，中福彩中心对《福利彩票销售场所管理办法》作了修订，近期即将出台。各地销售机构也要及时修订销售场所管理办法，特别对销售场所征召条件、选择标准和程序进行公告，坚持面向社会、公平竞争、择优选用，严禁暗箱操作，违规操作，杜绝设立人情站、关系点。

二是要全力推进政府采购和公开招

标。要按照《政府采购法》和《彩票管理条例》要求，制定福彩机构政府采购管理办法，对政府采购法所规定的公开招标、竞争性谈判、邀请招标、单一来源采购和询价等五种采购方式的适用范围和具体流程进行明确界定，坚持把公开招标作为主要采购方式。对于规定限额以上的采购，必须按规定严格公开招标。对于彩票专用设备和技术服务，需要变更采购方式要报经财政部门批准，并按规定程序办理；对规定限额以下的采购，也要参照政府采购法的规定，健全内部采购流程，规范采购行为。

三是提高“三重一大”事项公开透明度。对“三重一大”事项，特别是涉及职工根本利益、涉及事业长远发展的问题，要通过内网公示、召开职工座谈会等多种形式，广泛听取群众意见，充分发扬民主，保障群众的知情权，提高决策透明度和科学决策水平。

四是要做好信息公开。要按照《政府信息公开条例》要求，进一步完善信息公开机制，建立信息发布管理制度，及时做好开奖公告、服务信息和发行销售情况的发布工作。要加强信息发布渠道建设，完善官网功能，加快OA系统建设，促进信息交流、资源共享。

（五）加大监督检查力度，提高制度执行力

再好的制度设计，如果缺乏监督，也会流于形式。只有加强监督，制度才有硬约束。要在制度执行力上下功夫，重点检查民主集中制是否落实，“三重一大”决策程序是否科学民主，公开招标程序是否规范，廉政纪律执行是否严格。要充分发挥纪检监察在执纪检查中的主导作用，做到事前防范，事中监督，事后查处，贯穿福彩工作全过程。要充分发挥市场监管在行业监督检查中的基础作用，加强业务合规性检查，在业务活动中创新监管机制和方法。要充分发挥内部审计、经济责任审计在内部控制和风险防范中的关键作用，及时发现问题，及时整改纠正。要充分发挥社会监督在行风建设中的助力作用，推行社会监督员制度，并在总结完善的基础上加以规范和推广。要拓宽社会监督信息沟通的渠道，通过机构官网、服务热线、咨询专线、接待日等多种形式，切实做好群众举报、投诉、反映意见的受理核实和反馈工作。

三、强化思想作风建设，营造良好发展氛围

反腐倡廉工作主体是人，工作对象也是人。抓好党风廉政建设，归根到底取决于干部队伍的思想作风建设。自党的群众路线教育实践活动开展以来，全国福彩系统广大干部职工思想作风有了新的转变、新的提升。今年全国两会上，习近平总书记对领导干部提出了“三严三实”新要求，这是各级领导干部的为政之道、成事之要、做人准则。我们要认真贯彻落实总书记要求，持之以恒推进福彩系统干部队伍的思想作风建设。

（一）要进一步抓好学习教育，筑牢思想防线

要大力开展中国特色社会主义理论体系的学习，用理论武装头脑，统一思想和行动；要开展以社会主义核心价值体系为核心的理想信念教育，引导广大员工树立

正确的世界观、人生观和价值观；开展以警示和法规培训相结合的廉洁文化教育，树立诚实守信、廉洁从业的职业操守。要健全入职培训、岗前培训、年度培训等常规化培训制度，进一步拓展学习途径，完善学习的长效机制，继续举办福彩课堂、岗位练兵、创新竞赛、主题实践活动，提高员工的专业素质和创新能力。

（二）要牢固树立为民、务实、清廉的工作作风

要坚持“以人为本、为民服务”的思想，把福彩宗旨和核心价值理念贯穿发行销售工作的方方面面。要始终坚持群众路线，密切与基层联系，真心实意地做好为基层站点和彩民服务工作。要大力倡导务实创新的工作作风，把抓好工作落实、提高工作效能作为改进工作作风的重中之重。要深入一线开展调查研究，问需于民，问计于市场，推进政策创新、机制创新、制度创新，为推动福彩科学发展提供新的动力。要强化组织纪律，坚持从严管理干部，引导广大干部算好人生账，算好廉政账，树立清正廉洁的良好形象。

（三）要以身作则，争做廉洁自律的表率

福彩系统各级领导干部要自我加压，从严要求，率先垂范，奋发有为。领导干部在各自职责范围内行使一定权力，其思想境界、工作作风对其他员工是个无形的影响，对福彩行业整体形象也会产生重要影响。要常修为政之德，常怀律己之心，将精力投入到谋划事业发展上，将志向投放到为民务实上，将兴趣安放到修身养德上，踏踏实实做事，干干净净做人，为福彩事业发展贡献力量，以事业成就自己，无愧于心。

（四）要自觉践行福彩文化，营造良好发展氛围

要加强以“公益、慈善、健康、快乐、创新”为核心内容的福彩文化建设，充分发挥文化引领作用，在游戏研发、渠道建设、营销宣传、公益活动等方面体现福彩文化要求，丰富福彩文化内涵，增强福彩事业软实力。要在全体员工中广泛开展福彩诚信文化、责任文化、廉洁文化的创建活动，以活动培养人，以文化塑造人，陶冶员工情操，营造文明和谐的良好氛围，为党风廉政建设提供思想文化支撑。

当前，福利彩票正处于重要战略转型期，福彩事业改革、发展和党风廉政建设任重道远。让我们以这次全国福彩系统反腐倡廉工作会议为新的起点，不断将党风廉政建设工作引向深入，让福彩在阳光下运行，在法治轨道内行驶，为推进新时期福彩事业持续健康发展提供坚强保障。

民政部办公厅关于开展清理利用互联网销售福利彩票工作的通知

（2014 年 3 月 11 日　民政部　民办函［2014］78 号）

各省、自治区、直辖市民政厅（局），新疆生产建设兵团民政局：

为贯彻落实《彩票管理条例》、《彩票管理条例实施细则》以及 2013 年 7 月 16 日"六部委"会议精神，深入做好清理擅自利用互联网销售福利彩票工作，维护福利彩票市场发展秩序，现就有关事项通知如下：

一、各地民政部门要高度重视，提高认识，进一步强化安全意识和风险防范意识，切实从维护彩票市场正常秩序、促进彩票市场健康发展的大局出发，坚决清理福利彩票销售机构、销售网点擅自利用互联网销售福利彩票的行为，进一步巩固前期的清理整顿成果。

二、各地民政部门要按照"依法依规清理、全面有效规范"的原则，认真制定清理工作方案，切实采取有效措施，责成福利彩票销售机构对本行政区域互联网销售福利彩票的市场情况进行全面检查，停止未经财政部批准的互联网销售福利彩票业务。

三、各地民政部门要切实履行本行政区域福利彩票管理职责，有效杜绝福利彩票销售机构、销售网点擅自利用互联网销售福利彩票的行为，积极营造规范、有序的市场发展环境，促进福利彩票事业科学、健康、可持续发展。

民政部关于进一步加强福利彩票机构自身建设的指导意见

（2014 年 11 月 28 日　民政部　民发［2014］237 号）

各省、自治区、直辖市民政厅（局），中国福利彩票发行管理中心：

福利彩票机构（以下简称福彩机构）自身建设包括队伍建设和机构运行能力建

设，涉及思想建设、组织建设、作风建设、制度建设、反腐倡廉建设以及基础设施建设、技术设备建设、发展能力建设等，是福利彩票事业发展的基本前提和基础支撑。自福利彩票发行销售以来，在各级民政部门的正确领导下，各级福彩机构高度重视自身建设工作，工作机制不断创新，规章制度逐步健全，人才队伍不断壮大，保障能力持续增强，在福利彩票事业跨越发展中发挥了重要作用。当前，面对市场化、信息化、新公益时代新要求的挑战，福彩机构自身建设还有较大差距：队伍素质有待进一步提高，运行机制有待进一步优化，基础保障能力有待进一步提升。为进一步提高各级福彩机构自身建设的能力和水平，推动福利彩票事业转型发展，制定本意见。

一、总体要求

（一）指导思想。以邓小平理论、“三个代表”重要思想、科学发展观为指导，深入学习贯彻党的十八大、十八届三中、四中全会精神和习近平总书记系列重要讲话精神，不断优化各级福彩机构领导班子和人才队伍结构，提升人员素质，不断提高各级福彩机构的运行能力、效率和水平，强化作风建设，推进福利彩票事业转型发展。

（二）基本原则。坚持问题导向，把促进福利彩票发行销售业务安全运行、科学发展作为福彩机构自身建设工作的出发点和落脚点，解决实际存在的问题；坚持以人为本，把发挥人才队伍的积极性、主动性和创造性作为福彩机构自身建设工作的根本任务，为各类人才干事创业、实现价值提供机会和条件；坚持统筹协调，把全面推进、重点突破作为福彩机构自身建设的主要方法，促进机构之间、业务之间、系统内外的有机联系，整体提升自身建设水平；坚持顶层设计与摸着石头过河相结合，把改革创新作为福彩机构自身建设的根本动力，立足长远，做好规划，不断探索新思路、新方法、新机制。

（三）总体目标。到 2020 年，在全国福彩系统打造一支政治素质好、决策能力强、管理水平高的领导团队，培养一批结构合理、素质良好、作风过硬的人才队伍，形成一套规范高效、运行通畅、监管有力的运行机制，建成一个功能完备、安全可靠、富有活力的支撑环境，使福彩机构自身建设水平迈上新台阶。

二、加强队伍建设

（四）选好配强领导班子。充分考虑福利彩票工作的艰巨性和复杂性，拓宽选人视野，创新选人机制，真正把政治可靠、群众认可、善于协调、勇于担当的干部放到“一把手”位置上。立足于本级福彩机构职责履行、促进业务长远发展，不断优化领导班子的专业和年龄结构，注重选拔具有彩票相关专业知识和特长的优秀年轻干部。综合运用挂职锻炼、岗位轮换、脱产培训、集中学习、合作培养等多种方式，提高领导班子成员的业务水平和领导能力。各级民政部门要加强对福彩机构领导班子能力建设的指导，强化创新和责任意识教育，加强考核监督，对能力不适应、作风不过硬、群众不认可的干部及时进行诫勉和调整。

（五）提高干部职工综合素质。重视

和加强对系统干部职工的内部培训，建立分级分类的培训体系，做好培训规划，建立师资队伍，合理设置培训课程，编写培训教材，不断提高干部职工的业务知识和职业技能。采用岗位轮换、基层实习、挂职锻炼、专项研修、合作培养等方式，不断提高干部职工的业务实践能力。采取教育引导、文化熏陶、案例分析、实践养成、制度保障等多种方式，进一步加强各级福彩机构党员干部的思想理论建设，以习近平总书记系列重要讲话精神为指导，加强党性锻炼，强化福彩公益理念，牢固树立正确的世界观、权力观、事业观。不断强化法治保障和规则意识，加强法治教育，提升法律素养，提高干部职工依法运行、依规操作的水平。进一步提高管理人员的媒体素养，学会正确认识、理解媒体，重视、善用媒体，发挥媒体在品牌宣传、释疑解惑、舆论引导上的正能量作用。

（六）加强人才引进与把关。各级福彩机构要根据事业发展需要，认真做好人才需求预测，制定人才引进规划。各级民政部门要在履行规划审批和统一监管的基础上，充分尊重本级福彩机构的用人自主权。录用工作人员要采取公开招聘方式，严把进人关，同时要根据业务发展需要和现有人员结构，拓展进人渠道，面向社会重点招聘游戏研发、信息技术、市场营销、企业管理、人力资源等领域急需的高端人才。

（七）强化人才使用。建立完善岗位管理制度，根据业务发展需要，合理设置岗位，科学设定管理岗与技术岗比例，明确岗位的职责、任务、工作标准和任职条件。建立竞争择优、能上能下的选拔机制，使能力强、善动脑、肯吃苦的优秀人才能够脱颖而出。着重加强创新型人才的培养，让有创新思路的人员独立承担业务，通过项目合作、提供项目资金、组织项目团队等方式，创造机会让他们实现创新成果转化。积极推进专业技术职务评聘工作，提高福彩机构人才的职业化、专业化水平。

（八）建立完善激励约束机制。按照福彩机构职责和彩票的市场经营特性，建立完善与销售业绩、社会责任评估结果等相联系的绩效工资制度。制定发行与销售机构之间及机构内部的绩效考核和奖励分配办法，体现岗位职责、工作业绩、实际贡献等因素，完善考核方式、考核主体、考核指标、权重分配与考核程序，逐步推进福彩机构职工绩效工资与考核结果挂钩，进一步调动福彩机构从业人员的积极性和主动性。对部分紧缺、急需引进的高层次人才，按国家有关规定经批准可实行协议工资、项目工资等激励办法。

三、完善运行机制

（九）完善决策机制。健全重大事项决策规则和程序，建立完善集体决策、群众参与和社会公开相结合的民主决策机制。加强重大课题调研，重大决策出台前要充分开展市场、机构和社会调研。建立福利彩票系统专家智库，制订重大政策和业务方案时，要充分听取、吸收行业内外专家意见。建立健全决策听证机制，对涉及社会公共利益的业务决策要听取社会代表（包括彩民代表）的意见。坚持领导班子集体决策过程民主集中制原则。

（十）发挥市场调控机制作用。各级民政部门和福彩机构要切实转变观念，丰富和改进管理方式，建立和完善市场调控机制，更好地发挥市场机制在福彩发行销售中的作用，加强福利彩票市场运行的调控能力。遵循统筹兼顾、扶持重点和支持创新的原则，统筹安排好市场调控资金。针对市场调控资金使用范围，分类建设项目评估指标，并将评估指标作为需求项目评审的主要依据。严格执行项目预算规定，加强项目监管和评估，提高市场调控资金的使用效率。

（十一）推进监督管理机制建设。建立健全纪检监察、审计、财务检查和市场监管相结合的监督管理网络，加快推进和完善监督检查制度体系建设，加强机构和人员力量，创新监管方式和方法。切实加强对物资采购、基建工程、宣传营销、彩票印制和物流配送等重点领域的监督检查，加强对销售渠道、游戏品种审批等关键环节的监督管理。加强财务制度建设，规范财务管理，严格执行资金预决算。

（十二）强化统一协作机制。各级福彩机构要认真履行《彩票管理条例》及其实施细则规定的职责，按照统一发行、统一管理、统一标准的要求，进一步提高执行力，确保有令必行、有禁必止。全国福利彩票系统要牢固树立“一盘棋”意识，以统一规划为引领，以统一销售监控为手段，以统一规则和纪律为约束，进一步加强各部门、各地方之间的协同配合，实现效能最大化。

四、提高运行能力

（十三）加强基础设施建设。中国福利彩票发行管理中心要加强研发、数据、灾备、开奖演播、印制、仓储物流、测试等综合业务设施建设，省级福彩机构要加强数据、灾备、开奖、兑奖大厅，仓储物流、销售场所等重点业务设施建设，保证业务正常开展和安全运行，夯实各项业务开展的硬件基础和支撑环境，为福利彩票事业长远发展提供坚实有力的基础保障。

（十四）提高核心业务保障水平。各级福彩机构要进一步加强对核心业务的规范管理，提高技术系统的自主开发和运维能力，加强数据安全管理；严格彩票资金的归集管理，提高资金风险防控能力；完善开奖兑奖制度，规范开奖兑奖流程。增强应对突发事件的反应能力，制定周详的应急预案，及时妥善处理各类突发事件，确保核心业务安全运行。

（十五）提升销售终端活力。充分认识销售终端对福彩事业发展的基础作用，加大拓展、支持和扶持力度，帮助解决销售终端经营过程中遇到的问题。全面推行销售场所面向社会公开征召制度。推进销售场所标准化和形象化建设，规范服务流程，提高服务水平和行业形象。建立销售终端奖励淘汰制度，在尊重市场竞争规律的基础上，重点扶持一批示范点。结合技术进步，积极建设新渠道，发展新终端，提高售彩便利性，拓展彩民群体。加大对基层销售人员的培训力度，不断提高其工作能力与业务水平。

五、加强作风建设

（十六）培育和践行福彩行业价值和文化。不断强化“扶老、助残、救孤、济困”的宗旨意识，深化拓展“公益、慈善、健康、快乐、创新”的福彩文化内涵，创新主题实践活动载体，逐步培育、形成并切实践行福彩系统共同认可的行业价值与文化，提升从业人员的归属感、自豪感、责任感和荣誉感，振奋队伍精神，增强行业向心力和凝聚力。针对福彩系统作风建设上的薄弱环节，开展“庸、懒、散”专项治理行动，着重解决不作为、不进取、不团结的问题，营造团结向上的工作氛围，鼓足顽强拼搏的干劲，创造积极进取的局面。

（十七）提高服务意识和水平。在强调福彩行业服务社会、履行社会责任的基础上，进一步明确发行、销售机构的服务重点和责任，进一步倡导和完善《福利彩票优质服务公约》，公开服务承诺，创新服务举措，增强服务能力，提高服务水平。加强职业道德建设，规范职业操守，维护“诚信、公正、廉明、守规”的行业风气，推进行业自律。积极创建行风示范单位，深入开展民主评议行风活动，引入第三方评价和监督机制，畅通投诉渠道，维护彩民权益。

（十八）加强反腐倡廉建设。按照公开透明、规范运行、有效监督的要求，抓住权力、资金、品牌、队伍这四个关键，打造阳光福彩。开展机构权力清权确权，明示廉政风险点，确立廉政风险等级，形成程序严密、配套完善、措施有效的内控制度及风险防范机制。严格执行政府采购和公开招标制度。

六、加强组织领导

（十九）明确责任。各级民政部门和福彩机构要坚持在抓业务、抓销量的同时，抓好福彩机构自身建设，做到“两手抓”、“两手都要硬”。各级民政部门要切实加强对福彩机构自身建设的组织领导，坚持“一把手”亲自抓，班子经常研究、指导帮助解决福彩机构在自身建设中存在的问题和遇到的困难；福彩发行机构要在履行业务指导职责和本级自身建设的基础上，承担系统自身建设工作的组织管理职责；销售机构要切实肩负起自身建设的组织实施职责，将自身建设工作放在更加突出的位置上。

（二十）制定完善工作方案。各级民政部门和福彩机构要根据本指导意见，按照分类指导、分层推进、分级组织、分步实施的原则，抓紧制订本部门、本地区福彩机构自身建设规划和工作方案。工作方案要针对当前存在的主要问题，明确时间进度，采取切实可行措施，确保近期见到成效。

（二十一）改进领导方式。各级民政部门要根据国家事业单位改革的规定和部署，逐步建立政事分开、管办分离的管理模式，切实加强班子建设和宏观指导，在具体业务、人财物管理等方面给机构更大的自主权。加强与其他部门的沟通协调，争取理解和支持，为福彩事业发展创造更加良好的外部环境。

（二十二）鼓励先行先试。结合事业单位分类改革进程，考虑福彩发行和销售的市场特性，开展自身建设综合改革试点工作。鼓励各地福彩机构在用人机制、绩效考核和奖励、人才培养、市场调控、基础设施建设等方面采取特殊政策，实现先行先试。中国福利彩票发行管理中心在加强工作指导的同时，可给予适当政策倾斜。

（二十三）加强督促落实。建立福彩机构自身建设目标管理和绩效考核制度。省级民政部门对福彩销售机构自身建设工作的重视和措施情况以及省级福彩销售机构对自身建设的落实和效果情况，要纳入民政部对省级民政部门年度重点工作综合评估中有关“福利彩票发行销售”部分的考核指标体系。省级福彩机构本级及本行政区域福彩系统自身建设的情况，要纳入福彩发行机构对销售机构的年度绩效考核，并与奖励挂钩；福彩发行和销售机构内部绩效考核也要将自身建设情况作为重要内容，并与奖励挂钩。

民政部办公厅关于转发《中国福利彩票销售场所管理办法》的通知

（2014 年 12 月 19 日　民政部　民办函［2014］435 号）

各省、自治区、直辖市民政厅（局）：

现将中国福利彩票发行管理中心印发的《中国福利彩票销售场所管理办法》转发你们，请指导本地福利彩票销售机构认真贯彻执行。2007 年 4 月 2 日民政部转发的《电脑福利彩票投注站管理办法（试行）》（民发［2007］48 号）同时废止。

附件：中国福利彩票销售场所管理办法

附件

中国福利彩票销售场所管理办法

第一章　总　　则

第一条　为进一步规范福利彩票销售活动，加强中国福利彩票销售场所（以下简称“销售场所”）管理，根据《彩票管理条例》、《彩票管理条例实施细则》及相关政策规定，制定本办法。

第二条　本办法所称销售场所是指除中国福利彩票视频型彩票销售厅外，福利彩票销售机构按照有关规定批准设立的销售福利彩票的固定场所。

第三条　福利彩票发行机构和销售机

构对销售场所实行统一编号、分类分级管理。

第四条 福利彩票发行机构制定全国销售场所的规划原则、基本要求和管理制度，组织管理全国销售场所的形象建设、彩票代销、营销宣传、销售队伍建设、业务培训等工作。

福利彩票销售机构制定本行政区域销售场所的发展规划、布局和管理办法，组织实施本行政区域销售场所的形象建设、彩票代销、营销宣传、销售队伍建设、业务培训等工作。

第五条 销售场所的设立、建设、管理及销售场所人员、销售、兑奖、资金和专用设备管理等均适用本办法。

第二章 设立、迁址和撤销

第六条 销售场所的设立应当科学规划、合理布局，统筹考虑经济状况、人文环境、人口数量、市场需求、便利程度等因素。

第七条 销售场所的设立应当遵循以下程序：

（一）福利彩票销售机构向社会发布相关征召信息；

（二）申请者提出书面申请；

（三）福利彩票销售机构组织考察、审核；

（四）审核通过后，福利彩票销售机构与获批申请者签订福利彩票代销合同；

（五）获批申请者根据福利彩票发行机构、福利彩票销售机构的规定和要求建设销售场所，销售场所经验收合格后，福利彩票销售机构向获批申请者发放福利彩票发行机构统一监制的福利彩票代销证。

第八条 福利彩票销售机构向社会征召代销者应当遵循公开公正、规范透明、从优选择、兼顾公益的原则。

第九条 福利彩票销售机构与代销者签订的代销合同应当参照民政部制定的代销合同示范文本制定，有效期限不得超过3年。

第十条 福利彩票发行机构制定销售场所建设的基本标准，福利彩票销售机构制定销售场所建设标准的实施办法。

第十一条 销售场所的形象建设与设施配置应当符合福利彩票发行机构和销售机构制定的基本标准和相关规定。

第十二条 销售场所显著位置应当设置中国福利彩票标识、标牌。

第十三条 福利彩票代销证应当置于销售场所的显著位置。

第十四条 销售场所醒目位置应当张贴中国福利彩票“扶老、助残、救孤、济困”的发行宗旨、购票须知和“购买福彩 奉献爱心 理性购彩 量力而行”等提示语以及“不得向未成年人销售彩票和兑奖”等警示语。

第十五条 销售场所应当设置开奖公告牌，及时、准确提供开奖信息。

第十六条 销售场所应当配备与其代销彩票游戏相匹配的设备、设施，并具备福利彩票发行机构和销售机构规定的其他相关条件。

第十七条 销售场所应当配备防火、防水、防盗等设施，确保安全。

第十八条 销售场所需要迁址的，代销者应当以书面形式向福利彩票销售机构提出申请，经福利彩票销售机构审核批准后方可迁移销售场所。

销售场所迁移后，代销者应当及时在原址张贴公告。

第十九条 以下几种情况下销售场所予以撤销：

（一）代销者自愿放弃代销资格的；

（二）代销者被福利彩票销售机构取消代销资格的；

（三）代销合同期限届满，双方不再续签合同的；

（四）因不可抗力或其他原因导致销售场所无法继续销售的。

销售场所被撤销的，代销者应当在原址张贴公告，并按规定和代销合同的约定向福利彩票销售机构交回彩票销售专用设备和福利彩票代销证等，结清相关款项，办理各项手续。

第二十条 代销者自愿放弃代销资格的，应当提前向福利彩票销售机构提出书面申请，福利彩票销售机构应当及时做出书面答复。

第二十一条 代销者被福利彩票销售机构取消代销资格的，福利彩票销售机构应当向代销者发出书面通知，代销者应当在合同约定的期限内办理相关手续。

第三章 销售管理

第二十二条 福利彩票销售机构制定销售场所彩票销售管理规定和服务规范。

第二十三条 福利彩票销售机构应当建立销售场所登记制度，完善销售场所档案和其他各类信息管理。

第二十四条 福利彩票销售机构应当加强对销售场所的日常管理和监督，建立销售场所的考核、培训和巡检制度。

第二十五条 福利彩票销售机构可以建立销售场所淘汰机制。

第二十六条 代销者取得福利彩票代销证之后方可销售福利彩票。福利彩票代销证是代销者销售福利彩票的合法资格证明，不得转借、出租、出售。

第二十七条 代销者销售福利彩票应当遵守国家法律法规以及福利彩票发行机构和销售机构的相关规定。

第二十八条 代销者应当在福利彩票销售机构批准的地址销售福利彩票，不得擅自迁移销售场所。

第二十九条 代销者应当按照福利彩票发行机构和销售机构许可的彩票品种及游戏销售彩票，不得销售未经许可的彩票品种及游戏。

代销者不得销售非法彩票。

第三十条 代销者应当按照福利彩票发行机构和销售机构规定的时间销售福利彩票。因故不能正常销售的，应当及时向福利彩票销售机构报告并对外公告。

第三十一条 代销者应当根据福利彩票发行机构和销售机构的规定以及销售场所的业态，为销售场所配备适当数量的销售人员。

第三十二条 福利彩票销售机构对销售人员实行登记管理。代销者更换销售人员，应当在福利彩票销售机构重新登记。

第三十三条 代销者聘用销售人员，应当按照国家有关规定签订合同或者协议，明确双方的权利和义务以及销售人员的相关待遇。

代销者应当对其聘用的销售人员进行严格管理，并对销售人员在销售福利彩票和提供相关服务过程中的行为负责。

第三十四条 销售人员应当经培训合

格后方可销售福利彩票。

第三十五条 代销者及其销售人员应当参加福利彩票发行机构和销售机构组织的相关会议、培训及职业道德教育。

第三十六条 代销者应当加强对销售人员的安全教育和管理，努力提升销售人员的服务水平和执业素质。

第三十七条 销售人员销售福利彩票应当先收款后出票，收款时应当唱收唱付。

销售人员销售纸质即开型福利彩票，应当将彩票先进行销售扫描操作，再出售给彩票购买者。

第三十八条 销售人员处理注销票、不完整打印票应当按照福利彩票发行机构和销售机构的有关规定执行。

第三十九条 销售人员销售福利彩票时发现票面异常等情况，应当及时报告并按照福利彩票发行机构和销售机构的有关规定处理。

第四十条 代销者及其销售人员应当按照福利彩票发行机构和销售机构要求，及时、准确地公布游戏规则、兑奖办法、派奖公告等信息。

第四十一条 代销者及其销售人员应当根据福利彩票发行机构和销售机构的彩票销售服务规范为彩票购买者提供政策咨询、游戏介绍等服务，并提醒彩票购买者阅读购票须知，引导彩票购买者理性购买彩票。

第四十二条 代销者及其销售人员不得有《彩票管理条例》和《彩票管理条例实施细则》禁止的下列行为：

（一）进行虚假性、误导性宣传；

（二）以诋毁同业者等手段进行不正当竞争；

（三）向未成年人销售福利彩票；

（四）以赊销或者信用方式销售福利彩票；

（五）委托他人代销福利彩票。

第四十三条 代销者及其销售人员不得有下列行为：

（一）销售保安区刮开的纸质即开型福利彩票；

（二）销售已经作废的福利彩票；

（三）超出福利彩票发行机构和销售机构规定的范围、方式销售福利彩票；

（四）变更或变相变更福利彩票面额销售；

（五）转让、转借、出租代销证或销售场所，或者私自设立分销场所等；

（六）损害福利彩票形象的言行。

第四十四条 福利彩票发行机构和销售机构对优秀的代销者或销售人员，以及对福利彩票销售工作提出合理化建议并被采纳的代销者或销售人员，可以给予表彰或奖励。

第四章 兑奖管理

第四十五条 福利彩票销售机构制定销售场所具体兑奖管理规定。

第四十六条 销售人员应当按照彩票游戏规则和福利彩票发行机构和销售机构制定的兑奖管理规定进行兑奖。不得无票兑奖、无故拒绝兑奖、拖延兑奖。

超出销售场所兑奖额度的，销售人员应当告知中奖者具体兑奖方法和兑奖地址。

不得向未成年人兑奖。

第四十七条 销售人员应当凭中奖彩

票予以兑奖。彩票兑奖期限按照《彩票管理条例实施细则》有关规定执行。

第四十八条 销售人员应当根据彩票游戏规则、系统兑奖验证数据以及福利彩票发行机构和销售机构的有关规定，以人民币现金形式一次性兑付彩票中奖奖金。

第四十九条 代销者及其销售人员不得违背彩票中奖者本人意愿，以任何理由和方式要求彩票中奖者捐赠或变相捐赠中奖奖金。

第五十条 代销者及其销售人员应当对彩票中奖者个人信息予以保密，未经彩票中奖者本人同意，不得泄露彩票中奖者个人信息。

第五十一条 销售人员发现兑奖异常情况，应当向福利彩票销售机构报告，并按照有关规定及时处理。

第五十二条 对已兑奖彩票，销售人员应当进行标识，并严格按照福利彩票发行机构和销售机构相关规定处理。

第五十三条 出现下列情形之一的，销售人员不予兑奖，并向兑奖者说明理由：

（一）彩票超过兑奖期限的；

（二）彩票因受损、玷污等原因导致无法正确识别的；

（三）纸质即开型彩票出现兑奖区覆盖层撕刮不开、无兑奖符号或兑奖符号不全、保安区裸露等问题的。

不予兑奖的纸质即开型彩票，如果是因印制、运输、仓储或因销售人员保管不当、未按规定销售等原因造成的，销售人员应当按照彩票购买者意愿退还其购买该彩票所支付的款项或者更换同等金额彩票。福利彩票发行机构和销售机构应当收回不予兑奖的彩票，由此所造成的损失由相关责任人承担。

第五章 资金管理

第五十四条 福利彩票销售机构制定销售场所彩票销售资金结算管理规定。

第五十五条 代销者应当按照福利彩票发行机构和销售机构对彩票销售资金结算管理的有关规定和代销合同约定，及时、足额缴纳福利彩票销售款。

第五十六条 代销者应当按照代销合同的约定向福利彩票销售机构交纳彩票销售专用设备押金或者保证金。

代销合同终止、代销者交回彩票销售专用设备和福利彩票代销证等并结清相关款项后，福利彩票销售机构应当退还代销者彩票销售专用设备押金或者保证金。

第五十七条 代销者及其销售人员应当执行福利彩票发行机构和销售机构制定的可疑资金报告制度。遇到可疑情况，应当按照制度规定及时处理。

第六章 专用设备管理

第五十八条 福利彩票销售机构应当为销售场所配置彩票销售专用设备。彩票销售专用设备属于福利彩票销售机构所有，代销者不得转借、出租、出售。

第五十九条 代销者及其销售人员应当规范使用、维护彩票销售专用设备，不得有下列行为：

（一）擅自改变彩票销售专用设备的用途；

（二）拆卸彩票销售专用设备或更换专用设备零部件；

（三）查阅、修改、复制、删除彩票

投注专用设备装载的程序和有关数据文件或安装、运行其他程序和文件；

（四）擅自外接设备。

第六十条 彩票销售专用设备出现故障、损坏或丢失以及其他异常情况时，代销者及其销售人员应当及时向福利彩票销售机构报告。

第六十一条 福利彩票销售机构接到彩票销售专用设备报修申请后，应当及时予以维修或更换。

第六十二条 因代销者及其销售人员保管、使用不当造成彩票销售专用设备故障、损坏或丢失的，由代销者承担维修费用或赔偿损失。

第六十三条 代销合同终止后，代销者应当及时将彩票销售专用设备退还福利彩票销售机构。

第七章 附 则

第六十四条 本办法由福利彩票发行机构负责解释。

第六十五条 福利彩票销售机构可根据本办法，结合本行政区域销售场所管理工作实际，制定具体规定并报福利彩票发行机构备案。

第六十六条 中国福利彩票视频型彩票销售厅管理办法另行制定。

第六十七条 本办法自颁布之日起施行。

关于印发《建立全国福利彩票资金风险防控机制总体意见》的通知

（2014年10月31日 中国福利彩票发行管理中心 中彩发字［2014］177号）

各省、自治区、直辖市福利彩票发行中心：

为保障福利彩票发行销售业务资金安全，确保福利彩票事业安全运行、健康发展，根据《彩票管理条例实施细则》、《彩票机构财务管理办法》以及《行政事业单位内部控制规范（试行）》等规定，我们制定了《建立全国福利彩票资金风险防控机制总体意见》。现印发你们，请遵照执行。

附件：建立全国福利彩票资金风险防控机制总体意见

附件

建立全国福利彩票资金风险防控机制总体意见

随着福利彩票发行销售进入战略转型期，销量增速放缓，销售高位运行下的压力和风险渐增，传统游戏、渠道与新游戏、渠道并存，风险与机遇共生。安全是福利彩票发行管理工作的底线，也是福利彩票事业健康发展的保障，资金安全更是重中之重。为了努力保障现有业务和渠道的资金安全，积极应对新技术、新业务和新渠道的资金结算模式可能产生的资金风险和挑战，确保福利彩票事业“安全运行、健康发展”，必须尽快建立全国福利彩票资金风险防控体系。

一、建立资金风险防控机制的指导思想

以安全运行、健康发展为指导方针，深入贯彻落实《彩票管理条例》、《彩票管理条例实施细则》及其有关规定，坚持福利彩票发行机构统一指导协调，各地福利彩票销售机构积极参与实施，推进建立以风险文化为先导、制度建设为基础、技术系统为支撑、队伍建设为保障的资金风险防控机制。

二、建立资金风险防控机制的目标和原则

（一）工作目标

制定实施建立资金风险防控机制的总体意见，逐步建成业务流程规范、风险预警及时、控制措施有力、配套制度管用的框架体系，切实保证福利彩票发行销售业务合法合规、国有资产安全完整、财务信息真实有效以及有效防范舞弊和预防腐败。

（二）工作原则

一是全面控制，坚持把资金风险防控与发行销售业务紧密结合，实现对资金归集、分配和使用各环节的全面控制。二是突出重点，坚持将政府采购、项目招标、大额资金使用、工程建设、对外合作和审核审批等领域作为防控的重点。三是动态管理，根据国家政策调整、业务流程变化、职责权限变更、防控措施效果等，及时调整、完善资金风险的内容、等级和防控措施，加强对资金风险的动态监控。

三、建立资金风险防控机制的基本框架

（一）建立资金风险评估机制

将资金风险预警关口前移，对潜在资金风险进行评估，确定风险等级，进行分类管理，有针对性的采取防控措施。

从各票种、渠道、业务流程、资金归集、分配和管理使用等不同流程和纬度收集和整理有关资金风险的原始信息，分析资金风险产生原因，明确资金风险评估对象，采取定性和定量相结合的方法，对风险的等级和危害进行评估，确定风险等级，建立资金风险点列表。

对福利彩票发行销售环节资金活动的风险点进行评估，应当重点关注以下

方面：

（1）组织机构设置。包括是否建立重要事项、重大决策、重要人事任免及大额资金支付业务是否实行集体决策审批或联签制度；是否进行不相容岗位相分离。

（2）彩票销售业务环节。包括是否存在赊销、信用销售、委托代销、盗打彩票和大额销售等情况；是否存在资金因滞留销售终端而被盗抢、丢失等风险。

（3）资金结算和分配环节。包括是否存在因制度设计缺陷，导致奖金、业务费、公益金分配比例不合理和奖池设置不合理的情况；是否存在彩票机构挤占挪用彩票公益金和业务费，不按时足额上缴的情况；是否存在奖池资金数额不准确以及奖金超兑、错兑等问题。

（4）资金使用和管理环节。一是财务收支计划编报、执行和监督是否科学合理；二是收入确认是否及时、准确，费用支出是否符合规定的程序、标准和范围；三是采购活动是否合法合规，请购、审批、购买、验收、付款等环节的职责和权限是否明确；四是货币资金管理中职责分工、权限范围和审批程序是否明确；五是资产的使用、维护、管理、处置是否合法合规；六是建设项目的立项、招标、造价、建设、验收等环节是否履行必要的审批手续和控制权限；七是合同是否进行归口管理，合同的订立、审批、执行是否按照规定的程序和权限履行相应的手续。

（二）完善风险控制措施

1. 从单位层面和一般业务层面，风险控制措施一般包括：

（1）不相容岗位相互分离。合理设置内部控制关键岗位，明确划分职责权限，实施相应的分离措施，形成相互制约、相互监督的工作机制。

（2）内部授权审批控制。明确各岗位办理业务和事项的权限范围、审批程序和相关责任，建立重大事项集体决策和会签制度。相关人员应当在授权范围内行使职权、办理业务。重大业务、重要事项和大额资金支付应当进行集体决策审批和会签，任何个人不得单独进行决策或者擅自改变集体决策。

（3）归口管理。根据本单位实际情况，按照权责对等的原则，采取成立联合工作小组并确定牵头部门或牵头人员等方式，对有关经济活动实行统一管理。

（4）预算控制。明确各部门在预算管理中的职责、权限，规范预算编制、审定、执行和监督程序，强化预算约束，使预算管理贯穿于单位经济活动的全过程。

（5）财产保护控制。建立资产日常管理制度和定期清查机制，采取资产记录、实物保管、定期盘点、账实核对等措施，确保资产安全完整。

（6）会计系统控制。建立健全本单位财会管理制度，加强会计机构建设，提高会计人员业务水平，强化会计人员岗位责任制，规范会计基础工作，加强会计档案管理，明确会计凭证、会计账簿和财务会计报告处理程序。

（7）单据控制。要求单位根据国家有关规定和单位的经济活动业务流程，在内部管理制度中明确界定各项经济活动所涉及的表单和票据，要求相关工作人员按照规定填制、审核、归档、保管单据。

2. 从彩票业务层面，彩票机构在资金归集、结算、分配环节应当采取以下控制措施：

（1）销售业务。一是彩票销售机构应当建立销售员档案管理制度，对销售员定期培训，持证上岗，谨慎录用有业务记录污点的销售员；二是彩票销售机构应当建立问题彩民档案管理制度；三是进一步拓宽收款渠道，开通多种缴款支付方式，全面推行预缴款额度制和销售资金稽核制度，提高缴款的便利性和安全性；四是对于现金流量和存量较大，未能及时存入银行的销售终端，可采取商业保险、纳入公安安保系统、聘请护卫公司上门收款等方式，减少现金盗抢、毁损灭失的风险。

（2）针对制度设计不合理产生的风险，一是各级彩票主管和监管部门以及彩票机构根据宏观经济和市场变化，适时调整各票种的资金构成比例，逐步降低制度风险；二是加强市场调研，对可能出现的业务费分配不合理的情况，及时与主管、监管部门沟通协调，争取有利政策；三是针对现有游戏出现设奖不合理的情况，可采取玩法设计控制、建立风险储备金等措施。

（3）业务费归集和分配。一是发行机构采取事前及时催缴，事中认真核对，事后与银行复核，定期与省级机构对账的措施，确保彩票资金归集的准确性和及时性；二是发行机构对销售机构实行年度财务工作考评制度，将缴款情况作为考核指标之一，有效地督促全国资金结算工作；三是加强内部审计。

（4）公益金归集和分配。一是严格执行有关规定，及时足额上缴公益金；二是定期与财政部门对账，防止公益金错缴、漏缴；三是弃奖奖金及时纳入彩票公益金，上缴同级财政专户。

（5）兑奖。一是彩票销售机构健全完善兑奖管理制度和兑奖工作流程等，加强兑奖资金结算、复核验证验票的管理；二是升级完善技术系统，保证验奖、兑奖数据准确，完善兑奖稽核系统，防止出现错兑、误兑、重复兑奖等。

（6）奖池资金管理。一是在银行开设资金归集结算专户，奖池资金不得挪作他用；二是对全国联销和区域联销的游戏，奖金调配采取自动扣划和定期对账相结合的方式，保证资金扣划准确无误；三是加强与银行之间的资金复核，保证划拨金额准确。

（三）健全资金结算和财务管理机制

一是规范发行销售资金结算机制。主要包括：不同品种、发行销售渠道下资金结算制度，公益金和业务费缴存制度，奖金结算分配制度等。

二是规范各级福彩机构内控机制。主要包括：重大经济事项控制机制，财务收支计划编制、申报和执行制度，经费支出审批制度，政府采购管理制度，货币资金管理制度，资产管理制度，建设项目管理制度以及合同管理制度等。

三是建立福利彩票资金风险补偿机制。主要包括：制定市场调控资金管理办法，对部分业务和地区进行重点扶持；制定彩票兑奖周转金使用管理制度，规避奖金兑付风险；制定彩票发行销售风险准备金使用管理制度，规避彩票机构市场变化和不可抗力风险。

（四）建立资金风险监督检查机制

一是建立资金风险定期自查报告制度。各级福彩机构以及内部各部室和岗位人员，定期根据年度工作计划和岗位职责，针对资金风险防控制度是否有针对性、措施是否落实到位以及制度中的薄弱环节等进行自查，并形成自查报告。

二是健全福彩系统内部审计工作制度。有条件的单位应当成立内审部门，把事前控制和事后审计相结合，减缓财务压力。定期对福彩系统各单位就财务和内控情况进行内部审计稽核，针对重要风险点开展专项稽核。

三是健全发行销售和资金结算的报告制度，主动接受民政、财政、审计等相关部门的监督检查，按要求公开有关信息。同时积极发挥社会监督的作用，通过公布举报电话、向社会及时发布监督信息等方式，依靠全社会的力量实施监督。

四是建立资金稽核系统，增加自动对账和稽核功能，减少人工干预，保证资金数据的真实、准确、安全。

（五）建立重大资金风险报告和应急处理机制

一是建立销售预警和可疑资金报告制度。对于销售异常情况，要及时查明原因并向有关部门和领导报告。

二是建立重大资金风险报告机制。明确重大资金风险的内容、报告流程等，确保资金风险信息能够及时、准确、真实、完整地传递，以便及时采取应对措施。

三是建立重大资金风险应急处理机制。明确重大资金风险应急处理的机构设置、职责和处理流程。

（六）健全资金风险绩效考核机制

制定《资金风险防控管理考核办法》，由中福彩中心负责对各省级销售机构的资金风险防控情况进行考核，省级以下福彩销售机构由各省进行考核。

四、工作要求

（一）明确组织架构，建立岗位责任制和绩效评价机制

建立自上而下的组织领导体制。由中福彩中心统一牵头，成立资金风险防控领导小组，其负责人任组长，纪委书记任副组长，相关部门负责人及各级销售机构“一把手”担任成员，建立岗位责任制，并与绩效考核紧密结合起来，实行“一票否决制”。

（二）积极塑造福利彩票风险文化，发挥其先导宣传作用

在福彩系统范围内倡导和培育健康全面的风险管理文化，将风险文化融入福彩文化建设中去，形成资金风险防控良好的内部环境。

（三）完善健全相关配套制度，将风险关进制度笼子

制度建设是加强资金风险防控能力的根本。建立和完善权责清晰、分工明确、监督到位、考核有力的风险防控长效机制，有效地防范了因人为因素可能产生的风险。

（四）加快推进信息化建设，提高技术系统支撑力

技术系统是资金风险防控非常重要的支撑和技术保障，应当加强对技术系统的统一规划和提升，使得资金风险防控机制的实施能够得到技术系统的有效配合。

（五）提高财务人员综合素质和财务素养

一是加强对财务人员业务能力培训，通过定期或不定期业务培训和经验交流

会，提升业务技能；二是强化财务人员的服务意识；三是加强财务人员的职业道德教育；四是注重引进高素质人才，提升财务队伍整体水平。

关于印发《中国福利彩票销售场所管理办法》的通知

（2014 年 12 月 3 日　中国福利彩票发行管理中心　中彩发字［2014］192 号）

各省、自治区、直辖市福利彩票发行中心：

经民政部同意，现将《中国福利彩票销售场所管理办法》印发你们，请认真贯彻执行，2007 年 3 月 22 日公布的《电脑福利彩票投注站管理办法（试行）》（中彩发［2007］22 号）同时废止。

附件：中国福利彩票销售场所管理办法

附件

中国福利彩票销售场所管理办法

第一章　总　　则

第一条　为进一步规范福利彩票销售活动，加强中国福利彩票销售场所（以下简称销售场所）管理，根据《彩票管理条例》、《彩票管理条例实施细则》及相关政策规定，制定本办法。

第二条　本办法所称销售场所是指除中国福利彩票视频型彩票销售厅外，福利彩票销售机构按照有关规定批准设立的销售福利彩票的固定场所。

第三条　福利彩票发行机构和销售机构对销售场所实行统一编号、分类分级管理。

第四条　福利彩票发行机构制定全国销售场所的规划原则、基本要求和管理制度，组织管理全国销售场所的形象建设、彩票代销、营销宣传、销售队伍建设、业务培训等工作。

福利彩票销售机构制定本行政区域销售场所的发展规划、布局和管理办法，组织实施本行政区域销售场所的形象建设、彩票代销、营销宣传、销售队伍建设、业务培训等工作。

第五条　销售场所的设立、建设、管理及销售场所人员、销售、兑奖、资金和专用设备管理等均适用本办法。

第二章　设立、迁址和撤销

第六条　销售场所的设立应当科学规划、合理布局，统筹考虑经济状况、人文环境、人口数量、市场需求、便利程度等因素。

第七条　销售场所的设立应当遵循以下程序：

（一）福利彩票销售机构向社会发布相关征召信息；

（二）申请者提出书面申请；

（三）福利彩票销售机构组织考察、审核；

（四）审核通过后，福利彩票销售机构与获批申请者签订福利彩票代销合同；

（五）获批申请者根据福利彩票发行机构、福利彩票销售机构的规定和要求建设销售场所，销售场所经验收合格后，福利彩票销售机构向获批申请者发放福利彩票发行机构统一监制的福利彩票代销证。

第八条　福利彩票销售机构向社会征召代销者应当遵循公开公正、规范透明、从优选择、兼顾公益的原则。

第九条　福利彩票销售机构与代销者签订的代销合同应当参照民政部制定的代销合同示范文本制定，有效期限不得超过3年。

第十条　福利彩票发行机构制定销售场所建设的基本标准，福利彩票销售机构制定销售场所建设标准的实施办法。

第十一条　销售场所的形象建设与设施配置应当符合福利彩票发行机构和销售机构制定的基本标准和相关规定。

第十二条　销售场所显著位置应当设置中国福利彩票标识、标牌。

第十三条　福利彩票代销证应当置于销售场所的显著位置。

第十四条　销售场所醒目位置应当张贴中国福利彩票“扶老、助残、救孤、济困”的发行宗旨、购票须知和“购买福彩 奉献爱心 理性购彩 量力而行”等提示语以及“不得向未成年人销售彩票和兑奖”等警示语。

第十五条　销售场所应当设置开奖公告牌，及时、准确提供开奖信息。

第十六条　销售场所应当配备与其代销彩票游戏相匹配的设备、设施，并具备福利彩票发行机构和销售机构规定的其他相关条件。

第十七条　销售场所应当配备防火、防水、防盗等设施，确保安全。

第十八条　销售场所需要迁址的，代销者应当以书面形式向福利彩票销售机构提出申请，经福利彩票销售机构审核批准后方可迁移销售场所。

销售场所迁移后，代销者应当及时在原址张贴公告。

第十九条　以下几种情况下销售场所予以撤销：

（一）代销者自愿放弃代销资格的；

（二）代销者被福利彩票销售机构取消代销资格的；

（三）代销合同期限届满，双方不再续签合同的；

（四）因不可抗力或其他原因导致销售场所无法继续销售的。

销售场所被撤销的，代销者应当在原址张贴公告，并按规定和代销合同的约定向福利彩票销售机构交回彩票销售专用设备和福利彩票代销证等，结清相关款项，办理各项手续。

第二十条 代销者自愿放弃代销资格的，应当提前向福利彩票销售机构提出书面申请，福利彩票销售机构应当及时做出书面答复。

第二十一条 代销者被福利彩票销售机构取消代销资格的，福利彩票销售机构应当向代销者发出书面通知，代销者应当在合同约定的期限内办理相关手续。

第三章 销售管理

第二十二条 福利彩票销售机构制定销售场所彩票销售管理规定和服务规范。

第二十三条 福利彩票销售机构应当建立销售场所登记制度，完善销售场所档案和其他各类信息管理。

第二十四条 福利彩票销售机构应当加强对销售场所的日常管理和监督，建立销售场所的考核、培训和巡检制度。

第二十五条 福利彩票销售机构可以建立销售场所淘汰机制。

第二十六条 代销者取得福利彩票代销证之后方可销售福利彩票。福利彩票代销证是代销者销售福利彩票的合法资格证明，不得转借、出租、出售。

第二十七条 代销者销售福利彩票应当遵守国家法律法规以及福利彩票发行机构和销售机构的相关规定。

第二十八条 代销者应当在福利彩票销售机构批准的地址销售福利彩票，不得擅自迁移销售场所。

第二十九条 代销者应当按照福利彩票发行机构和销售机构许可的彩票品种及游戏销售彩票，不得销售未经许可的彩票品种及游戏。

代销者不得销售非法彩票。

第三十条 代销者应当按照福利彩票发行机构和销售机构规定的时间销售福利彩票。因故不能正常销售的，应当及时向福利彩票销售机构报告并对外公告。

第三十一条 代销者应当根据福利彩票发行机构和销售机构的规定以及销售场所的业态，为销售场所配备适当数量的销售人员。

第三十二条 福利彩票销售机构对销售人员实行登记管理。代销者更换销售人员，应当在福利彩票销售机构重新登记。

第三十三条 代销者聘用销售人员，应当按照国家有关规定签订合同或者协议，明确双方的权利和义务以及销售人员的相关待遇。

代销者应当对其聘用的销售人员进行严格管理，并对销售人员在销售福利彩票和提供相关服务过程中的行为负责。

第三十四条 销售人员应当经培训合格后方可销售福利彩票。

第三十五条 代销者及其销售人员应当参加福利彩票发行机构和销售机构组织的相关会议、培训及职业道德教育。

第三十六条 代销者应当加强对销售人员的安全教育和管理，努力提升销售人员的服务水平和执业素质。

第三十七条 销售人员销售福利彩票应当先收款后出票，收款时应当唱收唱付。

销售人员销售纸质即开型福利彩票，应当将彩票先进行销售扫描操作，再出售给彩票购买者。

第三十八条 销售人员处理注销票、

不完整打印票应当按照福利彩票发行机构和销售机构的有关规定执行。

第三十九条 销售人员销售福利彩票时发现票面异常等情况，应当及时报告并按照福利彩票发行机构和销售机构的有关规定处理。

第四十条 代销者及其销售人员应当按照福利彩票发行机构和销售机构要求，及时、准确地公布游戏规则、兑奖办法、派奖公告等信息。

第四十一条 代销者及其销售人员应当根据福利彩票发行机构和销售机构的彩票销售服务规范为彩票购买者提供政策咨询、游戏介绍等服务，并提醒彩票购买者阅读购票须知，引导彩票购买者理性购买彩票。

第四十二条 代销者及其销售人员不得有《彩票管理条例》和《彩票管理条例实施细则》禁止的下列行为：

（一）进行虚假性、误导性宣传；

（二）以诋毁同业者等手段进行不正当竞争；

（三）向未成年人销售福利彩票；

（四）以赊销或者信用方式销售福利彩票；

（五）委托他人代销福利彩票。

第四十三条 代销者及其销售人员不得有下列行为：

（一）销售保安区刮开的纸质即开型福利彩票；

（二）销售已经作废的福利彩票；

（三）超出福利彩票发行机构和销售机构规定的范围、方式销售福利彩票；

（四）变更或变相变更福利彩票面额销售；

（五）转让、转借、出租代销证或销售场所，或者私自设立分销场所等；

（六）损害福利彩票形象的言行。

第四十四条 福利彩票发行机构和销售机构对优秀的代销者或销售人员，以及对福利彩票销售工作提出合理化建议并被采纳的代销者或销售人员，可以给予表彰或奖励。

第四章 兑奖管理

第四十五条 福利彩票销售机构制定销售场所具体兑奖管理规定。

第四十六条 销售人员应当按照彩票游戏规则和福利彩票发行机构和销售机构制定的兑奖管理规定进行兑奖。不得无票兑奖、无故拒绝兑奖、拖延兑奖。

超出销售场所兑奖额度的，销售人员应当告知中奖者具体兑奖方法和兑奖地址。

不得向未成年人兑奖。

第四十七条 销售人员应当凭中奖彩票予以兑奖。彩票兑奖期限按照《彩票管理条例实施细则》有关规定执行。

第四十八条 销售人员应当根据彩票游戏规则、系统兑奖验证数据以及福利彩票发行机构和销售机构的有关规定，以人民币现金形式一次性兑付彩票中奖奖金。

第四十九条 代销者及其销售人员不得违背彩票中奖者本人意愿，以任何理由和方式要求彩票中奖者捐赠或变相捐赠中奖奖金。

第五十条 代销者及其销售人员应当对彩票中奖者个人信息予以保密，未经彩票中奖者本人同意，不得泄露彩票中奖者个人信息。

第五十一条 销售人员发现兑奖异常情况，应当向福利彩票销售机构报告，并按照有关规定及时处理。

第五十二条 对已兑奖彩票，销售人员应当进行标识，并严格按照福利彩票发行机构和销售机构相关规定处理。

第五十三条 出现下列情形之一的，销售人员不予兑奖，并向兑奖者说明理由：

（一）彩票超过兑奖期限的；

（二）彩票因受损、玷污等原因导致无法正确识别的；

（三）纸质即开型彩票出现兑奖区覆盖层撕刮不开、无兑奖符号或兑奖符号不全、保安区裸露等问题的。

不予兑奖的纸质即开型彩票，如果是因印制、运输、仓储或因销售人员保管不当、未按规定销售等原因造成的，销售人员应当按照彩票购买者意愿退还其购买该彩票所支付的款项或者更换同等金额彩票。福利彩票发行机构和销售机构应当收回不予兑奖的彩票，由此所造成的损失由相关责任人承担。

第五章　资金管理

第五十四条 福利彩票销售机构制定销售场所彩票销售资金结算管理规定。

第五十五条 代销者应当按照福利彩票发行机构和销售机构对彩票销售资金结算管理的有关规定和代销合同约定，及时、足额缴纳福利彩票销售款。

第五十六条 代销者应当按照代销合同的约定向福利彩票销售机构交纳彩票销售专用设备押金或者保证金。

代销合同终止、代销者交回彩票销售专用设备和福利彩票代销证等并结清相关款项后，福利彩票销售机构应当退还代销者彩票销售专用设备押金或者保证金。

第五十七条 代销者及其销售人员应当执行福利彩票发行机构和销售机构制定的可疑资金报告制度。遇到可疑情况，应当按照制度规定及时处理。

第六章　专用设备管理

第五十八条 福利彩票销售机构应当为销售场所配置彩票销售专用设备。彩票销售专用设备属于福利彩票销售机构所有，代销者不得转借、出租、出售。

第五十九条 代销者及其销售人员应当规范使用、维护彩票销售专用设备，不得有下列行为：

（一）擅自改变彩票销售专用设备的用途；

（二）拆卸彩票销售专用设备或更换专用设备零部件；

（三）查阅、修改、复制、删除彩票投注专用设备装载的程序和有关数据文件或安装、运行其他程序和文件；

（四）擅自外接设备。

第六十条 彩票销售专用设备出现故障、损坏或丢失以及其他异常情况时，代销者及其销售人员应当及时向福利彩票销售机构报告。

第六十一条 福利彩票销售机构接到彩票销售专用设备报修申请后，应当及时予以维修或更换。

第六十二条 因代销者及其销售人员保管、使用不当造成彩票销售专用设备故障、损坏或丢失的，由代销者承担维修费用或赔偿损失。

第六十三条 代销合同终止后，代销者应当及时将彩票销售专用设备退还福利彩票销售机构。

第七章 附 则

第六十四条 本办法由福利彩票发行机构负责解释。

第六十五条 福利彩票销售机构可根据本办法，结合本行政区域销售场所管理工作实际，制定具体规定并报福利彩票发行机构备案。

第六十六条 中国福利彩票视频型彩票销售厅管理办法另行制定。

第六十七条 本办法自颁布之日起施行。

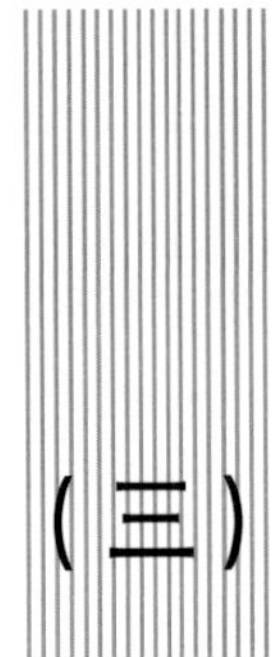

（三）体育彩票管理制度和文献

深入学习贯彻党的十八届三中全会精神 推动体育彩票事业实现新发展

——国家体育总局局长刘鹏在 2014 年全国体育彩票工作会上的讲话

（2014 年 1 月 16 日）

同志们：

在全国体育战线深入学习贯彻党的十八届三中全会精神、深入开展党的群众路线教育实践活动、深入贯彻落实习近平总书记关于体育工作的重要讲话精神，按照全国体育局长会议的部署，全力推动体育事业新一轮改革创新，全面开展新一年各项体育工作之际，2014 年全国体育彩票工作会议今天召开。今年适逢体育彩票发行 20 周年。在这样的时代背景和时间节点召开的年度工作会议具有十分重要的意义。

刚刚过去的 2013 年，在党中央、国务院的正确领导下，在财政部门的大力支持和体育部门的有效管理下，在体彩机构和体彩工作者的不懈努力下，体育彩票继续保持良好发展势头，继 2012 年销量首次超千亿元之后，再上新台阶，全年销售 1 327.97亿元，年度销售增长 223.05 亿元，年增长率为 20.2%，共筹集公益金 351 亿元，实现了安全健康持续发展。20 年来体育彩票累计发行 7 017 亿元，共为国家筹集公益金 2 030 亿元。体育彩票事业的可喜成绩，为构建公共体育服务体系、加快体育强国建设提供了强大动力，为服务和改善民生、推动经济社会发展提供了有力支持，做出了重要贡献。在此，我向财政、体育等各有关部门和全国体彩工作者表示崇高的敬意和衷心的感谢！

本次会议的主题是：深入学习贯彻党的十八大和十八届二中、三中全会精神，坚持和拓展体育彩票 20 年实践发展的成功经验，以强烈的进取意识、机遇意识、责任意识，振奋精神、坚定信心，把握方向、深化改革，开拓创新、攻坚克难，不断推动体育彩票事业实现新发展。

下面，我着重从两个方面讲些意见。

一、坚持和拓展体育彩票发展的重要经验，不断推动体育彩票事业自我完善和发展

体育彩票发行20年来，从无到有，从小到大，在实践中探索，在发展中完善，走出了一条立足实际、服务民生，具有中国特色的发展道路，取得了十分重要的发展经验。

——20年来，体育彩票坚持牢牢把握国家公益彩票的基本定位和发展方向，出色履行了国家赋予的光荣使命，对推动公益事业发展、构建公共体育服务体系和建设体育强国发挥了重要作用，是中国特色社会主义体育事业的重要发展成果。体育系统通过做好体育彩票工作，拓宽了体育工作服务国家经济社会发展大局的道路，体现了体育工作的多元社会价值和综合功能。

——20年来，体育彩票坚持科学发展，不断深化对中国特色体育彩票发展特征和规律的认识，立足发展这一主题，加强战略规划，强化顶层设计，完善管理体系，创新工作机制，狠抓基础建设，注重动态统筹，以全面、协调、可持续为发展目标，实现销售规模稳步扩大。

——20年来，体育彩票坚持以人为本，服务民生，让广大人民群众共享体育改革发展的成果。中央集中部分的体育彩票公益金已广泛用于社会保障、医疗卫生、教育助学、文化救灾等社会事业，被誉为“公益事业的助推器”。体育彩票作为体育事业“生命线”的作用愈加凸显，已成为体育事业发展的重要支撑。

——20年来，体育彩票坚持依法运行，依法治彩，严格按照国家规定开展发行销售工作。特别是2009年以来，全国体彩系统认真贯彻落实《彩票管理条例》和《实施细则》，进一步加强层级管理，进一步细化工作职责，进一步健全规章制度，进一步强化市场秩序，保障体育彩票有序健康安全发展。

——20年来，体育彩票坚持改革创新，勇于攻坚克难，不断超越自我，取得诸多新突破。敢为人先、勇攀高峰是体育彩票发展的突出特点，也是体育彩票事业不断进步的重要推动力。正是坚持不懈地创新实践，不断探索适合发展的管理体制和运行机制，不断优化产品结构，不断完善渠道布局，不断加强技术体系建设，奠定了持续发展的坚实基础，树立了良好的公信公益品牌形象。

——20年来，体育彩票坚持打造遵纪守法、吃苦耐劳、作风过硬的战斗团队，形成了“责任、诚信、团结、创新”的体彩精神，为体育彩票健康持续发展提供了可靠的组织保障和可贵的精神力量。无论是顺境，还是逆境，全国体彩工作者以奋发有为的精神，凝心聚力，始终比学赶超，脚踏实地，真抓实干，不断以新的成绩为体育事业和国家经济社会发展做出贡献。

回顾20年的发展实践，成绩来之不易，经验弥足珍贵。实践证明，体育彩票必须始终坚持国家公益彩票的基本定位；始终坚持科学发展的正确方向；始终坚持以人为本，服务民生的出发点和立足点；始终坚持依法运行、取信于民的重要根基；始终坚持改革创新、攻坚克难、自我

完善的发展动力；始终坚持团队建设的根本保障。

实践发展永无止境，解放思想永无止境，改革创新也永无止境。站在新的更高的起点上，面对新形势、新任务、新要求，必须始终保持清醒头脑，必须看到，在前进道路上还有不少的困难和问题，在改革发展中仍面临一系列突出矛盾和挑战，我们在思想观念、体制机制、方式手段、基础建设、政策制度、质量效率、能力水平等多方面仍存在不适应、不协调、不可持续的问题。全国体育部门和广大体彩工作者要在党的十八届三中全会精神的引领下，居安思危，更新观念，与时俱进，继续坚持并不断完善体育彩票 20 年发展的成功经验，努力开拓中国特色体育彩票事业更加广阔的发展前景。

二、深入学习贯彻十八届三中全会精神，在新的历史起点上，深化改革创新，实现体育彩票事业又好又快发展

党的十八届三中全会做出了全面深化改革的重大决定，这是党中央在新的时代条件下，面对新形势新任务作出的新一轮改革的总动员总部署。全会通过的《中共中央关于全面深化改革若干重大问题的决定》，是党在新的历史起点上全面深化改革的科学指南和行动纲领。全国体彩系统一定要认真学习、深刻领会、坚决贯彻全会精神；一定要充分认识推动新一轮改革的极端重要性，紧密联系体彩发展的实际，增强思想和行动的自觉；一定要抓住机遇，赢得主动，牢牢把握方向，积极探索实践，以改革创新为动力，最大限度地激发积极性和发展的活力，最大限度地释放创造力和改革红利，使体育彩票在全面深化改革中、在勇于开拓创新中得到新提升新突破新发展。

（一）要以强烈的进取意识，永葆奋发有为的精神，为实现新发展凝聚力量

多年来，全国体彩系统就是以锐意进取、超越自我的精神，以永不自满、勇攀高峰的追求，克服发展道路上的困难和险阻，取得一个又一个突破和跨越。特别是近十年来，全国体彩系统大力弘扬体彩精神，精诚团结、拼搏进取，自加压力、奋勇争先，不断确立新高度，不断瞄准新目标，不断实现新突破。销售规模从“十五”末期的 302 亿元增加至“十一五”时期的 694 亿元，总销量翻了一番。在“十二五”中期的 2012 年，又实现了年销量超千亿元的重大突破。

当前，我国发展进入新阶段，改革进入攻坚期和深水区，体育彩票发展也站在了新的起点上，任务更加艰巨，挑战更加严峻，必须以强烈的历史使命感，拿出自我革新的勇气，坚定深化改革的信心，冲破思想观念的束缚，突破利益固化的藩篱，更加富有成效地推进改革创新，推动中国特色体育彩票事业不断完善和发展。

面对全面深化改革，实现更大发展的新要求，全国体彩系统要有只争朝夕的进取精神，立说立行，不等不靠，不拖不延；要有争创一流的精神，对照先进学经验，盯着榜样找差距，找准薄弱点，培育新优势；要有愚公移山的精神，正视矛盾和问题，克服畏难情绪，以“明知山有虎，偏向虎山行”的勇气和踏实、坚韧、执着的劲头，解决发展中的瓶颈和短板；要有“钉钉子”的精神，咬定青山不放

松，不达目的不罢休，以踏石留印、抓铁有痕的劲头和务实高效的作风，真抓实干，积小胜为大胜，积跬步致千里，赢得进步和发展。

（二）要以强烈的机遇意识，把握大势，顺势而为，为实现新发展创造条件

当前，体育彩票仍处于难得的发展机遇期。从国家经济社会发展来看，我国正处在全面建成小康社会的关键时期，经济社会发展基本面长期向好，国内市场潜力巨大，社会生产力基础雄厚，科技创新能力增强，人民群众的文化需求日益增长，以人为核心的中国特色新型城镇化道路持续推进。从体育彩票事业发展来看，治理体系不断完善，发行规模稳步扩大，管理水平不断提高，技术保障逐步加强，人才队伍日益充实，文化建设显著增强。这些都对体育彩票进一步发展提供了十分有利的机遇和条件。全国体彩系统务必要增强机遇意识，把握发展大势，明确前进方向，赢得发展新优势，开创事业新局面。

改革创新是民族进步的灵魂，是国家兴旺发达的动力源泉，也是体育彩票发展的有效途径和必然选择。党的十八届三中全会《决定》强调“全面深化改革，必须进一步解放思想，解放和发展社会生产力，解放和增强社会活力”。这三个“进一步解放”为体育彩票深化改革创新指明了方向，必然要求我们在思维方式、工作方式、发展方式、治理方式上开拓创新。多年来，在无先例可以遵循的情况下，体育彩票在管理模式、工作机制、渠道建设、产品研发、技术保障、人才队伍、文化建设等方面有很多成功的创新案例。在新的发展任务和挑战面前，必须首先解决好进一步解放思想这一关系全面深化改革创新的总开关问题，克服思想观念陈旧、僵化、懒惰这些最大的拦路虎。同时，要有强烈的问题意识，坚持问题导向，什么问题最突出、什么问题最急迫，什么问题牵一发动全身、什么问题事关长久，就着力突破和解决什么问题。

在深化改革创新中，要始终坚持一切从实际出发。我国幅员辽阔，各地情况千差万别，特别是发展水平不一样，发展条件不一样，市场发育程度不一样，改革创新的侧重点和突破口也不一样，一定要注意提高改革创新的针对性、系统性和协调性。要更加注重推进理论和实践创新；更加注重加强顶层设计；更加注重转变职能，创新发展方式；更加注重发挥好政策的调控和导向作用，最有效地凝聚基层的力量，最充分地调动基层的积极性和创造性，增强各类市场、特别是县域市场的活力，共同合力把蛋糕做大。要始终坚持稳中求进的总基调，做到稳中有为、科学发展，“好”字当头，又好又快。为此，要始终把打牢发展基础、提升发展质量、提高治理能力放在突出位置，正确处理当前与长远、中央与地方、局部与全局、规模与质量、速度与安全的关系。要深入研究和准确把握市场规律，充分发挥市场在资源配置中的决定性作用，始终以服务市场为导向，实现效益最大化和效率最优化，确保“稳”，实现“进”，努力打造中国体育彩票升级版。

（三）要以强烈的责任意识，恪尽职守，安全廉洁，为实现新发展筑牢防线

责任重于泰山，安全压倒一切。彩票是一个直面社会和市场、影响面广、关注

度高、风险性大的行业。体育彩票发行关系亿万人民群众的切身利益，关系社会和谐稳定，关系体育事业和社会公益事业发展，可以说使命光荣，责任重大。多年来，正是全国体育部门和体彩系统对安全生命线的牢牢把握，对廉洁从业的坚定坚守，才有了今天的成就和局面。我们务必要汲取历史教训，引以为戒，务必要以对国家、对事业、对人民高度负责的态度，时刻绷紧安全这根弦，居安思危，警钟长鸣。

安全发展是科学发展的内在要求，是可持续发展的首要前提。体彩工作者要进一步强化法纪观念，牢固树立安全发展理念，要有如履薄冰、如临深渊的危机意识，把维护彩票公信力作为重大责任，诚实守信，恪尽职守，以打持久战的韧劲和打攻坚战的决心，毫不放松地加强安全和廉政建设，为体育彩票健康发展永续发展提供强有力的保障。当前，体育彩票发展将面临新技术、新渠道、新人群带来的新挑战新机遇，全国体彩系统要进一步加强安全管理和教育，从技术到运行要做到穷尽风险、严谨科学，稳扎稳打，确保安全，稳步占领新技术运用的制高点。要坚决避免彩票发行销售中的违规操作、盲目攀比，坚决防止行为失当、无序发展。要进一步建立健全制度体系，强化责任主体，改进绩效考核评价机制，建立和维护体育彩票发展的良好生态环境。要坚持运用和完善廉政风险防控体系建设成果，使业务工作与廉政工作有机结合，相互促进，相得益彰。要始终以认真贯彻落实《彩票管理条例》和《实施细则》为主线，进一步健全依法治彩实施机制和程序，确保发行销售各个环节合法合规，努力把依法治彩和制度建设的新优势转化为促进发展实实在在的新成果。

坚持体育彩票“一把手”工程，是体育彩票得以发展的重要经验，必须继续坚持。要以改革创新的新认识新思维新谋划新举措切实强化“一把手”工程，进一步增强思想和行动自觉，进一步发挥主导作用，为彩票发展创造更为有利的条件。

全国体彩系统要进一步改进作风、加强调查研究，提高战略思维能力。要进一步加强学习，解决好“本领恐慌”问题，积蓄内生动力，提高依法管理、科学发展、高效服务的能力。

同志们，宏图绘就催人进，豪情满怀跃新程。让我们紧密团结在以习近平同志为总书记的党中央周围，以党的十八大、十八届二中、三中全会精神为引领，继往开来、锐意进取，坚定信心、凝聚共识，脚踏实地、不懈努力，续写体育彩票又好又快发展的历史新篇章，为体育强国建设、为全面建成小康社会、实现中华民族伟大复兴的中国梦做出新的更大的贡献。

再过几天就将是中国传统新春佳节了，提前给大家以及全国体彩系统的同志们拜年，祝大家新年快乐，身体健康，阖家幸福，事业兴旺，万事如意！

稳中求进 改革创新
努力推动体育彩票事业可持续发展

——国家体育总局体育彩票管理中心主任王卫东在2014年全国体育彩票工作会上的讲话
（2014年1月16日）

尊敬的各位领导，同志们！

下面，我代表总局体彩中心向大会做工作报告。

一、2013年体育彩票工作情况

在国家体育总局党组的正确领导和财政部的大力支持下，全国体彩系统深入学习贯彻党的十八大精神，认真开展群众路线教育实践活动，紧紧围绕“十二五”规划的发展目标，转变观念，开拓创新，圆满完成了2013年的各项任务。全年共销售1 327.9亿元，比上年增加223亿元，增长20.2%，筹集公益金351亿元，为国家公益事业和体育事业的发展做出了重要贡献。江苏、山东、广东的销量超过百亿元，28个省市的销量同比增长，27个省市的增长率超过两位数，经过全国体彩系统的共同努力，年度销量再创新纪录。

乐透型彩票共销售823.2亿元，比上年增加166.8亿元，增长25.4%。其中，超级大乐透共销售158.9亿元，增长15.8%，9个省市的销量增幅在20%以上。我们以提升游戏竞争力为目标，分步优化游戏规则，2013年5月停售了附加游戏，12月调节基金的提取比例提高至2%。各级体彩机构更加重视营销宣传基础性工作，上下联动强化媒体宣传，媒体曝光率同比增长47.2%。狠抓网点宣传的“五个一”工作，全国完成率达68%，其中，18个省市的完成率超过60%，宁夏和黑龙江超过90%。开展了亿元派奖活动，派奖期间销量环比增长14%，单期最高销量达1.29亿元，29个省市开展了自主营销活动。高频游戏提高返奖率的省市推广至30个，全年共销售511.3亿元，增长43.4%，河北、黑龙江、山西等18个省市以高频游戏为抓手，狠抓基础，加强了网点管理，扩充了网点规模。多数省市建立了高频游戏的信息收集和分析机制，23个省市能做到每周跟踪分析。除排列3和部分地方游戏外，其他乐透型游戏的销量均有一定增长。

竞猜型彩票共销售338.4亿元，比上年增加70.1亿元，增长26%，销量再创新高，“竞彩”、传统足彩、传统单场三类游戏全面增长。“竞彩”足球胜平负游戏拆分上市，发挥了混合过关投注方式的优势，增强了游戏吸引力，平衡了运营风险。各级体彩机构以“竞彩普及日”和“传统足彩2.4亿元派奖”为契机，开展了丰富多彩的营销活动，有效扩大了彩民群体。“竞彩普及日”活动3个月新增销量17.3亿元，传统足彩在派奖期间，周销量同比增长 40%，出现了足彩历史上最高 1 000 万元大奖。虚拟足球游戏在江苏“竞彩”网点试点发行。竞猜型彩票的自主运营和风控能力进一步提升；通过战略研究和市场分析，明确了竞猜型彩票在游戏、渠道和运营管理上的主要思路和策略。竞猜型彩票培训课程体系初步建立，形成了系列标准化培训大纲、教材和课件。全国共推选出 265 名优秀的“竞彩”网点代销者和销售员，为网点经营树立了榜样，各地对网点建设的认识进一步提高，网点管理水平和服务质量得到提升。

即开型彩票共销售 166.3 亿元，下降 7.7%。其中，10 个省（市、自治区）的销量增长，海南、福建、辽宁和宁夏的增幅超过 10%；广东销量跃居全国第一，达到 18.3 亿元。一年来，总局中心继续加强游戏创新，共上市 62 款游戏，其中，22 款地方游戏的表现比较突出，共销售 19.9 亿元，整体占比由 2.3% 提升至 11.9%。特别是黑旋风游戏，通过在华东区域联销的方式取得了良好效果，上半年在联销各省市的销量均处于各票种前列。全国围绕超级大乐透和 NBA 两款主题即开票，开展了全国性的营销活动，其中，超级大乐透主题票首次采用了两种游戏间的联合营销方式，扩大了宣传面。省市中心继续加强了电彩网点的即开票销售管理工作，不断挖掘自身潜力。非电彩渠道的拓展形式多样，广东、上海、浙江等省市与大型连锁超市等行业渠道进行合作，山东、江西、四川等省市积极进行户外销售，均取得一定成效。

渠道规范管理取得显著进展。全国体彩系统用三年时间完成了大多数网点的形象统一建设，这在体育彩票渠道建设史上具有里程碑意义。各地按照《条例》和《实施细则》的要求，加强了代销证管理，规范了代销合同。网点信息管理系统的一期建设已经完成并上线运行。总局中心开展了电子彩票的研究，调整了互联网销售的工作思路，重新确定了互联网销售整体业务方案和工作时间表。

技术体系的建设工作扎实推进。在深入研究的基础上，我们按照转变与创新的要求，调整了技术管理思路：在保持体育彩票统一管理的前提下，提供面向业务运营与管理、整合内外部技术供应商的技术服务，提高对技术系统的管控和对业务的支撑能力。2013 年，我们通过需求评审、规范接口标准、组织用户接受测试，以及第三方符合性、安全性测试，提升了技术管控能力。新的国家主数据中心建设完成并投入使用，完成了区域数据中心系统的上收工作，四个区域数据中心自 2005 年投入使用以来运行安全，为体育彩票的发行销售提供了有力保障做出了重要贡献。应用系统建设取得重大进展，自 2010 年以来，经过近四年的努力，目前二代乐透系统在河北试点的基础上正逐步在全国实施切换，这对体育彩票的发展具有积极意义和重要影响，拥有自主知识产权的竞彩、即开二代系统也正在有序推进。技术系统安全运行水平进一步提高。

宣传工作水平不断提升。总局中心初步建立了统筹营销宣传的工作机制，定期下发公益与营销宣传计划，研究制定宣传营销评价体系。媒体渠道进一步优化，社交媒体得到应用，14 个省市开通了官方微博，6个省市开设了微信公众号，拓展了传播信息、服务彩民的渠道。通过专项资金引导、统一品牌、统一方案的方式，总局中心联合18个省市开展了“快乐操场”和“新长城”等公益宣传活动。吉林、内蒙古、甘肃、贵州等省（市、自治区）重视公益金使用项目的宣传，借助全民健身活动和体育赛事资源宣传体育彩票。河北、安徽、江西、重庆等省市结合本地特色开展了主题突出、形式新颖的公益活动。协助总局研究制定《体育彩票公益金使用宣传管理办法》。福建、河南、浙江等省市还积极研究推动了本地区的公益金项目宣传管理办法。“体彩在我身边”征文活动的影响力不断扩大，2013年征集到2 142篇作品，彩民投稿占56.8%，已成为展示体彩文化的窗口、彩民和体彩人互动的平台。开奖节目的网络直播新增腾讯和搜狐两大门户网站，达到5个，日均收视人数近12万；电视播出增加了中央2套；共接待来自全国31个省市的彩民9 300人次现场观摩开奖。

战略研究和管理创新不断加强。总局中心开展了“十二五”规划的中期评估工作，贯彻中央关于改进工作作风、密切联系群众的八项规定，在全国开展了综合性市场调研，对“十二五”以来产品、渠道、品牌、技术、队伍等的实施情况进行了评估分析，调整和修订了后两年的任务、目标，这对进一步推动“十二五”规划的顺利实施具有重要意义。省市中心也转变工作方式，加强调查研究，不断完善管理制度和管理方法，充实基层管理力量。其中，山东、浙江、湖北、广东、云南等省市促进区域协调发展，在有潜力的县市组建机构。目前全国县级体彩机构的数量达到1 187个，比上年增加了237个，新增了一批过10亿元、过5亿元的地市和亿元县，专管员队伍的规模增加至3 819人。全国共组织了近1.5万场62.4万人次的培训，对培训效果的考核也得到加强。各地涌现出了一批先进集体和个人，吉林省、江苏省、西藏自治区、东莞市、大连市等5个体彩中心获得了“全国体育系统先进集体”称号，刘芳、张云海、李晓东等3人获得了“全国体育系统先进工作者”称号，王伟和李菊妹两位体彩代销者获得了第四届全国道德模范的提名。

安全运营得到保障。全国体彩系统始终把保安全作为硬任务，继续贯彻《条例》和《实施细则》，进一步完善相关制度流程，对一些关键环节，实行定岗定位定人，严格落实财务管理的要求，依法依规开展各项招标采购。按照中央八项规定的要求，转变作风，精简会议，厉行节约，服务基层，坚决反对和抵制各种腐败现象、不良风气，廉政风险防控工作得到进一步深化。开奖工作总体平稳，各环节职责进一步落实到位。总局中心和相关省市共同配合，对销售、兑奖环节出现的信访和纠纷，开展应急处理工作，妥善应对和处置了摇奖过程中的突发事件。省市中心继续加强网点的安全规范运营管理，不断提升安全保障能力。

总之，2013年，在各级体育行政部门、财政部门的大力支持和全国体彩从业者的不懈努力下，体育彩票取得了很大成绩。党的十八届三中全会开启了我国全面深化改革的新征程，刚才，刘鹏局长在讲话中也对体育彩票工作给予了充分肯定，并要求全国体彩系统进一步增强进取意识、机遇意识和责任意识，凝聚共识、统筹谋划、有序推进体育彩票事业的新发展。当前，在国家经济社会深刻变革和信息技术快速发展的形势下，我们仍然存在着基础不牢、创新不足和能力不强的问题，例如，重点游戏的竞争力还需增强，游戏营销的方式比较单一，新渠道拓展亟须突破，县乡的网点空白区域还比较多，县级体彩机构的数量还显不足，专管员队伍规模有待进一步扩大，区域发展依然不协调。

面对这些问题，我们必须以全新的思维，积极的行动，按照总局党组的要求，坚持稳中求进，推进改革创新。要科学认识稳中求进和改革创新的关系，稳中有为、科学发展，确保“稳”，实现“进”。一方面，要认识到在当前和今后一个较长的时期，基础建设依然是体育彩票的工作重点，对此，要继续苦练内功、稳扎稳打，巩固稳中向上的发展态势，继续加强市场管理、强化风险防范，增强驾驭全局的能力，为体育彩票的创新发展创造条件。另一方面，要在打牢基础的前提下，积极进取、大胆探索、勇于突破，推出新游戏，开发新渠道，拓展新人群。

二、2014 年体育彩票工作思路

今年是体育彩票全国统一发行二十周年，也是全面落实“十二五”规划的关键之年。体育彩票要以十八届三中全会精神为统领，贯彻落实全国体育局长会议精神，紧紧围绕“十二五”规划，坚持稳中求进，推进改革创新，践行体彩精神，保障安全运营，努力推进体育彩票事业可持续发展。重点抓好以下 5 个方面的工作：

（一）推进管理机制创新，深挖基层发展潜力

要依据《条例》和《实施细则》，进一步明确职责、落实责任，不断提高体育彩票的发行销售水平。总局中心将努力做好顶层设计和统筹规划，加大区域分类指导的力度，强化综合评价和考核，用好扶持资金，开展专项调研，抓住省市反映强烈的问题，出台一些更加符合市场需求、有利于发展的政策措施。对存在突出困难和问题的省市，通过实地指导、经验交流和约谈等方式进行帮扶。

省市中心要高度重视管理创新，抓住重点领域和关键环节，切实研究如何增强队伍的创新能力，研究如何适应市场变化，探索完善有利于凝聚各方力量、整合各种资源，有利于激发基层活力、提高执行力的管理模式，不断提高管理效益。要始终把工作重点放在深挖基层潜力上，把强化县乡级工作站作为解决区域不协调的切入点，使本区域县级工作站数量不应低于50%，具备条件的地区应力争全覆盖，大幅扩大县乡级专管员队伍规模，切实增强基层的内生发展动力。要积极研究、建立销售队伍的保障体系，总局中心也将加强对销售队伍的关注，设立体彩关爱基金，对销售队伍进行帮扶和危困救助。

（二）加大游戏创新力度，不断扩大彩民群体

做强超级大乐透和确保高频游戏可持续发展依然是乐透型彩票的工作重点。其中，超级大乐透要以扩大彩民群体为目

标，以品牌推广为主线，以规则调整和派奖促销为抓手，狠抓基础建设，系统推进市场培育工作。一是要增强品牌意识，加大媒体推广力度，分层次开展推广活动，不断提升品牌认知度；二是要抓好规则优化和全国派奖促销，集中开展一轮省市自主营销活动，以达到吸引新彩民、拉动销量增长的目的；三是要切实做好网点的宣传和服务，扩大“五个一”的覆盖面，规范“五个一”的日常使用和管理，提升大乐透在销售网点的曝光率。高频游戏要加快转变增长方式，以提升基础工作为重点，有计划地推进新游戏的研发与上市，力争保持市场地位。一是要以高频游戏为抓手，扩大网点规模，填补空白，优化布局，并加强网点精细化管理，实现销量与基础工作的双提升；二是要加强高频游戏的市场跟踪和研究，总结市场规律，提升营销质量，加大潜力区域和弱势区域的市场培育；三是要研究优化高频游戏的整体布局，加快新游戏的研发与上市，化解单一游戏的市场风险。除此之外，要积极推进排列3、排列5规则优化，开展七星彩派奖，维持地方游戏销量稳定。

竞猜型彩票要以世界杯为契机，巩固并进一步扩大彩民群体，增加销售规模。一是要力争通过提高“竞彩”游戏的返奖率，实现全部“竞彩”游戏的单场固定奖金投注、推出大小球游戏。在世界杯期间要开售冠军、冠亚军游戏竞猜。二是总局中心将下发2014年世界杯期间篮球、足球竞猜的工作方案，各地要全方位、多层次做好世界杯竞猜的宣传推广和市场营销工作，扩大竞猜型彩票的影响力。除世界杯外，省市中心还要借助五大联赛、NBA等重点赛事，紧紧围绕服务老彩民、扩大新人群，因地制宜地开展营销宣传活动。三是要按照竞猜型彩票培训课程体系建设的要求，细化培训内容、提高培训质量，不断提升竞猜型彩票从业人员的业务素质和网点经营能力。

要充分认识到即开型彩票在拓展彩民群体、夯实基础建设上的作用，继续狠抓各项基础性工作。要加强游戏研发论证、上市节奏管理和市场跟踪分析，巩固长线游戏对销量的贡献率，提高新游戏的上市效果。总局中心将做好重点游戏的营销策划指导，省市中心要结合本区域市场特点，优化票种结构，积极开展多种形式的、有针对性的自主营销活动。要通过提高网点设备使用率、生动化陈列展示等精细化管理措施，进一步巩固现有渠道、挖掘渠道潜力，实现保质增量。在行业渠道拓展方面，总局中心要研究制定标准、技术、供应及激励政策，出台指导意见，为行业渠道的拓展破除障碍、提供支撑。省市中心要根据指导意见，借鉴成熟经验，安排专门力量，把行业渠道的拓展作为即开票实现突破的主攻方向。

（三）巩固实体网点基础，加快实现电话、互联网销售

要进一步夯实网点发展的基础，提高网点质量。一是要继续扩大网点规模，发挥兼营店布局灵活的优势，填补城乡空白区域。二是要加强网点的规范管理，进一步落实代销管理的各项规章制度，代销证使用和安全警示标语张贴要100%达标。三是要在推进网点外部形象统一的基础上，通过星级评定工作，促进管理精细化，持续提升整体形象和服务水平。四是

要积极探索新型实体销售渠道，不断满足市场需要，拓展发展空间。

总局中心将积极推进互联网销售的上市筹备，完成技术系统建设，研究确定各项管理制度和规范，完善运营管理体系，组织好综合测试、实操演练、全国推广和上市宣传工作，做好申报材料准备，力争早日开通全国互联网销售体育彩票业务。在电话销售方面，目前总局中心的电话销售准备工作已基本完成，2014 年，将按照财政部电话销售彩票政策要求，进一步完善投注账户管理系统和监控预警系统建设，制定完善管理规范，启动各省市的组织申报和上市工作。省市中心要将电话销售彩票的筹备和上市作为全年重要工作，结合当地实际，按照相关部门的业务和技术管理要求，做好技术系统建设、游戏产品研发、管理制度制定、上市和销售具体实施工作。

（四）加强品牌体系建设，持续提升体彩公信力

全国体彩系统要按照责任彩票机构建设的要求，多形式、多渠道展示体育彩票的公益成就，不断强化公信力建设。总局中心将进一步规划媒体布局，在准确定位不同媒介功能的基础上，完善内容的输入输出机制，提升传播质量。要打造统一的门户网站和宣传资料库共享平台，实现网络传播平台和全系统宣传资源的共享，服务市场和彩民。要以“中国体彩 20 年”为主题，从节点报道、互动参与、宣传展示三方面，开展贯穿全年的系列传播活动，全面展示发展历程和公益成就。要建立和实施体彩乐善基金项目，整合多方资源，拓宽公益宣传的渠道。要进一步挖掘和传播基层体彩文化建设的实践经验，不断增强团队的凝聚力和战斗力。要积极协助、推动总局完成公益金使用项目统计体系的研究，促进公益金的使用和宣传更加公开、透明。

省市中心要进一步优化媒体资源，为全国共享的宣传资料库提供优质素材；要配合开展好总局中心牵头实施的各项品牌传播活动。2014 年，总局将下发《体育彩票公益金使用宣传管理办法》，建立公益金使用统计数据库，发布《体彩 20 年公益金使用评估报告》，我们要抓住这一有利契机，积极协调、落实好公益金的使用宣传，持续提升体育彩票的形象。

（五）增强技术支撑创新能力，全力确保安全运营

总局中心将按照修订后的技术规划，以平台化、公信与安全、开放与合作为导向，在确保技术系统可管可控的前提下，适度引入竞争，积极构建充满活力的技术系统价值链。要建立关键环节的技术管控机制，补充、完善重要管理流程，明确各相关方的职能分工，逐步形成完整的 IT 管控职能体系和组织。要完善体彩发行管理平台，强化技术系统对业务创新的支撑能力，支持销售渠道的延伸和拓展。要完成二代乐透系统、竞猜系统切换及二代即开系统的内部测试。省市中心要做好本区域内二代系统的切换工作，充分利用二代系统功能提升业务管理水平。要加强技术队伍建设，增强技术管控能力，按照相关要求和技术规范，做好电话销售彩票的技术准备和上线实施工作。

要强化安全管理。体育彩票销售规模在逐年扩大，但是安全形势依然严峻，安

全管理体系建设时刻不能松懈。要严格遵守《条例》、《实施细则》和各项规章制度，厘清在资金、技术、数据和销售等环节的风险点，完善控制措施和应急预案，把责任落实到人。要管好管住销售网点，坚决杜绝非法彩票。要高度重视信访工作，主动开展对问题彩民的教育和引导，提前化解矛盾与纠纷，把问题解决在萌芽状态和初始阶段，要提高对突发事件的敏锐性，力争在第一时间妥善处理。进一步落实廉政风险防控长效机制，加强廉洁教育，增强廉政风险意识，继续落实中央八项规定，强化作风建设，不断提高廉政风险防控的成效。

各位领导，同志们！在新的一年里，体育彩票事业又面临新的任务和挑战，我们要以党的十八届三中全会精神为指导，继续弘扬“责任、诚信、团结、创新”的体彩精神，进一步增强工作的责任感和使命感，坚定信心、振奋精神、总结经验、再接再厉，切实做好2014年的各项工作，为全面实现“十二五”规划的任务目标而继续努力。

谢谢大家！

四、彩票统计资料

（一）历年综合统计资料

Statistical Data of Past Years

1987—2014 年全国彩票销售统计表（分系统）

Statistical Table of Lottery Sales in Different Organizations in China from 1987 to 2014

单位：万元

Unit: Ten Thousand Yuan

年份 Year	福利彩票 Welfare Lottery	体育彩票 Sports Lottery	合　计 Total	增长率（%） Rate of Increment
1987	1 739. 50	—	1 739. 50	—
1988	37 627. 76	—	37 627. 76	2 063. 14
1989	38 315. 65	—	38 315. 65	1. 83
1990	64 731. 22	—	64 731. 22	68. 94
1991	77 388. 04	—	77 388. 04	19. 55
1992	137 550. 03	—	137 550. 03	77. 74
1993	184 288. 52	—	184 288. 52	33. 98
1994	179 823. 77	—	179 823. 77	-2. 42
1995	573 023. 46	100 000. 00	673 023. 46	274. 27
1996	647 521. 50	120 000. 00	767 521. 50	14. 04
1997	363 751. 40	150 000. 00	513 751. 40	-33. 06
1998	631 990. 40	250 000. 00	881 990. 40	71. 68
1999	1 044 448. 50	403 551. 00	1 447 999. 50	64. 17
2000	898 847. 26	911 400. 40	1 810 247. 66	25. 02
2001	1 395 735. 16	1 492 928. 39	2 888 663. 55	59. 57
2002	1 679 925. 25	2 177 313. 99	3 857 239. 24	33. 53
2003	2 000 569. 58	2 013 453. 28	4 014 022. 86	4. 06
2004	2 263 753. 30	1 541 963. 48	3 805 716. 78	-5. 19
2005	4 112 077. 66	3 026 557. 94	7 138 635. 60	87. 58
2006	4 956 759. 24	3 236 292. 90	8 193 052. 14	14. 77
2007	6 315 902. 51	3 851 370. 97	10 167 273. 49	24. 10
2008	6 039 795. 23	4 561 530. 35	10 601 325. 58	4. 27
2009	7 560 580. 05	5 687 306. 97	13 247 887. 02	24. 96
2010	9 680 238. 56	6 944 604. 20	16 624 842. 76	25. 49
2011	12 779 719. 93	9 378 464. 56	22 158 184. 49	33. 28
2012	15 103 223. 19	11 049 195. 92	26 152 419. 11	18. 03
2013	17 652 846. 37	13 279 658. 55	30 932 504. 92	18. 28
2014	20 596 815. 22	17 640 993. 36	38 237 808. 57	23. 62
合计 Total	**117 018 988. 26**	**87 816 586. 27**	**204 835 574. 53**	—

1987—2014 年全国彩票销售统计表（分类型）

Statistical Table of Lottery Sales in Different Lottery Games in China from 1987 to 2014

单位：万元

Unit：Ten Thousand Yuan

年份 Year	传统型 Traditional Games	即开型 Instant Games	乐透数字型 Lotto Games	竞猜型 Sports Betting	视频型 Online Instant Win	合计 Total
1987	1 739. 50	—	—	—	—	1 739. 50
1988	14 446. 35	23 181. 41	—	—	—	37 627. 76
1989	4 265. 32	34 050. 33	—	—	—	38 315. 65
1990	4 333. 22	60 398. 00	—	—	—	64 731. 22
1991	5 697. 45	71 690. 59	—	—	—	77 388. 04
1992	6 196. 90	131 353. 13	—	—	—	137 550. 03
1993	3 831. 52	180 457. 00	—	—	—	184 288. 52
1994	2 843. 45	176 980. 32	—	—	—	179 823. 77
1995	1 487. 00	646 150. 53	25 385. 93	—	—	673 023. 46
1996	—	696 208. 80	71 312. 70	—	—	767 521. 50
1997	—	401 779. 40	111 972. 00	—	—	513 751. 40
1998	—	682 207. 00	199 783. 40	—	—	881 990. 40
1999	—	1 042 575. 00	405 424. 50	—	—	1 447 999. 50
2000	—	568 023. 49	1 242 224. 17	—	—	1 810 247. 66
2001	—	289 993. 93	2 465 206. 91	133 462. 71	—	2 888 663. 55
2002	—	308 266. 49	2 842 639. 72	706 333. 03	—	3 857 239. 24
2003	—	404 405. 42	2 818 291. 62	791 112. 78	213. 04	4 014 022. 86
2004	—	122 576. 45	3 198 995. 66	483 891. 25	253. 42	3 805 716. 78
2005	—	26 447. 48	6 653 117. 10	391 897. 83	67 173. 19	7 138 635. 60
2006	—	125 359. 91	7 050 408. 47	560 723. 13	456 560. 63	8 193 052. 14
2007	—	366 038. 84	7 901 932. 76	579 335. 85	1 319 966. 04	10 167 273. 49
2008	—	1 798 686. 42	8 057 835. 60	538 722. 52	206 081. 04	10 601 325. 58
2009	—	2 447 161. 08	10 024 861. 15	659 663. 40	116 201. 39	13 247 887. 02
2010	—	3 089 504. 13	11 129 658. 88	1 473 623. 11	932 056. 64	16 624 842. 76
2011	—	4 000 574. 46	14 275 680. 65	2 180 541. 40	1 701 387. 99	22 158 184. 49
2012	—	3 822 368. 16	17 404 801. 51	2 682 919. 12	2 242 330. 32	26 152 419. 11
2013	—	3 519 179. 54	21 135 200. 81	3 384 239. 04	2 893 885. 10	30 932 504. 92
2014	—	3 434 286. 79	24 880 896. 59	6 148 008. 51	3 774 636. 67	38 237 808. 57
合计 Total	**44 840. 71**	**28 469 904. 10**	**141 895 630. 13**	**20 714 473. 67**	**13 710 745. 47**	**204 835 574. 53**

1987—2014 年全国彩票销量折线图

Statistical Line Chart of Lottery Sales in China from 1987 to 2014

单位：亿元
Unit: Billion

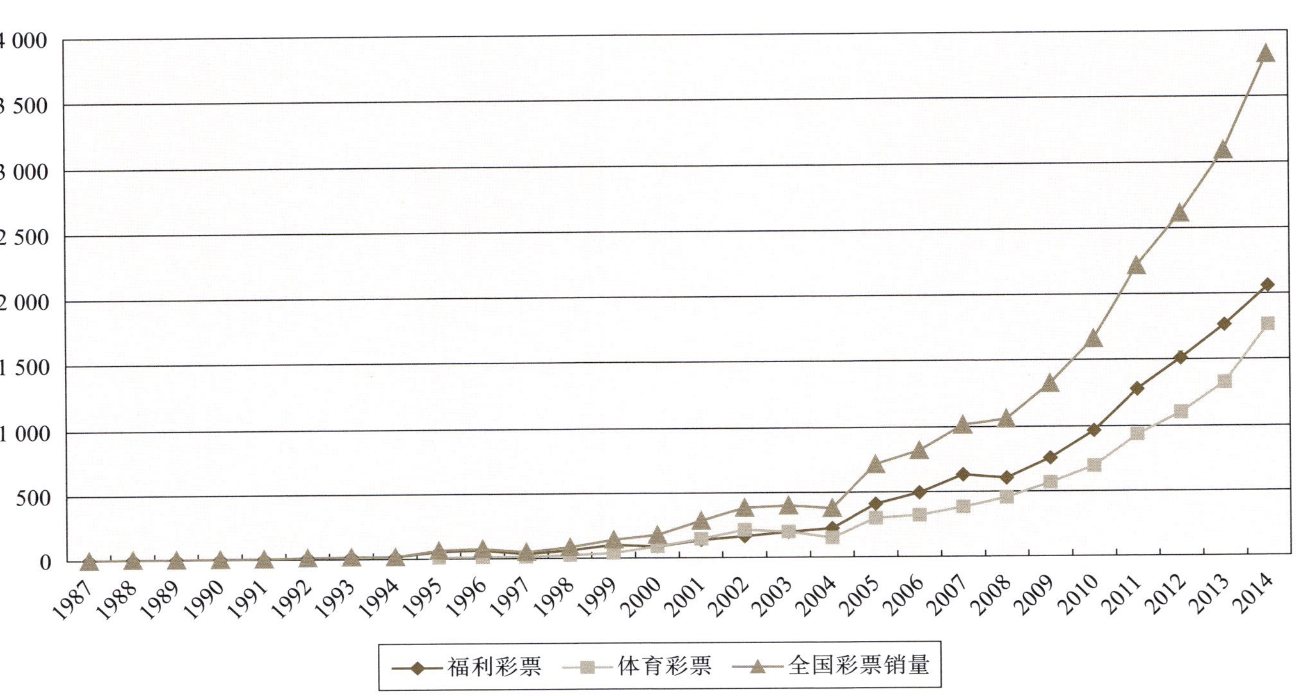

1987—2014 年全国彩票

Statistical Table of Lottery Sales in Different Organizations

	福利彩票 Welfare Lottery				
年份 Year	传统型 Traditional Games	即开型 Instant Games	乐透数字型 Lotto Games	视频型 Online Instant Win	小计 Subtotal
1987	1 739. 50	—	—	—	1 739. 50
1988	14 446. 35	23 181. 41	—	—	37 627. 76
1989	4 265. 32	34 050. 33	—	—	38 315. 65
1990	4 333. 22	60 398. 00	—	—	64 731. 22
1991	5 697. 45	71 690. 59	—	—	77 388. 04
1992	6 196. 90	131 353. 13	—	—	137 550. 03
1993	3 831. 52	180 457. 00	—	—	184 288. 52
1994	2 843. 45	176 980. 32	—	—	179 823. 77
1995	1 487. 00	546 150. 53	25 385. 93	—	573 023. 46
1996	—	576 208. 80	71 312. 70	—	647 521. 50
1997	—	276 969. 40	86 782. 00	—	363 751. 40
1998	—	492 640. 00	139 350. 40	—	631 990. 40
1999	—	829 178. 00	215 270. 50	—	1 044 448. 50
2000	—	393 001. 91	505 845. 35	—	898 847. 26
2001	—	196 467. 99	1 199 267. 17	—	1 395 735. 16
2002	—	201 349. 59	1 478 575. 66	—	1 679 925. 25
2003	—	335 654. 76	1 664 701. 78	213. 04	2 000 569. 58
2004	—	79 068. 61	2 184 431. 27	253. 42	2 263 753. 30
2005	—	22 567. 47	4 022 337. 00	67 173. 19	4 112 077. 66
2006	—	129 359. 91	4 370 838. 70	456 560. 63	4 956 759. 24
2007	—	350 803. 03	4 645 133. 44	1 319 966. 04	6 315 902. 51
2008	—	770 040. 30	5 063 673. 89	206 081. 04	6 039 795. 23
2009	—	927 657. 45	6 516 721. 21	116 201. 39	7 560 580. 05
2010	—	1 445 717. 55	7 302 464. 37	932 056. 64	9 680 238. 56
2011	—	2 004 425. 65	9 073 906. 29	1 701 387. 99	12 779 719. 93
2012	—	2 020 302. 00	10 840 590. 87	2 242 330. 32	15 103 223. 19
2013	—	1 855 828. 18	12 903 133. 09	2 893 885. 10	17 652 846. 37
2014	—	1 858 958. 92	14 963 219. 63	3 774 636. 67	20 596 815. 22
合计 Total	**44 840. 71**	**15 990 460. 83**	**87 272 941. 25**	**13 710 745. 47**	**117 018 988. 26**

销售统计表（分系统分类型）

and Different Lottery Games in China from 1987 to 2014

单位：万元

Unit：Ten Thousand Yuan

体育彩票 Sports Lottery				
即开型 Instant Games	乐透数字型 Lotto Games	竞猜型 Sports Betting	小计 Subtotal	合　计 Total
—	—	—	—	1 739. 50
—	—	—	—	37 627. 76
—	—	—	—	38 315. 65
—	—	—	—	64 731. 22
—	—	—	—	77 388. 04
—	—	—	—	137 550. 03
—	—	—	—	184 288. 52
—	—	—	—	179 823. 77
100 000. 00	—	—	100 000. 00	673 023. 46
120 000. 00	—	—	120 000. 00	767 521. 50
124 810. 00	25 190. 00	—	150 000. 00	513 751. 40
189 567. 00	60 433. 00	—	250 000. 00	881 990. 40
213 397. 00	190 154. 00	—	403 551. 00	1 447 999. 50
175 021. 58	736 378. 82	—	911 400. 40	1 810 247. 66
93 525. 94	1 265 939. 74	133 462. 71	1 492 928. 39	2 888 663. 55
106 916. 90	1 364 064. 06	706 333. 03	2 177 313. 99	3 857 239. 24
68 750. 66	1 153 589. 84	791 112. 78	2 013 453. 28	4 014 022. 86
43 507. 84	1 014 564. 39	483 891. 25	1 541 963. 48	3 805 716. 78
3 880. 01	2 630 780. 10	391 897. 83	3 026 557. 94	7 138 635. 60
—	2 675 569. 77	560 723. 13	3 236 292. 90	8 193 052. 14
15 236. 17	3 256 798. 96	579 335. 85	3 851 370. 97	10 167 273. 49
1 028 646. 12	2 994 161. 71	538 722. 52	4 561 530. 35	10 601 325. 58
1 519 503. 63	3 508 139. 94	659 663. 40	5 687 306. 97	13 247 887. 02
1 643 786. 58	3 827 194. 51	1 473 623. 11	6 944 604. 20	16 624 842. 76
1 996 148. 81	5 201 774. 36	2 180 541. 40	9 378 464. 56	22 158 184. 49
1 802 066. 16	6 564 210. 65	2 682 919. 12	11 049 195. 92	26 152 419. 11
1 663 351. 36	8 232 068. 14	3 384 239. 04	13 279 658. 55	30 932 504. 92
1 575 327. 81	9 917 676. 88	6 147 988. 66	17 640 993. 36	38 237 808. 57
12 483 443. 56	**54 618 688. 87**	**20 714 453. 83**	**87 816 586. 27**	**204 835 574. 53**

1987—2014 年全国各

Statistical Table of Lottery Sales in Different

地 区 Region	1987	1988	1989	1990	1991	1992	1993
北 京	—	1 136.68	940.07	2 077.00	2 765.00	3 220.00	5 404.00
天 津	396.60	328.48	1 166.29	1 995.38	1 209.00	769.62	2 474.35
河 北	100.00	1 505.00	1 295.00	2 082.00	2 579.00	3 204.66	3 010.00
山 西	—	1 211.74	826.17	1 136.16	1 516.00	4 175.00	3 300.00
内蒙古	—	14.00	484.68	924.90	549.56	1 766.58	1 293.00
辽 宁	—	3 073.04	2 397.14	6 587.00	3 530.41	3 598.52	4 825.17
吉 林	—	997.98	1 577.14	4 617.10	1 683.33	2 388.21	4 262.68
黑龙江	—	1 550.48	1 463.44	2 214.32	1 417.00	1 650.38	3 185.00
上 海	373.71	701.80	833.99	2 371.89	2 724.00	2 841.00	1 496.60
江 苏	100.00	2 659.00	3 304.65	3 110.30	2 299.87	4 607.66	17 173.00
浙 江	193.90	2 757.89	2 615.25	2 431.00	3 921.82	19 642.22	16 724.97
安 徽	—	1 123.99	1 068.75	1 693.08	2 251.00	2 711.00	8 214.07
福 建	242.84	1 269.65	1 537.63	1 060.00	4 527.96	7 038.50	4 512.05
江 西	—	195.00	300.00	890.21	1 827.72	4 287.92	9 145.99
山 东	—	1 259.19	1 393.80	1 908.46	3 598.37	6 596.13	11 061.04
河 南	198.64	1 130.00	2 041.38	2 540.00	3 230.00	4 220.00	8 000.00
湖 北	133.81	867.40	650.41	787.09	1 107.17	7 962.42	10 882.76
湖 南	—	855.52	950.00	2 010.00	5 625.00	9 117.43	5 009.00
广 东	—	7 396.80	8 271.03	11 278.52	14 275.24	15 554.45	23 138.20
广 西	—	68.88	467.16	4 536.77	6 203.60	7 255.33	12 493.11
海 南	—	512.75	34.87	2 514.53	405.57	227.96	26.21
重 庆	—	816.18	339.61	1 140.00	733.00	1 463.00	3 444.00
四 川	—	1 795.63	912.58	1 405.59	2 356.00	5 907.00	4 857.81
贵 州	—	290.00	547.87	803.18	527.55	3 117.00	6 394.87
云 南	—	1 910.33	1 329.93	612.46	1 270.00	5 781.07	6 958.58
西 藏	—	—	—	—	—	—	60.00
陕 西	—	1 296.68	990.05	1 071.72	2 778.89	1 931.26	871.06
甘 肃	—	636.26	406.40	654.59	1 003.00	2 591.75	2 365.60
青 海	—	207.41	30.36	177.97	171.99	467.37	629.40
宁 夏	—	60.00	140.00	100.00	110.00	74.00	96.00
新 疆	—	—	—	—	1 190.99	3 382.59	2 980.00
中彩中心	**—**	**—**	**—**	**—**	**—**	**—**	**—**
合 计 Total	**1 739.50**	**37 627.76**	**38 315.65**	**64 731.22**	**77 388.04**	**137 550.03**	**184 288.52**

地区彩票销售统计表

Regions in China from 1987 to 2014

单位：万元

Unit: Ten Thousand Yuan

1994	1995	1996	1997	1998	1999	2000
6 395.71	13 485.78	5 452.40	10 003.40	12 722.30	43 131.50	63 118.20
1 799.00	14 313.00	7 259.90	5 843.00	9 717.30	11 712.30	55 439.48
11 255.82	28 411.00	16 559.40	13 528.40	12 499.50	26 277.40	35 183.56
5 010.00	13 801.43	30 227.10	12 877.40	17 973.10	15 337.30	7 556.82
3 838.71	18 800.00	26 400.00	12 846.20	4 318.50	14 977.00	6 523.15
14 719.11	27 107.97	27 892.50	13 833.00	11 716.10	39 806.60	46 842.62
5 499.95	15 885.96	24 455.60	8 507.40	5 647.70	16 878.70	8 027.99
7 313.00	16 879.00	22 697.80	12 155.70	9 568.90	21 969.70	42 058.77
1 523.00	15 992.00	22 770.00	24 833.70	40 900.90	131 004.10	177 625.55
11 860.76	33 711.20	33 926.80	34 324.60	76 061.60	177 922.00	251 908.42
5 445.48	14 629.72	11 622.80	10 609.40	81 921.20	151 933.90	121 948.65
12 155.09	22 188.18	20 129.00	14 650.20	18 902.20	31 695.40	24 559.70
4 245.70	16 785.62	22 663.90	24 925.00	47 528.80	108 638.40	100 047.75
4 687.03	17 297.56	16 776.80	16 508.20	16 970.00	26 132.80	11 690.15
9 075.51	40 488.45	28 738.00	17 257.30	35 253.20	45 327.30	88 189.99
7 040.00	40 850.00	24 649.70	13 207.30	17 302.20	22 013.30	23 157.14
12 679.81	34 767.00	42 408.40	29 090.00	26 587.60	29 308.80	74 845.08
6 454.50	27 172.70	47 291.40	18 565.10	15 684.70	35 218.90	36 432.86
10 582.25	72 291.31	139 585.20	118 132.00	264 180.10	293 098.20	224 923.94
8 631.07	26 174.75	39 601.50	19 799.60	34 670.30	33 950.20	54 054.78
—	—	5 420.00	2 680.00	8 644.00	11 536.80	4 855.42
1 051.26	11 727.14	8 648.00	6 857.30	17 589.00	15 456.40	51 301.08
3 978.24	33 252.38	53 626.70	21 683.90	30 833.10	67 514.10	222 815.23
2 115.00	15 096.05	16 560.50	11 769.60	11 216.10	16 439.20	22 314.81
2 875.51	10 825.06	13 228.90	12 084.40	19 255.10	23 888.00	13 832.37
—	100.00	800.00	400.00	820.00	1 147.00	1 930.54
4 507.64	41 419.93	18 630.40	10 472.70	8 803.10	9 221.60	15 296.50
3 006.80	13 986.53	18 866.60	8 057.90	7 201.20	5 181.90	4 646.90
304.00	3 851.00	3 766.20	1 764.00	630.70	689.10	1 210.01
108.00	3 232.34	5 586.60	406.00	2 566.00	3 254.40	1 190.38
11 665.82	28 500.40	11 279.40	6 078.70	14 305.90	17 337.20	16 719.82
—	—	—	—	—	—	—
179 823.77	**673 023.46**	**767 521.50**	**513 751.40**	**881 990.40**	**1 447 999.50**	**1 810 247.66**

续表

地 区 Region	2001	2002	2003	2004	2005	2006	2007
北 京	183 426.03	186 984.23	212 481.94	231 696.76	296 639.31	348 667.43	364 205.94
天 津	62 878.15	72 439.67	74 972.27	69 962.76	119 600.62	132 753.21	154 765.02
河 北	78 277.90	123 133.92	126 060.59	129 222.49	316 761.76	366 048.84	444 533.31
山 西	59 527.70	43 995.89	43 391.10	52 268.78	122 840.62	187 467.71	208 250.04
内蒙古	6 461.29	17 007.15	29 466.86	36 534.14	93 438.86	134 849.96	184 002.56
辽 宁	111 621.48	206 723.54	203 604.56	206 744.28	400 758.06	573 853.54	693 544.08
吉 林	48 248.19	58 025.93	90 297.35	81 510.56	168 178.60	246 662.33	335 385.86
黑龙江	85 260.30	117 798.85	139 917.21	145 173.76	544 557.78	332 262.63	349 002.33
上 海	157 562.63	182 801.32	178 651.20	151 761.70	177 276.14	240 564.33	306 813.42
江 苏	248 549.71	255 104.13	228 805.79	209 357.33	332 088.42	536 258.76	754 634.01
浙 江	137 212.28	196 464.30	252 183.56	229 524.97	396 910.77	569 548.38	806 654.80
安 徽	59 261.08	57 630.47	72 671.55	76 483.46	196 571.39	202 123.17	303 947.95
福 建	262 631.42	385 834.77	249 397.58	193 359.61	244 091.53	310 985.40	384 498.77
江 西	49 749.19	47 804.77	64 517.88	55 083.25	133 705.01	118 903.07	153 782.75
山 东	227 938.13	333 516.51	330 205.30	318 519.65	738 111.38	624 819.75	784 817.95
河 南	154 390.98	176 796.70	159 270.29	161 142.88	329 627.50	338 440.79	361 520.90
湖 北	100 171.69	141 856.34	192 607.05	215 459.97	517 317.41	421 096.47	491 046.51
湖 南	37 239.45	62 677.66	78 911.74	80 893.66	222 888.69	236 245.07	291 164.37
广 东	315 492.94	628 070.76	612 706.20	496 055.70	601 556.63	729 761.78	865 872.21
广 西	72 449.87	107 097.48	136 795.58	126 466.13	155 693.50	157 681.10	178 265.19
海 南	8 374.90	9 509.17	12 092.93	17 888.68	18 420.22	19 030.45	34 514.72
重 庆	41 999.61	40 775.48	50 373.34	51 979.64	85 626.17	116 315.65	164 078.78
四 川	144 497.28	116 733.32	122 764.54	107 251.73	202 844.03	312 249.70	353 850.78
贵 州	33 481.67	18 622.06	33 560.19	33 953.12	55 320.95	92 637.38	126 307.91
云 南	87 714.63	87 157.57	98 595.84	111 534.98	184 731.70	263 843.48	312 308.21
西 藏	717.70	1 234.39	2 583.28	4 579.57	5 693.45	9 709.00	13 525.92
陕 西	64 606.28	69 762.04	67 625.38	64 902.44	169 249.10	175 146.14	274 124.27
甘 肃	24 580.28	42 040.26	43 143.79	35 752.11	68 986.63	105 921.73	154 676.04
青 海	2 036.49	4 663.22	9 295.74	11 987.66	25 418.13	30 760.42	38 665.04
宁 夏	4 395.50	18 189.21	20 095.16	17 591.70	31 839.21	54 559.75	67 651.55
新 疆	17 908.80	46 471.02	76 977.07	81 073.31	181 892.02	203 884.71	210 862.32
中彩中心	—	317.11	—	—	—	—	—
合 计 Total	**2 888 663.55**	**3 857 239.24**	**4 014 022.86**	**3 805 716.78**	**7 138 635.60**	**8 193 052.14**	**10 167 273.49**

2008	2009	2010	2011	2012	2013	2014	1987—2014
418 725.52	482 920.73	689 761.37	889 971.87	890 313.24	1 048 245.07	1 157 819.29	7 571 710.78
156 352.53	195 867.86	286 469.37	418 625.19	529 342.17	652 865.30	1 038 002.08	4 079 319.90
422 358.46	445 502.21	539 471.42	717 542.81	852 389.50	1 268 715.78	1 667 174.67	7 654 684.40
218 230.57	229 328.74	241 974.19	309 903.51	356 372.51	449 367.91	598 187.78	3 236 055.26
269 102.99	319 953.66	316 556.99	404 819.59	443 079.49	614 430.65	789 785.68	3 752 226.15
591 826.33	669 570.30	777 782.54	986 035.55	1 320 996.78	1 426 089.70	1 565 837.71	9 940 917.63
272 217.64	282 356.77	310 482.61	369 346.58	490 751.36	747 339.35	828 214.44	4 429 447.31
334 752.57	380 371.88	399 893.63	555 524.82	741 169.01	867 065.92	1 220 489.07	6 357 363.25
292 498.07	412 311.39	450 127.54	590 816.19	646 935.65	833 034.07	1 344 496.41	6 391 642.29
835 014.45	1 162 346.09	1 656 617.14	2 596 181.24	2 958 408.79	2 842 859.90	3 180 151.94	18 449 347.55
809 606.24	946 078.70	1 261 175.46	1 533 861.39	1 757 255.10	2 107 540.33	2 449 383.64	13 899 798.12
264 403.83	342 026.91	421 931.18	585 611.50	672 592.45	954 914.87	1 154 388.99	5 525 900.46
429 791.83	508 755.03	619 002.03	805 928.17	893 882.57	1 078 215.00	1 147 591.91	7 858 989.43
174 729.67	234 050.56	368 174.85	523 225.50	713 257.43	993 725.35	1 292 660.52	5 050 079.17
746 670.95	1 144 753.59	1 436 484.52	2 049 366.12	2 283 427.69	2 568 489.21	3 066 707.88	16 943 975.37
429 574.90	505 308.29	607 782.42	841 837.09	1 085 215.79	1 234 812.98	1 478 137.76	8 033 438.90
442 788.63	482 768.24	602 493.22	711 836.86	870 990.19	1 092 247.60	1 301 352.28	7 856 110.22
237 953.54	319 854.46	428 111.17	645 303.73	849 948.13	971 903.23	1 328 346.85	6 001 828.87
1 026 148.02	1 377 659.96	1 886 537.75	2 354 381.63	2 723 203.86	3 078 771.53	3 680 111.56	21 579 037.76
161 348.57	187 847.42	263 226.87	354 741.63	461 099.04	564 752.43	829 315.78	4 004 687.64
57 590.20	49 504.07	99 040.75	145 996.78	190 335.91	211 361.98	252 261.57	1 162 780.43
162 061.62	204 168.77	320 375.10	491 887.88	531 924.09	626 087.19	902 158.31	3 910 377.60
416 268.59	561 413.98	660 079.25	819 856.12	974 965.46	1 039 204.03	1 183 931.31	7 466 848.39
172 817.77	227 136.03	259 770.61	277 968.68	315 059.71	382 704.18	438 063.31	2 574 595.31
435 224.78	597 272.40	614 818.06	738 866.59	865 044.73	980 746.14	1 155 058.06	6 646 768.89
33 477.56	47 719.77	39 099.13	57 271.24	57 340.02	72 233.10	111 395.53	461 837.20
277 894.21	322 963.02	390 700.63	561 822.71	684 210.58	855 169.33	1 167 960.90	5 263 428.57
175 918.73	192 774.96	211 623.10	260 378.55	343 119.30	549 525.28	739 278.86	3 016 325.04
53 448.93	61 622.99	69 425.66	90 663.43	108 675.63	158 741.01	217 361.27	896 665.13
74 704.95	84 137.64	101 578.48	122 954.85	132 749.93	170 921.74	297 360.82	1 215 654.20
207 822.93	269 540.60	294 275.71	345 656.70	408 363.01	490 424.77	654 822.39	3 603 416.17
—	—	—	—	—	—	—	317.11
10 601 325.58	**13 247 887.02**	**16 624 842.76**	**22 158 184.49**	**26 152 419.11**	**30 932 504.92**	**38 237 808.57**	**204 835 574.53**

1987—2014 年全国彩票

Statistical Table of Lottery Sales in Different Regions and

地 区 Region	1987 福利彩票 Welfare Lottery	1988 福利彩票 Welfare Lottery	1989 福利彩票 Welfare Lottery	1990 福利彩票 Welfare Lottery	1991 福利彩票 Welfare Lottery	1992 福利彩票 Welfare Lottery	1993 福利彩票 Welfare Lottery	1994 福利彩票 Welfare Lottery
北 京	—	1 136. 68	940. 07	2 077. 00	2 765. 00	3 220. 00	5 404. 00	6 395. 71
天 津	396. 60	328. 48	1 166. 29	1 995. 38	1 209. 00	769. 62	2 474. 35	1 799. 00
河 北	100. 00	1 505. 00	1 295. 00	2 082. 00	2 579. 00	3 204. 66	3 010. 00	11 255. 82
山 西	—	1 211. 74	826. 17	1 136. 16	1 516. 00	4 175. 00	3 300. 00	5 010. 00
内蒙古	—	14. 00	484. 68	924. 90	549. 56	1 766. 58	1 293. 00	3 838. 71
辽 宁	—	3 073. 04	2 397. 14	6 587. 00	3 530. 41	3 598. 52	4 825. 17	14 719. 11
吉 林	—	997. 98	1 577. 14	4 617. 10	1 683. 33	2 388. 21	4 262. 68	5 499. 95
黑龙江	—	1 550. 48	1 463. 44	2 214. 32	1 417. 00	1 650. 38	3 185. 00	7 313. 00
上 海	373. 71	701. 80	833. 99	2 371. 89	2 724. 00	2 841. 00	1 496. 60	1 523. 00
江 苏	100. 00	2 659. 00	3 304. 65	3 110. 30	2 299. 87	4 607. 66	17 173. 00	11 860. 76
浙 江	193. 90	2 757. 89	2 615. 25	2 431. 00	3 921. 82	19 642. 22	16 724. 97	5 445. 48
安 徽	—	1 123. 99	1 068. 75	1 693. 08	2 251. 00	2 711. 00	8 214. 07	12 155. 09
福 建	242. 84	1 269. 65	1 537. 63	1 060. 00	4 527. 96	7 038. 50	4 512. 05	4 245. 70
江 西	—	195. 00	300. 00	890. 21	1 827. 72	4 287. 92	9 145. 99	4 687. 03
山 东	—	1 259. 19	1 393. 80	1 908. 46	3 598. 37	6 596. 13	11 061. 04	9 075. 51
河 南	198. 64	1 130. 00	2 041. 38	2 540. 00	3 230. 00	4 220. 00	8 000. 00	7 040. 00
湖 北	133. 81	867. 40	650. 41	787. 09	1 107. 17	7 962. 42	10 882. 76	12 679. 81
湖 南	—	855. 52	950. 00	2 010. 00	5 625. 00	9 117. 43	5 009. 00	6 454. 50
广 东	—	7 396. 80	8 271. 03	11 278. 52	14 275. 24	15 554. 45	23 138. 20	10 582. 25
广 西	—	68. 88	467. 16	4 536. 77	6 203. 60	7 255. 33	12 493. 11	8 631. 07
海 南	—	512. 75	34. 87	2 514. 53	405. 57	227. 96	26. 21	—
重 庆	—	816. 18	339. 61	1 140. 00	733. 00	1 463. 00	3 444. 00	1 051. 26
四 川	—	1 795. 63	912. 58	1 405. 59	2 356. 00	5 907. 00	4 857. 81	3 978. 24
贵 州	—	290. 00	547. 87	803. 18	527. 55	3 117. 00	6 394. 87	2 115. 00
云 南	—	1 910. 33	1 329. 93	612. 46	1 270. 00	5 781. 07	6 958. 58	2 875. 51
西 藏	—	—	—	—	—	—	60. 00	—
陕 西	—	1 296. 68	990. 05	1 071. 72	2 778. 89	1 931. 26	871. 06	4 507. 64
甘 肃	—	636. 26	406. 40	654. 59	1 003. 00	2 591. 75	2 365. 60	3 006. 80
青 海	—	60. 00	140. 00	100. 00	110. 00	74. 00	96. 00	108. 00
宁 夏	—	207. 41	30. 36	177. 97	171. 99	467. 37	629. 40	304. 00
新 疆	—	—	—	—	1 190. 99	3 382. 59	2 980. 00	11 665. 82
中彩中心	—	—	—	—	—	—	—	—
合 计 Total	**1 739. 50**	**37 627. 76**	**38 315. 65**	**64 731. 22**	**77 388. 04**	**137 550. 03**	**184 288. 52**	**179 823. 77**

销售统计表（分地区分系统）

Different Organizations in China from 1987 to 2014

单位：万元

Unit: Ten Thousand Yuan

1995			1996			1997		
福利彩票 Welfare Lottery	体育彩票 Sports Lottery	小计 Subtotal	福利彩票 Welfare Lottery	体育彩票 Sports Lottery	小计 Subtotal	福利彩票 Welfare Lottery	体育彩票 Sports Lottery	小计 Subtotal
11 485.78	2 000.00	13 485.78	5 452.40	—	5 452.40	8 003.40	2 000.00	10 003.40
6 113.00	8 200.00	14 313.00	4 159.90	3 100.00	7 259.90	4 043.00	1 800.00	5 843.00
20 611.00	7 800.00	28 411.00	11 559.40	5 000.00	16 559.40	7 928.40	5 600.00	13 528.40
13 001.43	800.00	13 801.43	28 227.10	2 000.00	30 227.10	10 877.40	2 000.00	12 877.40
18 400.00	400.00	18 800.00	24 200.00	2 200.00	26 400.00	8 446.20	4 400.00	12 846.20
23 007.97	4 100.00	27 107.97	21 992.50	5 900.00	27 892.50	11 033.00	2 800.00	13 833.00
14 005.96	1 880.00	15 885.96	19 355.60	5 100.00	24 455.60	5 507.40	3 000.00	8 507.40
9 565.00	7 314.00	16 879.00	18 797.80	3 900.00	22 697.80	7 155.70	5 000.00	12 155.70
9 492.00	6 500.00	15 992.00	11 770.00	11 000.00	22 770.00	5 833.70	19 000.00	24 833.70
21 711.20	12 000.00	33 711.20	29 126.80	4 800.00	33 926.80	27 524.60	6 800.00	34 324.60
12 209.72	2 420.00	14 629.72	8 102.80	3 520.00	11 622.80	4 609.40	6 000.00	10 609.40
19 088.18	3 100.00	22 188.18	15 729.00	4 400.00	20 129.00	10 050.20	4 600.00	14 650.20
14 985.62	1 800.00	16 785.62	18 663.90	4 000.00	22 663.90	10 925.00	14 000.00	24 925.00
15 797.56	1 500.00	17 297.56	13 376.80	3 400.00	16 776.80	12 508.20	4 000.00	16 508.20
39 488.45	1 000.00	40 488.45	23 718.00	5 020.00	28 738.00	12 257.30	5 000.00	17 257.30
39 550.00	1 300.00	40 850.00	21 849.70	2 800.00	24 649.70	10 207.30	3 000.00	13 207.30
30 067.00	4 700.00	34 767.00	36 888.40	5 520.00	42 408.40	23 730.00	5 360.00	29 090.00
22 672.70	4 500.00	27 172.70	42 271.40	5 020.00	47 291.40	13 565.10	5 000.00	18 565.10
61 005.31	11 286.00	72 291.31	130 585.20	9 000.00	139 585.20	105 132.00	13 000.00	118 132.00
23 774.75	2 400.00	26 174.75	34 601.50	5 000.00	39 601.50	13 799.60	6 000.00	19 799.60
—	—	—	2 920.00	2 500.00	5 420.00	680.00	2 000.00	2 680.00
11 727.14	—	11 727.14	8 648.00	—	8 648.00	4 857.30	2 000.00	6 857.30
29 952.38	3 300.00	33 252.38	47 906.70	5 720.00	53 626.70	15 683.90	6 000.00	21 683.90
14 096.05	1 000.00	15 096.05	12 760.50	3 800.00	16 560.50	7 769.60	4 000.00	11 769.60
7 825.06	3 000.00	10 825.06	10 828.90	2 400.00	13 228.90	8 084.40	4 000.00	12 084.40
—	100.00	100.00	—	800.00	800.00	—	400.00	400.00
38 099.93	3 320.00	41 419.93	14 530.40	4 100.00	18 630.40	5 472.70	5 000.00	10 472.70
13 006.53	980.00	13 986.53	15 866.60	3 000.00	18 866.60	5 057.90	3 000.00	8 057.90
3 232.34	—	3 232.34	3 586.60	2 000.00	5 586.60	764.00	1 000.00	1 764.00
3 551.00	300.00	3 851.00	1 766.20	2 000.00	3 766.20	166.00	240.00	406.00
25 500.40	3 000.00	28 500.40	8 279.40	3 000.00	11 279.40	2 078.70	4 000.00	6 078.70
—	—	—	—	—	—	—	—	—
573 023.46	**100 000.00**	**673 023.46**	**647 521.50**	**120 000.00**	**767 521.50**	**363 751.40**	**150 000.00**	**513 751.40**

续表

地区 Region	1998			1999			2000		
	福利彩票 Welfare Lottery	体育彩票 Sports Lottery	小计 Subtotal	福利彩票 Welfare Lottery	体育彩票 Sports Lottery	小计 Subtotal	福利彩票 Welfare Lottery	体育彩票 Sports Lottery	小计 Subtotal
北京	9 442.30	3 280.00	12 722.30	37 931.50	5 200.00	43 131.50	14 439.53	48 678.67	63 118.20
天津	4 717.30	5 000.00	9 717.30	4 302.30	7 410.00	11 712.30	7 329.81	48 109.67	55 439.48
河北	6 559.50	5 940.00	12 499.50	23 306.40	2 971.00	26 277.40	9 915.50	25 268.06	35 183.56
山西	11 973.10	6 000.00	17 973.10	15 137.30	200.00	15 337.30	5 663.91	1 892.91	7 556.82
内蒙古	3 388.50	930.00	4 318.50	12 203.00	2 774.00	14 977.00	4 410.29	2 112.86	6 523.15
辽宁	7 716.10	4 000.00	11 716.10	38 092.60	1 714.00	39 806.60	40 451.11	6 391.51	46 842.62
吉林	3 647.70	2 000.00	5 647.70	15 166.70	1 712.00	16 878.70	7 027.99	1 000.00	8 027.99
黑龙江	5 568.90	4 000.00	9 568.90	15 389.70	6 580.00	21 969.70	14 793.15	27 265.62	42 058.77
上海	30 900.90	10 000.00	40 900.90	87 778.10	43 226.00	131 004.10	127 451.61	50 173.94	177 625.55
江苏	59 061.60	17 000.00	76 061.60	111 465.00	66 457.00	177 922.00	69 646.57	182 261.85	251 908.42
浙江	57 921.20	24 000.00	81 921.20	106 897.90	45 036.00	151 933.90	60 531.70	61 416.95	121 948.65
安徽	13 862.20	5 040.00	18 902.20	25 035.40	6 660.00	31 695.40	16 397.84	8 161.86	24 559.70
福建	17 528.80	30 000.00	47 528.80	65 630.40	43 008.00	108 638.40	28 880.51	71 167.24	100 047.75
江西	12 770.00	4 200.00	16 970.00	20 766.80	5 366.00	26 132.80	8 441.16	3 248.99	11 690.15
山东	29 253.20	6 000.00	35 253.20	36 476.30	8 851.00	45 327.30	75 387.02	12 802.97	88 189.99
河南	13 302.20	4 000.00	17 302.20	19 731.30	2 282.00	22 013.30	17 382.00	5 775.14	23 157.14
湖北	17 227.60	9 360.00	26 587.60	23 651.80	5 657.00	29 308.80	31 098.02	43 747.06	74 845.08
湖南	10 684.70	5 000.00	15 684.70	28 507.90	6 711.00	35 218.90	21 268.46	15 164.40	36 432.86
广东	215 180.10	49 000.00	264 180.10	211 035.20	82 063.00	293 098.20	133 754.80	91 169.14	224 923.94
广西	22 670.30	12 000.00	34 670.30	30 539.20	3 411.00	33 950.20	51 230.75	2 824.03	54 054.78
海南	2 644.00	6 000.00	8 644.00	8 002.80	3 534.00	11 536.80	1 300.67	3 554.75	4 855.42
重庆	14 589.00	3 000.00	17 589.00	13 131.40	2 325.00	15 456.40	45 989.14	5 311.94	51 301.08
四川	17 793.10	13 040.00	30 833.10	31 239.10	36 275.00	67 514.10	55 473.45	167 341.78	222 815.23
贵州	6 796.10	4 420.00	11 216.10	12 335.20	4 104.00	16 439.20	8 437.27	13 877.54	22 314.81
云南	14 255.10	5 000.00	19 255.10	20 115.00	3 773.00	23 888.00	12 244.00	1 588.37	13 832.37
西藏	—	820.00	820.00	—	1 147.00	1 147.00	1 186.54	744.00	1 930.54
陕西	5 803.10	3 000.00	8 803.10	8 740.60	481.00	9 221.60	10 232.62	5 063.88	15 296.50
甘肃	4 201.20	3 000.00	7 201.20	4 081.90	1 100.00	5 181.90	3 657.95	988.95	4 646.90
青海	260.70	370.00	630.70	689.10	—	689.10	1 030.38	160.00	1 190.38
宁夏	2 166.00	400.00	2 566.00	2 754.40	500.00	3 254.40	627.74	582.27	1 210.01
新疆	10 105.90	4 200.00	14 305.90	14 314.20	3 023.00	17 337.20	13 165.77	3 554.05	16 719.82
中彩中心	—	—	—	—	—	—	—	—	—
合计 Total	**631 990.40**	**250 000.00**	**881 990.40**	**1 044 448.50**	**403 551.00**	**1 447 999.50**	**898 847.26**	**911 400.40**	**1 810 247.66**

2001			2002			2003		
福利彩票 Welfare Lottery	体育彩票 Sports Lottery	小 计 Subtotal	福利彩票 Welfare Lottery	体育彩票 Sports Lottery	小 计 Subtotal	福利彩票 Welfare Lottery	体育彩票 Sports Lottery	小 计 Subtotal
33 179.03	150 247.00	183 426.03	56 126.23	130 858.00	186 984.23	100 520.93	111 961.01	212 481.94
12 100.15	50 778.00	62 878.15	8 159.23	64 280.44	72 439.67	10 763.39	64 208.88	74 972.27
25 530.36	52 747.54	78 277.90	48 987.11	74 146.81	123 133.92	58 907.49	67 153.10	126 060.59
53 207.86	6 319.84	59 527.70	34 870.99	9 124.90	43 995.89	27 644.61	15 746.49	43 391.10
5 473.39	987.90	6 461.29	10 824.25	6 182.90	17 007.15	16 957.45	12 509.41	29 466.86
75 896.56	35 724.92	111 621.48	105 933.26	100 790.28	206 723.54	126 814.59	76 789.97	203 604.56
33 078.01	15 170.18	48 248.19	25 229.36	32 796.57	58 025.93	46 783.59	43 513.76	90 297.35
41 780.52	43 479.78	85 260.30	67 728.98	50 069.87	117 798.85	84 072.82	55 844.39	139 917.21
100 356.05	57 206.58	157 562.63	80 032.30	102 769.02	182 801.32	102 551.43	76 099.77	178 651.20
71 973.80	176 575.91	248 549.71	72 515.36	182 588.77	255 104.13	68 803.36	160 002.43	228 805.79
54 559.50	82 652.78	137 212.28	53 042.52	143 421.78	196 464.30	84 922.35	167 261.21	252 183.56
35 054.75	24 206.33	59 261.08	23 206.75	34 423.72	57 630.47	27 413.74	45 257.81	72 671.55
81 017.90	181 613.52	262 631.42	67 481.65	318 353.12	385 834.77	29 091.19	220 306.39	249 397.58
39 602.89	10 146.30	49 749.19	30 992.83	16 811.94	47 804.77	34 426.37	30 091.51	64 517.88
185 322.67	42 615.46	227 938.13	265 900.88	67 615.63	333 516.51	288 136.42	42 068.88	330 205.30
71 436.07	82 954.91	154 390.98	68 094.52	108 702.18	176 796.70	73 635.77	85 634.52	159 270.29
32 817.84	67 353.85	100 171.69	40 236.65	101 619.69	141 856.34	78 832.09	113 774.96	192 607.05
24 411.12	12 828.33	37 239.45	42 815.92	19 861.74	62 677.66	55 828.97	23 082.77	78 911.74
172 421.81	143 071.13	315 492.94	287 606.13	340 464.63	628 070.76	314 331.30	298 374.90	612 706.20
58 162.23	14 287.64	72 449.87	84 519.87	22 577.61	107 097.48	111 382.99	25 412.59	136 795.58
3 575.51	4 799.39	8 374.90	3 296.49	6 212.68	9 509.17	2 068.59	10 024.34	12 092.93
29 524.27	12 475.34	41 999.61	22 350.63	18 424.85	40 775.48	31 040.63	19 332.71	50 373.34
19 000.56	125 496.72	144 497.28	13 806.77	102 926.55	116 733.32	28 635.87	94 128.67	122 764.54
12 220.15	21 261.52	33 481.67	6 032.89	12 589.17	18 622.06	18 790.79	14 769.40	33 560.19
25 311.57	62 403.06	87 714.63	24 168.39	62 989.18	87 157.57	27 504.37	71 091.47	98 595.84
550.70	167.00	717.70	572.85	661.54	1 234.39	628.59	1 954.69	2 583.28
52 690.49	11 915.79	64 606.28	42 608.99	27 153.05	69 762.04	37 829.76	29 795.62	67 625.38
23 019.63	1 560.65	24 580.28	32 861.07	9 179.19	42 040.26	30 073.74	13 070.05	43 143.79
1 717.27	319.22	2 036.49	15 110.71	3 078.50	18 189.21	6 992.77	2 302.97	9 295.74
4 395.50	—	4 395.50	3 545.14	1 118.08	4 663.22	13 723.54	6 371.62	20 095.16
16 347.00	1 561.80	17 908.80	41 266.53	5 204.49	46 471.02	61 460.08	15 516.99	76 977.07
—	—	—	317.11	—	317.11	—	—	—
1 395 735.16	**1 492 928.39**	**2 888 663.55**	**1 679 925.25**	**2 177 313.99**	**3 857 239.24**	**2 000 569.58**	**2 013 453.28**	**4 014 022.86**

续表

地　区 Region	2004 福利彩票 Welfare Lottery	2004 体育彩票 Sports Lottery	2004 小　计 Subtotal	2005 福利彩票 Welfare Lottery	2005 体育彩票 Sports Lottery	2005 小　计 Subtotal	2006 福利彩票 Welfare Lottery	2006 体育彩票 Sports Lottery	2006 小　计 Subtotal
北　京	157 995.61	73 701.15	231 696.76	207 187.56	89 451.75	296 639.31	229 001.22	119 666.21	348 667.43
天　津	19 589.60	50 373.16	69 962.76	40 174.97	79 425.65	119 600.62	54 531.44	78 221.77	132 753.21
河　北	80 013.37	49 209.12	129 222.49	176 551.16	140 210.60	316 761.76	233 993.59	132 055.25	366 048.84
山　西	37 431.99	14 836.79	52 268.78	83 938.78	38 901.84	122 840.62	131 537.22	55 930.49	187 467.71
内蒙古	23 363.02	13 171.12	36 534.14	55 135.96	38 302.91	93 438.86	80 375.24	54 474.73	134 849.96
辽　宁	152 600.09	54 144.19	206 744.28	266 384.46	134 373.60	400 758.06	399 046.63	174 806.91	573 853.54
吉　林	49 510.98	31 999.58	81 510.56	96 075.33	72 103.27	168 178.60	132 208.30	114 454.03	246 662.33
黑龙江	95 629.70	49 544.06	145 173.76	302 950.17	241 607.61	544 557.78	235 808.29	96 454.34	332 262.63
上　海	100 273.42	51 488.28	151 761.70	123 528.65	53 747.48	177 276.14	167 850.45	72 713.88	240 564.33
江　苏	75 014.61	134 342.72	209 357.33	136 391.95	195 696.48	332 088.42	210 184.33	326 074.44	536 258.76
浙　江	82 221.07	147 303.90	229 524.97	160 436.76	236 474.01	396 910.77	244 239.10	325 309.28	569 548.38
安　徽	41 476.63	35 006.83	76 483.46	100 089.03	96 482.37	196 571.39	128 081.78	74 041.39	202 123.17
福　建	21 336.50	172 023.11	193 359.61	45 162.07	198 929.46	244 091.53	100 104.26	210 881.14	310 985.40
江　西	30 510.91	24 572.34	55 083.25	51 637.78	82 067.23	133 705.01	52 859.06	66 044.01	118 903.07
山　东	284 915.79	33 603.86	318 519.65	539 046.67	199 064.71	738 111.38	468 047.68	156 772.06	624 819.75
河　南	91 656.07	69 486.81	161 142.88	157 659.30	171 968.20	329 627.50	177 670.69	160 770.10	338 440.79
湖　北	123 910.17	91 549.80	215 459.97	278 119.79	239 197.62	517 317.41	265 749.02	155 347.45	421 096.47
湖　南	60 041.08	20 852.58	80 893.66	118 344.02	104 544.68	222 888.69	147 414.49	88 830.59	236 245.07
广　东	306 563.04	189 492.66	496 055.70	391 173.93	210 382.70	601 556.63	487 050.04	242 711.74	729 761.78
广　西	111 488.44	14 977.69	126 466.13	136 391.95	19 301.55	155 693.50	136 514.05	21 167.05	157 681.10
海　南	12 918.82	4 969.86	17 888.68	13 857.37	4 562.85	18 420.22	13 112.29	5 918.16	19 030.45
重　庆	37 457.36	14 522.28	51 979.64	62 666.48	22 959.69	85 626.17	90 646.02	25 669.64	116 315.65
四　川	45 672.66	61 579.07	107 251.73	106 713.86	96 130.18	202 844.03	173 020.19	139 229.52	312 249.70
贵　州	23 482.24	10 470.88	33 953.12	39 630.18	15 690.77	55 320.95	61 166.11	31 471.27	92 637.38
云　南	52 379.05	59 155.93	111 534.98	105 475.42	79 256.28	184 731.70	149 057.25	114 786.23	263 843.48
西　藏	3 651.32	928.25	4 579.57	4 334.58	1 358.87	5 693.45	7 691.78	2 017.22	9 709.00
陕　西	35 969.80	28 932.64	64 902.44	106 804.71	62 444.39	169 249.10	116 610.58	58 535.56	175 146.14
甘　肃	22 782.61	12 969.50	35 752.11	43 373.18	25 613.45	68 986.63	67 309.07	38 612.66	105 921.73
青　海	8 826.95	3 160.71	11 987.66	16 054.81	6 729.68	22 784.49	22 232.30	8 528.13	30 760.42
宁　夏	10 684.80	6 906.90	17 591.70	18 688.45	15 784.40	34 472.85	31 646.79	22 912.96	54 559.75
新　疆	64 385.60	16 687.71	81 073.31	128 098.35	53 793.67	181 892.02	142 000.00	61 884.71	203 884.71
中彩中心	—	—	—	—	—	—	—	—	—
合　计 Total	**2 263 753.30**	**1 541 963.48**	**3 805 716.78**	**4 112 077.66**	**3 026 557.94**	**7 138 635.60**	**4 956 759.24**	**3 236 292.90**	**8 193 052.14**

2007			2008			2009		
福利彩票 Welfare Lottery	体育彩票 Sports Lottery	小　计 Subtotal	福利彩票 Welfare Lottery	体育彩票 Sports Lottery	小　计 Subtotal	福利彩票 Welfare Lottery	体育彩票 Sports Lottery	小　计 Subtotal
238 198.87	126 007.06	364 205.94	264 760.76	153 964.77	418 725.52	311 890.56	171 030.17	482 920.73
72 412.81	82 352.20	154 765.02	64 095.76	92 256.78	156 352.53	83 173.48	112 694.38	195 867.86
272 316.12	172 217.19	444 533.31	260 128.67	162 229.79	422 358.46	279 639.11	165 863.10	445 502.21
157 469.17	50 780.87	208 250.04	125 853.49	92 377.08	218 230.57	148 620.24	80 708.50	229 328.74
110 442.21	73 560.35	184 002.56	165 259.42	103 843.57	269 102.99	193 675.40	126 278.26	319 953.66
493 266.48	200 277.60	693 544.08	400 885.63	190 940.70	591 826.33	474 376.30	195 194.00	669 570.30
214 700.40	120 685.46	335 385.86	159 023.07	113 194.58	272 217.64	156 052.32	126 304.45	282 356.77
224 301.91	124 700.41	349 002.33	212 956.64	121 795.93	334 752.57	233 872.57	146 499.31	380 371.88
221 109.64	85 703.78	306 813.42	195 329.31	97 168.76	292 498.07	291 953.43	120 357.96	412 311.39
320 308.22	434 325.79	754 634.01	334 282.22	500 732.23	835 014.45	478 358.21	683 987.88	1 162 346.09
444 633.66	362 021.14	806 654.80	407 120.26	402 485.98	809 606.24	493 209.76	452 868.94	946 078.70
188 383.13	115 564.82	303 947.95	157 284.48	107 119.35	264 403.83	201 035.41	140 991.50	342 026.91
146 417.77	238 081.00	384 498.77	125 404.77	304 387.06	429 791.83	160 594.20	348 160.83	508 755.03
65 072.47	88 710.28	153 782.75	81 403.05	93 326.62	174 729.67	107 444.82	126 605.74	234 050.56
592 654.30	192 163.66	784 817.95	510 118.51	236 552.44	746 670.95	690 475.14	454 278.45	1 144 753.59
207 361.08	154 159.82	361 520.90	191 362.83	238 212.07	429 574.90	227 658.45	277 649.84	505 308.29
305 241.68	185 804.83	491 046.51	280 791.48	161 997.15	442 788.63	318 822.18	163 946.06	482 768.24
191 915.75	99 248.63	291 164.37	151 375.73	86 577.80	237 953.54	203 959.50	115 894.96	319 854.46
565 821.16	300 051.05	865 872.21	633 992.91	392 155.11	1 026 148.02	833 977.73	543 682.23	1 377 659.96
155 515.47	22 749.72	178 265.19	136 672.69	24 675.88	161 348.57	159 526.95	28 320.47	187 847.42
25 544.39	8 970.32	34 514.72	47 368.49	10 221.71	57 590.20	38 184.09	11 319.98	49 504.07
127 322.18	36 756.60	164 078.78	111 486.31	50 575.31	162 061.62	140 283.50	63 885.27	204 168.77
196 865.49	156 985.30	353 850.78	244 593.94	171 674.65	416 268.59	311 716.13	249 697.85	561 413.98
78 969.03	47 338.89	126 307.91	103 451.21	69 366.56	172 817.77	135 172.12	91 963.91	227 136.03
188 850.64	123 457.57	312 308.21	202 386.33	232 838.45	435 224.78	286 596.57	310 675.83	597 272.40
11 116.17	2 409.76	13 525.92	17 889.68	15 587.88	33 477.56	27 808.32	19 911.45	47 719.77
186 680.07	87 444.20	274 124.27	159 361.70	118 532.51	277 894.21	203 278.41	119 684.61	322 963.02
107 355.26	47 320.78	154 676.04	100 122.40	75 796.32	175 918.73	129 457.73	63 317.23	192 774.96
28 816.76	9 848.28	38 665.04	30 548.01	22 900.92	53 448.93	37 355.34	24 267.65	61 622.99
42 365.13	25 286.42	67 651.55	35 768.60	38 936.36	74 704.95	44 247.36	39 890.28	84 137.64
134 475.11	76 387.21	210 862.32	128 716.89	79 106.04	207 822.93	158 164.72	111 375.88	269 540.60
—	—	—	—	—	—	—	—	—
6 315 902.51	**3 851 370.97**	**10 167 273.49**	**6 039 795.23**	**4 561 530.35**	**10 601 325.58**	**7 560 580.05**	**5 687 306.97**	**13 247 887.02**

续表

地 区 Region	2010			2011			2012		
	福利彩票 Welfare Lottery	体育彩票 Sports Lottery	小 计 Subtotal	福利彩票 Welfare Lottery	体育彩票 Sports Lottery	小 计 Subtotal	福利彩票 Welfare Lottery	体育彩票 Sports Lottery	小 计 Subtotal
北 京	382 292.54	307 468.83	689 761.37	503 554.26	386 417.61	889 971.87	507 317.39	382 995.85	890 313.24
天 津	123 844.76	162 624.61	286 469.37	160 714.27	257 910.92	418 625.19	228 000.86	301 341.31	529 342.17
河 北	347 006.56	192 464.86	539 471.42	471 188.65	246 354.16	717 542.81	546 386.83	306 002.67	852 389.50
山 西	159 719.43	82 254.76	241 974.19	213 702.01	96 201.50	309 903.51	254 806.03	101 566.48	356 372.51
内蒙古	200 553.74	116 003.25	316 556.99	258 553.80	146 265.79	404 819.59	281 124.50	161 954.99	443 079.49
辽 宁	543 791.57	233 990.98	777 782.54	627 739.73	358 295.82	986 035.55	798 047.23	522 949.55	1 320 996.78
吉 林	176 023.10	134 459.51	310 482.61	208 013.56	161 333.02	369 346.58	256 357.13	234 394.23	490 751.36
黑龙江	243 383.48	156 510.15	399 893.63	285 501.27	270 023.55	555 524.82	358 206.36	382 962.65	741 169.01
上 海	295 040.81	155 086.73	450 127.54	383 409.73	207 406.46	590 816.19	384 025.82	262 909.83	646 935.65
江 苏	723 258.10	933 359.04	1 656 617.14	1 178 830.30	1 417 350.94	2 596 181.24	1 340 066.74	1 618 342.05	2 958 408.79
浙 江	733 942.15	527 233.31	1 261 175.46	927 216.13	606 645.26	1 533 861.39	1 023 967.93	733 287.17	1 757 255.10
安 徽	251 627.30	170 303.88	421 931.18	355 627.04	229 984.46	585 611.50	436 558.35	236 034.10	672 592.45
福 建	241 186.14	377 815.89	619 002.03	329 024.52	476 903.65	805 928.17	371 984.26	521 898.31	893 882.57
江 西	144 329.17	223 845.68	368 174.85	231 094.96	292 130.54	523 225.50	352 383.78	360 873.65	713 257.43
山 东	898 454.89	538 029.63	1 436 484.52	1 097 297.13	952 068.99	2 049 366.12	1 223 637.80	1 059 789.89	2 283 427.69
河 南	321 660.36	286 122.06	607 782.42	452 936.10	388 900.99	841 837.09	568 890.93	516 324.86	1 085 215.79
湖 北	407 074.95	195 418.27	602 493.22	510 549.41	201 287.45	711 836.86	607 789.85	263 200.34	870 990.19
湖 南	263 449.03	164 662.14	428 111.17	409 434.94	235 868.79	645 303.73	529 189.21	320 758.92	849 948.13
广 东	1 135 538.64	750 999.12	1 886 537.75	1 407 034.45	947 347.17	2 354 381.63	1 695 551.18	1 027 652.68	2 723 203.86
广 西	209 737.98	53 488.89	263 226.87	282 296.16	72 445.47	354 741.63	384 769.57	76 329.47	461 099.04
海 南	84 036.38	15 004.37	99 040.75	118 814.54	27 182.24	145 996.78	143 251.44	47 084.47	190 335.91
重 庆	218 964.71	101 410.39	320 375.10	345 860.20	146 027.68	491 887.88	381 540.93	150 383.16	531 924.09
四 川	367 863.16	292 216.09	660 079.25	486 887.44	332 968.68	819 856.12	595 148.22	379 817.24	974 965.46
贵 州	144 454.78	115 315.83	259 770.61	160 217.70	117 750.99	277 968.68	181 386.47	133 673.24	315 059.71
云 南	330 270.78	284 547.28	614 818.06	396 464.71	342 401.88	738 866.59	448 759.71	416 285.02	865 044.73
西 藏	25 139.88	13 959.25	39 099.13	33 106.41	24 164.83	57 271.24	30 752.25	26 587.77	57 340.02
陕 西	257 242.51	133 458.12	390 700.63	401 325.86	160 496.85	561 822.71	502 854.75	181 355.83	684 210.58
甘 肃	147 863.66	63 759.44	211 623.10	182 711.20	77 667.35	260 378.55	228 036.40	115 082.90	343 119.30
青 海	45 868.17	23 557.49	69 425.66	58 201.79	32 461.64	90 663.43	74 962.26	33 713.37	108 675.63
宁 夏	63 665.31	37 913.17	101 578.48	77 054.53	45 900.32	122 954.85	90 801.09	41 948.84	132 749.93
新 疆	192 954.54	101 321.17	294 275.71	225 357.13	120 299.56	345 656.70	276 667.92	131 695.09	408 363.01
中彩中心	—	—	—	—	—	—	—	—	—
合 计 Total	**9 680 238.56**	**6 944 604.20**	**16 624 842.76**	**12 779 719.93**	**9 378 464.56**	**22 158 184.49**	**15 103 223.19**	**11 049 195.92**	**26 152 419.11**

2013			2014			1987—2014		
福利彩票 Welfare Lottery	体育彩票 Sports Lottery	小　计 Subtotal	福利彩票 Welfare Lottery	体育彩票 Sports Lottery	小　计 Subtotal	福利彩票 Welfare Lottery	体育彩票 Sports Lottery	合　计 Total
509 368.74	538 876.33	1 048 245.07	533 561.05	624 258.25	1 157 819.29	4 143 648.12	3 428 062.66	7 571 710.77
300 405.71	352 459.59	652 865.30	426 338.61	611 663.47	1 038 002.08	1 645 109.07	2 434 210.84	4 079 319.91
703 776.51	564 939.27	1 268 715.78	800 886.64	866 288.03	1 667 174.67	4 410 223.84	3 244 460.56	7 654 684.40
293 196.41	156 171.50	449 367.91	408 477.29	189 710.49	598 187.78	2 232 530.83	1 003 524.44	3 236 055.26
395 704.85	218 725.80	614 430.65	496 141.50	293 644.19	789 785.68	2 373 504.14	1 378 722.01	3 752 226.15
929 441.33	496 648.37	1 426 089.70	1 065 603.03	500 234.68	1 565 837.71	6 640 850.56	3 300 067.07	9 940 917.62
416 052.71	331 286.64	747 339.35	462 690.96	365 523.48	828 214.44	2 517 536.57	1 911 910.74	4 429 447.31
440 035.04	427 030.88	867 065.92	517 108.71	703 380.36	1 220 489.07	3 433 400.33	2 923 962.92	6 357 363.25
375 293.73	457 740.34	833 034.07	482 149.32	862 347.09	1 344 496.41	3 588 996.40	2 802 645.89	6 391 642.30
1 285 029.01	1 557 830.89	2 842 859.90	1 390 860.66	1 789 291.28	3 180 151.94	8 049 527.87	10 399 819.69	18 449 347.55
1 244 851.59	862 688.74	2 107 540.33	1 377 688.33	1 071 695.30	2 449 383.64	7 636 056.37	6 263 741.75	13 899 798.12
590 768.95	364 145.92	954 914.87	693 312.85	461 076.14	1 154 388.99	3 359 299.97	2 166 600.49	5 525 900.46
479 583.00	598 632.00	1 078 215.00	500 083.70	647 508.21	1 147 591.91	2 879 520.50	4 979 468.92	7 858 989.42
487 034.84	506 690.51	993 725.35	614 656.18	678 004.34	1 292 660.52	2 428 443.49	2 621 635.69	5 050 079.17
1 344 280.28	1 224 208.93	2 568 489.21	1 478 072.70	1 588 635.18	3 066 707.88	10 117 833.63	6 826 141.74	16 943 975.37
617 988.22	616 824.76	1 234 812.98	651 909.83	826 227.93	1 478 137.76	4 030 342.73	4 003 096.18	8 033 438.91
738 288.79	353 958.81	1 092 247.60	892 645.33	408 706.95	1 301 352.28	5 078 602.92	2 777 507.30	7 856 110.22
603 054.26	368 848.97	971 903.23	729 030.42	599 316.43	1 328 346.85	3 699 256.14	2 302 572.73	6 001 828.87
1 899 419.72	1 179 351.81	3 078 771.53	2 068 064.18	1 612 047.38	3 680 111.56	13 145 735.32	8 433 302.45	21 579 037.76
477 437.00	87 315.43	564 752.43	708 822.47	120 493.31	829 315.78	3 369 509.82	635 177.82	4 004 687.64
160 175.92	51 186.06	211 361.98	165 704.59	86 556.98	252 261.57	851 178.27	311 602.16	1 162 780.44
435 129.47	190 957.72	626 087.19	619 904.19	282 254.12	902 158.31	2 762 105.92	1 148 271.68	3 910 377.60
678 348.28	360 855.75	1 039 204.03	781 527.11	402 404.19	1 183 931.31	4 269 061.15	3 197 787.24	7 466 848.39
202 467.37	180 236.81	382 704.18	215 145.52	222 917.79	438 063.31	1 458 576.74	1 116 018.57	2 574 595.31
499 102.20	481 643.94	980 746.14	583 215.48	571 842.58	1 155 058.06	3 413 632.80	3 233 136.08	6 646 768.88
42 693.91	29 539.19	72 233.10	72 678.17	38 717.36	111 395.53	279 861.15	181 976.05	461 837.20
631 348.13	223 821.20	855 169.33	757 205.80	410 755.10	1 167 960.90	3 588 138.21	1 675 290.36	5 263 428.57
330 035.41	219 489.87	549 525.28	465 377.65	273 901.21	739 278.86	1 966 915.50	1 049 409.54	3 016 325.04
95 625.92	63 115.09	158 741.01	113 710.75	103 650.52	217 361.27	566 274.92	341 164.17	907 439.09
107 387.08	63 534.66	170 921.74	154 022.67	143 338.15	297 360.82	711 015.81	493 864.43	1 204 880.25
339 521.99	150 902.78	490 424.77	370 219.54	284 602.85	654 822.39	2 372 299.17	1 231 117.00	3 603 416.17
—	—	—	—	—	—	—	317.11	317.11
17 652 846.37	**13 279 658.55**	**30 932 504.92**	**20 596 815.22**	**17 640 993.36**	**38 237 808.57**	**117 018 988.26**	**87 816 586.27**	**204 835 574.53**

1987—2014 年全国福利

Statistical Table of Public Welfare Funds of Welfare

地　区 Region	1987—1988	1989	1990	1991	1992	1993
北　京	331. 66	279. 23	549. 80	606. 20	770. 60	1 332. 50
天　津	242. 28	322. 41	392. 60	302. 70	191. 70	567. 60
河　北	516. 60	390. 40	578. 80	708. 90	767. 30	753. 00
山　西	485. 32	248. 28	320. 40	380. 70	1 001. 40	641. 40
内蒙古		134. 66	312. 00	146. 00	439. 30	323. 20
辽　宁	1 065. 78	676. 35	1 510. 80	878. 10	870. 70	1 191. 20
吉　林	407. 55	616. 26	1 114. 60	429. 60	647. 90	1 037. 10
黑龙江	239. 73	443. 32	567. 00	375. 31	412. 20	800. 40
上　海	170. 24	249. 69	615. 63	680. 90	710. 20	374. 10
江　苏	395. 41	919. 78	662. 49	1 007. 02	1 382. 20	4 524. 80
浙　江	443. 59	762. 12	777. 98	1 218. 64	5 062. 80	4 069. 60
安　徽	256. 00	238. 60	478. 10	605. 30	675. 50	1 912. 80
福　建	282. 01	447. 74	264. 70	1 078. 12	1 759. 60	1 124. 80
江　西	58. 72	98. 40	236. 00	475. 96	1 014. 40	2 252. 00
山　东	391. 67	381. 34	466. 20	798. 00	1 657. 90	2 672. 10
河　南	643. 20	640. 00	842. 56	966. 70	1 055. 00	2 000. 00
湖　北	346. 47	193. 35	281. 18	267. 40	2 046. 10	2 745. 70
湖　南	206. 80	232. 66	691. 30	1 127. 93	2 027. 60	1 252. 30
广　东	1 325. 72	1 339. 04	2 064. 60	4 467. 14	3 463. 00	5 248. 80
广　西		135. 72	1 217. 97	1 542. 70	1 825. 50	3 131. 40
海　南	154. 94	9. 27	668. 80	100. 20	35. 40	5. 00
重　庆	269. 64	88. 77	278. 20	173. 25	359. 60	861. 00
四　川	816. 55	277. 96	165. 22	586. 45	1 476. 70	1 214. 50
贵　州	185. 03	149. 30	230. 50	129. 20	779. 30	1 598. 70
云　南	543. 58	422. 43	194. 50	314. 90	1 432. 80	1 740. 60
西　藏						
陕　西	479. 89	279. 00	293. 17	701. 65	480. 60	206. 50
甘　肃	206. 15	145. 03	196. 00	252. 00	637. 00	591. 40
青　海	37. 92	8. 46	43. 00	41. 00	117. 00	155. 60
宁　夏	24. 00	49. 44	18. 80	27. 40	18. 50	24. 00
新　疆				256. 00	963. 60	732. 00
小　计 Subtotal	10 526. 45	10 179. 01	16 032. 90	20 645. 37	34 081. 40	45 084. 10
中央集中 Central Government	2 754. 52	2 445. 82	3 994. 94	4 326. 92	6 517. 90	9 459. 20
合　计 Total	**13 280. 97**	**12 624. 83**	**20 027. 84**	**24 972. 29**	**40 599. 30**	**54 543. 30**

注：本统计表为按福利彩票销量计算的福利彩票公益金筹集数，未包括弃奖奖金。

彩票公益金统计表

Lottery in China from 1987 to 2014

单位：万元

Unit：Ten Thousand Yuan

1994	1995	1996	1997	1998	1999	2000
1 550. 40	2 780. 40	1 265. 60	1 813. 00	2 300. 20	9 662. 40	1 219. 80
460. 00	1 528. 30	1 033. 10	1 012. 90	1 180. 70	1 252. 20	1 849. 00
2 810. 00	5 152. 70	3 154. 40	1 729. 90	1 764. 00	6 128. 60	2 005. 40
1 168. 00	3 187. 20	6 756. 40	2 779. 40	2 551. 60	3 292. 70	1 146. 80
959. 60	4 600. 00	5 747. 50	1 408. 30	1 017. 60	1 545. 00	988. 40
3 642. 50	5 681. 10	5 636. 30	2 502. 90	1 862. 00	9 795. 50	10 562. 40
1 372. 00	3 504. 80	4 996. 00	1 184. 50	930. 60	1 813. 50	1 553. 00
1 829. 00	2 392. 70	4 772. 90	1 920. 40	1 309. 50	3 492. 60	3 371. 60
386. 80	2 373. 00	2 970. 00	1 605. 60	7 627. 00	21 922. 30	26 506. 90
2 925. 60	5 454. 00	6 853. 50	6 684. 90	14 827. 50	27 539. 70	14 346. 80
1 358. 00	2 926. 00	1 942. 70	917. 60	14 481. 70	25 784. 90	11 646. 40
2 849. 70	4 723. 70	3 962. 30	2 457. 40	3 321. 60	6 251. 10	4 472. 20
1 061. 70	3 731. 10	4 642. 30	2 645. 50	4 541. 10	16 505. 70	5 334. 20
1 171. 50	3 912. 80	3 537. 40	3 315. 30	3 108. 90	5 131. 00	1 723. 00
2 206. 00	9 733. 70	5 916. 30	2 762. 50	7 847. 90	7 190. 30	16 878. 10
1 760. 00	9 850. 80	5 516. 40	2 551. 80	3 414. 70	4 451. 70	4 717. 80
3 100. 70	7 443. 20	8 980. 10	5 629. 40	4 277. 00	5 950. 60	6 613. 50
1 613. 60	5 716. 50	10 615. 70	3 404. 00	2 278. 20	5 811. 10	4 217. 30
2 035. 70	14 882. 40	31 719. 80	25 403. 70	53 784. 00	52 758. 70	28 912. 90
2 157. 80	5 943. 70	8 248. 60	3 446. 90	5 659. 60	8 536. 80	9 231. 50
		730. 00	170. 00	661. 00	2 000. 70	291. 40
237. 80	2 931. 80	2 121. 90	1 214. 30	3 684. 00	3 219. 10	10 030. 60
990. 60	7 436. 20	11 919. 10	3 777. 40	4 384. 90	7 809. 80	16 300. 60
528. 70	3 524. 00	3 190. 10	1 262. 70	1 826. 50	3 083. 80	1 637. 00
654. 60	1 898. 90	2 582. 80	1 888. 10	3 568. 20	4 990. 60	2 657. 50
913. 20	8 819. 40	3 530. 30	1 186. 50	1 480. 30	2 041. 10	2 109. 10
751. 70	3 251. 60	3 948. 10	1 212. 20	1 062. 40	945. 60	792. 30
76. 00	887. 70	437. 10	191. 00	55. 00	160. 00	130. 40
27. 00	808. 10	902. 30	41. 50	541. 50	691. 20	205. 30
1 576. 80	6 445. 10	2 090. 50	487. 20	2 445. 80	3 244. 80	2 071. 40
42 175. 00	141 520. 90	159 719. 50	86 606. 80	157 795. 00	253 003. 10	193 522. 60
11 266. 60	27 828. 40	31 348. 90	14 519. 90	38 101. 20	51 493. 80	48 749. 90
53 441. 60	**169 349. 30**	**191 068. 40**	**101 126. 70**	**195 896. 20**	**304 496. 90**	**242 272. 50**

续表

地 区 Region	2001	2002	2003	2004	2005	2006	2007
北 京	5 480.47	8 418.93	15 125.01	23 846.42	36 257.82	40 075.21	41 684.80
天 津	2 056.17	1 223.88	1 689.67	3 009.68	7 030.62	9 530.61	12 672.20
河 北	4 316.92	7 348.07	9 191.86	12 043.49	30 895.16	40 948.88	46 849.16
山 西	8 653.94	5 230.65	4 547.58	6 106.91	14 689.29	23 019.02	27 454.42
内蒙古	977.31	1 623.64	2 674.52	3 571.25	9 648.79	14 059.47	19 253.18
辽 宁	12 543.96	15 889.99	19 197.34	23 047.29	46 306.91	68 123.77	82 550.02
吉 林	5 508.87	3 784.41	7 151.71	7 496.73	16 813.18	23 136.45	35 488.97
黑龙江	6 866.66	10 159.34	12 812.95	14 380.24	53 016.28	40 720.57	38 311.01
上 海	16 712.70	12 004.84	16 603.34	15 227.70	21 572.47	28 580.21	37 737.18
江 苏	11 888.38	10 877.31	11 653.50	11 674.64	23 702.90	36 407.25	54 908.28
浙 江	9 926.85	7 956.38	15 355.76	12 562.01	28 076.43	42 236.66	75 587.26
安 徽	5 785.92	3 481.01	4 390.16	6 235.43	17 485.58	21 841.56	31 613.33
福 建	13 992.24	10 122.25	4 776.13	3 200.48	7 903.36	17 480.75	25 451.51
江 西	6 568.38	4 648.93	5 653.09	4 585.05	9 036.61	9 065.37	11 282.90
山 东	30 797.28	39 885.13	44 120.98	43 466.53	94 333.17	81 397.99	101 406.39
河 南	11 673.44	10 214.18	11 363.33	13 848.48	27 590.38	31 092.37	36 456.85
湖 北	5 402.41	6 035.50	12 575.80	18 586.53	48 390.26	45 870.45	52 531.85
湖 南	4 027.84	6 422.39	8 699.57	9 112.68	20 524.15	25 292.25	32 645.77
广 东	27 862.23	43 140.93	51 235.63	46 643.02	68 426.12	83 241.16	95 294.74
广 西	10 190.26	12 677.98	17 259.95	16 850.17	23 791.02	23 274.97	25 867.56
海 南	1 072.64	494.47	322.07	1 938.82	2 410.12	2 270.38	4 057.07
重 庆	4 872.59	3 352.59	4 906.19	5 622.92	10 966.63	15 724.25	21 401.43
四 川	3 148.34	2 071.02	4 896.20	6 899.19	18 674.93	30 278.53	34 405.76
贵 州	2 004.59	904.93	3 194.07	3 522.34	6 864.54	10 514.34	13 316.06
云 南	4 496.99	3 625.26	4 301.16	7 882.40	18 458.20	26 055.58	32 667.88
西 藏	212.74	85.93	101.79	568.87	758.55	1 346.07	1 945.33
陕 西	8 860.98	6 391.35	5 876.35	5 421.98	18 690.82	20 296.65	31 075.13
甘 肃	3 796.64	4 929.16	4 533.76	3 446.34	7 590.31	11 747.58	18 783.42
青 海	303.49	531.77	1 055.36	1 331.57	2 809.59	3 869.52	4 997.42
宁 夏	725.26	2 266.61	2 144.76	1 656.92	3 270.48	5 538.19	7 358.48
新 疆	2 201.74	6 189.98	9 469.27	9 743.03	22 417.21	24 711.22	23 485.57
小 计 Subtotal	232 928.23	251 988.78	316 878.83	343 529.11	718 401.90	857 747.28	1 078 540.93
中央集中 Central Government	186 276.48	335 985.06	383 320.53	448 784.56	718 401.90	857 747.28	1 078 540.93
合 计 Total	**419 204.71**	**587 973.84**	**700 199.35**	**792 313.67**	**1 436 803.80**	**1 715 494.56**	**2 157 081.86**

2008	2009	2010	2011	2012	2013	2014	1987—2014
46 169.80	53 321.25	62 758.89	80 253.82	81 297.16	81 416.45	86 111.02	686 678.84
10 466.53	13 339.66	18 893.37	23 951.07	33 190.78	43 486.63	62 799.49	253 675.83
42 529.15	46 337.35	54 763.92	71 949.28	83 086.61	102 570.29	113 751.22	693 041.35
21 464.47	25 224.57	26 077.44	33 203.91	38 897.58	43 990.72	58 449.16	360 969.25
25 479.13	32 288.45	31 711.11	40 233.26	43 175.30	60 012.01	73 728.94	376 057.92
66 626.69	77 452.55	84 539.25	95 591.86	118 755.49	134 779.26	150 949.37	1 042 229.40
26 445.23	26 343.85	28 063.93	31 657.88	37 707.30	58 895.90	64 575.16	392 676.97
35 766.60	39 301.21	40 499.32	45 939.11	55 810.22	66 865.14	77 410.43	559 785.74
33 097.73	49 539.94	48 478.65	62 206.07	60 725.59	58 939.14	75 354.15	602 972.06
54 825.79	77 178.98	107 255.56	168 363.91	190 044.87	178 760.89	191 168.67	1 216 234.62
66 877.86	80 029.63	108 563.76	134 755.72	147 740.95	173 237.40	187 865.41	1 162 164.12
26 337.35	33 310.21	39 377.60	52 544.92	63 259.94	82 572.69	95 681.16	516 121.17
20 239.45	25 331.11	35 272.14	47 376.55	53 585.90	67 832.48	69 125.35	445 108.27
13 862.57	17 582.82	23 351.29	36 170.17	55 368.17	75 014.99	92 831.96	391 057.67
81 333.60	105 963.96	127 961.10	153 636.15	170 438.23	185 807.34	201 912.06	1 521 361.92
32 170.44	37 351.38	49 766.78	67 552.55	83 251.53	88 223.30	92 048.36	631 014.04
47 452.26	52 720.12	62 857.32	76 430.12	89 384.31	105 108.65	124 678.43	795 898.69
25 449.41	34 272.85	42 127.11	60 554.61	75 987.30	84 539.85	98 790.24	567 641.02
101 914.62	132 438.73	169 057.84	207 638.59	246 642.15	272 618.59	292 414.25	2 065 974.09
22 768.27	26 308.23	32 681.03	41 820.99	57 214.67	71 180.02	101 056.51	534 019.82
5 965.34	5 320.61	10 254.99	14 466.55	17 252.67	18 951.12	19 289.95	108 893.50
18 566.09	23 472.16	33 928.07	51 113.44	55 260.24	65 103.46	92 709.74	432 469.77
38 986.96	50 645.27	58 732.50	75 192.53	89 834.05	98 866.84	110 715.75	680 503.85
16 919.49	22 544.53	24 108.00	26 524.26	29 818.35	32 527.45	33 811.87	244 699.65
34 615.37	46 884.01	54 415.67	63 720.46	71 337.39	77 679.09	87 426.99	556 455.94
3 089.56	4 339.29	4 084.50	5 172.87	4 826.50	6 411.05	10 422.58	43 365.62
25 641.13	32 901.19	39 994.23	61 028.64	77 350.03	91 867.19	107 217.37	555 133.74
16 880.79	21 426.09	23 156.97	27 561.77	33 544.44	47 042.22	64 624.23	303 055.21
5 101.56	6 357.28	7 403.66	8 994.68	11 505.57	14 252.51	16 488.21	87 342.36
6 026.10	7 260.51	9 759.27	11 614.77	13 662.63	16 085.11	22 202.09	112 950.22
22 007.45	24 656.34	28 281.25	32 979.64	40 305.87	48 712.85	52 895.87	368 370.48
995 076.79	1 231 444.12	1 488 176.51	1 910 200.15	2 230 261.73	2 553 350.65	2 928 506.00	18 307 923.13
995 076.79	1 231 444.12	1 488 176.51	1 910 200.15	2 230 261.73	2 553 350.65	2 928 506.00	17 598 880.68
1 990 153.58	**2 462 888.24**	**2 976 353.01**	**3 820 400.30**	**4 460 523.45**	**5 106 701.31**	**5 857 012.01**	**35 906 803.82**

1994—2014 年全国体育

Statistical Table of Public Welfare Funds of Sports

地 区 Region	1994—1995	1996	1997	1998	1999
北 京	—	—	477.20	887.00	1 279.00
天 津	4 000.00	431.35	748.50	1 320.00	2 256.00
河 北	1 510.30	1 280.60	1 057.48	1 545.60	810.00
山 西	117.00	313.80	676.40	1 560.00	54.00
内蒙古	51.00	370.00	1 019.00	251.10	724.00
辽 宁	785.00	1 518.60	745.20	1 080.00	189.00
吉 林	223.00	661.00	869.00	540.00	459.00
黑龙江	—	—	1 169.70	1 130.00	1 734.20
上 海	1 725.00	3 300.00	5 700.00	2 465.00	10 497.80
江 苏	1 131.20	917.90	1 314.00	4 234.30	16 270.00
浙 江	653.40	909.60	1 539.20	5 868.60	11 967.20
安 徽	465.00	800.10	1 256.40	1 329.60	1 728.00
福 建	230.00	1 050.00	2 970.00	7 320.00	10 452.00
江 西	300.00	530.40	995.76	1 156.00	1 419.00
山 东	200.00	1 069.56	1 063.80	1 560.00	2 229.00
河 南	—	575.40	975.50	1 096.10	634.70
湖 北	1 131.20	917.90	1 314.00	2 328.30	1 469.00
湖 南	1 263.60	1 213.40	1 134.00	1 320.00	1 736.10
广 东	3 385.80	2 160.00	2 940.00	12 352.30	18 534.00
广 西	240.00	1 085.70	1 808.40	2 959.00	918.00
海 南	—	577.00	985.00	1 560.00	945.00
重 庆	—	—	—	820.00	621.30
四 川	990.00	1 373.00	1 533.00	3 169.60	8 740.00
贵 州	153.70	987.30	1 039.70	1 230.10	1 109.30
云 南	—	—	928.00	1 284.30	1 042.00
西 藏	—	302.00	—	239.00	297.00
陕 西	996.53	763.82	777.94	850.20	136.70
甘 肃	192.00	636.00	630.00	810.00	297.00
青 海	—	—	—	108.00	147.00
宁 夏	—	360.00	310.00	78.20	—
新 疆	743.00	661.00	869.00	1 128.00	868.30
小计 Subtotal	20 486.73	24 765.43	36 846.18	63 580.30	99 563.60
中央集中	2 055.60	3 981.63	5 872.61	12 371.40	21 549.00
合 计 Total	**22 542.33**	**28 747.06**	**42 718.79**	**75 951.70**	**121 112.60**

注：本统计表为按体育彩票销量计算的体育彩票公益金筹集数，未包括弃奖奖金。

彩票公益金统计表

Lottery in China from 1994 to 2014

单位：万元

Unit：Ten Thousand Yuan

2000	2001	2002	2003	2004
10 305.00	22 044.00	19 270.95	16 807.15	12 540.46
10 268.60	7 525.00	9 525.58	9 659.63	8 563.44
5 567.90	8 315.00	10 969.88	10 114.67	8 417.15
530.00	1 079.00	1 470.20	2 381.54	2 524.74
622.30	281.00	1 025.40	1 930.55	2 245.48
1 705.80	5 183.00	15 155.98	11 568.50	9 278.84
280.00	2 202.00	5 055.05	6 633.41	5 452.18
5 694.20	6 596.00	7 866.24	8 492.94	8 427.07
11 006.20	8 863.00	16 481.75	11 574.66	8 799.54
38 174.10	26 428.00	29 672.42	24 440.00	23 096.14
13 524.50	13 833.00	24 042.50	26 083.72	25 347.46
2 056.20	3 918.00	5 499.60	6 863.52	5 997.67
15 276.30	26 981.00	46 316.72	33 045.96	29 243.93
607.90	1 716.00	2 858.00	4 728.78	4 177.30
1 931.00	6 563.00	10 204.15	6 367.65	5 830.56
1 432.70	12 529.00	16 254.46	12 854.47	11 812.88
9 386.00	9 819.00	15 104.85	17 131.32	15 567.66
3 922.00	3 010.00	3 619.95	3 542.53	3 566.01
22 323.00	22 703.00	52 852.91	44 904.98	32 347.58
660.30	2 206.00	3 447.13	3 869.12	2 588.57
872.10	789.00	943.11	1 503.65	847.46
1 358.40	1 891.00	3 210.49	2 980.90	2 479.69
34 145.30	18 896.00	15 954.31	14 394.61	10 487.21
3 374.70	3 346.00	1 996.61	2 269.82	1 809.64
466.00	9 253.00	9 483.14	10 708.42	10 075.02
208.30	55.00	118.22	293.20	157.80
1 417.00	2 201.00	4 052.82	4 575.59	4 992.91
277.00	265.00	1 507.97	1 995.76	2 220.99
123.70	76.00	193.45	348.28	538.41
61.60	15.00	468.39	982.79	1 179.71
1 093.20	1 040.00	874.23	2 407.43	2 882.95
198 671.30	229 621.00	335 496.46	305 455.53	263 496.45
75 920.50	218 342.59	426 563.44	399 253.12	276 291.20
274 591.80	**447 963.59**	**762 059.90**	**704 708.65**	**539 787.65**

续表

地　区 Region	2005	2006	2007	2008	2009
北　京	14 577.38	17 311.61	18 450.80	20 868.27	22 266.67
天　津	13 613.06	12 826.11	13 150.80	13 923.17	16 972.12
河　北	24 355.88	22 527.80	28 792.20	25 421.02	25 865.80
山　西	6 680.63	9 408.59	8 555.43	12 170.10	12 546.46
内蒙古	6 616.53	9 224.03	12 527.34	15 320.74	18 872.89
辽　宁	22 749.68	28 415.28	33 175.01	29 286.82	28 252.15
吉　林	12 412.01	19 392.87	20 527.82	17 636.05	19 471.22
黑龙江	42 084.64	16 324.82	21 293.00	18 611.17	21 659.29
上　海	8 728.42	10 632.21	12 891.50	14 091.26	16 770.38
江　苏	33 755.13	55 477.24	74 404.85	79 483.70	101 430.89
浙　江	40 776.75	54 980.98	61 427.92	63 575.33	68 961.92
安　徽	16 764.94	12 381.02	19 106.43	16 443.49	20 940.92
福　建	34 518.53	35 920.23	40 689.22	48 447.34	53 412.05
江　西	14 047.15	9 999.38	13 139.03	13 314.38	17 331.11
山　东	34 378.90	26 095.62	32 176.29	34 318.00	62 658.98
河　南	29 879.91	27 494.57	26 367.60	35 993.55	43 809.38
湖　北	41 347.27	25 586.21	30 827.41	25 757.44	25 993.78
湖　南	17 931.89	14 390.18	16 564.89	13 870.02	17 255.75
广　东	34 114.82	34 609.00	43 875.47	54 103.19	71 246.81
广　西	3 121.31	2 935.62	3 244.76	3 458.48	3 857.35
海　南	746.67	856.91	1 278.15	1 498.71	1 689.86
重　庆	3 795.62	3 789.04	5 673.11	7 122.22	8 847.75
四　川	16 362.51	23 108.33	26 249.51	26 804.51	36 335.70
贵　州	2 591.75	5 032.65	7 839.09	10 643.93	13 653.59
云　南	13 633.75	19 308.22	20 886.48	32 691.46	42 471.83
西　藏	227.36	328.17	400.72	1 794.99	2 210.75
陕　西	10 745.31	9 704.32	14 795.20	17 381.61	16 910.87
甘　肃	4 400.91	6 516.10	8 059.23	10 514.67	9 522.04
青　海	1 159.60	1 447.21	1 676.43	3 013.88	3 213.24
宁　夏	2 722.53	3 877.04	4 307.16	5 934.47	6 172.89
新　疆	9 242.92	10 389.26	12 951.04	11 595.10	15 438.45
小计 Subtotal	518 083.71	530 290.62	635 303.89	685 089.07	826 042.87
中央集中	518 083.71	530 290.62	635 303.89	685 089.07	826 042.87
合计 Total	**1 036 167.42**	**1 060 581.24**	**1 270 607.78**	**1 370 178.14**	**1 652 085.75**

2010	2011	2012	2013	2014	1994—2014
37 550.11	47 230.81	46 349.01	65 211.99	76 808.55	450 235.95
22 771.77	31 113.56	36 407.29	42 590.95	70 452.18	328 119.12
28 343.35	35 176.53	42 697.10	78 396.51	112 158.34	473 323.12
11 607.32	12 700.79	13 282.21	21 298.16	25 734.64	144 691.01
16 275.81	19 965.56	21 505.33	29 877.51	40 477.88	199 183.44
30 800.57	47 598.49	69 732.04	66 164.09	65 301.73	468 685.78
20 052.83	23 377.10	32 395.76	45 169.47	49 812.83	282 622.62
22 057.55	37 156.82	52 396.60	58 300.00	89 296.55	420 290.78
20 293.35	26 857.63	32 079.73	51 912.26	92 973.64	367 643.32
127 297.04	191 956.12	217 581.40	208 559.09	227 609.30	1 483 232.81
77 052.09	87 763.25	104 476.35	122 111.66	140 552.25	945 447.67
24 459.98	30 449.02	31 083.51	46 948.81	55 529.85	304 022.07
55 701.97	69 267.89	74 349.86	85 121.94	92 023.21	762 338.15
29 624.22	37 891.18	43 630.07	61 849.71	84 829.05	344 144.40
72 239.77	123 049.18	137 002.36	158 411.60	204 698.91	922 048.34
43 057.32	54 963.41	72 464.59	85 893.28	114 739.06	592 827.88
29 978.24	30 156.80	37 883.80	48 623.14	52 211.53	422 534.86
22 535.57	31 923.77	41 695.31	46 764.63	70 437.76	317 697.34
96 927.51	120 285.13	129 005.08	149 395.62	203 742.25	1 151 808.44
6 367.41	8 944.47	8 953.75	10 377.34	14 014.70	85 057.42
2 149.31	3 728.83	5 615.39	6 203.66	10 240.53	43 030.33
12 830.96	18 863.42	18 653.05	23 539.55	32 871.39	149 347.88
41 798.61	47 534.61	53 096.75	51 147.39	57 996.15	490 117.12
17 208.63	16 994.01	19 006.63	25 234.79	31 438.29	166 960.22
39 387.38	47 521.83	57 120.77	66 770.81	79 131.42	462 163.83
1 661.67	2 962.93	3 220.74	3 608.05	4 915.01	23 000.91
18 459.20	21 728.31	24 846.20	30 420.44	49 404.45	235 160.42
9 214.04	10 931.32	15 001.18	29 397.20	36 376.98	148 765.38
3 158.42	4 064.31	4 422.71	7 262.73	11 115.44	42 068.80
5 528.88	6 885.16	6 356.97	8 731.40	16 544.43	70 516.62
13 323.40	15 088.27	16 509.24	18 882.26	31 870.68	167 857.73
959 714.29	1 264 130.52	1 468 820.80	1 754 176.05	2 245 308.99	12 464 943.78
959 714.29	1 264 130.52	1 468 820.80	1 754 176.05	2 245 308.99	12 329 161.90
1 919 428.58	**2 528 261.03**	**2 937 641.59**	**3 508 352.10**	**4 490 617.98**	**24 794 105.68**

1987—2014 年全国彩票公益金统计表

Statistical Table of Public Welfare Funds of Lottery in China from 1987 to 2014

单位：万元

Unit：Ten Thousand Yuan

年 份 Year	福利彩票 Welfare Lottery	体育彩票 Sports Lottery	合 计 Total
1987	855.00	—	855.00
1988	12 425.97	—	12 425.97
1989	12 624.83	—	12 624.83
1990	20 027.84	—	20 027.84
1991	24 972.29	—	24 972.29
1992	40 599.30	—	40 599.30
1993	54 543.30	—	54 543.30
1994	53 441.60	—	53 441.60
1995	169 349.30	22 542.33	191 891.63
1996	191 068.40	28 747.06	219 815.46
1997	101 126.70	42 718.79	143 845.49
1998	195 896.20	75 951.70	271 847.90
1999	304 496.90	121 112.60	425 609.50
2000	242 272.50	274 591.80	516 864.30
2001	419 204.71	447 963.59	867 168.30
2002	587 973.84	762 059.90	1 350 033.74
2003	700 199.35	704 708.65	1 404 908.00
2004	792 313.67	539 787.65	1 332 101.32
2005	1 436 803.80	1 036 167.42	2 472 971.22
2006	1 715 494.56	1 060 581.24	2 776 075.80
2007	2 157 081.86	1 270 607.78	3 427 689.64
2008	1 990 153.58	1 370 178.14	3 360 331.72
2009	2 462 888.24	1 652 085.75	4 114 973.99
2010	2 976 353.01	1 919 428.58	4 895 781.59
2011	3 820 400.30	2 528 261.03	6 348 661.33
2012	4 460 523.45	2 937 641.59	7 398 165.04
2013	5 106 701.31	3 508 352.10	8 615 053.41
2014	5 857 012.01	4 490 617.98	10 347 629.99
合计 Total	**35 906 803.82**	**24 794 105.68**	**60 700 909.50**

注：本统计表为按彩票销量计算的彩票公益金筹集数，未包括弃奖奖金。

1987—2014年全国彩票公益金中央与地方分配表

Statistical Table of the Allocation of Public Welfare Funds of Lottery Between Central and Local Governments from 1987 to 2014

单位：万元
Unit：Ten Thousand Yuan

年份 Year	合计 Total	中央集中 Central Government	地方留成 Local Government	分成比例（%）Percentage 中央 Central	分成比例（%）Percentage 地方 Local
1987—1988	13 280.97	2 754.52	10 526.45	20.70	79.30
1989	12 624.83	2 445.82	10 179.01	19.40	80.60
1990	20 027.84	3 994.94	16 032.90	19.90	80.10
1991	24 972.29	4 326.92	20 645.37	17.30	82.70
1992	40 599.30	6 517.90	34 081.40	16.10	83.90
1993	54 543.30	9 459.20	45 084.10	17.30	82.70
1994	53 441.60	11 266.60	42 175.00	21.10	78.90
1995	191 891.63	29 884.00	162 007.63	15.60	88.40
1996	219 815.46	35 330.53	184 484.93	16.10	83.90
1997	143 845.49	20 392.51	123 452.98	14.10	85.90
1998	271 847.90	50 472.60	221 375.30	18.60	81.40
1999	425 609.50	73 042.80	352 566.70	17.20	82.80
2000	516 864.30	124 670.40	392 193.90	24.10	75.90
2001	867 168.30	404 619.07	462 549.23	46.70	53.30
2002	1 350 033.74	762 548.50	587 485.24	56.50	43.50
2003	1 404 908.00	782 573.65	622 334.35	55.70	44.30
2004	1 332 101.32	725 075.81	607 025.51	54.40	45.60
2005	2 472 971.22	1 236 485.61	1 236 485.61	50.00	50.00
2006	2 776 075.80	1 388 037.90	1 388 037.90	50.00	50.00
2007	3 427 689.64	1 713 844.82	1 713 844.82	50.00	50.00
2008	3 360 331.72	1 680 165.86	1 680 165.86	50.00	50.00
2009	4 114 973.99	2 057 486.99	2 057 486.99	50.00	50.00
2010	4 895 781.59	2 447 890.80	2 447 890.80	50.00	50.00
2011	6 348 661.33	3 174 330.66	3 174 330.66	50.00	50.00
2012	7 398 165.04	3 699 082.52	3 699 082.52	50.00	50.00
2013	1 388 037.90	694 018.95	694 018.95	50.00	50.00
2014	10 347 629.99	5 173 814.99	5 173 814.99	50.00	50.00
合计 Total	**53 473 893.99**	**26 314 534.88**	**27 159 359.11**	**49.21**	**50.79**

注：本统计表为按彩票销量计算的彩票公益金筹集数，未包括弃奖奖金。

（二）2014 年综合统计资料

Statistical Data of 2014

2014 年全国彩票

Statistical Table of Lottery

月份 Month	福利彩票 Welfare Lottery			
	乐透数字型 Lotto Games	即开型 Instant Games	视频型 Online Instant Win	小计 Subtotal
1 月	115.53	14.96	27.77	158.27
2 月	81.91	13.59	22.09	117.59
3 月	134.44	19.61	33.47	187.52
4 月	127.77	18.17	31.08	177.02
5 月	127.71	17.00	31.78	176.49
6 月	122.23	15.72	30.18	168.13
7 月	128.84	13.06	32.42	174.31
8 月	122.55	13.04	34.69	170.29
9 月	128.32	14.22	32.16	174.70
10 月	131.04	13.48	32.96	177.48
11 月	134.78	14.05	33.45	182.27
12 月	141.19	19.00	35.42	195.61
合计 Total	**1 496.32**	**185.90**	**377.46**	**2 059.68**

销售情况表

Sales in China in 2014

单位：亿元

Unit：Billion

体育彩票 Sports Lottery				
乐透数字型 Lotto Games	即开型 Instant Games	竞猜型 Sports Betting Lottery	小计 Subtotal	合计 Total
73.25	13.04	26.94	113.23	271.49
50.02	11.67	20.83	82.52	200.10
86.49	16.58	38.16	141.22	328.74
84.55	16.02	37.70	138.27	315.29
85.81	14.35	31.29	131.46	307.94
83.47	12.70	96.23	192.40	360.54
86.93	11.91	98.93	197.78	372.09
82.60	11.52	50.95	145.07	315.36
80.21	11.82	55.79	147.82	322.52
87.72	12.29	49.51	149.52	327.01
93.64	12.69	52.57	158.90	341.18
97.09	12.92	55.91	165.92	361.53
991.77	**157.53**	**614.80**	**1 764.10**	**3 823.78**

2014 年全国彩票销售情况图

Diagram of Lottery Sales in China in 2014

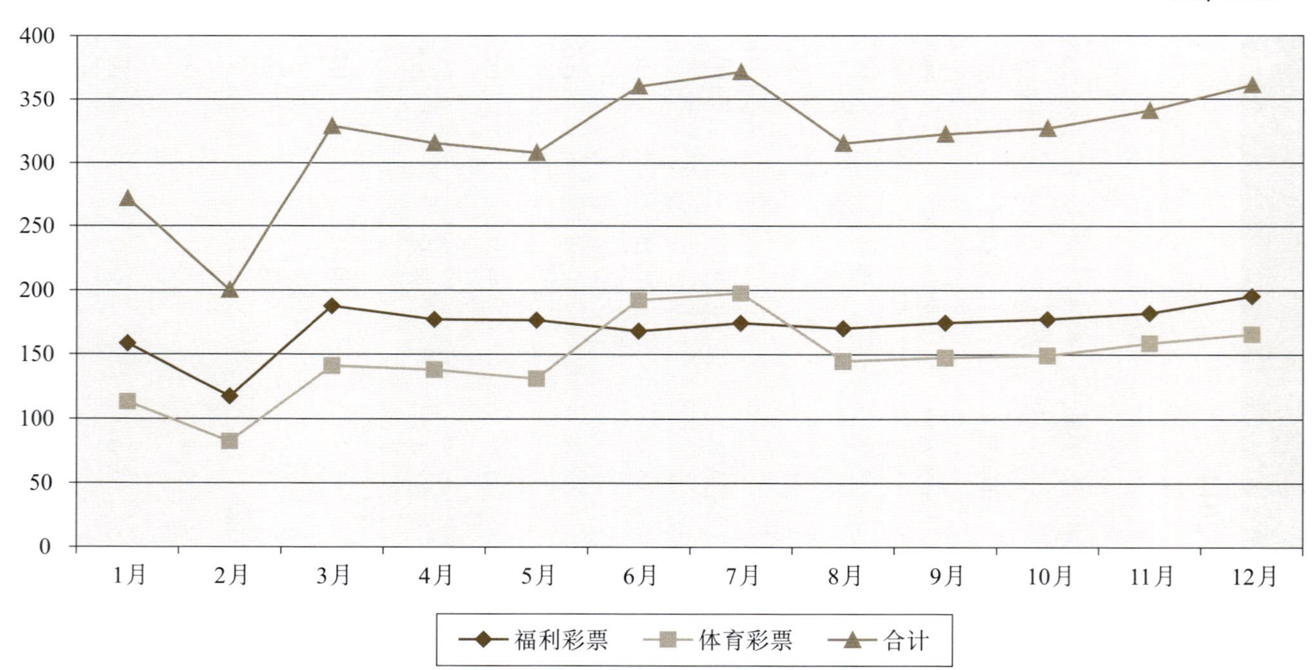

2014年全国各地区彩票销售量排名表

Ranking of Lottery Sales in Different Regions in China in 2014

单位：万元
Unit：Ten Thousand Yuan

名次 Ranking	地区 Region	销售额 Sales Volume
1	广东	3 680 111.56
2	江苏	3 180 151.94
3	山东	3 066 707.88
4	浙江	2 449 383.64
5	河北	1 667 174.67
6	辽宁	1 565 837.71
7	河南	1 478 137.76
8	上海	1 344 496.41
9	湖南	1 328 346.85
10	湖北	1 301 352.28
11	江西	1 292 660.52
12	黑龙江	1 220 489.07
13	四川	1 183 931.31
14	陕西	1 167 960.90
15	北京	1 157 819.29
16	云南	1 155 058.06
17	安徽	1 154 388.99
18	福建	1 147 591.91
19	天津	1 038 002.08
20	重庆	902 158.31
21	广西	829 315.78
22	吉林	828 214.44
23	内蒙古	789 785.68
24	甘肃	739 278.86
25	新疆	654 822.39
26	山西	598 187.78
27	贵州	438 063.31
28	宁夏	297 360.82
29	海南	252 261.57
30	青海	217 361.27
31	西藏	111 395.53
合计 Total		**38 237 808.57**

2014 年全国各地区彩票

Statistical Table of Monthly Lottery Sales in

地 区 Region	1月 Jan.	2月 Feb.	3月 Mar.	4月 Apr.	5月 May	6月 June
北 京	79 158.44	61 536.89	99 775.39	99 099.09	95 749.30	211 785.10
天 津	59 734.43	45 385.55	79 236.00	85 179.33	79 883.94	118 906.37
河 北	121 212.68	78 719.10	162 699.42	130 961.53	124 347.08	117 510.60
山 西	39 472.95	28 320.53	55 639.77	55 927.27	56 924.41	53 358.20
内蒙古	60 416.14	42 512.50	71 346.57	70 859.70	68 996.40	64 872.55
辽 宁	121 816.05	93 313.30	148 478.47	130 207.38	140 578.86	136 833.80
吉 林	65 147.98	47 117.11	76 727.90	72 509.32	70 817.31	64 615.85
黑龙江	84 580.75	63 295.44	108 978.70	106 089.54	95 847.96	113 486.43
上 海	73 827.39	56 592.40	99 137.29	103 661.63	94 526.42	180 654.18
江 苏	219 753.46	163 067.00	279 662.32	263 341.43	251 871.10	335 875.73
浙 江	170 993.13	121 250.91	196 524.99	199 134.63	208 780.20	252 230.27
安 徽	80 755.98	58 519.52	100 580.39	97 829.92	85 573.03	91 561.01
福 建	92 251.03	67 249.17	101 363.43	93 518.83	93 374.13	96 259.06
江 西	82 841.98	64 160.33	102 867.33	95 495.38	90 007.36	127 218.26
山 东	233 702.82	165 006.59	254 060.33	237 009.27	253 621.27	261 337.85
河 南	101 198.44	75 015.08	140 038.08	131 200.33	123 640.04	127 874.15
湖 北	97 989.79	68 734.13	105 168.31	95 632.04	94 019.94	96 533.30
湖 南	101 593.16	73 251.44	114 982.65	111 453.82	107 244.64	123 486.56
广 东	263 151.38	194 990.03	313 318.15	302 835.84	289 177.59	291 288.98
广 西	52 150.43	41 917.05	62 103.40	59 229.50	61 467.24	80 668.78
海 南	22 061.38	17 936.84	28 072.43	28 550.54	21 759.46	18 535.27
重 庆	61 649.68	52 982.33	74 739.18	72 186.96	71 568.25	76 921.94
四 川	92 355.49	77 045.91	109 631.11	102 732.32	101 174.56	103 741.91
贵 州	31 079.33	23 911.52	37 722.35	35 914.33	37 876.24	41 959.57
云 南	84 477.45	63 059.11	98 029.24	101 227.92	95 800.31	101 570.56
西 藏	6 414.67	4 862.63	7 222.69	9 040.05	9 486.45	10 258.24
陕 西	76 166.34	53 112.50	92 454.91	92 801.25	94 886.44	113 848.43
甘 肃	64 047.74	40 555.74	66 873.23	68 677.60	67 768.40	73 662.71
青 海	12 953.10	8 805.65	16 433.74	17 497.14	16 829.03	27 146.51
宁 夏	19 497.27	16 266.42	26 144.05	24 039.55	20 968.90	30 934.75
新 疆	42 486.91	32 548.83	57 362.03	59 064.36	54 864.55	60 415.11
合 计 Total	**2 714 937.78**	**2 001 041.55**	**3 287 373.83**	**3 152 907.79**	**3 079 430.80**	**3 605 352.03**

销售情况表（分地区按月统计）

Different Regions in China in 2014

单位：万元
Unit: Ten Thousand Yuan

7月 July	8月 Aug.	9月 Sept.	10月 Oct.	11月 Nov.	12月 Dec.	合计 Total
113 430.54	72 591.55	77 145.31	73 025.95	75 648.14	98 873.62	1 157 819.29
211 296.93	69 815.89	64 621.20	69 546.63	88 930.24	65 465.59	1 038 002.08
125 383.53	128 687.06	178 140.31	181 576.35	155 528.81	162 408.25	1 667 174.67
50 155.14	48 866.82	49 042.39	51 300.29	52 941.24	56 238.75	598 187.78
65 449.68	62 385.88	62 534.64	65 623.54	73 429.55	81 358.57	789 785.68
133 694.90	117 758.79	128 633.18	126 412.85	136 994.21	151 115.91	1 565 837.71
68 645.07	75 350.32	66 643.52	75 498.32	73 947.72	71 194.03	828 214.44
118 784.14	102 194.17	104 121.24	99 896.56	105 183.92	118 030.25	1 220 489.07
207 016.01	107 302.31	112 188.07	107 574.41	92 716.87	109 299.45	1 344 496.41
360 571.29	265 312.28	257 225.61	247 770.81	249 869.47	285 831.47	3 180 151.94
240 634.11	195 662.12	200 504.47	213 508.94	214 822.90	235 336.92	2 449 383.64
91 631.30	79 959.44	96 967.18	98 104.62	134 220.12	138 686.48	1 154 388.99
92 738.65	91 466.36	91 646.72	99 608.93	117 292.39	110 823.20	1 147 591.91
149 247.41	109 195.51	116 965.22	111 166.32	113 848.79	129 646.60	1 292 660.52
260 699.90	249 447.98	240 273.26	271 862.41	311 267.62	328 418.58	3 066 707.88
121 776.44	125 223.34	129 156.90	138 588.33	132 999.33	131 427.28	1 478 137.76
109 921.18	96 756.72	139 677.91	128 263.15	148 765.58	119 890.23	1 301 352.28
135 207.42	112 659.47	105 795.25	110 079.49	110 508.62	122 084.37	1 328 346.85
313 492.67	344 957.22	336 984.61	329 277.17	328 475.84	372 161.90	3 680 111.56
88 834.39	76 304.34	69 841.17	75 840.85	75 258.06	85 700.60	829 315.78
17 482.27	19 153.88	16 035.54	19 286.82	21 015.95	22 371.21	252 261.57
80 999.78	77 835.10	80 433.44	93 666.07	81 574.70	77 600.86	902 158.31
101 956.07	95 811.91	94 705.11	95 365.02	99 932.54	109 479.33	1 183 931.31
38 923.36	34 177.57	33 271.09	36 642.60	41 023.13	45 562.21	438 063.31
102 698.15	92 446.91	98 232.47	96 665.28	111 696.29	109 154.37	1 155 058.06
10 472.19	10 357.28	10 777.67	10 712.89	10 658.21	11 152.44	111 395.53
118 720.35	118 516.44	100 530.36	93 117.14	100 674.16	113 132.55	1 167 960.90
68 357.44	54 610.81	52 893.61	58 554.94	60 812.99	62 463.67	739 278.86
24 564.68	19 252.66	18 380.94	17 009.21	18 189.25	20 299.35	217 361.27
30 155.35	27 834.67	24 953.50	27 701.21	26 883.01	21 982.17	297 360.82
67 957.15	71 709.19	66 858.51	46 823.46	46 641.19	48 091.12	654 822.39
3 720 897.49	**3 153 603.96**	**3 225 180.40**	**3 270 070.58**	**3 411 750.84**	**3 615 281.33**	**38 237 808.57**

2014 年全国各地区彩票销售额比重图

Diagram of Lottery Sales Proportion in Different Regions in China in 2014

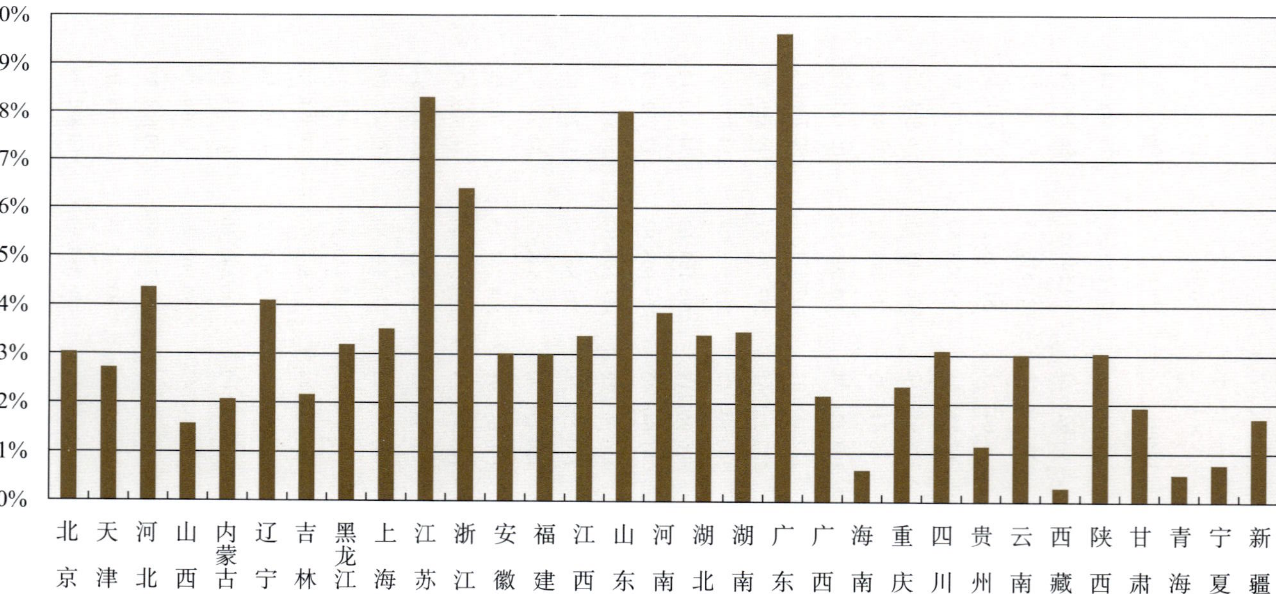

2014 年全国彩票分类型销售情况图

Diagram of Lottery Sales in Different Lottery Games in China in 2014

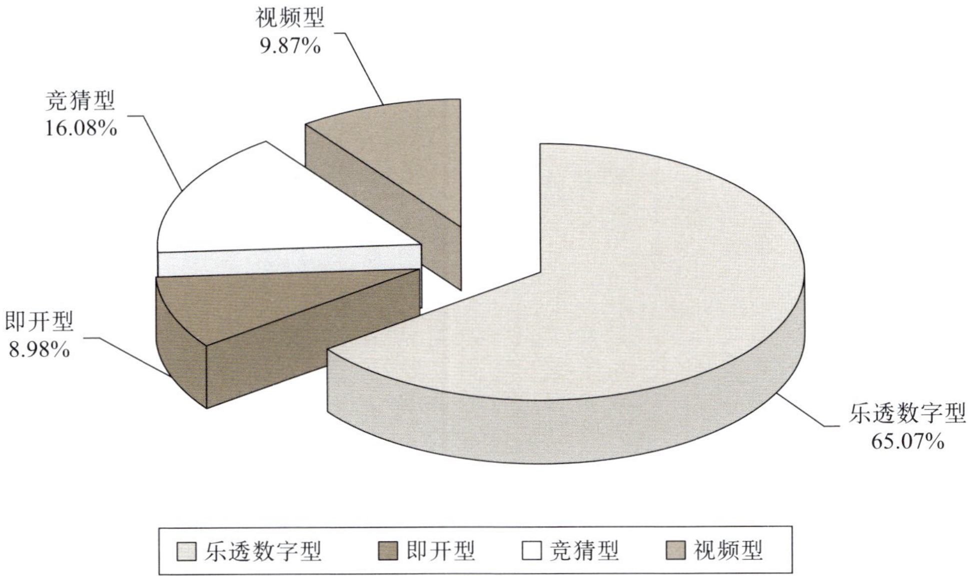

2014 年全国彩票销售

Statistical Table of Lottery Sales in Different

地 区 Region	福利彩票 Welfare Lottery				体育 Sports	
	乐透数字型 Lotto Games	即开型 Instant Games	视频型 Online Instant Win	小计 Subtotal	乐透数字型 Lotto Games	即开型 Instant Games
北 京	442 501.58	91 059.47	—	533 561.05	167 735.73	73 602.84
天 津	353 213.18	25 492.50	47 632.93	426 338.61	148 571.84	13 747.29
河 北	619 688.32	60 090.57	121 107.75	800 886.64	576 813.95	95 624.68
山 西	313 481.50	31 248.89	63 746.90	408 477.29	140 976.06	24 768.72
内蒙古	373 837.18	51 600.12	70 704.20	496 141.50	210 738.41	67 181.37
辽 宁	817 342.20	74 723.46	173 537.37	1 065 603.03	325 231.89	61 123.53
吉 林	361 132.87	34 577.87	66 980.22	462 690.96	274 708.90	59 834.24
黑龙江	448 471.08	46 266.91	22 370.72	517 108.71	440 400.56	58 318.17
上 海	374 119.23	39 209.88	68 820.22	482 149.32	200 655.53	27 152.46
江 苏	975 472.91	99 136.29	316 251.46	1 390 860.66	1 013 127.78	131 752.07
浙 江	848 197.94	103 701.02	425 789.37	1 377 688.33	672 528.01	89 313.48
安 徽	437 600.10	33 554.45	222 158.29	693 312.85	217 689.45	23 029.88
福 建	313 373.08	66 469.41	120 241.21	500 083.70	491 013.08	89 416.77
江 西	502 891.20	28 297.78	83 467.20	614 656.18	327 032.27	13 082.99
山 东	979 259.43	164 375.20	334 438.07	1 478 072.70	1 104 413.30	145 984.68
河 南	414 313.47	63 931.67	173 664.69	651 909.83	630 969.16	80 706.39
湖 北	620 117.28	37 516.04	235 012.00	892 645.33	218 609.17	12 924.77
湖 南	424 728.14	73 575.20	230 727.08	729 030.42	353 101.77	11 736.93
广 东	1 481 891.22	294 786.66	291 386.30	2 068 064.18	786 556.13	160 890.29
广 西	557 925.54	45 038.16	105 858.76	708 822.47	37 568.95	9 760.47
海 南	137 181.96	3 006.15	25 516.47	165 704.59	76 018.72	6 304.57
重 庆	482 930.38	46 674.47	90 299.35	619 904.19	94 584.59	10 205.52
四 川	544 604.92	108 667.25	128 254.93	781 527.11	276 074.80	56 586.35
贵 州	190 648.54	11 896.87	12 600.11	215 145.52	165 612.65	24 095.33
云 南	451 660.21	37 257.53	94 297.74	583 215.48	406 942.97	91 676.84
西 藏	64 109.77	8 568.40	—	72 678.17	20 727.73	16 320.03
陕 西	581 668.63	67 986.11	107 551.06	757 205.80	188 669.39	41 102.91
甘 肃	349 269.54	18 549.72	97 558.39	465 377.65	189 064.70	26 307.65
青 海	88 868.77	8 421.32	16 420.66	113 710.75	27 350.64	6 567.41
宁 夏	112 776.33	13 003.13	28 243.21	154 022.67	53 706.36	10 582.56
新 疆	299 943.12	70 276.42	—	370 219.54	80 482.38	35 626.68
合 计 Total	**14 963 219.63**	**1 858 958.92**	**3 774 636.67**	**20 596 815.22**	**9 917 676.88**	**1 575 327.81**

情况表（分地区分系统）

Regions and Different Organizations in China in 2014

单位：万元
Unit: Ten Thousand Yuan

彩票 Lottery		销售合计 Sales Total				
竞猜型 Sports Betting	小计 Subtotal	乐透数字型 Lotto Games	即开型 Instant Games	竞猜型 Sports Betting	即开型 Online Instant Win	小计 Subtotal
382 919. 68	624 258. 25	610 237. 30	164 662. 31	382 919. 68	—	1 157 819. 29
449 344. 35	611 663. 47	501 785. 02	39 239. 79	449 344. 35	47 632. 93	1 038 002. 08
193 849. 40	866 288. 03	1 196 502. 27	155 715. 25	193 849. 40	121 107. 75	1 667 174. 67
23 965. 71	189 710. 49	454 457. 56	56 017. 61	23 965. 71	63 746. 90	598 187. 78
15 724. 40	293 644. 19	584 575. 59	118 781. 49	15 724. 40	70 704. 20	789 785. 68
113 879. 26	500 234. 68	1 142 574. 08	135 846. 99	113 879. 26	173 537. 37	1 565 837. 71
30 980. 34	365 523. 48	635 841. 78	94 412. 11	30 980. 34	66 980. 22	828 214. 44
204 661. 63	703 380. 36	888 871. 64	104 585. 08	204 661. 63	22 370. 72	1 220 489. 07
634 539. 10	862 347. 09	574 774. 76	66 362. 34	634 539. 10	68 820. 22	1 344 496. 41
644 411. 43	1 789 291. 28	1 988 600. 70	230 888. 35	644 411. 43	316 251. 46	3 180 151. 94
309 853. 81	1 071 695. 30	1 520 725. 95	193 014. 50	309 853. 81	425 789. 37	2 449 383. 64
220 356. 81	461 076. 14	655 289. 56	56 584. 33	220 356. 81	222 158. 29	1 154 388. 99
67 078. 37	647 508. 21	804 386. 16	155 886. 18	67 078. 37	120 241. 21	1 147 591. 91
337 889. 08	678 004. 34	829 923. 47	41 380. 76	337 889. 08	83 467. 20	1 292 660. 52
338 237. 20	1 588 635. 18	2 083 672. 73	310 359. 88	338 237. 20	334 438. 07	3 066 707. 88
114 552. 37	826 227. 93	1 045 282. 63	144 638. 06	114 552. 37	173 664. 69	1 478 137. 76
177 173. 02	408 706. 95	838 726. 45	50 440. 81	177 173. 02	235 012. 00	1 301 352. 28
234 477. 73	599 316. 43	777 829. 91	85 312. 13	234 477. 73	230 727. 08	1 328 346. 85
664 600. 96	1 612 047. 38	2 268 447. 35	455 676. 95	664 600. 96	291 386. 30	3 680 111. 56
73 163. 89	120 493. 31	595 494. 49	54 798. 63	73 163. 89	105 858. 76	829 315. 78
4 233. 69	86 556. 98	213 200. 68	9 310. 72	4 233. 69	25 516. 47	252 261. 57
177 464. 01	282 254. 12	577 514. 96	56 879. 99	177 464. 01	90 299. 35	902 158. 31
69 743. 05	402 404. 19	820 679. 72	165 253. 60	69 743. 05	128 254. 93	1 183 931. 31
33 209. 82	222 917. 79	356 261. 19	35 992. 20	33 209. 82	12 600. 11	438 063. 31
73 222. 78	571 842. 58	858 603. 19	128 934. 37	73 222. 78	94 297. 74	1 155 058. 06
1 669. 60	38 717. 36	84 837. 50	24 888. 43	1 669. 60	—	111 395. 53
180 982. 80	410 755. 10	770 338. 02	109 089. 02	180 982. 80	107 551. 06	1 167 960. 90
58 528. 86	273 901. 21	538 334. 25	44 857. 37	58 528. 86	97 558. 39	739 278. 86
69 732. 48	103 650. 52	116 219. 41	14 988. 73	69 732. 48	16 420. 66	217 361. 27
79 049. 23	143 338. 15	166 482. 69	23 585. 69	79 049. 23	28 243. 21	297 360. 82
168 493. 79	284 602. 85	380 425. 50	105 903. 10	168 493. 79	—	654 822. 39
6 147 988. 66	**17 640 993. 36**	**24 880 896. 51**	**3 434 286. 73**	**6 147 988. 66**	**3 774 636. 67**	**38 237 808. 57**

2014 年全国彩票

Statistical Table of the Public Welfare Funds Raised

地区 Region	福利彩票 Welfare Lottery			
	小计 Subtotal	中央集中 Central Gov.	地方留成 Local Gov.	小计 Subtotal
北京	172 222. 05	86 111. 02	86 111. 02	153 617. 10
天津	125 598. 97	62 799. 49	62 799. 49	140 904. 37
河北	227 502. 44	113 751. 22	113 751. 22	224 316. 69
山西	116 898. 33	58 449. 16	58 449. 16	51 469. 27
内蒙古	147 457. 88	73 728. 94	73 728. 94	80 955. 75
辽宁	301 898. 75	150 949. 37	150 949. 37	130 603. 46
吉林	129 150. 31	64 575. 16	64 575. 16	99 625. 66
黑龙江	154 820. 86	77 410. 43	77 410. 43	178 593. 11
上海	150 708. 30	75 354. 15	75 354. 15	185 947. 29
江苏	382 337. 33	191 168. 67	191 168. 67	455 218. 60
浙江	375 730. 83	187 865. 41	187 865. 41	281 104. 50
安徽	191 362. 32	95 681. 16	95 681. 16	111 059. 70
福建	138 250. 71	69 125. 35	69 125. 35	184 046. 42
江西	185 663. 92	92 831. 96	92 831. 96	169 658. 10
山东	403 824. 11	201 912. 06	201 912. 06	409 397. 83
河南	184 096. 73	92 048. 36	92 048. 36	229 478. 11
湖北	249 356. 85	124 678. 43	124 678. 43	104 423. 07
湖南	197 580. 49	98 790. 24	98 790. 24	140 875. 51
广东	584 828. 50	292 414. 25	292 414. 25	407 484. 49
广西	202 113. 03	101 056. 51	101 056. 51	28 029. 40
海南	38 579. 89	19 289. 95	19 289. 95	20 481. 06
重庆	185 419. 49	92 709. 74	92 709. 74	65 742. 78
四川	221 431. 50	110 715. 75	110 715. 75	115 992. 30
贵州	67 623. 75	33 811. 87	33 811. 87	62 876. 58
云南	174 853. 98	87 426. 99	87 426. 99	158 262. 84
西藏	20 845. 17	10 422. 58	10 422. 58	9 830. 01
陕西	214 434. 74	107 217. 37	107 217. 37	98 808. 90
甘肃	129 248. 47	64 624. 23	64 624. 23	72 753. 97
青海	32 976. 41	16 488. 21	16 488. 21	22 230. 89
宁夏	44 404. 18	22 202. 09	22 202. 09	33 088. 86
新疆	105 791. 73	52 895. 87	52 895. 87	63 741. 37
合计 Total	**5 857 012. 01**	**2 928 506. 00**	**2 928 506. 00**	**4 490 617. 98**

注：本统计表为按彩票销量计算的彩票公益金筹集数，未包括弃奖奖金。

公益金筹集情况表

from Lottery Sales in China in 2014

单位：万元

Unit：Ten Thousand Yuan

体育彩票 Sports Lottery		两种彩票汇总 Total		
中央集中 Central Gov.	地方留成 Local Gov.	合计 Total	中央集中 Central Gov.	地方留成 Local Gov.
76 808.55	76 808.55	325 839.15	162 919.57	162 919.57
70 452.18	70 452.18	266 503.34	133 251.67	133 251.67
112 158.34	112 158.34	451 819.13	225 909.56	225 909.56
25 734.64	25 734.64	168 367.60	84 183.80	84 183.80
40 477.88	40 477.88	228 413.64	114 206.82	114 206.82
65 301.73	65 301.73	432 502.21	216 251.11	216 251.11
49 812.83	49 812.83	228 775.98	114 387.99	114 387.99
89 296.55	89 296.55	333 413.96	166 706.98	166 706.98
92 973.64	92 973.64	336 655.58	168 327.79	168 327.79
227 609.30	227 609.30	837 555.94	418 777.97	418 777.97
140 552.25	140 552.25	656 835.33	328 417.66	328 417.66
55 529.85	55 529.85	302 422.02	151 211.01	151 211.01
92 023.21	92 023.21	322 297.12	161 148.56	161 148.56
84 829.05	84 829.05	355 322.02	177 661.01	177 661.01
204 698.91	204 698.91	813 221.94	406 610.97	406 610.97
114 739.06	114 739.06	413 574.84	206 787.42	206 787.42
52 211.53	52 211.53	353 779.92	176 889.96	176 889.96
70 437.76	70 437.76	338 456.00	169 228.00	169 228.00
203 742.25	203 742.25	992 312.99	496 156.49	496 156.49
14 014.70	14 014.70	230 142.43	115 071.22	115 071.22
10 240.53	10 240.53	59 060.96	29 530.48	29 530.48
32 871.39	32 871.39	251 162.27	125 581.13	125 581.13
57 996.15	57 996.15	337 423.80	168 711.90	168 711.90
31 438.29	31 438.29	130 500.33	65 250.16	65 250.16
79 131.42	79 131.42	333 116.82	166 558.41	166 558.41
4 915.01	4 915.01	30 675.18	15 337.59	15 337.59
49 404.45	49 404.45	313 243.64	156 621.82	156 621.82
36 376.98	36 376.98	202 002.43	101 001.22	101 001.22
11 115.44	11 115.44	55 207.30	27 603.65	27 603.65
16 544.43	16 544.43	77 493.04	38 746.52	38 746.52
31 870.68	31 870.68	169 533.10	84 766.55	84 766.55
2 245 308.99	**2 245 308.99**	**10 347 629.99**	**5 173 814.99**	**5 173 814.99**

2014 年全国福利彩票销售情况图

Diagram of Sales of Welfare Lottery in China in 2014

单位：万元

Unit：Ten Thousand Yuan

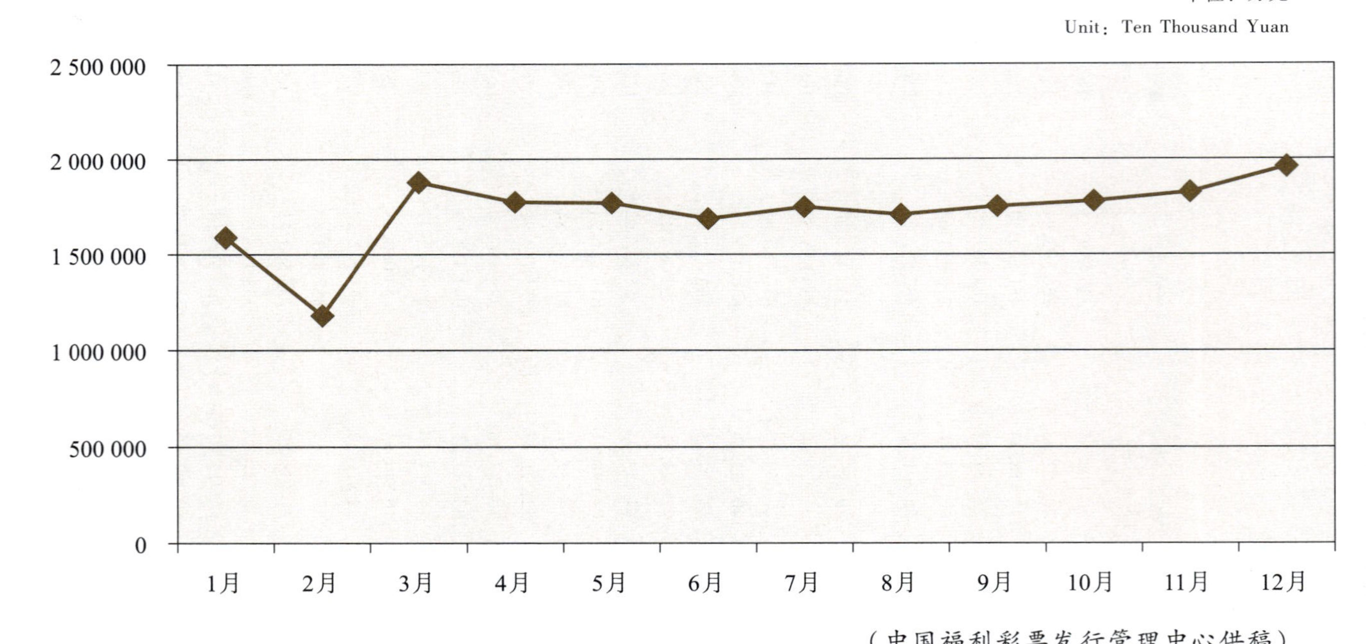

（中国福利彩票发行管理中心供稿）

2014年全国福利彩票各地区销售量排名表

Ranking of Sales of Welfare Lottery in Different Regions in China in 2014

单位：万元
Unit：Ten Thousand Yuan

名 次 Ranking	地 区 Region	销售量 Sales Amounts
1.00	广 东	2 068 064.18
2.00	山 东	1 478 072.70
3.00	江 苏	1 390 860.66
4.00	浙 江	1 377 688.33
5.00	辽 宁	1 065 603.03
6.00	湖 北	892 645.33
7.00	河 北	800 886.64
8.00	四 川	781 527.11
9.00	陕 西	757 205.80
10.00	湖 南	729 030.42
11.00	广 西	708 822.47
12.00	安 徽	693 312.85
13.00	河 南	651 909.83
14.00	重 庆	619 904.19
15.00	江 西	614 656.18
16.00	云 南	583 215.48
17.00	北 京	533 561.05
18.00	黑龙江	517 108.71
19.00	福 建	500 083.70
20.00	内蒙古	496 141.50
21.00	上 海	482 149.32
22.00	甘 肃	465 377.65
23.00	吉 林	462 690.96
24.00	天 津	426 338.61
25.00	山 西	408 477.29
26.00	新 疆	370 219.54
27.00	贵 州	215 145.52
28.00	海 南	165 704.59
29.00	宁 夏	154 022.67
30.00	青 海	113 710.75
31.00	西 藏	72 678.17
合计 Total		**20 596 815.22**

（中国福利彩票发行管理中心供稿）

2014 年全国福利彩票各地区销售额比重图

Diagram of Sales Proportion of Welfare Lottery in Different Regions in China in 2014

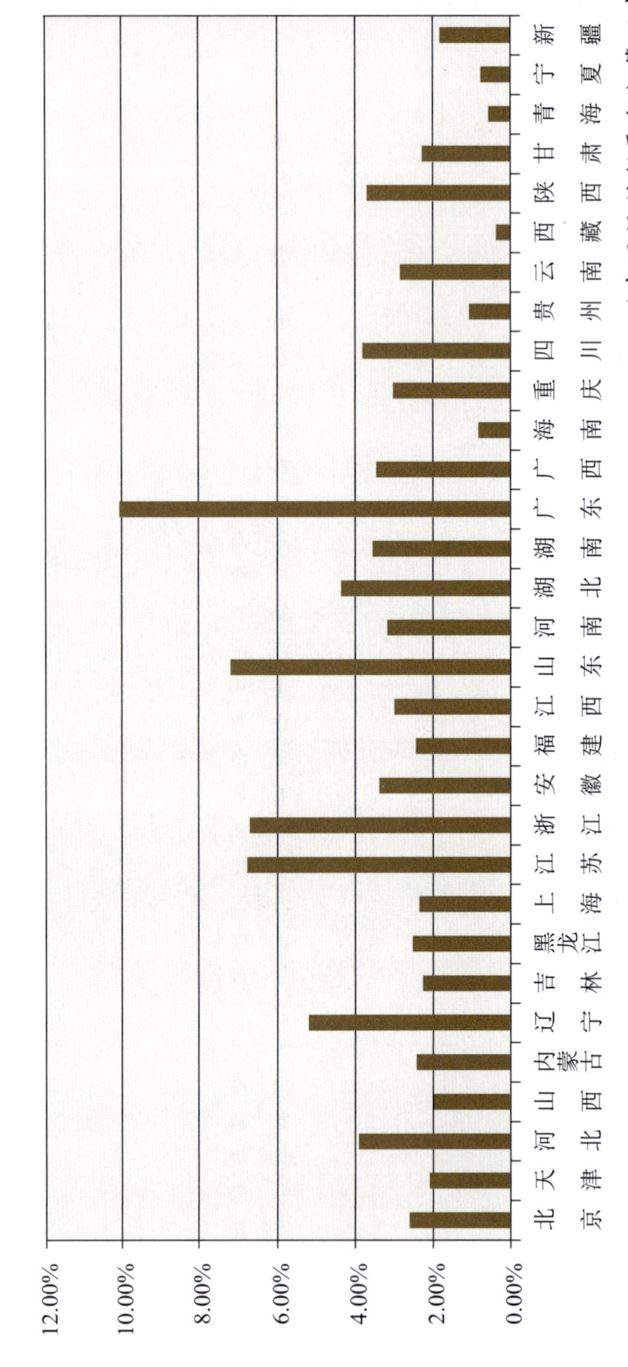

（中国福利彩票发行管理中心供稿）

2014年全国福利彩票分类型销售情况图

Diagram of Welfare Lottery Sales in Different Lottery Games in China in 2014

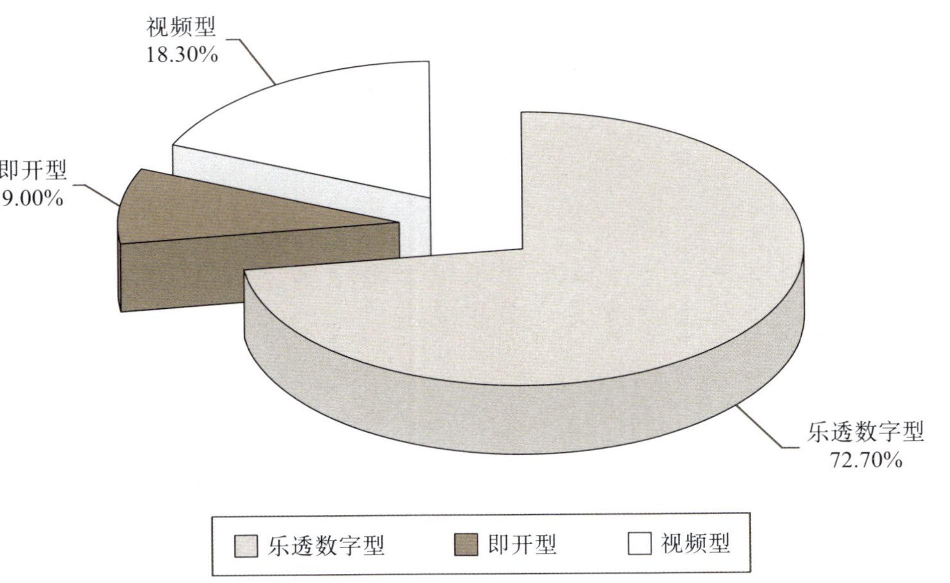

（中国福利彩票发行管理中心供稿）

2014年全国福利彩票（分

Statistical Table of Welfare Lottery Sales in Different Regions

地区 Region	1月 Jan.			
	乐透数字型 Lotto Games	即开型 Instant Games	视频型 Online Instant Win	小计 Subtotal
北　京	31 838.19	6 010.24	—	37 848.43
天　津	25 622.12	1 701.97	2 850.28	30 174.37
河　北	41 680.72	4 793.76	8 721.60	55 196.08
山　西	19 833.49	2 436.59	4 723.99	26 994.07
内蒙古	28 493.29	4 575.42	4 944.33	38 013.04
辽　宁	66 959.27	5 633.03	12 636.47	85 228.77
吉　林	29 733.16	2 647.52	4 861.54	37 242.22
黑龙江	36 381.86	4 218.98	1 326.62	41 927.46
上　海	25 257.75	2 713.71	5 037.12	33 008.58
江　苏	71 391.15	7 725.10	23 050.83	102 167.08
浙　江	66 149.63	5 705.37	33 254.44	105 109.44
安　徽	30 692.78	1 706.52	17 312.06	49 711.36
福　建	23 246.89	6 663.59	9 083.92	38 994.40
江　西	43 632.71	1 566.66	6 038.24	51 237.61
山　东	84 953.23	14 882.54	25 668.00	125 503.77
河　南	33 838.55	3 624.33	11 649.82	49 112.70
湖　北	51 509.77	3 870.25	17 427.04	72 807.06
湖　南	32 824.53	10 680.30	16 543.26	60 048.09
广　东	118 469.41	20 847.17	22 565.18	161 881.76
广　西	30 605.17	4 140.78	8 112.83	42 858.78
海　南	14 023.67	411.40	1 798.95	16 234.02
重　庆	31 596.01	6 455.93	6 977.23	45 029.17
四　川	43 187.67	8 902.09	8 816.91	60 906.67
贵　州	14 109.48	785.88	686.49	15 581.85
云　南	33 792.59	4 319.55	6 085.79	44 197.93
西　藏	3 710.69	456.83	—	4 167.52
陕　西	45 065.40	5 604.05	7 117.45	57 786.90
甘　肃	34 864.90	1 211.33	7 463.40	43 539.63
青　海	6 158.51	386.25	1 270.68	7 815.44
宁　夏	7 718.99	648.69	1 690.36	10 058.04
新　疆	28 002.56	4 296.84	—	32 299.40
合　计 Total	1 155 344.14	149 622.67	277 714.83	1 582 681.64

地区分类型）销售情况表

and Different Lottery Games in China in 2014

单位：万元

Unit：Ten Thousand Yuan

2 月 Feb.			
乐透数字型 Lotto Games	即开型 Instant Games	视频型 Online Instant Win	小计 Subtotal
22 963.25	6 064.31	—	29 027.56
19 211.90	1 511.91	2 346.69	23 070.50
28 851.63	3 545.18	6 755.54	39 152.35
13 705.70	2 010.08	3 540.90	19 256.68
20 953.97	3 016.84	3 565.14	27 535.95
49 478.79	6 278.51	9 916.68	65 673.98
18 834.61	2 403.90	3 817.09	25 055.60
26 973.17	2 980.30	1 145.47	31 098.94
19 229.14	2 444.95	3 728.33	25 402.42
49 227.38	7 497.71	19 248.38	75 973.47
43 250.38	6 393.90	26 572.62	76 216.90
21 103.73	1 774.86	13 254.01	36 132.60
16 089.07	4 970.94	7 491.59	28 551.60
32 699.99	1 227.59	4 763.72	38 691.30
57 772.92	12 773.90	20 038.82	90 585.64
24 006.89	3 489.41	9 249.93	36 746.23
34 293.72	2 606.01	14 260.93	51 160.66
23 776.37	5 682.39	14 090.91	43 549.67
83 095.10	20 878.57	17 473.10	121 446.77
24 571.83	3 973.55	6 306.40	34 851.78
11 820.13	307.77	1 527.95	13 655.85
25 650.61	7 582.01	5 902.44	39 135.06
31 652.66	13 323.11	7 244.76	52 220.53
10 617.17	658.54	550.42	11 826.13
23 975.47	2 529.37	4 897.37	31 402.21
2 686.72	395.84	—	3 082.56
30 580.17	4 023.27	5 615.72	40 219.16
20 400.06	980.08	5 152.67	26 532.81
3 666.74	443.49	913.98	5 024.21
6 985.45	657.43	1 489.09	9 131.97
20 961.51	3 477.43	—	24 438.94
819 086.23	**135 903.15**	**220 860.65**	**1 175 850.03**

续表

地区 Region	3月 Mar. 乐透数字型 Lotto Games	即开型 Instant Games	视频型 Online Instant Win	小计 Subtotal
北　京	36 564. 85	9 922. 33	—	46 487. 18
天　津	32 517. 44	2 798. 76	3 930. 17	39 246. 37
河　北	78 524. 04	5 527. 96	10 876. 36	94 928. 36
山　西	26 527. 88	3 575. 61	5 619. 97	35 723. 46
内蒙古	33 822. 84	4 603. 05	6 031. 04	44 456. 93
辽　宁	75 961. 84	12 230. 54	15 018. 14	103 210. 52
吉　林	33 310. 77	3 573. 80	5 639. 25	42 523. 82
黑龙江	40 951. 51	5 859. 23	1 899. 71	48 710. 45
上　海	30 517. 33	4 094. 73	5 882. 04	40 494. 10
江　苏	98 198. 94	12 475. 65	28 595. 83	139 270. 42
浙　江	71 132. 96	9 100. 54	39 413. 96	119 647. 46
安　徽	36 180. 88	2 733. 52	20 479. 48	59 393. 88
福　建	28 456. 45	6 467. 45	10 686. 97	45 610. 87
江　西	48 974. 04	1 153. 02	7 285. 89	57 412. 95
山　东	83 601. 30	17 513. 93	30 193. 78	131 309. 01
河　南	38 773. 92	6 050. 62	15 168. 56	59 993. 10
湖　北	51 754. 97	4 046. 24	21 388. 04	77 189. 25
湖　南	38 160. 21	7 405. 02	21 488. 37	67 053. 60
广　东	131 342. 80	31 753. 52	25 538. 59	188 634. 91
广　西	39 601. 14	4 671. 81	9 093. 37	53 366. 32
海　南	14 117. 83	313. 34	2 147. 92	16 579. 09
重　庆	38 113. 87	4 069. 09	8 547. 65	50 730. 61
四　川	49 653. 97	14 390. 71	10 758. 58	74 803. 26
贵　州	16 463. 69	691. 76	841. 29	17 996. 74
云　南	37 798. 85	3 464. 88	7 356. 19	48 619. 92
西　藏	3 944. 32	563. 06	—	4 507. 38
陕　西	50 075. 69	7 150. 96	8 886. 64	66 113. 29
甘　肃	32 123. 36	1 682. 18	8 097. 23	41 902. 77
青　海	7 050. 74	757. 47	1 463. 68	9 271. 89
宁　夏	10 241. 62	1 196. 20	2 371. 94	13 809. 76
新　疆	29 922. 75	6 253. 26	—	36 176. 01
合　计 Total	**1 344 382. 80**	**196 090. 24**	**334 700. 64**	**1 875 173. 68**

4月 Apr.			
乐透数字型 Lotto Games	即开型 Instant Games	视频型 Online Instant Win	小计 Subtotal
34 123.00	10 166.26	—	44 289.26
32 409.09	3 063.88	3 652.51	39 125.48
52 490.03	5 058.26	10 306.62	67 854.91
29 004.20	3 666.48	5 377.12	38 047.80
33 016.84	4 670.23	6 133.63	43 820.70
72 139.78	4 951.65	14 140.81	91 232.24
29 836.15	3 933.64	5 379.88	39 149.67
39 173.79	5 914.93	1 873.89	46 962.61
29 448.36	4 324.65	5 657.89	39 430.90
84 225.30	10 353.47	25 466.09	120 044.86
73 919.60	10 786.22	36 644.18	121 350.00
50 284.19	2 761.07	19 178.46	72 223.72
25 645.95	6 247.73	9 852.19	41 745.87
41 466.00	2 364.62	6 766.52	50 597.14
78 336.87	16 203.71	27 238.99	121 779.57
34 935.29	6 242.22	14 322.01	55 499.52
47 586.77	3 513.60	19 401.91	70 502.28
40 435.93	7 650.27	19 411.51	67 497.71
124 749.06	27 448.10	24 119.85	176 317.01
38 322.56	4 484.86	8 443.27	51 250.69
12 445.83	319.03	2 038.63	14 803.49
39 429.38	4 302.65	7 657.37	51 389.40
49 646.29	8 956.68	9 898.29	68 501.26
15 726.10	853.25	716.84	17 296.19
36 121.58	3 586.89	6 542.44	46 250.91
5 140.57	788.75	—	5 929.32
50 400.77	7 812.34	8 797.97	67 011.08
33 058.93	1 903.54	8 061.13	43 023.60
8 035.34	927.94	1 399.10	10 362.38
9 167.71	1 376.51	2 335.53	12 879.75
27 019.51	7 030.69	—	34 050.20
1 277 740.77	**181 664.12**	**310 814.63**	**1 770 219.52**

续表

地区 Region	5月 May			
	乐透数字型 Lotto Games	即开型 Instant Games	视频型 Online Instant Win	小计 Subtotal
北　京	33 858.72	9 047.13	—	42 905.85
天　津	29 821.27	2 372.45	3 981.92	36 175.64
河　北	48 341.41	4 882.01	10 076.39	63 299.81
山　西	30 768.11	3 366.92	5 299.40	39 434.43
内蒙古	31 349.41	4 245.24	6 248.22	41 842.87
辽　宁	79 625.65	6 385.52	14 734.28	100 745.45
吉　林	29 372.71	3 165.31	5 656.98	38 195.00
黑龙江	38 672.81	4 592.33	1 928.34	45 193.48
上　海	29 599.52	4 057.00	6 663.36	40 319.88
江　苏	79 006.12	9 306.40	26 245.01	114 557.53
浙　江	79 870.91	10 212.68	35 789.20	125 872.79
安　徽	39 054.92	2 898.27	19 116.92	61 070.11
福　建	24 432.66	5 195.57	10 038.76	39 666.99
江　西	40 329.07	4 496.46	7 115.97	51 941.49
山　东	94 486.12	15 225.93	27 175.78	136 887.83
河　南	34 451.62	4 675.92	15 499.94	54 627.48
湖　北	46 621.43	3 258.84	19 505.23	69 385.50
湖　南	38 175.66	7 244.78	19 444.56	64 865.00
广　东	122 450.16	24 098.29	24 554.01	171 102.46
广　西	41 344.98	3 731.31	9 022.69	54 098.98
海　南	11 966.12	157.20	2 201.29	14 324.61
重　庆	41 528.08	4 019.86	7 934.61	53 482.55
四　川	48 552.53	9 091.84	10 072.28	67 716.65
贵　州	16 179.06	1 456.57	845.25	18 480.88
云　南	37 046.62	3 164.52	6 876.51	47 087.65
西　藏	5 248.02	807.17	—	6 055.19
陕　西	51 347.72	6 944.67	9 162.72	67 455.11
甘　肃	30 843.11	1 894.65	8 639.22	41 376.98
青　海	8 690.51	948.56	1 455.56	11 094.63
宁　夏	8 975.10	1 435.98	2 474.96	12 886.04
新　疆	25 098.26	7 631.47	—	32 729.73
合　计 Total	**1 277 108.37**	**170 010.84**	**317 759.36**	**1 764 878.57**

6月 June			
乐透数字型 Lotto Games	即开型 Instant Games	视频型 Online Instant Win	小计 Subtotal
33 086.13	7 950.37	—	41 036.50
26 062.82	2 174.99	3 761.32	31 999.13
40 784.84	4 094.25	9 608.06	54 487.15
28 298.58	2 635.10	4 982.11	35 915.79
29 081.87	3 631.91	5 825.91	38 539.69
67 225.03	9 522.64	13 648.11	90 395.78
24 766.07	2 766.43	5 080.30	32 612.80
34 513.07	3 203.64	1 895.15	39 611.86
29 128.46	3 556.55	5 705.47	38 390.48
88 105.35	8 204.13	25 044.59	121 354.07
66 332.72	7 726.98	33 606.18	107 665.88
35 906.73	2 535.83	18 070.05	56 512.61
31 217.77	4 469.69	9 915.88	45 603.34
45 851.93	1 758.96	6 930.93	54 541.82
83 782.57	11 754.54	26 245.20	121 782.31
31 689.60	10 631.30	14 776.76	57 097.66
44 330.73	2 972.75	19 138.89	66 442.37
35 122.48	5 891.24	18 484.07	59 497.79
119 402.00	26 368.43	23 702.07	169 472.50
58 717.92	3 086.12	8 686.01	70 490.05
10 426.48	266.77	2 145.71	12 838.96
39 302.08	3 700.50	7 065.01	50 067.59
48 067.24	7 980.72	9 792.38	65 840.34
15 313.96	1 002.96	936.17	17 253.09
36 084.08	2 827.19	6 650.23	45 561.50
6 142.72	743.04	—	6 885.76
46 817.55	5 482.14	8 491.53	60 791.22
27 266.61	1 675.94	8 131.21	37 073.76
8 177.12	867.97	1 309.17	10 354.26
8 820.43	1 303.72	2 207.41	12 331.56
22 508.33	6 387.32	—	28 895.65
1 222 333.27	**157 174.11**	**301 835.88**	**1 681 343.26**

续表

地区 Region	7 月 July			
	乐透数字型 Lotto Games	即开型 Instant Games	视频型 Online Instant Win	小计 Subtotal
北　京	37 211.80	7 124.28	—	44 336.08
天　津	27 878.90	1 935.94	4 036.37	33 851.21
河　北	38 908.10	8 693.45	10 687.64	58 289.19
山　西	26 918.66	2 387.91	5 270.72	34 577.29
内蒙古	30 871.64	3 529.34	5 979.10	40 380.08
辽　宁	66 550.21	4 538.43	14 639.82	85 728.46
吉　林	29 080.94	2 816.46	5 766.52	37 663.92
黑龙江	36 903.08	3 089.39	1 925.49	41 917.96
上　海	34 410.28	2 918.10	5 958.83	43 287.21
江　苏	123 219.61	6 897.92	27 270.54	157 388.07
浙　江	66 138.61	6 235.04	36 414.45	108 788.10
安　徽	36 664.32	2 322.77	19 053.10	58 040.19
福　建	24 387.29	5 204.79	10 579.72	40 171.80
江　西	48 100.11	1 235.88	6 972.98	56 308.97
山　东	76 296.32	10 602.46	28 869.09	115 767.87
河　南	33 057.77	2 234.73	16 042.31	51 334.81
湖　北	48 570.44	2 932.39	20 270.10	71 772.93
湖　南	34 792.55	5 631.41	19 246.55	59 670.51
广　东	128 925.02	17 062.30	25 356.22	171 343.37
广　西	67 261.67	3 076.51	9 295.03	79 633.21
海　南	9 449.39	118.83	1 952.26	11 520.48
重　庆	45 138.85	2 923.77	7 441.22	55 503.84
四　川	47 963.70	6 704.13	10 729.68	65 397.51
贵　州	14 908.61	830.79	1 096.72	16 836.12
云　南	37 413.76	3 102.19	8 003.41	48 519.36
西　藏	5 949.38	862.67	—	6 812.05
陕　西	45 346.38	4 852.13	9 057.85	59 256.36
甘　肃	26 612.52	1 616.37	8 484.81	36 713.70
青　海	7 770.32	912.11	1 407.36	10 089.79
宁　夏	9 052.48	1 152.21	2 395.21	12 599.90
新　疆	22 637.42	7 009.29	—	29 646.71
合　计 Total	**1 288 390.13**	**130 553.99**	**324 203.10**	**1 743 147.23**

8月 Aug.			
乐透数字型 Lotto Games	即开型 Instant Games	视频型 Online Instant Win	小计 Subtotal
40 155.57	7 938.93	—	48 094.50
27 209.00	1 886.26	4 829.37	33 924.63
38 479.56	4 877.59	11 603.78	54 960.93
25 736.83	2 356.30	5 780.08	33 873.21
30 282.87	3 212.83	6 170.57	39 666.27
64 221.10	4 547.81	15 402.04	84 170.95
36 217.65	2 799.38	6 719.04	45 736.07
36 108.50	3 391.06	2 107.82	41 607.38
34 112.84	2 688.75	6 372.75	43 174.34
83 397.80	6 968.74	29 479.81	119 846.35
66 563.79	5 698.21	38 557.56	110 819.56
32 710.93	1 967.46	19 797.46	54 475.85
25 847.15	4 814.84	11 198.54	41 860.53
40 038.08	1 106.97	7 622.48	48 767.53
72 624.30	11 969.53	30 948.01	115 541.84
33 864.25	3 001.38	16 480.25	53 345.88
48 397.92	2 528.25	21 102.29	72 028.46
34 367.95	5 001.77	20 331.76	59 701.48
123 632.88	18 027.79	27 453.00	169 113.67
55 029.87	3 303.58	10 029.22	68 362.67
11 052.84	187.27	2 318.84	13 558.95
44 095.14	2 926.70	7 519.74	54 541.58
44 651.78	7 475.15	11 860.30	63 987.23
14 411.21	1 351.57	1 234.27	16 997.05
36 947.49	2 752.44	8 902.42	48 602.35
6 038.84	825.11	—	6 863.95
52 970.34	5 403.14	10 004.43	68 377.91
26 945.18	1 602.02	8 910.20	37 457.40
7 240.50	806.53	1 572.04	9 619.07
9 679.16	1 054.87	2 609.26	13 343.29
22 487.01	7 964.03	—	30 451.04
1 225 518.33	**130 436.26**	**346 917.33**	**1 702 871.92**

续表

地区 Region	9月 Sept.			
	乐透数字型 Lotto Games	即开型 Instant Games	视频型 Online Instant Win	小计 Subtotal
北　京	46 770. 92	7 106. 34	—	53 877. 26
天　津	30 758. 57	2 168. 60	4 490. 19	37 417. 36
河　北	67 796. 25	3 847. 71	10 145. 69	81 789. 65
山　西	26 394. 46	2 212. 43	5 461. 38	34 068. 27
内蒙古	30 738. 59	3 367. 62	6 177. 52	40 283. 73
辽　宁	62 873. 37	6 172. 14	14 371. 90	83 417. 41
吉　林	28 263. 89	3 029. 64	6 078. 10	37 371. 63
黑龙江	36 150. 72	3 562. 22	2 081. 91	41 794. 85
上　海	34 554. 81	3 415. 45	5 514. 14	43 484. 40
江　苏	71 088. 64	8 221. 80	26 955. 87	106 266. 31
浙　江	68 699. 21	9 631. 62	34 941. 66	113 272. 49
安　徽	47 535. 18	2 415. 50	17 399. 85	67 350. 53
福　建	26 132. 25	4 802. 44	10 562. 01	41 496. 70
江　西	39 140. 07	2 769. 04	7 205. 32	49 114. 43
山　东	69 490. 09	10 065. 16	28 262. 20	107 817. 45
河　南	32 456. 74	3 050. 19	15 135. 49	50 642. 42
湖　北	76 180. 76	3 199. 91	19 803. 77	99 184. 44
湖　南	35 174. 61	5 077. 91	19 754. 49	60 007. 01
广　东	124 949. 89	24 915. 16	25 299. 22	175 164. 27
广　西	48 697. 85	3 016. 17	9 298. 85	61 012. 87
海　南	9 225. 45	156. 18	2 090. 11	11 471. 74
重　庆	44 443. 20	2 466. 33	7 286. 38	54 195. 91
四　川	43 785. 50	7 569. 37	11 376. 06	62 730. 93
贵　州	14 057. 01	899. 98	1 189. 44	16 146. 43
云　南	45 369. 27	2 778. 77	8 825. 89	56 973. 93
西　藏	6 312. 11	840. 80	—	7 152. 91
陕　西	50 138. 01	5 922. 92	9 550. 79	65 611. 72
甘　肃	25 822. 38	1 796. 91	8 374. 41	35 993. 70
青　海	7 458. 14	773. 17	1 431. 92	9 663. 23
宁　夏	10 084. 52	925. 32	2 505. 64	13 515. 48
新　疆	22 704. 02	6 019. 26	—	28 723. 28
合　计 Total	**1 283 246. 48**	**142 196. 06**	**321 570. 20**	**1 747 012. 74**

10月 Oct.			
乐透数字型 Lotto Games	即开型 Instant Games	视频型 Online Instant Win	小计 Subtotal
41 899. 28	7 607. 76	—	49 507. 04
34 191. 58	1 830. 89	4 531. 90	40 554. 37
75 782. 50	3 955. 14	10 466. 56	90 204. 20
27 797. 57	2 173. 69	5 856. 21	35 827. 47
32 341. 65	3 347. 07	6 418. 37	42 107. 09
67 135. 41	4 493. 96	15 887. 10	87 516. 47
36 887. 47	2 774. 89	6 054. 14	45 716. 50
36 849. 58	3 153. 45	2 215. 55	42 218. 58
35 636. 27	3 081. 90	5 668. 15	44 386. 32
71 493. 35	6 412. 10	27 549. 01	105 454. 46
73 401. 24	10 051. 16	35 899. 10	119 351. 50
35 813. 31	2 467. 94	18 229. 12	56 510. 37
24 582. 24	4 524. 27	10 182. 61	39 289. 12
37 767. 70	4 849. 06	7 293. 95	49 910. 71
73 463. 31	11 111. 31	29 590. 27	114 164. 89
40 362. 82	2 993. 35	15 027. 22	58 383. 39
63 019. 19	2 703. 98	20 165. 46	85 888. 63
36 193. 45	5 036. 65	19 529. 15	60 759. 25
129 403. 23	20 664. 90	25 303. 31	175 371. 44
51 644. 34	3 389. 04	9 114. 90	64 148. 28
10 664. 50	179. 95	2 195. 02	13 039. 47
43 600. 00	3 835. 53	7 330. 99	54 766. 52
44 219. 58	7 219. 20	12 015. 00	63 453. 78
16 551. 48	889. 61	1 383. 55	18 824. 64
42 727. 14	2 126. 88	9 119. 81	53 973. 83
5 958. 09	728. 19	—	6 686. 28
50 180. 00	4 774. 25	9 852. 08	64 806. 33
28 937. 80	1 392. 99	8 710. 53	39 041. 32
7 965. 17	608. 91	1 424. 91	9 998. 99
9 669. 47	1 134. 98	2 623. 28	13 427. 73
24 222. 59	5 313. 51	—	29 536. 10
1 310 361. 31	**134 826. 51**	**329 637. 25**	**1 774 825. 07**

续表

地区 Region	11 月 Nov.				12 月	
	乐透数字型 Lotto Games	即开型 Instant Games	视频型 Online Instant Win	小计 Subtotal	乐透数字型 Lotto Games	即开型 Instant Games
北　京	37 933. 94	6 469. 00	—	44 402. 94	46 095. 94	5 652. 52
天　津	33 257. 34	1 919. 51	4 586. 00	39 762. 85	34 273. 14	2 127. 34
河　北	54 783. 40	4 141. 67	10 582. 33	69 507. 40	53 265. 87	6 673. 59
山　西	28 104. 14	2 201. 16	5 897. 51	36 202. 81	30 391. 88	2 226. 61
内蒙古	35 492. 18	4 515. 96	6 559. 54	46 567. 68	37 392. 05	8 884. 63
辽　宁	70 970. 31	5 844. 16	16 489. 09	93 303. 56	74 201. 40	4 125. 08
吉　林	32 962. 81	2 414. 42	6 176. 76	41 553. 99	31 866. 67	2 252. 48
黑龙江	41 367. 37	2 944. 41	1 950. 34	46 262. 12	44 425. 62	3 356. 98
上　海	35 900. 41	2 821. 00	6 195. 00	44 916. 41	36 324. 07	3 093. 10
江　苏	71 302. 24	8 384. 11	27 646. 14	107 332. 49	84 817. 06	6 689. 16
浙　江	76 375. 32	10 262. 43	36 059. 76	122 697. 51	96 363. 53	11 896. 87
安　徽	34 342. 34	2 667. 20	18 808. 24	55 817. 78	37 310. 77	7 303. 51
福　建	33 400. 05	4 439. 56	10 031. 59	47 871. 20	29 935. 31	8 668. 54
江　西	39 519. 22	2 608. 60	7 467. 09	49 594. 91	45 372. 25	3 160. 93
山　东	109 519. 36	12 239. 15	29 318. 32	151 076. 83	94 933. 03	20 033. 04
河　南	38 226. 65	8 100. 57	14 783. 38	61 110. 60	38 649. 36	9 837. 65
湖　北	54 269. 19	2 617. 71	20 675. 02	77 561. 92	53 582. 39	3 266. 11
湖　南	37 670. 28	4 855. 47	20 425. 89	62 951. 64	38 034. 15	3 417. 99
广　东	135 630. 35	21 718. 08	24 554. 58	181 903. 01	139 841. 31	41 004. 34
广　西	49 239. 07	3 688. 89	8 995. 94	61 923. 90	52 889. 14	4 475. 56
海　南	11 020. 80	152. 57	2 409. 96	13 583. 33	10 968. 94	435. 84
重　庆	44 847. 59	1 845. 38	7 745. 93	54 438. 90	45 185. 55	2 546. 72
四　川	45 505. 89	6 946. 60	12 376. 56	64 829. 05	47 718. 10	10 107. 66
贵　州	19 499. 53	1 076. 06	1 519. 54	22 095. 13	22 811. 24	1 399. 90
云　南	41 691. 22	2 465. 48	10 104. 43	54 261. 13	42 692. 13	4 139. 37
西　藏	6 408. 64	729. 50	—	7 138. 14	6 569. 70	827. 44
陕　西	53 007. 94	4 826. 71	10 321. 68	68 156. 33	55 738. 65	5 189. 53
甘　肃	30 734. 11	1 331. 39	8 646. 39	40 711. 89	31 660. 59	1 462. 33
青　海	8 100. 89	511. 43	1 417. 25	10 029. 57	8 554. 79	477. 48
宁　夏	10 746. 45	936. 46	2 716. 17	14 399. 08	11 634. 99	1 180. 76
新　疆	25 983. 06	4 789. 07	—	30 772. 13	28 396. 11	4 104. 26
合　计 Total	**1 347 812. 09**	**140 463. 71**	**334 460. 43**	**1 822 736. 23**	**1 411 895. 73**	**190 017. 32**

Dec.		合计 Total			
视频型 Online Instant Win	小计 Subtotal	乐透数字型 Lotto Games	即开型 Instant Games	视频型 Online Instant Win	小计 Subtotal
—	51 748.46	442 501.58	91 059.47	—	533 561.05
4 636.22	41 036.71	353 213.18	25 492.50	47 632.93	426 338.61
11 277.20	71 216.66	619 688.32	60 090.57	121 107.75	800 886.64
5 937.49	38 555.98	313 481.50	31 248.89	63 746.90	408 477.29
6 650.83	52 927.51	373 837.18	51 600.12	70 704.20	496 141.50
16 652.94	94 979.42	817 342.20	74 723.46	173 537.37	1 065 603.03
5 750.62	39 869.76	361 132.87	34 577.87	66 980.22	462 690.96
2 020.42	49 803.03	448 471.08	46 266.91	22 370.72	517 108.71
6 437.14	45 854.30	374 119.23	39 209.88	68 820.22	482 149.32
29 699.36	121 205.58	975 472.91	99 136.29	316 251.46	1 390 860.66
38 636.26	146 896.66	848 197.94	103 701.02	425 789.37	1 377 688.33
21 459.55	66 073.84	437 600.10	33 554.45	222 158.29	693 312.85
10 617.43	49 221.27	313 373.08	66 469.41	120 241.21	500 083.70
8 004.12	56 537.30	502 891.20	28 297.78	83 467.20	614 656.18
30 889.61	145 855.68	979 259.43	164 375.20	334 438.07	1 478 072.70
15 529.02	64 016.03	414 313.47	63 931.67	173 664.69	651 909.83
21 873.31	78 721.82	620 117.28	37 516.04	235 012.00	892 645.33
21 976.56	63 428.70	424 728.14	73 575.20	230 727.08	729 030.42
25 467.17	206 312.82	1 481 891.22	294 786.66	291 386.30	2 068 064.18
9 460.25	66 824.96	557 925.54	45 038.16	105 858.76	708 822.47
2 689.84	14 094.63	137 181.96	3 006.15	25 516.47	165 704.59
8 890.77	56 623.04	482 930.38	46 674.47	90 299.35	619 904.19
13 314.12	71 139.89	544 604.92	108 667.25	128 254.93	781 527.11
1 600.12	25 811.26	190 648.54	11 896.87	12 600.11	215 145.52
10 933.25	57 764.75	451 660.21	37 257.53	94 297.74	583 215.48
—	7 397.14	64 109.77	8 568.40	—	72 678.17
10 692.20	71 620.37	581 668.63	67 986.11	107 551.06	757 205.80
8 887.18	42 010.10	349 269.54	18 549.72	97 558.39	465 377.65
1 355.01	10 387.27	88 868.77	8 421.32	16 420.66	113 710.75
2 824.37	15 640.12	112 776.33	13 003.13	28 243.21	154 022.67
—	32 500.37	299 943.12	70 276.42	—	370 219.54
354 162.37	**1 956 075.41**	**14 963 219.63**	**1 858 958.92**	**3 774 636.67**	**20 596 815.22**

（中国福利彩票发行管理中心供稿）

2014 年全国体育彩票销售情况图

Diagram of Sales of Sports Lottery in China in 2014

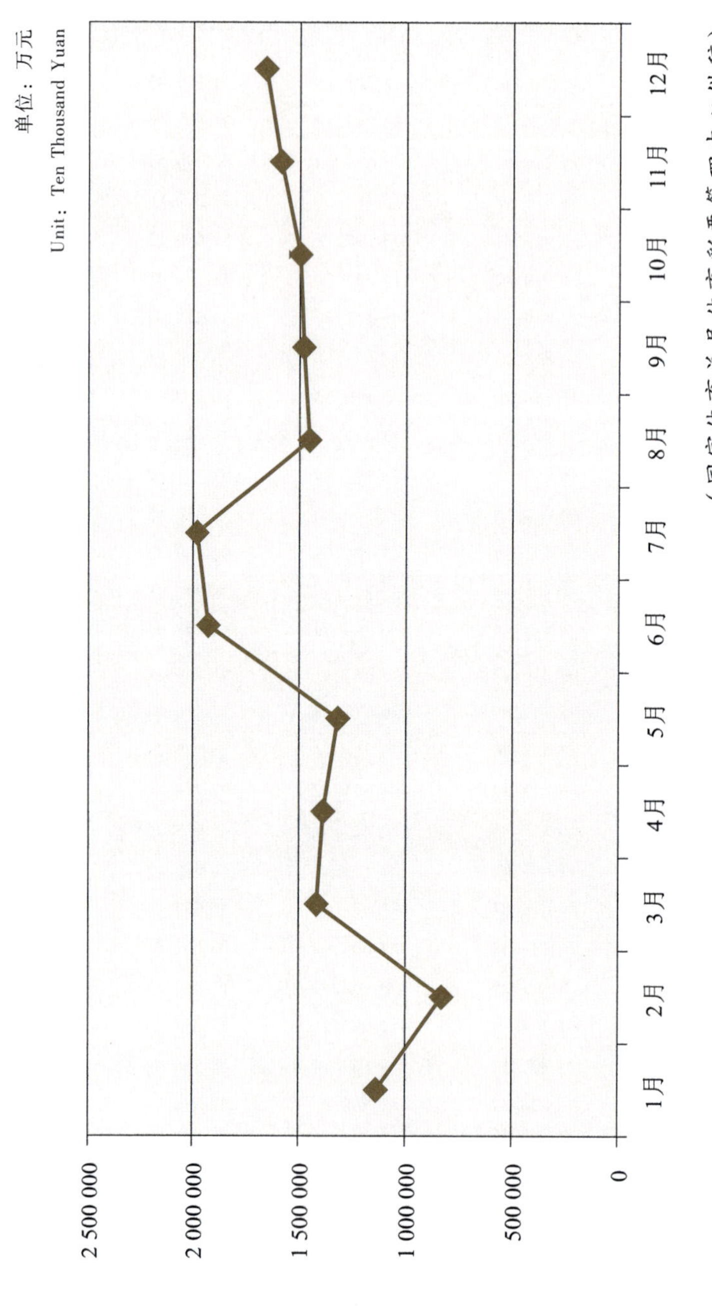

（国家体育总局体育彩票管理中心供稿）

2014 年全国体育彩票各地区销售量排名表

Ranking of Sales of Sports Lottery in Different Regions in China in 2014

单位：万元

Unit：Ten Thousand Yuan

名 次 Ranking	地 区 Region	销售量（万元） Sales Amounts
1	江 苏	1 789 291.28
2	广 东	1 612 047.38
3	山 东	1 588 635.18
4	浙 江	1 071 695.30
5	河 北	866 288.03
6	上 海	862 347.09
7	河 南	826 227.93
8	黑龙江	703 380.36
9	江 西	678 004.34
10	福 建	647 508.21
11	北 京	624 258.25
12	天 津	611 663.47
13	湖 南	599 316.43
14	云 南	571 842.58
15	辽 宁	500 234.68
16	安 徽	461 076.14
17	陕 西	410 755.10
18	湖 北	408 706.95
19	四 川	402 404.19
20	吉 林	365 523.48
21	内蒙古	293 644.19
22	新 疆	284 602.85
23	重 庆	282 254.12
24	甘 肃	273 901.21
25	贵 州	222 917.79
26	山 西	189 710.49
27	宁 夏	143 338.15
28	广 西	120 493.31
29	青 海	103 650.52
30	海 南	86 556.98
31	西 藏	38 717.36
合计 Total		**17 640 993.36**

（国家体育总局体育彩票管理中心供稿）

2014 年全国体育彩票各地区销售额比重图

Diagram of Sales Proportion of Sports Lottery in Different Regions in China in 2014

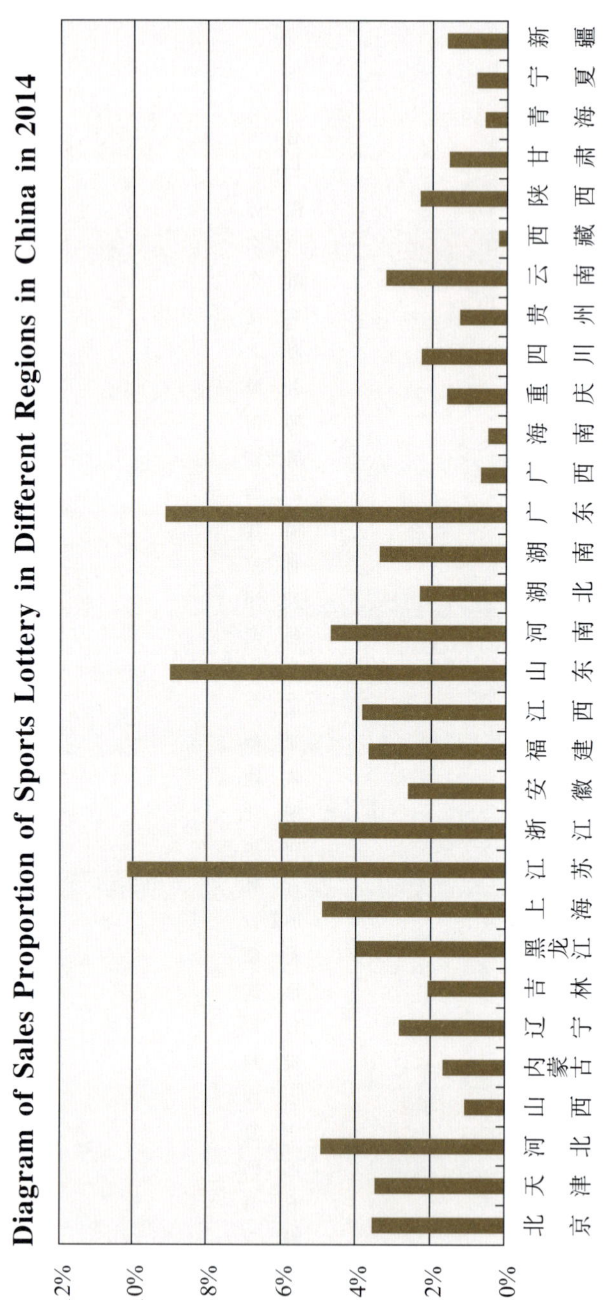

（国家体育总局体育彩票管理中心供稿）

2014 年全国体育彩票分类型销售情况图

Diagram of Sports Lottery Sales in Different Lottery Games in China in 2014

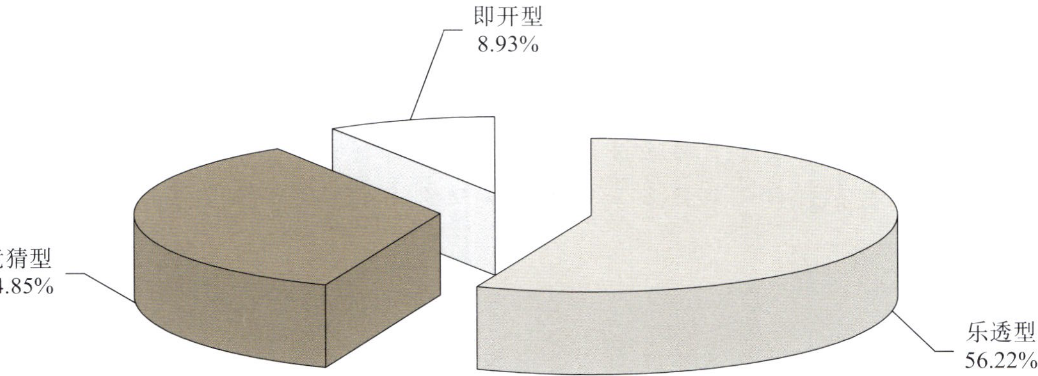

（国家体育总局体育彩票管理中心供稿）

2014 年全国体育彩票（分地区分类型）销售情况表

Statistical Table of Sports Lottery Sales in Different Regions and Different Lottery Games in China in 2014

单位：万元

Unit：Ten Thousand Yuan

地 区 Region	1 月 Jan.			
	乐透数字型 Lotto Games	竞猜型 Sports Betting	即开型 Instant Games	小 计 Subtotal
北 京	10 926. 61	21 296. 64	9 086. 76	41 310. 01
天 津	9 461. 75	19 024. 81	1 073. 49	29 560. 04
河 北	53 550. 86	3 118. 26	9 347. 49	66 016. 61
山 西	9 987. 38	1 047. 48	1 444. 02	12 478. 87
内蒙古	14 391. 38	1 098. 76	6 912. 96	22 403. 10
辽 宁	27 162. 22	5 876. 89	3 548. 16	36 587. 27
吉 林	21 708. 18	2 064. 44	4 133. 15	27 905. 76
黑龙江	31 493. 42	4 661. 81	6 498. 06	42 653. 28
上 海	12 302. 39	26 421. 97	2 094. 45	40 818. 81
江 苏	83 621. 96	22 570. 01	11 394. 41	117 586. 37
浙 江	52 291. 46	6 827. 15	6 765. 09	65 883. 70
安 徽	16 164. 37	13 380. 31	1 499. 94	31 044. 62
福 建	41 668. 36	3 366. 23	8 222. 04	53 256. 63
江 西	19 357. 29	11 080. 02	1 167. 06	31 604. 37
山 东	80 768. 48	16 205. 76	11 224. 80	108 199. 04
河 南	42 128. 47	4 842. 82	5 114. 46	52 085. 75
湖 北	17 922. 17	6 551. 53	709. 02	25 182. 72
湖 南	19 808. 13	20 631. 17	1 105. 77	41 545. 07
广 东	52 740. 20	39 317. 26	9 212. 16	101 269. 62
广 西	2 622. 85	4 011. 13	2 657. 67	9 291. 65
海 南	4 727. 00	365. 37	735. 00	5 827. 36
重 庆	6 296. 96	9 614. 58	708. 96	16 620. 50
四 川	20 231. 76	4 301. 79	6 915. 27	31 448. 82
贵 州	12 084. 78	1 589. 48	1 823. 22	15 497. 48
云 南	28 076. 97	3 450. 61	8 751. 93	40 279. 52
西 藏	1 073. 76	104. 78	1 068. 60	2 247. 14
陕 西	13 343. 22	2 195. 84	2 840. 40	18 379. 46
甘 肃	14 836. 44	3 656. 24	2 015. 43	20 508. 11
青 海	1 625. 56	3 168. 38	343. 71	5 137. 65
宁 夏	4 172. 01	4 779. 27	487. 97	9 439. 24
新 疆	5 919. 28	2 736. 34	1 531. 89	10 187. 51
合 计 Total	**732 465. 65**	**269 357. 12**	**130 433. 33**	**1 132 256. 09**

续表

地 区 Region	2月 Feb. 乐透数字型 Lotto Games	竞猜型 Sports Betting	即开型 Instant Games	小 计 Subtotal
北 京	7 699.34	19 946.24	4 863.75	32 509.33
天 津	6 735.33	14 634.78	944.94	22 315.05
河 北	30 329.18	2 282.76	6 954.81	39 566.75
山 西	6 275.09	925.40	1 863.36	9 063.85
内蒙古	9 671.98	720.43	4 584.15	14 976.55
辽 宁	18 846.04	4 754.18	4 039.11	27 639.32
吉 林	16 326.19	1 729.41	4 005.90	22 061.51
黑龙江	23 127.39	3 895.82	5 173.29	32 196.50
上 海	9 006.20	20 436.58	1 747.20	31 189.98
江 苏	58 376.55	17 702.32	11 014.67	87 093.53
浙 江	34 125.82	5 336.74	5 571.45	45 034.01
安 徽	10 609.55	10 229.94	1 547.43	22 386.92
福 建	28 775.64	2 789.52	7 132.41	38 697.57
江 西	14 407.65	10 453.10	608.28	25 469.03
山 东	53 618.03	11 033.57	9 769.35	74 420.95
河 南	28 750.96	3 969.81	5 548.08	38 268.85
湖 北	12 374.90	4 551.58	647.00	17 573.47
湖 南	15 383.32	13 607.77	710.69	29 701.77
广 东	36 444.80	26 412.96	10 685.51	73 543.26
广 西	1 901.72	3 273.34	1 890.21	7 065.27
海 南	3 236.91	286.04	758.04	4 280.99
重 庆	4 892.53	7 719.88	1 234.86	13 847.27
四 川	14 348.97	3 555.45	6 920.96	24 825.38
贵 州	8 697.49	1 402.81	1 985.09	12 085.39
云 南	20 097.94	2 729.06	8 829.90	31 656.90
西 藏	743.94	50.87	985.26	1 780.07
陕 西	8 325.91	1 603.31	2 964.12	12 893.34
甘 肃	9 128.05	3 453.14	1 441.74	14 022.93
青 海	1 039.45	2 417.51	324.48	3 781.44
宁 夏	2 838.87	3 792.77	502.82	7 134.45
新 疆	4 023.26	2 622.81	1 463.82	8 109.89
合 计 Total	**500 158.98**	**208 319.89**	**116 712.65**	**825 191.52**

续表

地 区 Region	3 月 Mar.			
	乐透数字型 Lotto Games	竞猜型 Sports Betting	即开型 Instant Games	小 计 Subtotal
北 京	11 920. 32	33 081. 42	8 286. 48	53 288. 21
天 津	10 638. 39	27 886. 55	1 464. 69	39 989. 63
河 北	51 624. 66	6 253. 63	9 892. 77	67 771. 06
山 西	15 744. 76	2 099. 57	2 071. 98	19 916. 31
内蒙古	18 311. 82	1 250. 08	7 327. 74	26 889. 64
辽 宁	29 191. 81	7 428. 49	8 647. 65	45 267. 95
吉 林	25 663. 44	2 660. 80	5 879. 84	34 204. 08
黑龙江	41 998. 20	12 768. 05	5 502. 00	60 268. 25
上 海	14 377. 47	41 130. 54	3 135. 18	58 643. 19
江 苏	93 198. 16	31 799. 48	15 394. 26	140 391. 90
浙 江	59 762. 22	8 956. 66	8 158. 65	76 877. 53
安 徽	20 525. 26	17 762. 38	2 898. 87	41 186. 51
福 建	42 337. 63	4 613. 95	8 800. 98	55 752. 56
江 西	22 786. 92	21 790. 26	877. 20	45 454. 38
山 东	87 550. 38	20 486. 86	14 714. 07	122 751. 32
河 南	62 696. 21	8 372. 20	8 976. 57	80 044. 98
湖 北	19 230. 95	7 729. 24	1 018. 88	27 979. 06
湖 南	25 344. 29	21 446. 52	1 138. 23	47 929. 05
广 东	67 966. 91	39 259. 71	17 456. 61	124 683. 24
广 西	3 058. 35	5 099. 67	579. 06	8 737. 08
海 南	10 337. 69	433. 57	722. 07	11 493. 34
重 庆	8 503. 50	14 277. 34	1 227. 72	24 008. 57
四 川	23 101. 79	5 547. 19	6 178. 88	34 827. 85
贵 州	14 438. 83	2 498. 40	2 788. 38	19 725. 61
云 南	34 897. 81	4 689. 20	9 822. 32	49 409. 32
西 藏	1 165. 76	130. 13	1 419. 42	2 715. 31
陕 西	18 620. 84	3 826. 62	3 894. 15	26 341. 62
甘 肃	16 798. 26	5 615. 38	2 556. 81	24 970. 46
青 海	2 169. 00	4 321. 40	671. 45	7 161. 85
宁 夏	4 562. 59	6 654. 53	1 117. 17	12 334. 29
新 疆	6 343. 11	11 682. 44	3 160. 47	21 186. 02
合 计 Total	**864 867. 35**	**381 552. 28**	**165 780. 53**	**1 412 200. 15**

续表

地区 Region	4月 Apr.			
	乐透数字型 Lotto Games	竞猜型 Sports Betting	即开型 Instant Games	小计 Subtotal
北京	10 342.72	34 925.36	9 541.74	54 809.83
天津	10 748.93	34 085.55	1 219.38	46 053.85
河北	50 099.56	2 759.74	10 247.31	63 106.62
山西	13 213.31	2 378.15	2 288.01	17 879.47
内蒙古	19 357.04	1 116.43	6 565.53	27 039.00
辽宁	27 621.66	6 756.64	4 596.84	38 975.14
吉林	24 796.31	2 439.62	6 123.72	33 359.65
黑龙江	47 179.69	5 483.17	6 464.07	59 126.93
上海	13 534.86	47 909.77	2 786.10	64 230.73
江苏	85 167.48	44 128.70	14 000.39	143 296.57
浙江	57 042.25	12 123.74	8 618.64	77 784.63
安徽	17 610.53	5 046.73	2 948.94	25 606.20
福建	39 837.68	4 016.63	7 918.65	51 772.96
江西	21 092.22	23 028.12	777.90	44 898.24
山东	84 055.17	17 765.84	13 408.68	115 229.70
河南	53 930.98	11 854.56	9 915.27	75 700.81
湖北	18 169.45	6 016.82	943.50	25 129.76
湖南	25 905.03	16 706.49	1 344.60	43 956.11
广东	74 389.83	34 552.44	17 576.57	126 518.83
广西	2 737.46	4 525.40	715.95	7 978.81
海南	12 860.01	331.31	555.72	13 747.05
重庆	8 032.01	11 748.56	1 017.00	20 797.56
四川	24 038.89	4 828.37	5 363.81	34 231.06
贵州	13 721.57	2 428.96	2 467.62	18 618.14
云南	41 393.51	4 751.91	8 831.60	54 977.01
西藏	1 548.46	99.07	1 443.36	3 090.89
陕西	16 742.25	4 858.26	4 189.65	25 790.17
甘肃	17 700.05	5 329.81	2 624.13	25 654.00
青海	2 226.16	4 242.00	666.60	7 134.76
宁夏	4 366.36	5 534.12	1 259.33	11 159.80
新疆	6 001.72	15 186.03	3 826.41	25 014.16
合计 Total	**845 463.14**	**376 958.29**	**160 247.00**	**1 382 668.42**

续表

地区 Region	5月 May			
	乐透数字型 Lotto Games	竞猜型 Sports Betting	即开型 Instant Games	小计 Subtotal
北京	11 936.20	34 784.91	6 122.34	52 843.45
天津	14 477.15	27 890.69	1 340.46	43 708.30
河北	50 033.38	2 013.56	9 000.33	61 047.27
山西	13 262.58	1 864.69	2 362.71	17 489.98
内蒙古	19 889.29	882.07	6 382.17	27 153.53
辽宁	28 262.18	5 901.92	5 669.31	39 833.41
吉林	24 864.32	2 019.38	5 738.61	32 622.31
黑龙江	40 344.56	5 217.87	5 092.05	50 654.48
上海	15 871.02	35 562.26	2 773.26	54 206.54
江苏	84 709.16	40 909.81	11 694.60	137 313.57
浙江	59 041.88	15 281.45	8 584.08	82 907.41
安徽	18 622.05	4 221.97	1 658.90	24 502.92
福建	43 102.50	3 268.14	7 336.50	53 707.14
江西	23 203.65	13 617.07	1 245.15	38 065.87
山东	88 728.52	13 553.18	14 451.75	116 733.45
河南	53 037.57	9 754.24	6 220.74	69 012.56
湖北	19 910.90	3 680.80	1 042.74	24 634.44
湖南	28 929.76	12 029.67	1 420.22	42 379.64
广东	73 571.88	31 253.45	13 249.80	118 075.13
广西	3 138.13	3 678.70	551.43	7 368.26
海南	6 771.18	243.04	420.63	7 434.85
重庆	8 244.63	9 097.95	743.13	18 085.70
四川	24 049.21	4 134.55	5 274.15	33 457.91
贵州	15 243.11	1 740.79	2 411.46	19 395.36
云南	37 017.72	3 559.82	8 135.12	48 712.66
西藏	1 823.18	132.33	1 475.76	3 431.26
陕西	17 746.70	5 528.61	4 156.02	27 431.34
甘肃	18 604.00	5 099.17	2 688.26	26 391.42
青海	2 383.65	2 561.79	788.97	5 734.40
宁夏	4 783.58	2 054.64	1 244.64	8 082.86
新疆	6 515.08	11 362.86	4 256.88	22 134.82
合计 Total	**858 118.72**	**312 901.36**	**143 532.15**	**1 314 552.24**

续表

地 区 Region	6月 June			
	乐透数字型 Lotto Games	竞猜型 Sports Betting	即开型 Instant Games	小 计 Subtotal
北 京	12 536. 30	152 225. 26	5 987. 04	170 749
天 津	13 823. 87	71 967. 30	1 116. 06	86 907. 24
河 北	46 003. 75	9 032. 18	7 987. 52	63 023. 45
山 西	12 153. 86	2 723. 48	2 565. 06	17 442. 40
内蒙古	18 550. 19	2 082. 91	5 699. 76	26 332. 87
辽 宁	25 358. 09	16 366. 40	4 713. 54	46 438. 02
吉 林	22 535. 72	4 398. 40	5 068. 94	32 003. 06
黑龙江	36 442. 96	33 434. 38	3 997. 23	73 874. 57
上 海	16 526. 18	123 319. 25	2 418. 27	142 263. 70
江 苏	94 640. 04	108 096. 87	11 784. 77	214 521. 67
浙 江	58 290. 32	79 309. 63	6 964. 44	144 564. 39
安 徽	17 619. 84	16 025. 34	1 403. 22	35 048. 40
福 建	39 164. 81	5 541. 28	5 949. 63	50 655. 72
江 西	25 555. 74	46 378. 14	742. 56	72 676. 45
山 东	86 894. 13	40 967. 35	11 694. 06	139 555. 54
河 南	51 047. 79	12 440. 08	7 288. 62	70 776. 49
湖 北	18 796. 36	10 429. 50	865. 07	30 090. 93
湖 南	32 314. 92	30 347. 45	1 326. 41	63 614. 40
广 东	67 604. 49	42 292. 50	11 919. 48	121 816. 47
广 西	3 355. 40	6 309. 88	513. 45	10 178. 73
海 南	4 806. 90	512. 14	377. 28	5 696. 31
重 庆	8 342. 24	17 759. 91	752. 19	26 854. 35
四 川	23 813. 35	9 900. 56	4 187. 67	37 901. 58
贵 州	15 023. 37	7 582. 53	2 100. 57	24 706. 47
云 南	34 143. 59	14 769. 79	7 095. 68	56 009. 06
西 藏	1 773. 73	239. 45	1 359. 30	3 372. 48
陕 西	16 499. 82	32 874. 32	3 683. 07	53 057. 21
甘 肃	17 322. 48	17 027. 61	2 238. 86	36 588. 95
青 海	2 472. 38	13 504. 41	815. 46	16 792. 25
宁 夏	4 940. 97	12 586. 11	1 076. 12	18 603. 19
新 疆	6 301. 22	21 880. 08	3 338. 16	31 519. 46
合 计 Total	**834 654. 81**	**962 324. 51**	**127 029. 46**	**1 923 634. 40**

续表

地 区 Region	7月 July			
	乐透数字型 Lotto Games	竞猜型 Sports Betting	即开型 Instant Games	小 计 Subtotal
北 京	13 241.72	50 357.22	5 495.52	69 094.46
天 津	14 533.63	161 731.44	1 180.65	177 445.72
河 北	44 844.04	15 584.32	6 665.98	67 094.34
山 西	11 758.35	2 227.43	1 592.07	15 577.85
内蒙古	17 897.89	1 871.07	5 300.64	25 069.60
辽 宁	24 993.14	14 775.41	8 197.89	47 966.44
吉 林	21 823.82	3 938.08	5 219.25	30 981.15
黑龙江	37 113.63	35 519.61	4 232.94	76 866.18
上 海	20 048.08	141 690.24	1 990.47	163 728.80
江 苏	88 834.88	103 312.18	11 036.16	203 183.22
浙 江	56 822.96	68 987.44	6 035.61	131 846.01
安 徽	19 786.79	12 649.53	1 154.79	33 591.11
福 建	43 197.91	4 270.05	5 098.89	52 566.85
江 西	30 796.60	61 467.92	673.92	92 938.44
山 东	94 374.30	40 160.27	10 397.46	144 932.03
河 南	51 856.06	12 951.37	5 634.21	70 441.63
湖 北	18 715.72	17 757.55	1 674.98	38 148.25
湖 南	40 344.71	34 427.17	765.03	75 536.91
广 东	81 878.36	49 976.61	10 294.34	142 149.30
广 西	3 545.73	5 323.62	331.83	9 201.18
海 南	5 324.08	381.00	256.71	5 961.79
重 庆	8 072.75	16 971.02	452.16	25 495.94
四 川	23 912.91	8 752.85	3 892.80	36 558.56
贵 州	14 167.80	5 978.47	1 940.97	22 087.24
云 南	33 676.31	13 342.99	7 159.49	54 178.79
西 藏	2 003.50	220.60	1 436.04	3 660.14
陕 西	15 783.31	40 582.21	3 098.46	59 463.99
甘 肃	15 723.20	13 574.90	2 345.64	31 643.74
青 海	2 525.70	11 413.67	535.53	14 474.89
宁 夏	5 094.42	11 429.81	1 031.22	17 555.45
新 疆	6 571.65	27 712.28	4 026.51	38 310.44
合 计 Total	**869 263.96**	**989 338.33**	**119 148.15**	**1 977 750.44**

续表

地　区 Region	8月 Aug.			
	乐透数字型 Lotto Games	竞猜型 Sports Betting	即开型 Instant Games	小　计 Subtotal
北　京	13 002.70	6 554.01	4 940.34	24 497.05
天　津	14 055.15	20 637.19	1 198.92	35 891.26
河　北	44 283.54	19 509.63	9 932.96	73 726.13
山　西	11 485.30	1 772.31	1 736.01	14 993.61
内蒙古	16 632.13	1 065.80	5 021.67	22 719.61
辽　宁	23 082.37	7 467.55	3 037.92	33 587.84
吉　林	22 318.63	2 176.83	5 118.80	29 614.25
黑龙江	34 468.60	21 705.01	4 413.18	60 586.79
上　海	20 513.64	41 729.46	1 884.87	64 127.97
江　苏	82 850.83	54 220.06	8 395.03	145 465.93
浙　江	55 830.22	22 629.97	6 382.38	84 842.56
安　徽	18 982.72	5 319.44	1 181.43	25 483.59
福　建	41 500.40	3 002.94	5 102.49	49 605.83
江　西	29 050.02	30 865.59	512.37	60 427.98
山　东	89 285.21	32 842.94	11 777.99	133 906.14
河　南	55 274.16	11 488.48	5 114.82	71 877.46
湖　北	18 581.58	5 399.02	747.66	24 728.26
湖　南	34 275.71	18 053.32	628.95	52 957.99
广　东	69 864.90	92 787.51	13 191.14	175 843.55
广　西	3 235.18	4 341.90	364.59	7 941.67
海　南	5 067.15	275.78	252.00	5 594.93
重　庆	8 259.38	14 342.53	691.62	23 293.52
四　川	23 552.86	4 865.02	3 406.80	31 824.68
贵　州	13 565.03	2 035.33	1 580.16	17 180.52
云　南	32 366.34	4 529.89	6 948.33	43 844.56
西　藏	1 882.27	145.08	1 465.98	3 493.33
陕　西	15 109.57	32 080.20	2 948.76	50 138.53
甘　肃	13 996.02	841.03	2 316.36	17 153.41
青　海	2 588.26	6 397.18	648.15	9 633.59
宁　夏	4 438.59	9 089.49	963.30	14 491.38
新　疆	6 638.14	31 282.61	3 337.41	41 258.15
合　计 Total	**826 036.59**	**509 453.07**	**115 242.38**	**1 450 732.04**

续表

地 区 Region	9月 Sept. 乐透数字型 Lotto Games	竞猜型 Sports Betting	即开型 Instant Games	小 计 Subtotal
北 京	11 705. 93	6 256. 74	5 305. 38	23 268. 05
天 津	12 316. 57	13 632. 79	1 254. 48	27 203. 84
河 北	42 801. 80	48 810. 67	4 738. 20	96 350. 66
山 西	11 121. 10	2 277. 96	1 575. 06	14 974. 12
内蒙古	15 671. 12	1 391. 29	5 188. 50	22 250. 91
辽 宁	31 643. 30	7 864. 52	5 707. 95	45 215. 77
吉 林	21 681. 70	2 410. 50	5 179. 68	29 271. 89
黑龙江	33 482. 47	24 480. 51	4 363. 41	62 326. 39
上 海	19 062. 61	47 629. 65	2 011. 41	68 703. 67
江 苏	79 505. 73	62 194. 44	9 259. 13	150 959. 30
浙 江	54 885. 25	25 259. 59	7 087. 14	87 231. 98
安 徽	18 029. 88	10 102. 61	1 484. 16	29 616. 65
福 建	37 977. 68	6 286. 04	5 886. 30	50 150. 02
江 西	29 097. 67	38 019. 35	733. 77	67 850. 79
山 东	90 286. 51	29 732. 17	12 437. 13	132 455. 81
河 南	61 099. 18	11 330. 79	6 084. 51	78 514. 48
湖 北	17 730. 65	21 902. 08	860. 75	40 493. 47
湖 南	30 155. 63	14 858. 45	774. 16	45 788. 24
广 东	60 431. 12	88 841. 31	12 547. 91	161 820. 34
广 西	3 095. 08	5 241. 53	491. 70	8 828. 30
海 南	3 970. 34	318. 57	274. 89	4 563. 80
重 庆	7 113. 59	18 402. 20	721. 74	26 237. 53
四 川	23 154. 92	5 240. 48	3 578. 79	31 974. 18
贵 州	13 183. 93	2 135. 09	1 805. 64	17 124. 66
云 南	29 742. 47	4 933. 95	6 582. 12	41 258. 54
西 藏	1 972. 45	130. 83	1 521. 48	3 624. 76
陕 西	13 863. 87	17 913. 29	3 141. 48	34 918. 64
甘 肃	13 522. 42	982. 60	2 394. 89	16 899. 91
青 海	2 321. 08	5 799. 09	597. 54	8 717. 71
宁 夏	4 293. 10	6 250. 86	894. 06	11 438. 02
新 疆	7 186. 48	27 268. 33	3 680. 43	38 135. 23
合 计 Total	**802 105. 63**	**557 898. 25**	**118 163. 78**	**1 478 167. 66**

续表

地 区 Region	10月 Oct.			
	乐透数字型 Lotto Games	竞猜型 Sports Betting	即开型 Instant Games	小 计 Subtotal
北 京	12 627.66	5 920.33	4 970.91	23 518.91
天 津	12 472.98	15 449.96	1 069.32	28 992.26
河 北	51 181.34	33 608.88	6 581.94	91 372.15
山 西	11 300.52	2 448.69	1 723.62	15 472.82
内蒙古	17 253.43	1 279.99	4 983.03	23 516.45
辽 宁	27 639.71	7 545.37	3 711.30	38 896.38
吉 林	23 385.63	2 217.29	4 178.90	29 781.82
黑龙江	35 063.10	17 709.01	4 905.87	57 677.98
上 海	18 329.37	42 646.46	2 212.26	63 188.09
江 苏	84 831.93	48 505.48	8 978.94	142 316.35
浙 江	59 853.69	26 462.55	7 841.19	94 157.44
安 徽	18 588.15	21 617.55	1 388.55	41 594.25
福 建	44 296.49	8 029.80	7 993.53	60 319.81
江 西	32 162.83	26 107.66	2 985.12	61 255.61
山 东	120 273.66	26 478.59	10 945.28	157 697.52
河 南	59 835.76	13 258.91	7 110.27	80 204.94
湖 北	18 382.95	22 413.14	1 578.42	42 374.52
湖 南	31 932.93	16 340.88	1 046.43	49 320.24
广 东	62 564.59	77 963.41	13 377.74	153 905.73
广 西	3 298.33	7 452.39	941.85	11 692.57
海 南	5 522.50	297.32	427.53	6 247.35
重 庆	8 073.68	29 817.99	1 007.88	38 899.55
四 川	23 392.55	4 943.44	3 575.25	31 911.24
贵 州	14 096.73	1 927.44	1 793.79	17 817.96
云 南	31 363.69	4 849.38	6 478.38	42 691.45
西 藏	2 227.56	118.19	1 680.87	4 026.61
陕 西	16 524.59	8 104.44	3 681.78	28 310.81
甘 肃	16 296.73	1 064.25	2 152.64	19 513.62
青 海	2 391.64	4 146.14	472.44	7 010.22
宁 夏	4 392.22	9 092.98	788.28	14 273.48
新 疆	7 644.69	7 296.07	2 346.60	17 287.36
合 计 Total	**877 201.64**	**495 113.98**	**122 929.89**	**1 495 245.51**

续表

地 区 Region	11月 Nov.			
	乐透数字型 Lotto Games	竞猜型 Sports Betting	即开型 Instant Games	小 计 Subtotal
北 京	20 737.47	5 836.34	4 671.39	31 245.20
天 津	13 857.90	34 261.05	1 048.44	49 167.39
河 北	54 416.39	24 069.55	7 535.47	86 021.41
山 西	12 313.22	2 306.46	2 118.75	16 738.43
内蒙古	20 477.60	1 421.31	4 962.96	26 861.87
辽 宁	28 944.35	8 866.75	5 879.55	43 690.65
吉 林	24 987.51	2 555.01	4 851.21	32 393.73
黑龙江	38 460.70	16 377.04	4 084.05	58 921.80
上 海	19 689.60	26 133.84	1 977.03	47 800.46
江 苏	88 206.32	44 423.13	9 907.53	142 536.98
浙 江	63 243.34	20 240.64	8 641.41	92 125.39
安 徽	20 161.11	56 775.79	1 465.44	78 402.34
福 建	44 661.06	15 830.81	8 929.32	69 421.19
江 西	38 985.48	23 974.74	1 293.66	64 253.88
山 东	114 878.64	33 429.51	11 882.64	160 190.79
河 南	55 593.57	6 455.19	9 839.97	71 888.73
湖 北	19 076.42	51 393.22	734.03	71 203.66
湖 南	32 713.92	13 997.59	845.48	47 556.98
广 东	65 342.46	67 568.76	13 661.61	146 572.83
广 西	3 757.24	9 245.16	331.77	13 334.16
海 南	6 627.78	336.93	467.91	7 432.62
重 庆	9 860.35	16 352.53	922.92	27 135.80
四 川	25 662.65	5 908.73	3 532.11	35 103.49
贵 州	15 265.98	2 023.42	1 638.60	18 928.00
云 南	45 272.78	6 104.87	6 057.51	57 435.16
西 藏	2 223.30	145.85	1 150.92	3 520.07
陕 西	17 883.82	11 539.90	3 094.11	32 517.83
甘 肃	17 241.27	1 039.60	1 820.24	20 101.10
青 海	2 798.26	4 988.16	373.26	8 159.68
宁 夏	4 662.86	7 130.89	690.18	12 483.93
新 疆	8 393.65	4 953.16	2 522.25	15 869.06
合 计 Total	**936 396.99**	**525 685.92**	**126 931.70**	**1 589 014.61**

续表

地 区 Region	12月 Dec.			
	乐透数字型 Lotto Games	竞猜型 Sports Betting	即开型 Instant Games	小 计 Subtotal
北 京	31 058.77	11 735.21	4 331.19	47 125.16
天 津	15 450.19	8 142.24	836.46	24 428.88
河 北	57 645.47	26 806.22	6 739.90	91 191.59
山 西	12 360.59	1 894.11	3 428.07	17 682.77
内蒙古	22 634.54	1 544.26	4 252.26	28 431.06
辽 宁	32 487.03	20 275.15	3 374.31	56 136.49
吉 林	24 617.43	2 370.58	4 336.26	31 324.27
黑龙江	41 225.85	23 409.35	3 592.02	68 227.22
上 海	21 394.12	39 929.07	2 121.96	63 445.15
江 苏	89 184.75	66 548.95	8 892.20	164 625.89
浙 江	61 338.61	18 438.26	8 663.40	88 440.26
安 徽	20 989.19	47 225.24	4 398.21	72 612.64
福 建	44 492.93	6 062.97	11 046.03	61 601.93
江 西	40 536.20	31 107.10	1 466.00	73 109.30
山 东	113 700.26	55 581.16	13 281.48	182 562.90
河 南	55 718.46	7 833.92	3 858.87	67 411.25
湖 北	19 717.13	19 348.54	2 102.75	41 168.41
湖 南	35 993.44	22 031.26	630.98	58 655.67
广 东	73 756.59	74 375.04	17 717.45	165 849.08
广 西	3 823.49	14 661.19	390.96	18 875.64
海 南	6 767.17	452.62	1 056.79	8 276.58
重 庆	8 892.96	11 359.52	725.34	20 977.82
四 川	26 814.94	7 764.63	3 759.87	38 339.44
贵 州	16 124.03	1 867.09	1 759.83	19 750.95
云 南	38 893.84	5 511.30	6 984.48	51 389.62
西 藏	2 289.83	152.43	1 313.04	3 755.30
陕 西	18 225.48	19 875.79	3 410.91	41 512.18
甘 肃	17 895.77	845.13	1 712.67	20 453.57
青 海	2 809.50	6 772.76	329.82	9 912.08
宁 夏	5 160.79	653.77	527.49	6 342.05
新 疆	8 944.11	4 510.79	2 135.85	15 590.75
合 计 Total	**970 943.43**	**559 085.65**	**129 176.82**	**1 659 205.90**

续表

地　区 Region	合计 Total			
	乐透数字型 Lotto Games	竞猜型 Sports Betting	即开型 Instant Games	小　计 Subtotal
北　京	167 735.73	382 919.68	73 602.84	624 258.25
天　津	148 571.84	449 344.35	13 747.29	611 663.47
河　北	576 813.95	193 849.40	95 624.68	866 288.03
山　西	140 976.06	23 965.71	24 768.72	189 710.49
内蒙古	210 738.41	15 724.40	67 181.37	293 644.19
辽　宁	325 231.89	113 879.26	61 123.53	500 234.68
吉　林	274 708.90	30 980.34	59 834.24	365 523.48
黑龙江	440 400.56	204 661.63	58 318.17	703 380.36
上　海	200 655.53	634 539.10	27 152.46	862 347.09
江　苏	1 013 127.78	644 411.43	131 752.07	1 789 291.28
浙　江	672 528.01	309 853.81	89 313.48	1 071 695.30
安　徽	217 689.45	220 356.81	23 029.88	461 076.14
福　建	491 013.08	67 078.37	89 416.77	647 508.21
江　西	327 032.27	337 889.08	13 082.99	678 004.34
山　东	1 104 413.30	338 237.20	145 984.68	1 588 635.18
河　南	630 969.16	114 552.37	80 706.39	826 227.93
湖　北	218 609.17	177 173.02	12 924.77	408 706.95
湖　南	353 101.77	234 477.73	11 736.93	599 316.43
广　东	786 556.13	664 600.96	160 890.29	1 612 047.38
广　西	37 568.95	73 163.89	9 760.47	120 493.31
海　南	76 018.72	4 233.69	6 304.57	86 556.98
重　庆	94 584.59	177 464.01	10 205.52	282 254.12
四　川	276 074.80	69 743.05	56 586.35	402 404.19
贵　州	165 612.65	33 209.82	24 095.33	222 917.79
云　南	406 942.97	73 222.78	91 676.84	571 842.58
西　藏	20 727.73	1 669.60	16 320.03	38 717.36
陕　西	188 669.39	180 982.80	41 102.91	410 755.10
甘　肃	189 064.70	58 528.86	26 307.65	273 901.21
青　海	27 350.64	69 732.48	6 567.41	103 650.52
宁　夏	53 706.36	79 049.23	10 582.56	143 338.15
新　疆	80 482.38	168 493.79	35 626.68	284 602.85
合　计 Total	**9 917 676.88**	**6 147 988.66**	**1 575 327.81**	**17 640 993.36**

（国家体育总局体育彩票管理中心供稿）

（三）历年彩票销售统计资料

Sales Statistics of Lottery in Past Years

2005—2014 年中国福利彩票全国联网游戏品种销售统计

Sales Statistics of National Games of Welfare Lottery from 2005 to 2014

双 色 球

单位：万元

Unit: Ten Thousand Yuan

地 区 Region	游戏类型 Game Type	2005	2006	2007	2008	2009	2010	2011	2012	2013	2014	合 计 Total
北 京	乐透组合	119 490.06	123 316.59	121 983.94	141 372.33	168 462.42	178 801.92	230 925.86	238 395.99	237 406.52	262 459.71	1 822 615.35
天 津		14 992.84	17 645.74	18 256.88	23 242.80	34 065.25	43 636.24	59 399.76	70 071.30	77 893.73	143 334.58	502 539.11
河 北		50 580.04	64 456.51	69 247.26	92 853.92	117 992.31	136 215.68	168 394.71	195 276.81	182 447.25	178 571.18	1 256 035.67
山 西		26 261.60	35 515.31	38 441.17	47 650.23	61 558.69	69 938.13	85 420.43	99 458.58	98 957.24	92 833.87	656 035.24
内蒙古		22 672.58	28 923.03	30 865.80	43 650.33	63 811.61	70 031.43	97 907.70	103 460.99	135 945.07	181 132.94	778 401.49
辽 宁		82 544.97	102 893.95	109 338.81	131 922.53	161 044.89	171 705.99	197 180.75	218 378.50	211 457.08	203 203.98	1 589 671.44
吉 林		34 018.01	37 023.72	37 708.89	47 557.79	56 839.80	61 695.14	70 706.95	77 273.73	74 966.47	73 205.06	570 995.56
黑龙江		47 127.01	51 022.90	62 305.64	74 180.94	93 819.37	103 975.88	127 721.11	144 972.14	144 879.09	161 038.84	1 011 042.92
上 海		70 382.15	91 509.46	98 862.56	123 213.40	188 408.81	192 229.62	241 310.52	233 197.98	218 818.35	281 866.52	1 739 799.38
江 苏		55 384.38	80 962.74	100 073.00	159 735.40	253 779.53	291 829.58	340 082.64	351 933.00	317 509.11	304 314.23	2 255 603.60
浙 江		75 712.63	113 436.72	143 384.73	190 433.79	259 375.38	294 976.29	375 033.35	412 498.37	363 720.6	356 724.46	2 585 296.31
安 徽		40 369.51	56 848.20	61 623.54	80 779.67	116 068.96	128 606.87	163 358.00	193 282.55	187 267	199 809.57	1 228 013.86
福 建		12 977.68	17 207.15	26 971.04	42 545.09	72 199.63	102 147.11	145 015.80	172 277.03	163 427.18	162 554.45	917 322.16
江 西		24 740.07	29 631.49	35 158.14	42 790.63	55 797.83	92 889.30	137 545.35	190 187.28	219 449.72	239 477.97	1 067 667.78
山 东		65 472.80	86 679.63	108 343.93	146 225.90	182 798.76	205 906.02	262 365.35	305 181.48	304 495.64	298 940.88	1 966 410.38
河 南		44 302.02	52 644.29	59 493.30	79 346.18	106 352.44	138 751.93	181 662.29	204 973.61	213 547.92	215 518.04	1 296 592.02
湖 北		65 201.16	83 976.04	89 310.01	112 970.18	140 695.69	162 260.32	200 032.90	217 305.29	189 729.99	210 993.24	1 472 474.82
湖 南		34 088.81	48 856.81	54 773.01	73 875.56	106 621.61	129 860.88	166 256.30	182 660.22	183 450.02	186 376.27	1 166 819.46
广 东		153 101.79	226 712.62	268 663.26	325 540.15	467 958.39	506 980.22	621 004.43	678 920.66	696 569.11	674 812.60	4 620 263.24
广 西		21 137.70	25 798.20	31 950.26	44 596.78	65 205.45	76 686.99	104 264.50	159 605.65	195 205.93	154 533.68	878 985.13
海 南		11 509.46	10 935.64	12 084.13	14 733.09	19 201.44	23 577.82	33 091.62	37 542.26	37 602.07	34 628.84	234 906.36
重 庆		38 403.95	42 747.03	47 326.09	58 489.26	79 840.08	101 495.58	130 859.92	131 434.60	170 041.16	253 706.52	1 054 344.19
四 川		50 458.97	67 348.32	71 446.92	92 726.32	139 858.26	160 410.58	197 137.45	235 593.15	223 847.84	224 604.45	1 463 432.27
贵 州		24 438.09	29 886.68	34 487.85	45 570.02	63 452.85	68 532.10	79 511.53	93 051.89	91 846.02	94 089.63	624 866.66
云 南		51 627.94	67 634.88	68 644.21	84 258.41	113 938.92	134 587.99	156 448.85	179 021.02	178 597.6	171 578.06	1 206 337.87
西 藏		3 746.11	4 917.87	5 399.78	7 149.40	8 026.07	8 087.59	8 825.15	9 638.93	9 190.98	9 216.46	74 198.33
陕 西		33 873.33	41 774.46	50 154.30	61 870.10	87 252.80	98 374.34	127 637.94	149 198.61	150 812.66	147 986.45	948 934.99
甘 肃		18 962.32	24 412.96	25 715.95	36 497.07	45 863.75	50 448.61	59 127.88	68 552.56	71 202.28	69 680.73	470 464.11
青 海		8 565.21	9 345.93	8 855.61	12 022.74	15 594.34	17 104.75	20 755.18	27 455.78	27 591.22	24 625.06	171 915.81
宁 夏		9 642.65	11 164.88	11 912.30	14 897.33	19 760.47	24 149.07	29 574.41	37 821.20	39 742.79	44 446.60	243 111.71
新 疆		—	—	—	20 334.82	35 782.51	42 126.28	55 996.12	69 063.66	72 239.84	75 784.20	371 327.43
合 计 Total		1 311 785.82	1 685 229.75	1 902 782.29	2 473 032.15	3 401 428.31	3 888 020.25	4 874 554.74	5 487 684.78	5 489 857.43	5 732 049.07	36 246 424.64

3D

单位：万元

Unit：Ten Thousand Yuan

地　区 Region	游戏类型 Game Type	2005	2006	2007	2008	2009	2010	2011	2012	2013	2014	合　计 Total
北　京	乐透排列	48 788.14	47 381.92	50 773.22	58 620.44	67 563.38	70 528.36	73 366.04	79 817.34	84 192.20	85 845.31	666 876.35
天　津		17 809.05	25 260.55	19 065.93	18 629.93	22 075.03	19 932.51	23 943.26	23 428.81	24 100.57	27 537.38	221 783.02
河　北		85 441.73	104 696.92	102 882.70	92 657.60	99 457.98	99 447.40	118 440.89	125 711.11	79 484.22	63 017.53	971 238.08
山　西		46 606.76	59 585.76	62 239.40	59 066.95	66 191.82	57 444.15	64 809.07	71 940.27	67 611.23	48 039.65	603 535.08
内蒙古		27 244.37	45 390.58	59 999.29	68 275.45	62 496.00	60 001.39	66 299.21	68 224.92	68 737.13	60 635.55	587 303.89
辽　宁		121 450.55	206 570.52	204 638.75	186 067.43	213 762.57	204 822.49	206 665.91	167 495.66	142 218.06	128 636.60	1 782 328.54
吉　林		53 026.20	84 916.81	101 734.65	84 929.08	81 420.75	65 272.46	62 204.88	59 640.23	41 022.57	36 668.28	670 835.91
黑龙江		212 203.13	138 331.76	112 391.71	93 312.41	96 536.96	86 369.24	77 759.57	64 180.59	57 848.81	54 700.02	993 634.19
上　海		7 437.33	7 466.51	8 946.44	10 858.39	27 688.30	24 644.13	44 302.89	30 524.48	32 610.83	44 000.39	238 479.68
江　苏		52 174.20	78 559.90	90 647.56	72 346.32	100 552.00	130 318.64	122 016.45	75 125.92	61 594.33	54 102.77	837 438.08
浙　江		53 452.75	72 012.41	86 195.04	83 077.70	108 908.91	122 306.19	147 070.83	150 172.30	104 786.26	91 371.38	1 019 353.76
安　徽		45 854.17	40 426.83	40 912.82	33 817.09	43 573.70	38 800.63	45 416.95	50 505.45	42 045.73	36 489.94	417 843.30
福　建		10 258.94	13 608.17	23 314.71	22 315.25	15 420.90	14 135.07	14 202.02	15 021.35	13 446.62	12 584.59	154 307.62
江　西		19 742.97	11 413.55	12 128.73	10 940.92	8 065.24	11 315.61	14 423.04	35 814.51	50 979.31	71 958.62	246 782.48
山　东		319 628.23	174 492.09	136 967.97	135 690.63	125 917.34	109 038.82	119 249.08	115 197.71	104 325.82	90 376.86	1 430 884.56
河　南		73 569.77	64 130.23	56 144.55	54 380.81	55 575.93	59 936.71	81 885.75	71 101.52	61 029.13	57 366.00	635 120.41
湖　北		175 598.26	130 298.75	124 983.64	112 884.61	113 666.96	112 603.18	119 620.47	115 633.97	87 000.04	83 071.26	1 175 361.14
湖　南		60 525.36	58 513.80	63 621.34	46 855.90	56 371.96	65 786.96	79 799.44	73 093.51	70 957.50	68 034.58	643 560.34
广　东		96 043.52	81 761.07	73 822.73	68 102.31	70 378.25	64 589.03	67 844.54	67 040.34	70 215.61	66 684.39	726 481.79
广　西		23 461.82	18 203.48	12 210.87	9 365.12	10 143.09	12 074.32	14 476.50	23 599.60	24 171.79	16 499.60	164 206.19
海　南		2 149.01	1 148.69	809.69	577.52	650.72	898.93	1 159.33	1 260.13	1 306.15	1 437.94	11 398.11
重　庆		13 362.80	6 724.72	8 336.02	9 230.94	14 997.03	16 257.46	17 632.30	23 019.03	28 187.57	28 784.06	166 531.92
四　川		53 113.62	97 187.68	99 869.05	93 896.10	110 421.94	110 453.14	105 227.98	103 434.38	93 153.96	84 703.03	951 460.88
贵　州		10 908.93	25 564.75	32 111.51	39 283.02	54 340.58	54 288.76	53 388.61	54 969.99	43 498.61	40 216.22	408 570.98
云　南		43 414.00	68 126.85	90 217.10	94 127.09	119 872.54	131 470.11	152 492.30	157 386.73	151 479.12	146 459.19	1 155 045.04
西　藏		588.48	2 773.91	5 212.15	9 827.72	12 485.66	12 627.80	13 119.29	11 897.53	10 181.88	7 819.11	86 533.52
陕　西		68 854.97	56 671.42	56 477.79	56 621.20	77 060.40	88 404.20	116 946.95	119 227.47	100 173.66	88 177.66	828 615.73
甘　肃		19 270.49	30 426.71	45 548.90	48 339.10	59 369.90	56 533.39	60 888.95	68 976.83	65 340.26	42 589.62	497 284.15
青　海		7 090.90	10 426.82	11 850.65	13 777.31	18 917.53	18 094.22	19 082.98	23 051.53	23 436.09	20 653.15	166 381.18
宁　夏		8 027.49	14 819.61	16 485.81	15 427.87	17 378.26	19 108.92	20 584.83	22 202.96	25 770.24	21 237.17	181 043.16
新　疆		80 673.49	96 161.03	74 559.75	48 131.01	43 229.49	29 924.07	27 772.93	27 445.40	26 176.38	25 654.33	479 727.89
合　计 Total		**1 857 771.44**	**1 873 053.82**	**1 885 100.50**	**1 751 433.19**	**1 974 491.12**	**1 967 428.28**	**2 152 093.26**	**2 096 141.53**	**1 857 081.68**	**1 705 352.17**	**19 119 946.98**

七乐彩

单位：万元

Unit: Ten Thousand Yuan

地区 Region	游戏类型 Game Type	2005	2006	2007	2008	2009	2010	2011	2012	2013	2014	合计 Total
北京	乐透组合	—	—	6 195.80	4 598.97	3 665.01	2 918.19	2 633.29	2 860.00	2 754.66	2 370.79	27 996.70
天津		—	—	2 093.08	1 561.49	1 336.81	1 465.84	1 453.03	1 933.53	2 045.59	2 844.95	14 734.32
河北		—	—	11 764.55	8 432.33	6 741.50	6 255.66	6 609.88	7 232.28	6 018.38	5 385.88	58 440.46
山西		—	—	3 630.53	2 464.45	2 151.89	2 188.33	2 412.91	2 492.58	2 235.86	1 888.59	19 465.14
内蒙古		—	—	4 159.35	3 182.57	2 689.14	2 578.68	3 163.43	3 036.58	3 977.80	4 853.68	27 641.22
辽宁		—	—	18 195.38	10 650.42	8 180.76	7 256.76	6 745.75	6 461.57	5 486.83	5 071.01	68 048.48
吉林		—	—	4 342.96	2 891.50	2 309.95	2 227.75	2 121.05	2 185.37	1 763.28	1 680.48	19 522.33
黑龙江		—	—	7 071.05	4 267.15	3 416.59	3 249.35	3 319.26	2 918.83	2 578.66	2 426.67	29 247.55
上海		—	—	8 840.49	7 193.97	7 847.61	5 876.99	6 831.20	4 940.63	4 209.70	4 213.73	49 954.33
江苏		—	—	10 746.53	8 982.49	9 262.45	8 702.89	7 942.04	7 240.98	5 970.43	5 498.77	64 346.57
浙江		—	—	17 094.06	12 061.12	11 134.48	10 360.89	10 233.02	10 636.78	8 118.16	6 608.44	86 246.94
安徽		—	—	7 161.18	5 214.58	4 871.34	4 543.61	4 603.43	4 769.62	4 322.74	4 206.79	39 693.29
福建		—	—	7 064.27	6 879.29	7 183.50	7 979.42	8 702.84	11 274.51	9 259.04	8 489.32	66 832.20
江西		—	—	3 292.44	2 509.81	2 064.19	2 640.43	3 374.67	6 860.28	8 603.40	11 355.65	40 700.87
山东		—	—	68 376.78	61 669.28	52 837.19	47 189.44	46 848.29	46 944.93	40 084.33	35 977.62	399 927.86
河南		—	—	7 529.15	5 024.93	4 475.58	4 447.76	4 618.29	4 768.94	4 390.95	3 979.13	39 234.73
湖北		—	—	8 697.49	4 855.00	4 055.43	3 626.09	3 691.44	4 209.59	3 173.90	3 524.70	35 833.65
湖南		—	—	7 243.25	4 280.12	3 907.47	3 629.22	3 580.87	3 811.86	3 346.50	3 169.35	32 968.63
广东		—	—	3 302.54	2 427.12	2 311.71	2 041.79	1 676.70	1 823.84	1 669.94	1 330.09	16 583.71
广西		—	—	9 688.98	6 835.01	6 633.58	6 552.52	6 458.83	8 232.64	8 891.54	6 291.06	59 584.17
海南		—	—	508.33	198.83	177.17	207.90	217.00	231.27	205.45	226.91	1 972.86
重庆		—	—	2 594.25	1 429.45	1 650.78	1 900.64	1 944.86	1 647.89	2 079.23	1 422.43	14 669.54
四川		—	—	5 032.72	2 978.63	2 889.56	2 775.71	2 649.96	2 911.80	2 664.89	2 485.52	24 388.78
贵州		—	—	1 750.34	1 012.63	986.20	924.15	879.60	988.63	874.74	750.81	8 167.10
云南		—	—	4 862.70	3 681.18	3 373.05	3 306.51	3 228.50	3 615.41	4 133.89	3 221.16	29 422.39
西藏		—	—	504.24	364.11	267.74	224.73	181.73	166.57	139.43	119.25	1 967.80
陕西		—	—	5 454.57	3 460.90	3 322.20	3 422.77	3 526.64	3 894.29	3 639.87	3 283.24	30 004.49
甘肃		—	—	3 006.68	2 020.15	1 678.97	1 504.27	1 569.82	1 667.87	1 618.37	1 351.92	14 418.05
青海		—	—	708.11	453.60	364.29	316.16	351.40	653.67	468.80	384.27	3 700.31
宁夏		—	—	1 133.40	731.45	670.27	699.88	773.79	874.69	920.69	748.32	6 552.48
新疆		—	—	7 083.04	3 705.04	2 479.89	2 258.76	2 375.20	2 636.91	2 146.50	1 931.74	24 617.08
合计 Total		—	—	**249 128.24**	**186 017.55**	**164 936.30**	**153 273.05**	**154 718.74**	**163 924.35**	**147 793.59**	**137 092.26**	**1 356 884.07**

开 乐 彩

单位：万元
Unit：Ten Thousand Yuan

地 区 Region	游戏类型 Game Type	2005	2006	2007	2008	2009	2010	2011	2012	2013	2014	合 计 Total
天 津	基诺	—	—	—	—	125. 85	9. 27	—	3. 50	—	—	138. 62
河 北		—	—	—	—	4 613. 50	11 564. 56	—	25 168. 17	7 045. 93	2 794. 59	51 186. 75
山 西		—	—	—	—	5 346. 27	3 061. 68	—	1 860. 68	972. 94	313. 05	11 554. 62
内蒙古		—	—	—	—	9. 95	17. 62	—				27. 57
辽 宁		—	—	—	—	6 944. 54	8 695. 43	—	7 182. 33	1 539. 71	573. 24	24 935. 25
吉 林		—	—	—	—	2 611. 05	4 700. 55	—	1 966. 15	474. 44	143. 77	9 895. 95
安 徽		—	—	—	—	—	—	—	—	—	—	—
福 建		—	—	—	—	5. 63	1. 92	—	—	—	—	7. 55
山 东		—	—	—	—	2 968. 78	1 948. 62	—	1 029. 85	277. 18	122. 65	6 347. 08
河 南		—	—	—	—	10. 21	6. 47	—	0. 43	—	—	17. 11
湖 北		—	—	—	—	5. 22	—	—	—	—	—	5. 22
湖 南		—	—	—	—	13 050. 60	4 391. 30	—	448. 21	89. 99	55. 16	18 035. 26
广 东		—	—	—	—	52. 82	39. 99	—	4. 52	0. 83	0. 64	98. 80
四 川		—	—	—	—	5 049. 93	3 861. 22	—	348. 82	37. 86	9. 27	9 307. 10
云 南		—	—	—	—	14. 73	4. 12	—	—	—		18. 85
陕 西		—	—	—	—	9. 32	64. 99	—	215. 79	56. 90	17. 74	364. 73
甘 肃		—	—	—	—	6 158. 34	3 121. 79	—	4 013. 41	4 486. 00	3 968. 98	21 748. 51
宁 夏		—	—	—	—	1. 29	0. 08	—	—	—		1. 37
合计 Total		**—**	**—**	**—**	**—**	**46 978. 03**	**41 489. 61**	**—**	**42 241. 87**	**14 981. 78**	**7 999. 06**	**153 690. 35**

2005—2014年中国福利彩票区域联网游戏品种销售统计

Sales Statistics of Inter-Regional Games of Welfare Lottery from 2005 to 2014

15 选 5

单位：万元

Unit: Ten Thousand Yuan

地 区 Region	游戏类型 Game Type	2005	2006	2007	2008	2009	2010	2011	2012	2013	2014	合 计 Total
上 海	乐透组合	—	—	1 444. 10	5 131. 33	4 521. 69	6 186. 19	4 848. 79	3 810. 64	4 294. 76	6 069. 99	36 307. 49
江 苏		—	—	2 183. 53	17 900. 75	20 099. 60	28 162. 62	19 335. 61	9 531. 71	8 942. 62	8 292. 09	114 448. 53
浙 江		—	—	2 630. 39	20 819. 45	17 383. 63	28 431. 11	19 045. 94	14 615. 74	8 634. 76	6 245. 00	117 806. 02
安 徽		—	—	1 314. 02	8 135. 29	7 752. 67	8 316. 42	6 591. 48	8 956. 06	10 910. 74	11 859. 21	63 835. 89
福 建		—	—	1 721. 67	10 356. 48	6 734. 67	9 664. 92	5 846. 83	4 674. 47	4 858. 22	3 812. 12	47 669. 38
江 西		—	—	713. 29	3 089. 47	1 876. 01	2 369. 75	1 649. 01	1 708. 42	3 020. 05	1 969. 05	16 395. 04
合 计 Total		—	—	**10 007. 00**	**65 432. 77**	**58 368. 27**	**83 131. 01**	**57 317. 66**	**43 297. 04**	**40 661. 15**	**38 247. 46**	**396 462. 35**

20 选 5

单位：万元

Unit: Ten Thousand Yuan

地 区 Region	游戏类型 Game Type	2005	2006	2007	2008	2009	2010	2011	2012	2013	2014	合 计 Total
甘 肃	乐透组合	1 662. 84	1 100. 50	—	—	—	—	—	—	—	—	2 763. 34
宁 夏		554. 73	231. 72	—	—	—	—	—	—	—	—	786. 45
青 海		243. 90	34. 77	—	—	—	—	—	—	—	—	278. 67
合 计 Total		**2 461. 46**	**1 366. 99**	—	—	—	—	—	—	—	—	**3 828. 45**

22 选 5

单位：万元

Unit: Ten Thousand Yuan

地 区 Region	游戏类型 Game Type	2005	2006	2007	2008	2009	2010	2011	2012	2013	2014	合 计 Total
四 川	乐透组合	2 113. 39	2 092. 80	1 742. 09	1 595. 58	1 429. 03	1 051. 87	739. 03	620. 50	523. 01	491. 85	12 399. 15
贵 州		2 357. 35	2 526. 52	2 127. 38	1 755. 21	1 584. 63	940. 17	673. 33	562. 16	403. 80	308. 05	13 238. 61
云 南		8 739. 00	8 671. 12	7 314. 51	6 960. 35	5 691. 07	4 297. 53	3 312. 18	2 664. 96	2054. 93	1631. 38	51 337. 05
合 计 Total		**13 209. 74**	**13 290. 44**	**11 183. 98**	**10 311. 14**	**8 704. 73**	**6 289. 58**	**4 724. 54**	**3 847. 62**	**2 981. 74**	**2 431. 29**	**76 974. 82**

25 选 7

单位：万元

Unit：Ten Thousand Yuan

地 区 Region	游戏类型 Game Type	2005	2006	2007	2008	2009	2010	2011	2012	2013	2014	合 计 Total
甘 肃	乐透组合	247. 44	56. 29	—	—	—	—	—	—	—	—	303. 72
宁 夏		59. 81	7. 44	—	—	—	—	—	—	—	—	67. 26
青 海		24. 09	1. 62	—	—	—	—	—	—	—	—	25. 71
合 计 Total		**331. 34**	**65. 35**	—	—	—	—	—	—	—	—	**396. 69**

25 选 7 好运 2

单位：万元

Unit：Ten Thousand Yuan

地 区 Region	游戏类型 Game Type	2005	2006	2007	2008	2009	2010	2011	2012	2013	2014	合 计 Total
甘 肃	乐透组合	19. 90	4. 99	—	—	—	—	—	—	—	—	24. 89
宁 夏		4. 54	0. 47	—	—	—	—	—	—	—	—	5. 01
青 海		2. 19	0. 14	—	—	—	—	—	—	—	—	2. 33
合 计 Total		**26. 64**	**5. 60**	—	—	—	—	—	—	—	—	**32. 23**

25 选 7 好运 3

单位：万元

Unit：Ten Thousand Yuan

地 区 Region	游戏类型 Game Type	2005	2006	2007	2008	2009	2010	2011	2012	2013	2014	合 计 Total
甘 肃	乐透组合	44. 58	14. 13	—	—	—	—	—	—	—	—	58. 71
宁 夏		10. 93	1. 49	—	—	—	—	—	—	—	—	12. 42
青 海		4. 64	0. 34	—	—	—	—	—	—	—	—	4. 98
合 计 Total		**60. 15**	**15. 96**	—	—	—	—	—	—	—	—	**76. 11**

25 选 7 好运 4

单位：万元

Unit：Ten Thousand Yuan

地 区 Region	游戏类型 Game Type	2005	2006	2007	2008	2009	2010	2011	2012	2013	2014	合 计 Total
甘 肃	乐透组合	30. 24	10. 13	—	—	—	—	—	—	—	—	40. 38
宁 夏		9. 09	1. 06	—	—	—	—	—	—	—	—	10. 15
青 海		2. 73	0. 24	—	—	—	—	—	—	—	—	2. 97
合 计 Total		**42. 06**	**11. 44**	—	—	—	—	—	—	—	—	**53. 50**

25选7好运5

单位：万元

Unit: Ten Thousand Yuan

地区 Region	游戏类型 Game Type	2005	2006	2007	2008	2009	2010	2011	2012	2013	2014	合计 Total
甘肃	乐透组合	16.77	6.09	—	—	—	—	—	—	—	—	22.86
宁夏		4.18	0.62	—	—	—	—	—	—	—	—	4.80
青海		1.53	0.22	—	—	—	—	—	—	—	—	1.75
合计 Total		**22.48**	**6.93**	—	—	—	—	—	—	—	—	**29.41**

36选7

单位：万元

Unit: Ten Thousand Yuan

地区 Region	游戏类型 Game Type	2005	2006	2007	2008	2009	2010	2011	2012	2013	2014	合计 Total
甘肃	乐透组合	1 571.48	905.44	—	—	—	—	—	—	—	—	2 476.92
宁夏		256.77	79.91	—	—	—	—	—	—	—	—	336.68
青海		107.98	14.19	—	—	—	—	—	—	—	—	122.17
合计 Total		**1 936.23**	**999.54**	—	—	—	—	—	—	—	—	**2 935.77**

37选7

单位：万元

Unit: Ten Thousand Yuan

地区 Region	游戏类型 Game Type	2005	2006	2007	2008	2009	2010	2011	2012	2013	2014	合计 Total
上海	乐透组合	21 621.96	20 080.55	15 028.07	1 263.00	—	—	—	—	—	—	57 993.58
江苏		4 959.08	6 286.21	3 974.76	331.07	—	—	—	—	—	—	15 551.13
浙江		7 631.64	10 496.96	6 020.21	494.35	—	—	—	—	—	—	24 643.17
安徽		1 299.97	2 243.25	1 101.49	81.91	—	—	—	—	—	—	4 726.63
福建		1 973.18	2 486.31	2 528.15	301.30	—	—	—	—	—	—	7 288.95
江西		729.10	1 007.26	454.35	32.94	—	—	—	—	—	—	2 223.65
合计 Total		**38 214.94**	**42 600.55**	**29 107.03**	**2 504.59**	—	—	—	—	—	—	**112 427.10**

37 选 7

单位：万元

Unit：Ten Thousand Yuan

地 区 Region	游戏类型 Game Type	2005	2006	2007	2008	2009	2010	2011	2012	2013	2014	合 计 Total
四 川	乐透组合	83. 24	54. 34	—	—	—	—	—	—	—	—	137. 58
贵 州		68. 66	42. 01	—	—	—	—	—	—	—	—	110. 67
云 南		186. 66	132. 86	—	—	—	—	—	—	—	—	319. 52
合 计 Total		**338. 56**	**229. 21**	—	—	—	—	—	—	—	—	**567. 77**

37 选 7 好运 2

单位：万元

Unit：Ten Thousand Yuan

地 区 Region	游戏类型 Game Type	2005	2006	2007	2008	2009	2010	2011	2012	2013	2014	合 计 Total
四 川	乐透组合	52. 71	25. 04	—	—	—	—	—	—	—	—	77. 75
贵 州		28. 73	13. 42	—	—	—	—	—	—	—	—	42. 16
云 南		107. 34	56. 29	—	—	—	—	—	—	—	—	163. 63
合 计 Total		**188. 79**	**94. 75**	—	—	—	—	—	—	—	—	**283. 54**

37 选 7 好运 3

单位：万元

Unit：Ten Thousand Yuan

地 区 Region	游戏类型 Game Type	2005	2006	2007	2008	2009	2010	2011	2012	2013	2014	合 计 Total
四 川	乐透组合	296. 61	132. 09	—	—	—	—	—	—	—	—	428. 70
贵 州		297. 27	126. 39	—	—	—	—	—	—	—	—	423. 67
云 南		639. 70	269. 17	—	—	—	—	—	—	—	—	908. 86
合 计 Total		**1 233. 59**	**527. 65**	—	—	—	—	—	—	—	—	**1 761. 23**

数　字　6

单位：万元

Unit: Ten Thousand Yuan

地　区 Region	游戏类型 Game Type	2005	2006	2007	2008	2009	2010	2011	2012	2013	2014	合　计 Total
辽　宁	乐透排列	—	—	—	1 547.96	—	—	—	—	—	—	1 547.96
上　海	乐透排列	—	—	—	7 619.75	—	—	—	—	—	—	7 619.75
江　苏	乐透排列	—	—	—	12 308.24	—	—	—	—	—	—	12 308.24
浙　江	乐透排列	—	—	—	17 968.09	—	—	—	—	—	—	17 968.09
安　徽	乐透排列	—	—	—	3 277.75	—	—	—	—	—	—	3 277.75
福　建	乐透排列	—	—	—	2 617.53	—	—	—	—	—	—	2 617.53
江　西	乐透排列	—	—	—	817.08	—	—	—	—	—	—	817.08
合　计 Total		—	—	—	**46 156.40**	—	—	—	—	—	—	**46 156.40**

东　方　6+1

单位：万元

Unit: Ten Thousand Yuan

地　区 Region	游戏类型 Game Type	2005	2006	2007	2008	2009	2010	2011	2012	2013	2014	合　计 Total
辽　宁	乐透排列	—	—	—	—	1 471.30	1 177.44	770.88	613.07	507.36	447.60	4 987.64
上　海	乐透排列	—	—	—	—	5 184.69	4 093.72	2 974.22	2 119.44	2 010.29	1 881.44	18 263.80
江　苏	乐透排列	—	—	—	—	7 548.52	6 716.30	4 847.66	3 944.65	4 091.24	3 767.99	30 916.35
浙　江	乐透排列	—	—	—	—	12 646.29	12 852.76	9 071.56	6 736.76	5 860.07	5 639.92	52 807.36
安　徽	乐透排列	—	—	—	—	2 469.85	2 415.85	1 666.74	1 330.07	1 398.62	1 321.91	10 603.04
福　建	乐透排列	—	—	—	—	1 677.67	2 236.18	1 608.66	1 370.32	1 347.43	1 261.68	9 501.94
江　西	乐透排列	—	—	—	—	324.68	393.80	232.20	229.02	364.65	463.21	2 007.56
合　计 Total		—	—	—	—	**31 323.00**	**29 886.05**	**21 171.92**	**16 343.31**	**15 579.66**	**14 783.74**	**129 087.69**

2005—2014 年中国福利彩票地方游戏品种销售情况表

Sales Statistics of Regional Games of Welfare Lottery from 2005 to 2014

单位：万元

Unit: Ten Thousand Yuan

地区 Region	游戏类型 Game Type	游戏名称 Game Name	2005	2006	2007	2008	2009	2010	2011	2012	2013	2014	合计 Total
北京	乐透组合	北京 32 选 7	1 104.05	—	—	—	—	—	—	—	—	—	1 104.05
		北京 36 选 7	2 008.20	—	—	—	—	—	—	—	—	—	2 008.20
		北京快 3	—	—	—	—	—	—	—	—	—	7 066.49	7 066.49
		北京快乐 8	33 679.43	55 887.99	55 903.36	55 190.44	50 259.81	66 610.01	81 016.53	75 802.35	71 896.71	73 637.15	619 883.78
		北京两步彩	2 115.37	2 414.72	3 164.00	1 111.16	625.78	431.97	1 244.78	426.88	75.50	—	11 610.15
	乐透排列	北京 PK 拾	—	—	178.55	1 689.52	4 519.53	7 771.39	9 458.80	10 236.33	10 068.72	11 122.10	55 044.95
天津	乐透组合	天津 15 选 5	5 650.08	5 596.43	4 439.97	5 359.79	5 275.47	2 640.22	2 029.82	675.35	—	—	31 667.14
		天津 15 选 5 好运彩	—	—	—	—	—	—	—	—	—	—	—
		天津 15 选 5 好运 2	—	—	—	—	69.22	31.89	18.76	6.04	—	—	125.92
		天津 15 选 5 好运 3	1 625.17	1 297.39	1 119.39	1 305.08	1 145.36	596.60	419.61	131.18	—	—	7 639.79
		天津 15 选 5 好运 4	—	—	—	—	588.16	462.06	350.25	119.88	—	—	1 520.35
		天津 25 选 5	64.30	—	—	—	—	—	—	—	—	—	64.30
		天津 25 选 5 好运 2	9.59	—	—	—	—	—	—	—	—	—	9.59
		天津 30 选 7	—	—	—	—	—	—	—	—	—	—	—
		天津 35 选 7	—	—	—	—	—	—	—	—	—	—	—
		天津快乐十分	—	—	—	—	—	—	14 286.01	75 069.75	139 553.40	179 315.54	408 224.70
	乐透排列	天津 C061	—	—	—	—	—	—	—	—	—	—	—
		天津时时彩	—	—	—	—	2 282.94	18 010.57	9 780.32	2 218.24	1 157.27	180.76	33 630.10

续表

地区 Region	游戏类型 Game Type	游戏名称 Game Name	2005	2006	2007	2008	2009	2010	2011	2012	2013	2014	合计 Total
河北	乐透组合	河北 20 选 5	18 166.31	17 821.43	14 863.63	15 086.61	13 237.92	11 445.67	10 792.28	9 860.42	6 331.00	5 455.10	123 060.37
		河北 20 选 5 好运 2	628.79	929.26	780.78	439.45	255.15	131.52	129.93	107.25	49.05	28.40	3 479.59
		河北 20 选 5 好运 3	1 728.77	2 003.18	1 266.96	789.01	560.79	539.01	343.34	327.69	247.03	188.01	7 993.78
		河北 29 选 7	3 196.28	3 690.79	—	—	—	—	—	—	—	—	6 887.07
		河北 30 选 7	—	—	—	—	—	—	—	—	—	—	—
		河北 33 选 7	—	—	—	—	—	—	—	—	—	—	—
		河北 36 选 7	—	—	—	—	—	—	—	—	—	—	—
		河北快 3	—	—	—	—	—	—	—	26 234.26	274 326.79	363 081.53	663 642.58
	乐透排列	河北数字 5	676.06	726.42	616.65	2 230.80	372.38	317.53	301.96	302.92	189.79	174.65	5 909.16
		河北数字 7	2 676.97	3 504.88	2 693.65	495.58	1 747.69	1 593.11	1 454.58	1 327.47	1 114.88	991.47	17 600.28
		河北 C050	—	—	—	—	—	—	—	—	—	—	—
		河北 C061	—	—	—	—	—	—	—	—	—	—	—
		河北 C070	—	—	—	—	—	—	—	—	—	—	—
山西	乐透组合	山西 15 选 5	—	—	—	—	—	—	—	—	—	—	—
		山西 18 选 6 + 1	52.41	—	—	—	—	—	—	—	—	—	52.41
		山西 18 选 6 + 1 好运 1	0.52	—	—	—	—	—	—	—	—	—	0.52
		山西 18 选 6 + 1 好运 2	0.92	—	—	—	—	—	—	—	—	—	0.92
		山西 18 选 6 + 1 好运 3	2.23	—	—	—	—	—	—	—	—	—	2.23
		山西 18 选 6 + 1 好运 4	4.67	—	—	—	—	—	—	—	—	—	4.67
		山西 21 选 5	2 559.91	2 295.96	2 622.61	2 724.23	1 962.70	1 388.06	1 294.99	1 078.41	951.93	—	16 878.80
		山西 21 选 5 好运 2	226.29	188.32	196.73	179.32	123.97	91.46	81.99	74.48	56.66	—	1 219.22
		山西 21 选 5 好运 3	972.37	812.08	907.67	928.19	641.21	479.88	424.37	371.54	290.72	—	5 828.03

续表

地　区 Region	游戏类型 Game Type	游戏名称 Game Name	2005	2006	2007	2008	2009	2010	2011	2012	2013	2014	合计 Total
山　西	乐透组合	山西 21 选 5 好运 4	270. 95	231. 31	242. 84	260. 97	190. 75	145. 53	136. 74	117. 51	93. 68	—	1 690. 27
		山西 29 选 7	—	—	—	—	—	—	—	—	—	—	—
		山西 31 选 7	—	—	—	—	—	—	—	—	—	—	—
		山西 35 选 7	24. 64	—	—	—	—	—	—	—	—	—	24. 64
		山西 35 选 7 好运 1	0. 22	—	—	—	—	—	—	—	—	—	0. 22
		山西 35 选 7 好运 2	0. 34	—	—	—	—	—	—	—	—	—	0. 34
		山西 35 选 7 好运 3	1. 06	—	—	—	—	—	—	—	—	—	1. 06
		山西 35 选 7 好运 4	1. 77	—	—	—	—	—	—	—	—	—	1. 77
		山西快乐十分	—	—	—	—	—	—	—	—	19 512. 71	166 605. 69	186 118. 40
	乐透排列	山西时时彩	—	—	—	—	—	2. 78	1 263. 95	1 498. 95	14 037. 34	3 800. 64	20 603. 66
内蒙古	乐透组合	内蒙古 21 选 5	—	—	—	932. 38	279. 74	—	—	—	—	—	1 212. 12
		内蒙古 21 选 5 好运 2	—	—	—	55. 60	15. 48	—	—	—	—	—	71. 08
		内蒙古 21 选 5 好运 3	—	—	—	223. 08	67. 14	—	—	—	—	—	290. 22
		内蒙古 21 选 5 好运 4	—	—	—	30. 09	8. 21	—	—	—	—	—	38. 30
		内蒙古 22 选 5	4 443. 94	1 933. 89	1 233. 68	—	—	—	—	—	—	—	7 611. 51
		内蒙古 22 选 5 好运 2	—	254. 41	112. 93	—	—	—	—	—	—	—	367. 34
		内蒙古 22 选 5 好运 3	—	388. 09	345. 03	—	—	—	—	—	—	—	733. 12
		内蒙古 22 选 5 好运 4	—	175. 66	83. 50	—	—	—	—	—	—	—	259. 16
		内蒙古 29 选 7	—	—	—	—	—	—	—	—	—	—	—
		内蒙古 32 选 7	—	—	—	—	—	—	—	—	—	—	—
		内蒙古 35 选 7	575. 59	476. 38	—	—	—	—	—	—	—	—	1 051. 97
		内蒙古快 3	—	—	—	—	—	—	—	—	76 243. 07	109 026. 04	185 269. 11
	乐透排列	内蒙古 C051	—	—	—	—	—	—	—	—	—	—	—
		内蒙古时时乐	—	—	—	1 246. 40	—	—	—	—	—	—	1 246. 40
		内蒙古时时彩	—	—	—	—	42 901. 55	22 780. 67	24 333. 26	26 115. 70	23 230. 63	18 188. 98	157 550. 79

续表

地　区 Region	游戏类型 Game Type	游戏名称 Game Name	2005	2006	2007	2008	2009	2010	2011	2012	2013	2014	合计 Total
辽　宁	乐透组合	辽宁 25 选 4	4 073. 28	1 350. 46	—	—	—	—	—	—	—	—	5 423. 74
		辽宁 25 选 4 好运 1	918. 47	142. 59	—	—	—	—	—	—	—	—	1 061. 05
		辽宁 25 选 4 好运 2	1 150. 77	649. 67	—	—	—	—	—	—	—	—	1 800. 43
		辽宁 25 选 4 好运 3	7 423. 69	3 938. 54	—	—	—	—	—	—	—	—	11 362. 23
		辽宁 29 选 7	10 910. 91	5 599. 42	—	—	—	—	—	—	—	—	16 510. 33
		辽宁 29 选 7 + 1	—	—	—	—	—	—	—	—	—	—	—
		辽宁 29 选 7 好运 1	476. 65	36. 77	—	—	—	—	—	—	—	—	513. 42
		辽宁 29 选 7 好运 2	261. 61	127. 90	—	—	—	—	—	—	—	—	389. 51
		辽宁 29 选 7 好运 3	890. 87	498. 56	—	—	—	—	—	—	—	—	1 389. 43
		辽宁 29 选 7 好运 4	3 450. 15	1 939. 23	—	—	—	—	—	—	—	—	5 389. 38
		辽宁 35 选 7	25 705. 54	15 151. 93	8 298. 47	7 862. 53	6 144. 35	4 620. 83	3 668. 89	2 608. 17	2 130. 71	1 695. 08	77 886. 50
		辽宁 35 选 7 好运 1	—	—	—	37. 21	43. 64	1 004. 19	49. 93	28. 69	22. 28	14. 07	1 200. 01
		辽宁 35 选 7 好运 2	—	—	—	135. 03	198. 21	147. 86	119. 68	74. 46	63. 39	53. 95	792. 57
		辽宁 35 选 7 好运 3	—	—	—	353. 46	644. 24	528. 84	429. 83	286. 34	240. 86	202. 84	2 686. 40
		辽宁 35 选 7 好运 4	—	—	—	942. 02	1 764. 53	2 174. 73	1 382. 72	832. 28	637. 84	497. 14	8 231. 26
		辽宁 36 选 7	—	—	—	—	—	—	—	—	—	—	—
		辽宁 45 选 6	—	—	—	—	—	—	—	—	—	—	—
		辽宁快乐十二	—	—	—	—	—	—	—	216 342. 34	362 808. 11	476 946. 68	1 056 097. 13
吉　林	乐透组合	吉林 21 选 5	8 347. 30	6 909. 64	2 246. 02	—	—	—	—	—	—	—	17 502. 96
		吉林 30 选 7	—	—	—	—	—	—	—	—	—	—	—
		吉林 35 选 7	—	—	—	—	—	—	—	—	—	—	—
		吉林 40 选 6	—	—	—	—	—	—	—	—	—	—	—
		吉林快 3	—	—	—	—	—	—	—	30 185. 18	209 673. 23	249 048. 28	488 906. 69
	乐透排列	吉林 C061	—	—	—	—	—	—	—	—	—	—	—
		吉林 S6	—	—	—	—	—	—	—	—	—	—	—
		吉林时时彩	—	—	—	—	—	5 592. 40	7 362. 97	3 790. 22	489. 30	387. 02	17 621. 92

续表

地 区 Region	游戏类型 Game Type	游戏名称 Game Name	2005	2006	2007	2008	2009	2010	2011	2012	2013	2014	合计 Total
黑龙江	乐透组合	黑龙江 22 选 5	19 871. 61	16 345. 43	9 165. 80	6 503. 34	4 948. 82	3 930. 90	2 738. 49	2 164. 59	1 741. 12	1 701. 93	69 112. 04
		黑龙江 32 选 7	—	—	—	—	—	—	—	—	—	—	—
		黑龙江 36 选 7	9 548. 55	11 742. 30	7 457. 35	5 075. 47	3 782. 90	3 859. 98	1 926. 18	1 418. 16	1 064. 75	662. 83	46 538. 48
		黑龙江快乐十分	—	—	—	—	—	—	14 264. 63	85 746. 70	168 761. 70	223 956. 50	492 729. 53
	乐透排列	黑龙江 C061	—	—	—	—	—	—	—	—	—	—	—
		黑龙江 S62	14 148. 30	11 087. 56	10 665. 66	—	—	—	—	—	—	—	35 901. 52
		黑龙江数字 6	—	—	—	8 479. 01	4 935. 50	5 556. 45	5 232. 80	4 357. 44	5 616. 03	2 963. 47	37 140. 70
		黑龙江时时彩	—	—	—	—	4 745. 96	8 537. 79	5 547. 82	784. 49	1 087. 17	1 020. 86	21 724. 08
上 海	乐透组合	上海 35 选 7	4 250. 30	3 482. 10	108. 58	—	—	—	—	—	—	—	7 840. 98
		上海 37 选 7	—	—	—	—	—	—	—	—	—	—	—
		上海基诺（KENO）	1 923. 14	7 368. 43	8 734. 34	6 620. 46	5 299. 14	4 661. 58	2 947. 09	4 850. 55	3 335. 34	3 113. 72	48 853. 79
		上海快 3	—	—	—	—	—	—	—	4 617. 10	19 112. 27	24 057. 32	47 786. 69
	乐透排列	上海4位数（天天彩4）	9 418. 98	9 130. 10	8 441. 43	7 219. 10	7 332. 31	7 538. 85	7 967. 52	5 751. 36	5 525. 34	5 696. 37	74 021. 36
		上海天天彩选3（时时乐）	5 336. 62	10 150. 33	25 044. 22	7 062. 95	24 979. 47	7 696. 28	6 695. 19	9 910. 11	4 465. 72	3 219. 75	104 560. 64
		上海时时彩	—	—	—	—	—	66. 83	323. 92	72. 44	—	—	463. 19
江 苏	乐透组合	江苏 15 选 5	16 342. 95	15 696. 62	11 229. 58	—	—	—	—	—	—	—	43 269. 15
		江苏 30 选 7	—	—	—	—	—	—	—	—	—	—	—
		江苏 35 选 7	—	—	—	—	—	—	—	—	—	—	—
		江苏 36 选 7	—	—	—	—	—	—	—	—	—	—	—
		江苏快 3	—	—	—	—	—	—	335 351. 32	561 374. 33	509 997. 83	599 497. 06	2 006 220. 55
	乐透排列	江苏 C061	—	—	—	—	—	—	—	—	—	—	—
		江苏 S6	2 780. 09	—	—	—	—	—	—	—	—	—	2 780. 09

续表

地　区 Region	游戏类型 Game Type	游戏名称 Game Name	2005	2006	2007	2008	2009	2010	2011	2012	2013	2014	合计 Total
浙　江	乐透组合	浙江 15 选 5	18 231. 27	16 919. 94	17 759. 76	—	—	—	—	—	—	—	52 910. 97
		浙江 30 选 7	—	—	—	—	—	—	—	—	—	—	—
		浙江 34 选 7	—	—	—	—	—	—	—	—	—	—	—
		浙江快乐十二	—	—	—	—	—	—	—	18 616. 42	297 956. 50	381 608. 72	698 181. 65
	乐透排列	浙江 C061	—	—	—	—	—	—	—	—	—	—	—
		浙江 5 位数	4 905. 02	4 765. 87	789. 18	—	—	—	—	—	—	—	10 460. 06
		浙江 6 位数	—	—	2 087. 08	131. 57	—	—	—	—	—	—	2 218. 65
安　徽	乐透组合	安徽 15 选 5	7 251. 07	8 905. 35	7 728. 08	—	—	—	—	—	—	—	23 884. 49
		安徽 25 选 4 + 1	—	—	—	—	—	—	—	—	—	—	—
		安徽 25 选 5	3 169. 80	2 897. 10	1 915. 37	1 359. 26	1 352. 46	1 042. 55	1 020. 51	879. 74	783. 92	896. 31	15 317. 01
		安徽 32 选 7 + 1	—	—	—	—	—	—	—	—	—	—	—
		安徽 33 选 7	—	—	—	—	—	—	—	—	—	—	—
		安徽 35 选 7	—	—	—	—	—	—	—	—	—	—	—
		安徽 37 选 7	—	—	—	—	—	—	—	—	—	—	—
		安徽快 3	—	—	—	—	—	—	—	—	124 778. 48	183 016. 35	307 794. 83
	乐透排列	安徽 5 位数	1 308. 67	1 315. 89	1 173. 23	77. 14	—	—	—	—	—	—	3 874. 93
		安徽时时彩	—	—	—	—	—	5 805. 67	3 772. 52	1 664. 55	—	—	11 242. 73

续表

地　区 Region	游戏类型 Game Type	游戏名称 Game Name	2005	2006	2007	2008	2009	2010	2011	2012	2013	2014	合计 Total
福　建	乐透组合	福建 20 选 5	3 834. 62	3 274. 17	3 123. 30	—	—	—	—	—	—	—	10 232. 08
		福建 21 选 5	—	—	—	—	—	—	—	—	—	—	—
		福建 22 选 5	—	—	—	—	—	—	—	—	—	—	—
		福建 27 选 7	—	—	—	—	—	—	—	—	—	—	—
		福建 29 选 4 +1	—	—	—	—	—	—	—	—	—	—	—
		福建 31 选 7	573. 48	499. 32	—	—	—	—	—	—	—	—	1 072. 80
		福建 36 选 7	—	—	—	—	—	—	—	—	—	—	—
		福建 37 选 7	—	—	—	—	—	—	—	—	—	—	—
		福建快 3	—	—	—	—	—	—	—	—	128 415. 57	124 670. 92	253 086. 49
	乐透排列	福建时时乐	—	—	—	6 244. 71	—	—	—	—	—	—	6 244. 71
		福建时时彩	—	—	—	—	23 318. 52	23 537. 88	33 022. 16	26 028. 60	7 804. 37	—	113 711. 53
江　西	乐透组合	江西 21 选 5	4 393. 89	1 893. 17	973. 88	—	—	—	—	—	—	—	7 260. 94
		江西 21 选 5 好运 2	114. 53	96. 43	60. 44	—	—	—	—	—	—	—	271. 40
		江西 21 选 5 好运 3	801. 71	615. 67	384. 74	—	—	—	—	—	—	—	1 802. 12
		江西 21 选 5 好运 4	310. 29	216. 80	116. 12	—	—	—	—	—	—	—	643. 21
		江西 21 选 5 好运彩	81. 70	—	—	—	—	—	—	—	—	—	81. 70
		江西 31 选 7	—	—	—	—	—	—	—	—	—	—	—
		江西 31 选 7 好运彩	—	—	—	—	—	—	—	—	—	—	—
		江西 35 选 7	—	—	—	—	—	—	—	—	—	—	—
		江西 36 选 7	—	—	—	—	—	—	—	—	—	—	—
	乐透排列	江西时时彩	—	—	—	14 087. 99	24 608. 67	17 442. 59	31 721. 26	62 995. 59	128 255. 51	177 666. 68	456 778. 29

续表

地　区 Region	游戏类型 Game Type	游戏名称 Game Name	2005	2006	2007	2008	2009	2010	2011	2012	2013	2014	合计 Total
山　东	乐透组合	山东 23 选 5	43 083.45	39 412.34	32 424.52	32 147.45	19 226.29	12 052.08	12 427.16	9 707.91	7 533.14	5 749.77	213 764.10
		山东 23 选 5 好运 2	—	—	—	—	—	—	—	—	—	—	—
		山东 30 选 7	83 870.20	75 767.85	—	—	—	—	—	—	—	—	159 638.05
		山东 36 选 7	19 320.25	—	—	—	—	—	—	—	—	—	19 320.25
		山东 36 选 7 好运 3	—	—	—	—	—	—	—	—	—	—	—
		山东群英会	—	—	—	—	203 383.02	256 162.44	266 804.15	305 495.14	428 140.07	548 123.11	2 008 107.93
河　南	乐透组合	河南 22 选 5	19 207.62	19 115.22	18 152.94	—	18 869.77	19 899.85	18 811.12	15 995.42	14 066.80	12 242.68	156 361.42
		河南 22 选 5 好运 2	975.38	1 034.13	823.02	832.78	847.39	865.69	611.32	697.04	792.51	689.60	8 168.86
		河南 22 选 5 好运 3	5 388.58	5 346.10	5 417.04	5 906.63	5 726.69	6 024.12	5 375.34	4 772.03	4 405.72	4 234.26	52 596.52
		河南 22 选 5 好运 4	1 508.45	1 719.84	1 871.11	2 112.22	2 244.00	2 438.23	2 483.74	2 274.90	2 498.63	2 594.79	21 745.92
		河南 22 选 6	—	—	—	19 336.05	—	—	—	—	—	—	19 336.05
		河南 33 选 7	—	—	—	—	—	—	—	—	—	—	—
		河南 36 选 7	3 118.29	—	—	—	—	—	—	—	—	—	3 118.29
		河南 36 选 7 好运彩 1	28.72	—	—	—	—	—	—	—	—	—	28.72
		河南 36 选 7 好运彩 2	106.35	—	—	—	—	—	—	—	—	—	106.35
		河南 36 选 7 好运彩 3	647.95	—	—	—	—	—	—	—	—	—	647.95
		河南 36 选 7 好运彩 4	421.63	—	—	—	—	—	—	—	—	—	421.63
		河南快 3	—	—	—	—	—	—	—	—	—	25 062.94	25 062.94
	乐透排列	河南 6 + 1	—	—	—	—	—	—	—	—	—	—	—
		河南幸运彩	—	—	—	—	—	—	—	—	96 740.22	92 625.85	189 366.06
		河南幸运武林	—	—	—	—	371.83	2 305.88	2 294.42	87 966.17	—	—	92 938.30

续表

地　区 Region	游戏类型 Game Type	游戏名称 Game Name	2005	2006	2007	2008	2009	2010	2011	2012	2013	2014	合计 Total
湖　北	乐透组合	湖北 21 选 7	—	—	—	12 679.51	—	—	—	—	—	—	12 679.51
		湖北 22 选 5	15 787.02	16 395.96	12 858.87	—	13 847.04	10 826.83	9 021.02	7 255.35	5 672.21	4 158.84	95 823.14
		湖北 22 选 5 好运 1	105.61	86.32	67.62	70.62	62.78	44.83	36.97	26.02	15.87	14.33	530.97
		湖北 22 选 5 好运 2	301.78	304.64	268.04	305.91	274.35	204.10	194.33	159.59	114.07	103.00	2 229.81
		湖北 22 选 5 好运 3	4 550.63	4 205.08	3 682.53	3 527.64	3 370.97	2 892.22	2 644.72	2 293.44	1 575.60	1 415.35	30 158.20
		湖北 22 选 5 好运 4	2 294.87	2 137.50	1 896.16	1 808.84	1 860.21	1 538.22	1 503.45	1 409.49	1 061.89	985.37	16 496.00
		湖北 22 选 5 好运彩	—	—	—	—	—	—	—	—	—	—	—
		湖北 27 选 7 +1	—	—	—	—	—	—	—	—	—	—	—
		湖北 32 选 7	6 247.24	3 536.62	—	—	—	—	—	—	—	—	9 783.85
		湖北 32 选 7 好运 1	28.17	26.32	—	—	—	—	—	—	—	—	54.49
		湖北 32 选 7 好运 2	43.49	30.89	—	—	—	—	—	—	—	—	74.39
		湖北 32 选 7 好运 3	685.32	398.78	—	—	—	—	—	—	—	—	1 084.10
		湖北 32 选 7 好运 4	1 164.71	601.76	—	—	—	—	—	—	—	—	1 766.47
		湖北 32 选 7 好运 5	472.66	228.35	—	—	—	—	—	—	—	—	701.02
		湖北 32 选 7 好运彩	—	—	—	—	—	—	—	—	—	—	—
		湖北 33 选 7	—	—	—	—	—	—	—	—	—	—	—
		湖北 36 选 7	—	—	—	—	—	—	—	—	—	—	—
		湖北快 3	—	—	—	—	—	—	—	59 639.26	238 582.87	312 778.32	611 000.45
	乐透排列	湖北 C061	—	—	—	—	—	—	—	—	—	—	—
		湖北 5 位数	—	—	—	—	—	—	—	—	—	—	—
		湖北 7 位数	—	—	—	—	—	—	—	—	—	—	—
		湖北时时彩	—	—	—	—	—	1 335.13	1 590.36	1 303.91	1 475.86	3 072.82	8 778.08

续表

地区 Region	游戏类型 Game Type	游戏名称 Game Name	2005	2006	2007	2008	2009	2010	2011	2012	2013	2014	合计 Total
湖南	乐透组合	湖南 22 选 5	8 933. 61	6 479. 72	3 869. 54	—	3 645. 83	2 285. 63	—	—	—	—	25 214. 33
		湖南 22 选 5 好运 1	—	—	—	—	—	5. 28	—	—	—	—	5. 28
		湖南 22 选 5 好运 2	—	—	—	—	—	50. 28	—	—	—	—	50. 28
		湖南 22 选 5 好运 3	—	—	—	—	—	453. 80	—	—	—	—	453. 80
		湖南 22 选 5 好运 4	—	—	—	—	—	324. 10	—	—	—	—	324. 10
		湖南 22 选 5 好运彩	4 341. 49	3 417. 08	1 887. 22	1 628. 36	1 427. 79	52. 80	—	—	—	—	12 754. 73
		湖南 22 选 7	—	—	—	4 642. 04	—	—	—	—	—	—	4 642. 04
		湖南 35 选 7	5 629. 62	3 253. 47	—	—	—	—	—	—	—	—	8 883. 09
		湖南 35 选 7 好运彩	701. 13	384. 67	—	—	—	—	—	—	—	—	1 085. 80
		湖南快乐十分	—	—	—	—	—	—	17 880. 40	89 183. 62	122 403. 19	167 092. 79	396 559. 99
	乐透排列	湖南时时彩	—	—	—	—	—	3 589. 27	972. 51	—	—	—	4 561. 77
广东	乐透组合	广东 26 选 5	10 849. 78	8 228. 15	5 840. 64	4 873. 29	3 493. 11	2 738. 01	2 085. 97	1 526. 80	1 522. 15	1 511. 83	42 669. 73
		广东 26 选 5 好运彩	2 552. 27	—	—	—	—	—	—	—	—	—	2 552. 27
		广东 26 选 5 好运 2	980. 22	4 457. 82	1 954. 81	997. 66	437. 52	256. 19	213. 19	194. 38	176. 63	163. 88	9 832. 29
		广东 26 选 5 好运 3	8 277. 23	9 838. 21	8 507. 35	6 710. 07	3 059. 51	1 940. 51	1 622. 14	1 560. 69	1 428. 99	1 330. 35	44 275. 05
		广东 36 选 7	71 683. 61	61 771. 66	43 649. 42	54 002. 53	54 140. 24	33 644. 38	32 600. 39	25 519. 26	29 404. 37	28 663. 42	435 079. 28
		广东 36 选 7 好运彩	5 343. 77	—	—	—	—	—	—	—	—	—	5 343. 77
		广东 36 选 7 好运 1	9 390. 01	16 417. 30	6 367. 17	17 988. 36	61 183. 28	63 701. 36	35 935. 17	28 955. 02	38 209. 26	49 555. 59	327 702. 52
		广东 36 选 7 好运 2	1 414. 68	1 997. 43	1 575. 51	1 482. 58	2 189. 55	1 778. 20	1 558. 71	1 477. 26	1 417. 33	1 327. 91	16 219. 16
		广东 36 选 7 好运 3	14 810. 87	18 114. 49	15 648. 33	16 396. 25	27 133. 79	23 676. 10	22 735. 67	21 301. 13	21 087. 46	20 331. 02	201 235. 11
		广东 45 选 6	—	—	—	—	—	—	—	—	—	—	—
		广东快乐十分	—	—	880. 39	5 972. 97	6 629. 41	166 062. 81	247 387. 38	410 750. 19	503 038. 86	630 406. 751	971 128. 77

续表

地　区 Region	游戏类型 Game Type	游戏名称 Game Name	2005	2006	2007	2008	2009	2010	2011	2012	2013	2014	合计 Total
深　圳	乐透组合	深圳35选7	13 484.96	14 347.46	8 984.23	6 400.25	4 303.63	2 821.58	2 004.43	1 623.51	1 493.97	1 276.43	56 740.45
		深圳快乐彩	—	—	—	—	—	—	14.77	252.86	705.16	1 861.29	2 834.09
		深圳快乐8	1 074.48	4 977.44	4 662.20	4 594.74	3 981.66	2 579.92	2 375.84	3 772.40	3 563.81	2 635.04	34 217.50
广　西	乐透组合	广西21选5	8 426.40	4 728.27	—	—	—	—	—	—	—	—	13 154.67
		广西21选5好运2	21 810.15	16 265.00	18 356.93	16 231.11	15 593.17	19 242.26	16 977.28	17 307.11	—	—	141 783.00
		广西21选5好运3	25 035.62	30 353.00	23 403.14	24 356.97	27 277.59	26 858.49	24 484.64	25 227.90	—	—	206 997.34
		广西21选5好运4	7 234.46	8 244.70	7 895.01	8 196.04	8 488.01	10 088.20	9 772.76	9 945.80	—	—	69 864.98
		广西24选7	—	—	1 230.59	2 988.77	2 610.05	2 455.29	2 660.47	2 122.34	2 620.63	—	16 688.14
		广西24选7好运1	—	—	102.04	40.58	25.99	24.94	22.31	23.33	24.18	—	263.37
		广西24选7好运2	—	—	139.80	222.32	133.33	121.99	111.24	110.60	105.37	—	944.65
		广西24选7好运3	—	—	393.97	1 025.18	862.66	830.35	805.34	835.44	839.42	—	5 592.36
		广西24选7好运4	—	—	278.04	870.54	966.94	1 013.36	1 043.19	1 137.74	1 187.33	—	6 497.15
		广西24选7好运5	—	—	79.25	143.12	133.93	147.69	141.23	161.74	151.14	—	958.11
		广西29选7	5 772.66	3 838.11	—	—	—	—	—	—	—	—	9 610.77
		广西29选7好运1	71.59	41.17	—	—	—	—	—	—	—	—	112.77
		广西29选7好运2	174.61	95.53	—	—	—	—	—	—	—	—	270.13
		广西29选7好运3	715.88	395.04	—	—	—	—	—	—	—	—	1 110.92
		广西29选7好运4	805.67	454.05	—	—	—	—	—	—	—	—	1 259.72
		广西29选7好运5	185.27	92.13	—	—	—	—	—	—	—	—	277.40
		广西29选7C	105.31	—	—	—	—	—	—	—	—	—	105.31
		广西29选7F	62.29	—	—	—	—	—	—	—	—	—	62.29
		广西29选7开心8	110.24	—	—	—	—	—	—	—	—	—	110.24
		广西35选7	—	—	—	—	—	—	—	—	—	—	—
		广西37选7	15 360.39	9 612.53	—	—	—	—	—	—	—	—	24 972.92
		广西37选7好运1	137.57	89.58	—	—	—	—	—	—	—	—	227.15

续表

地　区 Region	游戏类型 Game Type	游戏名称 Game Name	2005	2006	2007	2008	2009	2010	2011	2012	2013	2014	合计 Total
广　西	乐透组合	广西 37 选 7 好运 2	363. 79	245. 95	—	—	—	—	—	—	—	—	609. 74
		广西 37 选 7 好运 3	1 503. 57	1 128. 87	—	—	—	—	—	—	—	—	2 632. 44
		广西 37 选 7 好运 4	1 521. 62	973. 21	—	—	—	—	—	—	—	—	2 494. 84
		广西 37 选 7 好运 5	356. 12	173. 45	—	—	—	—	—	—	—	—	529. 57
		广西快乐十分	—	—	—	—	—	—	—	—	41 816. 13	43 692. 87	85 509. 00
		广西快 3	—	—	—	—	—	—	—	—	69 985. 67	332 615. 59	402 601. 26
		广西双彩	—	—	—	—	—	—	—	—	—	4 292. 73	4 292. 73
		广西跑跑彩	—	—	—	—	—	—	—	1 526. 24	145. 06	—	1 671. 29
	乐透排列	广西 C061	—	—	—	—	—	—	—	—	—	—	—
海　南	乐透组合	海南 15 选 5	—	—	—	—	—	—	—	—	—	—	—
		海南 48 选 5	—	—	—	—	—	—	—	—	—	—	—
		海南快乐三宝	—	—	—	—	—	—	—	—	—	188. 13	188. 13
		海南快 2	—	—	4 999. 75	28 658. 85	17 697. 98	55 466. 65	76 207. 17	88 652. 79	99 042. 04	100 700. 17	471 425. 40
	乐透排列	海南 C061	—	—	—	—	—	—	—	—	—	—	—
重　庆	乐透组合	重庆 20 选 5	2 770. 56	1 835. 01	512. 26	385. 36	288. 30	58. 09	—	—	—	—	5 849. 58
		重庆 20 选 5 好运 1	3. 81	—	—	—	—	—	—	—	—	—	3. 81
		重庆 20 选 5 好运 2	26. 05	—	—	—	—	—	—	—	—	—	26. 05
		重庆 20 选 5 好运 3	149. 89	130. 14	98. 65	93. 25	84. 72	14. 45	—	—	—	—	571. 10
		重庆 20 选 5 好运 4	73. 66	—	—	—	—	—	—	—	—	—	73. 66
		重庆 32 选 7	—	—	—	—	—	—	—	—	—	—	—
		重庆 33 选 7	1 040. 93	712. 11	—	—	—	—	—	—	—	—	1 753. 04
		重庆 33 选 7 好运 3	283. 99	57. 37	—	—	—	—	—	—	—	—	341. 37
		重庆 35 选 7	—	—	—	—	—	—	—	—	—	—	—
		重庆 37 选 7	—	—	—	—	—	—	—	—	—	—	—
		重庆 37 选 7 好运 1	—	—	—	—	—	—	—	—	—	—	—
		重庆 37 选 7 好运 2	—	—	—	—	—	—	—	—	—	—	—
		重庆 37 选 7 好运 3	—	—	—	—	—	—	—	—	—	—	—
		重庆 37 选 7 好运 4	—	—	—	—	—	—	—	—	—	—	—
		重庆 45 选 6	—	—	—	—	—	—	—	—	—	—	—
		重庆快乐十分	—	—	—	—	—	13 209. 11	56 883. 03	81 736. 62	103 161. 81	155 649. 26	410 639. 84
	乐透排列	重庆 C050	—	—	—	—	—	—	—	—	—	—	—
		重庆时时彩	6 212. 93	35 196. 21	42 200. 04	—	—	—	—	—	—	—	83 609. 18
		重庆时时乐	—	—	—	25 343. 66	29 056. 57	33 650. 27	39 590. 94	28 387. 57	32 545. 94	43 368. 12	231 943. 07

续表

地　区 Region	游戏类型 Game Type	游戏名称 Game Name	2005	2006	2007	2008	2009	2010	2011	2012	2013	2014	合计 Total
四　川	乐透组合	四川 22 选 5	—	—	—	—	—	—	—	—	—	—	—
		四川 29 选 7	—	—	—	—	—	—	—	—	—	—	—
		四川 35 选 7	—	—	—	—	—	—	—	—	—	—	—
		四川 46 选 6	—	—	—	—	—	—	—	—	—	—	—
		四川快乐十二	—	—	—	—	—	14 063. 32	67 463. 77	115 027. 06	175 373. 77	232 310. 80	604 238. 72
	乐透排列	四川 C070	—	—	—	—	—	—	—	—	—	—	—
贵　州	乐透组合	贵州 22 选 5	—	—	—	—	—	—	—	—	—	—	—
		贵州 29 选 7	—	—	—	—	—	—	—	—	—	—	—
		贵州 33 选 7	—	—	—	—	—	—	—	—	—	—	—
		贵州 34 选 7	—	—	—	—	—	—	—	—	—	—	—
		贵州十二生肖	—	—	—	—	—	4 148. 45	5 580. 08	2 042. 72	205. 42	132. 16	12 108. 84
		贵州快 3	—	—	—	—	—	—	—	7 713. 80	50 643. 99	55 151. 65	113 509. 45
	乐透排列	贵州 C061	—	—	—	—	—	—	—	—	—	—	—
云　南	乐透组合	云南 22 选 5	—	—	—	—	—	—	—	—	—	—	—
		云南 29 选 7	—	—	—	—	—	—	—	—	—	—	—
		云南 30 选 7	—	—	—	—	—	—	—	—	—	—	—
		云南 34 选 7	—	—	—	—	—	—	—	—	—	—	—
		云南 37 选 7	—	—	—	—	—	—	—	—	—	—	—
		云南快乐十分	—	—	—	—	—	—	4 978. 28	18 598. 16	63 196. 70	128 563. 82	215 336. 95
	乐透排列	云南时时彩	—	—	—	—	101. 01	11 514. 92	2 846. 24	211. 63	281. 10	206. 59	15 161. 48
西　藏	乐透组合	西藏生肖时时彩	—	—	—	—	—	—	2 703. 56	1 647. 27	917. 99	111. 34	5 380. 15
		西藏快 3	—	—	—	—	—	—	—	—	15 307. 18	46 843. 61	62 150. 79
	乐透排列	西藏 C050	—	—	—	—	—	—	—	—	—	—	—

续表

地　区 Region	游戏类型 Game Type	游戏名称 Game Name	2005	2006	2007	2008	2009	2010	2011	2012	2013	2014	合计 Total
陕　西	乐透组合	陕西 21 选 5	—	—	—	—	—	—	—	—	—	—	—
		陕西 21 选 5 好运 2	—	—	—	—	—	—	—	—	—	—	—
		陕西 33 选 7	2 576. 51	1 747. 69	—	—	—	—	—	—	—	—	4 324. 19
		陕西 33 选 7 好运彩	54. 64	—	—	—	—	—	—	—	—	—	54. 64
		陕西 33 选 7 好运 3	220. 18	128. 73	—	—	—	—	—	—	—	—	348. 91
		陕西 33 选 7 好运 4	406. 12	224. 64	—	—	—	—	—	—	—	—	630. 76
		陕西 36 选 7	—	—	—	—	—	—	—	—	—	—	—
		陕西快乐十分	—	—	—	—	—	—	30 202. 32	99 819. 78	240 778. 55	342 203. 53	713 004. 18
甘　肃	乐透组合	甘肃快 3	—	—	—	—	—	—	—	—	83 504. 03	231 678. 55	315 182. 58
青　海	乐透组合	青海快 3	—	—	—	—	—	—	—	—	18 464. 90	43 206. 28	61 671. 18
	乐透排列	青海时时彩	—	—	—	—	80. 46	2 042. 79	2 137. 19	2 296. 95	1 188. 21	46 344. 26	54 089. 87
宁　夏	乐透组合	宁夏快 3	—	—	—	—	—	—	—	—	9 005. 73	—	9 005. 73
	乐透排列	宁夏时时彩	—	—	—	—	—	1 278. 62	1 191. 20	201. 39	91. 28	—	2 762. 48
新　疆	乐透组合	新疆 18 选 7	3 249. 76	2 817. 00	1 421. 66	901. 42	641. 90	411. 80	357. 51	318. 72	266. 11	297. 87	10 683. 74
		新疆 25 选 7	10 134. 11	8 706. 02	5 211. 42	3 090. 46	1 852. 98	1 186. 16	1 412. 66	2 448. 30	1 058. 76	1 175. 06	36 275. 92
		新疆 33 选 7	—	—	—	—	—	—	—	—	—	—	—
		新疆 35 选 7	32 835. 12	31 852. 10	30 601. 93	21 584. 51	16 014. 56	10 074. 08	8 092. 51	7 292. 09	7 273. 76	6 845. 60	172 466. 26
		新疆35选7偶数彩中彩	1 050. 27	613. 48	453. 92	308. 02	248. 79	172. 43	126. 77	73. 45	—	—	3 047. 12
		新疆 60 选 5	—	—	—	—	—	—	—	—	—	—	—
		新疆喜乐彩	—	—	—	—	—	—	—	1 635. 45	738. 25	419. 42	2 793. 11
	乐透排列	新疆时时乐	—	—	14 509. 09	23 754. 85	—	—	—	—	—	—	38 263. 94
		新疆时时彩	—	—	—	—	25 392. 95	63 106. 95	80 847. 45	108 013. 20	162 954. 73	187 841. 89	628 157. 17
合计 Total			**794 340. 87**	**748 159. 54**	**551 450. 69**	**525 080. 70**	**830 491. 22**	**1 132 946. 62**	**1 752 531. 55**	**2 987 110. 38**	**5 334 196. 03**	**7 325 303. 05**	**21 981 610. 63**

2005—2014 年中国福利彩票视频型彩票销售情况表（分游戏）

Sales Statistics of Online Instant Win Games of Welfare Lottery in Different Lottery Games from 2005 to 2014

单位：万元

Unit：Ten Thousand Yuan

序号	游戏品种	2005	2006	2007	2008	2009	2010	2011	2012	2013	2014	合计 Total
1	四花选五	204.97	482.81	685.43	8 481.60	399.20	549.53	646.99	527.07	633.29	795.25	13 406.14
2	小猫钓鱼	—	—	—	—	—	—	—	—	—	—	-
3	洞穴寻宝	—	—	—	—	—	—	—	—	—	—	-
4	幸运七彩	—	—	—	—	—	—	—	—	—	—	-
5	开心一刻	66.22	209.42	338.59	700.78	64.05	57.37	78.68	60.22	58.23	64.66	1 698.22
6	幸运五彩	136.17	396.23	616.93	2 278.04	361.47	783.32	815.34	809.16	921.76	990.36	8 108.78
7	幸运扑克	35 931.82	79 693.66	81 016.15	7 714.89	—	—	—	—	—	—	204 356.52
8	西游夺彩	20 474.01	332 823.50	1 170 665.26	177 585.81	—	—	—	—	—	—	1 701 548.58
9	多级扑克	10 360.01	42 955.01	66 642.58	9 319.93	—	—	—	—	—	—	129 277.53
10	三江风光	—	—	—	—	8 582.96	1 645.76	1 556.68	1 194.77	1 078.01	954.68	15 012.86
11	连环夺宝	—	—	—	—	106 385.92	926 921.80	1 694 888.30	2 235 373.54	2 884 955.30	3 762 037.82	11 610 562.68
12	趣味高尔夫	—	—	—	—	335.98	1 933.58	3 155.41	4 120.94	5 965.59	9 420.77	24 932.27
13	好运射击	—	—	—	—	71.82	165.28	246.60	244.63	272.92	373.13	1 374.38
	合计 Total	**67 173.20**	**456 560.63**	**1 319 964.94**	**206 081.05**	**116 201.40**	**932 056.64**	**1 701 388.00**	**2 242 330.33**	**2 893 885.10**	**3 774 636.67**	**13 710 277.96**

（中国福利彩票发行管理中心供稿）

2005—2014 年中国福利彩票即开型彩票销售情况表（分游戏）

Sales Statistics of Terminal - Sale Instant Win Tickets of Welfare Lottery in Different Lottery Games from 2005 to 2014

单位：万元

Unit：Ten Thousand Yuan

序号	游戏品种	2005	2006	2007	2008	2009	2010	2011	2012	2013	2014	合计 Total
1	神秘骨牌	0.69	—	—	—	—	—	—	—	—	—	0.69
2	勇士闯关	0.83	—	—	—	—	—	—	—	—	—	0.83
3	请您开奖	153.01	—	—	—	—	—	—	—	—	—	153.01
4	勇士闯关 2	669.90	—	—	—	1.18	—	—	—	—	—	671.07
5	小猫钓鱼 3	32.56	—	—	—	—	—	—	—	—	—	32.56
6	五子登科	1.13	—	—	—	—	—	—	—	—	—	1.13
7	幸运八	1.24	—	—	—	—	—	—	—	—	—	1.24
8	金鸡唱晓	81.00	—	—	—	—	—	—	—	—	—	81.00
9	即刻乐透	3.71	—	—	—	—	—	—	—	—	—	3.71
10	一条龙	1.87	—	—	—	—	—	—	—	—	—	1.87
11	勇士闯关 4	7 345.24	23 022.27	5 834.41	5 217.97	345.51	65.33	24.07	1.94	0.64	34.03	41 891.41
12	开心宾果	143.28	168.12	198.98	126.69	2.14	9.67	7.19	0.73	2.35	0.42	659.57
13	百变扑克	1 552.28	711.10	595.66	235.87	22.63	12.68	5.42	0.38	—	—	3 136.01
14	点石成金	23.11	23.21	349.31	364.24	123.34	85.07	122.01	2.79	—	—	1 093.08
15	喜庆吉祥	331.99	349.79	284.80	61.83	61.11	23.50	14.19	3.75	—	—	1 130.96
16	趣味麻将	39.66	20.34	101.67	76.34	34.00	12.00	16.00	—	—	—	300.01
17	F1 赛车	3.95	1.05	—	20.55	-2.85	—	47.05	0.60	—	—	70.35
18	即开 3D	1 491.10	749.73	398.08	800.30	94.03	84.90	269.65	4.85	0.24	-3.08	3 889.79
19	棒球小子	1 054.95	246.80	190.10	233.01	14.56	22.84	15.14	0.01	—	0.02	1 777.42
20	趣味麻将一	1 112.47	2 724.27	1 926.42	6 603.13	2 158.72	663.82	837.40	310.00	101.16	24.95	16 462.34
21	F1 赛车（一）	2.55	4.25	0.35	—	—	—	—	—	—	—	7.15
22	喜庆吉祥 2	—	7 945.02	14 922.26	36 875.74	14 711.93	3 435.86	410.33	21.28	11.84	-2.29	78 331.98
23	比大小	—	4 368.78	5 281.12	3 535.36	4 459.51	337.26	645.43	83.14	17.73	5.82	18 734.14
24	66 顺	—	3 465.11	4 264.58	1 500.90	286.97	35.03	20.05	1.39	0.12	0.21	9 574.37
25	幸运宝贝	—	3 170.43	2 358.49	368.78	51.03	4.24	8.87	0.30	0.02	6.00	5 968.15
26	吉星高照	—	1 731.08	10 756.38	24 880.35	11 219.03	930.96	284.35	29.22	-5.07	-0.75	49 825.55
27	鉴宝	—	1 522.43	1 100.02	773.84	151.93	60.82	70.20	10.08	-1.11	0.04	3 688.26

续表

序号	游戏品种	2005	2006	2007	2008	2009	2010	2011	2012	2013	2014	合计 Total
28	清一色	—	1 274.51	2 587.34	3 297.66	4 008.06	567.38	357.86	19.59	5.42	1.15	12 118.96
29	游乐场	—	446.84	382.76	1 023.02	301.17	119.74	64.02	7.83	3.10	0.32	2 348.79
30	棒球小子 2	—	270.34	842.99	57.80	1.78	—	0.64	—	—	—	1 173.55
31	快乐生肖	—	718.43	4 316.78	882.09	64.93	11.43	1.90	0.07	0.06	1.17	5 996.87
32	和气生财	—	442.48	585.18	129.14	245.65	15.02	-191.37	1.76	0.38	0.24	1 228.48
33	大富翁	—	1 440.53	526.12	13.19	7.95	1.51	4.26	0.11	—	—	1 993.67
34	发奖金	—	1 673.02	49 572.86	141 840.02	88 358.01	50 271.60	57 471.74	60 457.29	48 162.31	46 173.91	543 980.77
35	生肖	—	34.76	321.49	809.35	755.86	69.78	2.96	2.27	0.08	—	1 996.54
36	硕果累累	—	360.99	2 382.85	2 695.17	438.72	53.75	15.27	1.34	2.42	1.21	5 951.72
37	多彩扑克	—	193.88	3 677.69	9 941.76	1 443.52	227.86	43.01	1.74	0.25	-1.68	15 528.03
38	幸运宝藏	—	1 714.38	22 778.94	49 798.04	22 482.14	9 446.22	2 034.29	104.25	40.10	10.11	108 408.47
39	富贵有余	—	67.91	-32.30	22.11	9.58	2.08	28.64	5.84	—	—	103.86
40	勇士闯关 5	—	6 951.16	103 689.70	232 644.85	161 476.89	128 429.65	99 814.22	53 100.04	24 562.27	12 159.79	822 828.58
41	大富翁 2	—	1 609.05	22 383.25	33 427.09	26 410.95	2 689.54	750.42	220.73	108.64	-5.49	87 594.19
42	幸运宝贝 2	—	—	4 007.70	7 564.56	354.53	16.73	53.01	0.02	0.01	0.05	11 996.60
43	和气生财 2	—	—	333.48	2 188.67	464.98	186.49	591.17	76.03	98.00	-2.59	3 936.24
44	四季发	—	—	3 045.73	8 048.02	3 173.88	870.01	757.09	57.37	13.21	-1.93	15 963.39
45	农家乐	—	—	2 121.30	3 013.06	691.29	64.96	37.89	14.05	0.15	0.19	5 942.88
46	富贵有余 2	—	—	8 425.08	44 181.66	67 163.29	53 386.07	41 800.13	39 736.37	27 902.56	25 461.38	308 056.56
47	吉林硕果	—	—	1 147.37	577.05	133.94	70.65	37.76	4.79	—	—	1 971.56
48	对对和	—	—	1 287.68	5 455.87	1 323.53	768.43	1 518.59	12.71	10.07	0.06	10 376.93
49	金花	—	—	2 262.15	9 650.26	1 322.27	982.21	1 815.64	180.01	41.19	10.24	16 263.97
50	扑克比大小	—	—	—	1 968.33	586.54	466.04	182.20	28.29	13.55	0.04	3 244.99
51	对对碰	—	—	148.87	2 863.51	2 674.56	672.48	86.64	14.21	0.05	—	6 460.33
52	见缝插金	—	—	2 847.73	10 290.08	3 320.23	746.85	627.61	45.62	11.07	3.14	17 892.32
53	双喜临门	—	—	894.49	19.20	—	—	0.12	—	—	—	913.81
54	66 顺 2	—	—	—	11 475.26	7 402.55	2 025.81	1 943.25	112.09	25.15	5.47	22 989.57
55	翱翔海航	—	—	61.45	755.71	107.00	12.10	7.64	1.75	—	—	945.65
56	昌盛海航	—	—	116.00	1 684.00	—	—	—	—	—	—	1 800.00
57	双喜临门 2	—	—	—	116.04	—	—	0.01	—	—	—	116.05
58	幸运宝贝 3	—	—	—	5 592.34	13 255.00	2 736.85	299.24	29.90	6.48	-2.98	21 916.84
59	数字魔方	—	—	—	1 958.50	471.07	117.71	394.45	56.36	11.42	0.40	3 009.92
60	海底寻宝	—	—	—	8 335.12	21 980.59	13 959.22	2 493.12	81.29	-1.28	-6.19	46 841.86
61	红楼十二钗	—	—	—	10 973.14	25 906.81	5 210.98	1 413.73	661.63	9.81	7.00	44 183.11
62	点石成金 2	—	—	—	871.75	3 042.75	78.70	6.67	—	—	—	3 999.87

续表

序号	游戏品种	2005	2006	2007	2008	2009	2010	2011	2012	2013	2014	合 计 Total
63	幸运宝藏2	—	—	—	1 130.52	4 373.22	1 728.50	253.92	80.45	40.03	4.79	7 611.42
64	主场2元	—	—	—	1 133.40	1 266.60	—	—	—	—	—	2 400.00
65	主场5元	—	—	—	944.50	974.86	53.28	77.36	—	—	—	2 050.00
66	赛车	—	—	—	5 102.31	576.29	182.30	787.55	48.10	11.70	1.35	6 709.60
67	宁夏票5元	—	—	—	—	5.00	7.66	—	—	0.80	5.00	18.46
68	宁夏票2元	—	—	—	79.64	115.60	—	85.24	15.04	52.21	8.00	355.73
69	齐鲁古车	—	—	—	3 059.72	2 874.22	66.05	0.01	—	—	—	6 000.00
70	西游探宝	—	—	—	11 695.71	42 587.23	6 888.46	2 635.35	180.22	—	-0.20	63 986.77
71	游乐场	—	—	—	6 658.06	5 797.24	639.64	827.78	15.78	0.09	—	13 938.59
72	节大欢喜	—	—	—	8 446.55	4 947.95	306.20	1 064.45	37.65	60.10	-74.48	14 788.42
73	硕果累累2	—	—	—	508.00	659.52	92.86	42.64	2.96	10.02	—	1 316.00
74	金花2	—	—	—	152.00	1 241.98	265.21	122.62	5.97	2.04	0.08	1 789.89
75	重建家园	—	—	—	8 044.32	6 471.36	2 998.82	953.03	32.01	15.13	0.15	18 514.82
76	同舟共济	—	—	—	5 566.57	7 997.52	5 356.55	959.34	59.28	10.70	-37.82	19 912.14
77	众志成城	—	—	—	7 079.12	6 429.17	2 964.89	243.35	54.25	6.52	0.65	16 777.95
78	扶危济困	—	—	—	5 692.44	7 439.79	3 354.15	772.76	66.48	35.21	-7.19	17 353.63
79	阖家欢乐	—	—	—	497.60	2 291.00	552.88	425.01	67.87	20.85	-7.89	3 847.33
80	孕前关爱	—	—	—	480.00	—	—	—	—	—	—	480.00
81	09上海风采-牛	—	—	—	921.00	484.00	—	—	—	—	—	1 405.00
82	万众一心	—	—	—	1 959.81	2 885.21	905.07	128.09	—	—	—	5 878.18
83	福牛乐乐	—	—	—	220.33	875.68	111.12	214.03	35.16	3.58	1.30	1 461.20
84	超越自我	—	—	—	134.10	361.90	126.65	109.98	27.17	0.30	—	760.10
85	欢聚北京	—	—	—	123.70	232.20	213.06	155.95	37.81	3.29	0.15	766.16
86	节大欢喜2	—	—	—	987.10	23 516.59	1 903.77	2 172.74	112.59	52.62	8.38	28 753.79
87	牛年2元	—	—	—	—	8 928.62	285.66	291.55	2.02	0.38	—	9 508.23
88	牛年5元	—	—	—	—	3 036.59	411.25	716.34	63.34	63.95	12.15	4 303.61
89	喜庆吉祥3	—	—	—	—	8 073.14	4 837.82	2 927.10	234.72	34.07	34.54	16 141.40
90	阖家欢乐3	—	—	—	—	19 422.92	3 053.76	1 661.93	7.89	5.68	2.09	24 154.28
91	阖家欢乐2	—	—	—	—	10 789.59	2 094.42	1 245.39	165.99	16.83	18.09	14 330.31
92	富贵有余3	—	—	—	—	3 916.41	82.44	0.15	1.00	—	—	4 000.00
93	富贵有余4	—	—	—	—	908.35	72.10	15.90	2.13	—	—	998.48
94	富贵有余5	—	—	—	—	696.75	63.25	206.75	43.55	21.65	—	1 031.95
95	争分夺秒	—	—	—	—	46 110.39	105 470.35	153 721.60	129 226.87	88 898.94	70 582.57	594 010.72
96	星座	—	—	—	—	2 681.03	1 097.41	1 936.04	222.94	16.78	0.82	5 955.01

续表

序号	游戏品种	2005	2006	2007	2008	2009	2010	2011	2012	2013	2014	合计 Total
97	放飞梦想	—	—	—	—	3 997.00	3 967.14	3 035.86	—	—	—	11 000.00
98	万事如意	—	—	—	—	3 308.18	3 016.27	2 184.97	17.81	5.37	1.42	8 534.02
99	美丽辽宁	—	—	—	—	3 810.33	1 219.15	0.91	0.08	0.94	0.60	5 032.00
100	和谐辽宁	—	—	—	—	2 400.25	422.95	112.89	24.46	28.80	0.65	2 990.00
101	好运辽宁	—	—	—	—	1 397.40	604.04	453.90	214.18	113.22	30.30	2 813.04
102	欢乐碰碰碰	—	—	—	—	1 345.18	174.63	328.23	32.24	-0.30	0.07	1 880.04
103	开心时刻	—	—	—	—	3 324.18	1 324.93	979.42	75.55	9.19	-1.40	5 711.87
104	淘宝商城	—	—	—	—	24 265.19	11 102.89	6 924.97	347.23	62.29	8.20	42 710.78
105	节大欢喜 3	—	—	—	—	2 118.88	1 261.14	774.91	2 755.81	1 045.97	25.05	7 981.75
106	主场 2	—	—	—	—	1 194.56	784.44	21.00	—	—	—	2 000.00
107	万众一心 2	—	—	—	—	704.66	239.94	255.40	—	—	—	1 200.00
108	爱满人间	—	—	—	—	4 906.15	730.10	65.30	0.45	—	—	5 702.00
109	美梦成真	—	—	—	—	11 262.95	76 343.28	86 799.16	76 104.77	50 448.75	43 857.36	344 816.27
110	水浒 108 将	—	—	—	—	16 364.82	4 603.18	2 211.37	254.01	81.50	5.32	23 520.19
111	一刮一乐	—	—	—	—	6 928.12	3 790.34	865.16	108.77	55.55	-1.28	11 746.65
112	财源滚滚	—	—	—	—	3 322.46	1 292.22	278.16	61.73	22.06	1.02	4 977.65
113	齐鲁古车 2	—	—	—	—	2 600.64	1 399.35	0.01	—	—	—	4 000.00
114	梁祝	—	—	—	—	6 338.02	2 876.48	3 602.12	267.68	16.28	9.71	13 110.29
115	节大欢喜 4	—	—	—	—	9 007.01	31 429.40	23 306.48	12 937.51	18 800.90	20 727.29	116 208.59
116	五福临门	—	—	—	—	13 364.65	49 484.07	33 040.92	29 166.32	23 126.18	16 348.01	164 530.15
117	游乐场 2	—	—	—	—	2 392.68	2 804.56	632.48	152.94	17.35	—	6 000.00
118	祝福	—	—	—	—	579.73	782.17	434.65	117.95	32.85	4.60	1 951.94
119	锦绣中华	—	—	—	—	25 822.88	22 568.97	2 712.16	662.14	80.04	17.30	51 863.49
120	缤纷世博	—	—	—	—	9 076.56	4 635.98	599.11	-228.66	5.30	0.30	14 088.58
121	奇妙世博	—	—	—	—	7 159.19	3 502.18	228.84	16.47	0.40	0.23	10 907.30
122	海宝风情	—	—	—	—	8 992.79	4 968.83	253.82	19.48	1.59	—	14 236.51
123	吉祥海宝	—	—	—	—	7 422.77	4 101.31	2 250.75	367.10	211.12	8.56	14 361.61
124	美丽辽宁 2	—	—	—	—	825.25	4 978.17	4 877.38	650.39	0.25	0.56	11 332.00
125	和谐辽宁 2	—	—	—	—	440.50	1 364.04	1 168.02	4.29	0.25	0.40	2 977.50
126	水浒 108 将 2	—	—	—	—	3 134.07	5 836.35	817.55	25.90	1.75	—	9 815.61
127	放飞梦想 2	—	—	—	—	1 333.25	2 521.19	145.56	—	—	—	4 000.00
128	融入城市	—	—	—	—	3.00	477.00	—	—	—	—	480.00
129	圣诞快乐	—	—	—	—	6 995.56	11 340.73	14 108.30	3 315.61	322.96	191.93	36 275.07
130	爱情密码	—	—	—	—	907.60	21 402.61	1 572.64	72.88	0.07	1.45	23 957.25
131	奇妙世博 2	—	—	—	—	244.55	6 746.97	623.67	15.11	11.45	—	7 641.75

续表

序号	游戏品种	2005	2006	2007	2008	2009	2010	2011	2012	2013	2014	合计 Total
132	游乐场3	—	—	—	—	25.00	8 600.00	5 331.15	2 394.05	966.50	1 990.05	19 306.75
133	彩运天天有	—	—	—	—	34.54	14 953.88	876.02	81.25	15.51	10.42	15 971.61
134	指动金来	—	—	—	—	—	53 364.02	66 552.73	61 119.78	9 968.43	235.19	191 240.15
135	欢天喜地	—	—	—	—	—	21 075.38	2 808.04	91.31	3.14	1.02	23 978.90
136	阖家欢乐4	—	—	—	—	—	13 023.72	1 868.37	55.87	4.45	1.32	14 953.73
137	中华名人	—	—	—	—	—	1 594.70	166.05	95.50	1.25	5.00	1 862.50
138	中华泰山	—	—	—	—	—	801.50	136.40	31.00	71.40	4.30	1 044.60
139	楚天2元	—	—	—	—	—	596.44	635.14	92.10	6.46	2.16	1 332.30
140	楚天5元	—	—	—	—	—	402.90	346.35	33.40	3.75	1.80	788.20
141	节大欢喜5	—	—	—	—	—	87 802.70	61 005.37	25 270.88	11 532.29	8 285.01	193 896.25
142	上海风采虎	—	—	—	—	—	1 600.00	—	—	—	—	1 600.00
143	畅游天下	—	—	—	—	—	1 227.50	295.00	297.30	125.20	5.00	1 950.00
144	苏州5元	—	—	—	—	—	1 306.85	484.35	132.30	236.35	65.20	2 225.05
145	苏州10元	—	—	—	—	—	1 538.60	526.25	200.15	206.75	93.15	2 564.90
146	寻宝乐	—	—	—	—	—	22 737.82	246.43	6.90	1.25	2.00	22 994.40
147	海宝赛车	—	—	—	—	—	10 412.86	488.55	3.45	0.04	—	10 904.90
148	海宝魔术师	—	—	—	—	—	10 167.35	866.71	253.42	80.95	2.95	11 371.38
149	海底大寻宝	—	—	—	—	—	7 070.72	1 934.67	557.84	204.47	27.57	9 795.27
150	红楼探秘	—	—	—	—	—	89 931.05	5 885.01	131.28	24.78	1.42	95 973.53
151	虎门销烟	—	—	—	—	—	12 234.43	11 667.47	5 760.50	5 667.64	6 225.09	41 555.13
152	羊城八景	—	—	—	—	—	697.96	283.85	559.74	15.85	6.20	1 563.60
153	桂林山水	—	—	—	—	—	709.31	214.11	78.93	27.88	32.53	1 062.76
154	岩洞寻宝	—	—	—	—	—	352.56	115.61	547.09	9.31	23.50	1 048.07
155	长春雕塑	—	—	—	—	—	206.41	433.12	187.56	83.13	10.74	920.97
156	秀美吉林	—	—	—	—	—	471.20	164.36	54.25	10.65	2.20	702.65
157	足球之源	—	—	—	—	—	6 701.37	1 964.28	128.72	29.48	10.90	8 834.74
158	欢乐谷	—	—	—	—	—	1 000.00	—	—	—	—	1 000.00
159	星耀世博	—	—	—	—	—	11 874.74	99.16	12.04	3.09	0.05	11 989.07
160	金山银山	—	—	—	—	—	14 271.15	126.13	2.67	—	—	14 399.95
161	欢乐彩	—	—	—	—	—	13 130.85	2 744.39	695.56	494.47	214.77	17 280.04
162	羊城新八景	—	—	—	—	—	221.45	26.75	207.65	65.55	—	521.40
163	吉星高照2	—	—	—	—	—	16 287.92	13 168.39	4 490.68	31.13	0.35	33 978.46
164	开奖啦	—	—	—	—	—	5 305.09	511.51	151.90	24.12	0.08	5 992.70
165	福寿有余	—	—	—	—	—	16 490.12	24 873.07	9 716.63	1 324.42	62.22	52 466.46
166	乐翻天	—	—	—	—	—	14 128.74	777.27	10 623.36	903.85	181.76	26 614.99

续表

序号	游戏品种	2005	2006	2007	2008	2009	2010	2011	2012	2013	2014	合计 Total
167	中华名人 2	—	—	—	—	—	9 189.21	2 512.02	187.10	7.29	5.86	11 901.47
168	淘金者	—	—	—	—	—	25 901.02	9 033.33	2 343.55	1 059.10	220.30	38 557.30
169	畅游天下 2	—	—	—	—	—	1 587.20	922.35	194.10	24.55	33.60	2 761.80
170	我爱电影	—	—	—	—	—	8 168.37	736.53	95.00	0.05	—	8 999.95
171	大熊猫 2 元	—	—	—	—	—	398.00	2 580.76	21.23	0.01	—	3 000.00
172	大熊猫 5 元	—	—	—	—	—	1 000.00	1 479.09	20.85	—	—	2 499.94
173	大熊猫 10 元	—	—	—	—	—	2 606.10	393.90	—	—	—	3 000.00
174	大熊猫 20 元	—	—	—	—	—	11 778.72	4 185.10	34.77	1.30	—	15 999.90
175	缘定金生	—	—	—	—	—	11 768.68	11 779.34	417.40	17.89	5.04	23 988.36
176	王牌高手	—	—	—	—	—	16 564.14	16 704.46	1 563.46	82.00	22.57	34 936.62
177	好运气	—	—	—	—	—	346.20	642.57	2.50	757.50	1 389.20	3 137.97
178	世博熊猫	—	—	—	—	—	13 358.29	2 225.87	199.39	104.00	8.10	15 895.65
179	百发百中	—	—	—	—	—	44 645.98	145 338.16	181 815.25	176 320.60	156 850.85	704 970.84
180	魅力新疆	—	—	—	—	—	2 569.30	2 618.71	0.10	—	—	5 188.11
181	和谐中华	—	—	—	—	—	9 963.63	4 498.68	1 423.29	86.40	11.05	15 983.05
182	高山流水	—	—	—	—	—	158.80	506.74	92.50	49.90	9.00	816.94
183	荷包满满	—	—	—	—	—	8 573.13	1 261.54	22.02	0.70	2.35	9 859.75
184	紫荆花开	—	—	—	—	—	8 032.45	1 581.12	111.33	25.35	3.55	9 753.81
185	宝岛风情	—	—	—	—	—	8 063.72	1 539.51	186.82	23.73	8.55	9 822.34
186	畅游天下 3	—	—	—	—	—	1 535.05	655.15	164.80	15.00	30.00	2 400.00
187	东方之冠 1	—	—	—	—	—	5 100.47	1 265.42	74.45	39.65	5.69	6 485.67
188	东方之冠 2	—	—	—	—	—	2 425.05	2 272.47	623.04	145.85	5.30	5 471.70
189	漫游世博	—	—	—	—	—	9 287.51	2 494.28	80.57	28.45	0.75	11 891.55
190	中华名人 3	—	—	—	—	—	5 048.10	29 876.20	25 270.95	8 112.34	3 273.32	71 580.91
191	锦绣中华 2	—	—	—	—	—	1 939.42	3 059.98	—	0.60	—	5 000.00
192	红楼探秘 2	—	—	—	—	—	22 572.80	80 000.29	39 813.13	42 360.76	39 103.32	223 850.29
193	筑美世博	—	—	—	—	—	2 415.91	1 024.14	53.30	0.15	0.05	3 493.55
194	筑美（套票）	—	—	—	—	—	1 043.71	214.78	27.46	3.48	0.69	1 290.12
195	水浒 108 将 3	—	—	—	—	—	5 523.29	8 307.87	157.85	10.46	0.49	13 999.95
196	灌篮高手	—	—	—	—	—	9 849.91	10 617.45	483.45	32.45	1.99	20 985.25
197	超越梦想	—	—	—	—	—	3 964.52	978.55	49.03	2.95	0.55	4 995.60
198	上海风采兔	—	—	—	—	—	526.00	916.00	—	—	—	1 442.00
199	京彩 2 元	—	—	—	—	—	296.26	1 103.74	—	—	—	1 400.00
200	京彩 5 元	—	—	—	—	—	799.75	3 600.00	600.35	—	—	5 000.10
201	关爱家庭，祝您好“孕”	—	—	—	—	—	180.00	300.00	—	—	—	480.00
202	惊喜夺金	—	—	—	—	—	851.41	12 881.95	13 014.20	6 000.71	1 203.41	33 951.69

续表

序号	游戏品种	2005	2006	2007	2008	2009	2010	2011	2012	2013	2014	合计 Total
203	领奖台	—	—	—	—	—	2 239.20	28 517.89	2 497.90	458.36	47.93	33 761.29
204	金猴送福	—	—	—	—	8 200.00	2 810.60	29.90	—	—	—	11 040.50
205	套票系列	—	—	—	—	24.23	—	—	—	—	—	24.23
206	邮彩联票	—	—	—	—	—	—	60.00	—	—	—	60.00
207	——	—	—	—	—	—	—	200.00	—	—	—	200.00
208	大满贯	—	—	—	—	—	—	11 927.53	69.62	2.50	—	11 999.65
209	欢乐嘉年华	—	—	—	—	—	—	88 231.88	81 334.84	20 027.40	265.30	189 859.42
210	上海风采-过年啦	—	—	—	—	—	—	460.60	139.40	—	—	600.00
211	上海风采-闹新春	—	—	—	—	—	—	600.00	—	—	—	600.00
212	上海风采-童子乐	—	—	—	—	—	—	350.00	150.00	—	—	500.00
213	恭贺新春)	—	—	—	—	—	—	22 889.47	91.17	8.49	0.76	22 989.89
214	玉兔迎春	—	—	—	—	—	—	96 330.32	1 109.92	34.53	2.26	97 477.03
215	爱情密码 2	—	—	—	—	—	—	17 450.02	141.39	8.24	0.35	17 600.00
216	淘金者 2	—	—	—	—	—	—	15 344.50	6 795.40	4 607.90	2 758.10	29 505.90
217	吉祥如意	—	—	—	—	—	—	9 496.64	466.05	13.53	7.72	9 983.94
218	发奖金 5 元	—	—	—	—	—	—	47 405.97	37 470.49	32 708.00	29 040.17	146 624.64
219	年年有余	—	—	—	—	—	—	46 400.93	2 570.85	971.57	26.70	49 970.05
220	欢乐园	—	—	—	—	—	—	33 443.08	540.68	5.51	7.45	33 996.72
221	中华故事 2 元-老子	—	—	—	—	—	—	1 385.18	14.82	—	—	1 400.00
222	中华故事 5 元	—	—	—	—	—	—	1 494.15	1 813.60	154.55	16.40	3 478.70
223	中华故事 5 元-2	—	—	—	—	—	—	474.65	13.30	1.70	1.75	491.40
224	中华故事 10 元-老子经典	—	—	—	—	—	—	1 992.50	1 684.45	296.40	6.40	3 979.75
225	环游世界	—	—	—	—	—	—	45 384.83	6 727.50	1 526.07	156.10	53 794.50
226	连连看	—	—	—	—	—	—	13 733.22	242.33	12.39	2.68	13 990.62
227	神笔马良	—	—	—	—	—	—	18 576.93	1 332.68	66.11	4.61	19 980.33
228	上海风采-外滩	—	—	—	—	—	—	1 950.00	1 927.50	805.00	102.50	4 785.00
229	富贵有余 6	—	—	—	—	—	—	791.81	721.97	219.14	30.24	1 763.16
230	富贵有余 7	—	—	—	—	—	—	987.50	11.25	—	—	998.75
231	富贵有余 8	—	—	—	—	—	—	1 981.15	1 188.25	255.70	50.46	3 475.56
232	畅游天下 4-文明深圳	—	—	—	—	—	—	997.50	2.50	—	—	1 000.00

续表

序号	游戏品种	2005	2006	2007	2008	2009	2010	2011	2012	2013	2014	合 计 Total
233	和谐中华 2	—	—	—	—	—	—	7 986.05	13.95	—	—	8 000.00
234	好运十倍	—	—	—	—	—	—	23 076.90	205 463.28	257 183.78	287 395.74	773 119.70
235	普天同庆	—	—	—	—	—	—	1 808.60	179.95	11.35	—	1 999.90
236	金色土地	—	—	—	—	—	—	40 333.59	9 936.94	418.63	98.51	50 787.66
237	美好生活 - 永结同心	—	—	—	—	—	—	35 561.21	15 551.97	5 349.90	2 527.64	58 990.72
238	财富之旅	—	—	—	—	—	—	39 077.72	14 943.58	4 717.89	919.91	59 659.09
239	中状元	—	—	—	—	—	—	51 578.64	20 764.30	1 944.18	703.07	74 990.19
240	中华故事 5 元	—	—	—	—	—	—	1 000.00	—	—	—	1 000.00
241	中华瑰宝 10 元	—	—	—	—	—	—	600.00	—	—	—	600.00
242	数字达人 2 元	—	—	—	—	—	—	12 837.21	2 974.29	141.17	8.83	15 961.50
243	奇兵夺宝	—	—	—	—	—	—	499.90	20 434.02	-229.01	-5.26	20 699.66
244	中秋送福	—	—	—	—	—	—	22 460.42	7 488.77	2 097.73	707.82	32 754.74
245	九九重阳	—	—	—	—	—	—	21 965.11	4 158.24	174.90	53.35	26 351.60
246	灌篮高手 20 元	—	—	—	—	—	—	13 593.16	23 036.72	6 346.74	1 661.86	44 638.48
247	中华故事 10 元	—	—	—	—	—	—	1 637.25	1 342.40	20.35	—	3 000.00
248	富贵有余 20 元	—	—	—	—	—	—	1 570.70	2 339.50	87.30	—	3 997.50
249	国泰民安	—	—	—	—	—	—	25 651.00	67 148.22	32 909.99	33 941.34	159 650.55
250	马到功成	—	—	—	—	—	—	12 015.41	8 818.87	1 785.34	687.66	23 307.27
251	对对碰 5 元	—	—	—	—	—	—	8 942.64	17 798.41	3 213.75	29.40	29 984.20
252	我爱电影 - 龙门飞甲 10 元	—	—	—	—	—	—	1 270.65	717.30	4.80	7.25	2 000.00
253	上海风采 5 元 - 龙	—	—	—	—	—	—	704.00	496.00	—	—	1 200.00
254	生态鄱阳 2 元	—	—	—	—	—	—	116.92	1 039.18	139.66	25.38	1 321.14
255	大吉大利	—	—	—	—	—	—	273.65	79 689.68	37 457.84	25 110.01	142 531.18
256	企鹅探宝	—	—	—	—	—	—	2 342.75	62 748.93	21 575.70	12 362.00	99 029.38
257	金龙贺岁	—	—	—	—	—	—	3 222.70	63 231.19	3 148.63	213.55	69 816.07
258	三国争雄	—	—	—	—	—	—	—	4 496.10	-147.84	-100.55	4 247.72
259	金钥匙	—	—	—	—	—	—	—	55 863.47	10 118.95	1 904.91	67 887.33
260	2012 龙	—	—	—	—	—	—	—	23 515.35	992.20	248.50	24 756.05
261	江门风光	—	—	—	—	—	—	—	6 477.80	5 100.71	4 638.17	16 216.68
262	2012 龙	—	—	—	—	—	—	—	3 095.61	1 091.60	274.66	4 461.86
263	2012 龙四联张	—	—	—	—	—	—	—	10 595.70	2 138.14	576.06	13 309.90
264	2012 龙小本票	—	—	—	—	—	—	—	7 154.98	1 315.17	736.53	9 206.68
265	魅力丹霞	—	—	—	—	—	—	—	1 785.75	189.24	12.07	1 987.05
266	张家界风光 5 元	—	—	—	—	—	—	—	1 192.01	5.69	1.20	1 198.90

续表

序号	游戏品种	2005	2006	2007	2008	2009	2010	2011	2012	2013	2014	合 计 Total
267	张家界风光10元	—	—	—	—	—	—	—	1 461.05	79.68	16.51	1 557.25
268	心连心	—	—	—	—	—	—	—	28 588.53	10 735.24	592.19	39 915.96
269	招财猫	—	—	—	—	—	—	—	35 417.75	9 270.05	3 859.12	48 546.92
270	美好生活	—	—	—	—	—	—	—	37 157.34	11 076.36	3 330.86	51 564.56
271	大赢家	—	—	—	—	—	—	—	13 080.05	11 793.14	3 143.06	28 016.25
272	夺宝嘉年华	—	—	—	—	—	—	—	26 433.15	7 927.37	2 299.16	36 659.68
273	倍给力	—	—	—	—	—	—	—	35 159.72	16 842.99	1 596.50	53 599.21
274	存钱罐	—	—	—	—	—	—	—	9 297.40	22 255.33	4 390.50	35 943.23
275	欢乐嘉年华20元	—	—	—	—	—	—	—	14 242.51	11 970.45	4 019.72	30 232.67
276	荷塘月色	—	—	—	—	—	—	—	4 571.45	34 740.10	3 653.17	42 964.72
277	蚂蚁搬家	—	—	—	—	—	—	—	3 418.06	10 682.90	5 626.57	19 727.52
278	七彩盛世	—	—	—	—	—	—	—	950.95	869.80	668.70	2 489.45
279	黄河魂	—	—	—	—	—	—	—	6 575.45	2 818.79	546.55	9 940.78
280	敦煌韵	—	—	—	—	—	—	—	5 897.35	2 803.95	531.10	9 232.40
281	花好月圆	—	—	—	—	—	—	—	29 946.33	8 425.28	754.00	39 125.61
282	巍巍井冈	—	—	—	—	—	—	—	3 342.92	8 738.32	8 884.30	20 965.54
283	跷跷板	—	—	—	—	—	—	—	10 937.78	11 768.71	1 079.37	23 785.87
284	幸运扑克	—	—	—	—	—	—	—	14 336.80	9 894.63	1 254.31	25 485.75
285	喜从天降	—	—	—	—	—	—	—	7 947.89	24 980.58	16 610.13	49 538.60
286	龙腾盛世	—	—	—	—	—	—	—	5 281.84	32 910.79	20 340.95	58 533.58
287	打地鼠	—	—	—	—	—	—	—	—	26 693.15	4 170.01	30 863.16
288	招财纳福	—	—	—	—	—	—	—	8 821.10	35 989.57	17 121.81	61 932.49
289	网鱼高手	—	—	—	—	—	—	—	7 657.90	54 763.85	29 609.58	92 031.34
290	圣诞快乐2	—	—	—	—	—	—	—	7 156.14	6 325.72	1 229.11	14 710.97
291	生肖-蛇	—	—	—	—	—	—	—	884.00	316.00	—	1 200.00
292	群岛之彩	—	—	—	—	—	—	—	—	1 471.75	187.10	1 658.85
293	伏羲定姓氏	—	—	—	—	—	—	—	1 064.70	615.75	37.75	1 718.20
294	中国节	—	—	—	—	—	—	—	—	29 416.83	5 347.32	34 764.14
295	闹新春	—	—	—	—	—	—	—	—	21 375.72	1 777.17	23 152.89
296	跳房子	—	—	—	—	—	—	—	—	7 991.59	5 787.86	13 779.45
297	博爱中山	—	—	—	—	—	—	—	—	3 587.93	442.22	4 030.15
298	中华名人-	—	—	—	—	—	—	—	—	14 171.40	4 752.45	18 923.85
299	昆曲	—	—	—	—	—	—	—	—	9 499.56	4 476.21	13 975.77
300	民俗文化	—	—	—	—	—	—	—	—	2 143.90	1 174.75	3 318.65
301	快乐生肖10	—	—	—	—	—	—	—	—	34 755.03	4 122.35	38 877.38
302	金鹊报喜	—	—	—	—	—	—	—	—	15 009.34	2 833.16	17 842.49
303	幸运殿堂	—	—	—	—	—	—	—	—	24 928.96	12 340.70	37 269.65
304	黄山风光	—	—	—	—	—	—	—	—	5 482.43	713.36	6 195.78
305	巅峰对决	—	—	—	—	—	—	—	—	22 105.65	5 259.17	27 364.83

续表

序号	游戏品种	2005	2006	2007	2008	2009	2010	2011	2012	2013	2014	合计 Total
306	7乐无穷	—	—	—	—	—	—	—	—	54 555.28	59 307.27	113 862.55
307	好彩头	—	—	—	—	—	—	—	—	7 371.42	1 951.28	9 322.70
308	小鸡快跑	—	—	—	—	—	—	—	—	20 569.78	3 600.84	24 170.61
309	花神	—	—	—	—	—	—	—	—	23 257.16	13 119.78	36 376.94
400	幸运双色球	—	—	—	—	—	—	—	—	24 165.33	10 600.73	34 766.06
401	幸福来电	—	—	—	—	—	—	—	—	26 703.47	18 408.61	45 112.08
402	爱我家园	—	—	—	—	—	—	—	—	8 919.65	7 412.10	16 331.75
403	探险家	—	—	—	—	—	—	—	—	15 364.92	6 235.03	21 599.95
404	柿柿如意	—	—	—	—	—	—	—	—	4 962.54	4 727.52	9 690.06
405	甜蜜连连	—	—	—	—	—	—	—	—	3 438.07	6 084.66	9 522.73
406	福运连连	—	—	—	—	—	—	—	—	7 283.13	14 427.90	21 711.03
407	金蜂巢	—	—	—	—	—	—	—	—	12 051.76	12 351.92	24 403.69
408	7喜	—	—	—	—	—	—	—	—	4 430.08	3 466.73	7 896.81
409	欢乐马戏团	—	—	—	—	—	—	—	—	10 704.15	34 447.37	45 151.52
410	好日子	—	—	—	—	—	—	—	—	7 338.40	6 971.05	14 309.45
411	冰激凌	—	—	—	—	—	—	—	—	3 900.58	12 278.10	16 178.68
412	福气8	—	—	—	—	—	—	—	—	8 453.62	22 655.84	31 109.46
413	百万财富	—	—	—	—	—	—	—	—	6 902.80	4 931.85	11 834.65
414	放飞梦想5	—	—	—	—	—	—	—	—	2 087.40	908.50	2 995.90
415	财神到	—	—	—	—	—	—	—	—	1 376.74	1 619.80	2 996.54
416	欢乐购	—	—	—	—	—	—	—	—	1 321.15	453.95	1 775.10
417	印象中国	—	—	—	—	—	—	—	—	744.45	491.10	1 235.55
418	时空瑰宝	—	—	—	—	—	—	—	—	983.80	805.35	1 789.15
419	沪塔	—	—	—	—	—	—	—	—	4.00	—	4.00
420	幸福汕头-宜居之城	—	—	—	—	—	—	—	—	615.16	885.47	1 500.63
421	幸福汕头-百载商埠	—	—	—	—	—	—	—	—	785.12	533.25	1 318.37
422	幸福汕头-潮人之都	—	—	—	—	—	—	—	—	511.92	474.56	986.48
423	幸福汕头-潮菜之乡	—	—	—	—	—	—	—	—	356.03	1 340.90	1 696.94
424	春夏秋冬	—	—	—	—	—	—	—	—	2 049.00	15 797.02	17 846.02
425	蝌蚪找妈妈	—	—	—	—	—	—	—	—	1 972.35	8 533.39	10 505.74
426	水果连连看	—	—	—	—	—	—	—	—	872.25	530.85	1 403.10
427	幸运抽奖	—	—	—	—	—	—	—	—	2 020.15	23 439.26	25 459.41
428	淘宝乐	—	—	—	—	—	—	—	—	681.95	888.40	1 570.35
429	生日快乐	—	—	—	—	—	—	—	—	1 676.10	2 267.45	3 943.55
430	大满贯10元	—	—	—	—	—	—	—	—	1 658.50	2 059.87	3 718.37
431	步步高	—	—	—	—	—	—	—	—	3 790.16	11 386.53	15 176.69
432	日出东方韶山	—	—	—	—	—	—	—	—	357.40	3 060.86	3 418.26
433	5倍惊喜	—	—	—	—	—	—	—	—	—	66 159.73	66 159.73

续表

序号	游戏品种	2005	2006	2007	2008	2009	2010	2011	2012	2013	2014	合计 Total
434	俏佳人	—	—	—	—	—	—	—	—	—	17 518.47	17 518.47
435	马到成功10元	—	—	—	—	—	—	—	—	—	20 404.78	20 404.78
436	成语故事	—	—	—	—	—	—	—	—	—	385.80	385.80
437	赣南苏区－荣光	—	—	—	—	—	—	—	—	—	3 539.79	3 539.79
438	挖金豆	—	—	—	—	—	—	—	—	—	2 750.10	2 750.10
439	圣地延安	—	—	—	—	—	—	—	—	—	3 656.01	3 656.01
440	七星瓢虫	—	—	—	—	—	—	—	—	—	12 567.12	12 567.12
441	太极	—	—	—	—	—	—	—	—	—	4 291.40	4 291.40
442	宝石奇缘	—	—	—	—	—	—	—	—	—	33 515.29	33 515.29
443	神秘好礼	—	—	—	—	—	—	—	—	—	18 537.39	18 537.39
444	吉祥草原	—	—	—	—	—	—	—	—	—	923.80	923.80
445	牛7冲天	—	—	—	—	—	—	—	—	—	10 882.65	10 882.65
446	熊出没	—	—	—	—	—	—	—	—	—	16 250.54	16 250.54
447	空战赢家	—	—	—	—	—	—	—	—	—	14 493.90	14 493.90
448	赛马	—	—	—	—	—	—	—	—	—	14 630.79	14 630.79
449	好运加倍	—	—	—	—	—	—	—	—	—	13 093.05	13 093.05
450	相约咖啡	—	—	—	—	—	—	—	—	—	12 071.42	12 071.42
451	加油加油	—	—	—	—	—	—	—	—	—	15 130.75	15 130.75
452	10来运转	—	—	—	—	—	—	—	—	—	26 075.58	26 075.58
453	足球盛宴5元	—	—	—	—	—	—	—	—	—	20 349.20	20 349.20
454	黄金盛典	—	—	—	—	—	—	—	—	—	80 088.91	80 088.91
455	“粽”奖	—	—	—	—	—	—	—	—	—	11 474.31	11 474.31
456	足球盛宴10元	—	—	—	—	—	—	—	—	—	15 660.76	15 660.76
457	魅力安徽－九华仙境	—	—	—	—	—	—	—	—	—	252.00	252.00
458	天降好礼	—	—	—	—	—	—	—	—	—	4 528.12	4 528.12
459	砸金蛋	—	—	—	—	—	—	—	—	—	11 375.15	11 375.15
460	多彩假日	—	—	—	—	—	—	—	—	—	9 201.54	9 201.54
461	幸运星	—	—	—	—	—	—	—	—	—	5 215.57	5 215.57
462	好运百万	—	—	—	—	—	—	—	—	—	11 237.03	11 237.03
463	莲乡意蕴	—	—	—	—	—	—	—	—	—	3 021.95	3 021.95
464	天长地久	—	—	—	—	—	—	—	—	—	2 962.75	2 962.75
465	钻石联盟	—	—	—	—	—	—	—	—	—	3 320.37	3 320.37
466	冰VS火	—	—	—	—	—	—	—	—	—	4 062.76	4 062.76
467	我爱电影－一步之遥	—	—	—	—	—	—	—	—	—	2 765.31	2 765.31
468	雪人	—	—	—	—	—	—	—	—	—	893.35	893.35
合计 Total		14 046.51	67 422.05	289 277.34	766 454.82	927 657.43	1 445 717.53	2 004 425.62	2 020 302.00	1 855 448.62	1 858 958.92	11 249 710.83

（中国福利彩票发行管理中心供稿）

2005—2014 年中国体育彩票全国联网游戏品种销售统计

Sales Statistics of National Games of Sports Lottery from 2005 to 2014

篮球单场

单位：万元

Unit：Ten Thousand Yuan

地 区 Region	游戏类型 Game Type	2005	2006	2007	2008	2009	2010	2011	2012	2013	2014	合 计 Total
北 京	竞猜	1 404. 30	540. 29	146. 68	—	—	—	—	—	—	—	2 091. 27
天 津		289. 73	132. 01	41. 49	—	—	—	—	—	—	—	463. 23
河 北		723. 43	389. 59	162. 81	—	—	—	—	—	—	—	1 275. 83
山 西		307. 09	160. 46	46. 65	—	—	—	—	—	—	—	514. 19
辽 宁		959. 95	497. 11	122. 33	—	—	—	—	—	—	—	1 579. 39
吉 林		470. 72	295. 58	110. 73	—	—	—	—	—	—	—	877. 04
黑龙江		448. 45	205. 57	60. 81	—	—	—	—	—	—	—	714. 83
上 海		139. 66	63. 61	12. 72	—	—	—	—	—	—	—	215. 99
江 苏		437. 84	273. 79	93. 48	—	—	—	—	—	—	—	805. 11
安 徽		238. 82	90. 62	48. 01	—	—	—	—	—	—	—	377. 45
福 建		281. 81	106. 63	28. 04	—	—	—	—	—	—	—	416. 49
江 西		338. 92	110. 00	15. 08	—	—	—	—	—	—	—	464. 01
山 东		808. 20	343. 87	133. 07	—	—	—	—	—	—	—	1 285. 14
河 南		806. 97	227. 23	73. 67	—	—	—	—	—	—	—	1 107. 86
湖 北		1 040. 73	481. 54	134. 08	—	—	—	—	—	—	—	1 656. 35
湖 南		802. 78	158. 36	29. 94	—	—	—	—	—	—	—	991. 08
广 东		1 202. 33	—	—	—	—	—	—	—	—	—	1 202. 33
广 西		83. 96	40. 99	15. 13	—	—	—	—	—	—	—	140. 08
海 南		41. 35	9. 72	2. 12	—	—	—	—	—	—	—	53. 20
重 庆		231. 43	56. 43	17. 89	—	—	—	—	—	—	—	305. 75
四 川		510. 56	227. 06	75. 61	—	—	—	—	—	—	—	813. 23
贵 州		183. 88	135. 79	43. 23	—	—	—	—	—	—	—	362. 90
云 南		364. 60	183. 74	49. 58	—	—	—	—	—	—	—	597. 92
西 藏		16. 65	7. 06	4. 04	—	—	—	—	—	—	—	27. 75
陕 西		358. 81	77. 88	41. 98	—	—	—	—	—	—	—	478. 67
甘 肃		108. 02	72. 99	28. 05	—	—	—	—	—	—	—	209. 06
青 海		68. 95	47. 00	7. 50	—	—	—	—	—	—	—	123. 45
新 疆		392. 26	281. 93	135. 20	—	—	—	—	—	—	—	809. 39
合计 Total		**13 062. 19**	**5 216. 87**	**1 679. 93**	—	—	—	—	—	—	—	**19 958. 99**

胜平负任选 9 场

单位：万元

Unit: Ten Thousand Yuan

地　区 Region	游戏类型 Game Type	2005	2006	2007	2008	2009	2010	2011	2012	2013	2014	合　计 Total
北　京	竞猜	2 660.48	9 790.16	10 572.32	10 230.83	14 423.39	15 118.80	16 555.33	17 511.38	27 390.66	25 602.76	149 856.12
天　津		1 076.55	3 169.83	2 948.14	2 927.16	4 781.40	11 565.18	16 228.52	17 462.76	16 156.36	14 360.38	90 676.27
河　北		717.69	2 478.70	2 905.41	3 153.90	4 330.94	4 771.54	4 674.19	4 766.65	4 466.20	8 094.69	40 359.91
山　西		409.96	1 433.70	1 806.36	1 932.18	2 683.27	2 521.35	2 389.25	3 206.72	2 441.41	2 414.58	21 238.78
内蒙古		—	—	725.27	1 455.41	2 144.17	2 222.50	2 033.68	2 275.94	2 347.75	3 011.16	16 215.87
辽　宁		2 605.93	8 156.46	9 135.89	9 568.45	12 866.22	12 596.89	11 447.85	11 635.61	11 465.65	11 878.91	101 357.87
吉　林		763.60	2 470.36	2 964.88	2 806.07	3 619.05	3 618.22	3 263.66	3 481.19	3 089.91	3 189.53	29 266.46
黑龙江		719.16	2 123.90	2 382.83	2 377.83	3 272.69	3 142.17	2 722.30	3 180.06	3 421.09	3 769.23	27 111.25
上　海		2 277.63	8 028.16	9 160.14	9 225.74	12 493.21	12 804.33	12 067.58	14 496.04	19 135.38	39 135.91	138 824.13
江　苏		1 629.15	5 915.71	7 415.66	8 084.04	11 166.40	12 345.33	11 246.57	11 479.84	14 320.24	22304.1354	105 907.08
浙　江		1 664.69	6 581.70	7 765.39	8 890.41	12 609.77	13 536.14	12 861.38	13 895.31	13 303.85	14875.587	105 984.23
安　徽		493.77	2 222.80	5 091.77	3 437.91	5 596.98	6 813.71	11 757.70	8 698.96	12 067.93	9 255.18	65 436.70
福　建		841.09	3 108.62	3 869.57	4 267.31	6 560.24	6 148.80	5 554.93	6 442.17	6 224.20	6 266.35	49 283.28
江　西		998.34	5 328.21	7 999.25	10 282.50	18 823.51	23 064.60	23 665.09	22 802.95	30 976.66	37 418.59	181 359.70
山　东		1 303.96	4 992.93	6 494.93	7 483.62	8 878.50	8 880.89	9 487.21	9 890.81	10 995.72	8 791.64	77 200.20
河　南		773.86	2 439.55	2 876.41	3 045.59	4 328.54	4 848.49	3 845.13	4 157.62	4 203.63	4 292.99	34 811.81
湖　北		1 868.59	6 592.02	8 003.32	8 339.79	11 591.43	10 883.07	10 407.10	11 382.36	10 913.54	12 457.38	92 438.59
湖　南		988.66	3 728.27	4 041.91	4 897.90	11 638.65	13 980.61	9 982.26	14 266.40	19 135.54	28 928.24	111 588.44
广　东		9 501.41	27 940.42	28 328.82	27 791.23	37 679.21	38 788.98	38 657.11	41 512.36	41 523.25	43 226.42	334 949.22
广　西		969.64	3 126.59	3 874.05	4 324.82	6 139.33	7 009.26	6 949.88	7 987.01	8 546.76	9 426.42	58 353.76
海　南		179.97	470.70	578.68	540.65	731.42	802.98	808.58	917.11	911.33	843.96	6 785.37
重　庆		763.34	2 875.03	3 771.08	3 768.91	6 155.20	5 882.03	4 994.37	8 691.50	10 126.34	11 814.24	58 842.03
四　川		1 588.51	5 020.73	6 151.21	6 844.68	9 485.34	10 283.70	9 773.75	11 080.76	11 633.56	11 053.15	82 915.38
贵　州		525.63	1 692.35	1 958.77	2 233.24	3 259.81	3 437.88	3 203.19	3 248.55	3 132.00	3 256.23	25 947.66
云　南		764.07	2 417.76	3 027.39	3 284.74	4 802.14	5 179.88	4 488.97	4 904.37	4 522.01	4 776.71	38 168.05
西　藏		24.41	73.72	89.45	97.92	174.03	—	139.00	160.93	177.00	149.58	1 086.03
陕　西		668.54	2 049.63	2 393.32	2 609.43	3 705.23	3 761.81	3 604.39	4 017.32	3 969.32	5 529.16	32 308.15
甘　肃		315.69	975.57	1 300.91	1 161.40	1 424.26	1 420.60	1 365.63	1 721.89	1 387.86	1 516.23	12 590.06
青　海		67.90	199.37	243.29	267.26	347.14	344.78	276.78	308.57	295.21	507.44	2 857.74
宁　夏		—	—	140.19	526.08	656.88	660.88	568.45	574.97	578.54	1 019.91	4 725.91
新　疆		521.06	1 772.62	2 213.55	2 210.58	2 814.08	2 943.68	4 020.13	3 404.09	4 211.72	8 499.47	32 610.98
合计 Total		**37 683.28**	**127 175.58**	**150 230.16**	**158 067.58**	**229 182.43**	**249 379.07**	**249 039.95**	**269 562.21**	**303 070.62**	**357 666.15**	**2 131 057.02**

世界杯 6 场进球

单位：万元

Unit：Ten Thousand Yuan

地 区 Region	游戏类型 Game Type	2005	2006	2007	2008	2009	2010	2011	2012	2013	2014	合 计 Total
北 京	竞猜	—	390.64	—	—	—	—	—	—	—	—	390.64
天 津		—	72.39	—	—	—	—	—	—	—	—	72.39
河 北		—	69.75	—	—	—	—	—	—	—	—	69.75
山 西		—	63.90	—	—	—	—	—	—	—	—	63.90
辽 宁		—	235.14	—	—	—	—	—	—	—	—	235.14
吉 林		—	82.31	—	—	—	—	—	—	—	—	82.31
黑龙江		—	78.68	—	—	—	—	—	—	—	—	78.68
上 海		—	295.46	—	—	—	—	—	—	—	—	295.46
江 苏		—	184.62	—	—	—	—	—	—	—	—	184.62
浙 江		—	233.17	—	—	—	—	—	—	—	—	233.17
安 徽		—	56.82	—	—	—	—	—	—	—	—	56.82
福 建		—	144.15	—	—	—	—	—	—	—	—	144.15
江 西		—	204.71	—	—	—	—	—	—	—	—	204.71
山 东		—	177.90	—	—	—	—	—	—	—	—	177.90
河 南		—	82.06	—	—	—	—	—	—	—	—	82.06
湖 北		—	158.58	—	—	—	—	—	—	—	—	158.58
湖 南		—	200.69	—	—	—	—	—	—	—	—	200.69
广 东		—	1 026.01	—	—	—	—	—	—	—	—	1 026.01
广 西		—	119.17	—	—	—	—	—	—	—	—	119.17
海 南		—	21.62	—	—	—	—	—	—	—	—	21.62
重 庆		—	91.05	—	—	—	—	—	—	—	—	91.05
四 川		—	180.92	—	—	—	—	—	—	—	—	180.92
贵 州		—	85.10	—	—	—	—	—	—	—	—	85.10
云 南		—	155.32	—	—	—	—	—	—	—	—	155.32
西 藏		—	4.65	—	—	—	—	—	—	—	—	4.65
陕 西		—	70.68	—	—	—	—	—	—	—	—	70.68
甘 肃		—	30.31	—	—	—	—	—	—	—	—	30.31
青 海		—	4.81	—	—	—	—	—	—	—	—	4.81
新 疆		—	64.52	—	—	—	—	—	—	—	—	64.52
合计 Total		—	**4 585.12**	—	—	—	—	—	—	—	—	**4 585.12**

世界杯四强

单位：万元

Unit: Ten Thousand Yuan

地区 Region	游戏类型 Game Type	2005	2006	2007	2008	2009	2010	2011	2012	2013	2014	合计 Total
北京	竞猜	—	191.74	—	—	—	—	—	—	—	—	191.74
天津		—	69.72	—	—	—	—	—	—	—	—	69.72
河北		—	131.98	—	—	—	—	—	—	—	—	131.98
山西		—	52.57	—	—	—	—	—	—	—	—	52.57
辽宁		—	254.26	—	—	—	—	—	—	—	—	254.26
吉林		—	102.15	—	—	—	—	—	—	—	—	102.15
黑龙江		—	142.67	—	—	—	—	—	—	—	—	142.67
上海		—	169.20	—	—	—	—	—	—	—	—	169.20
江苏		—	129.74	—	—	—	—	—	—	—	—	129.74
浙江		—	134.57	—	—	—	—	—	—	—	—	134.57
安徽		—	64.41	—	—	—	—	—	—	—	—	64.41
福建		—	122.06	—	—	—	—	—	—	—	—	122.06
江西		—	93.65	—	—	—	—	—	—	—	—	93.65
山东		—	127.82	—	—	—	—	—	—	—	—	127.82
河南		—	78.81	—	—	—	—	—	—	—	—	78.81
湖北		—	137.71	—	—	—	—	—	—	—	—	137.71
湖南		—	203.77	—	—	—	—	—	—	—	—	203.77
广东		—	847.21	—	—	—	—	—	—	—	—	847.21
广西		—	79.67	—	—	—	—	—	—	—	—	79.67
海南		—	19.07	—	—	—	—	—	—	—	—	19.07
重庆		—	89.61	—	—	—	—	—	—	—	—	89.61
四川		—	162.55	—	—	—	—	—	—	—	—	162.55
贵州		—	55.71	—	—	—	—	—	—	—	—	55.71
云南		—	195.56	—	—	—	—	—	—	—	—	195.56
西藏		—	1.86	—	—	—	—	—	—	—	—	1.86
陕西		—	87.81	—	—	—	—	—	—	—	—	87.81
甘肃		—	49.33	—	—	—	—	—	—	—	—	49.33
青海		—	10.50	—	—	—	—	—	—	—	—	10.50
新疆		—	63.01	—	—	—	—	—	—	—	—	63.01
合计 Total		—	**3 868.73**	—	—	—	—	—	—	—	—	**3 868.73**

世界杯八强

单位：万元

Unit：Ten Thousand Yuan

地　区 Region	游戏类型 Game Type	2005	2006	2007	2008	2009	2010	2011	2012	2013	2014	合　计 Total
北　京	竞猜	—	222.74	—	—	—	—	—	—	—	—	222.74
天　津		—	88.33	—	—	—	—	—	—	—	—	88.33
河　北		—	125.76	—	—	—	—	—	—	—	—	125.76
山　西		—	41.00	—	—	—	—	—	—	—	—	41.00
辽　宁		—	242.26	—	—	—	—	—	—	—	—	242.26
吉　林		—	106.74	—	—	—	—	—	—	—	—	106.74
黑龙江		—	118.75	—	—	—	—	—	—	—	—	118.75
上　海		—	163.53	—	—	—	—	—	—	—	—	163.53
江　苏		—	137.67	—	—	—	—	—	—	—	—	137.67
浙　江		—	116.69	—	—	—	—	—	—	—	—	116.69
安　徽		—	65.99	—	—	—	—	—	—	—	—	65.99
福　建		—	130.53	—	—	—	—	—	—	—	—	130.53
江　西		—	104.96	—	—	—	—	—	—	—	—	104.96
山　东		—	118.47	—	—	—	—	—	—	—	—	118.47
河　南		—	94.43	—	—	—	—	—	—	—	—	94.43
湖　北		—	160.62	—	—	—	—	—	—	—	—	160.62
湖　南		—	160.87	—	—	—	—	—	—	—	—	160.87
广　东		—	544.10	—	—	—	—	—	—	—	—	544.10
广　西		—	93.82	—	—	—	—	—	—	—	—	93.82
海　南		—	8.04	—	—	—	—	—	—	—	—	8.04
重　庆		—	102.07	—	—	—	—	—	—	—	—	102.07
四　川		—	170.56	—	—	—	—	—	—	—	—	170.56
贵　州		—	57.79	—	—	—	—	—	—	—	—	57.79
云　南		—	132.28	—	—	—	—	—	—	—	—	132.28
西　藏		—	1.49	—	—	—	—	—	—	—	—	1.49
陕　西		—	75.85	—	—	—	—	—	—	—	—	75.85
甘　肃		—	35.10	—	—	—	—	—	—	—	—	35.10
青　海		—	5.39	—	—	—	—	—	—	—	—	5.39
新　疆		—	49.34	—	—	—	—	—	—	—	—	49.34
合计 Total		—	**3 475.20**	—	—	—	—	—	—	—	—	**3 475.20**

世界杯 8 场胜平负

单位：万元

Unit：Ten Thousand Yuan

地　区 Region	游戏类型 Game Type	2005	2006	2007	2008	2009	2010	2011	2012	2013	2014	合　计 Total
北　京	竞猜	—	712.32	—	—	—	—	—	—	—	—	712.32
天　津		—	267.35	—	—	—	—	—	—	—	—	267.35
河　北		—	267.41	—	—	—	—	—	—	—	—	267.41
山　西		—	139.53	—	—	—	—	—	—	—	—	139.53
辽　宁		—	736.04	—	—	—	—	—	—	—	—	736.04
吉　林		—	243.27	—	—	—	—	—	—	—	—	243.27
黑龙江		—	290.27	—	—	—	—	—	—	—	—	290.27
上　海		—	602.35	—	—	—	—	—	—	—	—	602.35
江　苏		—	471.88	—	—	—	—	—	—	—	—	471.88
浙　江		—	460.22	—	—	—	—	—	—	—	—	460.22
安　徽		—	175.81	—	—	—	—	—	—	—	—	175.81
福　建		—	306.04	—	—	—	—	—	—	—	—	306.04
江　西		—	338.85	—	—	—	—	—	—	—	—	338.85
山　东		—	437.42	—	—	—	—	—	—	—	—	437.42
河　南		—	211.22	—	—	—	—	—	—	—	—	211.22
湖　北		—	537.12	—	—	—	—	—	—	—	—	537.12
湖　南		—	382.19	—	—	—	—	—	—	—	—	382.19
广　东		—	2 725.03	—	—	—	—	—	—	—	—	2 725.03
广　西		—	311.27	—	—	—	—	—	—	—	—	311.27
海　南		—	57.86	—	—	—	—	—	—	—	—	57.86
重　庆		—	226.04	—	—	—	—	—	—	—	—	226.04
四　川		—	487.27	—	—	—	—	—	—	—	—	487.27
贵　州		—	168.00	—	—	—	—	—	—	—	—	168.00
云　南		—	319.72	—	—	—	—	—	—	—	—	319.72
西　藏		—	8.53	—	—	—	—	—	—	—	—	8.53
陕　西		—	228.28	—	—	—	—	—	—	—	—	228.28
甘　肃		—	102.91	—	—	—	—	—	—	—	—	102.91
青　海		—	24.37	—	—	—	—	—	—	—	—	24.37
新　疆		—	155.73	—	—	—	—	—	—	—	—	155.73
合计 Total		—	**11 394.30**	—	—	—	—	—	—	—	—	**11 394.30**

足球 4 场进球

单位：万元

Unit：Ten Thousand Yuan

地 区 Region	游戏类型 Game Type	2004	2005	2006	2007	2008	2009	2010	2011	2012	2013	合 计 Total
北 京	竞猜	—	3 444. 89	3 749. 87	2 410. 04	1 420. 16	1 670. 98	1 379. 78	1 314. 74	959. 88	1 459. 45	17 809. 79
天 津		—	837. 61	730. 69	669. 94	475. 24	601. 69	1 158. 64	1 376. 56	962. 49	1 079. 52	7 892. 38
河 北		—	699. 79	634. 66	582. 10	481. 84	491. 92	373. 09	306. 78	277. 25	590. 98	4 438. 40
山 西		—	429. 54	292. 15	318. 61	261. 02	278. 01	161. 23	239. 80	129. 23	158. 16	2 267. 75
内蒙古		—	—	132. 90	319. 73	265. 42	337. 77	239. 14	170. 33	115. 54	207. 92	1 788. 75
辽 宁		—	2 262. 78	2 034. 71	1 958. 98	1 674. 48	1 170. 27	686. 85	717. 88	386. 14	458. 94	11 351. 05
吉 林		—	802. 94	747. 12	415. 92	313. 55	357. 78	184. 06	154. 57	134. 09	205. 95	3 315. 98
黑龙江		—	773. 67	834. 26	593. 55	427. 24	444. 21	292. 21	262. 93	295. 72	443. 53	4 367. 32
上 海		—	2 802. 32	2 801. 48	2 352. 87	1 598. 21	1 495. 42	937. 10	927. 42	914. 81	2 862. 87	16 692. 49
江 苏		—	2 071. 83	2 141. 14	1 732. 05	1 001. 38	1 123. 41	590. 29	574. 54	726. 44	1 614. 39	11 575. 47
浙 江		—	2 672. 53	2 590. 60	2 212. 40	2 505. 71	2 512. 68	1 264. 22	986. 13	659. 44	1 049. 75	16 453. 46
安 徽		—	1 386. 23	2 259. 82	725. 05	964. 55	678. 73	1 014. 78	520. 00	663. 75	546. 33	8 759. 23
福 建		—	1 342. 15	1 480. 93	1 537. 41	845. 68	753. 72	416. 83	516. 96	283. 36	422. 89	7 599. 93
江 西		—	3 345. 10	5 181. 90	3 523. 79	3 205. 45	3 459. 46	2 706. 85	2 018. 69	2 076. 06	2 948. 53	28 465. 84
山 东		—	1 782. 34	2 202. 28	1 878. 60	1 032. 69	1 026. 78	668. 88	650. 17	659. 81	792. 16	10 693. 72
河 南		—	755. 05	821. 21	796. 75	469. 21	612. 98	366. 51	281. 14	249. 49	315. 88	4 668. 22
湖 北		—	1 809. 20	1 961. 54	1 384. 06	1 124. 02	1 142. 82	709. 91	842. 96	520. 35	967. 60	10 462. 47
湖 南		—	1 463. 30	1 105. 48	1 010. 51	1 954. 91	3 190. 37	1 382. 93	1 783. 74	2 147. 32	2 844. 30	16 882. 85
广 东		—	9 646. 52	8 318. 35	5 744. 07	3 743. 63	4 165. 41	3 136. 30	2 816. 81	2 197. 98	2 618. 00	42 387. 07
广 西		—	948. 78	869. 11	695. 10	522. 73	764. 05	536. 95	573. 96	494. 77	731. 26	6 136. 72
海 南		—	192. 96	164. 07	121. 69	79. 61	114. 85	72. 47	55. 35	52. 86	74. 55	928. 41
重 庆		—	831. 88	1 051. 13	1 045. 92	448. 77	908. 16	537. 89	1 170. 41	1 010. 49	1 301. 83	8 306. 48
四 川		—	1 505. 50	1 522. 38	1 108. 09	815. 53	1 211. 03	827. 13	735. 60	540. 58	699. 48	8 965. 31
贵 州		—	606. 51	615. 29	454. 87	351. 91	511. 27	241. 01	206. 76	170. 16	204. 19	3 361. 97
云 南		—	1 121. 15	962. 00	656. 82	391. 10	536. 14	327. 89	349. 69	256. 39	322. 69	4 923. 88
西 藏		—	25. 77	23. 52	16. 75	14. 03	—	25. 39	9. 31	5. 25	14. 97	134. 99
陕 西		—	620. 76	568. 78	456. 21	427. 26	479. 92	442. 06	414. 81	247. 31	380. 63	4 037. 73
甘 肃		—	339. 48	374. 23	202. 45	141. 05	171. 00	165. 33	169. 01	104. 88	113. 45	1 780. 88
青 海		—	66. 00	66. 96	76. 36	40. 14	26. 08	14. 68	14. 25	11. 10	52. 58	368. 15
宁 夏		—	—	7. 08	41. 75	33. 68	73. 69	45. 38	75. 74	22. 48	78. 53	378. 33
新 疆		—	514. 78	598. 83	379. 73	295. 59	296. 20	204. 88	229. 12	174. 91	531. 90	3 225. 94
合计 Total		—	**45 101. 35**	**46 844. 46**	**35 422. 17**	**27 325. 79**	**30 606. 80**	**21 110. 65**	**20 466. 17**	**17 450. 35**	**26 093. 22**	**270 420. 95**

足球 6 场半全场

单位：万元

Unit：Ten Thousand Yuan

地区 Region	游戏类型 Game Type	2005	2006	2007	2008	2009	2010	2011	2012	2013	2014	合计 Total
北京	竞猜	—	—	1 259.30	—	—	—	—	—	—	—	1 259.30
河北		—	—	274.77	—	—	—	—	—	—	—	274.77
吉林		—	—	351.80	—	—	—	—	—	—	—	351.80
黑龙江		—	—	313.35	—	—	—	—	—	—	—	313.35
福建		—	—	613.89	—	—	—	—	—	—	—	613.89
合计 Total		—	—	**2 813.11**	—	—	—	—	—	—	—	**2 813.11**

足球 6 场半全场胜平负

单位：万元

Unit：Ten Thousand Yuan

地区 Region	游戏类型 Game Type	2005	2006	2007	2008	2009	2010	2011	2012	2013	2014	合计 Total
北京	竞猜	—	1 740.88	—	666.51	335.09	398.89	262.71	257.62	197.14	241.19	4 100.03
天津		—	425.71	279.99	242.72	142.87	170.82	402.43	436.46	220.50	197.89	2 519.39
河北		—	430.59	—	193.46	104.96	182.55	134.01	121.17	75.70	87.42	1 329.85
山西		—	275.17	152.39	121.20	55.76	66.29	38.50	64.57	25.85	27.00	826.72
内蒙古		—	—	62.42	183.66	104.07	105.37	69.78	47.51	26.90	41.31	641.03
辽宁		—	1 432.19	945.18	802.73	289.92	345.86	188.52	204.64	110.64	92.63	4 412.30
吉林		—	535.34	—	234.12	82.27	140.21	68.50	54.80	24.24	22.56	1 162.04
黑龙江		—	533.70	—	251.96	113.66	133.94	86.17	82.12	50.36	82.26	1 334.16
上海		—	1 555.72	1 295.31	855.98	350.45	340.42	274.29	248.36	257.27	720.77	5 898.58
江苏		—	1 237.38	1 039.86	699.50	285.10	290.84	174.33	217.74	196.62	282.21	4 423.58
浙江		—	1 579.01	1 356.15	1 014.08	452.61	530.79	319.81	294.20	156.35	185.61	5 888.60
安徽		—	491.65	978.16	291.73	234.22	180.88	308.50	141.61	202.55	149.85	2 979.15
福建		—	829.07	—	477.49	202.92	185.20	131.90	186.51	134.56	100.81	2 248.46
江西		—	1 324.91	2 313.77	1 592.53	1 002.47	1 204.90	896.41	867.62	675.26	771.64	10 649.52
山东		—	956.52	721.49	606.68	249.17	206.15	163.22	185.41	157.35	95.29	3 341.29
河南		—	511.02	330.68	251.08	103.70	138.81	93.78	71.37	56.13	53.08	1 609.65
湖北		—	1 226.54	1 132.06	634.39	237.82	221.88	182.10	167.10	88.48	100.06	3 990.43
湖南		—	866.23	486.51	375.67	573.05	776.10	347.84	754.21	749.35	543.61	5 472.56
广东		—	6 108.04	4 506.05	3 131.87	1 408.03	1 401.82	1 109.65	882.23	630.58	574.38	19 752.65
广西		—	650.43	492.52	352.97	167.95	193.81	143.55	146.87	118.62	112.70	2 379.42
海南		—	140.31	125.14	54.12	23.56	35.55	28.68	26.82	28.06	23.29	485.53
重庆		—	588.14	487.75	596.98	112.38	152.86	84.44	194.37	192.84	228.04	2 637.80
四川		—	912.65	637.96	514.87	198.78	304.16	151.23	192.50	133.88	121.37	3 167.40
贵州		—	374.74	310.72	185.36	81.85	110.40	68.31	65.74	35.98	35.71	1 268.81
云南		—	640.71	458.35	286.14	125.05	172.44	85.57	96.02	81.80	77.20	2 023.28
西藏		—	14.43	14.27	7.84	3.22	—	2.37	1.75	1.01	8.04	52.94
陕西		456.00	640.86	335.09	232.24	113.43	166.23	123.98	108.41	45.35	43.29	2 264.89
甘肃		—	197.19	161.41	133.20	51.22	50.90	31.65	41.89	28.71	14.81	710.97
青海		—	33.74	39.56	24.72	8.78	7.02	5.55	7.30	2.29	6.99	135.96
宁夏		—	—	5.22	28.32	9.92	22.64	10.07	12.17	8.81	24.92	122.07
新疆		—	328.67	204.08	161.13	69.92	78.62	54.26	61.26	48.19	131.57	1 137.69
合计 Total		**456.00**	**26 581.53**	**18 872.10**	**15 205.25**	**7 294.20**	**8 316.36**	**6 042.13**	**6 240.35**	**4 761.35**	**5 197.47**	**98 966.73**

足球进球彩票

单位：万元

Unit：Ten Thousand Yuan

地 区 Region	游戏类型 Game Type	2005	2006	2007	2008	2009	2010	2011	2012	2013	2014	合 计 Total
北 京	竞猜	4 738.52	1 874.51	—	—	—	—	—	—	—	—	6 613.03
天 津		889.42	322.35	—	—	—	—	—	—	—	—	1 211.77
河 北		695.86	271.61	—	—	—	—	—	—	—	—	967.47
山 西		681.41	185.06	—	—	—	—	—	—	—	—	866.47
辽 宁		3 270.47	1 068.43	—	—	—	—	—	—	—	—	4 338.89
吉 林		824.66	288.18	—	—	—	—	—	—	—	—	1 112.84
黑龙江		849.45	241.86	—	—	—	—	—	—	—	—	1 091.31
上 海		3 260.86	1 221.80	—	—	—	—	—	—	—	—	4 482.65
江 苏		2 066.39	864.01	—	—	—	—	—	—	—	—	2 930.39
浙 江		3 314.93	1 210.97	—	—	—	—	—	—	—	—	4 525.90
安 徽		484.98	201.00	—	—	—	—	—	—	—	—	685.97
福 建		1 603.22	632.94	—	—	—	—	—	—	—	—	2 236.16
江 西		1 564.44	1 144.83	—	—	—	—	—	—	—	—	2 709.27
山 东		1 847.19	823.73	—	—	—	—	—	—	—	—	2 670.92
河 南		902.94	308.86	—	—	—	—	—	—	—	—	1 211.80
湖 北		1 626.19	722.61	—	—	—	—	—	—	—	—	2 348.80
湖 南		1 553.68	852.15	—	—	—	—	—	—	—	—	2 405.83
广 东		13 231.94	4 547.80	—	—	—	—	—	—	—	—	17 779.74
广 西		1 151.33	456.23	—	—	—	—	—	—	—	—	1 607.57
海 南		296.49	99.80	—	—	—	—	—	—	—	—	396.28
重 庆		983.78	344.44	—	—	—	—	—	—	—	—	1 328.22
四 川		2 126.43	676.52	—	—	—	—	—	—	—	—	2 802.95
贵 州		760.52	298.62	—	—	—	—	—	—	—	—	1 059.14
云 南		1 095.63	519.13	—	—	—	—	—	—	—	—	1 614.76
西 藏		31.47	11.00	—	—	—	—	—	—	—	—	42.47
陕 西		630.57	259.08	—	—	—	—	—	—	—	—	889.65
甘 肃		287.68	92.80	—	—	—	—	—	—	—	—	380.48
青 海		80.69	15.33	—	—	—	—	—	—	—	—	96.02
新 疆		1 268.96	247.20	—	—	—	—	—	—	—	—	1 516.17
合计 Total		**52 120.08**	**19 802.84**	—	—	—	—	—	—	—	—	**71 922.92**

足球胜平负

单位：万元

Unit：Ten Thousand Yuan

地区 Region	游戏类型 Game Type	2005	2006	2007	2008	2009	2010	2011	2012	2013	2014	合计 Total
北京	竞猜	25 816.17	25 880.64	—	15 798.50	16 636.15	20 458.92	22 342.93	25 364.66	47 737.22	31 887.00	231 922.18
天津		7 540.85	6 962.45	6 495.31	5 774.97	6 470.61	12 740.14	25 766.13	22 630.13	16 816.20	15 294.77	126 491.55
河北		4 537.82	4 476.44	—	3 157.74	4 528.09	6 392.90	6 029.60	6 198.13	5 922.14	8 602.03	49 844.89
山西		3 542.25	3 214.01	2 844.82	2 398.50	2 966.44	2 977.24	3 493.80	4 926.18	2 977.24	3 070.18	32 410.66
内蒙古		—	—	1 443.69	2 301.84	2 849.60	3 325.63	3 438.70	3 628.28	3 748.95	3 313.52	24 050.21
辽宁		19 838.57	19 088.24	16 636.27	13 661.16	15 687.21	18 979.06	17 494.63	14 813.40	13 746.55	14 349.18	164 294.27
吉林		5 249.67	5 162.27	—	3 919.57	3 726.25	4 838.99	4 525.06	4 857.17	3 951.23	3 528.18	39 758.40
黑龙江		5 010.77	4 230.25	—	3 703.00	3 764.22	4 166.00	3 978.09	3 926.16	4 573.93	5 124.31	38 476.72
上海		17 707.29	17 834.03	19 084.14	14 004.05	13 889.28	15 138.34	15 125.24	15 024.07	32 318.98	46 393.85	206 519.26
江苏		11 994.84	13 383.85	14 051.96	11 224.38	12 409.64	15 595.25	15 006.10	14 410.67	19 822.41	29 174.40	157 073.50
浙江		15 661.04	16 982.65	17 915.23	16 164.16	17 222.23	20 831.98	19 823.84	20 337.84	18 961.48	19 570.36	183 470.80
安徽		2 961.47	4 200.23	8 861.25	3 113.44	5 172.65	8 169.07	22 137.01	10 820.18	15 741.71	10 854.12	92 031.12
福建		7 381.69	8 522.36	—	8 833.00	9 920.70	9 610.38	8 817.69	9 338.96	9 736.71	9 098.52	81 260.00
江西		6 213.64	12 088.93	19 680.25	21 090.10	24 662.16	37 158.94	48 869.46	40 462.13	42 518.17	53 150.81	305 894.59
山东		10 666.24	11 190.36	10 593.27	10 466.75	9 976.62	12 412.21	12 236.90	12 699.13	14 953.58	11 681.03	116 876.09
河南		4 823.93	5 368.15	5 362.02	4 587.89	5 300.84	7 091.83	7 659.98	6 289.54	6 159.46	6 671.45	59 315.08
湖北		13 127.40	13 264.75	14 878.95	11 213.96	11 024.36	11 174.69	11 335.69	11 306.80	11 670.46	12 536.96	121 534.02
湖南		8 294.59	9 914.36	6 729.43	5 297.38	13 715.13	26 245.69	21 718.67	26 972.44	27 455.23	48 521.01	194 863.93
广东		68 052.00	64 832.31	58 815.15	46 725.09	49 583.73	52 979.76	56 238.15	48 657.11	52 023.44	53 605.65	551 512.38
广西		6 196.98	6 038.82	6 094.21	4 943.02	5 657.23	7 124.06	8 123.96	8 922.36	9 985.73	10 135.35	73 221.71
海南		1 464.31	1 739.94	3 619.07	912.06	960.10	1 111.18	1 100.41	1 090.74	1 256.01	1 188.73	14 442.55
重庆		5 426.17	5 669.40	6 371.69	7 400.36	5 571.86	4 815.72	5 283.20	8 010.70	10 986.04	11 772.46	71 307.59
四川		11 847.55	10 219.18	9 547.11	8 097.60	10 410.02	12 948.77	12 145.65	13 395.35	14 281.95	13 199.94	116 093.11
贵州		3 614.35	3 966.08	3 964.72	3 275.75	3 900.87	4 562.08	4 022.89	4 046.64	4 455.43	4 327.97	40 136.76
云南		5 379.50	6 488.68	6 607.57	4 951.73	5 823.14	6 709.84	6 338.70	6 219.51	7 119.16	7 335.18	62 973.00
西藏		247.34	240.81	195.60	170.84	204.88	—	192.97	202.34	254.86	275.35	1 984.99
陕西		4 261.44	4 480.83	4 511.15	4 193.61	4 623.49	5 626.91	7 596.90	7 662.41	7 022.20	8 435.09	58 414.04
甘肃		1 988.26	1 886.79	2 135.89	1 452.31	1 450.56	1 428.40	1 609.78	2 021.83	2 258.76	1 863.83	18 096.41
青海		418.59	336.13	373.51	447.18	475.58	458.05	457.37	718.04	494.78	523.03	4 702.25
宁夏		—	—	299.59	995.67	978.80	955.27	979.94	903.10	1 223.74	1 804.36	8 140.47
新疆		4 403.47	3 582.07	3 394.67	2 617.65	2 486.90	3 527.19	4 862.04	3 726.14	4 745.96	8 228.53	41 574.61
合计 Total		**283 668.18**	**291 244.97**	**250 506.51**	**242 893.26**	**272 049.34**	**339 554.47**	**378 751.47**	**359 582.10**	**414 919.71**	**455 517.14**	**3 288 687.15**

足彩胜平负

单位：万元

Unit: Ten Thousand Yuan

地　区 Region	游戏类型 Game Type	2005	2006	2007	2008	2009	2010	2011	2012	2013	2014	合　计 Total
北　京	竞猜	—	—	22 750. 80	—	—	—	—	—	—	—	22 750. 80
河　北		—	—	4 183. 49	—	—	—	—	—	—	—	4 183. 49
吉　林		—	—	5 046. 00	—	—	—	—	—	—	—	5 046. 00
黑龙江		—	—	4 616. 80	—	—	—	—	—	—	—	4 616. 80
福　建		—	—	9 019. 71	—	—	—	—	—	—	—	9 019. 71
合计 Total		**—**	**—**	**45 616. 79**	**—**	**—**	**—**	**—**	**—**	**—**	**—**	**45 616. 79**

竞 彩 玩 法

单位：万元

Unit: Ten Thousand Yuan

地　区 Region	游戏类型 Game Type	2005	2006	2007	2008	2009	2010	2011	2012	2013	2014	合　计 Total
北　京	竞猜	—	—	—	—	—	—	0. 20	9 627. 25	85 154. 41	55 115. 37	706 189. 76
天　津		—	—	—	—	—	9 965. 63	91 622. 31	82 597. 16	130 952. 30	241 155. 13	789 973. 24
河　北		—	—	—	—	—	9 104. 67	10 248. 86	16 400. 46	21 452. 45	176 474. 28	309 419. 58
山　西		—	—	—	—	—	4 930. 26	20 000. 65	21 167. 75	11 344. 40	18 295. 80	104 496. 24
内蒙古		—	—	—	—	—	1 107. 15	2 965. 22	7 779. 79	7 754. 74	9 150. 49	334 013. 88
辽　宁		—	—	—	—	—	49 026. 16	54 434. 33	62 591. 83	52 104. 57	87 099. 61	400 444. 73
吉　林		—	—	—	—	—	9 433. 61	14 374. 57	26 578. 36	20 767. 57	24 034. 12	378 789. 97
黑龙江		—	—	—	—	—	11 369. 53	27 002. 62	21 765. 19	28 222. 10	195 242. 29	1 224 008. 89
上　海		—	—	—	—	—	17 770. 37	39 389. 89	99 412. 91	238 408. 27	545 425. 71	2 444 793. 26
江　苏		—	—	—	—	—	156 212. 19	244 760. 64	301 023. 51	304 647. 44	497 742. 32	2 058 262. 77
浙　江		—	—	—	—	—	44 993. 12	71 343. 87	89 621. 04	73 746. 11	274 172. 51	986 371. 29
安　徽		—	—	—	—	—	16 774. 21	46 540. 84	64 599. 41	105 028. 84	199 551. 33	578 242. 01
福　建		—	—	—	—	—	10 344. 93	17 572. 83	35 441. 21	31 198. 60	51 189. 80	765 029. 34
江　西		—	—	—	—	—	13 298. 25	48 588. 78	132 996. 44	180 798. 99	243 599. 50	1 486 798. 27
山　东		—	—	—	—	—	34 839. 03	163 459. 05	151 848. 62	200 492. 52	316 877. 07	1 128 789. 77
河　南		—	—	—	—	—	18 337. 25	39 199. 23	34 604. 28	65 913. 73	103 218. 98	580 551. 22
湖　北		—	—	—	—	—	20 638. 12	27 092. 52	39 232. 00	81 204. 09	151 111. 02	731 679. 54
湖　南		—	—	—	—	—	23 903. 61	38 270. 03	75 304. 69	121 282. 89	153 640. 57	1 148 344. 34
广　东		—	—	—	—	—	48 085. 33	108 613. 65	188 228. 16	186 470. 11	204 545. 31	891 991. 88
广　西		—	—	—	—	—	16 879. 33	23 078. 17	30 860. 07	32 473. 59	52 758. 16	175 053. 87
海　南		—	—	—	—	—	1 974. 51	2 414. 64	6 585. 13	5 927. 10	2 103. 17	342 996. 11
重　庆		—	—	—	—	—	18 813. 97	32 209. 38	42 832. 04	77 788. 72	152 347. 45	491 626. 52
四　川		—	—	—	—	—	23 560. 78	26 233. 10	40 891. 72	32 280. 24	44 669. 12	248 766. 11
贵　州		—	—	—	—	—	7 972. 83	9 285. 48	18 913. 08	19 574. 03	25 385. 73	277 635. 01
云　南		—	—	—	—	—	25 474. 81	30 370. 30	42 732. 76	37 214. 99	60 711. 00	200 690. 62
西　藏		—	—	—	—	—	—	689. 80	1 254. 77	1 020. 52	1 221. 67	227 933. 90
陕　西		—	—	—	—	—	8 112. 87	12 452. 02	20 294. 26	16 293. 38	166 594. 62	355 620. 03
甘　肃		—	—	—	—	—	1 811. 45	6 811. 61	27 846. 71	40 382. 58	55 020. 54	249 685. 34
青　海		—	—	—	—	—	712. 15	7 477. 53	7 811. 01	33 169. 32	68 642. 44	209 492. 74
宁　夏		—	—	—	—	—	562. 92	938. 69	1 985. 73	12 071. 44	76 121. 51	332 760. 32
新　疆		—	—	—	—	—	3 594. 08	24 794. 92	28 763. 10	32 825. 61	151 102. 32	10 516 793. 94
合计 Total		**—**	**—**	**—**	**—**	**—**	**609 603. 13**	**1 242 235. 71**	**1 731 590. 45**	**2 287 965. 67**	**4 404 318. 94**	**10 275 713. 91**

欧锦赛四强

单位：万元

Unit：Ten Thousand Yuan

地区 Region	游戏类型 Game Type	2005	2006	2007	2008	2009	2010	2011	2012	2013	2014	合计 Total
北京	竞猜	—	—	—	41.06	—	—	—	—	—	—	41.06
天津		—	—	—	10.62	—	—	—	—	—	—	10.62
河北		—	—	—	19.51	—	—	—	—	—	—	19.51
山西		—	—	—	8.11	—	—	—	—	—	—	8.11
内蒙古		—	—	—	13.15	—	—	—	—	—	—	13.15
辽宁		—	—	—	55.91	—	—	—	—	—	—	55.91
吉林		—	—	—	20.18	—	—	—	—	—	—	20.18
黑龙江		—	—	—	35.29	—	—	—	—	—	—	35.29
上海		—	—	—	33.92	—	—	—	—	—	—	33.92
江苏		—	—	—	43.57	—	—	—	—	—	—	43.57
浙江		—	—	—	37.14	—	—	—	—	—	—	37.14
安徽		—	—	—	16.03	—	—	—	—	—	—	16.03
福建		—	—	—	23.95	—	—	—	—	—	—	23.95
江西		—	—	—	47.12	—	—	—	—	—	—	47.12
山东		—	—	—	48.82	—	—	—	—	—	—	48.82
河南		—	—	—	22.46	—	—	—	—	—	—	22.46
湖北		—	—	—	25.05	—	—	—	—	—	—	25.05
湖南		—	—	—	35.50	—	—	—	—	—	—	35.50
广东		—	—	—	139.41	—	—	—	—	—	—	139.41
广西		—	—	—	20.80	—	—	—	—	—	—	20.80
海南		—	—	—	5.12	—	—	—	—	—	—	5.12
重庆		—	—	—	15.82	—	—	—	—	—	—	15.82
四川		—	—	—	24.54	—	—	—	—	—	—	24.54
贵州		—	—	—	11.70	—	—	—	—	—	—	11.70
云南		—	—	—	22.87	—	—	—	—	—	—	22.87
西藏		—	—	—	0.58	—	—	—	—	—	—	0.58
陕西		—	—	—	23.90	—	—	—	—	—	—	23.90
甘肃		—	—	—	7.68	—	—	—	—	—	—	7.68
青海		—	—	—	1.42	—	—	—	—	—	—	1.42
宁夏		—	—	—	2.19	—	—	—	—	—	—	2.19
新疆		—	—	—	8.87	—	—	—	—	—	—	8.87
合计 Total		**—**	**—**	**—**	**822.29**	**—**	**—**	**—**	**—**	**—**	**—**	**822.29**

欧锦赛八强

单位：万元

Unit：Ten Thousand Yuan

地　区 Region	游戏类型 Game Type	2005	2006	2007	2008	2009	2010	2011	2012	2013	2014	合　计 Total
北　京	竞猜	—	—	—	46.45	—	—	—	—	—	—	46.45
天　津		—	—	—	16.85	—	—	—	—	—	—	16.85
河　北		—	—	—	21.51	—	—	—	—	—	—	21.51
山　西		—	—	—	10.95	—	—	—	—	—	—	10.95
内蒙古		—	—	—	13.22	—	—	—	—	—	—	13.22
辽　宁		—	—	—	59.17	—	—	—	—	—	—	59.17
吉　林		—	—	—	24.36	—	—	—	—	—	—	24.36
黑龙江		—	—	—	21.57	—	—	—	—	—	—	21.57
上　海		—	—	—	41.45	—	—	—	—	—	—	41.45
江　苏		—	—	—	50.70	—	—	—	—	—	—	50.70
浙　江		—	—	—	42.70	—	—	—	—	—	—	42.70
安　徽		—	—	—	16.33	—	—	—	—	—	—	16.33
福　建		—	—	—	23.33	—	—	—	—	—	—	23.33
江　西		—	—	—	38.54	—	—	—	—	—	—	38.54
山　东		—	—	—	58.69	—	—	—	—	—	—	58.69
河　南		—	—	—	18.31	—	—	—	—	—	—	18.31
湖　北		—	—	—	26.99	—	—	—	—	—	—	26.99
湖　南		—	—	—	27.03	—	—	—	—	—	—	27.03
广　东		—	—	—	145.31	—	—	—	—	—	—	145.31
广　西		—	—	—	28.52	—	—	—	—	—	—	28.52
海　南		—	—	—	5.33	—	—	—	—	—	—	5.33
重　庆		—	—	—	15.34	—	—	—	—	—	—	15.34
四　川		—	—	—	29.78	—	—	—	—	—	—	29.78
贵　州		—	—	—	12.49	—	—	—	—	—	—	12.49
云　南		—	—	—	19.15	—	—	—	—	—	—	19.15
西　藏		—	—	—	0.54	—	—	—	—	—	—	0.54
陕　西		—	—	—	20.20	—	—	—	—	—	—	20.20
甘　肃		—	—	—	7.58	—	—	—	—	—	—	7.58
青　海		—	—	—	1.68	—	—	—	—	—	—	1.68
宁　夏		—	—	—	3.24	—	—	—	—	—	—	3.24
新　疆		—	—	—	10.91	—	—	—	—	—	—	10.91
合计 Total		**—**	**—**	**—**	**858.22**	**—**	**—**	**—**	**—**	**—**	**—**	**858.22**

奥运连连猜资格奖

单位：万元

Unit：Ten Thousand Yuan

地 区 Region	游戏类型 Game Type	2005	2006	2007	2008	2009	2010	2011	2012	2013	2014	合 计 Total
北 京	竞猜	—	—	—	121.73	—	—	—	—	—	—	121.73
天 津		—	—	—	45.02	—	—	—	—	—	—	45.02
河 北		—	—	—	136.18	—	—	—	—	—	—	136.18
山 西		—	—	—	195.66	—	—	—	—	—	—	195.66
内蒙古		—	—	—	160.73	—	—	—	—	—	—	160.73
辽 宁		—	—	—	123.85	—	—	—	—	—	—	123.85
吉 林		—	—	—	163.44	—	—	—	—	—	—	163.44
黑龙江		—	—	—	163.29	—	—	—	—	—	—	163.29
上 海		—	—	—	77.47	—	—	—	—	—	—	77.47
江 苏		—	—	—	107.50	—	—	—	—	—	—	107.50
浙 江		—	—	—	105.36	—	—	—	—	—	—	105.36
安 徽		—	—	—	101.47	—	—	—	—	—	—	101.47
福 建		—	—	—	288.65	—	—	—	—	—	—	288.65
江 西		—	—	—	107.51	—	—	—	—	—	—	107.51
山 东		—	—	—	218.82	—	—	—	—	—	—	218.82
河 南		—	—	—	989.61	—	—	—	—	—	—	989.61
湖 北		—	—	—	127.30	—	—	—	—	—	—	127.30
湖 南		—	—	—	184.30	—	—	—	—	—	—	184.30
广 东		—	—	—	1 123.02	—	—	—	—	—	—	1 123.02
广 西		—	—	—	58.60	—	—	—	—	—	—	58.60
海 南		—	—	—	4.48	—	—	—	—	—	—	4.48
重 庆		—	—	—	40.33	—	—	—	—	—	—	40.33
四 川		—	—	—	72.41	—	—	—	—	—	—	72.41
贵 州		—	—	—	91.23	—	—	—	—	—	—	91.23
云 南		—	—	—	285.50	—	—	—	—	—	—	285.50
西 藏		—	—	—	2.66	—	—	—	—	—	—	2.66
陕 西		—	—	—	64.40	—	—	—	—	—	—	64.40
甘 肃		—	—	—	74.51	—	—	—	—	—	—	74.51
青 海		—	—	—	21.61	—	—	—	—	—	—	21.61
宁 夏		—	—	—	34.04	—	—	—	—	—	—	34.04
新 疆		—	—	—	42.19	—	—	—	—	—	—	42.19
合计 Total		**—**	**—**	**—**	**5 332.87**	**—**	**—**	**—**	**—**	**—**	**—**	**5 332.87**

奥运赛事天天彩

单位：万元

Unit：Ten Thousand Yuan

地区 Region	游戏类型 Game Type	2005	2006	2007	2008	2009	2010	2011	2012	2013	2014	合计 Total
北京	竞猜	—	—	—	28.83	—	—	—	—	—	—	28.83
天津		—	—	—	6.68	—	—	—	—	—	—	6.68
河北		—	—	—	18.29	—	—	—	—	—	—	18.29
山西		—	—	—	9.01	—	—	—	—	—	—	9.01
内蒙古		—	—	—	14.97	—	—	—	—	—	—	14.97
辽宁		—	—	—	18.31	—	—	—	—	—	—	18.31
吉林		—	—	—	11.62	—	—	—	—	—	—	11.62
黑龙江		—	—	—	21.75	—	—	—	—	—	—	21.75
上海		—	—	—	20.40	—	—	—	—	—	—	20.40
江苏		—	—	—	30.34	—	—	—	—	—	—	30.34
浙江		—	—	—	32.75	—	—	—	—	—	—	32.75
安徽		—	—	—	17.30	—	—	—	—	—	—	17.30
福建		—	—	—	43.57	—	—	—	—	—	—	43.57
江西		—	—	—	20.31	—	—	—	—	—	—	20.31
山东		—	—	—	33.17	—	—	—	—	—	—	33.17
河南		—	—	—	28.28	—	—	—	—	—	—	28.28
湖北		—	—	—	36.56	—	—	—	—	—	—	36.56
湖南		—	—	—	16.32	—	—	—	—	—	—	16.32
广东		—	—	—	105.49	—	—	—	—	—	—	105.49
广西		—	—	—	10.15	—	—	—	—	—	—	10.15
海南		—	—	—	3.15	—	—	—	—	—	—	3.15
重庆		—	—	—	7.49	—	—	—	—	—	—	7.49
四川		—	—	—	22.68	—	—	—	—	—	—	22.68
贵州		—	—	—	10.42	—	—	—	—	—	—	10.42
云南		—	—	—	33.65	—	—	—	—	—	—	33.65
西藏		—	—	—	0.86	—	—	—	—	—	—	0.86
陕西		—	—	—	10.41	—	—	—	—	—	—	10.41
甘肃		—	—	—	4.92	—	—	—	—	—	—	4.92
青海		—	—	—	1.10	—	—	—	—	—	—	1.10
宁夏		—	—	—	5.11	—	—	—	—	—	—	5.11
新疆		—	—	—	5.32	—	—	—	—	—	—	5.32
合计 Total		**—**	**—**	**—**	**629.21**	**—**	**—**	**—**	**—**	**—**	**—**	**629.21**

奥运女足四强

单位：万元

Unit：Ten Thousand Yuan

地区 Region	游戏类型 Game Type	2005	2006	2007	2008	2009	2010	2011	2012	2013	2014	合计 Total
北京	竞猜	—	—	—	10.77	—	—	—	—	—	—	10.77
天津		—	—	—	1.35	—	—	—	—	—	—	1.35
河北		—	—	—	3.67	—	—	—	—	—	—	3.67
山西		—	—	—	1.75	—	—	—	—	—	—	1.75
内蒙古		—	—	—	1.89	—	—	—	—	—	—	1.89
辽宁		—	—	—	11.81	—	—	—	—	—	—	11.81
吉林		—	—	—	5.40	—	—	—	—	—	—	5.40
黑龙江		—	—	—	6.81	—	—	—	—	—	—	6.81
上海		—	—	—	6.51	—	—	—	—	—	—	6.51
江苏		—	—	—	4.37	—	—	—	—	—	—	4.37
浙江		—	—	—	6.68	—	—	—	—	—	—	6.68
安徽		—	—	—	2.27	—	—	—	—	—	—	2.27
福建		—	—	—	5.38	—	—	—	—	—	—	5.38
江西		—	—	—	10.18	—	—	—	—	—	—	10.18
山东		—	—	—	11.66	—	—	—	—	—	—	11.66
河南		—	—	—	23.01	—	—	—	—	—	—	23.01
湖北		—	—	—	5.20	—	—	—	—	—	—	5.20
湖南		—	—	—	2.68	—	—	—	—	—	—	2.68
广东		—	—	—	26.80	—	—	—	—	—	—	26.80
广西		—	—	—	4.37	—	—	—	—	—	—	4.37
海南		—	—	—	0.29	—	—	—	—	—	—	0.29
重庆		—	—	—	3.47	—	—	—	—	—	—	3.47
四川		—	—	—	4.19	—	—	—	—	—	—	4.19
贵州		—	—	—	1.38	—	—	—	—	—	—	1.38
云南		—	—	—	2.81	—	—	—	—	—	—	2.81
西藏		—	—	—	0.07	—	—	—	—	—	—	0.07
陕西		—	—	—	2.22	—	—	—	—	—	—	2.22
甘肃		—	—	—	1.09	—	—	—	—	—	—	1.09
青海		—	—	—	0.40	—	—	—	—	—	—	0.40
宁夏		—	—	—	0.34	—	—	—	—	—	—	0.34
新疆		—	—	—	1.38	—	—	—	—	—	—	1.38
合计 Total		**—**	**—**	**—**	**170.20**	**—**	**—**	**—**	**—**	**—**	**—**	**170.20**

奥运男足四强

单位：万元

Unit：Ten Thousand Yuan

地　区 Region	游戏类型 Game Type	2005	2006	2007	2008	2009	2010	2011	2012	2013	2014	合　计 Total
北　京	竞猜	—	—	—	21.70	—	—	—	—	—	—	21.70
天　津		—	—	—	2.89	—	—	—	—	—	—	2.89
河　北		—	—	—	5.45	—	—	—	—	—	—	5.45
山　西		—	—	—	4.81	—	—	—	—	—	—	4.81
内蒙古		—	—	—	3.96	—	—	—	—	—	—	3.96
辽　宁		—	—	—	24.18	—	—	—	—	—	—	24.18
吉　林		—	—	—	7.25	—	—	—	—	—	—	7.25
黑龙江		—	—	—	15.42	—	—	—	—	—	—	15.42
上　海		—	—	—	12.04	—	—	—	—	—	—	12.04
江　苏		—	—	—	10.14	—	—	—	—	—	—	10.14
浙　江		—	—	—	14.39	—	—	—	—	—	—	14.39
安　徽		—	—	—	3.36	—	—	—	—	—	—	3.36
福　建		—	—	—	9.30	—	—	—	—	—	—	9.30
江　西		—	—	—	17.66	—	—	—	—	—	—	17.66
山　东		—	—	—	17.55	—	—	—	—	—	—	17.55
河　南		—	—	—	24.71	—	—	—	—	—	—	24.71
湖　北		—	—	—	11.09	—	—	—	—	—	—	11.09
湖　南		—	—	—	5.32	—	—	—	—	—	—	5.32
广　东		—	—	—	47.78	—	—	—	—	—	—	47.78
广　西		—	—	—	7.49	—	—	—	—	—	—	7.49
海　南		—	—	—	0.54	—	—	—	—	—	—	0.54
重　庆		—	—	—	7.20	—	—	—	—	—	—	7.20
四　川		—	—	—	6.59	—	—	—	—	—	—	6.59
贵　州		—	—	—	2.58	—	—	—	—	—	—	2.58
云　南		—	—	—	5.00	—	—	—	—	—	—	5.00
西　藏		—	—	—	0.10	—	—	—	—	—	—	0.10
陕　西		—	—	—	4.25	—	—	—	—	—	—	4.25
甘　肃		—	—	—	3.16	—	—	—	—	—	—	3.16
青　海		—	—	—	0.58	—	—	—	—	—	—	0.58
宁　夏		—	—	—	0.58	—	—	—	—	—	—	0.58
新　疆		—	—	—	3.15	—	—	—	—	—	—	3.15
合计 Total		**—**	**—**	**—**	**300.22**	**—**	**—**	**—**	**—**	**—**	**—**	**300.22**

奥运男足八强

单位：万元

Unit：Ten Thousand Yuan

地区 Region	游戏类型 Game Type	2005	2006	2007	2008	2009	2010	2011	2012	2013	2014	合计 Total
北京	竞猜	—	—	—	7.65	—	—	—	—	—	—	7.65
天津		—	—	—	2.64	—	—	—	—	—	—	2.64
河北		—	—	—	4.76	—	—	—	—	—	—	4.76
山西		—	—	—	1.82	—	—	—	—	—	—	1.82
内蒙古		—	—	—	2.87	—	—	—	—	—	—	2.87
辽宁		—	—	—	12.44	—	—	—	—	—	—	12.44
吉林		—	—	—	3.37	—	—	—	—	—	—	3.37
黑龙江		—	—	—	5.39	—	—	—	—	—	—	5.39
上海		—	—	—	9.10	—	—	—	—	—	—	9.10
江苏		—	—	—	9.18	—	—	—	—	—	—	9.18
浙江		—	—	—	7.10	—	—	—	—	—	—	7.10
安徽		—	—	—	2.67	—	—	—	—	—	—	2.67
福建		—	—	—	5.38	—	—	—	—	—	—	5.38
江西		—	—	—	8.96	—	—	—	—	—	—	8.96
山东		—	—	—	10.67	—	—	—	—	—	—	10.67
河南		—	—	—	4.83	—	—	—	—	—	—	4.83
湖北		—	—	—	4.47	—	—	—	—	—	—	4.47
湖南		—	—	—	3.61	—	—	—	—	—	—	3.61
广东		—	—	—	21.52	—	—	—	—	—	—	21.52
广西		—	—	—	5.41	—	—	—	—	—	—	5.41
海南		—	—	—	0.49	—	—	—	—	—	—	0.49
重庆		—	—	—	3.12	—	—	—	—	—	—	3.12
四川		—	—	—	5.86	—	—	—	—	—	—	5.86
贵州		—	—	—	2.07	—	—	—	—	—	—	2.07
云南		—	—	—	2.97	—	—	—	—	—	—	2.97
西藏		—	—	—	0.22	—	—	—	—	—	—	0.22
陕西		—	—	—	2.97	—	—	—	—	—	—	2.97
甘肃		—	—	—	1.67	—	—	—	—	—	—	1.67
青海		—	—	—	0.30	—	—	—	—	—	—	0.30
宁夏		—	—	—	0.51	—	—	—	—	—	—	0.51
新疆		—	—	—	1.81	—	—	—	—	—	—	1.81
合计 Total		**—**	**—**	**—**	**155.83**	**—**	**—**	**—**	**—**	**—**	**—**	**155.83**

排 列 3

单位：万元

Unit：Ten Thousand Yuan

地 区 Region	游戏类型 Game Type	2005	2006	2007	2008	2009	2010	2011	2012	2013	2014	合 计 Total
北 京	乐透排列	27 672.26	41 996.90	40 721.18	30 218.51	25 621.76	26 313.93	28 861.90	29 927.98	34 343.96	28 097.75	313 776.12
天 津		37 761.52	37 310.38	31 805.05	24 883.35	23 685.67	18 989.80	17 776.55	17 936.51	21 006.01	20 957.42	252 112.26
河 北		95 330.32	81 508.79	87 569.52	43 528.84	43 987.35	39 048.68	44 315.26	45 473.11	30 005.89	24 904.60	535 672.35
山 西		25 585.43	39 679.83	34 035.01	23 592.26	16 188.99	10 811.18	10 051.95	9 660.32	7 543.86	6 161.14	183 309.98
内蒙古		—	—	12 674.68	40 603.71	32 533.25	25 800.37	28 858.51	28 360.81	25 734.56	22 166.01	216 731.89
辽 宁		86 439.62	113 690.26	108 485.93	60 308.61	47 568.89	40 896.52	38 926.55	27 157.74	26 067.11	24 060.29	573 601.53
吉 林		39 885.38	78 824.37	80 587.62	42 912.99	31 764.25	23 530.10	21 462.24	18 405.58	14 422.82	13 040.63	364 835.96
黑龙江		199 450.04	60 525.52	46 850.01	25 508.06	21 362.62	18 232.69	17 920.01	14 669.19	14 687.82	14 049.93	433 255.89
上 海		12 168.47	20 234.41	24 846.02	15 173.45	14 981.81	14 037.39	14 066.54	13 027.44	12 514.00	19 218.14	160 267.67
江 苏		60 956.31	157 802.58	212 543.95	123 502.01	142 330.77	154 703.67	134 656.18	84 667.31	68 395.69	60 985.28	1 200 543.76
浙 江		68 782.61	105 341.43	102 107.33	61 851.24	74 094.45	80 113.47	93 862.49	84 787.67	54 631.99	48 189.76	773 762.43
安 徽		67 771.72	38 977.00	51 748.66	24 830.18	25 524.55	18 746.16	19 998.70	19 213.51	16 667.07	14 502.31	297 979.85
福 建		31 129.71	39 060.61	35 274.99	24 352.26	14 680.29	10 600.65	10 541.54	8 421.99	7 771.61	6 971.65	188 805.30
江 西		60 808.84	27 199.81	29 882.90	16 875.11	16 631.44	10 456.40	12 322.66	11 179.95	12 504.29	13 694.72	211 556.11
山 东		171 204.89	116 985.89	105 126.18	47 292.28	28 474.15	22 955.26	26 771.98	17 110.35	16 352.58	15 964.86	568 238.41
河 南		117 138.97	98 177.40	78 209.75	64 718.69	49 731.22	43 122.04	45 970.56	36 642.85	36 996.19	34 313.33	605 020.99
湖 北		167 064.10	76 771.16	80 197.08	46 338.14	47 441.81	38 226.84	40 916.83	38 435.03	32 271.79	27 151.60	594 814.38
湖 南		80 727.45	55 568.27	62 519.34	33 771.47	32 452.33	27 683.09	28 836.65	21 667.16	21 291.74	20 515.78	385 033.28
广 东		63 955.41	59 225.39	53 963.39	32 315.40	28 346.54	21 496.94	20 935.61	19 048.09	18 453.78	17 790.18	335 530.72
广 西		9 355.32	6 842.24	5 344.33	3 382.03	2 538.03	3 041.86	2 749.75	2 309.89	2 291.31	2 391.06	40 245.80
海 南		1 116.21	593.27	536.30	299.50	215.00	306.38	393.74	400.34	343.71	317.87	4 522.32
重 庆		11 577.20	9 175.97	12 506.73	5 226.21	3 488.22	3 620.68	3 946.44	4 336.80	6 927.38	7 961.08	68 766.72
四 川		39 524.27	71 715.68	66 734.11	44 467.74	50 159.63	50 779.24	46 395.28	39 826.00	37 456.23	35 100.37	482 158.55
贵 州		5 573.83	16 364.35	22 780.65	15 765.31	17 687.83	13 891.96	14 392.34	15 007.63	11 793.69	10 871.44	144 129.03
云 南		34 167.42	62 694.15	60 938.83	48 192.57	45 437.22	41 257.60	42 046.72	38 970.41	35 482.91	33 829.90	443 017.72
西 藏		577.12	1 090.30	1 218.11	1 428.26	1 092.18	—	1 159.02	1 237.98	1 265.46	1 485.60	10 554.02
陕 西		42 090.36	36 192.75	39 087.31	28 120.15	24 647.62	20 646.65	23 122.28	19 728.31	14 507.15	12 231.05	260 373.62
甘 肃		15 992.27	26 992.89	33 115.40	22 893.76	18 365.63	14 794.25	17 108.86	17 573.11	15 403.48	11 299.48	193 539.12
青 海		3 786.85	5 189.37	5 771.28	4 490.00	4 044.75	2 738.02	3 021.63	2 844.96	2 707.43	2 293.42	36 887.71
宁 夏		—	—	2 383.18	13 961.94	10 933.10	9 625.36	8 351.50	9 255.44	9 865.67	8 038.55	72 414.74
新 疆		35 136.41	37 731.55	46 463.43	21 264.55	14 819.17	10 206.64	10 043.75	10 350.99	10 132.63	9 733.65	205 882.77
合计 Total		**1 612 730.28**	**1 523 462.50**	**1 576 028.25**	**992 068.58**	**910 830.52**	**816 673.78**	**829 784.00**	**707 634.45**	**619 839.81**	**568 288.82**	**10 157 341.00**

排 列 5

单位：万元

Unit：Ten Thousand Yuan

地区 Region	游戏类型 Game Type	2005	2006	2007	2008	2009	2010	2011	2012	2013	2014	合计 Total
北京	乐透排列	3 366.71	5 115.99	9 787.73	7 030.17	7 622.76	8 486.77	8 554.08	9 021.63	11 097.37	10 132.77	80 215.98
天津		5 696.92	6 700.73	7 319.36	6 767.49	6 958.66	5 785.86	5 853.91	6 383.69	9 697.67	10 551.00	71 715.30
河北		4 913.02	8 548.38	9 896.83	9 276.76	10 863.67	11 494.80	13 552.68	14 359.45	11 982.56	12 399.10	107 287.25
山西		1 474.80	4 270.59	4 504.64	4 341.69	4 147.78	4 113.90	4 117.84	4 068.35	3 903.59	3 820.72	38 763.90
内蒙古		—	—	2 973.24	8 696.95	8 533.33	8 946.25	9 698.99	10 718.91	12 009.52	11 780.35	73 357.55
辽宁		4 093.21	13 203.12	14 921.82	15 017.70	13 408.22	13 716.55	14 315.66	11 857.94	11 714.44	11 193.46	123 442.11
吉林		4 037.62	7 245.62	8 129.37	8 395.81	8 292.16	7 855.01	7 784.58	7 024.29	6 656.02	7 030.01	72 450.50
黑龙江		4 121.28	5 386.22	5 680.17	4 797.41	5 312.74	6 006.13	7 028.79	6 471.92	6 894.35	7 747.42	59 446.43
上海		1 304.74	2 607.05	3 779.47	3 551.10	4 138.71	4 430.34	4 823.89	4 827.54	5 385.74	9 132.74	43 981.33
江苏		6 934.89	17 048.24	23 347.10	27 260.81	33 610.07	36 690.76	35 562.41	28 424.55	27 800.52	27 098.40	263 777.76
浙江		—	11 876.29	20 143.04	21 589.81	25 692.03	30 859.35	30 133.66	29 473.83	24 377.64	22 803.06	216 948.69
安徽		2 675.49	5 031.59	6 723.92	6 735.28	9 746.94	9 338.61	9 779.56	10 320.04	10 204.98	9 605.93	80 162.34
福建		—	2 738.18	4 494.39	5 086.16	4 392.67	4 091.41	4 093.93	3 831.13	4 030.19	3 876.45	36 634.50
江西		2 556.48	3 033.74	3 756.54	3 304.83	2 851.00	3 562.16	3 862.49	4 094.47	4 951.82	5 129.42	37 102.94
山东		2 384.50	4 925.37	7 184.38	6 929.63	6 383.87	7 151.46	9 592.59	7 520.59	8 583.26	7 595.80	68 251.46
河南		8 950.92	16 003.02	18 090.01	20 307.41	19 776.52	19 865.39	21 733.22	19 928.90	21 526.35	23 154.23	189 335.99
湖北		14 434.45	18 742.28	19 522.27	16 530.15	19 420.71	19 491.97	20 528.57	20 373.75	21 013.68	21 259.69	191 317.53
湖南		2 171.19	5 667.03	7 698.20	7 724.84	9 031.79	9 852.03	10 703.71	10 558.13	11 493.85	11 408.25	86 309.01
广东		5 587.92	10 727.86	11 399.45	11 647.04	13 491.15	12 651.58	13 103.65	12 595.10	13 548.15	13 248.93	118 000.82
广西		259.16	476.23	587.47	685.91	884.88	1 194.73	1 310.44	1 391.06	1 895.11	2 050.01	10 734.99
海南		201.60	329.31	346.44	335.36	348.68	399.49	449.73	481.80	530.00	495.41	3 917.81
重庆		550.93	910.01	846.05	819.95	879.66	1 204.96	1 644.15	1 943.63	3 370.33	3 556.52	15 726.20
四川		5 091.56	10 963.54	12 826.29	12 843.99	17 015.10	19 459.69	19 363.82	19 563.10	19 872.54	20 045.74	157 045.38
贵州		723.92	3 134.93	5 472.55	6 631.66	9 563.19	9 551.65	9 672.87	10 311.49	10 031.90	10 268.58	75 362.74
云南		3 728.62	10 542.68	11 993.94	14 826.01	18 276.06	19 990.01	23 520.67	24 244.39	28 356.95	30 086.01	185 565.35
西藏		75.05	168.33	270.42	531.06	668.67	—	1 106.37	1 132.02	1 178.79	1 286.10	6 416.82
陕西		1 068.92	3 180.39	4 772.40	4 440.25	5 893.67	6 519.46	8 054.14	7 814.02	7 057.33	7 016.54	55 817.12
甘肃		835.09	2 475.31	3 815.23	4 667.17	4 824.73	4 970.93	6 337.56	7 752.02	8 677.33	8 141.40	52 496.76
青海		307.41	843.65	1 039.21	1 318.44	1 680.31	1 455.44	1 715.23	2 054.11	2 101.45	1 912.85	14 428.10
宁夏		—	—	620.03	3 308.18	3 217.28	3 279.46	3 368.78	3 807.58	4 376.29	4 329.11	26 306.72
新疆		2 495.13	6 018.68	7 280.81	5 976.50	4 695.57	3 805.41	4 090.50	4 236.38	4 624.95	4 800.74	48 024.66
合计 Total		**90 041.54**	**187 914.39**	**239 222.78**	**251 375.52**	**281 622.58**	**296 221.56**	**315 458.46**	**306 585.96**	**318 944.65**	**322 956.74**	**2 610 344.18**

七 星 彩

单位：万元

Unit：Ten Thousand Yuan

地 区 Region	游戏类型 Game Type	2005	2006	2007	2008	2009	2010	2011	2012	2013	2014	合 计 Total
北 京	乐透排列	10 525.94	8 759.18	8 087.63	7 501.93	6 634.86	7 249.06	7 250.17	6 124.20	10 473.67	10 914.48	83 521.11
天 津		19 395.13	16 219.82	14 118.87	13 651.40	14 293.51	13 210.31	11 369.00	11 014.43	12 775.81	12 828.89	138 877.17
河 北		21 876.62	21 722.31	19 917.10	20 110.45	19 987.25	19 287.75	19 252.54	18 324.62	18 307.98	18 062.71	196 849.33
山 西		1 817.65	2 094.99	1 868.86	1 982.12	1 908.10	1 903.48	1 988.13	1 865.16	1 837.93	1 727.30	18 993.73
内蒙古		—	—	1 051.89	2 561.85	2 287.06	2 202.89	2 401.11	2 394.74	2 653.98	2 587.03	18 140.56
辽 宁		4 298.48	5 198.84	5 261.96	4 988.56	4 177.51	4 043.27	4 075.30	3 501.88	3 536.65	3 273.85	42 356.30
吉 林		10 109.96	10 439.36	9 705.35	10 043.14	9 735.66	9 326.57	9 291.99	8 803.65	8 608.94	7 944.23	94 008.85
黑龙江		5 344.85	6 904.42	5 582.33	5 665.06	5 509.83	5 601.94	6 205.70	5 796.39	6 214.93	6 851.34	59 676.79
上 海		6 073.80	7 364.69	7 605.47	7 204.28	6 530.03	6 063.01	5 910.51	5 368.69	6 008.06	8 194.20	66 322.74
安 徽		15 756.30	13 960.95	13 348.67	13 622.15	14 701.69	13 882.70	13 025.23	11 453.31	11 523.73	10 435.41	131 710.14
福 建		4 620.22	4 505.44	5 280.31	5 780.10	5 811.75	5 791.22	6 077.68	5 233.19	5 754.82	5 438.80	54 293.52
江 西		3 804.44	3 921.01	4 099.93	3 571.21	3 822.79	4 153.41	4 218.54	4 322.92	5 870.55	8 114.68	45 899.48
山 东		3 730.92	5 796.71	6 113.90	6 463.99	6 956.64	7 618.23	12 741.96	7 915.57	9 343.54	7 959.57	74 641.03
河 南		34 104.86	32 711.61	31 868.61	35 383.70	36 062.87	36 246.55	36 104.90	33 702.21	36 276.35	35 079.49	347 541.14
湖 北		34 348.67	30 550.46	26 696.61	25 690.64	24 400.88	22 833.53	21 288.00	19 303.49	19 925.53	19 315.26	244 353.07
湖 南		4 388.54	4 751.40	4 245.30	4 486.22	4 987.02	4 952.60	4 892.96	4 652.02	5 047.80	5 466.63	47 870.50
广 东		29 911.63	29 974.12	28 814.49	28 311.09	28 371.56	27 545.92	26 444.23	23 483.97	25 145.45	22 953.82	270 956.28
广 西		688.87	798.12	1 011.70	1 150.87	1 221.11	1 389.48	1 561.89	1 466.82	1 684.67	1 669.20	12 642.73
海 南		957.55	1 976.37	2 141.75	2 878.46	3 637.74	4 405.03	5 498.51	6 027.51	7 064.10	7 435.52	42 022.54
重 庆		2 668.45	2 366.17	1 816.14	1 648.70	1 602.27	1 744.67	2 012.30	2 269.74	3 502.01	3 647.53	23 277.98
四 川		33 340.26	35 019.70	34 979.20	36 688.25	42 376.28	42 605.69	41 950.59	37 741.93	37 632.60	35 200.73	377 535.24
贵 州		3 851.97	4 254.25	4 544.10	4 867.81	5 079.03	5 205.87	4 915.22	4 590.50	4 812.37	4 825.59	46 946.72
云 南		29 651.01	27 134.39	23 365.77	25 316.16	26 888.36	25 548.97	24 334.15	21 550.88	22 971.89	22 559.88	249 321.46
西 藏		334.19	300.14	325.10	370.80	369.37	—	452.45	452.18	480.73	481.32	3 566.28
陕 西		1 604.91	2 605.00	3 042.65	2 684.04	2 740.07	2 587.83	2 678.03	2 459.46	2 787.41	2 770.87	25 960.27
甘 肃		1 181.70	1 562.68	1 674.17	1 554.72	1 472.80	1 412.21	1 602.21	1 841.06	2 756.89	2 724.52	17 782.96
青 海		783.72	793.46	698.41	752.07	800.76	670.68	757.39	973.14	909.57	779.68	7 918.88
宁 夏		—	—	282.03	1 180.08	1 070.52	978.22	926.96	838.58	910.58	937.88	7 124.85
新 疆		4 344.20	6 956.23	6 721.09	5 568.52	4 680.44	4 003.69	3 849.64	3 520.00	3 843.95	3 733.38	47 221.13
合计 Total		**289 514.82**	**288 641.81**	**274 269.39**	**281 678.37**	**288 117.76**	**282 464.80**	**283 077.30**	**256 992.24**	**278 662.51**	**273 913.79**	**2 797 332.78**

七星彩押大小

单位：万元

Unit: Ten Thousand Yuan

地　区 Region	游戏类型 Game Type	2005	2006	2007	2008	2009	2010	2011	2012	2013	2014	合　计 Total
北　京	乐透排列	85.27	—	—	—	—	—	—	—	—	—	85.27
天　津		52.03	—	—	—	—	—	—	—	—	—	52.03
河　北		50.28	—	—	—	—	—	—	—	—	—	50.28
山　西		19.68	—	—	—	—	—	—	—	—	—	19.68
辽　宁		37.43	—	—	—	—	—	—	—	—	—	37.43
吉　林		35.64	—	—	—	—	—	—	—	—	—	35.64
黑龙江		40.11	—	—	—	—	—	—	—	—	—	40.11
上　海		36.51	—	—	—	—	—	—	—	—	—	36.51
安　徽		16.89	—	—	—	—	—	—	—	—	—	16.89
江　西		44.74	—	—	—	—	—	—	—	—	—	44.74
山　东		32.87	—	—	—	—	—	—	—	—	—	32.87
河　南		74.14	—	—	—	—	—	—	—	—	—	74.14
湖　北		40.58	—	—	—	—	—	—	—	—	—	40.58
湖　南		42.21	—	—	—	—	—	—	—	—	—	42.21
广　东		240.04	—	—	—	—	—	—	—	—	—	240.04
广　西		9.83	—	—	—	—	—	—	—	—	—	9.83
海　南		2.57	—	—	—	—	—	—	—	—	—	2.57
重　庆		13.89	—	—	—	—	—	—	—	—	—	13.89
四　川		76.90	—	—	—	—	—	—	—	—	—	76.90
贵　州		20.57	—	—	—	—	—	—	—	—	—	20.57
云　南		83.75	—	—	—	—	—	—	—	—	—	83.75
西　藏		3.59	—	—	—	—	—	—	—	—	—	3.59
陕　西		26.80	—	—	—	—	—	—	—	—	—	26.80
甘　肃		14.62	—	—	—	—	—	—	—	—	—	14.62
青　海		3.30	—	—	—	—	—	—	—	—	—	3.30
新　疆		28.85	—	—	—	—	—	—	—	—	—	28.85
合计 Total		**1 133.06**	**—**	**—**	**—**	**—**	**—**	**—**	**—**	**—**	**—**	**1 133.06**

22 选 5

单位：万元

Unit：Ten Thousand Yuan

地 区 Region	游戏类型 Game Type	2005	2006	2007	2008	2009	2010	2011	2012	2013	2014	合 计 Total
天 津	乐透组合	—	2 090. 36	1 739. 98	1 639. 59	1 801. 47	1 452. 63	1 604. 34	1 591. 49	938. 19	—	12 858. 05
河 北		5 183. 11	6 597. 86	5 819. 44	5 332. 92	5 889. 63	5 566. 58	6 113. 31	5 906. 18	2 085. 37	—	48 494. 41
山 西		2 974. 33	3 005. 04	2 188. 95	1 792. 06	1 470. 75	1 310. 75	1 206. 59	1 035. 79	471. 94	—	15 456. 19
内蒙古		—	—	1 153. 81	2 963. 49	2 466. 34	2 742. 41	2 898. 85	2 809. 35	1 330. 02	—	16 364. 27
辽 宁		4 895. 36	4 883. 99	4 262. 37	3 709. 79	2 821. 01	2 575. 24	2 312. 87	1 702. 01	784. 29	—	27 946. 93
吉 林		5 714. 07	4 997. 63	3 893. 84	4 683. 19	4 459. 64	3 541. 83	3 291. 36	2 881. 40	1 121. 30	—	34 584. 25
黑龙江		4 428. 45	4 311. 31	3 412. 94	3 108. 51	2 906. 08	2 887. 41	2 645. 96	2 160. 43	960. 65	—	26 821. 74
上 海		—	5 698. 91	4 813. 42	3 951. 63	3 925. 70	3 583. 69	3 404. 98	3 048. 80	1 375. 08	—	29 802. 20
江 苏		—	—	3 558. 58	12 177. 48	13 869. 36	14 621. 85	13 065. 04	8 881. 90	3 963. 98	—	70 138. 18
安 徽		2 601. 00	4 996. 10	4 775. 77	5 069. 41	5 620. 68	5 173. 22	5 208. 99	5 068. 64	2 256. 93	—	40 770. 74
江 西		783. 34	5 775. 69	4 710. 24	4 868. 93	4 823. 26	4 612. 90	4 635. 17	4 036. 52	1 941. 91	—	36 187. 96
山 东		3 409. 45	5 075. 27	5 216. 79	5 040. 23	3 590. 16	2 927. 20	2 796. 49	2 334. 27	1 112. 98	—	31 502. 84
湖 北		—	3 184. 16	2 302. 72	2 094. 82	2 120. 85	1 627. 78	1 506. 03	1 405. 58	540. 89	—	14 782. 83
湖 南		2 742. 10	3 193. 28	2 236. 53	2 251. 95	2 389. 49	2 166. 41	2 733. 86	2 563. 07	1 061. 79	—	21 338. 48
广 东		—	8 013. 80	13 427. 27	10 384. 49	10 751. 35	8 859. 86	8 243. 39	7 278. 53	3 197. 15	—	70 155. 83
广 西		—	515. 91	890. 63	868. 99	916. 36	982. 85	874. 25	811. 43	416. 56	—	6 276. 99
海 南		—	162. 01	102. 69	113. 71	113. 35	150. 29	147. 89	126. 49	54. 88	—	971. 31
重 庆		—	1 634. 82	1 170. 59	991. 19	795. 42	809. 99	711. 46	736. 99	534. 84	—	7 385. 30
四 川		804. 76	1 338. 58	1 315. 24	1 291. 84	1 672. 79	1 885. 49	1 450. 81	1 262. 57	554. 76	—	11 576. 84
西 藏		23. 48	40. 10	58. 42	111. 11	100. 65	—	80. 76	57. 06	26. 97	—	498. 55
陕 西		6 651. 45	6 422. 89	5 835. 05	4 759. 41	4 438. 52	3 032. 44	2 967. 89	2 400. 20	973. 92	—	37 481. 76
甘 肃		2 804. 41	3 004. 99	2 931. 59	2 640. 28	1 845. 89	1 409. 20	1 461. 84	1 588. 42	725. 00	—	18 411. 61
青 海		792. 43	851. 35	711. 12	866. 10	843. 52	587. 76	670. 92	572. 46	253. 59	—	6 149. 26
宁 夏		—	—	414. 51	2 023. 50	1 813. 60	1 637. 96	1 368. 57	1 123. 95	529. 68	—	8 911. 77
新 疆		2 452. 20	2 755. 17	2 212. 63	1 775. 56	1 411. 04	1 045. 68	987. 86	974. 85	454. 42	—	14 069. 41
合计 Total		**46 259. 92**	**78 549. 24**	**79 155. 12**	**84 510. 18**	**82 856. 91**	**75 191. 40**	**72 389. 46**	**62 358. 49**	**27 667. 08**	**—**	**608 937. 81**

29 选 7

单位：万元

Unit：Ten Thousand Yuan

地区 Region	游戏类型 Game Type	2005	2006	2007	2008	2009	2010	2011	2012	2013	2014	合计 Total
河北	乐透组合	4 369.19	—	3 177.29	1 799.83	1 049.60	—	—	—	—	—	10 395.91
山西		1 178.13	885.10	522.67	278.64	121.07	—	—	—	—	—	2 985.61
内蒙古		—	—	589.39	995.00	518.14	—	—	—	—	—	2 102.53
辽宁		3 263.19	3 035.99	2 386.97	1 402.21	718.24	—	—	—	—	—	10 806.60
吉林		3 251.39	2 857.91	1 930.05	959.50	517.55	—	—	—	—	—	9 516.40
黑龙江		1 817.24	1 630.64	1 164.23	694.07	389.40	—	—	—	—	—	5 695.58
安徽		1 199.91	2 120.21	1 575.85	877.05	552.00	—	—	—	—	—	6 325.01
江西		1 309.88	1 421.69	1 148.63	578.73	368.72	—	—	—	—	—	4 827.65
山东		2 103.54	3 037.46	2 905.90	1 841.13	839.32	—	—	—	—	—	10 727.35
湖南		1 085.96	979.18	709.36	313.22	167.77	—	—	—	—	—	3 255.49
广西		—	268.12	460.90	232.22	158.83	—	—	—	—	—	1 120.07
重庆		—	353.28	243.20	112.53	45.97	—	—	—	—	—	754.98
四川		—	152.75	205.90	113.24	67.57	—	—	—	—	—	539.46
西藏		—	5.75	5.99	5.63	1.81	—	—	—	—	—	19.18
陕西		2 275.50	1 542.89	1 185.68	612.02	285.37	—	—	—	—	—	5 901.46
甘肃		1 024.65	794.31	550.61	253.29	121.39	—	—	—	—	—	2 744.25
青海		163.09	107.64	70.70	47.49	16.84	—	—	—	—	—	405.76
宁夏		—	—	49.47	191.77	87.73	—	—	—	—	—	328.97
新疆		1 686.44	1 363.22	1 027.42	573.21	264.40	—	—	—	—	—	4 914.69
合计 Total		**24 728.10**	**20 556.15**	**19 910.19**	**11 880.78**	**6 291.72**	**—**	**—**	**—**	**—**	**—**	**83 366.94**

超级大乐透

单位：万元

Unit：Ten Thousand Yuan

地　区 Region	游戏类型 Game Type	2005	2006	2007	2008	2009	2010	2011	2012	2013	2014	合　计 Total
北　京	乐透组合	—	—	8 379.74	18 229.29	19 293.13	27 236.58	39 467.80	36 947.78	70 687.06	94 075.23	314 316.60
天　津		—	—	4 201.67	11 088.92	21 249.99	43 718.44	26 863.60	31 775.07	49 624.95	72 419.87	260 942.50
河　北		—	—	7 962.91	19 690.21	23 583.52	3 328.81	39 315.34	42 364.17	45 975.41	77 112.20	259 332.57
山　西		—	—	2 431.41	6 250.88	6 859.00	39 264.45	12 422.70	12 580.58	13 824.88	23 924.82	117 558.72
内蒙古		—	—	2 599.77	9 148.41	9 657.77	23 022.27	16 941.91	19 558.39	24 137.00	41 158.72	146 224.24
辽　宁		—	—	11 399.69	21 120.45	20 409.13	25 012.24	32 876.04	31 816.74	33 935.54	52 148.05	228 717.88
吉　林		—	—	6 992.21	15 748.57	16 737.76	24 653.65	26 330.99	27 971.17	29 993.36	43 624.54	192 052.25
黑龙江		—	—	5 779.50	13 216.90	15 103.20	53 117.84	32 010.74	33 355.52	42 032.44	73 068.66	267 684.80
上　海		—	—	7 295.22	19 311.69	23 688.96	19 881.26	41 696.95	44 477.67	50 907.26	70 974.47	278 233.48
江　苏		—	—	21 340.30	72 437.98	113 330.77	18 922.79	215 374.28	184 445.06	181 875.77	242 653.95	1 050 380.90
浙　江		—	—	21 550.10	51 891.12	66 012.82	40 756.97	120 469.16	118 680.10	118 842.08	185 171.09	723 373.45
安　徽		—	—	8 787.90	21 100.84	23 606.60	952 017.96	41 615.16	41 087.95	48 917.19	68 549.26	1 205 682.86
福　建		—	—	19 372.01	45 264.85	49 641.07	23 749.18	83 785.16	82 988.92	91 364.59	131 561.76	527 727.54
江　西		—	—	7 584.92	17 791.87	20 193.83	150 426.97	37 356.94	40 289.46	51 483.85	140 211.78	465 339.62
山　东		—	—	9 962.29	26 802.01	30 021.67	2 606.84	80 478.23	65 649.36	78 122.33	127 524.58	421 167.30
河　南		—	—	15 415.97	39 340.55	48 650.83	26 432.75	72 962.41	72 516.40	86 227.42	135 332.88	496 879.21
湖　北		—	—	15 532.43	27 872.94	27 574.19	18 520.34	36 870.49	37 284.64	44 526.00	64 281.94	272 462.97
湖　南		—	—	8 179.46	18 019.28	20 680.49	27 516.62	34 756.96	34 205.00	51 338.13	230 613.83	425 309.77
广　东		—	—	36 075.42	81 273.90	89 470.52	7 095.07	129 215.92	121 343.82	143 436.34	199 256.59	807 167.58
广　西		—	—	2 308.86	4 884.26	5 583.55	92 432.57	10 946.34	11 360.46	13 738.35	22 984.61	164 238.99
海　南		—	—	1 284.51	2 498.14	2 816.29	24 106.87	5 914.47	5 475.08	6 778.11	11 971.60	60 845.08
重　庆		—	—	8 094.96	16 798.26	18 318.62	82 599.41	29 640.21	30 184.60	41 242.59	55 987.45	282 866.10
四　川		—	—	12 233.86	28 506.79	36 157.45	28 630.71	61 735.50	64 814.79	69 402.37	111 621.08	413 102.55
贵　州		—	—	7 293.31	20 892.64	23 909.83	6 667.08	29 446.00	29 085.24	32 377.92	52 467.39	202 139.42
云　南		—	—	14 585.17	35 066.22	37 792.95	12 724.70	56 610.42	56 687.49	64 178.01	93 636.96	371 281.91
西　藏		—	—	186.04	634.61	630.00	24 796.18	1 344.98	1 734.93	1 814.84	3 209.65	34 351.23
陕　西		—	—	9 526.56	18 877.76	18 535.07	8 053.94	28 881.18	28 045.11	31 626.76	52 547.55	196 093.93
甘　肃		—	—	3 816.23	6 392.16	6 700.46	59 604.23	11 360.78	14 923.73	29 477.53	33 823.14	166 098.26
青　海		—	—	802.44	2 024.83	2 638.13	6 643.22	4 054.68	6 699.91	7 159.72	8 187.72	38 210.66
宁　夏		—	—	1 021.13	6 154.70	6 178.97	11 078.26	7 799.46	8 235.70	8 948.18	13 310.96	62 727.36
新　疆		—	—	5 990.09	13 026.10	12 098.87	—	16 289.63	16 570.57	18 674.13	28 619.52	111 268.90
合计 Total		**—**	**—**	**287 986.08**	**691 357.13**	**817 125.44**	**1 884 618.21**	**1 384 834.40**	**1 353 155.41**	**1 582 670.12**	**2 562 031.84**	**10 563 778.63**

大乐透·幸运彩

单位：万元

Unit: Ten Thousand Yuan

地区 Region	游戏类型 Game Type	2005	2006	2007	2008	2009	2010	2011	2012	2013	2014	合计 Total
北京	乐透组合	—	—	202.72	361.87	374.92	460.05	559.23	719.56	333.86	—	3 012.22
天津		—	—	241.79	315.77	364.15	410.95	333.61	422.56	196.47	—	2 285.30
河北		—	—	413.07	674.61	657.46	699.97	701.77	1 124.50	243.11	—	4 514.49
山西		—	—	124.31	193.94	201.29	182.73	166.76	204.10	63.92	—	1 137.05
内蒙古		—	—	117.08	252.82	172.23	175.91	202.87	210.41	81.72	—	1 213.05
辽宁		—	—	466.80	599.38	483.48	514.55	542.41	408.51	144.46	—	3 159.59
吉林		—	—	226.48	463.17	431.64	384.02	362.48	404.97	129.00	—	2 401.76
黑龙江		—	—	115.04	256.96	381.04	342.85	411.71	389.13	171.20	—	2 067.93
上海		—	—	287.62	560.93	817.61	897.94	898.51	1 082.33	368.41	—	4 913.36
江苏		—	—	644.70	1 108.27	2 389.49	2 717.89	2 767.29	1 572.25	446.55	—	11 646.44
浙江		—	—	594.10	795.15	1 065.82	1 468.82	1 577.99	1 521.99	408.82	—	7 432.69
安徽		—	—	154.13	270.06	340.46	422.85	509.34	464.15	156.54	—	2 317.54
福建		—	—	1 169.46	1 874.45	2 174.07	2 526.08	2 311.13	2 194.81	646.17	—	12 896.17
江西		—	—	348.02	737.68	796.89	684.17	1 261.68	897.90	360.18	—	5 086.51
山东		—	—	659.25	2 365.81	1 244.52	1 147.47	1 205.84	938.58	324.87	—	7 886.34
河南		—	—	608.96	1 241.96	1 159.28	1 145.45	1 064.43	1 003.69	335.23	—	6 559.00
湖北		—	—	311.46	435.57	499.81	428.07	366.12	376.64	103.33	—	2 521.00
湖南		—	—	536.46	1 032.20	816.46	627.21	881.65	771.59	179.68	—	4 845.25
广东		—	—	1 847.28	2 417.97	2 057.01	1 747.28	1 686.45	1 649.91	531.98	—	11 937.88
广西		—	—	171.29	234.29	251.39	248.76	214.02	237.74	87.97	—	1 445.45
海南		—	—	9.82	9.00	13.00	16.03	20.65	29.27	10.42	—	108.19
重庆		—	—	131.25	118.10	172.68	233.96	256.75	304.42	142.52	—	1 359.67
四川		—	—	110.90	297.35	612.53	611.09	561.77	480.62	154.12	—	2 828.38
贵州		—	—	150.89	351.90	427.54	393.97	359.67	295.31	94.51	—	2 073.79
云南		—	—	343.32	760.44	682.49	733.41	730.93	861.94	263.86	—	4 376.39
西藏		—	—	1.72	16.87	4.41	—	7.34	6.68	2.83	—	39.85
陕西		—	—	270.72	298.03	352.20	362.71	361.52	364.70	141.37	—	2 151.25
甘肃		—	—	166.29	325.81	182.91	137.19	150.35	278.52	82.87	—	1 323.93
青海		—	—	24.29	39.29	132.53	81.69	55.00	56.60	13.98	—	403.37
宁夏		—	—	40.10	172.59	193.95	157.57	136.60	137.78	43.81	—	882.39
新疆		—	—	145.41	216.49	144.85	114.76	117.65	147.08	76.84	—	963.08
合计 Total		**—**	**—**	**10 634.72**	**18 798.73**	**19 598.11**	**20 075.39**	**20 783.53**	**19 558.38**	**6 340.59**	**—**	**115 789.45**

2005—2014 年中国体育彩票区域联网游戏品种销售统计

Sales Statistics of Inter-Regional Games of Sports Lottery from 2005 to 2014

21 选 5

单位：万元

Unit：Ten Thousand Yuan

地区 Region	游戏类型 Game Type	2005	2006	2007	2008	2009	2010	2011	2012	2013	2014	合计 Total
河北	乐透组合	1 111.65	—	—	—	—	—	—	—	—	—	1 111.65
辽宁		993.27	—	—	—	—	—	—	—	—	—	993.27
吉林		1 409.43	—	—	—	—	—	—	—	—	—	1 409.43
黑龙江		1 219.94	—	—	—	—	—	—	—	—	—	1 219.94
山东		608.30	—	—	—	—	—	—	—	—	—	608.30
河南		—	—	—	—	—	—	—	—	—	—	—
合计 Total		**5 342.59**	**—**	**—**	**—**	**—**	**—**	**—**	**—**	**—**	**—**	**5 342.59**

22 选 5

单位：万元

Unit：Ten Thousand Yuan

地区 Region	游戏类型 Game Type	2005	2006	2007	2008	2009	2010	2011	2012	2013	2014	合计 Total
山西	乐透组合	603.89	—	—	—	—	—	—	—	—	—	603.89
陕西		1 711.09	—	—	—	—	—	—	—	—	—	1 711.09
甘肃		723.57	—	—	—	—	—	—	—	—	—	723.57
青海		208.57	—	—	—	—	—	—	—	—	—	208.57
新疆		587.67	—	—	—	—	—	—	—	—	—	587.67
合计 Total		**3 834.78**	**—**	**—**	**—**	**—**	**—**	**—**	**—**	**—**	**—**	**3 834.78**

29 选 7

单位：万元

Unit：Ten Thousand Yuan

地区 Region	游戏类型 Game Type	2005	2006	2007	2008	2009	2010	2011	2012	2013	2014	合计 Total
河北	乐透组合	578.43	—	—	—	—	—	—	—	—	—	578.43
辽宁		—	—	—	—	—	—	—	—	—	—	—
吉林		331.05	—	—	—	—	—	—	—	—	—	331.05
黑龙江		205.10	—	—	—	—	—	—	—	—	—	205.10
山东		205.98	—	—	—	—	—	—	—	—	—	205.98
合计 Total		**1 320.56**	**—**	**—**	**—**	**—**	**—**	**—**	**—**	**—**	**—**	**1 320.56**

31 选 7

单位：万元

Unit：Ten Thousand Yuan

地区 Region	游戏类型 Game Type	2005	2006	2007	2008	2009	2010	2011	2012	2013	2014	合计 Total
河北	乐透组合	—	—	—	—	992.74	1 148.43	—	—	—	—	2 141.17
山西		—	—	—	—	129.29	127.39	—	—	—	—	256.68
辽宁		—	—	—	—	526.49	620.97	—	—	—	—	1 147.46
内蒙古		—	—	—	—	358.39	428.80	—	—	—	—	787.19
吉林		—	—	—	—	417.82	496.33	—	—	—	—	914.15
黑龙江		—	—	—	—	369.00	424.38	—	—	—	—	793.38
安徽		—	—	—	—	600.98	555.16	—	—	—	—	1 156.14
江西		—	—	—	—	297.90	329.65	—	—	—	—	627.55
山东		—	—	—	—	906.50	950.86	—	—	—	—	1 857.36
湖南		—	—	—	—	183.87	230.79	—	—	—	—	414.66
广西		—	—	—	—	219.77	288.88	—	—	—	—	508.65
重庆		—	—	—	—	69.37	83.07	—	—	—	—	152.44
陕西		—	—	—	—	398.96	321.56	—	—	—	—	720.52
甘肃		—	—	—	—	193.98	124.46	—	—	—	—	318.44
宁夏		—	—	—	—	93.75	92.17	—	—	—	—	185.92
青海		—	—	—	—	27.78	19.67	—	—	—	—	47.45
新疆		—	—	—	—	296.01	315.09	—	—	—	—	611.10
合计 Total		**—**	**—**	**—**	**—**	**6 082.60**	**6 557.68**	**—**	**—**	**—**	**—**	**12 640.28**

注：31 选 7 于 2010 年 10 月 10 日起停售。

35　选　7

单位：万元

Unit：Ten Thousand Yuan

地　区 Region	游戏类型 Game Type	2005	2006	2007	2008	2009	2010	2011	2012	2013	2014	合　计 Total
山　西	乐透组合	282.58	—	—	—	—	—	—	—	—	—	282.58
陕　西		632.59	—	—	—	—	—	—	—	—	—	632.59
甘　肃		238.29	—	—	—	—	—	—	—	—	—	238.29
青　海		48.18	—	—	—	—	—	—	—	—	—	48.18
新　疆		388.78	—	—	—	—	—	—	—	—	—	388.78
合计 Total		**1 590.41**	**—**	**—**	**—**	**—**	**—**	**—**	**—**	**—**	**—**	**1 590.41**

36　选　7

单位：万元

Unit：Ten Thousand Yuan

地　区 Region	游戏类型 Game Type	2005	2006	2007	2008	2009	2010	2011	2012	2013	2014	合　计 Total
黑龙江	乐透组合	2 760.22	1 297.14	1 260.14	715.72	349.45	—	—	—	—	—	6 382.67
上　海		3 964.53	4 063.05	3 910.15	2 626.62	1 264.59	—	—	—	—	—	15 828.94
江　西		682.47	607.91	670.48	462.59	271.34	—	—	—	—	—	2 694.80
湖　北		1 472.80	813.84	476.30	—	—	—	—	—	—	—	2 762.93
湖　南		592.69	579.83	647.61	316.56	162.89	—	—	—	—	—	2 299.59
广　东		18 007.77	13 738.58	16 377.80	8 577.11	4 686.39	—	—	—	—	—	61 387.65
广　西		547.42	400.65	629.54	379.86	233.32	—	—	—	—	—	2 190.80
海　南		135.10	91.64	59.73	—	—	—	—	—	—	—	286.47
重　庆		562.23	355.28	248.14	93.59	36.91	—	—	—	—	—	1 296.15
四　川		652.89	403.63	421.39	184.96	96.45	—	—	—	—	—	1 759.33
贵　州		181.60	188.29	165.87	83.47	54.89	—	—	—	—	—	674.11
云　南		1 075.69	1 104.81	760.74	—	—	—	—	—	—	—	2 941.24
西　藏		25.57	23.27	17.07	11.28	8.11	—	—	—	—	—	85.30
合计 Total		**30 661.00**	**23 667.93**	**25 644.96**	**13 451.76**	**7 164.34**	**—**	**—**	**—**	**—**	**—**	**100 590.00**

千　喜　乐

单位：万元

Unit：Ten Thousand Yuan

地　区 Region	游戏类型 Game Type	2005	2006	2007	2008	2009	2010	2011	2012	2013	2014	合　计 Total
湖　南	乐透组合	1 020.92	140.39	73.69	—	—	—	—	—	—	—	1 235.00
广　西		31.72	—	—	—	—	—	—	—	—	—	31.72
海　南		6.19	—	—	—	—	—	—	—	—	—	6.19
重　庆		113.93	—	—	—	—	—	—	—	—	—	113.93
贵　州		153.86	55.40	22.80	—	—	—	—	—	—	—	232.06
云　南		752.91	296.42	134.00	—	—	—	—	—	—	—	1 183.33
合计 Total		**2 079.53**	**492.21**	**230.49**	**—**	**—**	**—**	**—**	**—**	**—**	**—**	**2 802.23**

同 花 5

单位：万元

Unit：Ten Thousand Yuan

地 区 Region	游戏类型 Game Type	2005	2006	2007	2008	2009	2010	2011	2012	2013	2014	合 计 Total
湖 南	乐透组合	133.42	21.02	9.39	—	—	—	—	—	—	—	163.83
广 西		7.32	—	—	—	—	—	—	—	—	—	7.32
海 南		8.74	—	—	—	—	—	—	—	—	—	8.74
重 庆		68.34	—	—	—	—	—	—	—	—	—	68.34
贵 州		100.64	33.38	15.98	—	—	—	—	—	—	—	150.00
云 南		458.43	134.90	62.97	—	—	—	—	—	—	—	656.29
合计 Total		**776.88**	**189.29**	**88.34**	**—**	**—**	**—**	**—**	**—**	**—**	**—**	**1 054.52**

传 统 单 场

单位：万元

Unit：Ten Thousand Yuan

地 区 Region	游戏类型 Game Type	2005	2006	2007	2008	2009	2010	2011	2012	2013	2014	合 计 Total
北 京	竞猜	—	—	—	—	—	—	—	138 301.07	—	—	138 301.07
天 津		—	—	—	—	—	—	—	84 294.68	—	—	84 294.68
广 东		—	—	—	—	—	—	—	72 882.09	—	—	72 882.09
合计 Total		**—**	**—**	**—**	**—**	**—**	**—**	**—**	**295 477.84**	**—**	**—**	**295 477.84**

快 中 彩

单位：万元

Unit：Ten Thousand Yuan

地 区 Region	游戏类型 Game Type	2005	2006	2007	2008	2009	2010	2011	2012	2013	2014	合 计 Total
北 京	乐透组合	—	—	—	—	—	—	—	227.04	—	—	227.04
天 津		—	—	—	—	—	—	—	110.39	—	—	110.39
广 东		—	—	—	—	—	—	—	234.72	—	—	234.72
合计 Total		**—**	**—**	**—**	**—**	**—**	**—**	**—**	**572.16**	**—**	**—**	**572.16**

2005—2014 年中国体育彩票地方游戏品种销售情况表

Sales Statistics of Regional Games of Sports Lottery in China from 2005 to 2014

单位：万元

Unit：Ten Thousand Yuan

地区 Region	游戏类型 GameType	游戏名称 GameName	2005	2006	2007	2008	2009	2010	2011	2012	2013	2014	合计 Total
北京	乐透组合	北京 11 选 5	—	—	—	—	—	—	—	—	—	23 478.00	23 478.00
		北京 33 选 7	—	—	—	—	808.60	2 272.72	1 567.51	1 274.44	1 346.38	679.51	7 949.16
		北京 36 选 7	12 085.37	7 369.81	4 368.42	2 969.43	1 635.61	—	—	—	—	—	28 428.64
天津	乐透组合	天津 11 选 5	—	—	—	—	—	513.11	658.89	260.57	269.13	29 062.10	30 763.79
		天津 21 选 5	3 254.93	405.07	—	—	—	—	—	—	—	—	3 659.99
		天津四选乐	—	—	—	—	139.61	138.95	—	—	—	—	278.56
		天津泳坛夺金	—	—	—	—	2 922.50	15 178.56	12 614.07	18 478.66	14 342.95	2 708.99	66 245.73
	乐透排列	天津 6 + 1	—	—	—	—	171.55	121.27	—	—	—	—	292.82
		天津 6 + 1（停用 2）	3 468.57	1 991.32	1 839.73	751.00	385.59	—	—	—	—	—	8 436.22
河北	乐透组合	河北 11 选 5	—	—	—	—	—	—	—	32 695.32	—	443 855.49	476 550.81
		河北快乐扑克	—	—	18 137.88	21 254.02	12 590.82	6 886.17	6 818.40	5 664.07	345 490.08	479.85	417 321.29
		河北运动生肖	—	—	—	—	2 875.36	10 360.28	10 348.32	11 305.21	600.90	—	35 490.07
山西	乐透组合	山西 11 选 5	—	—	—	—	—	4 607.62	5 851.23	6 634.48	82 358.83	103 824.61	203 276.77
		山西泳坛夺金	—	—	—	—	27 867.88	13 857.77	7 104.89	7 322.77	4 101.52	1 517.47	61 772.29
内蒙古	乐透组合	内蒙古 11 选 5	—	—	—	—	—	—	4 257.98	5 109.21	70 711.36	131 721.89	211 800.45
		内蒙古泳坛夺金	—	—	—	—	25 679.01	9 308.24	5 474.01	4 241.26	2 434.93	1 324.41	48 461.85
		内蒙古运动生肖	—	—	—	—	347.02	1 004.92	—	—	—	—	1 351.94

续表

地区 Region	游戏类型 GameType	游戏名称 GameName	2005	2006	2007	2008	2009	2010	2011	2012	2013	2014	合计 Total
辽宁	乐透组合	辽宁 11 选 5	—	—	—	—	—	—	106 205.09	301 219.47	276 209.94	234 538.74	918 173.24
		辽宁 33 选 7	4 399.32	821.79	—	—	—	—	—	—	—	—	5 221.11
		辽宁快乐扑克	—	—	24 145.66	25 250.36	11 911.06	9 172.15	5 861.22	95.30	14.94	17.49	76 468.18
		辽宁即乐彩	—	—	—	—	10 948.51	6 244.25	—	—	—	—	17 192.76
吉林	乐透组合	吉林 11 选 5	—	—	—	—	2 383.54	23 329.70	28 627.83	81 805.89	190 165.73	203 069.49	529 382.18
		吉林快乐扑克	—	—	—	—	15 452.68	765.77	272.09	45.25	—	—	16 535.80
黑龙江	乐透组合	黑龙江 11 选 5	—	—	—	—	—	—	90 072.14	231 428.25	256 674.97	336 293.20	914 468.57
		黑龙江快乐扑克	—	—	39 491.94	24 187.92	20 368.01	21 651.09	10 698.72	794.95	308.07	218.36	117 719.06
		黑龙江运动生肖	—	—	—	—	14 891.84	7 461.24	—	—	—	—	22 353.08
	乐透排列	黑龙江 6 位数	15 192.55	7 659.77	7 156.07	6 644.32	5 691.45	4 754.69	3 762.25	2 847.02	2 446.80	2 171.65	58 326.57
上海	乐透组合	上海 11 选 5	—	—	—	—	—	—	10 327.53	18 800.59	56 353.86	93 135.97	178 617.95
		上海 22 选 5	5 135.40	—	—	—	—	—	—	—	—	—	5 135.40
		上海 30 选 7	99.53	—	—	—	—	—	—	—	—	—	99.53
		上海 36 选 7	1 199.35	—	—	—	931.94	949.88	663.82	424.71	—	—	4 169.70
		上海即乐彩	—	—	752.61	2 393.53	3 070.95	3 596.35	—	—	—	—	9 813.44
	竞猜	上海篮球单场	29.25	9.61	—	—	—	—	—	—	—	—	38.86
江苏	乐透组合	江苏体彩 11 选 5	—	—	—	—	—	—	378 128.74	715 652.02	662 801.69	595 589.10	2 352 171.55
		江苏体彩 22 选 5	11 155.66	11 858.70	7 158.24	—	—	—	—	—	—	—	30 172.60
		江苏快乐扑克	—	—	5 986.33	23 178.20	3 096.28	2 581.03	—	—	—	—	34 841.84
	乐透排列	江苏体彩 7 位数	100 110.71	113 151.46	130 965.41	128 144.05	127 737.80	107 495.94	94 838.43	90 202.53	104 231.84	86 801.05	1 083 679.22
		江苏 5 + 1	—	1 542.98	4 039.08	1 398.10	928.80	435.59	—	—	—	—	8 344.55

续表

地区 Region	游戏类型 GameType	游戏名称 GameName	2005	2006	2007	2008	2009	2010	2011	2012	2013	2014	合计 Total
浙江	乐透组合	浙江11选5								159 377.06	383 200.98	314 985.79	857 563.82
		浙江20选5	15 076.16	18 509.67	17 636.38	17 440.47	17 143.32	17 783.91	18 907.76	16 611.74	10 166.86	8 214.89	157 491.16
		浙江29选7(停用)	9 920.69	9 857.38	8 283.31	3 880.16	2 122.89	—	—	—	—	—	34 064.44
		浙江31选7	—	—	—	—	2 915.69	1 862.99	—	—	—	—	4 778.68
		浙江快乐扑克	—	—	24 954.58	20 261.94	4 971.43	—	—	—	—	—	50 187.95
		浙江飞鱼	—	—	—	—	—	—	—	—	—	42 544.10	42 544.10
		浙江泳坛夺金	—	—	—	—	4 349.17	9 658.17	8 636.39	7 229.57	305.23	215.32	30 393.85
	乐透排列	浙江6+1	121 880.74	149 753.00	137 124.93	129 509.63	113 110.10	101 037.33	92 632.97	79 210.10	70 219.29	50 404.01	1 044 882.09
安徽	乐透组合	安徽11选5	—	—	—	—	7 723.17	23 816.68	10 688.51	24 817.41	114 206.68	114 596.54	295 848.99
		安徽21选5	2 028.82	—	—	—	—	—	—	—	—	—	2 028.82
		安徽21选5幸运2	20.31	—	—	—	—	—	—	—	—	—	20.31
		安徽21选5幸运3	84.95	—	—	—	—	—	—	—	—	—	84.95
		安徽21选5幸运4	10.88	—	—	—	—	—	—	—	—	—	10.88
		安徽快乐扑克	—	—	11 210.91	2 885.46	1 220.72	—	—	—	—	—	15 317.09
		安徽快乐3	41.99	—	—	—	—	—	—	—	—	—	41.99
		安徽快乐4	3.96	—	—	—	—	—	—	—	—	—	3.96
		安徽快乐5	36.03	—	—	—	—	—	—	—	—	—	36.03
福建	乐透组合	福建11选5	—	—	—	—	—	34 980.83	149 861.63	187 243.17	252 021.38	256 970.18	881 077.18
		福建22选5	21 920.90	22 033.82	21 414.46	22 041.84	16 165.36	11 211.08	9 070.39	7 989.25	7 203.60	6 325.25	145 375.96
		福建31选7	68 882.99	66 371.96	70 385.42	66 634.95	60 987.38	54 138.59	46 867.82	45 336.18	44 074.54	42 675.61	566 355.43
		福建36选7	60 910.33	60 926.57	65 662.56	67 011.87	63 567.49	46 112.59	45 378.65	42 136.09	43 502.27	37 193.39	532 401.81
		福建即乐彩	—	—	—	—	35 110.86	4 111.27	—	—	—	—	39 222.13

续表

地区 Region	游戏类型 GameType	游戏名称 GameName	2005	2006	2007	2008	2009	2010	2011	2012	2013	2014	合计 Total
江西	乐透组合	江西 20 选 5	1 996. 96	—	—	—	—	—	—	—	—	—	1 996. 96
		江西 20 选 5 幸运 1	0. 35	—	—	—	—	—	—	—	—	—	0. 35
		江西 20 选 5 幸运 2	6. 97	—	—	—	—	—	—	—	—	—	6. 97
		江西 20 选 5 幸运 3	273. 84	—	—	—	—	—	—	—	—	—	273. 84
		江西 20 选 5 幸运 4	117. 63	—	—	—	—	—	—	—	—	—	117. 63
		江西 28 选 7	112. 68	—	—	—	—	—	—	—	—	—	112. 68
		江西 28 选 7 幸运 1	0. 07	—	—	—	—	—	—	—	—	—	0. 07
		江西 28 选 7 幸运 2	0. 90	—	—	—	—	—	—	—	—	—	0. 90
		江西 28 选 7 幸运 3	5. 70	—	—	—	—	—	—	—	—	—	5. 70
		江西 28 选 7 幸运 4	6. 60	—	—	—	—	—	—	—	—	—	6. 60
		江西 28 选 7 幸运 5	2. 06	—	—	—	—	—	—	—	—	—	2. 06
		江西多乐彩	—	—	—	—	10 815. 60	76 557. 06	90 646. 64	83 739. 13	161 068. 52	159 881. 68	582 708. 63
	竞猜	江西足球幸运 3	394. 64	—	—	—	—	—	—	—	—	—	394. 64
		江西足球幸运 4	40. 51	—	—	—	—	—	—	—	—	—	40. 51
		江西足彩 4 场竞猜	2. 78	—	—	—	—	—	—	—	—	—	2. 78
山东	乐透组合	山东 21 选 5 幸运 1	3. 59	—	—	—	—	—	—	—	—	—	3. 59
		山东 21 选 5 幸运 2	34. 53	—	—	—	—	—	—	—	—	—	34. 53
		山东 21 选 5 幸运 3	70. 24	—	—	—	—	—	—	—	—	—	70. 24
		山东 21 选 5 幸运 4	25. 37	—	—	—	—	—	—	—	—	—	25. 37
		山东快乐扑克	—	—	32 828. 90	27 214. 14	306. 99	89. 65	94. 21	33. 63	16. 30	1. 61	60 585. 42
		山东快乐扑克 3	—	—	—	—	—	—	—	—	—	94 142. 31	94 142. 31
		山东十一运夺金	—	—	—	28 951. 89	278 456. 51	309 981. 23	480 579. 65	617 373. 05	729 719. 58	851 224. 58	3 296 286. 49
	竞猜	山东进球幸运彩	0. 69	—	—	—	—	—	—	—	—	—	0. 69
		山东胜平负猜大小	0. 38	—	—	—	—	—	—	—	—	—	0. 38
		山东胜平负猜单双	0. 03	—	—	—	—	—	—	—	—	—	0. 03
		山东足彩幸运 6	371. 91	—	—	—	—	—	—	—	—	—	371. 91

续表

地区 Region	游戏类型 GameType	游戏名称 GameName	2005	2006	2007	2008	2009	2010	2011	2012	2013	2014	合计 Total
河南	乐透组合	河南 9 选 9	—	2 695. 92	502. 53	—	—	—	—	—	—	—	3 198. 45
		河南 11 选 5	—	—	—	—	—	9 648. 62	6 444. 70	772. 53	880. 12	1 079. 52	18 825. 49
		河南 21 选 5	4 138. 31	1 105. 79	—	—	—	—	—	—	—	—	5 244. 10
		河南泳坛夺金	—	—	—	—	57 184. 26	30 203. 45	55 018. 27	218 191. 35	277 378. 31	402 009. 72	1 039 985. 37
	乐透排列	河南快乐 3	128. 78	—	—	—	—	—	—	—	—	—	128. 78
		河南快乐 4	21. 42	—	—	—	—	—	—	—	—	—	21. 42
		河南快乐 5	103. 09	—	—	—	—	—	—	—	—	—	103. 09
湖北	乐透组合	湖北 11 选 5	—	—	—	—	2 736. 81	28 590. 79	12 799. 92	66 247. 33	123 219. 53	86 600. 67	320 195. 05
		湖北 21 选 5	2 858. 90	145. 22	—	—	—	—	—	—	—	—	3 004. 12
		湖北 21 选 5 幸运 1	21. 27	1. 10	—	—	—	—	—	—	—	—	22. 37
		湖北 21 选 5 幸运 2	57. 43	2. 89	—	—	—	—	—	—	—	—	60. 32
		湖北 21 选 5 幸运 3	657. 81	28. 65	—	—	—	—	—	—	—	—	686. 46
		湖北 21 选 5 幸运 4	396. 87	17. 00	—	—	—	—	—	—	—	—	413. 88
		湖北四花选四	—	—	14 656. 01	5 566. 24	741. 81	60. 90	18. 91	2. 97	—	—	21 046. 84
	乐透排列	湖北快乐 3	49. 93	—	—	—	—	—	—	—	—	—	49. 93
		湖北快乐 4	29. 74	—	—	—	—	—	—	—	—	—	29. 74
		湖北快乐 5	94. 53	—	—	—	—	—	—	—	—	—	94. 53
湖南	乐透组合	湖南幸运赛车	—	—	—	—	—	—	50 743. 63	108 700. 79	95 411. 34	85 096. 07	339 951. 83
		湖南即乐彩	—	—	—	—	962. 75	8 046. 54	1 925. 40	71. 84	3. 43	1. 22	11 011. 17
广东	乐透组合	广东 11 选 5	—	—	—	—	31 553. 12	189 862. 66	229 211. 44	300 400. 39	397 433. 14	533 034. 35	1 681 495. 10
		广东 36 选 7	—	—	—	—	3 678. 25	6 902. 30	7 565. 25	5 358. 54	—	—	23 504. 35
	竞猜	广东篮球单场	179. 53	23. 42	—	—	—	—	—	—	—	—	202. 95

续表

地区 Region	游戏类型 GameType	游戏名称 GameName	2005	2006	2007	2008	2009	2010	2011	2012	2013	2014	合计 Total
广西	乐透组合	广西 11 选 5	—	—	—	—	—	—	5 978.62	1 797.28	6 360.86	8 474.08	22 610.84
海南	乐透组合	海南环岛赛	—	—	—	—	—	—	—	—	524.14	4 761.54	5 285.68
	乐透排列	海南 2 位数	18.28	0.90	—	—	—	—	—	—	—	—	19.18
		海南 3 位数	15.30	0.46	—	—	—	—	—	—			15.76
		海南飞鱼	—	—	—	—	—	—	5 148.05	20 731.38	21 239.70	49 745.28	96 864.40
		海南 4 + 1	119.20	4.18	—	—	411.38	247.62	1 103.24	1 135.59	1 324.63	1 291.51	5 637.36
重庆	乐透组合	重庆 11 选 5	—	—	—	—	—	10 379.28	40 171.80	21 979.12	20 488.44	23 432.00	116 450.64
		重庆快乐 123	—	—	—	—	6 984.80	7 783.86	—	—	—	—	14 768.66
四川	乐透组合	四川 11 选 5	—	—	—	—	—	11 672.24	27 814.76	74 830.66	68 456.86	74 106.87	256 881.39
		四川 4 项 13 选 1	295.01	72.69	15.88	—	—	—	—	—	—	—	383.59
		四川扑克十分乐	—	—	9 380.25	1 868.97	759.15	336.44	—	—	—	—	12 344.81
贵州	乐透组合	贵州 11 选 5	—	—	—	—	1 694.46	22 455.63	11 030.51	24 195.19	72 390.93	87 179.64	218 946.35
云南	乐透组合	云南 11 选 5	—	—	—	—	—	10 489.69	50 302.59	126 728.74	186 965.25	226 478.76	600 965.03
		云南 30 选 7	1 734.67	704.83	165.95	—	—	—	—	—	—	—	2 605.45
		云南快乐 123	—	—	—	—	21 494.05	8 704.93	2 188.16	814.81	481.86	351.47	34 035.28
西藏	乐透组合	西藏 11 选 5	—	—	—	—	—	—	2 669.71	2 989.28	6 395.07	14 265.07	26 319.12
陕西	乐透组合	陕西 11 选 5	—	—	—	—	—	—	—	37 656.02	—	113 954.80	151 610.82
		陕西即乐彩	—	—	—	—	3 252.48	10 770.07	5 987.58	1 666.53	94 702.09	—	116 378.75
		陕西快乐扑克	—	—	15 873.50	12 903.87	4 199.16	—	—	—	—	—	32 976.53
		陕西泳坛夺金	—	—	—	—	—	3 798.76	3 749.13	976.13	243.82	148.59	8 916.43

续表

地区 Region	游戏类型 GameType	游戏名称 GameName	2005	2006	2007	2008	2009	2010	2011	2012	2013	2014	合计 Total
甘肃	乐透组合	甘肃 11 选 5	—	—	—	—	—	47 536.53	4 354.26	5 328.96	85 496.94	132 669.85	275 386.55
		甘肃即乐彩	—	—	—	—	7 425.71	1 133.32	—	—	—	—	8 559.03
		甘肃泳坛夺金	—	—	—	—	1 001.05	2 485.10	300.85	471.66	566.08	406.31	5 231.05
青海	乐透组合	青海 11 选 5	—	—	—	—	—	—	1 393.44	1 700.82	6 865.42	14 174.24	24 133.92
		青海快乐扑克	—	—	—	—	185.53	2 523.90	137.73	17.98	3.51	2.74	2 871.39
宁夏	乐透组合	宁夏 11 选 5	—	—	—	—	—	—	8 434.73	5 482.15	13 830.69	27 089.86	54 837.43
		宁夏快乐扑克	—	—	—	—	5 305.32	600.12	126.02	2.52	—	—	6 033.98
新疆	乐透组合	新疆 11 选 5	—	—	—	—	—	6 805.43	13 964.26	21 704.18	29 822.68	33 595.11	105 891.66
		新疆泳坛夺金	—	—	—	—	21 806.75	11 757.81	—	—	—	—	33 564.56
合计 Total			**471 337.94**	**477 065.95**	**674 136.96**	**642 342.36**	**1 083 179.93**	**1 376 824.67**	**2 286 100.74**	**3 857 353.09**	**5 397 053.98**	**6 189 811.87**	**22 455 207.48**

2005—2014年中国体育彩票即开型彩票销售情况表（分地区）

Sales Statistics of Terminal – Sales Instant Win Tickets of Sports Lottery in Different Regions in China from 2005 to 2014

单位：万元

Unit: Ten Thousand Yuan

序号	地区	2005	2006	2007	2008	2009	2010	2011	2012	2013	2014	合计 Total
1	北　京	—	—	—	44 542.98	61 402.44	75 104.70	90 118.46	106 376.49	73 137.96	73 602.84	524 285.87
2	天　津	—	—	—	13 941.00	18 132.18	17 505.30	19 198.92	15 982.80	13 978.89	13 747.29	112 486.38
3	河　北	123.17	—	11 000.00	33 265.54	33 431.88	50 607.66	84 494.21	100 992.81	78 054.23	95 624.68	487 594.17
4	山　西	17.42	—	—	48 942.90	15 736.68	26 518.92	27 364.32	28 589.85	25 146.90	24 768.72	197 085.71
5	内蒙古	—	—	—	34 149.96	38 360.76	47 221.26	66 714.00	74 650.02	65 638.83	67 181.37	393 916.20
6	辽　宁	—	—	—	32 246.70	47 167.44	51 105.24	64 382.69	55 226.57	66 127.44	61 123.53	377 379.60
7	吉　林	20.09	—	—	22 376.94	28 262.16	27 928.50	41 529.98	51 925.92	52 222.44	59 834.24	284 100.26
8	黑龙江	—	—	—	29 805.12	44 885.16	51 387.30	63 437.57	55 833.36	60 076.46	58 318.17	363 743.13
9	上　海	450.00	—	60.00	15 756.06	32 284.50	45 387.84	56 498.36	41 743.22	33 609.12	27 152.46	252 941.55
10	江　苏	410.69	—	—	89 529.60	220 479.54	278 536.74	270 683.30	176 790.09	164 222.69	131 752.07	332 404.71
11	浙　江	173.15	—	—	66 739.32	107 230.08	119 526.60	134 865.47	111 260.55	93 708.62	89 313.48	722 817.26
12	安　徽	55.10	—	—	24 001.38	39 310.38	38 616.54	47 589.39	38 828.90	26 508.02	23 029.88	237 939.58
13	福　建	1 357.49	—	—	50 825.82	77 998.26	74 226.30	86 431.59	84 597.74	94 685.40	89 416.77	559 539.37
14	江　西	—	—	1 318.39	8 396.42	18 036.96	20 356.68	13 345.95	13 165.58	11 463.89	13 082.99	99 166.84
15	山　东	251.92	—	2 021.00	62 814.52	75 037.68	88 862.70	151 995.90	165 640.32	153 374.52	143 335.49	843 334.05
16	河　南	—	—	—	67 427.28	54 882.60	61 779.78	98 461.14	88 162.94	80 622.35	80 706.39	532 042.47
17	湖　北	7.63	—	—	15 659.76	13 945.14	12 614.46	17 317.05	16 839.66	7 961.15	12 924.77	97 269.61
18	湖　南	—	—	—	6 805.86	16 160.76	18 407.40	28 760.87	18 487.82	12 250.88	11 736.93	112 610.51
19	广　东	512.71	—	—	69 908.04	148 549.56	160 940.70	212 683.77	169 868.31	182 717.16	160 890.29	106 070.54
20	广　西	—	—	—	2 406.24	3 814.92	7 742.40	10 029.15	8 464.49	9 221.13	9 760.47	51 438.80
21	海　南	—	—	—	2 439.66	1 969.80	2 115.96	4 084.35	4 001.82	5 141.01	6 298.83	26 051.43
22	重　庆	—	—	—	11 861.94	19 034.34	25 591.44	24 637.70	27 728.82	14 645.18	10 205.52	133 704.93
23	四　川	271.47	—	828.00	28 680.19	78 649.50	77 206.14	85 081.38	75 001.61	68 456.06	56 586.35	470 760.69
24	贵　州	—	—	—	14 492.70	25 952.70	23 126.58	31 129.61	23 707.07	21 367.91	24 095.33	163 871.88
25	云　南	—	—	—	99 125.70	148 963.32	99 022.62	101 117.31	92 123.97	93 748.85	91 676.84	725 778.60
26	西　藏	—	—	—	12 179.88	16 640.10	9 668.70	15 789.57	17 348.49	16 915.86	16 320.03	104 862.63
27	陕　西	—	—	—	38 217.18	45 869.76	47 401.26	60 510.27	47 748.09	44 203.80	41 102.91	325 053.27
28	甘　肃	99.22	—	—	34 019.16	18 070.62	21 206.52	25 029.14	33 524.04	32 140.97	26 307.65	190 397.31
29	青　海	—	—	—	12 520.08	13 025.04	11 338.98	12 416.51	9 934.17	9 127.74	6 567.41	74 929.92
30	宁　夏	26.55	—	—	10 305.78	9 316.74	12 625.02	12 848.03	9 513.39	11 124.74	10 582.56	76 342.80
31	新　疆	88.24	—	—	25 262.40	45 407.34	40 106.34	37 305.02	38 007.30	41 266.79	35 626.68	263 070.10
合计 Total		**3 864.85**	—	**15 227.39**	**1 028 646.11**	**1 518 008.34**	**1 643 786.58**	**1 995 850.91**	**1 802 066.16**	**1 662 866.91**	**1 572 672.88**	**11 242 990.12**

（国家体育总局体育彩票管理中心供稿）

（四）2014 年彩票销售统计资料

Sales Statistics of Lottery Games in 2014

2014 年中国福利彩票全国联网游戏

Monthly Sales Statistics of National Games

双 色 球

地 区 Region	游戏类型 Game Type	1 月 Jan.	2 月 Feb.	3 月 Mar.	4 月 Apr.	5 月 May	6 月 June
北 京	乐透组合	18 697.08	13 712.77	21 920.97	20 412.80	20 264.80	20 791.28
天 津		10 616.01	8 744.79	13 886.28	14 167.54	12 023.21	10 016.88
河 北		14 952.83	11 217.18	17 056.17	15 799.04	14 732.80	13 637.96
山 西		7 604.95	5 346.94	8 787.26	8 432.71	8 070.55	7 516.18
内蒙古		14 003.52	10 723.61	16 624.92	15 718.05	15 466.89	14 741.33
辽 宁		17 074.91	13 103.47	19 685.33	18 151.67	16 976.10	15 749.74
吉 林		6 035.00	4 777.06	7 232.86	6 662.39	6 181.80	5 758.58
黑龙江		13 045.56	9 268.52	13 772.21	13 205.40	12 893.41	12 039.87
上 海		18 829.11	13 949.82	21 971.56	21 100.76	20 883.25	22 055.92
江 苏		24 824.06	18 286.91	29 119.95	27 721.17	26 211.32	24 155.09
浙 江		28 314.12	20 013.48	32 666.24	31 199.03	29 666.57	27 395.95
安 徽		16 015.52	11 986.78	18 296.18	17 242.16	16 216.75	15 307.26
福 建		13 258.93	9 907.53	15 205.38	14 426.48	13 781.01	12 687.92
江 西		21 042.23	17 927.11	27 285.15	21 030.03	18 454.65	17 400.96
山 东		25 225.04	18 741.92	27 914.48	26 133.48	24 618.13	23 568.45
河 南		18 283.38	13 624.42	20 539.00	19 024.58	17 842.52	16 795.24
湖 北		15 842.75	12 053.37	18 660.02	18 532.05	17 746.11	16 954.06
湖 南		14 945.07	11 235.05	17 660.69	16 774.15	15 979.02	14 763.47
广 东		54 084.00	41 362.70	64 039.61	58 698.81	54 827.64	52 353.94
广 西		10 996.67	8 174.79	12 671.41	12 013.65	12 311.35	12 104.78
海 南		3 151.72	2 314.35	3 401.95	3 114.63	2 867.04	2 674.02
重 庆		15 508.45	13 015.68	18 966.57	20 574.28	21 211.01	20 431.48
四 川		18 571.76	14 321.53	20 807.97	19 349.47	18 746.72	17 380.09
贵 州		7 370.47	5 452.44	8 797.47	8 398.84	8 232.56	7 737.90
云 南		13 723.81	10 056.32	15 879.39	14 953.37	14 581.89	14 037.94
西 藏		548.00	340.72	702.58	819.21	814.85	783.23
陕 西		12 637.29	9 122.39	14 422.57	13 588.87	12 618.59	11 405.16
甘 肃		5 535.47	3 985.19	6 395.60	6 141.62	5 962.47	5 585.80
青 海		1 845.94	1 244.93	2 231.42	2 209.16	2 176.80	2 096.22
宁 夏		2 807.91	2 178.71	3 385.34	3 131.86	3 022.16	2 901.54
新 疆		5 914.24	4 305.16	6 898.33	6 591.30	6 230.53	5 831.75
合计 Total		**451 305.80**	**340 495.64**	**526 884.86**	**495 318.56**	**471 612.49**	**446 659.99**

品种销售统计（分地区按月统计）

of Welfare Lottery in Different Regions in 2014

单位：万元

Unit: Ten Thousand Yuan

7月 July	8月 Aug.	9月 Sept.	10月 Oct.	11月 Nov.	12月 Dec.	合计 Total
23 931.43	22 950.22	24 452.38	24 827.19	24 742.85	25 755.94	262 459.71
11 795.03	11 374.93	13 192.34	12 085.14	12 462.39	12 970.04	143 334.58
14 753.46	14 641.04	15 026.89	15 113.11	15 574.35	16 066.35	178 571.18
7 812.76	7 587.52	7 885.22	7 954.32	7 913.98	7 921.48	92 833.87
16 376.05	15 529.83	15 610.24	15 378.52	15 975.11	14 984.87	181 132.94
17 171.17	16 592.62	17 242.70	16 698.43	17 203.32	17 554.52	203 203.98
6 188.21	6 057.56	6 184.85	5 851.37	6 096.26	6 179.12	73 205.06
13 843.82	13 338.48	13 982.58	14 315.27	15 425.75	15 907.97	161 038.84
26 431.99	25 904.18	28 043.81	27 874.72	27 498.20	27 323.20	281 866.52
25 684.57	24 642.01	26 531.28	25 211.96	25 672.59	26 253.33	304 314.23
29 469.50	28 919.31	31 256.45	30 812.69	32 893.43	34 117.67	356 724.46
16 540.24	16 268.20	16 976.65	16 731.28	17 388.09	20 840.45	199 809.57
13 620.80	13 501.97	14 628.41	13 828.94	13 641.54	14 065.54	162 554.45
19 717.31	18 367.40	19 155.19	18 308.94	19 900.93	20 888.07	239 477.97
24 939.17	25 314.14	26 264.65	25 188.11	25 314.27	25 719.04	298 940.88
17 930.70	17 768.05	18 362.93	17 821.00	18 324.75	19 201.47	215 518.04
18 510.07	17 959.32	19 115.98	18 052.97	18 188.06	19 378.48	210 993.24
15 691.10	15 260.28	16 625.00	15 815.58	15 688.38	15 938.50	186 376.27
57 442.58	55 683.19	60 386.61	58 308.65	59 125.31	58 499.56	674 812.60
14 333.58	13 735.47	14 741.69	14 814.93	14 555.41	14 079.95	154 533.68
2 722.31	2 735.76	2 762.99	2 822.93	2 994.32	3 066.82	34 628.84
24 876.51	24 522.59	25 599.95	23 708.30	23 527.06	21 764.65	253 706.52
18 630.53	18 393.60	19 815.24	18 880.37	19 703.35	20 003.82	224 604.45
8 008.03	7 882.75	8 010.64	7 913.66	8 149.43	8 135.45	94 089.63
15 232.00	14 557.06	14 871.75	14 342.46	14 528.53	14 813.54	171 578.06
866.88	839.81	880.92	874.13	872.05	874.11	9 216.46
11 874.39	11 839.96	12 350.58	12 152.82	12 687.68	13 286.15	147 986.45
5 890.98	5 788.20	6 022.59	5 934.02	6 130.75	6 308.04	69 680.73
2 190.05	2 107.72	2 155.22	2 107.82	2 129.90	2 129.88	24 625.06
3 602.20	4 378.42	4 517.67	4 493.77	4 877.47	5 149.55	44 446.60
6 259.39	6 222.12	6 798.72	6 730.38	6 930.31	7 071.97	75 784.20
492 336.81	**480 663.71**	**509 452.12**	**494 953.78**	**506 115.82**	**516 249.53**	**5 732 049.07**

3D

地 区 Region	游戏类型 Game Type	1月 Jan.	2月 Feb.	3月 Mar.	4月 Apr.	5月 May	6月 June
北 京	乐透排列	6 755. 26	4 543. 58	7 108. 65	6 509. 34	6 601. 53	5 999. 49
天 津		2 332. 27	1 630. 77	2 471. 13	2 483. 64	2 364. 16	2 114. 40
河 北		6 097. 78	4 121. 54	6 234. 63	5 748. 00	5 585. 49	5 011. 12
山 西		4 735. 05	2 991. 69	4 881. 90	4 488. 36	4 328. 68	3 982. 31
内蒙古		5 473. 49	3 741. 09	5 916. 46	5 609. 36	5 351. 68	4 734. 23
辽 宁		12 184. 89	8 805. 05	13 015. 66	11 641. 63	11 319. 22	10 061. 47
吉 林		3 444. 93	2 477. 88	3 704. 12	3 246. 72	3 508. 73	2 790. 77
黑龙江		5 077. 57	3 629. 68	5 371. 57	4 775. 56	4 625. 77	4 120. 68
上 海		2 665. 29	2 860. 35	4 267. 20	4 143. 07	3 968. 31	2 815. 29
江 苏		4 743. 50	3 292. 85	5 010. 18	4 813. 16	4 829. 28	4 403. 45
浙 江		7 771. 59	5 092. 97	8 250. 02	8 191. 87	8 434. 35	7 673. 71
安 徽		3 374. 00	2 239. 47	3 388. 43	3 157. 69	3 158. 10	2 879. 17
福 建		1 027. 85	712. 82	1 158. 28	1 146. 26	1 171. 18	1 034. 32
江 西		6 286. 66	3 845. 39	6 124. 11	5 481. 06	5 788. 81	7 169. 10
山 东		8 282. 38	5 960. 69	8 762. 19	7 961. 83	7 985. 51	7 292. 39
河 南		5 165. 47	3 611. 96	5 441. 66	5 055. 44	5 158. 04	4 907. 40
湖 北		7 135. 96	4 992. 82	7 660. 04	7 262. 00	7 293. 25	6 770. 60
湖 南		5 758. 81	4 518. 02	6 452. 16	5 888. 59	6 002. 70	5 560. 44
广 东		5 740. 56	4 184. 51	6 150. 35	5 835. 05	5 774. 81	5 415. 82
广 西		1 426. 48	1 059. 85	1 541. 39	1 465. 81	1 595. 98	1 391. 59
海 南		136. 21	100. 24	132. 16	116. 94	126. 66	113. 57
重 庆		2 386. 80	1 527. 53	2 387. 87	2 444. 28	2 522. 58	2 240. 22
四 川		7 293. 22	5 216. 56	7 853. 72	7 227. 92	7 415. 42	6 785. 80
贵 州		3 387. 26	2 316. 00	3 673. 84	3 564. 15	3 732. 64	3 436. 67
云 南		12 263. 53	8 497. 33	13 124. 62	12 277. 02	12 554. 64	11 865. 30
西 藏		713. 26	380. 88	632. 48	745. 34	731. 56	670. 13
陕 西		8 252. 69	5 375. 20	8 414. 60	7 952. 09	8 046. 03	7 246. 81
甘 肃		3 921. 03	2 590. 86	4 063. 27	3 761. 70	3 928. 78	3 472. 98
青 海		1 860. 38	1 105. 93	1 944. 21	1 913. 17	1 974. 03	1 712. 58
宁 夏		1 868. 11	1 339. 06	2 119. 83	1 983. 39	1 924. 88	1 775. 37
新 疆		2 259. 30	1 557. 21	2 404. 81	2 182. 42	2 213. 19	1 997. 90
合计 Total		**149 821. 58**	**104 319. 78**	**159 661. 54**	**149 072. 86**	**150 016. 01**	**137 445. 08**

单位：万元

Unit：Ten Thousand Yuan

7月 July	8月 Aug.	9月 Sept.	10月 Oct.	11月 Nov.	12月 Dec.	合计 Total
6 235.53	6 277.05	13 050.28	9 610.49	6 638.69	6 515.42	85 845.31
2 391.70	2 353.62	1 289.16	2 489.10	2 857.56	2 759.87	27 537.38
4 971.04	4 959.22	4 592.49	4 938.59	5 015.83	5 741.80	63 017.53
3 928.16	3 746.86	3 504.35	3 664.69	3 808.16	3 979.44	48 039.65
4 705.94	4 543.67	4 283.03	4 906.66	5 436.67	5 933.27	60 635.55
9 960.52	9 873.71	9 826.45	10 081.56	10 402.77	11 463.67	128 636.60
2 807.48	2 775.33	2 812.82	2 853.67	2 997.36	3 248.47	36 668.28
4 236.27	4 204.86	4 076.41	4 348.76	4 965.18	5 267.71	54 700.02
4 158.69	4 414.27	2 424.92	3 527.99	4 089.85	4 665.15	44 000.39
4 355.37	4 439.44	4 339.78	4 531.56	4 579.89	4 764.32	54 102.77
7 495.65	7 495.74	7 132.39	7 633.46	7 438.99	8 760.63	91 371.38
2 910.44	3 046.84	2 843.54	2 949.18	2 994.72	3 548.36	36 489.94
999.13	1 028.31	967.74	1 100.80	1 095.22	1 142.68	12 584.59
6 285.85	5 598.24	4 927.55	5 848.38	6 674.81	7 928.66	71 958.62
7 158.64	7 319.33	6 994.25	7 330.79	7 394.41	7 934.45	90 376.86
4 794.39	4 745.27	4 428.71	4 588.88	4 470.25	4 998.62	57 366.00
6 882.76	6 881.94	6 461.06	7 023.09	7 067.91	7 639.83	83 071.26
5 495.01	5 570.05	5 504.74	5 524.57	5 665.36	6 094.13	68 034.58
5 532.74	5 476.76	5 296.31	5 574.23	5 656.89	6 046.36	66 684.39
1 332.35	1 193.94	1 297.27	1 260.95	1 227.60	1 706.39	16 499.60
110.19	113.78	111.31	113.90	121.56	141.43	1 437.94
2 420.78	2 831.14	2 072.44	2 523.75	2 618.32	2 808.35	28 784.06
6 861.15	7 124.29	6 876.34	7 041.75	7 222.46	7 784.40	84 703.03
3 268.30	3 268.33	3 122.64	3 331.71	3 461.04	3 653.63	40 216.22
12 147.87	12 228.25	11 741.63	13 276.21	13 126.94	13 355.85	146 459.19
655.14	614.40	602.67	659.69	671.49	742.07	7 819.11
6 971.57	7 045.89	7 110.12	6 945.82	6 981.07	7 835.77	88 177.66
3 367.32	3 309.79	3 230.21	3 370.90	3 577.70	3 995.08	42 589.62
1 690.75	1 602.83	1 551.52	1 691.77	1 697.90	1 908.08	20 653.15
1 661.34	1 607.26	1 558.58	1 616.14	1 733.45	2 049.76	21 237.17
1 973.24	1 980.95	1 989.33	2 204.48	2 368.81	2 522.69	25 654.33
137 765.31	**137 671.36**	**136 020.04**	**142 563.52**	**144 058.86**	**156 936.34**	**1 705 352.17**

七乐彩

地 区 Region	游戏类型 Game Type	1 月 Jan.	2 月 Feb.	3 月 Mar.	4 月 Apr.	5 月 May	6 月 June
北 京	乐透组合	230. 40	169. 02	225. 35	214. 57	206. 78	188. 98
天 津		307. 46	204. 75	265. 37	224. 60	254. 42	232. 75
河 北		504. 99	379. 18	517. 12	480. 55	473. 42	431. 34
山 西		184. 45	124. 66	182. 21	166. 99	178. 28	175. 93
内蒙古		384. 59	272. 35	361. 61	350. 86	422. 38	433. 82
辽 宁		469. 19	386. 89	484. 33	445. 06	428. 98	403. 86
吉 林		147. 05	125. 18	161. 04	145. 75	143. 57	131. 31
黑龙江		248. 53	187. 42	240. 19	214. 60	207. 39	194. 32
上 海		453. 46	331. 95	441. 44	438. 80	346. 60	310. 23
江 苏		482. 68	377. 23	493. 42	470. 67	470. 98	446. 71
浙 江		617. 86	463. 93	604. 80	586. 18	592. 44	545. 57
安 徽		373. 92	290. 38	387. 13	365. 16	371. 14	341. 33
福 建		715. 35	657. 49	814. 65	755. 29	789. 94	687. 89
江 西		877. 71	692. 30	898. 87	842. 43	799. 56	870. 48
山 东		3 443. 14	2 585. 86	3 375. 49	3 198. 81	3 035. 49	2 910. 64
河 南		375. 48	277. 00	373. 75	369. 14	346. 46	332. 98
湖 北		263. 46	200. 67	272. 02	287. 28	294. 94	286. 89
湖 南		279. 19	226. 78	290. 71	278. 07	293. 63	273. 82
广 东		129. 71	96. 52	126. 67	116. 89	116. 40	110. 45
广 西		584. 30	459. 18	596. 29	562. 52	558. 15	514. 44
海 南		26. 44	15. 81	19. 33	16. 89	20. 00	18. 52
重 庆		139. 40	112. 84	142. 22	126. 99	122. 86	109. 85
四 川		215. 25	191. 84	229. 72	217. 91	216. 18	205. 16
贵 州		65. 65	50. 78	65. 63	67. 54	69. 15	71. 01
云 南		340. 09	271. 72	317. 56	301. 57	275. 49	290. 50
西 藏		8. 35	4. 91	10. 36	10. 39	10. 71	10. 21
陕 西		298. 63	230. 19	335. 46	295. 08	299. 49	276. 05
甘 肃		118. 00	84. 00	121. 56	118. 85	126. 72	108. 49
青 海		37. 31	22. 45	35. 01	34. 58	35. 45	32. 08
宁 夏		55. 28	51. 06	71. 67	72. 41	67. 20	65. 22
新 疆		169. 65	123. 05	170. 22	165. 95	173. 17	165. 88
合计 Total		**12 546. 97**	**9 667. 39**	**12 631. 20**	**11 942. 38**	**11 747. 39**	**11 176. 71**

单位：万元

Unit: Ten Thousand Yuan

7月 July	8月 Aug.	9月 Sept.	10月 Oct.	11月 Nov.	12月 Dec.	合计 Total
182.56	195.79	194.78	204.34	168.43	189.79	2 370.79
248.64	259.68	225.20	220.98	198.29	202.81	2 844.95
401.18	414.55	421.92	459.82	401.36	500.45	5 385.88
136.56	141.92	152.59	153.85	129.89	161.26	1 888.59
420.91	449.83	410.64	467.49	400.11	479.09	4 853.68
389.43	405.86	408.66	428.41	367.01	453.33	5 071.01
127.64	135.51	141.15	136.46	121.03	164.79	1 680.48
189.48	186.87	180.70	184.50	165.54	227.13	2 426.67
298.59	315.23	317.13	328.22	288.49	343.60	4 213.73
421.20	466.99	467.70	489.64	404.10	507.45	5 498.77
501.63	530.65	544.61	552.30	476.86	591.61	6 608.44
318.76	346.01	343.45	355.69	315.15	398.67	4 206.79
626.52	674.82	717.41	674.42	593.53	782.01	8 489.32
916.07	982.79	1 051.18	1 169.88	1 000.36	1 254.02	11 355.65
2 780.66	2 931.70	2 894.67	3 081.37	2 612.42	3 127.36	35 977.62
311.06	321.64	311.12	330.88	290.01	339.61	3 979.13
290.67	306.08	328.67	332.96	288.23	372.86	3 524.70
249.86	253.89	261.28	263.50	223.26	275.35	3 169.35
101.42	105.40	103.50	108.16	99.53	115.43	1 330.09
497.86	503.96	511.07	518.49	440.73	544.07	6 291.06
16.37	17.23	16.96	19.46	17.39	22.49	226.91
109.67	106.49	114.09	120.90	108.21	108.89	1 422.43
189.23	196.25	202.66	212.11	187.59	221.62	2 485.52
55.42	62.75	63.71	64.42	52.49	62.26	750.81
256.03	239.56	240.30	230.63	205.24	252.46	3 221.16
10.93	11.04	11.32	10.63	9.16	11.24	119.25
249.17	253.93	255.18	270.41	231.13	288.51	3 283.24
114.06	112.39	110.74	114.53	99.05	123.53	1 351.92
29.89	30.71	30.40	33.66	28.01	34.72	384.27
55.95	65.00	60.36	62.41	54.85	66.91	748.32
156.68	152.94	157.08	165.51	141.68	189.93	1 931.74
10 654.10	**11 177.46**	**11 250.23**	**11 766.03**	**10 119.13**	**12 413.25**	**137 092.26**

开 乐 彩

单位：万元

Unit：Ten Thousand Yuan

地 区 Region	游戏类型 Game Type	1月 Jan.	2月 Feb.	3月 Mar.	4月 Apr.	5月 May	6月 June	7月 July	8月 Aug.	9月 Sept.	10月 Oct.	11月 Nov.	12月 Dec.	合 计 Total
河 北	基诺	404. 65	249. 20	391. 44	276. 64	259. 61	240. 28	210. 83	189. 89	142. 80	143. 55	139. 06	146. 64	2 794. 59
山 西		47. 36	20. 07	43. 02	38. 90	30. 24	26. 85	17. 64	16. 07	12. 47	15. 96	18. 71	25. 76	313. 05
辽 宁		87. 36	58. 43	81. 75	59. 27	49. 33	49. 98	39. 26	35. 13	31. 55	26. 45	28. 42	26. 30	573. 24
吉 林		13. 43	11. 05	15. 70	14. 18	12. 06	15. 24	19. 66	17. 17	5. 36	6. 44	7. 38	6. 10	143. 77
山 东		19. 37	8. 49	12. 64	10. 74	8. 78	8. 28	10. 04	6. 76	6. 16	7. 99	11. 76	11. 62	122. 65
湖 南		3. 17	6. 99	35. 89	4. 23	1. 05	0. 69	0. 46	0. 73	0. 63	0. 72	0. 36	0. 25	55. 16
广 东		—	—	—	—	—	—	0. 18	0. 29	0. 14	0. 02	0. 01	—	0. 64
四 川		1. 18	0. 98	1. 79	2. 22	1. 18	1. 09	0. 82	—	—	—	—	—	9. 27
陕 西		5. 52	4. 81	2. 08	1. 48	0. 93	0. 55	0. 82	1. 30	—	—	0. 20	0. 05	17. 74
甘 肃		314. 80	150. 16	213. 97	215. 13	138. 56	109. 26	689. 11	1 359. 49	185. 37	212. 52	253. 22	127. 39	3 968. 98
合计 Total		**896. 85**	**510. 19**	**798. 27**	**622. 79**	**501. 74**	**452. 22**	**988. 83**	**1 626. 83**	**384. 47**	**413. 65**	**459. 12**	**344. 10**	**7 999. 06**

2014年中国福利彩票区域联网游戏品种销售统计（分地区按月统计）

Monthly Sales Statistics of Inter – Regional Games of Welfare Lottery in Different Regions in 2014

15 选 5

单位：万元

Unit: Ten Thousand Yuan

地区 Region	游戏类型 Game Type	1月 Jan.	2月 Feb.	3月 Mar.	4月 Apr.	5月 May	6月 June	7月 July	8月 Aug.	9月 Sept.	10月 Oct.	11月 Nov.	12月 Dec.	合计 Total
上海	乐透组合	388.76	297.84	720.73	533.42	638.05	734.77	516.02	427.23	420.16	473.04	457.88	462.08	6 069.99
江苏		617.69	447.14	1 221.45	666.04	775.22	827.65	654.68	612.16	598.61	623.79	617.80	629.86	8 292.09
浙江		452.19	334.50	783.22	535.82	717.87	897.87	508.94	411.53	380.38	406.77	412.14	403.78	6 245.00
安徽		768.61	550.91	1 635.64	839.61	896.55	1 073.71	973.16	905.47	943.18	1 101.10	1 045.20	1 126.08	11 859.21
福建		269.88	195.00	476.15	337.09	462.82	536.41	285.71	246.14	227.28	252.03	265.77	257.84	3 812.12
江西		158.86	122.55	255.82	184.85	178.96	183.35	134.42	143.58	137.95	163.06	153.85	151.79	1 969.05
合计 Total		**2 655.99**	**1 947.94**	**5 093.02**	**3 096.83**	**3 669.48**	**4 253.76**	**3 072.94**	**2 746.11**	**2 707.55**	**3 019.78**	**2 952.64**	**3 031.43**	**38 247.46**

22 选 5

单位：万元

Unit: Ten Thousand Yuan

地区 Region	游戏类型 Game Type	1月 Jan.	2月 Feb.	3月 Mar.	4月 Apr.	5月 May	6月 June	7月 July	8月 Aug.	9月 Sept.	10月 Oct.	11月 Nov.	12月 Dec.	合计 Total
四川	乐透组合	39.91	28.55	42.22	42.46	40.58	40.53	36.11	42.11	43.12	41.69	46.73	47.84	491.85
贵州		28.71	19.88	28.80	29.20	26.78	25.48	22.53	25.53	25.58	25.00	26.12	24.43	308.05
云南		140.77	98.88	148.09	160.58	137.69	131.94	118.19	141.81	137.29	140.31	143.85	131.97	1 631.38
合计 Total		**209.39**	**147.31**	**219.11**	**232.25**	**205.04**	**197.95**	**176.83**	**209.46**	**205.99**	**207.01**	**216.70**	**204.24**	**2 431.29**

东　方　6+1

单位：万元

Unit：Ten Thousand Yuan

地　区 Region	游戏类型 Game Type	1月 Jan.	2月 Feb.	3月 Mar.	4月 Apr.	5月 May	6月 June	7月 July	8月 Aug.	9月 Sept.	10月 Oct.	11月 Nov.	12月 Dec.	合　计 Total
辽　宁	乐透排列	44.84	30.05	46.63	40.59	38.37	35.92	34.35	34.75	34.36	35.07	35.86	36.82	447.60
上　海		173.17	116.57	188.14	170.93	162.88	158.34	153.27	150.73	150.37	149.65	152.08	155.31	1 881.44
江　苏		361.86	245.72	391.83	356.05	321.46	299.83	289.11	290.78	296.20	302.57	299.56	313.01	3 767.99
浙　江		514.57	338.42	560.15	516.70	485.98	458.47	433.25	447.19	452.85	481.04	469.03	482.27	5 639.92
安　徽		128.42	87.78	136.83	121.70	112.52	103.67	100.36	104.60	102.88	105.31	107.72	110.12	1 321.91
福　建		119.89	81.58	130.27	115.38	110.68	104.35	98.07	99.79	96.29	98.55	102.91	103.91	1 261.68
江　西		43.88	30.00	45.92	40.88	39.39	35.77	51.46	36.57	33.59	34.32	35.18	36.24	463.21
合计 Total		**1 386.64**	**930.12**	**1 499.77**	**1 362.23**	**1 271.29**	**1 196.35**	**1 159.86**	**1 164.41**	**1 166.54**	**1 206.51**	**1 202.34**	**1 237.68**	**14 783.74**

2014年中国福利彩票地方游戏品种销售情况表（分地区按月统计）

Monthly Sales Statistics of Regional Games of Welfare Lottery in 2014

单位：万元

Unit: Ten Thousand Yuan

地区 Region	游戏类型 Game Type	游戏名称 Game Name	1月 Jan.	2月 Feb.	3月 Mar.	4月 Apr.	5月 May	6月 June	7月 July	8月 Aug.	9月 Sept.	10月 Oct.	11月 Nov.	12月 Dec.	合计 Total
北京	乐透组合	北京快乐 8	5 215.35	3 920.74	6 223.97	5 933.37	5 868.30	5 341.49	6 044.79	9 531.56	8 035.29	6 283.53	5 515.39	5 723.38	73 637.15
		北京快 3	—	—	—	—	—	—	—	—	—	—	—	7 066.49	7 066.49
	乐透排列	北京 PK 拾	940.09	617.14	1 085.91	1 052.92	917.30	764.89	817.49	1 200.95	1 038.19	973.73	868.58	844.92	11 122.10
天津	乐透组合	天津快乐十分	12 345.13	8 615.55	15 869.80	15 510.76	15 166.87	13 688.71	13 430.82	13 208.61	16 039.70	19 384.06	17 726.72	18 328.81	179 315.54
	乐透排列	天津时时彩	21.26	16.04	24.86	22.55	12.62	10.08	12.71	12.16	12.17	12.30	12.38	11.63	180.76
河北	乐透组合	河北 20 选 5	534.38	391.82	528.06	503.24	460.02	419.62	411.95	425.59	416.02	445.93	438.70	479.78	5 455.10
		河北 20 选 5 好运 2	3.45	2.39	3.19	3.50	2.44	2.22	1.79	1.66	2.05	2.13	1.71	1.86	28.40
		河北 20 选 5 好运 3	15.08	12.92	23.45	35.14	24.29	11.11	12.55	12.32	10.41	11.49	9.95	9.32	188.01
		河北快 3	19 051.15	12 387.92	53 657.00	29 538.91	26 706.85	20 938.62	18 056.86	17 745.50	47 095.33	54 568.20	33 116.31	30 218.90	363 081.53
	乐透排列	河北数字 5	18.50	17.33	18.67	16.48	13.36	12.37	12.06	13.16	10.82	14.94	12.72	14.24	174.65
		河北数字 7	97.90	72.16	94.32	88.53	83.14	80.21	76.37	76.64	77.51	84.74	73.42	86.54	991.47
山西	乐透组合	山西快乐十分	6 389.54	4 831.64	12 104.82	15 480.72	17 856.52	16 368.55	14 797.43	14 060.85	14 687.42	15 789.03	16 074.87	18 164.30	166 605.69
	乐透排列	山西时时彩	872.14	390.70	528.67	396.52	303.84	228.76	226.11	183.61	152.41	219.71	158.53	139.64	3 800.64
内蒙古	乐透组合	内蒙古快 3	6 909.63	4 995.04	8 667.03	9 070.27	8 108.25	7 561.20	7 976.67	8 522.60	9 380.57	10 454.50	12 428.95	14 951.35	109 026.04
	乐透排列	内蒙古时时彩	1 722.06	1 221.88	2 252.82	2 268.30	2 000.21	1 611.29	1 392.07	1 236.94	1 054.11	1 134.48	1 251.34	1 043.48	18 188.98

续表

地区 Region	游戏类型 Game Type	游戏名称 Game Name	1月 Jan.	2月 Feb.	3月 Mar.	4月 Apr.	5月 May	6月 June	7月 July	8月 Aug.	9月 Sept.	10月 Oct.	11月 Nov.	12月 Dec.	合计 Total
辽宁	乐透组合	辽宁 35 选 7	172. 78	115. 91	180. 59	149. 88	142. 58	133. 95	128. 42	131. 98	133. 47	133. 30	134. 99	137. 24	1 695. 08
		辽宁 35 选 7 好运 1	1. 58	1. 07	1. 58	1. 26	1. 12	0. 97	0. 90	0. 95	1. 05	1. 08	1. 13	1. 38	14. 07
		辽宁 35 选 7 好运 2	5. 71	3. 59	5. 53	4. 66	4. 59	4. 30	4. 26	4. 25	4. 11	4. 18	4. 35	4. 42	53. 95
		辽宁 35 选 7 好运 3	19. 57	13. 45	21. 24	18. 26	17. 43	16. 09	15. 44	15. 43	15. 76	15. 96	16. 80	17. 39	202. 84
		辽宁 35 选 7 好运 4	51. 40	34. 41	53. 91	44. 74	42. 02	42. 40	38. 55	36. 94	37. 12	36. 64	38. 65	40. 36	497. 14
		辽宁快乐十二	36 847. 06	26 926. 47	42 385. 28	41 582. 75	50 605. 91	40 726. 35	38 767. 91	37 089. 48	35 138. 15	39 674. 33	42 737. 01	44 465. 97	476 946. 68
吉林	乐透组合	吉林快 3	20 060. 61	11 418. 09	22 167. 87	19 732. 44	19 483. 21	16 037. 13	19 908. 72	27 198. 83	19 084. 41	28 011. 32	23 715. 97	22 229. 68	249 048. 28
	乐透排列	吉林时时彩	32. 14	25. 35	29. 18	34. 67	43. 34	33. 04	29. 23	33. 25	35. 30	28. 21	24. 81	38. 50	387. 02
黑龙江	乐透组合	黑龙江 22 选 5	155. 65	123. 86	189. 01	163. 25	139. 82	131. 59	110. 45	136. 82	118. 92	135. 48	150. 21	146. 88	1 701. 93
		黑龙江 36 选 7	71. 30	47. 60	72. 40	59. 68	55. 06	50. 93	48. 81	51. 14	48. 62	50. 18	51. 75	55. 36	662. 83
		黑龙江快乐十分	17 428. 82	13 418. 58	20 987. 89	20 444. 67	20 408. 93	17 643. 91	18 153. 00	17 828. 61	17 234. 69	17 580. 32	20 305. 45	22 521. 62	223 956. 50
	乐透排列	黑龙江数字 6	259. 16	228. 81	225. 82	194. 05	249. 77	250. 02	209. 24	288. 25	451. 16	173. 98	229. 33	203. 89	2 963. 47
		黑龙江时时彩	95. 28	68. 70	92. 42	116. 58	92. 66	81. 75	112. 02	73. 47	57. 64	61. 09	74. 16	95. 08	1 020. 86
上海	乐透组合	上海基诺	253. 00	164. 32	267. 52	271. 13	285. 38	251. 83	289. 42	322. 28	261. 61	261. 60	268. 51	217. 13	3 113. 72
		上海快 3	1 655. 90	939. 37	1 825. 07	1 986. 05	2 500. 66	2 063. 87	1 828. 98	1 852. 34	2 215. 58	2 321. 72	2 453. 62	2 414. 18	24 057. 32
	乐透排列	上海选 4	476. 82	347. 25	506. 04	508. 00	498. 34	465. 82	479. 18	480. 31	478. 68	472. 60	476. 57	506. 75	5 696. 37
		上海时时乐	362. 24	221. 67	329. 63	296. 20	316. 05	272. 39	254. 14	246. 27	242. 55	226. 73	215. 21	236. 67	3 219. 75
江苏	乐透组合	江苏快 3	40 361. 36	26 577. 53	61 962. 11	50 198. 21	46 397. 85	57 972. 62	91 814. 68	52 946. 42	38 855. 07	40 333. 83	39 728. 30	52 349. 09	599 497. 06
浙江	乐透组合	浙江快乐十二	28 479. 29	17 007. 08	28 268. 53	32 890. 00	39 973. 71	29 361. 15	27 729. 64	28 759. 37	28 932. 53	33 514. 98	34 684. 87	52 007. 57	381 608. 72
安徽	乐透组合	安徽 25 选 5	63. 32	62. 60	112. 97	100. 44	62. 43	96. 82	58. 45	81. 06	61. 42	55. 31	49. 29	92. 20	896. 31
		安徽快 3	9 968. 99	5 885. 81	12 223. 70	28 457. 43	18 237. 43	16 104. 77	15 762. 91	11 958. 75	26 264. 06	14 515. 44	12 442. 17	11 194. 89	183 016. 35
福建	乐透组合	福建快 3	7 854. 99	4 534. 65	10 671. 72	8 865. 45	8 117. 02	16 166. 88	8 757. 06	10 296. 12	9 495. 12	8 627. 50	17 701. 08	13 583. 33	124 670. 92

续表

地区 Region	游戏类型 Game Type	游戏名称 Game Name	1月 Jan.	2月 Feb.	3月 Mar.	4月 Apr.	5月 May	6月 June	7月 July	8月 Aug.	9月 Sept.	10月 Oct.	11月 Nov.	12月 Dec.	合计 Total
江西	乐透排列	江西时时彩	15 223.37	10 082.64	14 364.17	13 886.75	15 067.70	20 192.27	20 995.00	14 909.50	13 834.61	12 243.12	11 754.09	15 113.47	177 666.68
山东	乐透组合	山东23选5	565.62	375.01	545.84	508.92	479.66	485.47	485.47	475.37	452.01	454.90	450.92	470.59	5 749.77
		山东群英会	47 417.68	30 100.95	42 990.66	40 523.09	58 358.55	49 548.78	40 922.34	36 577.00	32 878.38	37 400.16	73 735.58	57 669.94	548 123.11
河南	乐透组合	河南22选5	1 075.56	763.12	1 638.17	1 191.74	1 059.57	941.62	932.44	969.22	881.64	924.07	932.23	933.30	12 242.68
		河南22选5好运2	48.82	34.50	171.52	66.94	54.49	46.70	49.57	44.27	43.92	45.30	43.40	40.18	689.60
		河南22选5好运3	323.55	222.48	787.97	408.47	360.74	325.85	323.38	308.50	292.90	298.14	295.61	286.67	4 234.26
		河南22选5好运4	184.30	124.52	412.12	230.71	212.36	200.83	215.43	207.00	192.48	209.46	208.03	197.53	2 594.79
		河南快3	—	—	—	—	—	—	—	—	1 514.49	10 188.00	7 524.80	5 835.65	25 062.94
	乐透排列	河南幸运彩	8 381.97	5 348.83	9 409.73	8 588.26	9 417.44	8 138.98	8 500.80	9 500.30	6 428.55	5 957.08	6 137.57	6 816.33	92 625.85
湖北	乐透组合	湖北22选5	425.35	261.09	401.76	400.69	406.79	345.78	300.25	292.06	313.91	359.59	338.93	312.66	4 158.84
		湖北22选5好运1	1.15	0.79	1.23	1.76	1.39	1.15	1.05	1.15	1.08	1.25	1.12	1.22	14.33
		湖北22选5好运2	9.29	6.49	9.54	9.54	8.67	8.44	7.78	7.81	8.25	9.06	9.85	8.28	103.00
		湖北22选5好运3	128.30	90.94	139.03	131.22	127.04	114.29	110.13	107.68	111.34	120.44	118.74	116.21	1 415.35
		湖北22选5好运4	90.20	62.95	96.43	88.73	89.31	80.62	77.11	75.71	78.73	85.56	79.99	80.02	985.37
		湖北快3	27 437.92	16 493.03	24 271.21	20 635.58	20 394.62	19 507.27	22 080.20	22 469.62	49 482.05	36 723.19	27 907.96	25 375.69	312 778.32
	乐透排列	湖北时时彩	175.39	131.56	243.69	237.92	259.33	261.63	310.43	296.55	279.69	311.08	268.40	297.15	3 072.82
湖南	乐透组合	湖南快乐十分	11 838.29	7 789.53	13 720.76	17 490.89	15 899.26	14 524.06	13 356.12	13 283.00	12 782.96	14 589.08	16 092.92	15 725.92	167 092.79

续表

地区 Region	游戏类型 Game Type	游戏名称 Game Name	1月 Jan.	2月 Feb.	3月 Mar.	4月 Apr.	5月 May	6月 June	7月 July	8月 Aug.	9月 Sept.	10月 Oct.	11月 Nov.	12月 Dec.	合计 Total
广东	乐透组合	广东 26 选 5	143.03	79.67	108.73	132.54	124.75	121.46	218.54	136.49	97.71	125.61	110.44	112.84	1 511.83
		广东 26 选 5 好运 2	13.64	10.46	14.45	14.07	13.82	13.45	15.14	14.28	13.50	13.35	13.85	13.86	163.88
		广东 26 选 5 好运 3	113.28	83.70	114.66	114.39	112.71	111.22	121.47	114.53	108.14	110.85	114.90	110.51	1 330.35
		广东 36 选 7	1 775.01	1 690.61	2 688.97	2 602.15	2 711.01	2 730.00	2 737.74	2 514.66	2 336.58	2 362.89	2 249.96	2 263.85	28 663.42
		广东 36 选 7 好运 1	2 766.96	2 180.25	4 140.72	4 992.77	5 084.59	4 928.94	5 276.12	4 160.64	4 018.15	4 144.93	4 128.22	3 733.31	49 555.59
		广东 36 选 7 好运 2	107.63	83.23	124.45	117.69	119.09	110.18	107.40	107.86	106.62	119.01	113.57	111.17	1 327.91
		广东 36 选 7 好运 3	1 752.75	1 336.07	1 914.54	1 814.74	1 761.75	1 638.68	1 651.05	1 671.41	1 638.20	1 737.91	1 676.43	1 737.49	20 331.02
		广东快乐十分	51 422.77	31 686.24	51 454.03	49 881.67	51 394.66	51 258.28	55 128.83	53 165.66	50 456.25	56 375.26	61 819.52	66 363.58	630 406.75
广西	乐透组合	广西快乐十分	3 131.68	2 397.44	3 584.18	3 295.77	3 385.13	3 069.68	3 032.53	2 923.00	3 912.45	7 370.23	3 920.24	3 670.55	43 692.87
		广西双彩	383.13	279.20	342.21	302.70	340.28	337.76	334.00	478.83	310.98	319.21	409.99	454.44	4 292.73
		广西快 3	14 082.91	12 201.36	20 865.67	20 682.11	23 154.09	41 299.68	47 731.35	36 194.67	27 924.39	27 360.53	28 685.10	32 433.74	332 615.59
海南	乐透组合	海南快 2	10 709.30	9 389.73	10 553.29	9 187.81	8 950.44	7 618.92	6 599.65	8 164.24	6 311.28	7 660.40	7 864.06	7 691.05	100 700.17
		海南快乐三宝	—	—	11.10	9.57	1.98	1.45	0.87	21.83	22.91	47.80	23.48	47.15	188.13
重庆	乐透组合	重庆快乐十分	10 926.11	8 776.73	13 246.53	12 635.54	14 310.51	13 238.79	12 955.82	12 333.75	12 980.92	13 587.63	14 625.18	16 031.74	155 649.26
	乐透排列	重庆时时乐	2 635.25	2 217.83	3 370.68	3 648.29	3 361.11	3 281.74	4 776.07	4 301.17	3 675.80	3 659.42	3 968.82	4 471.93	43 368.12
四川	乐透组合	四川快乐十二	17 066.35	11 893.20	20 718.55	22 806.31	22 132.44	23 654.57	22 245.86	18 895.53	16 848.14	18 043.66	18 345.76	19 660.43	232 310.80
贵州	乐透组合	贵州十二生肖	10.31	7.84	14.88	10.12	11.94	11.93	10.46	11.73	12.23	10.45	11.25	9.01	132.16
		贵州快 3	3 247.08	2 770.23	3 883.06	3 656.25	4 105.99	4 030.97	3 543.87	3 160.12	2 822.20	5 206.23	7 799.20	10 926.46	55 151.65
云南	乐透组合	云南快乐十分	7 294.94	5 035.16	8 308.43	8 408.43	9 477.75	9 744.14	9 643.85	9 764.45	18 359.93	14 722.35	13 676.42	14 127.99	128 563.82
	乐透排列	云南时时彩	29.45	16.06	20.76	20.61	19.16	14.26	15.82	16.36	18.37	15.18	10.24	10.33	206.59
西藏	乐透组合	西藏生肖时时彩	9.85	6.45	6.72	6.09	6.48	8.41	7.06	6.90	17.14	15.70	6.68	13.85	111.34
		西藏快 3	2 431.24	1 953.75	2 592.18	3 559.54	3 684.41	4 670.73	4 409.37	4 566.69	4 800.06	4 397.94	4 849.26	4 928.43	46 843.61

续表

地区 Region	游戏类型 Game Type	游戏名称 Game Name	1月 Jan.	2月 Feb.	3月 Mar.	4月 Apr.	5月 May	6月 June	7月 July	8月 Aug.	9月 Sept.	10月 Oct.	11月 Nov.	12月 Dec.	合计 Total
陕西	乐透组合	陕西快乐十分	23 871.26	15 847.58	26 900.98	28 563.25	30 382.68	27 888.98	26 250.43	33 829.26	30 422.13	30 810.95	33 107.86	34 328.17	342 203.53
甘肃	乐透组合	甘肃快3	24 975.60	13 590.11	21 328.96	22 821.63	20 686.58	17 990.08	16 551.05	16 375.31	16 273.47	19 305.83	20 673.39	21 106.55	231 678.55
青海	乐透组合	青海快3	2 414.89	1 293.43	2 840.10	3 878.43	4 504.22	4 336.24	3 859.63	3 499.24	3 721.00	4 131.92	4 245.08	4 482.10	43 206.28
	乐透排列	青海时时彩	2 987.68	3 416.62	4 664.78	3 980.05	3 960.86	4 078.30	3 732.99	3 628.48	3 947.91	3 497.15	4 080.68	4 368.77	46 344.26
新疆	乐透组合	新疆18选7	22.57	17.38	21.78	23.60	48.72	48.17	20.76	16.33	18.51	18.44	20.22	21.39	297.87
		新疆25选7	94.35	79.03	181.85	233.83	88.28	34.70	45.30	64.69	80.89	79.78	86.41	105.93	1 175.06
		新疆35选7	588.39	457.88	660.33	591.37	601.64	571.38	550.74	585.80	577.33	569.11	529.51	562.12	6 845.60
		新疆喜乐彩	46.49	31.00	40.13	38.31	37.71	31.50	29.27	29.02	29.70	33.39	35.73	37.18	419.42
	乐透排列	新疆时时彩	18 919.09	14 364.53	19 544.82	17 215.74	15 688.92	13 817.55	13 636.76	13 425.71	13 044.76	14 404.59	15 893.37	17 886.05	187 841.89
深圳	乐透组合	深圳35选7	118.71	95.78	117.05	120.84	110.48	101.31	105.70	103.86	104.29	103.21	93.16	102.04	1 276.43
		深圳快乐8	247.03	167.21	290.85	254.05	240.11	217.57	215.60	206.49	186.06	207.17	205.97	196.93	2 635.04
		深圳快乐彩	54.32	38.16	57.72	53.42	58.33	290.70	270.51	171.36	97.83	111.99	222.59	434.38	1 861.29
合计 Total			**536 532.45**	**361 041.78**	**637 594.57**	**616 115.88**	**638 068.82**	**620 973.11**	**642 270.18**	**590 249.52**	**622 051.83**	**656 214.13**	**682 710.47**	**721 480.32**	**7 325 303.05**

2014 年中国福利彩票即开

Sales Statistics of Terminal – Sale Instant Win Tickets of Welfare Lottery

序号	地区	勇士闯关 4	开心宾果	即开 3D	棒球小子	趣味麻将一	喜庆吉祥 2	比大小	66 顺
1	北 京	—	—	—	—	—	—	—	—
2	天 津	—	—	—	—	—	—	—	—
3	河 北	—	—	—	—	24.00	—	—	—
4	山 西	—	—	—	—	—	—	—	—
5	内蒙古	—	—	—	—	0.36	—	—	—
6	辽 宁	—	—	—	—	—	—	—	—
7	吉 林	—	—	—	—	—	—	—	0.21
8	黑龙江	—	—	—	—	—	—	—	—
9	上 海	—	—	—	—	—	—	—	—
10	江 苏	—	—	—	—	—	—	—	—
11	浙 江	—	—	—	—	—	—	—	—
12	安 徽	—	—	—	—	—	—	—	—
13	福 建	—	—	—	—	—	—	—	—
14	江 西	—	—	—	—	0.54	—	—	—
15	山 东	—	—	—	—	—	—	—	—
16	河 南	—	—	—	—	—	—	—	—
17	湖 北	—	—	—	—	—	—	—	—
18	湖 南	33.88	—	0.74	0.02	—	0.20	3.85	—
19	广 东	—	—	—	—	—	—	—	—
20	广 西	—	0.42	-3.82	—	0.05	-1.50	—	—
21	海 南	—	—	—	—	—	—	—	—
22	重 庆	—	—	—	—	—	—	—	—
23	四 川	—	—	—	—	—	—	—	—
24	贵 州	0.15	—	—	—	—	0.02	1.96	—
25	云 南	—	—	—	—	—	-0.01	—	—
26	西 藏	—	—	—	—	—	—	—	—
27	陕 西	—	—	—	—	—	-1.00	—	—
28	甘 肃	—	—	—	—	—	—	—	—
29	青 海	—	—	—	—	—	—	—	—
30	宁 夏	—	—	—	—	—	—	—	—
31	新 疆	—	—	—	—	—	—	—	—
合计 Total		**34.03**	**0.42**	**-3.08**	**0.02**	**24.95**	**-2.29**	**5.82**	**0.21**

型彩票销售情况表（分地区分品种）

in Different Regions and in Different Games in China in 2013

单位：万元

Unit: Ten Thousand Yuan

幸运宝贝	吉星高照	鉴宝	清一色	游乐场	快乐生肖	和气生财	发奖金
—	—	—	—	—	—	—	—
—	—	—	—	—	—	—	1 206. 34
—	—	—	—	—	—	—	2 395. 62
—	—	—	—	—	—	—	—
—	—	—	—	—	—	—	1 563. 93
—	—	—	—	—	—	—	8 109. 00
—	—	—	—	—	1. 16	—	1 418. 56
—	—	—	—	—	—	—	2 539. 38
—	—	—	—	—	—	—	982. 00
—	—	—	—	—	—	—	3 989. 01
—	—	—	—	—	—	—	622. 00
—	—	—	—	—	—	—	114. 96
—	—	—	—	—	—	—	—
—	0. 24	—	—	—	—	—	5. 34
—	—	—	—	—	—	—	18 559. 00
—	—	—	—	—	—	—	188. 52
—	—	—	—	—	—	—	0. 76
6. 00	—	—	0. 11	0. 12	—	—	8. 89
—	—	—	—	—	—	—	100. 02
—	0. 02	0. 04	1. 34	—	—	0. 12	0. 22
—	0. 04	—	—	—	—	—	188. 48
—	—	—	—	—	—	—	—
—	—	—	—	—	—	—	—
—	0. 06	—	—	0. 20	0. 01	0. 12	1. 90
—	-1. 11	—	-0. 30	—	—	—	102. 01
—	—	—	—	—	—	—	—
—	—	—	—	—	—	—	4 077. 92
—	—	—	—	—	—	—	0. 05
—	—	—	—	—	—	—	—
—	—	—	—	—	—	—	—
—	—	—	—	—	—	—	—
6. 00	**-0. 75**	**0. 04**	**1. 15**	**0. 32**	**1. 17**	**0. 24**	**46 173. 91**

续表

序号	地区	硕果累累	多彩扑克	幸运宝藏	勇士闯关 5	大富翁 2	幸运宝贝 2	和气生财 2	四季发
1	北　京	—	—	—	—	—	—	—	—
2	天　津	—	—	—	—	—	—	—	—
3	河　北	—	—	—	—	—	—	—	—
4	山　西	—	—	—	—	—	—	—	—
5	内蒙古	—	—	—	338.96	—	—	—	—
6	辽　宁	—	—	0.43	1 681.18	—	—	—	—
7	吉　林	1.02	—	—	615.81	1.28	—	—	—
8	黑龙江	—	—	—	906.72	—	—	0.09	—
9	上　海	—	—	—	—	—	—	—	—
10	江　苏	—	—	—	124.98	—	—	—	—
11	浙　江	—	—	—	312.88	—	—	—	—
12	安　徽	—	—	—	213.50	—	—	—	—
13	福　建	—	—	—	55.50	—	—	—	—
14	江　西	—	—	—	8.23	0.70	—	0.11	0.18
15	山　东	—	—	—	761.98	—	—	—	—
16	河　南	—	—	—	9.24	—	—	-0.74	—
17	湖　北	0.06	—	—	560.58	0.03	—	—	0.01
18	湖　南	—	—	4.79	179.71	-0.03	—	—	-0.03
19	广　东	—	—	—	4 896.87	0.10	—	—	—
20	广　西	0.11	—	3.24	841.30	-1.23	—	-2.73	-2.07
21	海　南	—	-2.24	—	-0.68	—	—	—	-0.02
22	重　庆	—	—	—	20.58	—	—	—	—
23	四　川	—	—	—	4.02	—	—	—	—
24	贵　州	0.02	0.56	1.65	388.29	0.59	0.05	—	—
25	云　南	—	—	—	-2.12	-6.94	—	—	—
26	西　藏	—	—	—	—	—	—	—	—
27	陕　西	—	—	—	32.52	—	—	0.68	—
28	甘　肃	—	—	—	—	—	—	—	—
29	青　海	—	—	—	—	0.02	—	—	—
30	宁　夏	—	—	—	16.34	—	—	—	—
31	新　疆	—	—	—	193.41	—	—	—	—
合计 Total		**1.21**	**-1.68**	**10.11**	**12 159.79**	**-5.49**	**0.05**	**-2.59**	**-1.93**

农家乐	富贵有余2	对对和	金花	扑克比大小	见缝插金	66顺2	幸运宝贝3
—	1 067.48	—	—	—	—	—	—
—	515.24	—	—	—	—	—	—
—	355.80	—	—	—	—	—	—
—	991.74	—	—	—	—	—	—
—	2 614.68	—	0.06	0.04	—	—	—
—	2 478.16	—	—	—	—	—	—
—	613.62	—	—	—	—	—	—
—	1 413.40	—	—	—	—	—	—
—	256.00	—	—	—	—	—	—
—	6.76	—	—	—	—	—	—
—	730.40	—	—	—	—	—	—
—	350.96	—	—	—	—	—	—
—	384.82	—	—	—	—	—	—
—	10.84	—	—	—	—	0.75	—
—	—	—	—	—	—	—	—
—	1 415.08	—	—	—	—	—	—
0.02	1 254.55	—	—	—	—	—	—
—	1 570.01	—	—	—	—	—	—
—	—	—	—	—	0.32	—	—
0.15	22.73	0.02	—	—	3.22	3.12	—
—	—	—	—	—	-0.54	—	—
—	1 301.36	—	—	—	—	—	—
—	1 505.74	—	6.00	—	—	—	—
0.02	0.58	0.04	0.09	—	0.14	1.60	—
—	2 202.08	—	—	—	—	—	-1.45
—	0.66	—	—	—	—	—	—
—	2 167.60	—	4.09	—	—	—	-1.53
—	176.28	—	—	—	—	—	—
—	100.42	—	—	—	—	—	—
—	80.04	—	—	—	—	—	—
—	1 874.36	—	—	—	—	—	—
0.19	**25 461.38**	**0.06**	**10.24**	**0.04**	**3.14**	**5.47**	**-2.98**

续表

序号	地区	数字魔方	海底寻宝	红楼十二钗	幸运宝藏 2	赛车	宁夏票 5 元	宁夏票 2 元	西游探宝
1	北 京	—	—	—	—	—	—	—	—
2	天 津	—	—	—	—	—	—	—	—
3	河 北	—	—	—	—	—	—	—	—
4	山 西	—	—	—	—	—	—	—	—
5	内蒙古	—	—	—	—	—	—	—	—
6	辽 宁	—	0.18	—	—	—	—	—	—
7	吉 林	—	—	—	—	—	—	—	—
8	黑龙江	—	—	—	—	1.30	—	—	0.25
9	上 海	—	—	—	—	—	—	—	—
10	江 苏	—	—	—	—	—	—	—	—
11	浙 江	—	—	—	—	—	—	—	—
12	安 徽	—	-1.63	—	—	—	—	—	—
13	福 建	—	—	—	—	—	—	—	—
14	江 西	—	0.25	—	0.36	—	—	—	0.20
15	山 东	—	—	—	—	—	—	—	—
16	河 南	—	—	—	—	—	—	—	—
17	湖 北	—	—	—	—	—	—	—	—
18	湖 南	—	—	0.12	5.71	—	—	—	0.16
19	广 东	—	—	—	—	—	—	—	1.40
20	广 西	—	-2.75	13.34	-1.28	—	—	—	-1.76
21	海 南	—	—	-5.90	—	—	—	—	—
22	重 庆	—	—	—	—	—	—	—	—
23	四 川	—	—	—	—	—	—	—	—
24	贵 州	—	—	—	—	—	—	—	2.00
25	云 南	—	—	-0.56	—	—	—	—	1.22
26	西 藏	—	—	—	—	—	—	—	—
27	陕 西	0.40	-2.25	—	—	—	—	—	-3.68
28	甘 肃	—	—	—	—	—	—	—	—
29	青 海	—	—	—	—	—	—	—	—
30	宁 夏	—	—	—	—	0.05	5.00	8.00	—
31	新 疆	—	—	0.00	—	—	—	—	—
合计 Total		**0.40**	**-6.19**	**7.00**	**4.79**	**1.35**	**5.00**	**8.00**	**-0.20**

节大欢喜	金花2	重建家园	同舟共济	众志成城	扶危济困	阖家欢乐	福牛乐乐
—	—	—	—	—	—	—	—
—	—	—	—	—	—	—	—
—	—	—	—	—	—	—	—
—	—	—	—	—	—	—	—
—	—	—	—	—	—	—	—
—	—	—	—	—	—	—	—
—	—	—	—	—	—	—	—
—	—	—	—	—	—	—	—
—	—	—	—	—	—	—	—
—	—	—	—	—	—	—	—
—	—	—	—	—	—	—	—
—	—	—	—	—	—	—	—
—	—	—	—	—	—	—	—
—	—	—	—	—	—	—	—
—	—	—	—	—	—	—	—
—	—	—	-0.09	—	—	—	—
—	—	—	—	—	—	—	—
—	0.08	0.12	0.82	—	—	—	—
—	—	0.03	0.05	0.65	—	—	—
—	—	—	-34.20	—	-7.64	—	—
—	—	—	—	-0.03	—	—	-0.03
—	—	—	—	—	—	—	—
—	—	—	—	—	—	—	—
—	—	0.05	—	—	0.28	—	1.33
-75.48	—	—	-4.40	—	—	-7.89	—
—	—	—	—	—	—	—	—
—	—	-0.05	—	0.03	0.18	—	—
—	—	—	—	—	—	—	—
1.00	—	—	—	—	—	—	—
—	—	—	—	—	—	—	—
—	—	—	—	—	—	—	—
-74.48	**0.08**	**0.15**	**-37.82**	**0.65**	**-7.19**	**-7.89**	**1.30**

续表

序号	地区	欢聚北京	节大欢喜 2	牛年 5 元	喜庆吉祥 3	阖家欢乐 3	阖家欢乐 2	争分夺秒	星座
1	北 京							4 172. 06	
2	天 津	—	—	—	—	—	—	1 099. 10	—
3	河 北	—	—	—	—	—	—	3 592. 38	—
4	山 西	—	—	—	—	—	—	1 415. 58	—
5	内蒙古	—	—	—	—	—	—	1 166. 98	—
6	辽 宁	—	—	—	—	—	—	2 953. 44	—
7	吉 林	—	—	—	—	—	—	2 006. 13	—
8	黑龙江	—	0. 25	—	—	—	0. 15	2 246. 76	0. 10
9	上 海	—	—	—	—	—	—	734. 00	—
10	江 苏	—	—	—	—	—	—	1 904. 93	—
11	浙 江	—	—	—	—	—	—	2 338. 80	—
12	安 徽	—	—	—	—	—	—	376. 86	—
13	福 建	—	—	—	—	—	—	2 547. 18	—
14	江 西	—	—	—	2. 68	—	—	730. 33	—
15	山 东	—	—	—	—	—	—	8 090. 16	—
16	河 南	—	—	—	2. 00	—	0. 03	3 217. 12	—
17	湖 北	—	—	—	—	—	—	1 595. 82	—
18	湖 南	—	—	11. 80	23. 52	—	16. 14	3 085. 02	0. 03
19	广 东	—	—	—	4. 26	—	—	11 310. 58	—
20	广 西	—	—	0. 20	2. 14	—	1. 55	2 072. 87	—
21	海 南	—	—	—	—	—	—	39. 50	—
22	重 庆	—	—	—	—	—	—	1 914. 56	—
23	四 川	—	—	—	—	1. 43	—	6 925. 66	—
24	贵 州	0. 15	7. 71	—	—	—	0. 23	593. 03	0. 69
25	云 南	—	0. 62	—	-0. 05	1. 64	—	320. 58	—
26	西 藏	—	—	0. 15	—	—	—	41. 84	—
27	陕 西	—	-0. 20	—	—	-0. 98	—	2 825. 52	—
28	甘 肃	—	—	—	—	—	—	313. 38	—
29	青 海	—	—	—	—	—	—	—	—
30	宁 夏	—	—	—	—	—	—	299. 78	—
31	新 疆	—	—	—	—	—	—	652. 62	—
合计 Total		**0. 15**	**8. 38**	**12. 15**	**34. 54**	**2. 09**	**18. 09**	**70 582. 57**	**0. 82**

万事如意	美丽辽宁	和谐辽宁	好运辽宁	欢乐碰碰碰	开心时刻	淘宝商城	节大欢喜3
	—	—	—	—	—	—	—
—	—	—	—	—	—	—	—
—	—	—	—	—	—	—	—
—	—	—	—	—	—	—	—
—	—	—	—	—	—	—	—
—	0.60	0.65	30.30	—	—	—	—
—	—	—	—	—	—	—	—
—	—	—	—	—	—	—	—
—	—	—	—	—	—	—	—
—	—	—	—	—	—	—	—
—	—	—	—	—	—	—	—
—	—	—	—	—	—	—	—
—	—	—	—	—	—	—	—
0.63	—	—	—	—	0.08	—	—
0.79	—	—	—	—	—	—	—
—	—	—	—	—	0.50	—	—
—	—	—	—	—	—	—	—
—	—	—	—	0.27	—	0.04	3.74
—	—	—	—	—	—	0.30	21.97
—	—	—	—	-0.20	—	0.35	—
—	—	—	—	—	-1.98	—	-0.65
—	—	—	—	—	—	—	—
—	—	—	—	—	—	—	—
—	—	—	—	—	—	7.52	—
—	—	—	—	—	—	—	—
—	—	—	—	—	—	—	—
—	—	—	—	—	—	—	—
—	—	—	—	—	—	—	—
—	—	—	—	—	—	—	—
—	—	—	—	—	—	—	—
—	—	—	—	—	—	—	—
1.42	**0.60**	**0.65**	**30.30**	**0.07**	**-1.40**	**8.20**	**25.05**

续表

序号	地区	美梦成真	水浒108将	一刮一乐	财源滚滚	梁祝	节大欢喜4	五福临门	祝福
1	北　京	—	—	—	—	—	2 914.50	282.40	—
2	天　津	400.00	—	—	—	—	911.15	295.45	—
3	河　北	1 107.48	—	—	—	—	2 132.70	1 728.35	—
4	山　西	—	—	—	—	—	—	—	—
5	内蒙古	924.78	—	—	—	—	1 843.90	796.20	—
6	辽　宁	1 039.68	—	—	—	—	—	2 722.80	—
7	吉　林	576.48	—	—	—	—	—	36.00	—
8	黑龙江	1 129.68	—	—	—	—	1 827.70	644.75	—
9	上　海	312.00	—	—	—	—	—	—	—
10	江　苏	1 255.26	—	—	—	—	1 344.25	408.45	—
11	浙　江	2 535.72	—	—	—	—	—	—	—
12	安　徽	651.16	—	—	—	—	5.00	128.35	—
13	福　建	3 086.70	—	—	—	—	1 462.85	721.45	—
14	江　西	297.25	0.40	0.70	—	—	—	119.77	—
15	山　东	2 689.76	—	—	—	—	3 279.30	4 453.20	—
16	河　南	2 363.00	—	—	—	—	750.75	1 258.45	—
17	湖　北	1 370.80	0.04	—	—	—	1.20	1 053.48	—
18	湖　南	1 821.44	0.39	0.10	0.40	—	1 253.24	315.66	—
19	广　东	13 367.04	—	—	—	—	2 500.00	1.10	—
20	广　西	2 202.90	—	0.58	0.62	—	—	0.45	—
21	海　南	—	—	—	—	—	—	75.65	—
22	重　庆	1 540.92	—	—	—	—	—	1 190.80	—
23	四　川	3 017.06	—	—	—	9.72	—	—	—
24	贵　州	306.51	4.52	—	—	—	3.55	1.05	4.60
25	云　南	159.28	-0.03	-0.66	—	-0.01	—	0.05	—
26	西　藏	—	—	—	—	—	—	0.10	—
27	陕　西	1 356.32	—	-2.00	—	—	—	—	—
28	甘　肃	170.86	—	—	—	—	497.20	15.10	—
29	青　海	—	—	—	—	—	—	—	—
30	宁　夏	145.48	—	—	—	—	—	—	—
31	新　疆	29.80	—	—	—	—	—	98.95	—
合计 Total		**43 857.36**	**5.32**	**-1.28**	**1.02**	**9.71**	**20 727.29**	**16 348.01**	**4.60**

锦绣中华	缤纷世博	奇妙世博	吉祥海宝	美丽辽宁2	和谐辽宁2	圣诞快乐	爱情密码
—	—	—	—	—	—	—	—
—	—	—	—	—	—	—	—
—	—	—	—	—	—	—	—
—	—	—	—	—	—	—	—
—	—	—	—	—	—	0.60	—
—	0.25	—	—	0.56	0.40	4.25	—
—	—	—	—	—	—	8.40	—
—	—	—	—	—	—	26.55	—
—	—	—	—	—	—	—	—
—	—	—	—	—	—	3.35	—
—	—	—	—	—	—	—	—
12.50	—	—	—	—	—	135.25	—
—	—	—	—	—	—	—	—
—	—	0.05	—	—	—	—	—
—	—	—	—	—	—	—	—
—	—	—	—	—	—	—	—
—	—	—	—	—	—	2.60	—
0.48	—	0.08	0.26	—	—	0.33	1.45
—	—	—	—	—	—	—	—
—	0.05	—	—	—	—	—	—
—	—	—	—	—	—	—	—
—	—	—	—	—	—	—	—
0.14	—	—	—	—	—	—	—
4.18	—	0.10	3.30	—	—	10.60	—
—	-0.00	—	1.10	—	—	—	—
—	—	—	—	—	—	—	—
—	—	—	3.90	—	—	—	—
—	—	—	—	—	—	—	—
—	—	—	—	—	—	—	—
—	—	—	—	—	—	—	—
—	—	—	—	—	—	—	—
17.30	**0.30**	**0.23**	**8.56**	**0.56**	**0.40**	**191.93**	**1.45**

续表

序号	地区	游乐场3	彩运天天有	指动金来	欢天喜地	阖家欢乐4	中华名人	中华泰山	楚天2元
1	北　京	—	—	—	—	—	—	—	—
2	天　津	—	—	—	—	—	—	—	—
3	河　北	—	—	—	—	—	—	—	—
4	山　西	—	—	—	—	—	—	—	—
5	内蒙古	—	—	1. 40	—	—	—	—	—
6	辽　宁	—	0. 40	0. 10	0. 34	0. 05	—	—	—
7	吉　林	—	—	34. 70	—	—	—	—	—
8	黑龙江	—	—	—	—	—	—	—	—
9	上　海	—	—	2. 00	—	—	—	—	—
10	江　苏	30. 05	—	26. 50	—	—	—	—	—
11	浙　江	1 960. 00	—	—	—	—	—	—	—
12	安　徽	—	—	21. 45	—	—	—	—	—
13	福　建	—	—	3. 40	—	—	—	—	—
14	江　西	—	0. 76	0. 50	1. 10	0. 15	—	—	—
15	山　东	—	—	24. 00	—	—	5. 00	4. 30	—
16	河　南	—	—	2. 45	0. 02	—	—	—	—
17	湖　北	—	0. 01	0. 85	—	—	—	—	2. 16
18	湖　南	—	0. 09	8. 61	0. 04	1. 07	—	—	—
19	广　东	—	—	1. 63	—	0. 05	—	—	—
20	广　西	—	0. 06	4. 05	—	—	—	—	—
21	海　南	—	—	—	—	—	—	—	—
22	重　庆	—	—	3. 90	—	—	—	—	—
23	四　川	—	1. 46	—	—	—	—	—	—
24	贵　州	—	—	54. 95	0. 02	—	—	—	—
25	云　南	—	—	28. 75	-0. 50	—	—	—	—
26	西　藏	—	—	—	—	—	—	—	—
27	陕　西	—	—	—	—	—	—	—	—
28	甘　肃	—	7. 64	15. 95	—	—	—	—	—
29	青　海	—	—	—	—	—	—	—	—
30	宁　夏	—	—	—	—	—	—	—	—
31	新　疆	—	—	—	—	—	—	—	—
合计 Total		**1 990. 05**	**10. 42**	**235. 19**	**1. 02**	**1. 32**	**5. 00**	**4. 30**	**2. 16**

楚天5元	节大欢喜5	畅游天下	苏州园林5元	苏州园林10元	寻宝乐	海宝魔术师	海底大寻宝
—	—	—	—	—	—	—	—
—	—	—	—	—	—	—	—
—	—	—	—	—	—	—	—
—	607.10	—	—	—	—	—	—
—	—	—	—	—	—	—	—
—	—	—	—	—	—	—	—
—	—	—	—	—	—	—	—
—	—	—	—	—	—	—	—
—	—	—	—	—	—	—	2.00
—	40.93	—	65.20	93.15	2.00	2.25	0.20
—	3 010.80	—	—	—	—	—	—
—	1.47	—	—	—	—	—	0.50
—	—	—	—	—	—	—	—
—	—	—	—	—	—	0.70	24.80
—	1 862.15	5.00	—	—	—	—	—
—	29.60	—	—	—	—	—	—
1.80	2.00	—	—	—	—	—	—
—	—	—	—	—	—	—	0.07
—	18.56	—	—	—	—	—	—
—	1.10	—	—	—	—	—	—
—	—	—	—	—	—	—	—
—	—	—	—	—	—	—	—
—	—	—	—	—	—	—	—
—	—	—	—	—	—	—	—
—	671.20	—	—	—	—	—	—
—	—	—	—	—	—	—	—
—	2 039.95	—	—	—	—	—	—
—	0.15	—	—	—	—	—	—
—	—	—	—	—	—	—	—
—	—	—	—	—	—	—	—
—	—	—	—	—	—	—	—
1.80	**8 285.01**	**5.00**	**65.20**	**93.15**	**2.00**	**2.95**	**27.57**

续表

序号	地区	红楼探秘	虎门销烟	羊城八景	桂林山水	岩洞寻宝	长春雕塑	秀美吉林	足球之源
1	北　京	—	—	—	—	—	—	—	—
2	天　津	—	—	—	—	—	—	—	—
3	河　北	—	—	—	—	—	—	—	—
4	山　西	—	—	—	—	—	—	—	—
5	内蒙古	—	—	—	—	—	—	—	—
6	辽　宁	0.68	—	—	—	—	—	—	—
7	吉　林	0.36	—	—	—	—	10.74	2.20	0.05
8	黑龙江	—	—	—	—	—	—	—	—
9	上　海	—	—	—	—	—	—	—	—
10	江　苏	0.20	—	—	—	—	—	—	0.15
11	浙　江	—	—	—	—	—	—	—	—
12	安　徽	—	—	—	—	—	—	—	—
13	福　建	—	—	—	—	—	—	—	—
14	江　西	—	—	—	—	—	—	—	—
15	山　东	—	—	—	—	—	—	—	5.00
16	河　南	—	—	—	—	—	—	—	—
17	湖　北	—	—	—	—	—	—	—	—
18	湖　南	0.18	—	—	—	—	—	—	5.70
19	广　东	—	6 225.09	6.20	—	—	—	—	—
20	广　西	—	—	—	32.53	23.50	—	—	—
21	海　南	—	—	—	—	—	—	—	—
22	重　庆	—	—	—	—	—	—	—	—
23	四　川	—	—	—	—	—	—	—	—
24	贵　州	—	—	—	—	—	—	—	—
25	云　南	—	—	—	—	—	—	—	—
26	西　藏	—	—	—	—	—	—	—	—
27	陕　西	—	—	—	—	—	—	—	—
28	甘　肃	—	—	—	—	—	—	—	—
29	青　海	—	—	—	—	—	—	—	—
30	宁　夏	—	—	—	—	—	—	—	—
31	新　疆	—	—	—	—	—	—	—	—
合计 Total		**1.42**	**6 225.09**	**6.20**	**32.53**	**23.50**	**10.74**	**2.20**	**10.90**

星耀世博	欢乐彩	吉星高照2	开奖啦	福寿有余	乐翻天	中华名人2	淘金者
—	—	—	—	—	—	—	—
—	—	—	—	—	—	—	—
—	—	—	—	—	—	—	—
—	—	—	—	—	—	—	—
—	—	—	—	2.30	0.15	—	—
0.05	—	0.12	0.02	—	1.10	—	21.00
—	26.62	—	—	—	—	5.86	—
—	—	—	—	5.75	15.00	—	10.40
—	—	—	—	—	—	—	—
—	179.20	—	—	3.40	80.95	—	23.20
—	—	—	—	—	57.50	—	—
—	5.05	—	—	48.45	1.00	—	13.90
—	—	—	—	—	—	—	—
—	—	0.18	—	0.30	—	—	—
—	—	—	—	—	—	—	—
—	—	—	—	—	—	—	—
—	—	—	—	—	16.75	—	0.10
—	0.55	—	—	1.48	0.16	—	4.60
—	—	—	—	0.05	—	—	—
—	—	—	—	—	—	—	—
—	—	—	—	—	—	—	—
—	—	—	—	—	—	—	—
—	—	—	—	0.03	—	—	—
—	—	0.12	0.06	0.40	—	—	—
—	3.35	-0.07	—	—	—	—	5.20
—	—	—	—	—	—	—	139.60
—	—	—	—	—	9.15	—	—
—	—	—	—	0.05	—	—	—
—	—	—	—	—	—	—	2.30
—	—	—	—	—	—	—	—
—	—	—	—	—	—	—	—
0.05	**214.77**	**0.35**	**0.08**	**62.22**	**181.76**	**5.86**	**220.30**

续表

序号	地区	畅游天下2	缘定金生	王牌高手	好运气	世博熊猫	百发百中	和谐中华	高山流水
1	北 京	—	—	—	—	—	2 455.40	—	—
2	天 津	—	—	—	—	—	2 044.15	—	—
3	河 北	—	—	—	—	—	6 306.10	—	—
4	山 西	—	—	—	—	—	2 222.45	—	—
5	内蒙古	—	—	—	—	—	2 589.80	—	—
6	辽 宁	—	0.07	—	—	0.10	3 747.80	—	—
7	吉 林	—	—	1.75	—	—	1 462.09	—	9.00
8	黑龙江	—	—	—	—	—	2 012.70	—	—
9	上 海	—	—	—	—	—	2 730.00	—	—
10	江 苏	—	—	6.85	—	—	6 088.20	10.80	—
11	浙 江	—	—	—	1 389.20	—	13 258.45	—	—
12	安 徽	—	—	—	—	7.90	3 285.30	—	—
13	福 建	—	—	—	—	—	5 018.45	—	—
14	江 西	—	0.08	5.95	—	—	1 570.11	—	—
15	山 东	33.60	—	—	—	—	11 833.41	—	—
16	河 南	—	0.20	—	—	0.10	5 799.10	—	—
17	湖 北	—	0.39	7.85	—	—	5 508.13	—	—
18	湖 南	—	—	0.03	—	—	10 682.98	—	—
19	广 东	—	—	0.03	—	—	28 329.51	0.25	—
20	广 西	—	0.04	—	—	—	5 356.60	—	—
21	海 南	—	—	—	—	—	361.78	—	—
22	重 庆	—	—	—	—	—	4 675.25	—	—
23	四 川	—	—	—	—	—	9 674.42	—	—
24	贵 州	—	0.28	0.05	—	—	1 831.73	—	—
25	云 南	—	—	0.05	—	—	2 478.10	—	—
26	西 藏	—	—	—	—	—	2 325.05	—	—
27	陕 西	—	—	—	—	—	4 024.74	—	—
28	甘 肃	—	3.99	—	—	—	1 034.55	—	—
29	青 海	—	—	—	—	—	212.20	—	—
30	宁 夏	—	—	—	—	—	1 335.65	—	—
31	新 疆	—	—	—	—	—	6 596.65	—	—
合计 Total		**33.60**	**5.04**	**22.57**	**1 389.20**	**8.10**	**156 850.85**	**11.05**	**9.00**

荷包满满	紫荆花开	宝岛风情	畅游天下3	东方之冠1	东方之冠2	漫游世博	中华名人3
—	—	—	—	—	—	—	—
—	—	—	—	—	—	—	—
—	—	—	—	—	—	—	—
—	—	—	—	—	—	—	—
—	—	—	—	—	—	—	—
—	—	—	—	5.65	—	—	—
—	—	—	—	—	—	—	—
—	—	—	—	—	—	—	49.00
—	0.65	—	—	—	—	—	—
2.25	2.75	—	—	—	0.75	—	66.50
—	—	—	—	—	—	—	—
—	—	—	—	—	—	0.45	—
—	—	—	—	—	—	—	—
—	—	—	—	—	—	—	23.92
—	—	—	30.00	—	—	—	2 598.25
—	—	—	—	—	—	—	369.85
—	—	—	—	—	—	—	—
—	—	—	—	0.04	—	—	—
—	—	—	—	—	—	0.30	—
—	—	—	—	—	—	—	—
—	—	—	—	—	—	—	—
—	—	—	—	—	—	—	—
—	—	—	—	—	4.55	—	—
0.10	0.15	0.55	—	—	—	—	3.45
—	—	—	—	—	—	—	—
—	—	—	—	—	—	—	160.40
—	—	—	—	—	—	—	—
—	—	8.00	—	—	—	—	—
—	—	—	—	—	—	—	1.95
—	—	—	—	—	—	—	—
—	—	—	—	—	—	—	—
2.35	**3.55**	**8.55**	**30.00**	**5.69**	**5.30**	**0.75**	**3 273.32**

续表

序号	地区	红楼探秘2	筑美世博	筑美（套票）	水浒108将3	灌篮高手	超越梦想	惊喜夺金	领奖台
1	北　京	—	—	—	—	—	—	2.50	—
2	天　津	1 003.70	—	—	—	—	—	—	—
3	河　北	—	—	—	—	—	—	—	—
4	山　西	—	—	—	—	—	—	—	—
5	内蒙古	1 629.40	—	—	—	—	—	8.20	—
6	辽　宁	—	0.05	—	—	—	—	10.05	—
7	吉　林	—	—	—	—	—	—	96.70	—
8	黑龙江	—	—	—	—	—	—	13.30	—
9	上　海	—	—	—	—	—	—	35.90	—
10	江　苏	1 796.80	—	—	—	—	—	—	46.10
11	浙　江	6 125.80	—	—	—	—	—	6.25	—
12	安　徽	821.30	—	—	—	—	—	7.30	—
13	福　建	17.20	—	—	—	—	—	—	—
14	江　西	434.62	—	—	—	—	—	22.75	—
15	山　东	5 457.20	—	—	—	—	—	179.70	—
16	河　南	—	—	—	—	—	—	—	—
17	湖　北	547.75	—	—	—	—	—	68.11	—
18	湖　南	2 779.02	—	—	0.44	0.88	—	—	0.13
19	广　东	4 001.80	—	0.69	0.05	1.11	—	—	1.70
20	广　西	0.60	—	—	—	—	—	—	—
21	海　南	—	—	—	—	—	—	—	—
22	重　庆	3 614.10	—	—	—	—	—	336.85	—
23	四　川	5 524.42	—	—	—	—	—	—	—
24	贵　州	—	—	—	—	—	0.55	—	—
25	云　南	—	—	—	—	—	—	35.65	—
26	西　藏	—	—	—	—	—	—	—	—
27	陕　西	4 432.20	—	—	—	—	—	151.20	—
28	甘　肃	—	—	—	—	—	—	218.40	—
29	青　海	400.00	—	—	—	—	—	0.15	—
30	宁　夏	517.40	—	—	—	—	—	0.25	—
31	新　疆	—	—	—	—	—	—	10.15	—
合计 Total		**39 103.32**	**0.05**	**0.69**	**0.49**	**1.99**	**0.55**	**1 203.41**	**47.93**

欢乐嘉年华	恭贺新春	玉兔迎春	爱情密码 2	淘金者 2	吉祥如意	发奖金 5 元	年年有余
—	—	—	—	2 723.20	—	1 180.90	2.30
—	—	—	—	—	—	—	—
—	—	—	—	—	—	—	—
—	—	—	—	—	—	32.80	—
—	—	—	—	—	—	1 117.20	—
—	—	—	—	—	0.02	—	—
36.35	—	0.35	—	—	—	1 130.24	—
—	—	—	—	—	—	—	—
—	—	—	—	—	—	2 232.50	—
39.25	0.05	0.35	—	34.90	0.50	2 265.20	10.20
56.00	—	—	—	—	—	865.85	—
25.75	—	0.05	—	—	—	673.65	10.00
—	—	—	—	—	—	406.35	—
5.80	—	1.00	—	—	0.04	4.41	—
—	—	—	—	—	—	6 811.05	—
0.05	0.30	—	0.35	—	—	1 336.35	—
—	—	—	—	—	—	1 301.06	—
6.19	—	0.04	—	—	—	451.42	—
4.15	—	0.10	—	—	—	800.00	0.10
0.05	—	—	—	—	—	614.25	—
—	—	—	—	—	—	256.75	—
4.60	—	—	—	—	—	796.80	—
0.21	0.41	0.07	—	—	—	3 580.64	—
—	—	0.30	—	—	—	461.80	—
85.90	—	-0.05	—	—	—	173.70	—
—	—	—	—	—	—	—	—
—	—	0.05	—	—	—	2 546.60	4.10
—	—	—	—	—	7.16	0.55	—
1.00	—	—	—	—	—	—	—
—	—	—	—	—	—	0.10	—
—	—	—	—	—	—	—	—
265.30	**0.76**	**2.26**	**0.35**	**2 758.10**	**7.72**	**29 040.17**	**26.70**

续表

序号	地区	欢乐园	中华故事5元-上善若水	中华故事5元-2-老子说	中华故事10元-老子经典	环游世界	连连看	神笔马良	上海风采-外滩
1	北　京	—	—	—	—	—	—	—	—
2	天　津	—	—	—	—	—	—	—	—
3	河　北	—	—	—	—	—	—	—	—
4	山　西	—	—	—	—	—	—	—	—
5	内蒙古	—	—	—	—	1.50	—	—	—
6	辽　宁	0.05	—	—	—	0.05	0.02	0.06	—
7	吉　林	—	—	—	—	—	—	0.50	—
8	黑龙江	—	—	—	—	2.50	—	—	—
9	上　海	—	—	—	—	—	—	—	102.50
10	江　苏	—	—	—	—	8.35	0.02	3.12	—
11	浙　江	—	—	—	—	—	—	—	—
12	安　徽	—	—	—	—	—	—	—	—
13	福　建	—	—	—	—	—	—	—	—
14	江　西	—	—	—	—	5.57	0.12	0.46	—
15	山　东	—	—	—	—	—	—	—	—
16	河　南	—	16.40	1.75	6.40	2.20	—	—	—
17	湖　北	—	—	—	—	6.50	—	—	—
18	湖　南	—	—	—	—	0.17	-0.01	0.19	—
19	广　东	—	—	—	—	0.80	—	—	—
20	广　西	—	—	—	—	3.05	—	—	—
21	海　南	—	—	—	—	—	—	—	—
22	重　庆	—	—	—	—	—	—	—	—
23	四　川	—	—	—	—	—	—	—	—
24	贵　州	—	—	—	—	1.70	—	0.28	—
25	云　南	0.05	—	—	—	19.85	—	—	—
26	西　藏	0.05	—	—	—	—	—	—	—
27	陕　西	0.05	—	—	—	103.87	0.02	—	—
28	甘　肃	7.25	—	—	—	—	2.50	—	—
29	青　海	—	—	—	—	—	—	—	—
30	宁　夏	—	—	—	—	—	—	—	—
31	新　疆	—	—	—	—	—	—	—	—
合计 Total		**7.45**	**16.40**	**1.75**	**6.40**	**156.10**	**2.68**	**4.61**	**102.50**

富贵有余6	富贵有余8	好运十倍	金色土地	美好生活-永结同心	财富之旅	中状元	数字达人2元
—	—	14 754.45	—	661.00	—	—	—
—	—	1 878.75	—	—	—	—	—
—	—	3 984.90	—	—	—	—	—
—	—	2 873.10	—	—	—	—	—
—	—	3 891.35	—	—	—	—	—
—	—	8 102.15	—	—	—	30.20	—
—	—	4 300.53	3.20	48.05	78.15	25.30	—
—	—	4 786.25	—	—	648.30	—	—
—	—	7 942.50	—	—	—	—	—
—	—	13 699.75	9.75	273.75	5.40	112.00	—
—	—	18 816.30	—	151.25	—	—	—
—	—	4 270.35	—	—	2.85	0.40	—
—	—	11 676.85	—	6.40	—	—	—
—	—	1 663.62	11.50	12.47	—	306.82	8.77
—	—	14 779.45	—	1 094.60	—	6.40	—
30.24	50.46	7 471.85	0.35	—	0.35	—	—
—	—	7 021.86	45.40	—	—	1.20	—
—	—	11 286.04	22.78	21.23	18.55	6.70	0.05
—	—	83 678.70	2.36	147.74	13.05	8.33	0.02
—	—	9 788.06	2.60	23.80	5.45	0.50	—
—	—	1 169.92	—	—	—	—	—
—	—	7 761.60	—	—	—	—	—
—	—	15 063.55	—	—	—	—	—
—	—	1 115.71	0.31	0.35	4.85	205.23	—
—	—	3 356.85	0.05	26.15	10.55	—	—
—	—	1 921.35	—	0.70	—	—	—
—	—	5 715.15	—	60.10	122.90	—	—
—	—	1 440.10	0.20	—	9.40	—	—
—	—	311.80	—	0.05	—	—	—
—	—	1 861.80	—	—	0.10	—	—
—	—	11 011.10	—	—	—	—	—
30.24	**50.46**	**287 395.74**	**98.51**	**2 527.64**	**919.91**	**703.07**	**8.83**

续表

序号	地区	奇兵夺宝	中秋送福	九九重阳	灌篮高手 20 元	国泰民安	马到功成	对对碰 5 元	我爱电影 - 龙门飞甲 10 元
1	北　京	—	—	—	1 075. 10	—	6. 15	15. 85	7. 25
2	天　津	—	—	—	—	—	—	—	—
3	河　北	—	—	—	—	0. 55	—	—	—
4	山　西	—	—	—	10. 60	—	0. 90	—	—
5	内蒙古	—	—	—	—	410. 35	—	—	—
6	辽　宁	—	31. 75	—	74. 60	—	55. 90	—	—
7	吉　林	0. 55	34. 60	26. 20	—	0. 15	36. 70	—	—
8	黑龙江	—	—	3. 35	—	8. 50	—	—	—
9	上　海	—	7. 75	—	363. 80	2 307. 50	—	—	—
10	江　苏	—	32. 60	14. 60	—	1 656. 40	63. 75	2. 85	—
11	浙　江	—	—	—	—	5 937. 40	—	—	—
12	安　徽	—	32. 30	—	—	—	145. 30	—	—
13	福　建	—	282. 30	—	6. 50	2 621. 25	—	—	—
14	江　西	—	39. 22	—	—	5. 27	24. 13	—	—
15	山　东	—	12. 50	—	75. 90	—	—	—	—
16	河　南	—	11. 70	—	3. 40	207. 45	—	—	—
17	湖　北	2. 55	1. 65	—	—	12. 45	33. 35	—	—
18	湖　南	—	10. 05	—	24. 36	1 519. 97	15. 23	—	—
19	广　东	-1. 30	2. 35	2. 75	—	9 371. 69	9. 15	—	—
20	广　西	0. 02	9. 15	—	—	1. 25	—	—	—
21	海　南	—	—	—	—	—	—	—	—
22	重　庆	—	—	—	—	877. 70	6. 25	—	—
23	四　川	—	13. 75	—	9. 10	6 134. 61	4. 90	—	—
24	贵　州	—	22. 81	—	—	—	—	—	—
25	云　南	-7. 08	9. 95	6. 35	5. 00	2 350. 20	19. 35	—	—
26	西　藏	—	89. 15	—	—	4. 80	—	6. 80	—
27	陕　西	—	3. 60	0. 10	13. 50	—	0. 05	—	—
28	甘　肃	—	18. 85	—	—	513. 45	—	—	—
29	青　海	—	41. 80	—	—	—	—	3. 50	—
30	宁　夏	—	—	—	—	—	71. 60	0. 10	—
31	新　疆	—	—	—	—	0. 40	194. 95	0. 30	—
合计 Total		**-5. 26**	**707. 82**	**53. 35**	**1 661. 86**	**33 941. 34**	**687. 66**	**29. 40**	**7. 25**

生态鄱阳2元	大吉大利	企鹅探宝	金龙贺岁	三国争雄	金钥匙	2012龙	江门风光
—	645.95	638.55	—	—	—	1.30	
—	—	—	—	—	—	—	—
—	—	350.90	—	—	—	—	—
—	353.80	194.10	—	—	—	—	—
—	978.07	594.30	0.50	—	3.80	17.25	—
—	7.15	—	8.60	—	—	1.80	—
—	408.25	368.30	9.20	—	969.90	2.90	—
—	799.00	—	10.65	—	—	—	—
—	1 612.50	—	—	—	-0.87	—	—
—	1 686.20	393.20	59.30	—	153.90	150.00	—
—	2 264.20	—	—	—	120.00	—	—
—	727.40	45.55	5.45	—	1.60	14.25	—
—	607.40	613.60	0.40	—	0.60	15.85	—
25.38	13.36	215.38	21.46	—	—	—	—
—	2 008.85	—	37.25	—	—	1.60	—
—	66.00	141.85	—	—	0.20	1.15	—
—	69.97	424.15	—	—	28.80	—	—
—	593.41	0.25	2.81	—	—	—	—
—	5 045.72	4 164.17	4.24	-100.55	15.78	5.10	4 638.17
—	3.50	2.35	27.10	—	480.90	0.95	—
—	—	196.89	—	—	—	—	—
—	599.85	84.60	—	—	45.70	—	—
—	3 290.79	1 762.05	15.55	—	—	0.85	—
—	123.85	17.90	—	—	—	—	—
—	305.45	245.45	—	—	76.20	1.00	—
—	—	—	—	—	—	—	—
—	2 624.45	1 908.05	1.70	—	8.40	—	—
—	274.90	0.20	7.90	—	—	29.95	—
—	—	0.20	1.45	—	—	4.55	—
—	—	—	—	—	—	—	—
—	—	—	—	—	—	—	—
25.38	**25 110.01**	**12 362.00**	**213.55**	**-100.55**	**1 904.91**	**248.50**	**4 638.17**

续表

序号	地区	2012 龙	2012 龙四联张	2012 龙小本票	魅力丹霞	张家界风光 5 元	张家界风光 10 元	心连心	招财猫
1	北　京	—	—	5.20	—	—	—	—	3.10
2	天　津	—	—	—	—	—	—	—	—
3	河　北	—	—	358.90	—	—	—	—	488.80
4	山　西	12.85	22.60	36.65	—	—	—	—	—
5	内蒙古	—	—	—	—	—	—	2.42	346.40
6	辽　宁	—	14.85	—	—	—	—	11.02	189.05
7	吉　林	—	5.00	8.05	—	—	—	9.34	237.80
8	黑龙江	—	23.10	111.30	—	—	—	—	34.45
9	上　海	—	—	—	—	—	—	84.00	32.50
10	江　苏	—	213.05	—	—	—	—	66.40	211.20
11	浙　江	—	—	—	—	—	—	—	19.30
12	安　徽	—	25.20	—	—	—	—	14.18	173.60
13	福　建	—	—	60.20	—	—	—	—	26.60
14	江　西	—	—	8.20	—	—	—	112.03	99.22
15	山　东	—	25.40	5.30	—	—	—	19.40	427.10
16	河　南	5.00	5.00	—	—	—	—	—	1.40
17	湖　北	35.15	5.55	—	—	—	—	—	37.15
18	湖　南	—	—	10.78	—	1.20	16.51	104.23	78.55
19	广　东	—	87.41	18.80	12.07	—	—	0.42	834.40
20	广　西	—	1.90	—	—	—	—	1.94	23.70
21	海　南	—	—	—	—	—	—	8.74	—
22	重　庆	—	4.35	—	—	—	—	—	103.15
23	四　川	—	—	7.10	—	—	—	—	59.75
24	贵　州	16.96	—	38.69	—	—	—	31.90	33.60
25	云　南	—	7.35	—	—	—	—	64.16	8.40
26	西　藏	—	—	—	—	—	—	—	108.35
27	陕　西	—	88.05	67.35	—	—	—	49.34	154.10
28	甘　肃	—	47.25	—	—	—	—	1.00	56.30
29	青　海	—	—	—	—	—	—	—	0.10
30	宁　夏	119.60	—	—	—	—	—	—	47.60
31	新　疆	85.10	—	—	—	—	—	11.68	23.45
合计 Total		**274.66**	**576.06**	**736.53**	**12.07**	**1.20**	**16.51**	**592.19**	**3 859.12**

美好生活	大赢家	夺宝嘉年华	倍给力	存钱罐	欢乐嘉年华 20元	荷塘月色	蚂蚁搬家
4.20	0.10	—	—	762.15	64.90	—	—
524.30	0.20	178.55	215.80	400.00	—	—	0.34
—	—	—	—	—	—	—	400.00
15.20	—	6.35	—	15.60	719.65	3.75	200.04
27.00	1.45	2.20	2.60	4.60	—	1.45	491.44
30.40	29.05	44.95	1.95	14.40	—	278.85	506.08
—	22.85	115.20	87.45	380.45	—	43.15	498.06
225.90	—	46.90	8.25	786.05	823.25	25.95	295.28
240.30	—	—	—	—	—	574.91	—
436.02	167.35	42.00	344.95	—	604.10	141.65	44.72
—	35.70	5.50	—	27.55	—	40.15	—
—	134.50	232.85	5.15	20.40	19.95	29.40	268.26
—	88.45	—	0.10	40.00	—	2.70	0.84
166.24	88.70	—	—	315.13	—	221.23	207.68
20.00	699.45	448.35	212.05	22.55	78.15	17.50	1 068.86
34.20	448.30	0.10	14.80	398.40	59.40	—	37.26
—	21.80	292.10	91.55	—	320.28	235.95	—
25.03	153.11	69.32	35.16	824.37	—	297.75	400.58
3.97	274.34	216.03	131.21	—	565.61	285.66	—
350.70	10.60	30.90	2.25	7.25	351.55	118.65	46.80
—	—	—	—	—	—	—	23.04
26.80	10.70	2.20	182.75	55.25	—	3.25	25.52
8.10	—	11.45	145.88	7.05	92.25	86.75	—
—	—	—	—	17.70	—	244.88	70.59
39.70	—	6.35	36.30	—	—	79.95	115.96
—	—	151.90	—	210.65	—	—	—
160.60	—	177.80	42.65	—	—	410.50	—
19.20	420.55	140.55	—	51.80	—	46.75	—
—	—	—	—	—	314.14	257.30	2.16
—	—	0.10	—	—	—	—	200.08
973.00	535.85	77.50	35.65	29.15	6.50	205.10	722.98
3 330.86	**3 143.06**	**2 299.16**	**1 596.50**	**4 390.50**	**4 019.72**	**3 653.17**	**5 626.57**

续表

序号	地区	七彩盛世	黄河魂	敦煌韵	花好月圆	巍巍井冈	跷跷板	幸运扑克	喜从天降
1	北　京	—	—	—	1.90	—	1.84	0.45	2 692.95
2	天　津	—	—	—	—	—	—	—	505.55
3	河　北	—	—	0.05	—	—	34.00	—	—
4	山　西	—	—	17.80	—	—	0.10	0.05	—
5	内蒙古	—	0.45	—	1.35	—	3.22	—	1 789.45
6	辽　宁	—	71.00	132.90	81.40	—	3.24	15.00	—
7	吉　林	668.70	—	—	39.75	—	78.80	156.40	—
8	黑龙江	—	5.35	—	18.50	—	25.02	3.30	—
9	上　海	—	—	—	—	—	—	70.00	—
10	江　苏	—	93.50	135.40	65.80	—	43.82	23.05	326.50
11	浙　江	—	—	—	—	—	—	2.50	—
12	安　徽	—	—	—	10.10	—	14.20	11.10	—
13	福　建	—	—	—	93.95	—	—	—	—
14	江　西	—	—	—	—	8 884.30	176.68	—	—
15	山　东	—	149.40	161.60	122.60	—	—	—	—
16	河　南	—	0.60	6.05	2.50	—	34.32	—	—
17	湖　北	—	—	—	34.55	—	122.16	54.35	—
18	湖　南	—	9.79	—	11.64	—	167.08	26.68	—
19	广　东	—	—	—	104.08	—	—	—	8 880.22
20	广　西	—	—	—	—	—	78.88	9.80	—
21	海　南	—	—	—	—	—	—	—	—
22	重　庆	—	109.60	—	—	—	1.22	20.65	—
23	四　川	—	—	—	—	—	49.29	2.50	60.31
24	贵　州	—	—	—	143.63	—	0.52	259.53	—
25	云　南	—	—	—	16.90	—	61.06	405.70	—
26	西　藏	—	—	—	—	—	—	—	—
27	陕　西	—	—	—	2.40	—	49.46	—	1 308.45
28	甘　肃	—	35.75	77.30	—	—	1.98	193.20	397.25
29	青　海	—	—	—	—	—	78.50	—	—
30	宁　夏	—	63.65	—	—	—	0.06	—	446.35
31	新　疆	—	7.45	—	2.95	—	53.92	0.05	203.10
合计 Total		**668.70**	**546.55**	**531.10**	**754.00**	**8 884.30**	**1 079.37**	**1 254.31**	**16 610.13**

龙腾盛世	打地鼠	招财纳福	网鱼高手	圣诞快乐2	群岛之彩	伏羲定姓氏	中国节
—	3.80	—	990.65	3.45	—	—	31.90
116.15	300.00	77.50	991.65	—	—	—	—
—	420.30	281.55	1 228.40	55.00	—	—	70.00
877.70	192.35	0.15	0.70	—	—	—	11.35
1 570.10	4.00	2.40	1 917.85	—	—	—	6.20
157.65	366.90	267.25	—	167.10	—	—	325.90
—	160.80	367.25	1 792.19	—	—	—	116.70
—	887.65	1 594.35	2 557.80	—	—	—	315.85
1 290.00	75.00	850.00	47.50	33.45	—	—	375.00
1 489.70	128.65	22.25	1 306.45	126.15	—	—	380.73
3 400.40	15.25	1 633.80	20.15	—	187.10	—	11.25
—	56.85	389.15	902.55	—	—	—	166.10
—	3.75	7.50	964.65	—	—	—	385.75
—	31.32	162.45	205.16	—	—	—	—
302.25	10.00	1 226.15	2 533.00	117.30	—	—	658.70
3 165.65	277.60	944.50	353.45	83.10	—	37.75	27.30
16.70	—	82.10	57.24	205.98	—	—	169.40
3 390.00	43.98	458.62	1 764.64	42.50	—	—	—
—	160.30	5 244.82	350.33	31.95	—	—	262.74
—	38.80	47.55	989.25	—	—	—	57.10
—	—	—	219.60	—	—	—	—
178.55	19.45	502.10	1 245.65	—	—	—	188.70
—	—	2 632.76	3 587.54	33.82	—	—	165.43
—	155.16	13.81	515.39	—	—	—	211.07
—	196.20	297.95	1 280.60	—	—	—	45.15
—	77.80	—	—	—	—	—	—
—	148.90	2.50	948.70	121.70	—	—	328.75
—	156.25	5.50	139.85	—	—	—	215.90
396.75	41.30	—	0.75	—	—	—	—
599.85	1.00	—	0.65	—	—	—	398.00
3 389.50	196.65	7.85	2 697.25	207.60	—	—	422.35
20 340.95	**4 170.01**	**17 121.81**	**29 609.58**	**1 229.11**	**187.10**	**37.75**	**5 347.32**

续表

序号	地区	闹新春	跳房子	博爱中山	中华名人-孟子	昆曲	民俗文化	快乐生肖10元-祥蛇献瑞	金鹊报喜
1	北　京	3.00	—	—	6.50	14.95	—	3.25	1.50
2	天　津	—	—	—	352.30	—	—	251.30	7.00
3	河　北	—	472.50	—	505.00	—	1 174.75	—	—
4	山　西	—	733.65	—	—	468.20	—	17.95	8.18
5	内蒙古	64.60	399.55	—	496.25	373.45	—	3.80	2.92
6	辽　宁	565.10	822.70	—	173.35	400.30	—	571.85	778.54
7	吉　林	72.61	437.65	—	—	321.10	—	272.60	14.72
8	黑龙江	10.55	728.85	—	441.55	318.20	—	31.10	18.14
9	上　海	22.50	347.50	—	35.00	—	—	—	—
10	江　苏	159.95	—	—	338.50	260.20	—	258.58	138.60
11	浙　江	23.05	—	—	102.50	44.35	—	7.50	6.72
12	安　徽	141.15	254.80	—	49.05	176.50	—	55.15	—
13	福　建	18.45	—	—	48.30	—	—	10.00	25.20
14	江　西	15.33	69.45	—	—	—	—	—	—
15	山　东	65.05	382.10	—	1 249.55	—	—	113.00	695.86
16	河　南	—	694.20	—	—	—	—	86.40	69.84
17	湖　北	37.20	—	—	—	—	—	85.75	—
18	湖　南	17.89	167.94	—	—	127.43	—	36.92	—
19	广　东	5.40	149.62	442.22	—	—	—	926.90	246.44
20	广　西	—	106.50	—	152.55	—	—	—	66.92
21	海　南	—	—	—	—	—	—	—	—
22	重　庆	51.55	20.05	—	—	—	—	73.20	113.56
23	四　川	106.67	—	—	—	1 270.13	—	214.45	358.70
24	贵　州	109.38	—	—	—	—	—	—	86.19
25	云　南	39.20	—	—	—	—	—	31.05	—
26	西　藏	—	—	—	408.80	—	—	—	—
27	陕　西	152.35	—	—	—	—	—	365.15	—
28	甘　肃	—	—	—	67.40	—	—	193.20	63.12
29	青　海	10.70	0.80	—	111.60	—	—	378.95	130.86
30	宁　夏	0.50	—	—	98.45	—	—	9.75	0.14
31	新　疆	85.00	—	—	115.80	701.40	—	124.55	—
合计 Total		**1 777.17**	**5 787.86**	**442.22**	**4 752.45**	**4 476.21**	**1 174.75**	**4 122.35**	**2 833.16**

幸运殿堂	黄山风光	巅峰对决	7乐无穷	好彩头	小鸡快跑	花神	幸运双色球
1 079.25	—	23.30	4 796.00	0.16	9.90	555.55	—
—	—	142.10	1 157.10	—	4.65	—	—
—	—	35.00	2 046.05	—	70.00	297.25	1 024.45
—	—	—	560.70	43.04	228.95	797.15	—
—	—	1.25	1 410.35	2.72	138.85	2.60	—
1 386.35	—	515.25	2 453.20	—	38.65	272.35	—
—	—	141.75	1 856.57	8.36	18.95	—	—
—	—	—	2 652.30	69.00	34.85	—	817.60
—	—	87.50	1 650.00	240.00	—	527.50	—
346.95	576.30	232.75	2 591.45	12.78	232.91	145.65	1 188.50
717.60	—	1.90	4 622.85	—	—	118.30	—
—	137.06	213.95	836.40	153.46	48.25	417.35	749.55
438.15	—	106.85	2 568.30	223.56	86.10	75.70	1 112.55
—	—	215.26	320.18	—	—	—	—
382.10	—	683.30	3 071.15	—	1 348.30	2 550.55	1 984.60
148.00	—	52.85	507.35	91.04	92.90	752.75	—
—	—	—	1 423.59	—	—	661.65	—
810.59	—	236.84	1 484.06	46.33	298.58	440.75	—
633.57	—	220.77	8 250.31	79.22	489.19	2 925.78	2 436.16
1 456.04	—	259.90	1 002.55	62.20	—	309.55	—
—	—	—	193.33	—	—	—	—
2 031.55	—	39.15	1 992.50	—	81.30	—	—
—	—	136.81	4 322.55	—	90.70	1 467.74	1 287.32
—	—	—	430.53	103.59	—	—	—
1 439.75	—	14.20	1 687.45	64.50	37.50	448.40	—
—	—	216.70	743.25	—	—	—	—
1 470.80	—	526.30	1 866.35	—	—	—	—
—	—	111.15	700.45	28.56	36.75	—	—
—	—	194.20	319.00	74.36	—	0.05	—
—	—	299.35	296.80	0.10	213.55	39.75	—
—	—	550.80	1 494.60	648.30	—	313.40	—
12 340.70	**713.36**	**5 259.17**	**59 307.27**	**1 951.28**	**3 600.84**	**13 119.78**	**10 600.73**

续表

序号	地区	幸福来电	爱我家园	探险家	柿柿如意	甜蜜连连	福运连连	金蜂巢	7喜
1	北京	27.50	70.75	201.50	2.42	16.94	26.65	48.95	2 592.90
2	天津	477.70	198.65	71.25	82.26	13.18	269.20	107.25	—
3	河北	437.70	426.65	216.65	—	400.00	500.00	500.00	—
4	山西	912.35	596.55	49.70	400.00	400.00	192.20	970.20	—
5	内蒙古	464.35	561.30	467.80	—	583.72	495.05	499.90	—
6	辽宁	722.65	—	—	1 015.42	1 167.36	618.55	993.90	—
7	吉林	514.95	325.75	148.15	295.62	245.36	363.25	635.50	—
8	黑龙江	—	—	408.45	580.50	167.92	920.05	313.05	—
9	上海	1 000.00	32.50	315.00	200.00	—	485.00	500.00	—
10	江苏	399.95	291.50	225.95	438.24	247.22	273.30	571.15	152.00
11	浙江	435.85	—	83.85	—	—	1 422.70	960.95	—
12	安徽	39.85	55.20	176.30	51.92	69.28	44.05	449.85	—
13	福建	605.55	—	143.90	—	138.66	—	695.25	—
14	江西	857.18	—	143.20	147.48	—	445.08	376.48	—
15	山东	82.50	—	—	—	—	2 902.85	1 190.95	—
16	河南	809.10	414.85	154.30	410.50	56.88	429.45	369.10	—
17	湖北	508.13	711.60	—	—	—	—	492.95	—
18	湖南	517.01	—	229.88	329.32	—	635.60	701.93	—
19	广东	2 696.49	—	536.30	—	—	—	—	721.83
20	广西	52.45	90.85	205.10	59.42	94.84	596.75	339.15	—
21	海南	—	116.85	—	—	—	—	—	—
22	重庆	1 503.15	—	241.05	—	—	—	—	—
23	四川	2 508.11	—	181.16	—	1 839.79	1 090.05	—	—
24	贵州	374.58	—	202.60	256.63	246.12	259.86	387.27	—
25	云南	202.05	47.55	34.35	—	—	579.60	252.90	—
26	西藏	—	—	—	—	—	—	—	—
27	陕西	1 479.45	1 189.60	970.85	—	—	—	—	—
28	甘肃	420.80	440.75	425.25	112.92	133.78	241.50	—	—
29	青海	39.45	208.95	—	194.48	107.72	467.75	495.30	—
30	宁夏	67.05	—	—	150.40	155.88	395.35	499.95	—
31	新疆	252.70	1 632.25	402.50	—	—	774.05	—	—
合计 Total		**18 408.61**	**7 412.10**	**6 235.03**	**4 727.52**	**6 084.66**	**14 427.90**	**12 351.92**	**3 466.73**

欢乐马戏团	好日子	冰激凌	福气 8	百万财富	放飞梦想 5 元	财神到	欢乐购
1 552.25	999.00	—	—	3 799.85	—	—	—
692.80	—	249.05	—	—	—	—	—
1 000.00	1 000.00	707.50	1 899.80	—	—	—	—
997.85	—	—	—	—	—	—	—
1 456.80	—	1 063.10	1 149.80	—	—	—	—
921.40	—	—	—	—	—	1 619.80	453.95
854.60	—	—	—	—	—	—	—
1 274.15	—	—	—	—	—	—	—
917.50	630.00	—	—	—	—	—	—
1 232.05	433.55	2 474.75	3 532.30	1 132.00	—	—	—
1 755.90	—	—	2 035.30	—	—	—	—
459.40	—	769.60	—	—	—	—	—
1 554.45	1 257.65	—	2 023.75	—	—	—	—
54.55	—	—	—	—	—	—	—
2 253.20	—	—	1 653.60	—	908.50	—	—
2 581.75	1 827.65	1 236.85	1 923.30	—	—	—	—
1 560.82	—	—	2 049.48	—	—	—	—
883.70	—	—	1 660.72	—	—	—	—
1 000.00	—	3 322.22	3 764.77	—	—	—	—
408.65	—	—	—	—	—	—	—
—	—	—	—	—	—	—	—
2 752.65	—	1 376.10	—	—	—	—	—
—	—	681.68	—	—	—	—	—
—	—	—	—	—	—	—	—
2 211.90	—	—	—	—	—	—	—
—	—	—	—	—	—	—	—
2 555.15	—	—	—	—	—	—	—
724.40	—	247.25	—	—	—	—	—
659.10	—	—	95.90	—	—	—	—
200.00	—	150.00	251.01	—	—	—	—
1 932.35	823.20	—	616.10	—	—	—	—
34 447.37	**6 971.05**	**12 278.10**	**22 655.84**	**4 931.85**	**908.50**	**1 619.80**	**453.95**

续表

序号	地区	印象中国	时空瑰宝	幸福汕头-宜居之城	幸福汕头-百载商埠	幸福汕头-潮人之都	幸福汕头-潮菜之乡
1	北　京	—	—	—	—	—	—
2	天　津	—	—	—	—	—	—
3	河　北	—	—	—	—	—	—
4	山　西	—	—	—	—	—	—
5	内蒙古	—	—	—	—	—	—
6	辽　宁	491.10	805.35	—	—	—	—
7	吉　林	—	—	—	—	—	—
8	黑龙江	—	—	—	—	—	—
9	上　海	—	—	—	—	—	—
10	江　苏	—	—	—	—	—	—
11	浙　江	—	—	—	—	—	—
12	安　徽	—	—	—	—	—	—
13	福　建	—	—	—	—	—	—
14	江　西	—	—	—	—	—	—
15	山　东	—	—	—	—	—	—
16	河　南	—	—	—	—	—	—
17	湖　北	—	—	—	—	—	—
18	湖　南	—	—	—	—	—	—
19	广　东	—	—	885.47	533.25	474.56	1 340.90
20	广　西	—	—	—	—	—	—
21	海　南	—	—	—	—	—	—
22	重　庆	—	—	—	—	—	—
23	四　川	—	—	—	—	—	—
24	贵　州	—	—	—	—	—	—
25	云　南	—	—	—	—	—	—
26	西　藏	—	—	—	—	—	—
27	陕　西	—	—	—	—	—	—
28	甘　肃	—	—	—	—	—	—
29	青　海	—	—	—	—	—	—
30	宁　夏	—	—	—	—	—	—
31	新　疆	—	—	—	—	—	—
合计 Total		**491.10**	**805.35**	**885.47**	**533.25**	**474.56**	**1 340.90**

春夏秋冬	蝌蚪找妈妈	水果连连看	幸运抽奖	淘宝乐	生日快乐	大满贯10元
46.00	110.90	—	998.90	888.40	1 979.95	—
300.00	410.75	—	492.70	—	—	—
900.00	499.95	—	999.95	—	—	—
582.35	—	—	—	—	—	—
951.40	494.45	—	978.30	—	—	—
1 012.05	1 238.90	—	777.75	—	—	—
680.75	247.65	—	648.50	—	—	—
804.30	—	—	1 073.35	—	—	—
—	—	212.50	790.00	—	—	—
1 752.35	513.60	—	1 402.05	—	—	865.90
227.50	—	—	609.85	—	—	—
299.60	30.55	—	244.75	—	—	372.10
560.05	—	—	504.60	—	—	—
—	44.05	—	234.90	—	—	—
—	—	—	3 824.45	—	—	—
584.25	499.65	115.35	962.05	—	—	154.00
—	131.05	—	—	—	—	—
—	—	—	—	—	—	667.87
1 485.79	250.00	—	3 846.16	—	287.50	—
574.60	895.50	203.00	939.80	—	—	—
—	—	—	—	—	—	—
—	—	—	—	—	—	—
1 347.33	1 969.44	—	—	—	—	—
100.26	—	—	—	—	—	—
793.35	484.35	—	1 741.80	—	—	—
—	—	—	—	—	—	—
1 863.35	—	—	—	—	—	—
—	495.75	—	685.25	—	—	—
—	216.85	—	—	—	—	—
—	—	—	—	—	—	—
931.75	—	—	1 684.15	—	—	—
15 797.02	**8 533.39**	**530.85**	**23 439.26**	**888.40**	**2 267.45**	**2 059.87**

续表

序号	地区	步步高	日出东方韶山	5倍惊喜	俏佳人	马到成功10元	成语故事
1	北　京	—	—	2 965.35	960.20	766.80	—
2	天　津	—	—	1 514.75	249.95	—	—
3	河　北	—	—	1 000.00	999.85	—	385.80
4	山　西	—	—	1 902.50	894.50	799.95	—
5	内蒙古	—	—	996.55	923.35	—	—
6	辽　宁	—	—	4 317.60	1 680.35	1 492.15	—
7	吉　林	—	—	1 756.18	492.80	—	—
8	黑龙江	—	—	2 480.25	—	761.10	—
9	上　海	—	—	1 767.50	557.50	800.00	—
10	江　苏	2 796.30	—	2 792.15	1 419.25	—	—
11	浙　江	—	—	483.40	—	1 521.35	—
12	安　徽	—	—	1 271.30	517.30	641.65	—
13	福　建	—	—	3 707.95	—	787.50	—
14	江　西	—	—	241.90	—	407.03	—
15	山　东	—	—	4 818.55	3 040.90	—	—
16	河　南	310.15	—	1 192.20	921.90	—	—
17	湖　北	—	—	886.11	753.80	—	—
18	湖　南	1 540.35	3 060.86	2 712.67	—	1 461.56	—
19	广　东	305.00	—	14 735.01	1 202.47	3 734.38	—
20	广　西	—	—	2 240.10	714.95	777.00	—
21	海　南	—	—	—	—	—	—
22	重　庆	—	—	2 224.15	—	—	—
23	四　川	4 464.43	—	2 892.41	—	3 125.16	—
24	贵　州	—	—	—	—	—	—
25	云　南	—	—	954.90	787.55	647.10	—
26	西　藏	—	—	570.90	—	—	—
27	陕　西	—	—	1 707.70	—	1 908.20	—
28	甘　肃	—	—	681.95	247.75	—	—
29	青　海	—	—	169.95	99.95	—	—
30	宁　夏	—	—	200.00	100.00	—	—
31	新　疆	1 970.30	—	2 975.75	954.15	773.85	—
合计 Total		**11 386.53**	**3 060.86**	**66 159.73**	**17 518.47**	**20 404.78**	**385.80**

赣南苏区-荣光	挖金豆	圣地延安	七星瓢虫	太极	宝石奇缘	神秘好礼
—	2 750.10	—	950.20	803.85	998.30	—
—	—	—	200.00	250.00	720.55	345.95
—	—	—	806.58	86.45	1 000.00	791.40
—	—	—	199.86	—	979.75	942.25
—	—	—	199.64	247.20	1 360.50	1 368.20
—	—	—	1 278.84	731.05	949.05	—
—	—	—	373.50	—	964.50	—
—	—	—	—	—	815.05	—
—	—	—	—	—	597.50	680.00
—	—	—	897.76	698.35	1 749.70	1 564.10
—	—	—	—	—	2 645.15	914.15
—	—	—	473.24	—	779.95	—
—	—	—	—	—	1 863.30	1 933.00
3 539.79	—	—	124.42	—	—	—
—	—	—	3 323.50	—	3 771.55	1 707.80
—	—	—	579.12	—	—	1 650.80
—	—	—	—	—	858.34	—
—	—	—	504.28	—	1 451.45	—
—	—	—	945.84	—	3 788.45	1 025.28
—	—	—	567.10	—	1 301.25	—
—	—	—	—	—	—	—
—	—	—	—	—	2 719.80	1 034.35
—	—	—	—	—	—	1 044.26
—	—	—	96.56	—	—	—
—	—	—	—	473.60	969.35	—
—	—	—	—	—	802.55	—
—	—	3 656.01	—	—	—	—
—	—	—	251.94	234.35	249.15	460.80
—	—	—	18.56	155.85	100.00	206.65
—	—	—	199.80	—	250.00	217.75
—	—	—	576.38	610.70	1 830.10	2 650.65
3 539.79	**2 750.10**	**3 656.01**	**12 567.12**	**4 291.40**	**33 515.29**	**18 537.39**

续表

序号	地区	吉祥草原	牛 7 冲天	熊出没	空战赢家	赛马	好运加倍
1	北　京	—	5 424.15	973.85	1 155.05	644.50	1 983.35
2	天　津	100.00	—	250.00	300.00	—	307.90
3	河　北	—	—	500.00	600.00	893.45	955.55
4	山　西	—	—	879.00	748.25	—	—
5	内蒙古	464.55	—	479.35	428.70	—	604.95
6	辽　宁	—	—	1 215.65	1 022.45	—	281.70
7	吉　林	—	—	452.55	361.60	—	387.90
8	黑龙江	—	—	460.70	418.45	—	—
9	上　海	—	—	355.00	—	—	—
10	江　苏	—	—	1 090.70	1 170.65	1 623.25	688.05
11	浙　江	—	—	943.35	912.90	2 806.75	—
12	安　徽	—	—	813.85	654.75	733.80	—
13	福　建	—	—	834.85	540.70	911.40	—
14	江　西	—	—	—	195.16	—	—
15	山　东	—	3 713.45	983.85	—	—	2 702.60
16	河　南	—	1 745.05	889.85	483.05	809.55	887.25
17	湖　北	—	—	337.25	—	—	—
18	湖　南	—	—	591.60	592.95	675.33	—
19	广　东	—	—	500.00	1 248.37	894.21	1 000.00
20	广　西	—	—	708.30	423.60	558.85	812.30
21	海　南	—	—	—	—	—	—
22	重　庆	—	—	—	—	—	—
23	四　川	—	—	1 033.07	127.22	1 078.39	—
24	贵　州	—	—	135.97	156.50	—	125.30
25	云　南	—	—	—	461.75	—	584.70
26	西　藏	—	—	—	—	—	—
27	陕　西	—	—	—	1 011.40	1 229.00	—
28	甘　肃	134.60	—	433.35	259.50	551.60	488.20
29	青　海	99.40	—	308.25	91.20	—	39.40
30	宁　夏	125.25	—	249.30	99.80	—	—
31	新　疆	—	—	830.90	1 029.90	1 220.70	1 243.90
合计 Total		**923.80**	**10 882.65**	**16 250.54**	**14 493.90**	**14 630.79**	**13 093.05**

相约咖啡	加油加油	10 来运转	足球盛宴 5 元	黄金盛典	“粽”奖	足球盛宴 10 元
960.55	1 180.75	1 323.85	980.70	4 433.95	599.75	950.85
244.85	244.00	486.55	325.20	393.00	287.65	243.05
—	—	682.75	1 000.00	5 918.20	600.00	837.15
669.70	825.05	917.30	—	1 420.60	—	849.80
526.05	—	923.05	657.75	1 181.75	150.00	299.75
716.60	819.50	1 659.15	34.35	1 558.65	—	782.95
353.40	505.90	222.70	578.75	—	—	—
—	296.60	205.50	607.70	1 294.10	340.85	433.75
—	—	400.00	1 000.00	1 400.00	282.50	—
973.65	1 227.95	1 619.30	1 109.30	5 380.70	1 054.50	1 106.20
910.35	—	1 942.15	970.00	7 438.05	423.75	—
—	444.75	698.35	581.00	2 585.20	298.25	—
721.60	964.05	972.35	845.25	5 992.15	426.15	—
—	—	—	—	1 535.75	—	—
1 968.25	2 420.00	3 451.15	1 996.70	4 919.60	1 240.85	1 769.10
801.95	921.75	—	989.95	1 986.05	440.20	862.65
—	—	—	618.85	2 311.56	330.20	—
—	728.83	1 021.28	1 107.23	3 542.70	512.35	—
782.02	1 040.31	2 749.09	2 450.03	6 819.32	1 109.43	1 531.32
412.05	527.60	956.15	695.10	994.40	—	432.80
—	—	—	—	167.65	—	—
—	—	1 097.30	1 013.95	—	—	853.55
—	190.06	1 182.51	989.00	7 521.46	733.72	1 078.30
—	124.35	225.86	62.40	1 169.72	139.47	—
561.85	729.85	884.00	675.05	1 189.50	402.25	650.60
—	—	—	—	540.75	—	—
—	—	1 635.55	665.85	2 989.85	1 055.50	1 399.05
534.35	435.65	393.05	—	526.35	—	—
124.15	83.95	226.65	195.15	328.55	—	172.25
240.15	370.35	200.00	199.95	549.35	149.85	—
569.90	1 049.50	—	—	4 000.00	897.10	1 407.65
12 071.42	**15 130.75**	**26 075.58**	**20 349.20**	**80 088.91**	**11 474.31**	**15 660.76**

续表

序号	地区	魅力安徽－九华仙境	天降好礼	砸金蛋	多彩假日	幸运星	好运百万
1	北　京	—	379.82	955.35	780.80	515.25	—
2	天　津	—	171.74	287.15	234.95	242.20	—
3	河　北	—	408.96	829.05	—	487.05	—
4	山　西	—	426.30	—	—	—	—
5	内蒙古	—	272.32	377.10	199.80	434.75	—
6	辽　宁	—	638.12	739.40	242.60	516.80	—
7	吉　林	—	208.96	368.40	250.25	—	—
8	黑龙江	—	227.52	371.40	—	—	—
9	上　海	—	82.00	—	—	—	—
10	江　苏	—	224.84	651.80	680.50	505.20	—
11	浙　江	—	—	567.75	—	—	—
12	安　徽	252.00	162.88	397.65	409.10	299.40	—
13	福　建	—	—	515.45	778.55	366.40	—
14	江　西	—	—	—	—	—	—
15	山　东	—	—	1 490.00	—	—	—
16	河　南	—	306.04	543.65	698.95	417.30	—
17	湖　北	—	118.30	485.00	427.60	—	—
18	湖　南	—	—	513.15	518.56	—	—
19	广　东	—	200.00	400.00	759.06	465.00	11 237.03
20	广　西	—	274.20	343.65	371.65	298.05	—
21	海　南	—	—	—	—	—	—
22	重　庆	—	—	—	—	—	—
23	四　川	—	—	—	672.97	—	—
24	贵　州	—	52.46	52.60	48.30	—	—
25	云　南	—	119.54	419.30	508.80	330.45	—
26	西　藏	—	—	—	—	—	—
27	陕　西	—	—	—	—	—	—
28	甘　肃	—	—	273.05	411.70	—	—
29	青　海	—	—	—	122.00	—	—
30	宁　夏	—	119.12	139.30	354.90	—	—
31	新　疆	—	135.00	654.95	730.50	337.72	—
合计 Total		**252.00**	**4 528.12**	**11 375.15**	**9 201.54**	**5 215.57**	**11 237.03**

莲乡意蕴	天长地久	钻石联盟	冰 VS 火	我爱电影 - 一步之遥	雪人	合计 Total
—	—	254.00	—	339.00	—	91 059.47
—	—	—	149.90	—	—	25 492.50
—	234.50	—	405.65	—	239.20	60 090.57
—	—	—	—	—	—	31 248.89
—	348.50	—	423.35	—	—	51 600.11
—	92.00	103.65	204.30	—	—	74 723.46
—	—	—	—	—	—	34 577.87
—	—	—	—	—	—	46 266.91
—	—	—	—	—	—	39 209.88
—	241.45	330.00	425.45	—	—	99 136.29
—	—	422.90	784.15	880.75	—	103 701.02
—	5.00	228.15	382.35	—	—	33 554.45
—	—	248.05	—	—	654.15	66 469.41
3 021.95	—	—	—	—	—	28 297.77
—	1 484.85	1 206.37	—	—	—	164 375.19
—	210.35	—	568.90	—	—	63 931.67
—	—	—	—	—	—	37 516.04
—	—	—	—	—	—	73 575.20
—	300.00	—	—	1 545.56	—	294 786.66
—	—	—	91.70	—	—	45 038.17
—	—	—	—	—	—	3 006.16
—	—	—	0.25	—	—	46 674.47
—	—	—	160.56	—	—	108 667.25
—	—	—	—	—	—	11 896.87
—	—	242.65	298.90	—	—	37 257.53
—	46.10	—	—	—	—	8 568.40
—	—	—	—	—	—	67 986.10
—	—	—	73.70	—	—	18 549.71
—	—	—	—	—	—	8 421.32
—	—	98.00	93.60	—	—	13 003.13
—	—	186.60	—	—	—	70 276.42
3 021.95	**2 962.75**	**3 320.37**	**4 062.76**	**2 765.31**	**893.35**	**1 858 958.92**

（中国福利彩票发行管理中心供稿）

2014年中国福利彩票中福在线视频型彩票销售情况表（分地区分游戏）

Sales Statistics of Online Instant Win Games of Welfare Lottery in Different Regions and in Different Games in China in 2014

单位：万元

Unit：Ten Thousand Yuan

序号	地　区	幸运五彩	开心一刻	四花选五	三江风光	连环夺宝	好运射击	趣味高尔夫	合计 Total
1	北　京	—	—	—	—	—	—	—	—
2	天　津	15.66	1.32	22.73	25.05	47 431.63	8.20	128.33	47 632.93
3	河　北	58.00	2.79	51.32	61.02	120 509.58	16.42	408.64	121 107.76
4	山　西	25.73	1.35	18.29	15.40	63 475.68	8.02	202.44	63 746.92
5	内蒙古	16.88	2.02	23.39	17.03	70 352.20	10.83	281.85	70 704.20
6	辽　宁	38.47	3.25	42.34	48.41	172 747.14	22.53	635.23	173 537.37
7	吉　林	22.22	2.46	34.31	14.19	66 674.64	9.35	223.07	66 980.23
8	黑龙江	9.95	0.48	13.21	4.71	22 239.21	2.42	100.74	22 370.72
9	上　海	8.23	2.45	10.97	15.54	68 592.08	6.51	184.43	68 820.21
10	江　苏	52.48	4.93	66.79	117.13	315 277.33	38.73	694.06	316 251.45
11	浙　江	201.00	3.19	36.84	53.33	424 807.33	22.22	665.45	425 789.36
12	安　徽	28.03	2.10	30.82	31.92	221 601.13	14.42	449.87	222 158.29
13	福　建	52.09	2.84	28.35	22.88	119 862.12	10.62	262.29	120 241.20
14	江　西	13.49	1.83	13.70	11.42	83 227.34	9.05	190.38	83 467.20
15	山　东	171.14	4.25	70.11	81.29	333 121.54	34.72	955.02	334 438.07
16	河　南	40.86	3.32	65.89	41.87	172 963.36	24.22	525.15	173 664.68
17	湖　北	34.25	3.35	32.68	39.59	234 403.77	16.85	481.52	235 012.01
18	湖　南	51.75	4.51	35.94	29.93	230 050.34	24.03	530.57	230 727.08
19	广　东	34.01	6.00	45.29	56.78	290 594.92	26.80	622.50	291 386.30
20	广　西	20.04	2.52	22.07	23.35	105 489.57	9.35	291.86	105 858.76
21	海　南	4.33	0.47	10.99	2.53	25 466.27	1.83	30.05	25 516.47
22	重　庆	4.13	1.30	17.43	13.81	90 055.40	9.15	198.13	90 299.35
23	四　川	14.47	1.33	23.05	27.98	127 884.19	9.26	294.66	128 254.94
24	贵　州	2.66	0.48	4.54	1.66	12 558.01	1.21	31.54	12 600.10
25	云　南	13.30	1.44	18.03	120.58	93 877.07	6.63	260.69	94 297.74
26	西　藏	—	—	—	—	—	—	—	—
27	陕　西	32.78	2.53	30.23	44.03	107 106.61	14.84	320.05	107 551.07
28	甘　肃	19.33	1.37	17.00	24.18	97 135.20	9.52	351.78	97 558.39
29	青　海	1.91	0.17	2.29	3.06	16 379.53	1.48	32.23	16 420.66
30	宁　夏	3.17	0.60	6.66	6.01	28 154.64	3.91	68.21	28 243.20
31	新　疆	—	—	—	—	—	—	—	—
合计 Total		**990.36**	**64.66**	**795.25**	**954.68**	**3 762 037.82**	**373.13**	**9 420.77**	**3 774 636.67**

（中国福利彩票发行管理中心供稿）

2014 年中国体育彩票全国联网游戏品种销售统计（分地区按月统计）

Monthly Sales Statistics of National Games of Sports Lottery in Different Regions in 2014

胜平负任选 9 场

单位：万元
Unit: Ten Thousand Yuan

地区 Region	游戏类型 Game Type	1月 Jan.	2月 Feb.	3月 Mar.	4月 Apr.	5月 May	6月 June	7月 July	8月 Aug.	9月 Sept.	10月 Oct.	11月 Nov.	12月 Dec.	合计 Total
北京	竞猜	2 668.95	2 325.71	3 511.03	2 252.02	1 731.72	1 299.26	1 885.10	1 919.63	2 021.54	1 924.95	1 994.49	2 068.36	25 602.76
天津		1 568.98	1 456.53	2 226.02	1 620.50	1 050.69	599.54	597.12	710.29	778.11	1 077.32	2 033.88	641.41	14 360.38
河北		435.72	385.32	661.70	465.02	279.40	164.24	265.33	1 136.27	1 544.89	943.71	1 034.16	778.93	8 094.69
山西		200.26	193.64	291.17	213.63	129.49	85.73	142.38	239.76	246.46	240.36	224.28	207.42	2 414.58
内蒙古		228.05	198.53	323.30	240.76	172.24	133.26	136.70	291.00	305.23	323.81	339.20	319.07	3 011.16
辽宁		1 119.81	1 003.96	1 441.41	993.79	624.49	397.02	504.19	1 122.81	1 205.12	1 188.90	1 163.39	1 114.02	11 878.91
吉林		277.59	263.17	392.93	301.26	163.11	118.20	150.86	360.15	308.43	296.34	285.88	271.63	3 189.53
黑龙江		313.27	323.08	378.69	215.21	193.70	125.74	134.21	408.36	382.27	372.39	465.60	456.73	3 769.23
上海		3 307.43	2 921.90	2 530.73	2 152.75	1 749.82	877.13	1 786.34	4 532.18	4 399.59	4 722.84	4 868.80	5 286.41	39 135.91
江苏		2 746.30	2 620.04	3 405.55	1 697.64	968.89	388.13	593.35	1 457.06	1 627.71	1 308.62	2 855.85	2 635.00	22 304.14
浙江		1 232.47	1 123.57	1 636.21	1 165.62	779.18	427.86	795.56	1 746.86	1 640.85	1 583.78	1 396.59	1 347.03	14 875.59
安徽		440.29	371.67	569.50	740.53	571.53	358.48	1 002.76	1 032.51	1 202.45	1 238.48	822.53	904.45	9 255.18
福建		544.33	507.27	764.88	541.03	376.89	202.24	295.96	648.87	623.31	608.55	597.42	555.60	6 266.35
江西		2 045.16	2 014.62	3 547.69	2 988.95	1 580.92	1 228.78	2 047.57	4 587.84	4 153.83	5 160.66	4 296.30	3 766.28	37 418.59
山东		755.62	651.14	961.85	629.39	393.21	244.26	357.19	829.06	841.17	891.96	878.41	1 358.37	8 791.64
河南		373.83	350.89	513.60	344.42	208.11	170.40	276.35	405.65	438.46	429.66	404.83	376.79	4 292.99
湖北		1 035.00	979.06	1 408.07	993.47	632.53	386.87	668.54	1 311.63	1 267.14	1 325.31	1 267.86	1 181.89	12 457.38
湖南		1 448.66	1 296.27	3 456.70	3 693.10	1 732.32	900.29	2 212.69	3 808.20	3 506.51	3 277.71	1 933.03	1 662.77	28 928.24
广东		3 880.97	3 553.22	5 253.04	3 820.52	2 530.90	1 305.74	1 846.26	4 090.58	4 360.79	4 352.73	4 197.53	4 034.14	43 226.42
广西		810.16	764.33	1 134.36	788.17	533.68	283.04	429.55	964.91	991.96	985.74	910.06	830.47	9 426.42
海南		81.10	74.96	104.83	68.86	47.70	29.01	31.75	72.87	82.58	81.03	81.70	87.57	843.96
重庆		1 096.40	1 091.69	2 045.31	1 343.67	866.41	822.39	618.86	1 027.62	774.08	921.23	693.40	513.18	11 814.24
四川		1 053.49	903.29	1 373.76	916.41	619.60	379.92	507.58	1 022.85	1 095.12	1 105.33	1 078.00	997.78	11 053.15
贵州		271.83	286.49	421.18	280.79	183.04	110.86	143.00	311.70	323.36	318.31	310.56	295.14	3 256.23
云南		417.83	358.97	532.65	392.87	250.83	161.12	280.82	512.03	485.37	483.98	453.19	447.06	4 776.71
西藏		13.82	8.39	15.40	9.67	7.58	5.70	6.80	13.85	15.02	18.94	15.73	18.67	149.58
陕西		375.74	320.76	482.74	357.43	220.14	136.90	222.94	556.87	485.69	469.69	786.88	1 113.40	5 529.16
甘肃		122.65	102.87	176.81	130.31	86.76	58.36	79.90	171.40	159.32	145.96	135.45	146.44	1 516.23
青海		23.71	22.02	34.76	25.63	16.70	12.50	10.83	102.70	46.86	36.51	86.66	88.56	507.44
宁夏		56.84	49.07	67.77	113.24	79.61	66.21	55.72	102.89	149.76	147.28	74.20	57.32	1 019.91
新疆		335.79	314.61	500.30	379.65	271.29	171.88	594.30	1 759.79	1 804.96	1 157.59	500.94	708.38	8 499.47
合计 Total		**29 282.04**	**26 837.02**	**40 163.93**	**29 876.28**	**19 052.47**	**11 651.06**	**18 680.53**	**37 258.20**	**37 267.93**	**37 139.64**	**36 186.80**	**34 270.25**	**357 666.15**

足球 4 场进球

单位：万元

Unit：Ten Thousand Yuan

地 区 Region	游戏类型 Game Type	1 月 Jan.	2 月 Feb.	3 月 Mar.	4 月 Apr.	5 月 May	6 月 June	7 月 July	8 月 Aug.	9 月 Sept.	10 月 Oct.	11 月 Nov.	12 月 Dec.	合计 Total
北 京	竞猜	90. 56	66. 00	125. 24	116. 92	49. 95	399. 56	184. 84	86. 22	79. 54	94. 06	99. 74	66. 83	1 459. 45
天 津		91. 91	72. 73	140. 91	108. 59	57. 63	252. 94	65. 84	62. 20	36. 14	44. 47	123. 63	22. 54	1 079. 52
河 北		25. 42	18. 04	43. 91	36. 60	21. 90	103. 83	25. 74	54. 61	70. 74	55. 24	76. 48	58. 47	590. 98
山 西		7. 75	6. 04	9. 53	7. 75	4. 65	36. 69	11. 59	12. 76	9. 09	14. 46	19. 77	18. 09	158. 16
内蒙古		15. 67	9. 91	13. 97	15. 83	9. 77	66. 11	16. 28	9. 82	11. 60	12. 43	15. 63	10. 90	207. 92
辽 宁		33. 90	26. 56	33. 23	31. 73	21. 08	116. 03	39. 16	28. 04	25. 33	33. 28	40. 95	29. 66	458. 94
吉 林		21. 09	6. 94	23. 42	23. 00	11. 51	52. 42	13. 82	17. 26	13. 04	9. 85	8. 54	5. 07	205. 95
黑龙江		33. 47	33. 30	41. 61	25. 54	23. 34	95. 36	22. 05	34. 77	20. 76	31. 57	45. 02	36. 73	443. 53
上 海		72. 91	51. 76	100. 53	127. 87	174. 18	550. 04	222. 77	342. 65	237. 89	279. 08	365. 66	337. 51	2 862. 87
江 苏		226. 53	190. 17	371. 34	343. 95	41. 07	183. 18	48. 59	48. 55	36. 81	49. 01	48. 80	26. 40	1 614. 39
浙 江		59. 73	51. 80	93. 44	87. 25	45. 80	279. 11	52. 85	79. 10	59. 37	79. 41	100. 73	61. 14	1 049. 75
安 徽		16. 25	9. 62	15. 04	35. 24	18. 26	75. 85	69. 48	65. 66	51. 51	56. 82	58. 41	74. 19	546. 33
福 建		26. 62	24. 94	40. 02	34. 65	16. 47	94. 60	27. 12	27. 09	27. 11	25. 38	51. 57	27. 32	422. 89
江 西		71. 33	51. 89	108. 77	122. 79	85. 14	706. 65	258. 57	341. 47	219. 15	245. 39	455. 49	281. 88	2 948. 53
山 东		44. 36	33. 14	44. 32	87. 78	58. 62	191. 98	72. 64	76. 95	25. 59	38. 62	59. 65	58. 51	792. 16
河 南		14. 08	19. 28	17. 00	20. 93	8. 89	104. 37	23. 28	18. 41	14. 33	25. 24	27. 95	22. 13	315. 88
湖 北		42. 61	41. 25	99. 05	82. 20	54. 11	221. 04	104. 41	67. 95	40. 93	63. 89	93. 87	56. 29	967. 60
湖 南		297. 57	224. 48	363. 68	340. 98	197. 65	674. 57	184. 42	205. 54	112. 35	142. 20	62. 95	37. 91	2 844. 30
广 东		201. 04	144. 25	271. 69	208. 17	120. 02	561. 23	163. 98	179. 46	160. 66	191. 45	241. 87	174. 17	2 618. 00
广 西		75. 09	52. 76	65. 34	66. 70	33. 93	147. 74	38. 89	45. 73	36. 73	49. 58	58. 07	60. 72	731. 26
海 南		10. 82	12. 65	10. 11	5. 10	2. 64	16. 37	3. 55	2. 06	1. 84	3. 06	3. 67	2. 68	74. 55
重 庆		144. 00	105. 79	228. 21	113. 03	55. 01	318. 28	64. 99	65. 78	38. 21	61. 72	73. 88	32. 92	1 301. 83
四 川		49. 38	33. 24	61. 51	54. 78	31. 93	194. 41	41. 81	50. 09	39. 90	46. 56	60. 24	35. 64	699. 48
贵 州		10. 95	6. 96	18. 72	15. 83	8. 64	59. 10	16. 95	21. 57	8. 63	13. 68	16. 10	7. 06	204. 19
云 南		15. 66	14. 98	20. 84	18. 89	9. 41	73. 80	21. 04	43. 25	18. 44	25. 24	39. 09	22. 06	322. 69
西 藏		1. 65	0. 20	0. 40	0. 25	0. 30	7. 68	1. 38	0. 89	0. 95	0. 48	0. 25	0. 53	14. 97
陕 西		29. 23	16. 35	29. 52	25. 06	11. 60	87. 61	20. 55	17. 26	16. 95	39. 01	58. 58	28. 90	380. 63
甘 肃		6. 04	3. 76	7. 78	9. 44	7. 73	34. 62	10. 25	2. 79	3. 69	8. 99	10. 51	7. 86	113. 45
青 海		1. 43	0. 49	0. 42	0. 88	0. 47	2. 71	1. 61	5. 57	2. 37	1. 29	16. 29	19. 06	52. 58
宁 夏		1. 86	1. 09	2. 96	5. 24	4. 73	37. 56	7. 57	5. 71	5. 16	3. 74	1. 93	1. 00	78. 53
新 疆		22. 99	11. 31	41. 20	26. 88	17. 45	91. 81	47. 33	97. 27	61. 40	53. 70	28. 79	31. 78	531. 90
合计 Total		**1 761. 89**	**1 341. 68**	**2 443. 72**	**2 199. 86**	**1 203. 86**	**5 837. 25**	**1 883. 34**	**2 116. 49**	**1 486. 19**	**1 798. 87**	**2 364. 13**	**1 655. 94**	**26 093. 22**

足球 6 场半全场胜平负

单位：万元

Unit：Ten Thousand Yuan

地 区 Region	游戏类型 Game Type	1 月 Jan.	2 月 Feb.	3 月 Mar.	4 月 Apr.	5 月 May	6 月 June	7 月 July	8 月 Aug.	9 月 Sept.	10 月 Oct.	11 月 Nov.	12 月 Dec.	合计 Total
北 京	竞猜	10.76	9.66	13.28	8.10	9.75	53.77	75.56	7.16	6.99	19.90	15.55	10.72	241.19
天 津		13.87	14.77	22.20	11.56	12.48	30.60	15.08	9.88	6.24	23.79	31.79	5.60	197.89
河 北		2.80	3.72	6.10	2.43	4.46	10.36	6.00	4.72	7.50	15.61	16.41	7.32	87.42
山 西		1.49	1.29	1.85	1.09	1.33	4.53	3.47	2.21	1.02	3.12	3.10	2.53	27.00
内蒙古		1.35	2.48	2.35	1.31	2.59	14.67	4.64	1.65	1.24	3.94	2.87	2.23	41.31
辽 宁		4.62	3.68	4.43	4.72	6.45	18.41	9.06	2.85	4.43	14.71	11.35	7.91	92.63
吉 林		0.74	3.11	1.75	0.47	0.88	5.74	1.44	0.52	0.77	4.50	1.61	1.03	22.56
黑龙江		2.48	3.37	3.29	3.23	2.02	14.88	7.47	4.91	4.19	12.00	10.56	13.88	82.26
上 海		19.22	20.98	29.42	26.14	55.65	84.66	124.95	51.96	40.52	101.35	84.03	81.91	720.77
江 苏		31.79	38.74	64.21	38.92	18.77	23.45	15.60	4.98	5.26	22.10	11.43	6.95	282.21
浙 江		7.94	9.70	11.58	6.15	9.60	32.21	21.52	6.76	6.61	33.34	21.98	18.22	185.61
安 徽		2.68	3.36	4.75	3.93	6.38	11.84	22.30	11.23	20.45	28.71	15.64	18.59	149.85
福 建		6.07	7.15	7.25	4.27	5.71	14.99	10.18	3.86	5.83	14.80	11.49	9.20	100.81
江 西		15.36	17.49	17.18	11.05	21.03	76.09	184.15	57.36	49.69	135.51	111.83	74.91	771.64
山 东		4.58	5.50	4.57	3.80	6.13	20.52	10.00	4.02	3.02	11.88	8.69	12.60	95.29
河 南		1.85	2.50	2.22	2.19	1.58	20.84	4.17	1.21	1.43	7.31	4.67	3.10	53.08
湖 北		2.94	5.20	6.16	3.37	4.30	20.72	19.30	3.98	2.49	16.46	9.34	5.80	100.06
湖 南		39.01	57.97	83.19	25.87	58.84	89.40	58.32	31.86	14.16	67.34	10.86	6.79	543.61
广 东		38.59	43.48	48.48	26.23	36.36	86.34	50.25	24.91	24.91	88.49	61.73	44.61	574.38
广 西		7.55	9.34	10.47	3.91	6.66	16.43	13.09	4.70	3.90	17.62	11.48	7.56	112.70
海 南		1.60	3.06	3.44	1.35	1.25	4.63	1.20	0.76	0.95	2.05	1.77	1.22	23.29
重 庆		14.75	20.04	25.49	9.23	13.95	58.16	18.05	11.32	6.45	23.59	19.56	7.46	228.04
四 川		5.81	6.95	7.95	6.39	6.64	27.41	10.35	5.19	5.32	19.65	12.07	7.64	121.37
贵 州		2.26	1.98	2.65	1.14	2.15	7.40	3.45	2.05	1.40	5.59	3.20	2.44	35.71
云 南		4.82	4.12	4.94	3.10	10.16	14.54	7.06	3.19	3.38	10.94	7.24	3.71	77.20
西 藏		0.06	0.31	0.03	0.03	0.05	2.91	3.33	0.31	0.04	0.15	0.10	0.72	8.04
陕 西		2.19	1.85	2.14	1.96	1.78	8.94	3.58	1.56	1.36	8.22	6.52	3.19	43.29
甘 肃		0.70	0.69	1.02	0.73	0.73	4.65	1.90	0.29	0.34	1.45	1.30	1.01	14.81
青 海		0.10	0.29	0.37	0.05	0.09	0.96	0.19	0.33	0.07	1.18	1.92	1.44	6.99
宁 夏		0.79	0.72	0.61	3.85	3.41	8.09	2.27	0.75	0.83	2.00	1.02	0.58	24.92
新 疆		3.61	2.73	4.15	2.19	6.00	10.17	33.14	21.71	11.21	23.21	5.38	8.07	131.57
合计 Total		**252.37**	**306.23**	**397.51**	**218.76**	**317.16**	**798.32**	**741.05**	**288.19**	**241.99**	**740.48**	**516.47**	**378.95**	**5 197.47**

足球胜平负

单位：万元

Unit：Ten Thousand Yuan

地区 Region	游戏类型 Game Type	1月 Jan.	2月 Feb.	3月 Mar.	4月 Apr.	5月 May	6月 June	7月 July	8月 Aug.	9月 Sept.	10月 Oct.	11月 Nov.	12月 Dec.	合计 Total
北京	竞猜	3 495.41	2 785.73	4 198.47	2 941.31	2 603.81	2 137.69	3 224.35	1 822.59	2 174.05	1 840.91	2 195.90	2 466.78	31 887.00
天津		1 821.26	1 316.79	2 138.08	1 690.77	1 258.70	856.19	773.30	783.82	956.34	995.33	1 935.29	768.91	15 294.77
河北		534.63	445.23	663.59	430.27	357.26	292.65	334.37	1 013.16	1 563.40	907.87	1 125.63	933.95	8 602.03
山西		286.83	212.88	352.33	293.67	166.41	151.58	142.29	195.37	310.71	297.48	333.96	326.68	3 070.18
内蒙古		347.44	231.79	347.17	242.77	217.02	216.84	144.23	191.65	290.89	325.12	355.00	403.59	3 313.52
辽宁		1 397.83	1 055.72	1 548.90	1 194.57	961.44	730.80	746.07	961.74	1 458.83	1 244.30	1 536.48	1 512.50	14 349.18
吉林		361.03	297.12	366.98	297.20	229.97	183.41	169.87	258.01	309.00	287.13	367.92	400.54	3 528.18
黑龙江		446.78	356.84	415.67	263.34	381.63	250.68	163.61	327.72	617.97	526.58	666.29	707.21	5 124.31
上海		2 322.87	1 673.69	3 193.44	2 781.36	3 846.56	1 670.42	2 674.70	4 286.13	5 249.27	5 075.70	6 126.04	7 493.69	46 393.85
江苏		4 022.69	2 895.04	4 290.48	2 086.01	1 325.96	748.08	763.43	1 306.48	2 076.80	1 508.58	4 242.13	3 908.74	29 174.40
浙江		1 720.72	1 162.46	1 764.41	1 414.57	1 147.00	887.64	1 054.16	1 557.11	2 100.50	1 995.05	2 272.35	2 494.41	19 570.36
安徽		442.93	327.88	471.99	656.44	674.53	747.31	1 405.56	1 239.97	1 237.59	1 206.44	1 087.04	1 356.44	10 854.12
福建		852.92	702.96	1 105.67	789.20	660.43	440.80	505.40	624.54	878.30	706.90	876.54	954.86	9 098.52
江西		2 765.41	2 078.38	4 713.84	4 355.74	2 374.15	2 305.04	4 183.90	5 394.32	6 571.99	5 821.79	5 480.59	7 105.67	53 150.81
山东		1 039.65	748.14	1 165.63	849.98	659.83	477.97	565.34	808.93	1 068.80	1 063.49	1 265.29	1 967.99	11 681.03
河南		617.09	414.07	838.34	529.76	386.64	318.83	374.10	414.62	626.38	609.49	658.79	883.34	6 671.45
湖北		1 146.93	865.14	1 286.00	1 052.26	856.52	629.51	724.32	901.09	1 209.99	1 086.09	1 368.22	1 410.89	12 536.96
湖南		4 672.92	4 081.34	8 052.58	6 500.71	2 838.23	1 636.31	3 092.55	3 443.49	4 955.92	3 573.01	2 624.42	3 049.54	48 521.01
广东		5 226.62	3 879.05	5 767.76	4 607.82	3 688.15	2 353.66	2 528.62	3 833.94	5 197.55	4 892.99	5 871.29	5 758.20	53 605.65
广西		1 043.77	759.85	1 061.60	799.96	714.52	454.17	510.33	753.77	1 007.60	896.79	1 071.16	1 061.83	10 135.35
海南		134.56	103.13	151.32	95.64	76.42	68.80	52.67	70.11	98.76	86.62	125.35	125.34	1 188.73
重庆		1 537.75	986.62	1 376.83	1 333.37	802.56	1 214.36	680.34	752.27	802.13	718.13	892.14	675.94	11 772.46
四川		1 358.67	1 041.69	1 512.70	1 141.29	891.07	612.71	636.69	895.30	1 269.89	1 176.16	1 352.76	1 311.02	13 199.94
贵州		403.37	352.36	487.53	398.76	319.56	246.25	202.08	286.18	391.25	371.92	428.24	440.47	4 327.97
云南		670.00	506.00	819.21	645.42	470.55	364.55	400.76	490.42	677.78	668.47	793.15	828.88	7 335.18
西藏		28.22	10.45	22.41	13.75	17.80	17.92	20.30	14.99	22.85	29.66	34.43	42.56	275.35
陕西		643.48	496.65	768.92	628.71	462.12	332.44	388.79	599.46	772.04	712.49	1 149.27	1 480.73	8 435.09
甘肃		227.89	177.69	229.27	174.02	129.35	109.31	84.38	116.22	149.55	139.94	170.17	156.03	1 863.83
青海		27.21	24.11	37.25	28.74	21.72	19.08	11.32	46.51	54.88	41.59	87.64	123.01	523.03
宁夏		161.95	126.48	162.20	171.73	145.79	123.00	98.64	118.64	203.78	168.60	170.29	153.27	1 804.36
新疆		423.31	297.81	528.31	389.68	309.60	256.23	598.00	1 368.34	1 544.58	979.99	697.51	835.18	8 228.53
合计 Total		**40 182.14**	**30 413.06**	**49 838.89**	**38 798.80**	**28 995.29**	**20 854.22**	**27 254.45**	**34 876.88**	**45 849.37**	**39 954.61**	**47 361.27**	**51 138.16**	**455 517.14**

竞彩玩法

单位：万元

Unit: Ten Thousand Yuan

地区 Region	游戏类型 Game Type	1月 Jan.	2月 Feb.	3月 Mar.	4月 Apr.	5月 May	6月 June	7月 July	8月 Aug.	9月 Sept.	10月 Oct.	11月 Nov.	12月 Dec.	竞彩网销量	合计 Total
北京	竞猜	2 468.32	3 419.19	4 050.62	3 893.72	3 799.42	15 675.10	14 297.52	569.62	645.55	789.11	573.47	4 930.61	3.13	55 115.37
天津		10 409.22	9 020.11	19 596.90	27 426.06	21 903.56	47 681.09	44 708.08	10 100.84	7 527.79	9 306.61	26 979.34	6 495.49	0.04	241 155.13
河北		2 119.70	1 430.46	4 878.33	1 825.39	1 350.50	8 461.03	14 952.85	17 300.85	45 624.08	31 686.32	21 816.81	25 027.36	0.63	176 474.28
山西		551.15	511.54	1 444.69	1 861.99	1 562.81	2 444.94	1 927.71	1 322.20	1 710.69	1 893.27	1 725.35	1 339.40	0.04	18 295.80
内蒙古		506.26	277.71	563.28	615.72	480.32	1 651.98	1 569.22	571.68	782.32	614.69	708.61	808.47	0.22	9 150.49
辽宁		3 320.73	2 664.26	4 400.53	4 531.82	4 288.39	15 104.01	13 476.90	5 352.10	5 170.81	5 064.16	6 114.56	17 611.05	0.28	87 099.61
吉林		1 404.00	1 159.08	1 875.73	1 817.64	1 613.68	4 038.41	3 602.02	1 540.88	1 779.25	1 619.45	1 891.05	1 692.30	0.64	24 034.12
黑龙江		3 865.81	3 179.23	11 928.78	4 975.81	4 616.85	32 947.66	35 192.28	20 929.24	23 455.33	16 766.48	15 189.58	22 194.80	0.46	195 242.29
上海		20 699.55	15 768.26	35 276.42	42 820.98	29 734.70	120 136.31	136 881.22	32 516.43	37 702.32	32 467.40	14 689.16	26 729.52	3.46	545 425.71
江苏		14 669.69	11 537.67	18 904.89	24 657.22	27 114.59	97 887.12	90 972.76	40 437.26	48 288.59	38 075.72	31 021.96	54 173.17	1.69	497 742.32
浙江		3 806.29	2 989.21	5 451.01	9 449.93	13 299.66	77 682.60	67 063.25	19 240.11	21 452.26	22 770.98	16 448.98	14 517.44	0.79	274 172.51
安徽		12 478.15	9 517.40	16 701.10	3 610.51	2 951.16	14 831.49	10 149.18	2 970.05	7 590.60	19 087.11	54 792.17	44 871.57	0.83	199 551.33
福建		1 936.28	1 547.20	2 696.13	2 647.10	2 208.43	4 788.50	3 431.35	1 698.57	4 751.49	6 674.16	14 293.75	4 516.00	0.86	51 189.80
江西		6 182.77	6 290.71	13 402.78	15 549.32	9 555.51	42 061.50	54 793.68	20 484.60	27 024.69	14 744.28	13 630.53	19 878.36	0.78	243 599.50
山东		14 361.55	9 595.65	18 310.49	16 194.70	12 435.22	40 032.54	39 155.07	31 123.96	27 793.51	24 472.61	31 217.39	52 183.69	0.68	316 877.07
河南		3 835.96	3 183.07	7 001.03	10 956.71	9 148.57	11 825.32	12 273.42	10 648.58	10 250.20	12 187.15	5 358.93	6 548.57	1.45	103 218.98
湖北		4 324.04	2 660.93	4 929.95	3 885.18	2 132.68	9 170.07	16 240.47	3 114.35	19 381.39	19 921.25	48 653.84	16 693.64	3.23	151 111.02
湖南		14 173.01	7 947.71	9 490.37	6 145.80	7 202.54	27 046.87	28 879.19	10 564.24	6 269.51	9 280.62	9 366.33	17 274.25	0.13	153 640.57
广东		19 196.74	11 619.56	15 706.57	15 255.44	12 032.52	27 028.40	30 736.94	15 811.37	17 317.27	11 877.17	13 297.17	14 663.47	2.69	204 545.31
广西		2 074.58	1 687.06	2 827.90	2 866.66	2 389.90	5 408.44	4 331.75	2 572.79	3 201.33	5 502.66	7 194.39	12 700.61	0.09	52 758.16
海南		137.29	92.24	163.87	160.31	115.03	393.26	291.82	129.99	134.42	124.57	124.44	235.81	0.13	2 103.17
重庆		6 821.69	5 515.74	10 601.50	8 949.07	7 359.68	15 346.42	15 588.67	12 485.52	16 781.32	28 093.29	14 673.51	10 129.95	1.10	152 347.45
四川		1 834.44	1 570.30	2 591.27	2 709.32	2 584.62	8 685.09	7 555.55	2 891.09	2 829.55	2 595.23	3 405.62	5 412.55	4.49	44 669.12
贵州		901.06	755.02	1 568.32	1 731.61	1 226.16	7 157.13	5 612.01	1 413.16	1 409.50	1 217.21	1 264.70	1 121.69	8.14	25 385.73
云南		2 342.30	1 844.99	3 311.56	3 691.49	2 818.72	14 155.73	12 633.30	3 481.00	3 748.98	3 660.15	4 811.19	4 208.65	2.93	60 711.00
西藏		61.03	31.52	72.04	95.20	106.52	204.89	188.42	114.74	91.83	68.75	95.20	89.94	1.59	1 221.67
陕西		1 145.20	767.70	2 543.31	3 845.03	4 832.77	32 307.67	39 946.25	30 905.04	16 637.24	6 875.04	9 538.65	17 249.57	1.16	166 594.62
甘肃		3 298.96	3 168.13	5 200.49	5 015.08	4 874.09	16 820.53	13 398.39	550.27	669.66	767.88	722.12	533.78	1.15	55 020.54
青海		3 115.92	2 370.61	4 248.61	4 186.69	2 522.80	13 469.15	11 389.71	6 242.08	5 694.90	4 065.57	4 795.67	6 540.70	0.01	68 642.44
宁夏		4 557.83	3 615.40	6 420.99	5 240.05	1 821.10	12 351.22	11 265.60	8 861.50	5 891.33	8 771.37	6 883.45	441.61	0.07	76 121.51
新疆		1 950.65	1 996.35	10 608.49	14 387.53	10 758.33	21 349.44	26 439.31	28 035.47	23 846.06	5 081.56	3 720.49	2 927.38	1.28	151 102.32
合计 Total		**168 550.16**	**127 734.03**	**246 767.98**	**250 999.08**	**208 840.82**	**748 143.90**	**768 943.86**	**343 979.56**	**395 453.76**	**346 121.83**	**384 998.39**	**413 741.40**	**44.17**	**4 404 318.94**

排　列　3

单位：万元

Unit: Ten Thousand Yuan

地　区 Region	游戏类型 Game Type	1月 Jan.	2月 Feb.	3月 Mar.	4月 Apr.	5月 May	6月 June	7月 July	8月 Aug.	9月 Sept.	10月 Oct.	11月 Nov.	12月 Dec.	合计 Total
北　京	乐透排列	2 805.72	1 900.12	2 996.34	2 453.06	2 603.63	2 324.57	2 264.44	2 275.09	2 141.84	2 234.41	2 127.36	1 971.17	28 097.75
天　津		1 828.98	1 295.63	1 943.73	1 918.89	1 816.33	1 605.17	1 724.71	1 595.55	1 659.14	1 707.35	1 825.22	2 036.72	20 957.42
河　北		2 179.68	1 534.24	2 310.73	2 050.12	2 061.64	1 917.73	1 823.05	2 525.64	2 112.43	1 998.45	2 180.00	2 210.90	24 904.60
山　西		577.63	354.12	537.58	549.59	567.99	477.96	497.66	450.53	450.47	492.27	548.44	656.91	6 161.14
内蒙古		2 106.12	1 396.52	2 128.30	2 041.96	2 107.20	1 710.12	1 664.95	1 614.29	1 689.91	1 797.36	1 924.61	1 984.68	22 166.01
辽　宁		2 218.92	1 563.64	2 275.45	2 115.42	2 273.86	1 788.30	1 792.67	1 846.28	1 829.22	2 035.54	2 151.10	2 169.89	24 060.29
吉　林		1 165.99	824.38	1 240.31	1 450.58	1 150.62	944.37	938.71	951.12	1 000.71	1 068.03	1 198.76	1 107.04	13 040.63
黑龙江		1 303.89	903.82	1 344.55	1 228.22	1 246.46	1 061.60	1 054.84	1 082.83	1 048.46	1 166.73	1 306.18	1 302.35	14 049.93
上　海		1 332.21	974.89	1 453.42	1 444.28	1 571.40	1 421.55	1 908.48	2 078.14	1 942.20	1 775.64	1 704.14	1 611.80	19 218.14
江　苏		5 639.85	4 045.94	5 689.73	5 331.67	5 468.51	4 783.03	4 786.64	4 953.63	4 958.52	5 032.95	5 131.54	5 163.28	60 985.28
浙　江		4 386.36	2 919.71	4 472.81	4 416.23	4 502.06	3 947.76	3 769.17	3 872.19	3 832.60	3 956.49	3 892.25	4 222.13	48 189.76
安　徽		1 367.86	972.17	1 515.02	1 335.98	1 241.05	1 076.20	1 088.17	1 133.02	1 089.80	1 128.71	1 205.61	1 348.72	14 502.31
福　建		629.23	498.25	676.89	633.25	646.20	537.12	545.97	558.80	550.56	543.30	557.34	594.75	6 971.65
江　西		926.69	604.80	886.28	1 061.36	1 019.32	895.67	679.88	871.51	1 909.93	1 575.72	1 633.45	1 630.09	13 694.72
山　东		1 297.74	834.40	1 383.14	1 354.96	1 326.47	1 260.86	1 436.97	1 468.64	1 522.16	1 456.45	1 245.38	1 377.68	15 964.86
河　南		3 044.96	2 076.93	3 290.85	2 901.70	2 949.30	2 669.48	2 790.95	2 850.47	2 766.20	2 948.76	2 999.33	3 024.38	34 313.33
湖　北		2 493.68	1 726.83	2 466.76	2 383.45	2 527.62	2 186.45	2 245.05	2 207.41	2 154.55	2 195.57	2 274.32	2 289.91	27 151.60
湖　南		1 596.24	1 230.56	2 096.75	2 205.53	2 062.53	1 913.65	1 913.83	1 727.75	1 608.54	1 432.26	1 376.93	1 351.21	20 515.78
广　东		1 549.88	1 180.10	1 750.03	1 585.06	1 523.42	1 373.35	1 382.09	1 440.50	1 461.97	1 440.68	1 520.54	1 582.55	17 790.18
广　西		175.40	121.20	198.01	179.57	190.19	199.72	213.06	175.54	290.40	233.44	209.64	204.90	2 391.06
海　南		32.09	23.70	32.34	25.80	25.55	22.96	19.99	22.64	22.63	26.66	29.08	34.43	317.87
重　庆		602.37	527.48	696.20	644.57	780.70	677.67	640.88	955.61	768.88	557.77	605.46	503.48	7 961.08
四　川		3 208.10	2 101.13	3 112.71	2 995.17	3 082.99	2 869.61	2 815.28	3 060.15	3 000.55	2 906.85	2 930.69	3 017.12	35 100.37
贵　州		931.01	649.30	1 012.25	964.99	1 001.35	871.48	879.98	883.79	903.54	930.09	922.47	921.19	10 871.44
云　南		2 972.72	2 122.91	3 067.09	2 967.99	2 946.50	2 744.51	2 701.70	2 722.51	2 687.44	2 781.77	3 113.45	3 001.31	33 829.90
西　藏		141.81	97.29	82.08	134.39	174.06	174.93	183.88	74.66	105.40	122.73	101.70	92.69	1 485.60
陕　西		1 147.72	743.35	1 163.51	1 145.51	1 137.67	1 013.68	969.49	983.65	948.35	950.46	1 004.58	1 023.07	12 231.05
甘　肃		980.70	669.34	1 075.91	1 007.74	949.30	1 049.04	1 077.92	969.02	852.31	851.95	889.09	927.15	11 299.48
青　海		216.21	133.57	214.02	198.24	207.44	187.35	181.56	188.16	189.55	182.10	189.93	205.29	2 293.42
宁　夏		756.60	491.91	724.71	728.46	753.36	634.32	719.84	590.13	660.48	653.74	624.10	700.90	8 038.55
新　疆		875.04	599.80	916.89	836.68	855.96	755.86	742.52	738.13	766.70	840.34	879.07	926.69	9 733.65
合计 Total		**50 491.41**	**35 118.03**	**52 754.36**	**50 290.41**	**50 770.71**	**45 096.08**	**45 454.31**	**46 867.37**	**46 925.45**	**47 024.56**	**48 301.77**	**49 194.38**	**568 288.82**

排 列 5

单位：万元

Unit: Ten Thousand Yuan

地 区 Region	游戏类型 Game Type	1月 Jan.	2月 Feb.	3月 Mar.	4月 Apr.	5月 May	6月 June	7月 July	8月 Aug.	9月 Sept.	10月 Oct.	11月 Nov.	12月 Dec.	合计 Total
北 京	乐透排列	1 095.25	792.49	1 145.00	840.73	855.76	789.99	815.11	781.90	781.96	779.33	719.15	736.11	10 132.77
天 津		944.22	656.63	1 016.80	1 027.67	960.86	839.80	844.95	827.13	807.82	800.15	859.53	965.46	10 551.00
河 北		1 045.55	735.63	1 049.63	1 017.78	980.54	923.81	945.69	1 036.40	1 152.07	1 171.35	1 144.41	1 196.24	12 399.10
山 西		311.76	218.47	325.79	317.76	322.79	280.96	286.65	311.37	334.64	341.14	370.54	398.84	3 820.72
内蒙古		1 066.57	715.87	1 093.21	1 048.54	1 012.95	901.90	931.04	903.70	964.48	1 012.36	1 027.54	1 102.21	11 780.35
辽 宁		1 006.72	727.21	1 035.20	1 005.70	971.28	887.53	885.20	897.30	939.00	936.96	931.58	969.79	11 193.46
吉 林		591.53	444.97	646.82	633.15	616.49	554.65	550.36	569.47	609.24	589.38	596.70	627.25	7 030.01
黑龙江		646.63	453.18	676.09	641.26	656.73	604.60	626.70	606.28	657.58	709.50	723.12	745.74	7 747.42
上 海		486.00	344.32	502.40	565.38	639.68	653.28	834.15	1 015.52	1 144.17	1 084.86	976.34	886.64	9 132.74
江 苏		2 482.13	1 772.32	2 501.12	2 316.41	2 284.44	2 145.94	2 130.25	2 234.68	2 329.32	2 317.85	2 255.31	2 328.64	27 098.40
浙 江		2 007.89	1 378.86	2 003.79	2 007.39	2 011.55	1 871.78	1 803.67	1 907.10	1 951.08	1 963.79	1 916.14	1 980.02	22 803.06
安 徽		848.48	581.96	881.98	834.65	842.55	744.98	772.76	777.95	791.30	818.14	817.48	893.70	9 605.93
福 建		333.78	241.73	350.85	339.99	331.59	308.31	299.99	313.78	337.15	326.55	338.02	354.71	3 876.45
江 西		379.28	257.26	369.81	445.90	426.19	383.69	282.11	302.03	456.51	413.92	624.16	788.56	5 129.42
山 东		713.98	483.00	681.60	644.67	639.77	595.47	590.75	631.53	657.18	637.18	639.58	681.09	7 595.80
河 南		2 027.59	1 433.50	2 028.74	1 918.70	1 963.94	1 836.30	1 831.36	1 905.44	1 879.28	2 023.06	2 116.56	2 189.75	23 154.23
湖 北		1 769.98	1 263.27	1 844.44	1 894.34	1 942.86	1 764.26	1 807.88	1 815.05	1 823.87	1 811.22	1 780.55	1 741.95	21 259.69
湖 南		959.56	697.82	1 071.29	1 195.23	1 142.30	1 073.89	998.60	955.97	875.23	843.79	783.91	810.65	11 408.25
广 东		1 172.73	840.27	1 194.95	1 166.67	1 113.76	1 056.40	1 053.80	1 080.42	1 108.61	1 129.45	1 136.07	1 195.79	13 248.93
广 西		201.79	155.62	258.71	230.54	222.68	153.59	140.03	114.57	171.32	139.00	129.57	132.58	2 050.01
海 南		48.19	32.70	46.64	43.50	43.10	40.21	34.45	37.37	40.21	41.12	41.31	46.62	495.41
重 庆		321.56	234.18	336.12	337.27	326.39	307.21	314.51	332.77	314.20	246.83	249.79	235.70	3 556.52
四 川		1 720.77	1 220.34	1 772.39	1 725.84	1 752.77	1 629.72	1 591.09	1 657.87	1 728.79	1 737.11	1 717.24	1 791.81	20 045.74
贵 州		858.36	616.26	960.53	903.48	915.08	844.17	832.16	843.62	870.25	865.05	862.57	897.05	10 268.58
云 南		2 680.26	1 919.08	2 843.68	2 500.05	2 540.64	2 455.35	2 424.25	2 380.24	2 452.11	2 677.80	2 536.26	2 676.29	30 086.01
西 藏		90.93	62.01	100.73	111.44	108.90	104.46	104.05	102.11	109.38	124.40	135.37	132.33	1 286.10
陕 西		604.79	412.61	671.54	648.44	610.75	550.49	528.13	573.53	586.41	582.14	603.61	644.08	7 016.54
甘 肃		716.10	487.69	748.33	704.73	706.69	649.00	653.52	665.87	697.83	687.45	700.48	723.71	8 141.40
青 海		153.00	100.87	168.98	168.70	166.12	155.50	148.30	161.44	159.78	163.01	182.77	184.38	1 912.85
宁 夏		378.25	265.13	384.78	379.43	377.69	372.61	358.71	337.57	356.95	350.12	368.75	399.12	4 329.11
新 疆		420.98	288.28	425.76	415.27	404.65	368.03	376.10	377.56	424.63	416.93	426.82	455.71	4 800.74
合计 Total		**28 084.60**	**19 833.54**	**29 137.71**	**28 030.61**	**27 891.50**	**25 847.89**	**25 796.34**	**26 457.54**	**27 512.37**	**27 740.91**	**27 711.22**	**28 912.51**	**322 956.74**

七 星 彩

单位：万元

Unit: Ten Thousand Yuan

地区 Region	游戏类型 Game Type	1月 Jan.	2月 Feb.	3月 Mar.	4月 Apr.	5月 May	6月 June	7月 July	8月 Aug.	9月 Sept.	10月 Oct.	11月 Nov.	12月 Dec.	合计 Total
北京	乐透排列	944.07	857.08	1 064.87	804.44	895.08	756.03	949.65	1 032.57	930.94	982.06	877.11	820.56	10 914.48
天津		933.21	769.96	1 067.23	1 122.59	1 117.92	1 128.02	1 143.86	1 299.09	1 111.75	1 132.17	1 024.16	978.92	12 828.89
河北		1 401.87	1 202.89	1 574.18	1 527.87	1 524.89	1 483.65	1 448.77	1 680.06	1 540.50	1 644.57	1 526.39	1 507.07	18 062.71
山西		134.12	101.23	147.34	153.51	160.24	153.18	143.93	159.61	145.03	154.80	138.68	135.62	1 727.30
内蒙古		205.67	166.91	227.63	228.19	228.66	216.19	215.68	232.62	218.31	231.48	210.39	205.32	2 587.03
辽宁		261.99	224.42	284.89	282.19	287.10	279.18	273.15	303.81	278.07	287.30	259.75	252.00	3 273.85
吉林		635.63	566.22	708.52	692.37	688.87	666.72	647.57	729.47	666.95	680.91	636.58	624.43	7 944.23
黑龙江		482.61	446.52	574.25	574.00	593.70	559.59	569.85	632.03	579.92	673.67	590.27	574.95	6 851.34
上海		453.94	381.44	511.95	538.56	622.90	610.06	775.84	974.82	993.82	1 005.94	679.64	645.28	8 194.20
安徽		839.13	708.57	914.22	889.32	905.87	882.98	860.20	965.28	868.51	914.24	821.38	865.70	10 435.41
福建		403.97	354.84	453.92	464.49	486.54	483.10	468.11	538.28	471.66	486.76	416.44	410.69	5 438.80
江西		494.80	443.73	534.31	547.09	544.37	696.09	705.99	826.89	711.45	768.82	910.79	930.35	8 114.68
山东		703.06	561.86	695.74	664.00	667.13	667.34	687.98	731.18	659.72	672.19	612.26	637.10	7 959.57
河南		2 777.33	2 352.36	3 105.43	2 917.96	2 965.61	2 925.51	2 904.28	3 317.21	2 976.70	3 158.54	2 868.33	2 810.22	35 079.49
湖北		1 464.86	1 238.12	1 649.57	1 626.46	1 680.96	1 700.12	1 711.48	1 834.90	1 670.70	1 718.14	1 523.85	1 496.09	19 315.26
湖南		337.66	303.37	413.39	641.81	663.06	652.93	478.72	508.08	454.19	451.34	286.56	275.52	5 466.63
广东		1 774.74	1 522.52	1 982.85	1 950.52	1 991.01	1 964.32	1 938.48	2 158.20	1 980.97	2 103.36	1 826.02	1 760.84	22 953.82
广西		118.95	102.92	138.79	151.31	169.36	160.32	141.83	154.03	141.92	147.65	122.62	119.51	1 669.20
海南		590.31	504.75	650.13	623.60	608.45	593.31	547.98	651.25	601.31	672.81	680.05	711.58	7 435.52
重庆		282.20	256.02	325.29	331.54	349.69	365.04	348.97	402.65	307.07	271.26	225.17	182.63	3 647.53
四川		2 750.07	2 354.97	3 014.69	2 981.39	3 098.21	3 018.53	2 928.87	3 267.43	3 051.46	3 098.44	2 850.79	2 785.89	35 200.73
贵州		354.75	303.99	412.16	404.71	437.99	425.66	426.68	459.47	418.40	436.68	379.76	365.35	4 825.59
云南		1 670.66	1 433.01	1 874.73	1 882.67	1 980.45	1 985.02	1 961.31	2 165.38	1 975.29	2 036.25	1 827.10	1 768.02	22 559.88
西藏		27.07	18.80	35.58	41.74	44.42	42.73	43.18	48.45	42.59	45.36	47.13	44.27	481.32
陕西		205.86	165.36	249.84	275.63	283.36	260.95	214.85	251.19	223.00	229.46	204.77	206.61	2 770.87
甘肃		264.30	228.97	317.82	303.54	314.81	366.92	254.10	147.99	135.01	139.67	126.64	124.76	2 724.52
青海		54.91	40.80	65.97	67.79	67.05	67.95	66.19	77.99	68.40	71.41	66.46	64.76	779.68
宁夏		69.08	56.37	76.84	82.86	81.47	95.39	85.95	85.09	79.67	79.02	73.38	72.75	937.88
新疆		284.02	230.70	325.62	320.42	319.50	311.38	301.17	339.28	328.01	355.88	313.93	303.46	3 733.38
合计 Total		**20 920.85**	**17 898.68**	**23 397.75**	**23 092.55**	**23 778.66**	**23 518.21**	**23 244.64**	**25 974.28**	**23 631.34**	**24 650.20**	**22 126.38**	**21 680.26**	**273 913.79**

超级大乐透

单位：万元

Unit：Ten Thousand Yuan

地区 Region	游戏类型 Game Type	1月 Jan.	2月 Feb.	3月 Mar.	4月 Apr.	5月 May	6月 June	7月 July	8月 Aug.	9月 Sept.	10月 Oct.	11月 Nov.	12月 Dec.	合计 Total
北京	乐透组合	5 914.63	4 044.16	6 573.50	6 117.46	7 451.21	8 543.80	9 098.72	8 885.27	7 805.01	8 598.91	10 048.65	10 993.89	94 075.23
天津		4 950.41	3 467.68	5 786.12	5 054.82	5 755.72	6 110.87	6 744.67	6 803.38	5 711.72	6 107.72	7 410.55	8 516.21	72 419.87
河北		5 039.76	3 433.72	5 529.15	4 992.37	6 050.48	6 510.98	6 627.18	6 788.13	6 477.26	7 266.58	8 880.64	9 515.94	77 112.20
山西		1 498.40	937.55	1 630.66	1 553.56	1 919.05	2 207.72	2 167.09	2 098.20	1 957.13	2 278.07	2 849.61	2 827.77	23 924.82
内蒙古		2 541.11	1 711.05	2 898.63	2 672.86	3 484.03	4 098.19	4 185.30	3 803.31	3 323.79	3 653.02	4 303.80	4 483.64	41 158.72
辽宁		3 496.60	2 472.10	3 864.78	3 475.06	4 301.68	4 681.62	4 734.24	4 590.13	4 420.45	4 830.03	5 560.77	5 720.59	52 148.05
吉林		2 978.99	2 138.58	3 349.37	3 054.12	3 660.92	3 823.20	3 883.96	3 876.69	3 678.70	3 971.09	4 568.96	4 639.96	43 624.54
黑龙江		4 826.68	3 515.94	5 529.59	4 857.68	5 690.68	5 944.77	6 085.80	5 943.86	6 041.78	7 044.21	8 582.80	9 004.87	73 068.66
上海		4 954.27	3 333.12	5 309.70	4 651.44	5 533.15	6 146.33	6 307.52	6 210.97	6 035.36	6 369.69	7 484.51	8 638.42	70 974.47
江苏		18 329.87	12 881.37	19 411.98	17 405.59	20 311.70	22 000.12	21 511.21	20 818.46	20 079.99	21 403.96	23 601.01	24 898.69	242 653.95
浙江		12 163.62	8 112.60	13 099.77	12 090.07	15 165.52	16 710.93	17 105.92	16 626.76	15 846.30	17 607.14	19 878.08	20 764.38	185 171.09
安徽		4 931.62	3 341.95	5 286.45	4 712.67	5 736.74	6 232.31	6 209.98	5 986.06	5 531.07	6 135.21	7 104.14	7 341.06	68 549.26
福建		9 561.14	6 797.18	10 397.73	9 516.50	11 134.64	11 863.19	11 346.54	11 140.99	10 502.62	11 573.17	13 281.48	14 446.57	131 561.76
江西		5 215.28	4 148.35	6 183.64	6 401.49	7 982.73	10 096.30	12 724.25	13 289.45	13 981.66	17 481.59	21 693.93	21 013.10	140 211.78
山东		8 783.64	5 552.37	9 423.06	8 185.35	9 962.33	10 941.64	11 279.29	11 742.87	10 895.39	11 925.29	13 933.67	14 899.68	127 524.58
河南		9 255.42	6 422.47	10 131.25	9 003.72	11 182.05	12 244.48	12 225.08	12 150.18	11 359.31	12 120.88	14 386.60	14 851.43	135 332.88
湖北		4 448.37	2 997.76	4 731.35	4 338.32	5 435.69	6 014.61	5 996.64	5 618.79	5 336.71	5 818.64	6 651.70	6 893.36	64 281.94
湖南		10 121.36	7 728.86	13 365.82	12 933.79	15 906.85	20 290.91	27 740.87	23 321.48	21 149.60	23 792.61	25 518.74	28 742.95	230 613.83
广东		14 249.35	9 948.51	15 467.40	13 581.44	15 638.50	17 600.71	18 295.15	17 008.74	15 995.46	18 131.91	21 505.06	21 834.35	199 256.59
广西		1 454.83	996.35	1 608.49	1 497.61	1 876.77	2 152.74	2 221.23	2 033.82	1 897.64	2 144.07	2 558.12	2 542.94	22 984.61
海南		892.58	586.67	901.87	822.43	963.23	1 060.63	999.36	1 014.83	936.62	1 027.63	1 319.69	1 446.05	11 971.60
重庆		3 883.92	2 839.70	4 293.19	4 026.44	4 988.89	5 389.04	5 083.52	4 795.68	3 849.82	4 874.25	6 192.58	5 770.42	55 987.45
四川		7 319.27	5 168.55	7 947.84	7 263.17	9 018.74	10 234.80	10 503.20	9 814.88	9 243.92	10 020.66	12 106.24	12 979.81	111 621.08
贵州		3 466.61	2 418.61	4 052.74	3 617.08	4 648.71	5 041.40	4 819.70	4 594.32	4 262.72	4 674.49	5 383.12	5 487.88	52 467.39
云南		6 135.96	4 255.65	6 908.54	6 332.60	7 668.73	8 521.20	8 722.02	8 553.70	8 030.86	8 602.62	9 719.44	10 185.65	93 636.96
西藏		140.34	76.71	171.83	188.34	241.53	283.47	322.52	336.76	307.16	341.23	399.82	399.93	3 209.65
陕西		3 531.13	2 333.24	4 065.22	3 816.94	4 406.03	4 745.21	4 583.02	4 439.61	4 110.17	4 671.97	5 706.75	6 138.26	52 547.55
甘肃		2 877.75	2 094.35	3 571.04	3 249.87	3 845.89	4 341.59	3 251.51	1 857.06	1 809.51	2 024.13	2 388.71	2 511.73	33 823.14
青海		485.74	321.22	580.18	529.86	637.43	737.30	750.41	769.20	682.85	769.93	945.96	977.63	8 187.72
宁夏		927.53	590.95	1 006.82	980.82	1 188.54	1 406.62	1 314.24	1 071.85	1 086.51	1 140.06	1 265.79	1 331.24	13 310.96
新疆		1 887.41	1 246.56	2 079.29	1 885.08	2 270.83	2 414.44	2 498.34	2 493.98	2 495.47	2 868.42	3 259.10	3 220.61	28 619.52
合计 Total		**166 263.59**	**115 913.89**	**185 156.99**	**168 808.57**	**204 059.02**	**228 391.12**	**239 338.48**	**228 479.38**	**214 842.59**	**239 269.16**	**278 490.03**	**293 019.01**	**2 562 031.84**

2014 年中国体育彩票地方游戏品种销售情况表（分地区按月统计）

Monthly Sales Statistics of Regional Games of Sports Lottery in 2014

单位：万元

Unit: Ten Thousand Yuan

地区 Region	游戏类型 Game Type	游戏名称 Game Name	1月 Jan.	2月 Feb.	3月 Mar.	4月 Apr.	5月 May	6月 June	7月 July	8月 Aug.	9月 Sept.	10月 Oct.	11月 Nov.	12月 Dec.	合计 Total
北京	乐透组合	北京 33 选 7	129. 75	72. 43	101. 28	96. 56	95. 58	94. 65	89. 24	0. 00	0. 00	0. 00	0. 00	0. 00	679. 51
		北京 11 选 5	0. 00	0. 00	0. 00	0. 00	0. 00	0. 00	0. 00	0. 00	0. 00	0. 00	6 949. 55	16 528. 45	23 478. 00
天津	乐透组合	天津 11 选 5	7. 17	7. 84	16. 34	1 037. 78	4 823. 24	4 138. 12	4 073. 86	3 526. 72	3 021. 33	2 722. 39	2 737. 06	2 950. 27	29 062. 10
		天津泳坛夺金	791. 06	530. 77	803. 64	583. 53	0. 00	0. 00	0. 00	0. 00	0. 00	0. 00	0. 00	0. 00	2 708. 99
河北	乐透组合	河北快乐扑克	46. 14	33. 60	44. 60	46. 56	35. 74	30. 16	43. 18	41. 10	35. 52	39. 88	42. 65	40. 71	479. 85
		河北 11 选 5	43 837. 87	23 389. 09	41 116. 36	40 464. 86	39 380. 10	35 137. 42	33 956. 16	32 212. 21	31 484. 02	39 060. 51	40 642. 30	43 174. 59	443 855. 49
山西	乐透组合	山西 11 选 5	7 314. 24	4 564. 40	12 933. 43	10 456. 68	10 161. 32	8 929. 72	8 551. 66	8 338. 28	8 110. 12	7 939. 31	8 290. 65	8 234. 78	103 824. 61
		山西泳坛夺金	151. 22	99. 31	169. 96	182. 22	131. 19	104. 32	111. 35	127. 31	123. 70	94. 93	115. 30	106. 67	1 517. 47
内蒙古	乐透组合	内蒙古 11 选 5	8 324. 45	5 564. 97	11 798. 88	13 230. 57	12 929. 55	11 516. 64	10 815. 26	10 001. 55	9 404. 31	10 479. 24	12 902. 69	14 753. 78	131 721. 89
		内蒙古泳坛夺金	147. 46	116. 65	165. 17	134. 94	126. 91	107. 17	85. 68	76. 67	70. 33	79. 98	108. 56	104. 91	1 324. 41
辽宁	乐透组合	辽宁 11 选 5	20 177. 14	13 857. 77	21 729. 71	20 742. 26	20 425. 39	17 719. 65	17 306. 03	15 443. 30	24 174. 60	19 548. 46	20 040. 09	23 374. 35	234 538. 74
		辽宁快乐扑克	0. 85	0. 91	1. 78	1. 03	2. 87	1. 80	1. 84	1. 55	1. 96	1. 42	1. 07	0. 42	17. 49
吉林	乐透组合	吉林 11 选 5	16 336. 04	12 352. 04	19 718. 43	18 966. 09	18 747. 42	16 546. 79	15 803. 23	16 191. 89	15 726. 09	17 076. 22	17 986. 52	17 618. 74	203 069. 49
黑龙江	乐透组合	黑龙江 11 选 5	24 020. 01	17 625. 37	33 654. 41	39 651. 00	31 935. 29	28 089. 22	28 581. 01	26 010. 07	24 964. 04	25 277. 51	27 079. 35	29 405. 92	336 293. 20
		黑龙江快乐扑克	25. 79	16. 22	30. 18	25. 58	30. 45	17. 97	12. 34	11. 49	10. 27	11. 62	13. 47	12. 97	218. 36
	乐透排列	黑龙江六位数	187. 81	166. 34	189. 13	201. 94	191. 25	165. 21	183. 08	182. 05	180. 42	179. 87	165. 52	179. 05	2 171. 65
上海	乐透组合	上海 11 选 5	5 075. 96	3 972. 42	6 599. 99	6 335. 20	7 503. 90	7 694. 95	10 222. 09	10 234. 19	8 947. 06	8 093. 25	8 844. 97	9 611. 99	93 135. 97

续表

地　区 Region	游戏类型 Game Type	游戏名称 Game Name	1月 Jan.	2月 Feb.	3月 Mar.	4月 Apr.	5月 May	6月 June	7月 July	8月 Aug.	9月 Sept.	10月 Oct.	11月 Nov.	12月 Dec.	合计 Total
江苏	乐透组合	江苏11选5	49 372.04	33 861.84	57 892.39	52 007.87	48 420.66	58 398.31	52 980.01	47 561.94	46 099.17	48 976.73	50 006.73	50 011.42	595 589.10
	乐透排列	江苏体彩7位数	7 798.07	5 815.09	7 702.94	8 105.94	8 223.85	7 312.64	7 426.77	7 282.12	6 038.74	7 100.45	7 211.73	6 782.72	86 801.05
浙江	乐透组合	浙江11选5	27 948.79	17 248.86	34 107.44	31 615.44	28 926.97	25 744.47	24 098.40	23 432.97	23 847.70	25 632.91	25 826.93	26 554.90	314 985.79
		浙江20选5	745.25	513.02	766.94	770.53	719.56	686.69	671.05	667.07	659.81	691.70	661.67	661.60	8 214.89
		浙江飞鱼	0.00	0.00	117.37	1 660.43	3 480.60	5 343.96	5 658.91	5 141.34	4 963.08	5 960.65	7 016.00	3 201.77	42 544.10
		浙江泳坛夺金	18.06	15.01	20.30	24.07	21.43	14.75	15.62	14.80	20.53	20.69	18.25	11.82	215.32
	乐透排列	浙江6“+”	5 021.49	3 937.76	5 173.79	4 458.08	4 214.19	3 969.99	3 700.22	4 168.00	3 764.15	4 020.32	4 034.03	3 941.99	50 404.01
安徽	乐透组合	安徽11选5	8 177.28	5 004.89	11 927.60	9 837.91	9 895.84	8 683.36	10 855.69	10 120.41	9 749.20	9 591.86	10 212.50	10 540.01	114 596.54
福建	乐透组合	福建11选5	21 276.32	14 547.04	22 559.88	21 888.58	22 441.04	19 710.85	24 294.96	22 414.48	19 644.36	24 113.14	22 015.93	22 063.61	256 970.18
		福建22选5	548.36	410.44	633.27	580.26	553.26	488.31	509.76	528.92	488.60	482.43	528.52	573.12	6 325.25
		福建31选7	5 503.49	3 506.20	3 767.00	2 816.62	4 044.78	2 905.51	2 628.63	3 082.16	3 032.53	3 848.16	4 502.46	3 038.07	42 675.61
		福建36选7	3 412.07	2 419.96	3 498.08	3 597.99	3 464.47	2 868.41	3 103.95	2 923.00	2 950.21	2 922.97	3 020.86	3 011.41	37 193.39
江西	乐透组合	江西多乐彩	12 341.24	8 953.52	14 812.87	12 636.39	13 231.03	13 483.98	16 404.37	13 760.15	12 038.12	11 922.77	14 123.15	16 174.10	159 881.68
山东	乐透组合	山东快乐扑克	1.36	0.24	0.00	0.00	0.00	0.00	0.00	0.00	0.00	0.00	0.00	0.00	1.61
		山东快乐扑克3	0.00	3 030.14	8 446.89	9 736.47	9 649.01	10 496.15	8 836.14	8 258.77	7 396.57	9 909.70	8 858.85	9 523.61	94 142.31
		山东十一运夺金	69 268.70	43 156.02	66 919.95	63 469.72	66 483.81	62 932.66	71 543.17	66 452.21	69 155.49	95 672.85	89 588.90	86 581.11	851 224.58
河南	乐透组合	河南11选5	86.80	76.92	88.89	87.72	109.61	77.23	80.64	80.70	77.89	97.81	104.52	110.79	1 079.52
		河南泳坛夺金	24 936.37	16 388.77	44 051.05	37 101.18	33 867.05	31 294.78	32 023.74	34 970.16	42 039.80	39 486.71	33 118.23	32 731.88	402 009.72
湖北	乐透组合	湖北11选5	7 745.28	5 148.92	8 538.82	7 926.88	8 323.76	7 130.91	6 954.67	7 105.42	6 744.81	6 839.38	6 845.99	7 295.83	86 600.67
湖南	乐透组合	湖南即乐彩	0.03	0.01	0.20	0.04	0.45	0.29	0.03	0.02	0.08	0.02	0.03	0.02	1.22
		幸运赛车	6 793.28	5 422.69	8 396.84	8 928.62	9 528.94	8 008.88	9 212.66	7 762.42	6 067.98	5 412.90	4 747.75	4 813.09	85 096.07
广东	乐透组合	广东11选5	33 958.32	22 919.61	47 551.39	56 086.94	53 281.79	45 592.38	59 194.08	48 155.75	39 856.75	39 737.51	39 336.59	47 363.25	533 034.35

续表

地区 Region	游戏类型 Game Type	游戏名称 Game Name	1月 Jan.	2月 Feb.	3月 Mar.	4月 Apr.	5月 May	6月 June	7月 July	8月 Aug.	9月 Sept.	10月 Oct.	11月 Nov.	12月 Dec.	合计 Total
广西	乐透组合	广西 11 选 5	671.88	525.63	854.35	678.43	679.15	689.03	829.58	757.22	593.79	634.17	737.29	823.55	8 474.08
海南	乐透组合	飞鱼	2 844.33	1 745.81	8 092.20	10 674.16	4 765.22	2 763.57	3 365.51	2 804.37	1 904.61	3 087.51	3 871.20	3 826.79	49 745.28
		环岛赛	207.34	249.22	485.76	559.07	266.50	232.08	273.08	434.77	357.38	547.61	566.55	582.18	4 761.54
	乐透排列	海南 4+1	112.15	94.07	128.77	111.46	99.12	94.14	83.71	101.93	107.58	119.16	119.91	119.51	1 291.51
重庆	乐透组合	重庆 11 选 5	1 206.91	1 035.15	2 852.71	2 692.18	1 798.96	1 603.28	1 684.88	1 772.67	1 873.63	2 123.57	2 587.35	2 200.72	23 432.00
四川	乐透组合	四川 11 选 5	5 233.55	3 503.98	7 254.16	9 073.32	7 096.50	6 060.69	6 074.47	5 752.54	6 130.19	5 629.48	6 057.69	6 240.31	74 106.87
贵州	乐透组合	贵州 11 选 5	6 474.05	4 709.33	8 001.14	7 831.30	8 239.98	7 840.67	7 209.29	6 783.82	6 729.03	7 190.42	7 718.06	8 452.56	87 179.64
云南	乐透组合	云南 11 选 5	14 583.79	10 340.68	20 169.05	27 681.82	21 853.36	18 405.83	17 820.49	16 506.11	14 567.46	15 242.58	28 063.39	21 244.19	226 478.76
		云南快乐 123	33.58	26.62	34.72	28.37	28.03	31.68	46.54	38.40	29.30	22.68	13.15	18.40	351.47
西藏	乐透组合	西藏 11 选 5	673.62	489.13	775.55	1 072.54	1 254.27	1 168.14	1 349.87	1 320.29	1 407.92	1 593.84	1 539.28	1 620.61	14 265.07
陕西	乐透组合	陕西 11 选 5	7 842.14	4 663.78	12 456.25	10 840.13	11 293.62	9 917.16	9 474.52	8 853.12	7 987.71	10 080.74	10 351.92	10 193.73	113 954.80
		陕西泳坛夺金	11.58	7.57	14.48	15.60	15.27	12.34	13.30	8.47	8.24	9.82	12.19	19.73	148.59
甘肃	乐透组合	甘肃 11 选 5	9 965.73	5 627.41	11 049.69	12 397.57	12 748.82	10 891.05	10 459.73	10 320.87	9 983.65	12 550.50	13 096.34	13 578.51	132 669.85
		甘肃泳坛夺金	31.86	20.28	35.48	36.61	38.49	24.88	26.42	35.20	44.11	43.04	40.02	29.91	406.31
青海	乐透组合	青海 11 选 5	715.66	442.97	1 139.54	1 261.40	1 305.02	1 324.03	1 379.05	1 391.40	1 220.25	1 204.91	1 412.81	1 377.21	14 174.24
		青海快乐扑克	0.04	0.02	0.31	0.17	0.59	0.25	0.18	0.08	0.24	0.28	0.34	0.23	2.74
宁夏	乐透组合	宁夏 11 选 5	2 040.55	1 434.51	2 369.45	2 194.79	2 382.51	2 432.02	2 615.69	2 353.95	2 109.48	2 169.27	2 330.85	2 656.78	27 089.86
新疆	乐透组合	新疆 11 选 5	2 451.83	1 657.93	2 595.56	2 544.26	2 664.14	2 451.52	2 653.52	2 689.20	3 171.66	3 163.13	3 514.73	4 037.64	33 595.11
合计 Total			**466 626.14**	**311 321.18**	**574 356.39**	**575 187.69**	**551 931.80**	**511 380.66**	**535 389.31**	**498 205.58**	**489 115.53**	**538 458.95**	**559 732.39**	**578 106.26**	**6 189 811.87**

2014 年中国体育彩票即开型彩票销售情况表（分地区分游戏）

Sales Statistics of Terminal – Sales Instant Win Tickets of Sports Lottery in Different Regions and in Different Games in China in 2014

单位：万元
Unit：Ten Thousand Yuan

序号	地区	7－11－21	10 全 10 美	11 选 5	2010 塔克拉玛干拉力赛	20 倍幸运	24K 金	3D 魔方游戏	3 倍幸运草	A&K	A 与 8' S	NBA（球队）－2013 款	NBA（球星）－2013 款
1	北京	—	—	—	—	—	—	—	—	599.58	—	51.42	15.18
2	天津	—	—	—	—	—	—	—	—	300.00	—	3.12	27.06
3	河北	—	0.06	—	—	—	—	—	—	877.08	—	330.90	240.66
4	山西	2.52	—	—	—	0.24	—	—	—	300.00	—	105.30	63.30
5	内蒙古	0.30	5.76	—	—	—	—	—	—	604.14	—	3.12	9.30
6	辽宁	—	—	—	—	—	—	—	—	591.18	—	133.26	17.16
7	吉林	—	—	—	—	—	—	—	—	497.34	—	230.52	39.78
8	黑龙江	—	0.06	—	—	—	—	—	—	541.20	—	10.86	8.10
9	上海	0.18	—	—	—	—	—	14.94	—	163.14	—	96.12	52.98
10	江苏	41.64	—	—	—	420.36	—	0.18	27.78	—	—	768.48	218.40
11	浙江	0.18	—	—	—	—	—	—	—	635.34	—	411.84	390.00
12	安徽	—	—	—	—	—	—	-0.24	—	—	—	50.58	6.54
13	福建	—	—	—	—	—	—	—	—	590.64	—	30.54	26.52
14	江西	—	—	—	—	0.84	—	—	—	—	—	3.66	28.14
15	山东	—	—	641.10	—	0.06	—	—	—	1 700.40	—	546.60	38.76
16	河南	—	—	—	—	—	0.36	—	0.24	990.12	—	301.98	1.02
17	湖北	0.54	0.18	—	—	3.30	—	—	—	173.04	—	290.28	194.28
18	湖南	0.18	6.00	—	—	—	—	—	—	—	—	81.30	64.80
19	广东	0.12	3.30	—	—	0.96	—	—	—	—	—	133.62	168.12
20	广西	—	0.12	—	—	2.10	—	—	—	157.80	—	86.28	—
21	海南	—	—	—	—	—	—	—	—	—	—	3.24	190.74
22	重庆	—	—	—	—	—	—	—	—	142.50	—	12.06	10.20
23	四川	4.14	4.44	—	—	—	—	—	—	422.22	—	141.00	5.46
24	贵州	—	1.26	—	—	—	—	—	—	188.58	—	195.00	193.44
25	云南	2.94	—	—	—	0.30	0.06	—	0.24	585.96	—	218.34	184.68
26	西藏	—	—	—	—	—	—	—	—	—	—	100.14	80.28
27	陕西	—	—	—	—	—	—	—	—	457.44	—	98.04	9.66
28	甘肃	34.02	—	—	—	—	—	—	—	290.64	—	137.28	67.44
29	青海	—	—	—	—	1.62	—	—	—	—	—	34.56	41.88
30	宁夏	—	2.22	—	—	—	—	—	—	297.90	—	54.84	16.86
31	新疆	4.02	—	—	—	—	—	—	—	300.00	—	210.48	33.18
合计 Total		**90.78**	**23.40**	**641.10**	**—**	**429.78**	**0.42**	**14.88**	**28.26**	**11 406.24**	**—**	**4 874.76**	**2 443.92**

续表

序号	地　区	NBA20 元－2012 款	NBA5 元－2011 款	NBA10 元－2011 款	爱心永存	奥运场馆	奥运金牌	奥运之城	八方来财	百宝箱	百发百中	拜年啦	宝罐
1	北　京	—	—	—	—	—	—	—	1 650. 00	—	—	—	1 074. 90
2	天　津	—	—	—	—	—	—	—	300. 00	—	—	—	78. 24
3	河　北	18. 00	—	—	—	—	—	—	1 777. 86	—	—	—	739. 32
4	山　西	1. 32	—	—	—	—	—	—	598. 98	—	—	—	47. 40
5	内蒙古	44. 28	0. 18	1. 38	—	—	—	—	1 465. 08	—	—	—	1 659. 18
6	辽　宁	0. 24	—	3. 60	—	—	—	—	1 480. 14	—	—	—	440. 64
7	吉　林	12. 60	0. 06	0. 18	—	—	—	—	1 534. 50	—	—	—	193. 44
8	黑龙江	0. 06	—	0. 06	0. 12	—	—	—	1 047. 96	—	—	—	317. 16
9	上　海	5. 28	2. 22	6. 12	—	—	—	—	450. 00	—	0. 90	—	330. 30
10	江　苏	52. 20	19. 68	124. 74	—	—	—	—	—	—	0. 54	0. 06	2 688. 96
11	浙　江	397. 26	0. 12	0. 30	—	—	—	—	1 813. 74	—	—	—	1 309. 50
12	安　徽	8. 94	3. 90	8. 76	—	—	—	—	721. 98	—	—	－0. 18	281. 04
13	福　建	81. 96	14. 58	1. 92	—	—	—	—	2 578. 08	—	—	—	941. 46
14	江　西	10. 62	11. 40	19. 74	—	—	—	—	447. 60	—	—	—	41. 58
15	山　东	14. 82	2. 34	－0. 90	—	—	—	—	4 030. 02	—	—	—	1 321. 38
16	河　南	82. 74	—	—	—	—	—	—	2 226. 78	—	—	—	1 318. 44
17	湖　北	0. 24	19. 38	0. 36	—	—	—	—	280. 50	—	—	—	—
18	湖　南	8. 58	0. 42	—	—	—	—	—	340. 14	—	—	—	—
19	广　东	44. 34	2. 04	5. 46	—	—	—	—	4 234. 68	—	—	—	250. 08
20	广　西	0. 24	—	0. 06	—	—	—	—	257. 94	—	—	0. 06	289. 08
21	海　南	123. 54	—	—	—	—	—	—	148. 92	—	—	—	54. 78
22	重　庆	0. 06	0. 18	1. 86	—	—	—	—	305. 10	—	—	—	45. 42
23	四　川	1. 20	—	4. 32	—	—	—	—	899. 82	—	—	—	190. 62
24	贵　州	—	—	—	—	—	—	—	570. 36	—	—	—	—
25	云　南	82. 50	0. 36	79. 14	—	—	—	—	1 799. 70	—	—	—	634. 86
26	西　藏	1. 98	—	9. 60	—	—	—	—	306. 60	—	—	—	—
27	陕　西	3. 96	—	2. 28	—	—	—	—	746. 40	—	—	—	323. 76
28	甘　肃	3. 00	7. 80	8. 64	—	—	—	—	1 042. 32	—	—	—	332. 46
29	青　海	14. 16	0. 72	0. 06	—	—	—	—	227. 16	—	—	—	119. 94
30	宁　夏	4. 92	1. 68	—	—	—	—	—	299. 94	—	—	—	—
31	新　疆	95. 34	7. 80	—	—	—	—	—	741. 18	—	—	—	459. 84
合计 Total		**1 114. 38**	**94. 86**	**277. 68**	**0. 12**	**—**	**—**	**—**	**34 323. 48**	**—**	**1. 44**	**－0. 06**	**15 483. 78**

续表

序号	地区	宝石之王	保龄球俱乐部	碧水生金	冰火连赢	步步高	步步高升	步步为赢	财富金字塔	财神到	采蘑菇	草原那达慕	超级大乐透
1	北京	3 863.52	330.48	—	—	—	—	—	2 563.68	—	593.76	—	—
2	天津	541.86	—	—	—	24.60	—	—	576.66	—	—	—	124.74
3	河北	6 170.40	153.30	—	—	99.42	—	1.44	2 608.86	—	1 303.26	—	80.28
4	山西	1 321.50	125.52	—	—	0.18	—	6.36	1 046.64	—	270.12	—	198.60
5	内蒙古	3 308.94	431.94	—	—	59.70	—	26.52	2 240.34	—	681.06	490.80	158.64
6	辽宁	1 873.74	302.22	—	—	284.58	—	—	1 621.68	—	861.84	—	47.64
7	吉林	2 871.00	—	—	—	279.78	—	5.82	1 599.84	—	573.60	—	65.28
8	黑龙江	2 322.72	157.02	—	—	409.62	—	1.14	959.94	—	583.50	—	28.02
9	上海	926.94	—	514.86	0.42	8.82	—	—	719.88	—	56.94	—	20.64
10	江苏	2 675.46	—	—	—	401.52	—	—	5 956.02	—	492.54	—	717.00
11	浙江	3 381.66	545.40	—	—	368.94	—	—	2 407.98	—	518.58	—	253.80
12	安徽	568.80	—	—	—	52.68	—	—	983.46	—	39.48	—	76.80
13	福建	3 200.28	620.52	—	—	1.02	—	15.42	2 769.06	—	300.36	—	461.76
14	江西	1 624.38	—	—	—	—	—	6.72	469.26	—	16.56	—	43.20
15	山东	5 333.88	—	—	—	0.72	—	2.52	3 734.70	—	1 152.42	—	128.40
16	河南	7 942.38	—	—	—	0.12	—	0.66	2 394.30	—	1 156.08	—	215.04
17	湖北	647.88	—	—	—	152.88	—	2.22	697.86	—	237.36	—	30.66
18	湖南	462.90	—	—	—	82.56	—	—	433.08	—	—	—	60.18
19	广东	5 668.02	—	—	-0.12	578.28	—	22.38	3 943.26	—	392.70	—	31.68
20	广西	359.58	—	—	—	6.66	—	1.68	270.60	—	—	—	163.74
21	海南	569.46	—	—	—	82.14	—	—	187.20	—	—	—	4.98
22	重庆	638.28	—	—	—	—	—	6.96	319.56	—	0.12	—	2.46
23	四川	2 416.62	—	—	—	—	—	—	1 439.70	—	320.34	—	192.90
24	贵州	976.62	—	—	—	148.02	—	5.40	578.58	—	224.22	—	312.66
25	云南	3 500.40	—	—	0.06	463.92	—	2.88	2 989.44	—	777.90	—	676.20
26	西藏	605.40	63.24	—	—	—	—	—	461.40	—	—	—	179.52
27	陕西	2 037.66	—	—	—	405.48	—	49.38	955.92	—	277.08	—	99.36
28	甘肃	1 237.68	237.60	—	—	—	—	—	479.76	—	569.10	—	62.16
29	青海	174.42	115.62	—	—	13.08	—	—	296.76	—	—	—	42.66
30	宁夏	592.38	—	—	—	41.46	—	2.82	1 000.32	—	—	—	49.32
31	新疆	2 051.34	—	—	—	0.30	—	1.68	1 578.78	—	—	—	118.62
合计 Total		**69 866.10**	**3 082.86**	**514.86**	**0.36**	**3 966.48**	**—**	**162.00**	**48 284.52**	**—**	**11 398.92**	**490.80**	**4 646.94**

续表

序号	地　区	超级赛车	超级王牌	超级赢家	超值现金	冲向顶峰	宠物乐	璀璨钻石	存钱罐	打黑 8	打扑克	大爱无疆	大丰收
1	北　京	—	—	—	—	—	—	1 399.20	—	457.32	—	—	—
2	天　津	—	—	—	—	—	—	300.00	—	—	—	—	—
3	河　北	—	0.06	—	—	—	0.12	1 550.22	—	1.02	—	—	—
4	山　西	90.84	—	1.68	—	—	0.18	299.88	—	49.26	—	—	—
5	内蒙古	—	1.14	0.18	0.06	—	31.86	1 080.48	—	196.74	—	—	—
6	辽　宁	—	—	2.88	—	—	—	897.30	—	14.94	—	—	—
7	吉　林	—	—	0.36	0.06	—	—	599.70	—	—	—	—	—
8	黑龙江	—	0.12	—	0.48	—	—	600.00	—	136.98	—	—	—
9	上　海	—	—	16.02	180.66	—	—	—	—	—	0.84	—	—
10	江　苏	—	15.72	423.36	1 384.02	—	—	1 333.68	—	237.18	0.12	—	—
11	浙　江	—	—	0.60	0.06	—	5.70	2 018.88	—	32.34	—	—	—
12	安　徽	—	—	52.74	8.82	—	—	360.06	—	—	—	-0.06	—
13	福　建	—	—	64.74	22.80	—	0.30	2 365.50	—	224.16	—	—	—
14	江　西	—	—	5.70	0.06	—	8.46	—	—	87.36	—	—	—
15	山　东	—	—	0.06	0.48	—	0.66	2 950.80	—	17.82	—	—	—
16	河　南	—	0.72	0.18	0.36	—	—	1 184.28	—	0.96	—	—	—
17	湖　北	—	—	1.86	0.90	—	—	—	—	—	—	—	—
18	湖　南	—	—	129.36	—	—	26.70	—	—	—	—	—	—
19	广　东	—	—	13.08	11.70	—	0.60	1 227.00	—	59.28	—	—	—
20	广　西	—	—	24.90	—	—	10.20	—	—	—	—	—	—
21	海　南	—	—	—	—	—	—	—	—	—	—	—	—
22	重　庆	—	—	36.96	—	—	—	—	—	—	—	—	—
23	四　川	—	—	0.30	—	—	—	1 188.36	—	51.54	—	—	—
24	贵　州	—	5.28	3.06	0.90	—	—	381.18	—	—	—	—	—
25	云　南	—	3.54	0.90	1.32	—	4.56	2 073.90	—	58.92	—	—	—
26	西　藏	—	—	4.74	3.00	—	—	—	—	—	—	—	—
27	陕　西	—	—	—	0.06	—	0.12	600.00	—	—	—	—	—
28	甘　肃	—	—	—	0.66	—	4.62	1 040.70	—	1.68	—	—	—
29	青　海	—	9.12	9.42	5.82	—	0.06	298.86	—	—	—	—	—
30	宁　夏	—	—	—	—	—	9.96	299.82	—	—	—	—	—
31	新　疆	—	—	7.62	—	—	—	598.92	—	—	—	—	—
合计 Total		**90.84**	**35.70**	**800.70**	**1 622.22**	**—**	**104.10**	**24 648.72**	**—**	**1 627.50**	**0.96**	**-0.06**	**—**

续表

序号	地区	大富豪	大家乐	大满贯	大美龙江	大漠寻宝	大熊猫	弹珠	第26届大运会—深圳	巅峰之战	点石成金	点石成金 II	钓大鱼
1	北京	0.06	—	—	—	212.58	—	242.16	—	547.92	9 475.98	0.06	—
2	天津	—	—	—	—	115.20	—	—	—	300.00	696.60	—	—
3	河北	0.36	0.06	—	—	533.10	—	413.88	—	1 028.22	7 617.48	2.58	—
4	山西	2.46	—	—	—	—	—	237.06	—	297.90	1 394.28	31.50	—
5	内蒙古	8.40	—	—	—	—	—	195.54	—	564.90	6 490.50	43.02	—
6	辽宁	0.06	—	—	—	405.36	—	445.68	—	830.64	3 840.78	28.20	—
7	吉林	—	—	-0.06	—	303.84	—	307.14	—	286.08	4 124.82	5.40	—
8	黑龙江	—	—	0.06	50.70	—	—	262.50	—	597.24	3 297.84	0.12	—
9	上海	81.24	—	—	—	—	1.32	86.70	—	297.60	2 925.42	540.30	—
10	江苏	1 937.40	—	0.90	—	—	0.18	—	—	1 622.64	4 417.98	1 336.44	0.12
11	浙江	2.70	—	-2.28	—	372.12	—	377.52	—	966.36	11 414.04	59.94	—
12	安徽	65.46	—	-1.68	—	—	—	197.94	—	287.40	1 612.80	34.80	-0.06
13	福建	1.50	—	0.06	—	342.00	0.06	375.18	—	1 104.60	4 559.34	58.44	—
14	江西	—	3.84	—	—	—	—	—	—	260.22	487.38	42.78	—
15	山东	0.90	—	—	—	1 650.78	—	866.88	—	1 799.22	6 112.98	124.74	—
16	河南	0.12	0.12	—	—	535.44	—	—	—	892.50	7 316.46	5.34	—
17	湖北	—	—	—	—	—	—	75.66	—	291.48	286.92	21.84	—
18	湖南	11.46	—	—	—	29.34	—	74.94	—	240.54	1 380.36	191.64	—
19	广东	5.70	—	—	—	186.06	—	504.54	23.46	1 385.40	15 472.56	168.78	—
20	广西	0.12	—	—	—	—	—	—	—	208.32	552.48	—	—
21	海南	0.30	—	—	—	—	—	25.14	—	158.04	187.38	0.36	—
22	重庆	—	—	—	—	—	—	—	—	245.94	628.26	—	—
23	四川	0.12	—	—	—	413.34	—	332.52	—	584.70	4 392.12	473.16	—
24	贵州	—	—	—	—	67.32	—	61.26	—	236.58	2 666.22	31.38	—
25	云南	7.50	—	0.12	—	231.84	—	—	—	880.80	6 834.36	33.54	—
26	西藏	2.82	—	—	—	—	—	—	—	111.42	1 676.82	22.92	—
27	陕西	—	—	—	—	207.06	—	232.26	—	524.88	3 469.44	—	—
28	甘肃	3.66	—	—	—	—	—	180.54	—	291.36	1 527.36	19.50	—
29	青海	2.76	0.60	—	—	—	—	—	—	189.18	723.00	39.54	—
30	宁夏	—	—	—	—	—	—	—	—	285.00	578.76	9.42	—
31	新疆	—	—	—	—	180.36	—	173.46	—	277.98	572.34	1.80	—
合计 Total		**2 135.10**	**4.62**	**-2.88**	**50.70**	**5 785.74**	**1.56**	**5 668.50**	**23.46**	**17 595.06**	**116 733.06**	**3 327.54**	**0.06**

续表

序号	地区	顶呱刮（10元）	顶呱刮（5元）	东海明珠	多彩贵州	发薪日	分花红	疯狂8	富贵多多	富贵金锁	富贵鱼	感恩母亲节	恭喜发财
1	北京	51.96	7.56	—	—	—	—	—	745.56	—	—	—	—
2	天津	58.56	4.02	—	21.36	—	—	—	215.34	—	—	—	—
3	河北	412.32	10.50	—	—	—	—	—	384.48	—	0.18	—	—
4	山西	127.98	5.94	—	—	—	—	—	152.52	—	0.06	—	—
5	内蒙古	320.40	31.98	—	—	—	0.06	—	1 780.44	—	5.94	0.30	—
6	辽宁	157.50	162.48	—	—	—	—	—	729.66	404.04	—	—	—
7	吉林	46.68	36.24	—	—	—	—	—	689.94	—	2.04	0.12	—
8	黑龙江	9.06	15.30	—	—	—	—	—	655.08	579.54	—	—	—
9	上海	24.30	0.12	—	0.06	—	—	—	451.98	—	—	0.18	—
10	江苏	73.92	52.56	—	—	—	—	0.06	1 453.56	—	—	—	0.06
11	浙江	14.28	111.78	493.11	—	—	—	—	993.78	—	0.06	-1.32	—
12	安徽	21.72	1.08	—	—	—	—	-0.06	716.28	—	—	11.70	—
13	福建	59.16	57.60	—	—	—	—	—	1 165.14	—	—	—	—
14	江西	14.10	10.56	—	—	—	—	—	97.26	—	—	—	—
15	山东	34.44	31.44	—	—	—	—	—	2 756.22	—	0.30	3.96	—
16	河南	148.74	1.74	—	—	—	—	—	20.04	—	0.18	—	0.18
17	湖北	129.00	4.20	—	—	—	0.06	—	—	—	45.24	5.16	—
18	湖南	35.34	39.06	—	—	—	—	—	235.74	—	—	31.86	—
19	广东	164.16	268.56	—	—	—	—	—	884.34	—	0.60	18.60	—
20	广西	—	—	—	—	—	—	—	123.30	—	0.78	—	—
21	海南	—	—	—	—	—	—	—	—	—	—	—	—
22	重庆	2.64	19.08	—	—	—	—	—	163.20	—	—	36.06	—
23	四川	—	0.12	—	—	—	3.06	—	575.10	—	84.12	7.50	—
24	贵州	58.14	101.46	—	15.24	—	—	—	245.64	—	—	—	—
25	云南	296.34	201.78	—	1.86	—	0.12	—	2 634.18	—	13.86	15.84	0.12
26	西藏	88.32	52.86	—	—	—	—	—	432.48	—	—	—	—
27	陕西	8.46	1.08	—	—	—	—	—	607.50	—	—	3.00	—
28	甘肃	12.78	104.88	—	—	—	—	—	720.00	—	—	0.90	—
29	青海	70.50	37.62	—	—	—	3.06	—	255.60	—	—	—	—
30	宁夏	54.00	80.22	—	—	—	—	—	386.94	—	—	—	—
31	新疆	7.62	5.82	—	—	—	—	—	899.52	—	5.46	11.16	—
合计 Total		**2 502.42**	**1 457.64**	**493.11**	**38.52**	**—**	**6.36**	**—**	**21 170.82**	**983.58**	**158.82**	**145.02**	**0.36**

续表

序号	地区	够级	股神	掼蛋	灌篮王	龟兔赛跑	过大年（10元）	过大年（20元）	过大年（5元）	海南体博	好彩头	好事成双	好运8
1	北京	—	22.74	—	—	—	0.03	26.52	—	—	1 602.00	260.10	—
2	天津	—	—	—	—	—	77.67	—	—	—	74.10	159.30	—
3	河北	—	—	—	—	—	10.62	227.58	0.06	—	2 018.04	286.02	—
4	山西	—	—	—	—	—	8.16	1.98	0.96	—	801.90	290.34	—
5	内蒙古	—	—	—	—	—	0.57	21.06	1.02	—	2 731.62	1 164.18	—
6	辽宁	—	10.14	—	180.06	—	0.78	241.08	0.99	—	1 634.22	265.08	—
7	吉林	—	0.48	—	—	—	1.62	2.88	3.24	—	1 444.68	280.74	—
8	黑龙江	—	—	—	—	—	—	0.18	0.03	—	1 700.34	47.22	0.06
9	上海	—	—	—	—	1.20	—	9.48	1.38	—	373.68	354.60	—
10	江苏	—	201.36	1 500.06	—	863.64	22.50	313.86	10.29	—	1 856.34	—	1 330.26
11	浙江	—	—	—	—	—	0.06	56.40	52.11	—	2 651.28	368.76	—
12	安徽	—	0.06	—	—	—	11.70	47.46	16.38	—	566.70	229.80	—
13	福建	—	43.80	—	—	—	3.06	185.64	18.30	—	2 329.14	664.14	—
14	江西	—	14.10	—	—	3.42	26.13	—	3.54	—	766.44	—	—
15	山东	1 585.32	—	—	—	—	28.95	46.14	1.08	—	1 334.46	350.04	—
16	河南	—	—	—	—	—	—	10.26	0.33	—	3 538.68	0.24	0.06
17	湖北	—	—	—	—	2.94	—	—	—	—	246.48	—	0.06
18	湖南	—	—	—	—	0.90	12.60	1.14	0.45	—	278.82	147.54	—
19	广东	—	25.68	—	—	112.68	0.15	38.16	—	—	4 597.08	159.42	—
20	广西	—	—	—	—	—	—	8.58	—	—	321.96	112.86	—
21	海南	—	—	—	—	—	—	58.74	—	—	463.92	222.00	—
22	重庆	—	8.28	—	—	—	13.26	6.84	0.06	—	414.96	149.04	—
23	四川	—	76.26	—	—	—	—	0.60	—	—	570.66	274.86	—
24	贵州	—	—	—	—	12.84	—	11.82	3.78	—	992.52	264.48	—
25	云南	—	2.22	—	—	16.86	3.45	117.78	10.35	—	3 394.62	67.20	—
26	西藏	—	—	—	—	—	—	24.90	—	—	657.72	217.68	1.74
27	陕西	—	—	—	—	—	3.21	177.00	—	—	808.44	0.18	—
28	甘肃	—	9.06	—	—	6.48	13.74	7.14	20.52	—	309.54	175.74	0.06
29	青海	—	—	—	—	2.22	—	4.56	2.43	—	176.58	—	—
30	宁夏	—	82.50	—	—	—	—	21.60	2.91	—	272.34	—	—
31	新疆	—	—	—	—	—	4.35	52.62	5.13	—	1 521.66	288.06	—
合计 Total		**1 585.32**	**496.68**	**1 500.06**	**180.06**	**1 023.18**	**242.61**	**1 722.00**	**155.34**	**—**	**40 450.92**	**6 799.62**	**1 332.24**

续表

序号	地区	好运翻 6 番	好运马上来	好运掷	好运中国	和谐亚洲	黑桃 A	黑旋风	黑旋风 2	黑珍珠	红宝石	红宝石 8	红红火火
1	北京	—	—	—	—	—	—	2 888. 34	2 599. 56	—	—	1 823. 94	—
2	天津	—	38. 10	—	—	—	—	120. 00	288. 84	—	—	—	—
3	河北	—	0. 12	—	—	—	—	2 026. 68	2 141. 34	—	—	1 476. 36	—
4	山西	0. 66	4. 08	—	—	—	—	6. 30	355. 80	—	—	633. 84	—
5	内蒙古	7. 98	0. 24	—	—	—	—	1 976. 34	1 293. 18	—	—	1 636. 20	—
6	辽宁	—	2. 70	—	—	—	—	715. 56	789. 66	—	—	686. 04	—
7	吉林	—	—	—	—	—	—	1 472. 58	958. 02	—	—	—	—
8	黑龙江	—	—	—	—	—	—	1 030. 98	237. 66	—	—	1 283. 34	—
9	上海	3. 00	—	—	—	—	—	2 022. 96	—	1. 26	—	487. 80	—
10	江苏	354. 54	371. 34	1. 02	—	—	—	3 047. 04	8 823. 36	0. 24	—	47. 76	0. 18
11	浙江	104. 04	—	—	—	—	—	2 434. 14	1 136. 94	-10. 92	—	3 947. 82	—
12	安徽	0. 06	—	-0. 06	—	—	—	719. 40	—	—	—	726. 72	-0. 12
13	福建	—	11. 10	—	—	—	—	1 368. 48	1 486. 38	—	—	2 738. 10	—
14	江西	—	11. 40	—	—	—	—	276. 54	567. 96	-0. 06	—	—	—
15	山东	—	0. 06	—	—	—	—	4 732. 92	7 869. 72	—	—	1 737. 48	—
16	河南	0. 06	—	0. 36	—	—	—	3 059. 76	1 559. 46	0. 06	—	1 795. 80	0. 42
17	湖北	—	—	—	—	—	—	279. 18	314. 58	—	—	—	—
18	湖南	—	27. 00	—	—	—	—	3. 96	238. 80	—	—	—	—
19	广东	97. 20	21. 24	—	—	—	—	2 329. 44	2 703. 54	0. 06	—	3 125. 10	—
20	广西	—	—	—	—	—	—	41. 88	177. 30	—	—	15. 78	—
21	海南	—	—	—	—	—	—	808. 26	88. 92	—	—	—	—
22	重庆	0. 12	—	—	—	—	—	461. 52	108. 84	—	—	154. 02	—
23	四川	0. 90	30. 00	—	—	—	—	1 430. 40	719. 88	—	—	1 726. 74	—
24	贵州	7. 92	36. 90	—	—	—	—	664. 62	215. 28	—	—	1 048. 20	—
25	云南	20. 34	46. 98	0. 30	—	—	—	3 045. 18	2 281. 08	—	—	4 760. 16	—
26	西藏	—	—	—	—	—	—	480. 72	151. 74	—	—	1 005. 96	—
27	陕西	—	2. 28	—	—	—	—	483. 66	693. 00	—	—	1 185. 36	—
28	甘肃	—	3. 24	—	—	—	—	1 205. 16	563. 22	0. 06	—	300. 72	—
29	青海	7. 38	—	—	—	—	—	492. 48	117. 90	—	—	—	—
30	宁夏	2. 28	—	—	—	—	—	707. 82	—	—	—	—	—
31	新疆	—	—	—	—	—	—	2 832. 42	1 332. 42	—	—	1 080. 00	—
合计 Total		**606. 48**	**606. 78**	**1. 62**	**—**	**—**	**—**	**43 164. 72**	**39 814. 38**	**-9. 30**	**—**	**33 423. 24**	**0. 48**

续表

序号	地区	红色印迹	红樱桃	欢乐扑克	环湖赛	环青海湖大赛	环太湖赛	皇牌多多	黄金8	黄金瓜	黄金时代	黄金万两	获奖喜庆
1	北京	—	601.62	959.52	—	—	—	—	—	—	—	545.64	—
2	天津	—	—	300.00	—	—	—	—	—	—	—	309.36	—
3	河北	—	359.28	959.16	—	—	—	—	—	0.06	—	1 214.46	—
4	山西	—	145.74	239.94	—	—	—	—	—	—	—	294.48	—
5	内蒙古	—	1.08	702.78	—	—	—	—	—	8.52	—	1 195.50	—
6	辽宁	—	356.46	705.48	—	—	—	—	—	—	—	618.30	—
7	吉林	—	329.28	598.50	—	—	—	—	0.03	—	—	673.20	—
8	黑龙江	—	953.04	697.20	—	—	—	—	0.12	—	—	184.92	—
9	上海	—	45.36	239.22	—	—	—	—	—	—	3.00	323.58	—
10	江苏	—	1 706.76	3 410.28	0.12	—	69.18	—	—	304.44	0.12	—	—
11	浙江	—	853.32	479.88	—	—	21.42	—	—	—	0.24	25.02	—
12	安徽	—	176.88	264.72	—	—	—	—	—	0.18	-0.06	281.04	—
13	福建	—	231.18	939.12	—	—	—	—	—	—	0.06	665.94	—
14	江西	2 314.74	—	117.42	—	—	—	—	—	—	—	—	—
15	山东	—	2 187.00	3 918.72	—	—	—	—	0.03	—	—	1 828.98	—
16	河南	—	210.66	1 200.00	—	—	—	—	—	—	—	17.16	—
17	湖北	—	67.32	387.36	—	—	—	—	0.54	0.42	—	—	—
18	湖南	156.90	-0.06	117.36	—	—	—	—	—	1.32	—	—	—
19	广东	—	409.38	240.00	—	0.24	—	—	12.39	3.42	—	79.68	—
20	广西	—	85.50	—	—	—	—	—	—	—	—	—	—
21	海南	—	—	56.46	—	—	—	—	—	—	—	—	—
22	重庆	—	—	181.74	—	—	—	—	—	—	—	139.62	—
23	四川	—	1 010.76	1 153.44	—	—	—	—	—	—	—	644.40	—
24	贵州	—	318.78	212.40	—	—	—	—	2.70	14.88	—	—	—
25	云南	—	1 595.58	1 422.30	—	—	—	—	—	2.28	—	643.20	—
26	西藏	—	—	213.72	—	—	—	—	—	—	—	—	—
27	陕西	—	282.72	693.78	—	—	—	—	7.53	—	—	26.58	—
28	甘肃	—	—	638.10	—	—	—	—	2.16	2.70	0.06	831.66	—
29	青海	—	0.06	—	—	16.38	—	—	—	—	—	204.18	—
30	宁夏	—	107.70	327.18	—	—	—	—	4.38	—	—	145.80	—
31	新疆	—	414.48	479.52	—	—	—	—	—	3.42	—	586.20	—
合计 Total		**2 471.64**	**12 449.88**	**21 855.30**	**0.12**	**16.62**	**90.60**	**—**	**29.88**	**341.64**	**3.42**	**11 478.90**	**—**

续表

序号	地区	基乐彩	激情·梦想	激情亚沙会快乐在一起	吉祥金桔	吉祥如意	吉星高照	即现彩虹	加油	加油！中国队	剪子包袱锤（10元）	剪子包袱锤（2元）	剪子包袱锤（5元）
1	北京	0.06	—	—	—	1 920.00	455.10	—	—	—	—	—	—
2	天津	—	—	—	—	360.00	160.14	—	—	—	—	—	—
3	河北	53.94	—	—	0.12	1 319.94	435.06	0.06	807.34	—	—	—	—
4	山西	19.80	—	—	0.24	359.94	295.26	0.66	—	—	—	—	—
5	内蒙古	53.94	—	—	2.58	1 199.04	—	14.70	—	—	—	—	14.76
6	辽宁	87.42	—	—	0.12	1 439.64	451.44	—	—	—	—	—	—
7	吉林	15.30	—	—	0.06	1 079.70	385.50	1.32	—	—	—	—	—
8	黑龙江	0.54	—	—	—	1 900.86	298.56	—	—	—	—	—	—
9	上海	—	—	0.09	0.78	839.52	—	—	—	—	—	—	—
10	江苏	—	—	—	—	—	551.16	—	—	—	—	—	—
11	浙江	160.98	—	—	—	1 198.98	564.42	-1.08	—	—	—	—	—
12	安徽	13.80	—	5.37	7.44	586.50	—	2.58	—	—	—	—	—
13	福建	41.22	—	39.57	44.82	2 150.94	754.86	—	—	—	—	—	—
14	江西	1.86	—	—	—	60.00	—	4.38	—	—	—	—	—
15	山东	51.00	—	1.41	—	3 119.64	1 538.22	—	—	—	862.62	986.31	41.82
16	河南	57.60	—	—	0.06	2 398.32	1 109.58	0.12	—	—	—	—	—
17	湖北	—	—	—	0.72	450.30	83.70	—	—	—	—	—	—
18	湖南	—	—	—	—	297.48	—	0.24	—	—	—	—	—
19	广东	250.68	—	24.69	1.08	4 456.32	904.68	14.94	—	—	194.43	—	—
20	广西	—	—	—	—	176.46	—	—	—	—	—	—	—
21	海南	—	—	—	0.72	178.32	—	—	—	—	—	—	—
22	重庆	—	—	—	—	568.74	—	—	—	—	—	—	—
23	四川	9.78	—	—	—	1 918.44	—	44.82	—	—	—	—	—
24	贵州	5.46	—	—	7.50	479.10	—	0.66	—	—	—	—	—
25	云南	18.48	—	—	—	3 823.86	—	13.86	—	—	—	—	—
26	西藏	8.34	—	—	—	418.92	—	—	—	—	—	—	—
27	陕西	32.22	—	—	—	960.00	—	—	—	—	—	—	—
28	甘肃	27.36	—	—	—	600.00	257.58	1.86	—	—	—	—	—
29	青海	2.70	—	—	—	175.44	—	—	—	—	—	—	—
30	宁夏	—	—	—	0.06	240.00	—	—	—	—	—	—	—
31	新疆	19.02	—	—	—	954.30	246.54	11.22	—	—	—	—	—
合计 Total		**931.50**	**—**	**71.13**	**66.30**	**35 630.70**	**8 491.80**	**110.34**	**807.34**	**—**	**1 057.05**	**986.31**	**56.58**

续表

序号	地区	接二连三	金币	金鹅	金光闪烁7	金荷包	金铃铛	金满罐	金满堂	金牛报春	金色的祝福	金蛇添财	金石奇缘
1	北京	—	—	—	0.06	—	—	—	593.10	—	—	—	—
2	天津	—	—	—	—	—	0.12	—	70.74	—	—	73.20	—
3	河北	—	—	—	0.06	—	6.66	0.24	619.68	—	—	150.84	—
4	山西	—	—	—	—	0.06	—	0.36	99.36	—	—	10.26	—
5	内蒙古	—	—	—	0.06	0.48	40.14	10.20	94.98	—	—	218.04	5.28
6	辽宁	—	—	—	—	0.18	4.74	3.00	8.64	—	—	8.58	1.80
7	吉林	—	—	—	—	—	34.56	1.38	0.30	—	—	60.06	1.26
8	黑龙江	—	—	—	—	—	3.72	1.14	0.18	—	—	—	—
9	上海	6.18	—	—	—	—	—	16.56	126.60	—	6.78	3.54	0.90
10	江苏	2.22	—	0.06	381.72	366.36	—	105.06	186.18	—	323.04	50.22	205.80
11	浙江	—	—	—	0.06	—	11.76	0.90	0.48	—	—	0.06	0.06
12	安徽	0.06	—	-0.12	2.28	—	175.50	107.28	90.30	—	—	4.38	—
13	福建	0.12	—	—	—	—	10.32	1.32	591.30	—	—	55.56	—
14	江西	—	—	—	—	—	57.90	5.34	124.38	—	6.96	50.88	—
15	山东	—	—	—	—	—	3.12	0.06	9.90	—	—	28.20	0.96
16	河南	0.18	—	1.02	—	—	1.56	—	0.48	—	—	0.06	—
17	湖北	0.66	—	—	—	—	128.94	—	85.68	—	—	51.54	2.10
18	湖南	—	—	—	0.24	0.36	—	—	—	—	—	—	—
19	广东	1.56	—	—	3.48	9.18	80.70	35.10	115.50	—	32.52	30.18	25.92
20	广西	—	—	—	—	—	111.66	—	—	—	—	—	—
21	海南	—	—	—	—	—	—	—	—	—	—	—	—
22	重庆	—	—	—	—	—	—	0.12	58.20	—	—	1.92	3.18
23	四川	—	—	—	—	—	0.06	35.40	—	—	—	—	—
24	贵州	—	—	—	0.06	2.70	20.76	4.62	120.24	—	—	36.54	6.36
25	云南	1.74	—	—	0.48	0.42	13.74	25.44	506.64	—	0.18	13.98	—
26	西藏	—	—	—	—	—	—	—	—	—	—	—	—
27	陕西	—	—	—	—	—	0.18	0.06	0.66	—	—	1.26	—
28	甘肃	0.24	—	—	0.66	—	12.30	3.00	12.42	—	—	46.92	—
29	青海	0.36	—	—	0.06	—	—	4.02	3.54	—	—	—	43.32
30	宁夏	—	—	—	—	—	—	8.52	25.08	—	—	—	—
31	新疆	0.96	—	—	—	—	147.96	0.66	1.38	—	—	10.14	—
合计 Total		**14.28**	**—**	**0.96**	**389.22**	**379.74**	**866.40**	**369.78**	**3 545.94**	**—**	**369.48**	**906.36**	**296.94**

续表

序号	地区	金算盘	金镶玉	金银岛	金银生辉	金玉满堂	金元宝	金砖	金字塔	锦虎送福	惊喜8	精彩奇妙5	九宫格
1	北京	—	—	—	—	700.98	300.54	828.72	—	—	—	600.00	298.26
2	天津	—	—	—	—	219.42	79.59	285.84	—	—	—	195.00	—
3	河北	—	—	—	—	1 047.84	271.11	783.30	—	—	—	1 172.28	482.88
4	山西	—	—	—	—	365.88	72.36	429.66	—	—	—	—	303.60
5	内蒙古	—	5.52	—	—	722.94	549.60	240.66	—	—	—	357.66	337.32
6	辽宁	—	3.00	—	0.06	658.92	263.61	587.04	—	—	—	1 039.62	449.46
7	吉林	—	—	—	—	856.50	56.34	598.32	—	—	—	549.96	273.84
8	黑龙江	—	—	—	0.12	574.80	456.03	437.22	—	—	—	842.94	—
9	上海	3.06	—	—	9.42	227.64	102.57	296.28	—	—	5.58	2.88	112.56
10	江苏	1.86	334.92	—	0.30	3 711.84	800.43	3 250.86	0.06	—	0.72	445.08	313.20
11	浙江	—	0.30	—	0.12	883.08	307.23	1 326.48	—	—	3.24	1 048.26	952.38
12	安徽	—	3.48	—	0.42	203.34	99.24	286.56	—	—	-0.24	-0.12	240.42
13	福建	—	—	—	—	1 041.00	138.03	1 680.30	—	—	0.12	603.30	634.86
14	江西	—	—	—	-0.24	147.06	44.37	279.84	—	—	—	—	106.38
15	山东	—	—	—	-0.06	2 987.76	1 200.54	1 687.08	—	—	—	1 787.76	1 063.26
16	河南	—	—	—	0.18	1 964.76	54.09	1 185.48	—	—	—	1 136.64	589.38
17	湖北	—	12.72	—	-11.04	194.70	—	252.00	—	—	—	220.32	152.64
18	湖南	—	14.10	—	—	171.72	112.08	183.12	—	—	-0.12	—	69.72
19	广东	—	9.12	—	0.18	2 034.24	559.74	2 022.30	—	—	—	2 166.60	796.20
20	广西	—	—	—	2.64	63.06	—	266.88	—	—	—	25.56	96.42
21	海南	—	—	—	—	56.76	—	79.32	—	—	—	—	—
22	重庆	—	9.66	—	—	82.14	15.36	106.26	—	—	—	—	—
23	四川	—	—	—	—	827.10	56.43	589.38	—	—	—	508.86	448.62
24	贵州	—	—	—	—	256.50	107.16	576.48	—	—	—	333.42	108.84
25	云南	0.06	58.08	—	0.18	1 319.16	284.16	1 488.54	—	—	0.18	767.16	369.24
26	西藏	—	—	—	—	145.62	—	150.84	—	—	—	159.84	—
27	陕西	—	—	—	—	293.70	—	547.38	—	—	—	486.42	367.50
28	甘肃	—	—	—	—	260.58	—	293.28	—	—	—	565.74	221.58
29	青海	0.06	1.32	—	0.18	71.94	—	144.96	—	—	—	211.08	—
30	宁夏	—	—	—	—	205.92	—	149.82	—	—	—	—	—
31	新疆	0.06	—	—	—	608.28	118.41	561.72	—	—	—	583.62	—
合计 Total		**5.10**	**452.22**	**—**	**2.46**	**22 905.18**	**6 049.02**	**21 595.92**	**0.06**	**—**	**9.48**	**15 809.88**	**8 788.56**

续表

序号	地　区	俱乐部	聚宝盆	开门八件事	开心果	开心麻将	开运罐	可爱小樱桃	快乐J	快乐雪人	快乐音符	快乐赢	狂热中
1	北京	—	—	—	0.90	—	600.00	—	—	—	—	—	—
2	天津	—	—	—	—	—	300.00	—	—	—	—	—	—
3	河北	—	0.36	—	—	0.06	899.82	0.18	0.09	0.03	0.06	3.18	102.06
4	山西	—	1.08	—	—	—	299.94	—	—	—	—	—	—
5	内蒙古	—	5.34	—	—	—	591.24	0.06	14.82	—	0.48	13.50	305.88
6	辽宁	—	—	—	—	—	603.00	—	—	—	—	—	—
7	吉林	—	—	—	—	—	596.76	—	3.45	0.75	0.06	0.06	288.63
8	黑龙江	—	—	—	—	—	599.94	—	0.06	—	—	—	—
9	上海	—	—	—	114.42	—	202.56	—	48.06	0.54	—	29.46	—
10	江苏	—	148.68	3 421.02	—	94.08	866.22	30.54	498.57	322.86	8.82	—	—
11	浙江	—	0.12	—	—	—	880.20	—	1.65	0.21	—	0.06	336.00
12	安徽	—	—	—	19.44	20.82	293.82	12.66	—	—	—	42.72	—
13	福建	—	6.06	—	—	0.06	557.82	0.54	96.93	—	0.18	—	301.32
14	江西	—	3.00	—	—	—	287.22	—	—	2.28	-12.00	—	—
15	山东	—	—	—	—	—	1 157.52	0.06	0.18	0.06	—	0.24	868.14
16	河南	0.72	0.06	—	—	—	600.00	0.06	0.03	0.06	0.06	—	—
17	湖北	—	—	—	—	—	263.22	—	15.66	—	—	—	31.56
18	湖南	—	—	—	—	—	274.74	—	14.91	2.10	0.30	3.78	—
19	广东	—	12.00	—	—	8.40	1 155.24	8.82	29.07	—	—	1.98	—
20	广西	—	—	—	—	—	249.18	—	0.06	—	1.32	—	—
21	海南	—	—	—	—	—	—	—	—	0.21	—	—	—
22	重庆	—	—	—	—	—	159.60	5.04	0.03	—	-0.30	—	—
23	四川	—	—	—	—	274.20	598.38	—	0.03	117.33	—	97.98	346.26
24	贵州	—	—	—	—	4.80	285.42	—	31.26	3.69	0.54	10.08	—
25	云南	—	0.54	—	—	—	591.96	—	7.32	14.31	12.24	—	—
26	西藏	—	—	—	—	—	248.28	—	—	—	—	—	107.01
27	陕西	—	—	—	—	—	564.60	—	9.93	—	—	—	—
28	甘肃	—	—	—	6.66	—	568.98	—	—	0.75	9.30	2.82	—
29	青海	—	—	—	63.60	—	298.14	—	—	—	—	—	—
30	宁夏	—	—	—	—	—	292.50	—	—	—	2.70	—	—
31	新疆	—	—	—	—	—	298.14	—	1.11	—	3.48	9.84	—
合计 Total		**0.72**	**177.24**	**3 421.02**	**205.02**	**402.42**	**15 184.44**	**57.96**	**773.22**	**465.18**	**27.24**	**215.70**	**2 686.86**

续表

序号	地区	浪漫水晶球	乐翻番	连连看	六倍幸运	六六顺	龙年吉祥	绿翡翠	绿色生活	麻辣6	马到成功	满载而归	美好安徽活力体博
1	北京	—	—	—	—	184.26	—	5 778.78	—	5 970.48	333.18	—	—
2	天津	—	—	—	—	—	—	675.60	—	821.34	268.14	—	—
3	河北	0.06	—	—	—	237.72	—	9 065.52	—	7 692.48	435.66	—	—
4	山西	—	—	—	—	213.78	—	859.56	—	1 711.98	534.96	—	—
5	内蒙古	18.54	—	—	—	181.32	—	5 496.84	—	3 109.74	266.76	9.72	—
6	辽宁	1.68	—	—	—	302.28	—	3 296.04	—	4 921.92	552.24	—	—
7	吉林	0.06	—	—	—	208.20	—	4 418.34	—	7 348.02	359.70	—	—
8	黑龙江	0.12	—	—	—	216.54	—	3 112.56	550.08	5 262.78	599.88	—	—
9	上海	1.50	17.70	—	—	—	—	1 969.68	—	1 320.12	300.00	—	—
10	江苏	478.32	0.12	0.18	31.92	—	12.90	2 751.12	—	4 001.82	1 145.04	150.24	—
11	浙江	—	—	—	28.56	226.32	0.06	5 957.70	—	5 544.36	599.82	—	—
12	安徽	15.12	—	—	2.10	—	0.12	1 502.04	—	1 667.40	212.22	1.86	50.04
13	福建	0.30	—	—	—	208.56	—	6 668.22	—	4 098.06	1 451.04	—	—
14	江西	—	—	—	—	57.36	1.32	295.02	—	395.16	278.70	111.78	—
15	山东	0.72	—	—	—	795.18	—	4 028.34	—	7 124.70	1 200.00	—	—
16	河南	—	—	—	—	227.40	0.06	3 880.14	—	4 483.32	226.44	—	—
17	湖北	0.06	—	—	—	77.88	—	207.66	—	166.86	289.68	—	—
18	湖南	89.04	—	—	—	54.48	—	751.74	—	488.88	—	0.06	—
19	广东	8.82	—	—	6.18	446.94	2.52	17 093.04	—	12 575.64	20.04	7.74	—
20	广西	—	—	—	—	43.38	—	440.46	—	828.96	282.30	—	—
21	海南	—	—	—	—	—	—	145.26	—	37.20	288.96	—	—
22	重庆	94.68	—	—	—	56.16	—	344.70	—	333.72	127.26	—	—
23	四川	0.06	—	—	—	—	—	2 421.66	—	3 715.44	407.46	—	—
24	贵州	110.34	—	—	0.06	44.22	—	1 438.68	—	1 619.76	—	—	—
25	云南	10.02	—	-0.06	0.12	55.32	2.10	7 499.70	—	4 758.90	1 409.58	1.86	—
26	西藏	12.00	—	—	—	—	—	1 236.78	—	2 021.28	233.70	—	—
27	陕西	—	—	—	—	292.08	—	2 786.40	—	3 157.56	115.32	—	—
28	甘肃	—	—	—	—	79.86	—	1 439.28	—	2 290.74	590.88	0.24	—
29	青海	—	—	—	—	60.60	—	0.12	—	324.78	—	—	—
30	宁夏	—	—	—	—	52.44	—	463.02	—	392.52	—	—	—
31	新疆	—	—	—	—	—	—	675.48	—	2 038.74	295.80	—	—
合计 Total		**841.44**	**17.82**	**0.12**	**68.94**	**4 322.28**	**19.08**	**96 699.48**	**550.08**	**100 224.66**	**12 824.76**	**283.50**	**50.04**

续表

序号	地区	魅力海洋喜迎亚沙会	魅力龙江	魅力新兰州、激情马拉松	梦想成金	魔法师	魔钻	南阳淘宝	年年有鱼	欧洲风云	碰碰和	平安中国	棋
1	北京	—	—	—	600.00	—	436.56	—	—	—	—	—	—
2	天津	—	—	—	150.00	—	150.00	—	—	130.14	—	—	70.86
3	河北	—	—	—	749.94	—	833.22	—	237.36	—	—	—	—
4	山西	—	—	—	149.88	—	299.28	—	119.34	—	—	—	—
5	内蒙古	—	—	79.74	559.44	—	450.06	—	141.30	—	—	—	—
6	辽宁	—	—	—	749.76	—	750.60	—	253.02	0.12	—	—	—
7	吉林	—	—	—	730.56	—	453.48	—	198.54	13.98	—	—	—
8	黑龙江	—	0.60	—	749.94	—	437.28	—	306.30	1.32	—	—	—
9	上海	—	—	—	149.94	—	228.06	—	—	88.14	—	—	—
10	江苏	10.50	—	—	864.78	679.68	704.76	—	—	—	0.06	—	—
11	浙江	—	—	—	881.76	—	647.04	—	167.64	—	—	—	—
12	安徽	—	—	—	—	—	263.10	—	-0.36	—	—	—	—
13	福建	—	—	—	553.38	—	869.22	—	—	36.72	—	—	—
14	江西	—	—	—	—	—	—	—	—	—	—	—	—
15	山东	7.86	—	—	1 182.24	—	1 151.46	—	—	0.42	—	—	—
16	河南	—	—	—	586.86	—	814.32	75.96	219.42	—	—	—	—
17	湖北	—	—	—	225.12	—	234.72	—	—	—	—	—	—
18	湖南	—	—	—	150.00	—	139.20	—	—	—	—	—	—
19	广东	27.06	—	—	891.12	—	930.96	—	—	247.08	—	—	—
20	广西	—	—	—	227.58	—	—	—	—	—	—	—	—
21	海南	—	—	—	—	—	85.44	—	—	—	—	—	—
22	重庆	—	—	—	111.60	—	182.40	—	—	—	—	—	—
23	四川	—	—	—	597.18	—	518.46	—	—	383.10	—	—	—
24	贵州	—	—	—	143.58	—	178.80	—	—	20.10	—	—	—
25	云南	—	—	—	575.58	—	546.00	—	—	243.90	-0.12	—	4.44
26	西藏	—	—	—	—	—	—	—	—	81.00	—	—	—
27	陕西	—	—	—	299.94	—	256.08	—	—	—	—	—	—
28	甘肃	—	—	67.14	299.94	—	288.30	—	—	3.96	—	—	—
29	青海	—	—	—	—	—	—	—	—	—	—	—	—
30	宁夏	—	—	—	—	—	—	—	—	—	—	—	—
31	新疆	—	—	—	297.78	—	592.50	—	91.44	3.42	—	—	—
合计 Total		**45.42**	**0.60**	**146.88**	**12 477.90**	**679.68**	**12 441.30**	**75.96**	**1 734.00**	**1 253.40**	**-0.06**	**—**	**75.30**

续表

序号	地　区	前进·钱进	强力金球	切西瓜	青海风光	青海风情	清凉水果	情比金坚	情义两心知	全垒打	全民健身日（10元）	全民健身日（5元）	第11届全运会（10元）
1	北京	—	597.18	479.94	—	—	204.93	—	—	—	—	—	—
2	天津	—	—	—	—	—	120.00	—	—	—	—	—	—
3	河北	—	757.38	477.78	—	—	415.29	—	217.38	—	—	—	—
4	山西	—	397.74	120.00	—	—	293.79	0.12	—	—	—	—	—
5	内蒙古	—	645.18	332.40	—	—	320.34	6.06	0.84	—	—	—	—
6	辽宁	—	849.06	577.26	—	—	327.09	—	99.36	—	—	—	—
7	吉林	—	575.76	355.98	—	—	270.18	—	—	—	—	—	—
8	黑龙江	—	547.98	594.36	—	—	344.52	—	—	—	—	—	—
9	上海	—	441.06	—	—	—	—	—	—	—	—	—	—
10	江苏	0.72	4 395.24	—	0.06	—	—	137.46	—	0.06	—	—	—
11	浙江	—	1 058.64	433.14	—	—	257.07	0.06	66.30	—	—	—	—
12	安徽	—	—	—	—	—	—	—	-0.30	—	—	—	—
13	福建	0.06	1 206.12	239.64	—	—	156.00	0.06	—	—	—	—	—
14	江西	—	—	112.32	—	—	134.43	—	—	—	—	—	—
15	山东	0.06	1 860.42	839.40	—	—	944.07	—	415.80	—	—	—	—
16	河南	—	1 137.54	570.06	—	0.36	392.91	—	104.88	—	—	—	—
17	湖北	—	176.04	189.90	—	—	94.65	0.54	0.12	—	—	—	—
18	湖南	—	112.98	113.28	—	—	—	—	—	—	—	—	—
19	广东	—	1 596.90	762.54	—	—	595.02	12.12	—	—	—	—	—
20	广西	—	—	104.70	—	—	—	—	0.24	—	—	—	—
21	海南	—	—	—	—	—	61.02	0.18	—	—	—	—	—
22	重庆	—	76.62	119.88	—	—	62.49	6.30	—	—	—	—	—
23	四川	—	807.78	574.08	—	—	116.22	—	—	—	—	—	—
24	贵州	—	179.40	113.52	—	—	96.48	17.40	—	—	—	—	—
25	云南	—	1 292.94	275.52	—	—	301.74	10.38	6.96	—	—	—	—
26	西藏	—	—	—	—	—	—	24.36	—	—	—	—	—
27	陕西	—	—	217.86	—	—	210.00	—	0.36	—	—	—	—
28	甘肃	—	299.88	114.36	—	—	—	—	5.70	—	—	—	—
29	青海	—	—	—	3.12	5.16	134.40	—	0.06	—	—	—	—
30	宁夏	—	212.58	111.36	—	—	103.32	—	—	—	—	—	—
31	新疆	—	292.02	117.00	—	—	—	—	0.30	—	—	—	—
合计 Total		**0.84**	**19 516.44**	**7 946.28**	**3.18**	**5.52**	**5 955.96**	**215.04**	**918.00**	**0.06**	**—**	**—**	**—**

续表

序号	地区	第11届全运会（3元）	群星璀璨	热力100	热力50	热力500	赛事之都	三倍甜蜜	三国故事	三江源	三只猴子	三重钻石	闪耀宝石9
1	北京	—	—	0.54	0.36	2.94	—	—	—	—	—	1 798.38	—
2	天津	—	—	23.34	—	16.32	—	—	—	—	—	—	—
3	河北	—	—	35.28	52.32	155.76	—	—	0.24	—	0.06	1 434.60	—
4	山西	—	—	18.66	9.39	7.68	—	—	—	10.56	—	525.48	—
5	内蒙古	—	—	69.60	89.64	38.28	—	—	—	16.38	—	1 621.44	—
6	辽宁	—	—	18.30	28.11	65.16	—	—	—	—	—	1 218.54	—
7	吉林	—	—	32.52	9.66	25.68	—	0.72	—	—	0.03	1 149.60	0.06
8	黑龙江	—	—	60.24	26.58	62.10	—	—	—	—	0.06	1 200.48	—
9	上海	—	—	3.78	—	6.54	—	—	—	—	—	672.36	71.88
10	江苏	—	—	—	—	—	—	—	—	—	—	884.76	459.48
11	浙江	—	—	146.46	128.49	183.36	—	—	—	—	0.63	1 344.00	0.66
12	安徽	—	—	2.40	8.28	1.08	—	0.06	61.86	—	15.30	695.46	0.24
13	福建	—	—	25.74	33.90	41.10	—	—	—	—	—	2 595.06	—
14	江西	—	—	—	—	—	—	—	—	—	—	182.76	8.94
15	山东	—	—	322.92	33.30	196.14	5.10	—	—	—	0.03	1 724.82	0.06
16	河南	—	—	119.22	71.04	237.78	—	0.06	—	—	—	1 172.04	0.12
17	湖北	—	—	139.26	46.83	—	—	0.42	—	—	0.12	160.08	9.84
18	湖南	—	—	9.90	11.97	9.18	—	—	—	—	—	318.42	—
19	广东	—	—	206.52	62.10	176.82	—	5.70	—	—	0.06	2 976.42	1.86
20	广西	—	—	—	—	—	—	—	—	—	0.51	—	—
21	海南	—	—	—	—	—	—	—	—	—	—	—	—
22	重庆	—	—	1.32	10.98	0.78	—	—	—	—	—	151.92	—
23	四川	—	—	4.56	1.17	4.08	—	—	25.80	—	—	972.78	—
24	贵州	—	—	—	—	—	—	2.34	—	—	5.37	987.42	—
25	云南	—	—	16.14	11.25	14.88	—	3.96	2.70	—	—	4 515.54	0.30
26	西藏	—	—	—	—	—	—	—	—	65.52	—	2 451.66	—
27	陕西	—	—	11.88	15.75	58.62	—	—	—	—	—	978.42	—
28	甘肃	—	—	23.10	—	—	—	—	—	11.16	—	—	—
29	青海	—	—	—	—	—	—	—	—	128.22	—	—	2.40
30	宁夏	—	—	7.32	12.57	—	—	0.12	—	13.98	—	—	—
31	新疆	—	—	37.32	19.14	57.84	—	—	—	—	—	403.80	—
合计 Total		**—**	**—**	**1 336.32**	**682.83**	**1 362.12**	**5.10**	**13.38**	**90.60**	**245.82**	**22.17**	**32 136.24**	**555.84**

续表

序号	地区	射门得奖	神秘贝壳	神秘礼物	神奇的宝葫芦	神射手（足球）	生日快乐	盛世十二运	十倍奖金	十倍幸运	十倍幸运 II	世界博览	双倍奖金
1	北京	—	262.35	—	—	—	—	—	—	4 354.56	—	—	—
2	天津	—	117.45	—	—	—	—	—	—	674.40	—	—	—
3	河北	—	416.64	—	0.12	—	—	—	—	7 840.20	—	—	—
4	山西	—	83.01	—	—	—	—	—	—	1 079.28	—	—	—
5	内蒙古	—	852.93	4.32	1.08	—	0.03	—	1.44	4 231.62	—	—	—
6	辽宁	—	244.65	—	—	—	0.48	88.44	—	5 023.50	—	—	—
7	吉林	—	158.43	—	—	—	0.92	—	—	4 649.46	—	—	—
8	黑龙江	—	370.77	—	0.12	—	—	—	—	4 693.74	—	—	—
9	上海	—	76.11	—	5.46	—	4.98	—	—	2 359.62	—	—	—
10	江苏	—	710.64	165.36	—	—	105.20	—	127.80	8 786.58	19.14	0.30	—
11	浙江	—	508.44	0.06	8.40	—	—	—	0.12	6 196.32	—	—	—
12	安徽	—	121.11	99.48	1.32	—	0.50	—	—	1 068.96	—	—	—
13	福建	—	384.39	—	0.06	0.06	—	—	—	5 682.60	—	—	—
14	江西	—	40.05	—	—	—	0.77	—	1.56	305.88	—	—	—
15	山东	—	684.63	2.28	—	—	703.55	—	0.06	6 858.90	—	—	—
16	河南	—	361.68	—	0.06	0.24	0.03	—	—	6 102.30	—	—	0.12
17	湖北	—	—	0.60	—	—	5.69	—	—	417.06	—	—	—
18	湖南	—	—	—	0.48	—	16.50	—	0.06	630.48	—	—	—
19	广东	—	667.59	10.14	110.40	—	8.18	—	7.20	15 481.74	—	—	—
20	广西	—	560.82	—	0.30	—	—	—	—	685.86	—	—	—
21	海南	—	—	1.68	—	—	—	—	0.60	124.02	—	—	—
22	重庆	—	58.17	—	—	—	—	—	—	560.70	—	—	—
23	四川	—	100.17	95.04	—	—	24.38	—	—	3 351.00	—	—	—
24	贵州	—	126.39	8.52	2.76	—	3.32	—	0.06	1 081.32	—	—	—
25	云南	—	280.71	—	4.38	—	16.04	—	0.42	3 631.50	—	0.12	—
26	西藏	—	—	—	3.54	—	—	—	3.00	1 047.18	—	—	—
27	陕西	—	—	—	—	—	—	—	—	2 643.00	—	—	—
28	甘肃	—	—	4.50	—	—	5.72	—	—	749.22	—	—	—
29	青海	—	100.95	—	—	—	0.02	—	—	4.44	0.12	—	—
30	宁夏	—	—	3.54	—	—	11.01	—	—	736.26	—	—	—
31	新疆	—	18.18	—	—	—	—	—	—	3 118.80	—	—	—
合计 Total		**—**	**7 306.26**	**395.52**	**138.48**	**0.30**	**907.26**	**88.44**	**142.32**	**104 170.50**	**19.26**	**0.42**	**0.12**

续表

序号	地区	双龙戏珠	双响炮	丝绸之路－奇观	四季来财	四叶草	太空寻宝	淘金乐	天下大足	甜蜜蜜（10元）	甜蜜蜜（20元）	甜蜜蜜（5元）	甜蜜约会
1	北京	159.42	—	—	416.82	27.36	920.46	—	—	0.30	0.42	4 123.74	—
2	天津	126.66	—	—	159.90	134.88	726.96	—	—	—	—	907.98	—
3	河北	524.10	—	—	569.04	46.14	2 832.96	—	—	284.82	99.06	5 535.06	0.12
4	山西	179.28	—	—	372.24	6.78	1 886.04	—	—	256.56	353.40	1 221.12	—
5	内蒙古	—	—	—	333.60	111.00	1 048.20	—	—	1 223.34	12.96	3 327.96	5.58
6	辽宁	279.78	—	—	501.60	25.14	3 773.76	—	—	33.30	31.08	4 753.56	—
7	吉林	240.18	—	—	316.20	67.68	3 456.96	0.06	—	23.28	58.26	4 394.04	0.30
8	黑龙江	234.54	—	—	251.94	124.32	4 167.90	0.06	—	5.10	49.62	4 016.34	—
9	上海	89.04	—	—	113.76	—	—	3.00	—	156.36	337.56	2 424.84	9.00
10	江苏	—	—	—	4 489.02	117.78	502.68	306.12	—	364.62	1 504.86	7 830.36	514.68
11	浙江	301.74	—	—	415.98	97.38	1 945.26	3.42	—	1 293.72	115.62	5 197.50	0.42
12	安徽	—	—	3.81	—	57.18	396.78	9.48	—	98.88	332.28	1 751.82	5.40
13	福建	201.60	—	—	374.04	75.42	828.78	0.06	—	272.52	400.50	3 986.82	0.12
14	江西	—	—	—	113.82	57.84	120.78	—	—	—	97.14	520.50	13.62
15	山东	538.98	—	—	1 496.34	209.16	5 764.98	0.24	—	577.56	941.76	6 232.32	0.12
16	河南	—	—	—	361.86	34.92	1 922.76	3.96	—	—	50.16	3 653.28	—
17	湖北	—	—	—	—	106.92	247.56	2.10	—	—	—	351.30	—
18	湖南	—	—	—	220.50	62.88	378.24	—	—	154.38	86.22	763.92	2.22
19	广东	—	—	—	852.84	187.44	7 351.74	—	—	1 202.22	215.70	12 339.90	41.16
20	广西	—	—	—	50.88	263.70	308.94	—	—	—	—	277.98	—
21	海南	—	—	—	9.48	—	163.68	—	—	—	0.42	538.02	—
22	重庆	—	—	—	53.04	58.74	646.08	—	155.88	91.62	106.08	595.98	42.00
23	四川	295.26	—	—	494.16	108.42	5 092.20	—	—	322.38	253.38	3 996.78	155.04
24	贵州	46.68	—	—	121.98	84.18	478.80	0.06	—	291.60	57.78	1 385.88	79.74
25	云南	—	—	—	708.24	174.12	740.64	0.66	—	127.86	849.84	4 151.28	15.60
26	西藏	—	—	—	78.24	—	—	4.98	—	—	212.64	36.00	—
27	陕西	166.74	—	—	293.88	—	3 628.02	—	—	72.48	82.86	2 879.28	—
28	甘肃	—	—	63.09	131.04	—	679.02	—	—	154.74	197.82	746.82	7.32
29	青海	—	—	—	56.22	72.48	228.30	7.92	—	117.60	88.68	284.94	0.78
30	宁夏	—	—	—	104.16	—	438.12	—	—	146.94	103.92	386.88	—
31	新疆	126.54	—	—	334.08	77.64	1 241.22	—	—	41.34	233.70	1 517.28	—
合计 Total		**3 510.54**	**—**	**66.90**	**13 794.90**	**2 389.50**	**51 917.82**	**342.12**	**155.88**	**7 313.52**	**6 873.72**	**90 129.48**	**893.22**

续表

序号	地区	跳跃音符	铁人夺金	铁人夺金 II	通吃	童年记忆	团龙献瑞	挖地雷	五倍幸运	喜结良缘	喜上梅梢	小财神	笑口常开
1	北京	—	—	—	2 296.68	—	—	—	—	—	—	—	238.86
2	天津	12.06	5.64	—	300.00	—	62.82	—	—	—	—	—	120.00
3	河北	0.24	3.96	2 383.20	2 631.42	—	—	—	—	—	—	0.03	352.26
4	山西	0.30	1.14	—	299.82	—	3.00	—	—	59.94	—	—	234.36
5	内蒙古	86.46	1.14	37.62	1 925.70	—	1.02	—	—	—	0.42	5.28	211.62
6	辽宁	1.32	—	—	600.00	—	4.26	—	—	60.00	—	2.10	406.14
7	吉林	1.26	—	184.98	600.00	—	0.60	—	—	—	—	0.63	383.34
8	黑龙江	0.12	—	0.12	1 479.54	—	0.06	—	—	—	—	0.09	394.02
9	上海	0.72	0.06	—	600.00	—	—	—	—	—	6.00	139.53	—
10	江苏	334.92	—	—	—	—	206.82	—	—	—	91.80	176.58	104.64
11	浙江	43.32	—	—	1 501.14	—	3.12	—	—	428.64	—	18.12	178.44
12	安徽	10.14	—	—	585.72	—	—	—	—	66.24	-0.06	43.98	76.56
13	福建	19.14	—	—	2 939.58	—	24.00	—	—	165.99	—	11.67	185.88
14	江西	2.70	—	—	—	—	11.16	—	—	103.20	—	59.67	92.82
15	山东	19.62	—	—	3 553.74	—	—	1 279.44	—	1 962.06	—	0.18	1 299.96
16	河南	—	—	—	2 998.56	—	—	—	—	296.94	—	—	328.74
17	湖北	0.54	—	—	223.80	—	29.40	—	—	52.32	3.00	—	165.78
18	湖南	15.36	—	—	531.96	—	—	—	—	—	—	—	88.44
19	广东	15.12	6.60	—	4 236.54	17.58	13.98	—	—	—	6.42	11.28	730.68
20	广西	—	—	79.86	327.72	—	6.06	—	—	—	—	3.69	—
21	海南	—	—	—	744.42	—	—	—	—	13.05	—	36.81	—
22	重庆	—	—	—	361.74	—	—	—	—	19.11	—	2.58	61.02
23	四川	1.14	9.78	—	1 752.00	—	5.16	—	—	—	—	0.06	435.18
24	贵州	18.30	0.30	—	654.84	—	18.24	—	—	—	0.06	7.77	76.50
25	云南	60.96	26.64	6.84	3 008.40	2.28	77.88	—	—	—	0.06	13.56	165.18
26	西藏	30.84	—	—	—	—	—	—	—	—	—	—	—
27	陕西	—	—	—	1 369.26	—	—	—	—	—	—	0.30	289.68
28	甘肃	—	29.58	—	1 397.82	1.98	14.34	—	—	—	—	3.00	107.64
29	青海	—	—	—	—	—	—	—	—	—	—	—	—
30	宁夏	73.56	—	—	—	—	—	—	—	—	—	3.69	97.02
31	新疆	0.30	—	—	1 154.88	—	—	—	—	59.52	—	—	173.82
合计 Total		**748.44**	**84.84**	**2 692.62**	**38 075.28**	**21.84**	**481.92**	**1 279.44**	**—**	**3 287.01**	**107.70**	**540.60**	**6 998.58**

续表

序号	地区	携手奥运	写意岭南	心手相连	心心相印	新新亚运	星光大道	星座奇缘	幸福99	幸运66	幸运彩虹	幸运号码	幸运金鱼
1	北京	—	—	—	—	—	521.40	—	0.06	—	—	—	—
2	天津	—	—	—	—	—	300.00	—	—	—	—	—	—
3	河北	0.06	—	—	—	—	802.68	0.30	—	—	—	—	—
4	山西	0.72	—	—	—	—	258.96	—	0.84	—	—	—	—
5	内蒙古	0.18	—	—	—	—	565.56	3.78	0.06	—	0.06	0.66	2.70
6	辽宁	1.14	—	—	—	—	750.72	97.92	—	—	—	1.56	—
7	吉林	0.72	—	—	—	—	527.46	1.20	0.06	—	—	—	—
8	黑龙江	0.12	—	—	—	—	558.66	—	0.09	—	—	—	0.06
9	上海	0.06	—	—	8.94	—	189.06	20.40	29.13	—	—	—	—
10	江苏	190.80	—	0.18	0.12	—	575.10	600.60	—	—	229.92	21.00	162.06
11	浙江	0.06	—	—	—	—	859.02	77.64	5.82	—	—	—	0.84
12	安徽	-0.06	—	—	—	—	275.88	6.84	10.02	—	2.10	6.48	1.14
13	福建	0.12	—	—	—	—	829.38	3.36	0.30	—	0.06	—	—
14	江西	0.06	—	—	—	—	170.04	35.58	—	—	—	0.72	—
15	山东	0.06	—	—	—	—	1 624.74	124.44	0.15	—	0.12	—	0.06
16	河南	—	—	—	—	—	1 091.22	0.12	—	—	—	—	0.06
17	湖北	—	—	—	—	—	228.96	—	—	—	—	—	0.72
18	湖南	0.36	—	—	—	—	179.04	2.22	—	—	0.06	—	0.06
19	广东	4.38	—	—	—	—	1 262.04	2.76	2.52	—	15.90	7.20	0.36
20	广西	—	—	—	—	—	—	—	—	—	—	1.14	—
21	海南	0.06	—	—	—	—	—	—	3.42	—	—	2.70	—
22	重庆	—	—	—	—	—	—	—	—	—	—	—	—
23	四川	0.06	—	—	—	—	596.58	18.96	—	—	—	—	—
24	贵州	11.52	—	—	—	—	208.98	29.16	12.03	—	—	0.42	9.42
25	云南	0.06	—	0.42	—	—	722.64	13.86	0.45	—	0.06	3.90	3.60
26	西藏	—	—	—	—	—	194.46	—	—	—	—	—	—
27	陕西	—	—	—	—	—	408.48	—	—	—	—	—	—
28	甘肃	—	—	—	—	—	—	—	—	—	—	—	—
29	青海	—	—	—	—	—	—	3.06	9.21	—	0.18	—	—
30	宁夏	—	—	—	—	—	207.36	—	0.24	—	—	—	—
31	新疆	—	—	—	—	—	520.20	61.92	—	—	—	3.12	—
合计 Total		**210.48**	**—**	**0.60**	**9.06**	**—**	**14 428.62**	**1 104.12**	**74.40**	**—**	**248.46**	**48.90**	**181.08**

续表

序号	地区	幸运小精灵	幸运星	熊猫宝宝	秀甲天下	炫动青运	亚运情怀	摇钱树	椰风海韵	英雄会	勇闯金银岛	勇争第一	羽坛拼搏
1	北京	—	0.06	—	—	—	—	—	—	3.00	—	—	—
2	天津	—	—	—	—	—	—	—	—	—	—	—	—
3	河北	—	3.72	0.54	5.64	—	—	—	—	191.22	—	—	—
4	山西	—	12.00	—	—	—	—	—	—	31.02	—	—	0.18
5	内蒙古	—	—	1.68	—	—	—	189.30	—	153.42	—	—	—
6	辽宁	—	16.80	—	—	—	—	—	—	2.40	—	—	—
7	吉林	—	22.32	—	—	—	—	208.44	—	0.18	—	—	—
8	黑龙江	0.06	0.12	—	—	—	—	109.44	—	—	—	—	—
9	上海	1.14	38.28	—	—	—	—	—	—	0.06	—	—	—
10	江苏	0.60	1 002.54	—	1.38	—	—	40.26	—	—	—	—	—
11	浙江	0.12	70.38	—	—	—	—	0.12	—	—	—	—	—
12	安徽	—	26.46	—	—	—	-0.84	—	—	11.22	—	—	—
13	福建	—	86.40	—	—	3 595.98	—	—	—	14.82	—	—	—
14	江西	—	150.18	—	—	—	—	—	—	—	—	—	—
15	山东	0.06	6.72	0.06	1.14	—	—	0.06	—	5.28	—	—	—
16	河南	—	—	—	—	—	—	0.18	—	—	—	—	—
17	湖北	—	34.80	0.30	—	—	—	—	—	—	—	—	—
18	湖南	—	5.22	—	—	—	—	—	—	18.96	—	—	—
19	广东	—	90.54	0.06	—	—	—	11.28	—	105.00	0.15	—	—
20	广西	—	6.84	—	—	—	—	—	—	112.02	—	—	—
21	海南	—	1.26	—	—	—	—	—	—	—	—	—	—
22	重庆	—	—	—	—	—	—	—	—	0.84	—	—	—
23	四川	12.96	1.92	—	—	—	—	—	—	4.14	—	—	—
24	贵州	—	126.48	—	22.14	—	—	61.98	—	20.40	—	—	—
25	云南	0.18	232.56	1.32	0.72	—	—	3.78	—	67.98	—	—	—
26	西藏	—	—	—	—	—	—	—	—	—	—	—	—
27	陕西	—	26.04	—	2.64	—	—	—	—	8.70	—	—	—
28	甘肃	0.12	7.80	—	—	—	—	131.46	—	19.26	—	—	—
29	青海	—	5.40	0.18	—	—	—	0.06	—	10.56	—	—	—
30	宁夏	—	—	—	—	—	—	—	—	15.06	—	—	—
31	新疆	—	53.16	—	—	—	—	—	—	55.32	—	—	—
合计 Total		**15.24**	**2 028.00**	**4.14**	**33.66**	**3 595.98**	**-0.84**	**756.36**	**—**	**850.86**	**0.15**	**—**	**0.18**

续表

序号	地区	玉兔送财	越野赛	砸金蛋	招财猫	真金白银	争金夺银 - 第七届全国农民运动会	至尊钻石 7	中国奥运军	中国红（10 元）	中国红（20 元）	中国红（5 元）	中奖达人
1	北京	—	—	—	360.00	—	—	—	—	326.04	390.48	272.64	—
2	天津	—	—	—	120.00	240.00	—	—	—	—	—	—	—
3	河北	—	—	—	851.82	839.64	—	—	10.50	—	—	—	—
4	山西	—	—	—	237.36	240.00	—	—	0.72	—	—	—	—
5	内蒙古	0.06	-0.30	—	445.08	473.28	—	—	3.30	24.66	22.08	8.40	—
6	辽宁	0.30	—	—	901.20	908.70	—	—	1.62	—	—	—	—
7	吉林	—	—	111.84	374.28	771.72	—	—	3.84	458.76	429.06	458.70	—
8	黑龙江	0.06	—	—	913.74	838.44	—	—	0.12	403.32	333.90	411.48	—
9	上海	—	—	—	—	—	—	—	—	224.64	217.86	152.94	—
10	江苏	0.54	25.02	2 031.60	167.64	9 783.00	—	1 170.24	68.46	—	—	—	—
11	浙江	—	0.06	—	371.34	999.00	—	—	5.16	—	—	—	—
12	安徽	-0.72	—	—	87.78	—	—	—	2.52	583.20	582.12	555.36	—
13	福建	—	—	—	211.98	1 121.88	—	—	18.84	2 692.08	1 957.26	1 208.28	—
14	江西	—	—	—	—	—	—	—	5.46	147.72	179.16	136.62	—
15	山东	—	0.06	310.62	1 706.04	—	—	—	99.00	909.60	1 827.00	1 501.50	—
16	河南	—	—	—	377.88	—	0.30	—	—	—	—	—	—
17	湖北	0.06	—	—	105.60	—	—	—	1.38	604.26	566.64	505.38	—
18	湖南	—	—	—	—	—	—	—	1.26	—	—	—	—
19	广东	—	11.34	2 444.28	732.00	4 259.28	—	—	7.32	—	—	—	2 022.06
20	广西	—	—	—	208.08	—	—	—	12.78	—	2.76	2.88	—
21	海南	—	—	—	—	—	—	—	0.36	—	—	—	—
22	重庆	-0.30	—	—	—	—	—	—	0.12	108.24	158.70	102.24	—
23	四川	—	—	—	278.46	—	—	—	0.90	—	—	—	—
24	贵州	—	13.44	—	—	—	—	—	3.66	61.74	57.96	52.38	—
25	云南	0.18	6.42	90.06	386.40	706.38	—	—	20.70	133.26	145.14	99.66	—
26	西藏	—	3.00	—	—	219.72	—	—	—	46.32	43.38	39.66	—
27	陕西	—	—	—	504.24	—	—	—	23.40	305.34	294.66	220.74	—
28	甘肃	0.18	1.32	—	217.98	—	—	—	2.46	—	0.06	—	—
29	青海	—	—	—	0.06	—	—	—	—	—	—	—	—
30	宁夏	—	—	—	89.40	—	—	—	9.18	—	—	—	—
31	新疆	0.06	—	—	217.86	—	—	—	—	—	—	—	—
合计 Total		**0.42**	**60.36**	**4 988.40**	**9 866.22**	**21 401.04**	**0.30**	**1 170.24**	**303.06**	**7 029.18**	**7 208.22**	**5 728.86**	**2 022.06**

续表

			转就赢	赚翻天	撞好运	紫水晶	总冠军榜	足球盛宴	钻石王朝	总计
1	北京	430.05	—	600.00	—	—	—	—	—	73 602.84
2	天津	150.00	—	300.00	—	64.02	—	—	—	13 747.29
3	河北	310.29	—	1 037.64	—	0.06	20.76	—	—	95 624.68
4	山西	291.33	—	563.22	—	1.32	0.42	—	—	24 768.72
5	内蒙古	276.60	—	587.16	—	46.32	18.30	—	—	67 181.37
6	辽宁	361.68	—	845.28	—	0.30	—	—	—	61 123.53
7	吉林	269.91	—	598.98	—	—	33.66	—	—	59 834.24
8	黑龙江	442.92	—	599.76	—	—	—	—	—	58 318.17
9	上海	147.63	—	300.00	—	225.60	—	—	—	27 152.46
10	江苏	568.14	0.12	1 088.46	—	—	142.08	0.06	1 161.00	131 752.07
11	浙江	738.60	—	1 156.14	—	0.18	8.94	0.06	—	89 313.48
12	安徽	198.99	—	—	—	20.04	3.48	—	—	23 029.88
13	福建	834.39	—	1 510.20	—	0.36	124.98	—	—	89 416.77
14	江西	123.03	—	—	—	—	2.34	0.12	—	13 082.99
15	山东	900.00	—	2 344.14	—	0.06	0.06	—	—	143 335.49
16	河南	362.52	0.06	1 196.52	—	0.12	10.44	—	—	80 706.39
17	湖北	146.58	—	268.14	—	—	8.52	—	—	12 924.77
18	湖南	—	—	179.88	—	44.76	6.36	—	—	11 736.93
19	广东	34.74	—	2 813.70	—	10.92	71.76	—	—	160 890.29
20	广西	580.23	—	—	—	—	66.60	0.06	—	9 760.47
21	海南	—	—	289.62	—	—	1.32	—	—	6 298.83
22	重庆	76.08	—	—	—	—	0.90	—	—	10 205.52
23	四川	374.58	—	595.62	—	—	—	—	—	56 586.35
24	贵州	—	—	374.10	—	42.48	7.38	—	—	24 095.33
25	云南	421.14	—	920.88	—	1.32	13.68	0.12	—	91 676.84
26	西藏	—	—	—	—	—	34.20	—	—	16 320.03
27	陕西	133.05	—	555.54	—	—	46.38	—	—	41 102.91
28	甘肃	294.63	0.06	423.60	—	—	0.54	0.06	—	26 307.65
29	青海	143.58	—	—	—	—	1.14	—	—	6 567.41
30	宁夏	119.10	—	—	—	—	—	—	—	10 582.56
31	新疆	149.82	—	1 020.54	—	2.82	0.24	—	—	35 626.68
合计 Total		**8 879.61**	**0.24**	**20 169.12**	**—**	**460.68**	**624.48**	**0.48**	**1 161.00**	**1 572 672.88**

（国家体育总局体育彩票管理中心供稿）

（五）其他统计资料

Other Statistical Data

2002—2014 年全国彩票机构代扣代缴中奖奖金个人所得税情况一览表

Table of Individual Income Tax from Lottery Winners Withheld by Lotery Organizations in China from 2002 to 2014

所得税额

Individual Income Tax

单位：万元

Unit：Ten Thousand Yuan

年 份 year	福利彩票机构 Welfare Lottery Organization	体育彩票机构 Sports Lottery Organization	合 计 Total
2002	78 606. 53	121 109. 45	199 715. 98
2003	84 221. 75	123 735. 36	207 957. 11
2004	96 053. 50	86 883. 14	182 936. 64
2005	105 357. 07	70 823. 65	176 180. 72
2006	112 917. 80	127 554. 33	240 472. 13
2007	156 994. 13	142 039. 91	299 034. 04
2008	159 522. 18	152 544. 72	312 066. 90
2009	198 950. 60	166 801. 30	365 751. 90
2010	232 340. 43	169 751. 12	402 091. 55
2011	289 156. 99	202 445. 02	491 602. 01
2012	329 532. 92	190 863. 29	520 396. 20
2013	308 398. 23	207 576. 22	515 974. 46
2014	329 890. 42	259 744. 71	589 635. 13
合计 Total	**2 481 942. 54**	**2 021 872. 22**	**4 503 814. 76**

2014 年全国各地区彩票机构代扣代缴中奖奖金个人所得税情况一览表

Table of Individual Income Tax from Lottery Winners Withheld by Lotery Organizations in Different Regions in China in 2014

所 得 税 额

Individual Income Tax

单位：万元

Unit: Ten Thousand Yuan

地　区 Region	福利彩票机构 Welfare Lottery Organization	体育彩票机构 Sports Lottery Organization	合　计 Total
北　京	14 632.09	11 788.73	26 420.82
天　津	5 831.00	8 891.53	14 722.53
河　北	9 745.60	9 317.68	19 063.27
山　西	16 242.04	2 543.29	18 785.34
内蒙古	9 152.63	3 190.02	12 342.65
辽　宁	10 574.50	5 766.10	16 340.60
吉林	5 155.00	4 050.90	9 205.89
黑龙江	9 272.48	4 782.83	14 055.32
上　海	14 402.46	10 917.50	25 319.96
江　苏	18 256.68	23 417.72	41 674.40
浙　江	16 187.16	18 511.59	34 698.75
安　徽	10 643.38	5 588.16	16 231.55
福　建	7 375.86	12 239.47	19 615.33
江　西	17 215.01	17 772.66	34 987.67
山　东	18 719.57	19 953.43	38 673.00
河　南	12 851.59	12 806.98	25 658.57
湖　北	11 660.24	7 344.99	19 005.23
湖　南	11 840.50	17 585.75	29 426.25
广　东	39 357.81	19 597.35	58 955.17
广　西	9 350.99	2 669.30	12 020.29
海　南	1 057.35	2 013.82	3 071.17
重　庆	12 749.91	3 596.25	16 346.16
四　川	15 401.86	10 627.65	26 029.51
贵　州	5 348.92	4 371.06	9 719.98
云　南	7 369.77	7 874.00	15 243.77
西　藏	622.53	616.59	1 239.11
陕　西	8 966.97	4 890.59	13 857.56
甘　肃	2 012.15	2 486.75	4 498.90
青　海	1 321.89	610.63	1 932.53
宁　夏	2 050.59	825.76	2 876.35
新　疆	4 521.89	3 095.63	7 617.51
合计 Total	**329 890.42**	**259 744.71**	**589 635.13**

（中国福利彩票发行管理中心、国家体育总局体育彩票管理中心供稿）

2002—2014 年全国彩票机构中百万元以上大奖情况一览表

Table of Quantity of Millionaire Prize Winners in Lottery organizations in china from 2002 to 2014

单位：个

Unit：Ge

年　份 year	福利彩票机构 Welfare Lottery Organization	体育彩票机构 Sports Lottery Organization	合　计 Total
2002	874	1 141	2 015
2003	766	774	1 540
2004	1 017	627	1 644
2005	806	606	1 412
2006	873	534	1 407
2007	1 023	533	1 556
2008	873	872	1 745
2009	1 137	1 037	2 174
2010	1 348	1 118	2 466
2011	1 391	1 012	2 403
2012	1 794	939	2 733
2013	1 874	1 120	2 994
2014	1 736	1 341	3 077
合计 Total	**15 512**	**11 654**	**27 166**

2014 年全国各地区福利彩票中百万元以上大奖情况一览表

Table of Quantity of Welfare Lottery Millionaire Prize Winners in Different Regions in 2014

地 区 Region	500 万元以上大奖个数 Five - million Yuan Prize Winners	100 万元以上大奖个数 One - million Yuan Prize Winners
北 京	49	58
天 津	22	28
河 北	56	61
山 西	134	140
内蒙古	54	62
辽 宁	38	52
吉 林	28	28
黑龙江	35	43
上 海	48	64
江 苏	70	91
浙 江	67	80
安 徽	36	48
福 建	33	42
江 西	61	124
山 东	60	84
河 南	47	48
湖 北	60	76
湖 南	45	48
广 东	158	178
广 西	29	40
海 南	4	5
重 庆	71	82
四 川	67	80
贵 州	21	26
云 南	34	45
西 藏	3	4
陕 西	25	40
甘 肃	9	9
青 海	8	8
宁 夏	7	9
新 疆	27	33
合 计 Total	**1 406**	**1 736**

注：其中 500 万元以上大奖个数包含在百万元以上大奖个数中。

（中国福利彩票发行管理中心供稿）

2014年全国各地区体育彩票中百万元以上大奖情况一览表

Table of Quantity of Sports Lottery Millionaire Prize Winners in Different Regions in 2014

地　区 Region	500万元以上大奖个数 Five - million Yuan Prize Winners	100万元以上大奖个数 One - million Yuan Prize Winners
北　京	25	73
天　津	25	40
河　北	31	48
山　西	7	10
内蒙古	13	21
辽　宁	9	29
吉　林	10	16
黑龙江	14	19
上　海	16	60
江　苏	105	135
浙　江	66	92
安　徽	15	30
福　建	50	85
江　西	41	112
山　东	91	162
河　南	46	62
湖　北	17	25
湖　南	39	94
广　东	33	51
广　西	6	10
海　南	6	6
重　庆	6	14
四　川	39	50
贵　州	14	18
云　南	21	26
西　藏	2	3
陕　西	12	24
甘　肃	8	9
青　海	2	3
宁　夏	0	1
新　疆	6	13
合计Total	**775**	**1 341**

注：其中500万元以上大奖个数包含在百万元以上大奖个数中。

（国家体育总局体育彩票管理中心供稿）

2005—2014年全国彩票机构投注终端数量一览表

Table of the Quantity of Lottery Sales Terminals in China from 2005 to 2014

投注终端机

Sales Terminal

单位：台

Unit：Tai

年　份 year	福利彩票机构 Welfare Lottery Organization	体育彩票机构 Sports Lottery Organization	合　计 Total
2005	77 969	49 914	127 883
2006	93 138	65 040	158 178
2007	104 526	79 055	183 581
2008	115 487	96 828	212 315
2009	125 415	111 317	236 732
2010	144 250	113 971	258 221
2011	154 520	129 699	284 219
2012	151 994	127 871	279 865
2013	165 629	130 467	296 096
2014	171 109	140 824	311 933

2014年全国各地区彩票机构投注终端数量一览表

Table of the Quantity of Lottery Sales Terminals in China in Different Regions in 2014

投注终端机
Sales Terminal

单位：台
Unit：Tai

地　区 Region	福利彩票机构 Welfare Lottery Organization	体育彩票机构 Sports Lottery Organization	合　计 Total
北　京	2 634	2 331	4 965
天　津	2 148	1 946	4 094
河　北	8 765	9 222	17 987
山　西	3 922	2 914	6 836
内蒙古	3 947	3 362	7 309
辽　宁	7 385	5 577	12 962
吉　林	4 425	4 166	8 591
黑龙江	8 545	6 174	14 719
上　海	3 500	2 334	5 834
江　苏	11 807	13 389	25 196
浙　江	6 350	7 541	13 891
安　徽	6 167	4 912	11 079
福　建	4 532	6 843	11 375
江　西	3 704	2 923	6 627
山　东	10 907	9 530	20 437
河　南	11 950	8 212	20 162
湖　北	8 036	5 468	13 504
湖　南	6 786	3 659	10 445
广　东	13 671	10 215	23 886
广　西	4 375	2 088	6 463
海　南	1 106	951	2 057
重　庆	3 324	2 574	5 898
四　川	9 081	6 810	15 891
贵　州	3 970	3 276	7 246
云　南	6 022	4 596	10 618
西　藏	437	394	831
陕　西	5 148	3 605	8 753
甘　肃	3 386	2 477	5 863
青　海	710	403	1 113
宁　夏	1 024	875	1 899
新　疆	3 345	2 057	5 402
合计 Total	**171 109**	**140 824**	**311 933**

（中国福利彩票发行管理中心、国家体育总局体育彩票管理中心供稿）

2014 年全国电脑福利彩票游戏一览表

Table of Computerized National Welfare Lottery Games in 2014

地区	玩法	停止销售时间	开奖日（星期）							开奖方式	开奖时间	媒体
			一	二	三	四	五	六	日			
北京	双色球联销	20:00		1		1			1	直播	21:30	中国教育电视台 1 套
	七乐彩联销		1		1		1					
	3D 联销	20:15	1	1	1	1	1	1	1		20:30	中央人民广播电台
	基诺：80 开 20 选 1～8	00:00	1	1	1	1	1	1	1	计算机自动开奖	每 5 分钟开奖一次	
	PK10		1	1	1	1	1	1	1			
	乐透：111～666 组合（快 3）		1	1	1	1	1	1	1	计算机自动开奖	每 10 分钟开奖一次	
天津	双色球联销	20:00		1		1			1	直播	21:30	中国教育电视台 1 套
	七乐彩联销		1		1		1					
	3D 联销		1	1	1	1	1	1	1		20:30	中央人民广播电台
	数字：00000～99999 排列（时时彩）	23:05	1	1	1	1	1	1	1	计算机自动开奖	每 10 分钟开奖一次	天津福彩网
	乐透：组合 20 选 5（快乐十分）	23:00	1	1	1	1	1	1	1	计算机自动开奖	每 10 分钟开奖一次	天津福彩网
河北	双色球联销	19:40		1		1			1	直播	21:30	中国教育电视台 1 套
	七乐彩联销		1		1		1					
	3D 联销		1	1	1	1	1	1	1		20:30	中央人民广播电台
	乐透：组合 20 选 5	18:30	1	1	1	1	1	1	1	录播	22:15	河北少儿科教频道
	乐透：组合 20 选 5 好运 2		1	1	1	1	1	1	1			
	乐透：组合 20 选 5 好运 3		1	1	1	1	1	1	1			
	数字：排列 00000～99999 全组合				1		1		1			
	数字：排列 0000000～9999999 全组合		1		1		1					
	乐透：111～666 组合（快 3）	22:00	1	1	1	1	1	1	1	计算机自动开奖	每 10 分钟开奖一次	

续表

地区	玩法	停止销售时间	开奖日（星期）							开奖方式	开奖时间	媒体
			一	二	三	四	五	六	日			
山西	双色球联销	19:45		1		1			1	直播	21:30	中国教育电视台1套
	七乐彩联销		1		1		1					
	3D联销	20:00	1	1	1	1	1	1	1		20:30	中央人民广播电台
	乐透：组合21选5	19:10	1	1	1	1	1	1	1	录播	22:15	山西影视频道
	乐透：组合21选5好运2		1	1	1	1	1	1	1			
	乐透：组合21选5好运3		1	1	1	1	1	1	1			
	乐透：组合21选5好运4		1	1	1	1	1	1	1			
	数字：00000～99999排列（时时彩）	22:00	1	1	1	1	1	1	1	计算机自动开奖	每10分钟开奖一次	山西福彩网
	乐透：组合20选5（快乐十分）	0:00	1	1	1	1	1	1	1	计算机自动开奖	每10分钟开奖一次	山西福彩网
内蒙古	双色球联销	20:00		1		1			1	直播	21:30	中国教育电视台1套
	七乐彩联销		1		1		1					
	3D联销		1	1	1	1	1	1	1		20:30	中央人民广播电台
	乐透：111～666组合（快3）	22:00	1	1	1	1	1	1	1	计算机自动开奖	每10分钟开奖一次	
	数字：00000～99999排列（时时彩）	22:00	1	1	1	1	1	1	1	计算机自动开奖	每10分钟开奖一次	
辽宁	双色球联销	20:00		1		1			1	直播	21:30	中国教育电视台1套
	七乐彩联销		1		1		1					
	3D联销		1	1	1	1	1	1	1		20:30	中央人民广播电台
	乐透：组合35选7	19:00	1		1			1		录播	22:00	辽宁福彩网
	乐透：组合35选7好运彩1		1		1			1				
	乐透：组合35选7好运彩2		1		1			1				
	乐透：组合35选7好运彩3		1		1			1				
	乐透：组合35选7好运彩4		1		1			1				
	数字：6位数+1生肖码		1		1			1				
	乐透：组合12选5（快乐12）	22:30	1	1	1	1	1	1	1	计算机自动开奖	每10分钟开奖一次	

续表

地区	玩法	停止销售时间	开奖日（星期）							开奖方式	开奖时间	媒体
			一	二	三	四	五	六	日			
吉林	双色球联销	20:00		1		1			1	直播	21:30	中国教育电视台1套
	七乐彩联销		1		1		1					
	3D联销	20:00	1	1	1	1	1	1	1		20:30	中央人民广播电台
	数字：00000～99999排列（时时彩）	22:00	1	1	1	1	1	1	1	计算机自动开奖	每10分钟开奖一次	
	乐透：111～666组合（快3）	21:40	1	1	1	1	1	1	1	计算机自动开奖	每10分钟开奖一次	
黑龙江	双色球联销	20:00		1		1			1	直播	21:30	中国教育电视台1套
	七乐彩联销		1		1		1					
	3D联销		1	1	1	1	1	1	1		20:30	中央人民广播电台
	乐透：组合22选5	18:15	1	1	1	1	1	1	1	录播	22:30	哈尔滨生活频道
	乐透：组合36选7		1		1			1				
	数字：000000～999999排列		1	1	1	1	1	1	1			
	数字：00000～99999排列（时时彩）	0:00	1	1	1	1	1	1	1	计算机自动开奖	每10分钟开奖一次	
	乐透：组合20选5（快乐十分）	22:00	1	1	1	1	1	1	1	计算机自动开奖	每10分钟开奖一次	
上海	双色球联销	20:00		1		1			1	直播	21:30	中国教育电视台1套
	七乐彩联销		1		1		1					
	3D联销	20:00	1	1	1	1	1	1	1		20:30	中央人民广播电台
	乐透：组合15选5	18:45	1	1	1	1	1	1	1	公告	21:00	数字电视一幸福彩频道、“安康听”专用广播、上海福彩网及各主流报纸
	数字：6位数+1生肖码	18:30	1		1			1				
	数字：0000～9999全排列	20:30	1	1	1	1	1	1	1			
	基诺：80开20选1～10	23:45	1	1	1	1	1	1	1	计算机自动开奖	每5分钟开奖一次	
	数字：000～999全排列（时时乐）	21:30	1	1	1	1	1	1	1		每半小时开奖一次	
	乐透：111～666组合（快3）	22:28	1	1	1	1	1	1	1		每10分钟开奖一次	上海福彩网

续表

地区	玩法	停止销售时间	开奖日（星期）							开奖方式	开奖时间	媒体
			一	二	三	四	五	六	日			
江苏	双色球联销	20:00		1		1			1	直播	21:30	中国教育电视台1套
	七乐彩联销		1		1		1					
	3D联销		1	1	1	1	1	1	1		20:30	中央人民广播电台
	乐透：组合15选5	18:30	1	1	1	1	1	1	1	公告	19:35	江苏省福彩网、开奖次日江苏省主流报纸刊登
	数字：6位数+1生肖码		1		1			1				
	乐透：111～666组合（快3）	22:10	1	1	1	1	1	1	1	计算机自动开奖	每10分钟开奖一次	
浙江	双色球联销	20:00		1		1			1	直播	21:30	中国教育电视台1套
	七乐彩联销		1		1		1					
	3D联销		1	1	1	1	1	1	1		22:25	浙江钱江都市频道
	乐透：组合15选5	18:30	1	1	1	1	1	1	1	录播		
	数字：6位数+1生肖码		1		1			1				
	乐透：组合12选5（快乐12）	22:20	1	1	1	1	1	1	1	计算机自动开奖	每10分钟开奖一次	
安徽	双色球联销	20:00		1		1			1	直播	21:30	中国教育电视台1套
	七乐彩联销		1		1		1					
	3D联销		1	1	1	1	1	1	1		20:30	中央人民广播电台
	乐透：组合25选5	18:40	1	1	1	1	1	1	1	录播	19:00	中安在线
	乐透：组合15选5	19:00	1	1	1	1	1	1	1		19:35	安徽省福彩网、开奖次日安徽省主流报纸刊登
	数字：6位数+1生肖码		1		1			1				
	乐透：111～666组合（快3）	22:00	1	1	1	1	1	1	1	计算机自动开奖	每10分钟开奖一次	安徽省福彩网
福建	双色球联销	19:50		1		1			1	直播	21:15	中国教育电视台1套 福建电视台电视剧频道
	七乐彩联销	19:30	1		1		1					
	3D联销		1	1	1	1	1	1	1		20:30	中央人民广播电台 浙江影视频道 福建电视台电视剧频道
	乐透：组合15选5	18:30	1	1	1	1	1	1	1	公告		
	数字：6位数+1生肖码		1		1			1				
	乐透：111～666组合（快3）	22:00	1	1	1	1	1	1	1	计算机自动开奖	每10分钟开奖一次	福建省福彩网

续表

地区	玩法	停止销售时间	开奖日（星期）							开奖方式	开奖时间	媒体
			一	二	三	四	五	六	日			
江西	双色球联销	20:00		1		1			1	直播	21:15	中国教育电视台 1 套
	七乐彩联销		1		1		1					
	3D 联销		1	1	1	1	1	1	1		20:30	中央人民广播电台
	乐透：组合 15 选 5	19:00	1	1	1	1	1	1	1	录播	19:00	江西教育电视台
	数字：6 位数 +1 生肖码		1		1			1				
	数字：00000 ~ 99999 排列（时时彩）	23:20	1	1	1	1	1	1	1	计算机自动开奖	每 10 分钟开奖一次	江西省福彩网、江西福彩资讯网
山东	双色球联销	20:00		1		1			1	直播	21:15	中国教育电视台 1 套
	七乐彩联销		1		1		1					
	3D 联销		1	1	1	1	1	1	1		20:30	中央人民广播电台
	开乐彩：80 开 20 选 1 ~ 10	24:00	1	1	1	1	1	1	1	计算机自动开奖	每 5 分钟开奖一次	
	乐透：组合 20 选 5（群英会）	22:00	1	1	1	1	1	1	1		每 10 分钟开奖一次	山东彩票网
河南	双色球联销	20:00		1		1			1	直播	21:30	中国教育电视台 1 套
	七乐彩联销		1		1		1					
	3D 联销		1	1	1	1	1	1	1		20:30	中央人民广播电台
	乐透：组合 22 选 5		1	1	1	1	1	1	1	录播	22:50	河南都市频道
	乐透：组合 22 选 5 好运 2		1	1	1	1	1	1	1			
	乐透：组合 22 选 5 好运 3		1	1	1	1	1	1	1			
	乐透：组合 22 选 5 好运 4		1	1	1	1	1	1	1			
	乐透：111 ~ 666 组合（快 3）	22:00	1	1	1	1	1	1	1	计算机自动开奖	每 10 分钟开奖一次	
	幸运武林	22:00	1	1	1	1	1	1	1	计算机自动开奖	每 10 分钟开奖一次	

续表

地区	玩法	停止销售时间	开奖日（星期）一	二	三	四	五	六	日	开奖方式	开奖时间	媒体
湖北	双色球联销	20:00		1		1			1	直播	21:30	中国教育电视台1套
	七乐彩联销		1		1		1					
	3D联销		1	1	1	1	1	1	1		20:30	中央人民广播电台
	乐透：组合22选5		1	1	1	1	1	1	1	公告	22:00	湖北福彩网，开奖次日湖北省主流报纸刊登
	乐透：组合22选5好运1		1	1	1	1	1	1	1			
	乐透：组合22选5好运2		1	1	1	1	1	1	1			
	乐透：组合22选5好运3		1	1	1	1	1	1	1			
	乐透：组合22选5好运4		1	1	1	1	1	1	1			
	数字：00000～99999排列（时时彩）	22:00	1	1	1	1	1	1	1	计算机自动开奖	每10分钟开奖一次	
	乐透：111～666组合（快3）	22:00	1	1	1	1	1	1	1	计算机自动开奖	每10分钟开奖一次	
湖南	双色球联销	20:00		1		1			1	直播	21:30	中国教育电视台1套
	七乐彩联销		1		1		1					
	3D联销		1	1	1	1	1	1	1		20:30	中央人民广播电台
	乐透：组合20选5（快乐十分）	23:00	1	1	1	1	1	1	1	计算机自动开奖	每10分钟开奖一次	湖南福彩网
广东	双色球联销	20:00		1		1			1	直播	21:30	中国教育电视台
	3D联销	19:50	1	1	1	1	1	1	1		20:30	中央人民广播电台
	乐透：组合26选5	19:00		1		1			1	录播	21:54	广东电视台新闻频道
	乐透：组合26选5好彩2			1		1			1			
	乐透：组合26选5好彩3			1		1			1			
	乐透：组合36选7		1	1	1	1	1	1	1			
	乐透：组合36选7好彩1		1	1	1	1	1	1	1			
	乐透：组合36选7好彩2		1	1	1	1	1	1	1			
	乐透：组合36选7好彩3		1	1	1	1	1	1	1			
	乐透：组合20选5（快乐十分）	22:30（11月1日至次年的4月30日）	1	1	1	1	1	1	1	计算机自动开奖	每10分钟开奖一次	广东省福彩网
		23:00（5月1日至10月31日）	1	1	1	1	1	1	1			

续表

地区	玩法	停止销售时间	开奖日（星期）							开奖方式	开奖时间	媒体
			一	二	三	四	五	六	日			
深圳	双色球联销	19:50		1		1			1	直播	21:30	中国教育电视台1套
	七乐彩联销		1		1		1					
	3D联销		1	1	1	1	1	1	1		20:30	中央人民广播电台
	基诺：80开20选1～8	22:55	1	1	1	1	1	1	1	计算机自动开奖	每5分钟开奖一次	
	乐透：组合20选2（快乐彩）	23:57	1	1	1	1	1	1	1	计算机自动开奖	每5分钟开奖一次	
	乐透：组合35选7	19:50		1			1			官网视频	20:15	深圳特区报、深圳福彩网
广西	双色球联销	20:00		1		1			1	直播	21:30	中国教育电视台1套
	七乐彩联销		1		1		1					
	3D联销	19:50	1	1	1	1	1	1	1		20:30	中央人民广播电台
	乐透：组合24选7及好运彩（快乐双彩）	21:00	1	1	1	1	1	1	1	计算机自动开奖	21:30	广西福彩网和有关合作媒体
	乐透：组合21选5（快乐十分）	21:30	1	1	1	1	1	1	1		每15分钟开奖一次	
	乐透：111～666组合（快3）	22:08	1	1	1	1	1	1	1	计算机自动开奖	每10分钟开奖一次	
海南	双色球联销	20:00		1		1			1	直播	21:30	中国教育电视台1套
	七乐彩联销		1		1		1					
	3D联销	19:45	1	1	1	1	1	1	1		20:30	中央人民广播电台
	快2	凌晨02:00	1	1	1	1	1	1	1	计算机自动开奖	每5分钟开奖一次	
重庆	双色球联销	20:00		1		1			1	直播	21:30	中国教育电视台1套
	七乐彩联销		1		1		1					
	3D联销		1	1	1	1	1	1	1		20:30	中央人民广播电台
	数字：00000～99999排列（时时彩）	0:00	1	1	1	1	1	1	1	计算机自动开奖	每10分钟开奖一次	重庆彩票网
	乐透：组合20选5（快乐十分）	23:53	1	1	1	1	1	1	1		每10分钟开奖一次	

续表

地区	玩法	停止销售时间	开奖日（星期）							开奖方式	开奖时间	媒体
			一	二	三	四	五	六	日			
四川	双色球联销	19:45		1		1			1	直播	21:30	中国教育电视台1套
	七乐彩联销		1		1		1					
	3D联销	20:00	1	1	1	1	1	1	1		20:30	中央人民广播电台
	乐透：组合22选5（云贵川天天乐）	18:35	1	1	1	1	1	1	1	公告		四川省福彩网、《华西都市报》、《晚霞报》等主流报纸刊登
	乐透：组合12选5（快乐12）	22:00	1	1	1	1	1	1	1	计算机自动开奖	每10分钟开奖一次	
贵州	双色球联销	20:00		1		1			1	直播	21:30	中国教育电视台1套
	七乐彩联销		1		1		1					
	3D联销		1	1	1	1	1	1	1		20:30	中央人民广播电台
	乐透：组合22选5（云贵川天天乐）	19:00	1	1	1	1	1	1	1	录播	23:40	贵州卫视
	乐透：组合12选4（生肖时时彩）	22:00左右	1	1	1	1	1	1	1	计算机自动开奖	每10分钟开奖一次	
	乐透：111～666组合（快3）	22:00	1	1	1	1	1	1	1	计算机自动开奖	每10分钟开奖一次	
云南	双色球联销	20:00		1		1			1	直播	21:30	中国教育电视台1套
	七乐彩联销	19:30	1		1		1					
	3D联销	20:00	1	1	1	1	1	1	1		20:30	中央人民广播电台
	乐透：组合22选5（云贵川天天乐）	19:00	1	1	1	1	1	1	1	录播	22:05	昆明电视台四套
	数字：00000～99999排列（时时彩）	22:00	1	1	1	1	1	1	1	计算机自动开奖	每10分钟开奖一次	
	乐透：组合20选5（快乐十分）	21:35	1	1	1	1	1	1	1	计算机自动开奖	每10分钟开奖一次	

续表

地区	玩法	停止销售时间	开奖日（星期）							开奖方式	开奖时间	媒体
			一	二	三	四	五	六	日			
西藏	双色球联销	19:00		1		1			1	直播	21:30	中国教育电视台1套
	七乐彩联销		1		1		1					
	3D 联销	19:30	1	1	1	1	1	1	1		20:30	中央人民广播电台
	乐透：组合 12 选 4（生肖时时彩）	22:00	1	1	1	1	1	1	1	计算机自动开奖	每 10 分钟开奖一次	
	乐透：111～666 组合（快 3）	22:10	1	1	1	1	1	1	1	计算机自动开奖	每 10 分钟开奖一次	
陕西	双色球联销	19:30		1		1			1	直播	21:30	中国教育电视台1套
	七乐彩联销		1		1		1					
	3D 联销	20:00	1	1	1	1	1	1	1		20:30	中央人民广播电台
	乐透：组合 20 选 5（快乐十分）	22:00	1	1	1	1	1	1	1	计算机自动开奖	每 10 分钟开奖一次	
甘肃	双色球联销	20:00		1		1			1	直播	21:30	中国教育电视台1套
	七乐彩联销		1		1		1					
	3D 联销	19:50	1	1	1	1	1	1	1		20:30	中央人民广播电台
	乐透：111～666 组合（快 3）	0.91667	1	1	1	1	1	1	1	计算机自动开奖	每 10 分钟开奖一次	
青海	双色球联销	19:45		1		1			1	直播	21:30	中国教育电视台1套
	七乐彩联销		1		1		1					
	3D 联销	20:00	1	1	1	1	1	1	1		20:30	中央人民广播电台
	数字：111～666 排列（快三）	22:00	1	1	1	1	1	1	1	计算机自动开奖	每 10 分钟开奖一次	

续表

地区	玩法	停止销售时间	开奖日（星期）							开奖方式	开奖时间	媒体
			一	二	三	四	五	六	日			
宁夏	双色球联销	20:00		1		1			1	直播	21:30	中国教育电视台1套
	七乐彩联销		1		1		1					
	3D联销		1	1	1	1	1	1	1		20:30	中央人民广播电台
	数字：快3	19:30	1	1	1	1	1	1	1	计算机自动开奖	每10分钟开奖一次	
新疆	双色球联销	20:00		1		1			1	直播	21:30	中国教育电视台1套
	七乐彩联销		1		1		1					
	3D联销		1	1	1	1	1	1	1		20:30	中央人民广播电台
	乐透：组合18选7	19:30	1				1			录播	0:25	新疆电视台4套
	乐透：组合35选7		1				1					
	乐透：组合25选7	20:20			1			1		直播	21:00	新疆人民广播电台
	数字：00000～99999排列（时时彩）	凌晨02:00	1	1	1	1	1	1	1	计算机自动开奖	每10分钟开奖一次	新疆福利彩票网
	乐透：27选8～23（喜乐彩）	凌晨02:00	1	1	1	1	1	1	1	计算机自动开奖	每60分钟开奖一次	新疆福利彩票网

（中国福利彩票发行管理中心）

2014 年全国电脑体育彩票游戏一览表

Table of Computerized National Sports Lottery Games in 2014

地区	玩法	停止销售时间	开奖日							开奖方式	开奖时间	媒体
			一	二	三	四	五	六	日			
北京市	11 选 5	23:00	1	1	1	1	1	1	1	计算机自动生成	10 分钟开奖一次	北京体彩网
	排列 3、排列 5	20:00	1	1	1	1	1	1	1	摇奖、录播、互联网直播	20:30	CCTV－5 旅游卫视
	七星彩	20:00		1			1		1	摇奖、录播、互联网直播	20:30	
	超级大乐透	20:00	1		1			1		摇奖、录播、互联网直播	20:30	
	足彩胜负（包括任选九场）	根据比赛时间								比赛结果		中国体彩网
	足彩进球	根据比赛时间										
	竞彩	根据比赛时间								比赛结果		中国竞彩网
	老足彩单场竞猜	根据比赛时间								比赛结果		北京体彩网
天津市	排列 3、排列 5	20:00	1	1	1	1	1	1	1	摇奖、录播、互联网直播	20:30	CCTV－5 旅游卫视
	七星彩	20:00		1			1		1	摇奖、录播、互联网直播	20:30	
	超级大乐透	20:00	1		1			1		摇奖、录播、互联网直播	20:30	
	足彩胜负（包括任选九场）	根据比赛时间								比赛结果		中国体彩网
	足彩进球	根据比赛时间										
	竞彩	根据比赛时间								比赛结果		中国竞彩网
	老足彩单场竞猜	根据比赛时间								比赛结果		天津体彩网
	11 选 5	23:50	1	1	1	1	1	1	1	计算机自动生成	10 分钟 20 秒开奖一次	天津体彩网

续表

地区	玩法	停止销售时间	开奖日							开奖方式	开奖时间	媒体
			一	二	三	四	五	六	日			
河北	排列3、排列5	20:00	1	1	1	1	1	1	1	摇奖、录播、互联网直播	20:30	CCTV－5 旅游卫视
	七星彩	20:00		1			1		1	摇奖、录播、互联网直播	20:30	
	超级大乐透	20:00	1		1			1		摇奖、录播、互联网直播	20:30	
	足彩胜负（包括任选九场）	根据比赛时间								比赛结果		中国体彩网
	足彩进球	根据比赛时间										
	竞彩	根据比赛时间								比赛结果		中国竞彩网
	河北快乐扑克	22:04	1	1	1	1	1	1	1	计算机自动生成	10分钟开奖一次	河北体彩网
	11选5	21:59	1	1	1	1	1	1	1	计算机自动生成	10分钟开奖一次	河北体彩网
山西	排列3、排列5	20:00	1	1	1	1	1	1	1	摇奖、录播、互联网直播	20:30	CCTV－5 旅游卫视
	七星彩	20:00		1			1		1	摇奖、录播、互联网直播	20:30	
	超级大乐透	20:00	1		1			1		摇奖、录播、互联网直播	20:30	
	足彩胜负（包括任选九场）	根据比赛时间								比赛结果		中国体彩网
	足彩进球	根据比赛时间										
	竞彩	根据比赛时间								比赛结果		中国竞彩网
	泳坛夺金、11选5	22:31	1	1	1	1	1	1	1	计算机自动生成	10分钟开奖一次	山西体彩网
内蒙古	排列3、排列5	20:00	1	1	1	1	1	1	1	摇奖、录播、互联网直播	20:30	CCTV－5 旅游卫视
	七星彩	20:00		1			1		1	摇奖、录播、互联网直播	20:30	
	超级大乐透	20:00	1		1			1		摇奖、录播、互联网直播	20:30	
	足彩胜负（包括任选九场）	根据比赛时间								比赛结果		中国体彩网
	足彩进球	根据比赛时间										
	竞彩	根据比赛时间								比赛结果		中国竞彩网
	泳坛夺金	22:01	1	1	1	1	1	1	1	计算机自动生成	10分钟开奖一次	内蒙古体彩网
	11选5	22:06	1	1	1	1	1	1	1	计算机自动生成	10分钟开奖一次	内蒙古体彩网

续表

地区	玩法	停止销售时间	开奖日							开奖方式	开奖时间	媒体
			一	二	三	四	五	六	日			
辽宁	排列 3、排列 5	20:00	1	1	1	1	1	1	1	摇奖、录播、互联网直播	20:30	CCTV－5 旅游卫视
	七星彩	20:00		1			1		1	摇奖、录播、互联网直播	20:30	
	超级大乐透	20:00	1		1			1		摇奖、录播、互联网直播	20:30	
	足彩胜负（包括任选九场）	根据比赛时间								比赛结果		中国体彩网
	足彩进球	根据比赛时间										
	竞彩	根据比赛时间								比赛结果		中国竞彩网
	11 选 5	22:28	1	1	1	1	1	1	1	计算机自动生成	10 分钟开奖一次	辽宁体彩网
	快乐扑克	22:24	1	1	1	1	1	1	1	计算机自动生成	10 分钟开奖一次	辽宁体彩网
吉林	排列 3、排列 5	20:00	1	1	1	1	1	1	1	摇奖、录播、互联网直播	20:30	CCTV－5 旅游卫视
	七星彩	20:00		1			1		1	摇奖、录播、互联网直播	20:30	
	超级大乐透	20:00	1		1			1		摇奖、录播、互联网直播	20:30	
	足彩胜负（包括任选九场）	根据比赛时间								比赛结果		中国体彩网
	足彩进球	根据比赛时间										
	竞彩	根据比赛时间								比赛结果		中国竞彩网
	11 选 5	21:29	1	1	1	1	1	1	1	计算机自动生成	10 分钟开奖一次	吉林体彩网
黑龙江	6+1 数字型	20:00		1			1			摇奖、录播	20:15	黑龙江交通广播电台
	排列 3、排列 5	20:00	1	1	1	1	1	1	1	摇奖、录播、互联网直播	20:30	CCTV－5 旅游卫视
	七星彩	20:00		1			1		1	摇奖、录播、互联网直播	20:30	
	超级大乐透	20:00	1		1			1		摇奖、录播、互联网直播	20:30	
	足彩胜负（包括任选九场）	根据比赛时间								比赛结果		中国体彩网
	足彩进球	根据比赛时间										
	竞彩	根据比赛时间								比赛结果		中国竞彩网
	快乐扑克	21:10	1	1	1	1	1	1	1	计算机自动生成	10 分钟开奖一次	黑龙江体彩网
	11 选 5	22:05	1	1	1	1	1	1	1	计算机自动生成	10 分钟开奖一次	黑龙江体彩网

续表

地区	玩法	停止销售时间	开奖日							开奖方式	开奖时间	媒体
			一	二	三	四	五	六	日			
上海	排列3、排列5	20:00	1	1	1	1	1	1	1	摇奖、录播、互联网直播	20:30	CCTV-5 旅游卫视
	七星彩	20:00		1			1		1	摇奖、录播、互联网直播	20:30	
	超级大乐透	20:00	1		1			1		摇奖、录播、互联网直播	20:30	
	足彩胜负（包括任选九场）	根据比赛时间								比赛结果		中国体彩网
	足彩进球	根据比赛时间										
	竞彩	根据比赛时间								比赛结果		中国竞彩网
	11选5	22:59	1	1	1	1	1	1	1	计算机自动生成	10分钟开奖一次	上海体彩网
江苏	7位数	20:00		1		1	1		1	摇奖、录播	20:30	江苏教育台
	排列3、排列5	20:00	1	1	1	1	1	1	1	摇奖、录播、互联网直播	20:30	CCTV-5 旅游卫视
	超级大乐透	20:00	1		1			1		摇奖、录播、互联网直播	20:30	
	足彩胜负（包括任选九场）	根据比赛时间								比赛结果		中国体彩网
	足彩进球	根据比赛时间										
	竞彩	根据比赛时间								比赛结果		中国竞彩网
	虚拟足球e球彩（11月28日）	21:30	1	1	1	1	1	1	1	根据虚拟比赛结果	20分钟开奖一次	江苏体彩网
	11选5	22:00	1	1	1	1	1	1	1	计算机自动生成	10分钟开奖一次	江苏体彩网
浙江	6+1	19:00		1			1		1	摇奖、录播	19:02	浙江经视
	20选5	19:00	1	1	1	1	1	1	1	摇奖、录播	19:02	浙江经视
	排列3、排列5	20:00	1	1	1	1	1	1	1	摇奖、录播、互联网直播	20:30	CCTV-5 旅游卫视
	超级大乐透	20:00	1		1			1		摇奖、录播、互联网直播	20:30	
	足彩胜负（包括任选九场）	根据比赛时间								比赛结果		中国体彩网
	足彩进球	根据比赛时间										
	竞彩	根据比赛时间								比赛结果		中国竞彩网
	浙江飞鱼	23:58	1	1	1	1	1	1	1	计算机自动生成	5分半开奖一次	浙江体彩网
	11选5	22:00	1	1	1	1	1	1	1	计算机自动生成	10分钟开奖一次	浙江体彩网
	泳坛夺金	22:00	1	1	1	1	1	1	1	计算机自动生成	10分钟开奖一次	浙江体彩网

续表

地区	玩法	停止销售时间	开奖日							开奖方式	开奖时间	媒体
			一	二	三	四	五	六	日			
安徽	排列3、排列5	20:00	1	1	1	1	1	1	1	摇奖、录播、互联网直播	20:30	CCTV－5 旅游卫视
	七星彩	20:00		1			1		1	摇奖、录播、互联网直播	20:30	
	超级大乐透	20:00	1		1			1		摇奖、录播、互联网直播	20:30	
	足彩胜负（包括任选九场）	根据比赛时间								比赛结果		中国体彩网
	足彩进球	根据比赛时间										
	竞彩	根据比赛时间								比赛结果		中国竞彩网
	11选5	22:00	1	1	1	1	1	1	1	计算机自动生成	10分钟开奖一次	安徽体彩网
福建	本地22选5	19:00	1	1	1	1	1	1	1	摇奖、录播	19:20	福建体育频道
	36选7	19:00		1		1		1		摇奖、录播	19:20	
	本地31选7	19:00	1		1		1		1	摇奖、录播	19:20	
	排列3、排列5	20:00	1	1	1	1	1	1	1	摇奖、录播、互联网直播	20:30	CCTV－5 旅游卫视
	七星彩	20:00		1			1		1	摇奖、录播、互联网直播	20:30	
	超级大乐透	20:00	1		1			1		摇奖、录播、互联网直播	20:30	
	足彩胜负（包括任选九场）	根据比赛时间								比赛结果		中国体彩网
	足彩进球	根据比赛时间										
	竞彩	根据比赛时间								比赛结果		中国竞彩网
	11选5	22:00	1	1	1	1	1	1	1	计算机自动生成	10分钟开奖一次	福建体彩网
江西	排列3、排列5	20:00	1	1	1	1	1	1	1	摇奖、录播、互联网直播	20:30	CCTV－5 旅游卫视
	七星彩	20:00		1			1		1	摇奖、录播、互联网直播	20:30	
	超级大乐透	20:00	1		1			1		摇奖、录播、互联网直播	20:30	
	足彩胜负（包括任选九场）	根据比赛时间								比赛结果		中国体彩网
	足彩进球	根据比赛时间										
	竞彩	根据比赛时间								比赛结果		中国竞彩网
	多乐彩	22:00	1	1	1	1	1	1	1	计算机自动生成	10分钟开奖一次	江西体彩网

续表

地区	玩法	停止销售时间	开奖日							开奖方式	开奖时间	媒体
			一	二	三	四	五	六	日			
山东	排列 3、排列 5	20:00	1	1	1	1	1	1	1	摇奖、录播、互联网直播	20:30	CCTV－5 旅游卫视
	七星彩	20:00		1			1		1	摇奖、录播、互联网直播	20:30	
	超级大乐透	20:00	1		1			1		摇奖、录播、互联网直播	20:30	
	足彩胜负（包括任选九场）	根据比赛时间								比赛结果		中国体彩网
	足彩进球	根据比赛时间										
	竞彩	根据比赛时间								比赛结果		中国竞彩网
	快乐扑克 3	22:00	1	1	1	1	1	1	1	计算机自动生成	10 分钟开奖一次	山东体彩网
	快乐扑克（已停售）	22:02	1	1	1	1	1	1	1	计算机自动生成	10 分钟开奖一次	山东体彩网
	11 选 5	21:55	1	1	1	1	1	1	1	计算机自动生成	10 分钟开奖一次	山东体彩网
河南	排列 3、排列 5	20:00	1	1	1	1	1	1	1	摇奖、录播、互联网直播	20:30	CCTV－5 旅游卫视
	七星彩	20:00		1			1		1	摇奖、录播、互联网直播	20:30	
	超级大乐透	20:00	1		1			1		摇奖、录播、互联网直播	20:30	
	足彩胜负（包括任选九场）	根据比赛时间								比赛结果		中国体彩网
	足彩进球	根据比赛时间										
	泳坛夺金、11 选 5	22:01	1	1	1	1	1	1	1	计算机自动生成	10 分钟开奖一次	河南体彩网
湖北	排列 3、排列 5	20:00	1	1	1	1	1	1	1	摇奖、录播、互联网直播	20:30	CCTV－5 旅游卫视
	七星彩	20:00		1			1		1	摇奖、录播、互联网直播	20:30	
	超级大乐透	20:00	1		1			1		摇奖、录播、互联网直播	20:30	
	足彩胜负（包括任选九场）	根据比赛时间								比赛结果		中国体彩网
	足彩进球	根据比赛时间										
	竞彩	根据比赛时间								比赛结果		中国竞彩网
	11 选 5	21:55	1	1	1	1	1	1	1	计算机自动生成	10 分钟开奖一次	湖北体彩网

续表

地区	玩法	停止销售时间	开奖日							开奖方式	开奖时间	媒体
			一	二	三	四	五	六	日			
湖南	排列3、排列5	20:00	1	1	1	1	1	1	1	摇奖、录播、互联网直播	20:30	CCTV－5 旅游卫视
	七星彩	20:00		1			1		1	摇奖、录播、互联网直播	20:30	
	超级大乐透	20:00	1		1			1		摇奖、录播、互联网直播	20:30	
	足彩胜负（包括任选九场）	根据比赛时间								比赛结果		中国体彩网
	足彩进球	根据比赛时间										
	竞彩	根据比赛时间								比赛结果		中国竞彩网
	幸运赛车	22:01	1	1	1	1	1	1	1	计算机自动生成	10分钟开奖一次	湖南体彩网
	即乐彩	22:01	1	1	1	1	1	1	1	计算机自动生成	10分钟开奖一次	湖南体彩网
广东	排列3、排列5	20:00	1	1	1	1	1	1	1	摇奖、录播、互联网直播	20:30	CCTV－5 旅游卫视
	七星彩	20:00		1			1		1	摇奖、录播、互联网直播	20:30	
	超级大乐透	20:00	1		1			1		摇奖、录播、互联网直播	20:30	
	足彩胜负（包括任选九场）	根据比赛时间								比赛结果		中国体彩网
	足彩进球	根据比赛时间										
	竞彩	根据比赛时间								比赛结果		中国竞彩网
	老足彩单场竞猜	根据比赛时间								比赛结果		广东体彩网
	11选5	23:00	1	1	1	1	1	1	1	计算机自动生成	10分钟开奖一次	广东体彩网
广西	排列3、排列5	20:00	1	1	1	1	1	1	1	摇奖、录播、互联网直播	20:30	CCTV－5 旅游卫视
	七星彩	20:00		1			1		1	摇奖、录播、互联网直播	20:30	
	超级大乐透	20:00	1		1			1		摇奖、录播、互联网直播	20:30	
	足彩胜负（包括任选九场）	根据比赛时间								比赛结果		中国体彩网
	足彩进球	根据比赛时间										
	11选5	22:00	1	1	1	1	1	1	1	计算机自动生成	10分钟开奖一次	
	竞彩	根据比赛时间								比赛结果		中国竞彩网

续表

地区	玩法	停止销售时间	开奖日							开奖方式	开奖时间	媒体
			一	二	三	四	五	六	日			
海南	海南 4+1	20:00		1			1		1	直播	20:20—20:30（开奖节目起始时间）	海南电视台新闻频道
	排列 3、排列 5	20:00	1	1	1	1	1	1	1	摇奖、录播、互联网直播	20:30	CCTV－5 旅游卫视
	七星彩	20:00		1			1		1	摇奖、录播、互联网直播	20:30	
	超级大乐透	20:00	1		1			1		摇奖、录播、互联网直播	20:30	
	足彩胜负（包括任选九场）	根据比赛时间								比赛结果		中国体彩网
	足彩进球	根据比赛时间										
	飞鱼	1:55	1	1	1	1	1	1	1	计算机自动生成	6 分钟开奖一次	海南体彩网
	环岛赛	1:55	1	1	1	1	1	1	1	计算机自动生成	5 分钟开奖一次	海南体彩网
	竞彩	根据比赛时间								比赛结果		中国竞彩网
重庆	排列 3、排列 5	20:00	1	1	1	1	1	1	1	摇奖、录播、互联网直播	20:30	CCTV－5 旅游卫视
	七星彩	20:00		1			1		1	摇奖、录播、互联网直播	20:30	
	超级大乐透	20:00	1		1			1		摇奖、录播、互联网直播	20:30	
	足彩胜负（包括任选九场）	根据比赛时间								比赛结果		中国体彩网
	足彩进球	根据比赛时间										
	竞彩	根据比赛时间								比赛结果		中国竞彩网
	11 选 5	23:00	1	1	1	1	1	1	1	计算机自动生成	10 分钟开奖一次	重庆体彩网
四川	排列 3、排列 5	20:00	1	1	1	1	1	1	1	摇奖、录播、互联网直播	20:30	CCTV－5 旅游卫视
	七星彩	20:00		1			1		1	摇奖、录播、互联网直播	20:30	
	超级大乐透	20:00	1		1			1		摇奖、录播、互联网直播	20:30	
	足彩胜负（包括任选九场）	根据比赛时间								比赛结果		中国体彩网
	足彩进球	根据比赛时间										
	竞彩	根据比赛时间								比赛结果		中国竞彩网
	11 选 5	22:00	1	1	1	1	1	1	1	计算机自动生成	10 分钟开奖一次	四川体彩网

续表

地区	玩法	停止销售时间	开奖日							开奖方式	开奖时间	媒体
			一	二	三	四	五	六	日			
贵州	排列3、排列5	20:00	1	1	1	1	1	1	1	摇奖、录播、互联网直播	20:30	CCTV-5 旅游卫视
	七星彩	20:00		1			1		1	摇奖、录播、互联网直播	20:30	
	超级大乐透	20:00	1		1			1		摇奖、录播、互联网直播	20:30	
	足彩胜负（包括任选九场）	根据比赛时间								比赛结果		中国体彩网
	足彩进球	根据比赛时间										
	11选5	22:10	1	1	1	1	1	1	1	计算机自动生成	10分钟开奖一次	贵州体彩网
云南	排列3、排列5	20:00	1	1	1	1	1	1	1	摇奖、录播、互联网直播	20:30	CCTV-5 旅游卫视
	七星彩	20:00		1			1		1	摇奖、录播、互联网直播	20:30	
	超级大乐透	20:00	1		1			1		摇奖、录播、互联网直播	20:30	
	足彩胜负（包括任选九场）	根据比赛时间								比赛结果		中国体彩网
	足彩进球	根据比赛时间										
	11选5	21:59	1	1	1	1	1	1	1	计算机自动生成	10分钟开奖一次	云南体彩网
	快乐123	22:04	1	1	1	1	1	1	1	计算机自动生成	10分钟开奖一次	云南体彩网
西藏	排列3、排列5	20:00	1	1	1	1	1	1	1	摇奖、录播、互联网直播	20:30	CCTV-5 旅游卫视
	七星彩	20:00		1			1		1	摇奖、录播、互联网直播	20:30	
	超级大乐透	20:00	1		1			1		摇奖、录播、互联网直播	20:30	
	足彩胜负（包括任选九场）	根据比赛时间								比赛结果		中国体彩网
	足彩进球	根据比赛时间										
	11选5	22:00	1	1	1	1	1	1	1	计算机自动生成	10分钟开奖一次	

续表

地区	玩法	停止销售时间	开奖日							开奖方式	开奖时间	媒体
			一	二	三	四	五	六	日			
陕西	排列3、排列5	20:00	1	1	1	1	1	1	1	摇奖、录播、互联网直播	20:30	CCTV－5 旅游卫视
	七星彩	20:00		1			1		1	摇奖、录播、互联网直播	20:30	
	超级大乐透	20:00	1		1			1		摇奖、录播、互联网直播	20:30	
	足彩胜负（包括任选九场）	根据比赛时间								比赛结果		中国体彩网
	足彩进球	根据比赛时间										
	竞彩	根据比赛时间								比赛结果		中国竞彩网
	泳坛夺金	22:03	1	1	1	1	1	1	1	计算机自动生成	10分钟开奖一次	陕西体彩网
	11选5	21:59	1	1	1	1	1	1	1	计算机自动生成	10分钟开奖一次	陕西体彩网
甘肃	排列3、排列5	20:00	1	1	1	1	1	1	1	摇奖、录播、互联网直播	20:30	CCTV－5 旅游卫视
	七星彩	20:00		1			1		1	摇奖、录播、互联网直播	20:30	
	超级大乐透	20:00	1		1			1		摇奖、录播、互联网直播	20:30	
	足彩胜负（包括任选九场）	根据比赛时间								比赛结果		中国体彩网
	足彩进球	根据比赛时间										
	竞彩	根据比赛时间								比赛结果		中国竞彩网
	泳坛夺金	22:05	1	1	1	1	1	1	1	计算机自动生成	10分钟开奖一次	甘肃体彩网
	11选5	22:00	1	1	1	1	1	1	1	计算机自动生成	10分钟开奖一次	甘肃体彩网
青海	排列3、排列5	20:00	1	1	1	1	1	1	1	摇奖、录播、互联网直播	20:30	CCTV－5 旅游卫视
	七星彩	20:00		1			1		1	摇奖、录播、互联网直播	20:30	
	超级大乐透	20:00	1		1			1		摇奖、录播、互联网直播	20:30	
	足彩胜负（包括任选九场）	根据比赛时间								比赛结果		中国体彩网
	足彩进球	根据比赛时间										
	竞彩	根据比赛时间								比赛结果		中国竞彩网
	11选5	22:05	1	1	1	1	1	1	1	计算机自动生成	10分钟开奖一次	
	快乐扑克	21:01	1	1	1	1	1	1	1	计算机自动生成	10分钟开奖一次	

续表

地区	玩法	停止销售时间	开奖日							开奖方式	开奖时间	媒体
			一	二	三	四	五	六	日			
宁夏	排列3、排列5	20:00	1	1	1	1	1	1	1	摇奖、录播、互联网直播	20:30	CCTV－5 旅游卫视
	七星彩	20:00		1			1		1	摇奖、录播、互联网直播	20:30	
	超级大乐透	20:00	1		1			1		摇奖、录播、互联网直播	20:30	
	足彩胜负（包括任选九场）	根据比赛时间								比赛结果		中国体彩网
	足彩进球	根据比赛时间										
	11选5	22:05	1	1	1	1	1	1	1	计算机自动生成	10分钟开奖一次	宁夏体彩网
新疆	排列3、排列5	20:00	1	1	1	1	1	1	1	摇奖、录播、互联网直播	20:30	CCTV－5 旅游卫视
	七星彩	20:00		1			1		1	摇奖、录播、互联网直播	20:30	
	超级大乐透	20:00	1		1			1		摇奖、录播、互联网直播	20:30	
	足彩胜负（包括任选九场）	根据比赛时间								比赛结果		中国体彩网
	足彩进球	根据比赛时间										
	竞彩	根据比赛时间								比赛结果		中国竞彩网
	11选5	2:00	1	1	1	1	1	1	1	计算机自动生成	10分钟开奖一次	新疆体彩网

（国家体育总局体育彩票管理中心供稿）

五、中央专项彩票公益金使用情况

2014年中央专项彩票公益金支持未成年人校外教育综合性实践基地项目实施情况

一、继续开展示范性综合实践基地建设工作

根据《国家中长期教育改革和发展规划纲要（2010—2020年）》中“推进中小学生素质教育，提高动手实践能力”要求，2014年，教育部、财政部继续利用中央专项彩票公益金支持各省（市、区）地级市建设示范性综合实践基地。

6月，教育部会同财政部印发了《关于开展2014年中央专项彩票公益金支持示范性综合实践基地项目申报工作的通知》（教基一厅函［2014］10号），给各省下达了申报指标。各省按照《通知》要求积极申报基地项目。

9月，教育部基础教育一司会同财政部综合司组织相关专家召开了“2014年度中央专项彩票公益金支持示范性综合实践基地项目评审会”，确定了2014年30个基地的立项名单，并于10月底印发了《教育部 财政部 关于公布2014年度中央专项彩票公益金支持示范性综合实践基地项目名单的通知》（教基一函［2014］13号），同时，财政部完成资金划拨工作，每个基地3 000万元，共拨付建设资金9亿元。

二、做好示范性综合实践基地自查工作

2014年1月，教育部基础教育一司与财政部综合司共同发函要求各地提交示范性综合实践基地项目执行情况的报告，并对2011—2013年项目的建设情况进行自查。

4月，根据教育部、财政部关于《中央专项彩票公益金支持示范性综合实践基地项目申报办法》“示范性综合实践基地建设项目资金拨付到位一年后未开工的，将取消项目资格，项目资金收回并纳入下一年度的资金分配中”的要求。教育部基础教育一司下达了《2011、2012年示范性综合实践基地项目限期开工通知书》（教基一司函［2014］23号），要求2011、2012年立项但尚未开工建设的项目在2014年7月前动工，并且做好项目建设的安全管理、质量监督工作，对于逾期仍不能开工建设且未书面说明充分理由的，将依据相关规定取消项目资格，收回项目资金。

三、设计、发布和使用国家彩票公益金资助项目标志

2014年4月，为进一步做好国家彩

票公益金资助校外活动场所建设工作，加大公开公示力度，广泛接受社会监督，教育部基础教育一司委托中央美院设计并制作了标志牌。

教育部办公厅会同财政部办公厅联合印发了《关于国家彩票公益金资助校外活动场所建设项目统一设置标志牌的通知》（教基一厅函［2014］25 号），对全国 3 000 多个国家彩票公益金资助校外活动场所建设项目（包括青少年校外活动中心和示范性综合实践基地）统一设置标志牌。同时，教育部在主要媒体上就国家彩票公益金资助校外活动场所建设工作进行广泛宣传，并向公众发布标志。

6 月，教育部基础教育一司制作了一批蒲公英标志样牌并邮寄给各地，要求各地根据通知要求，按照样牌统一制作并悬挂。

（教育部基础教育一司供稿）

2014 年中央专项彩票公益金支持乡村学校少年宫项目实施情况

2014 年，中央专项彩票公益金共支持建设 3 600 所乡村学校少年宫，是实施乡村学校少年宫项目以来建设数量最多的一年。2014 年 4 月 29 日，中央文明办、财政部、教育部在内蒙古鄂尔多斯市召开了 2014 年度全国乡村学校少年宫项目建设推进会，提出“切实把思想认识问题解决好”、“严格把专项资金使用好”、“扎实把各类活动开展好”、“认真把辅导员队伍组织好”、“努力把长效机制建设好”的工作思路，全面系统地阐述了建设乡村学校少年宫的要求。各地高度重视，认真组织实施，确保项目按期完成。

扎实开展项目建设。各地文明办、财政、教育三部门密切配合，按照项目标准精心选址，召开专门会议进行推动，认真组织项目学校校长培训，精心开展设施修缮和器材采购工作，使项目建设有序展开。2014 年，中央专项彩票公益金共投入项目建设和运行经费 9.9 亿元，并专门列支了 750 万元培训经费，进一步调动了各地的工作积极性。建设过程中，各地加强资金监管，切实提高使用效益，保证了项目建设和使用效果。

切实提高使用效果。乡村学校少年宫经过四年多来的运行，活动内容日益丰富，使用效果更为显著，逐渐成为学校道德实践活动的有效补充、学校音体美课堂教学的有效补充、提升学生综合素质的有效补充。孩子们在乡村学校少年宫中学艺术、学体育、学劳动、学科技，参与德育实践活动，获得了增长见识、培养兴趣、激发潜能的机会，从小培育和践行社会主义核心价值观，受到学生、家长、教师的一致好评。

逐步完善保障机制。经过四年多的发展建设，乡村学校少年宫项目逐步形成了规范有序的工作运转机制，建立了每年年初中央文明办、财政部、教育部调研抽查、督促推进，各地全面检查、考核评估的工作格局。各地将乡村学校少年宫建设纳入群众性精神文明创建活动和未成年人思想道德建设测评中。各项目承建学校普遍建立完善了辅导员管理、财务管理、活动室管理、考勤登记等规章制度，做到了有制度、有队伍、有管理，为活动开展提供了有力保障。

（中央文明办三局供稿）

2014 年中央专项彩票公益金支持红十字事业项目实施情况

“十二五”期间，国家加大彩票公益金投入力度，继续支持红十字事业发展。2014 年度彩票公益金所支持项目一共有 6 个，包括红十字人道救助救援、红十字生命健康安全教育、中国造血干细胞捐献者资料库、贫困白血病先心病儿童救助、人体器官捐献和失能老人养老服务。

一、2014 年彩票公益金项目总体情况

2014 年彩票公益金项目由中国红十字总会和直属单位及各级红十字会共同组织实施。总会和直属单位作为项目的承担单位，负责项目的组织与管理，包括制定总体规划、编制年度计划，制定规章制度，执行部分任务内容，组织安排省级红十字会任务内容，监督检查各地项目执行进度和质量等；各级红十字会主要负责其所承担工作任务的组织管理与执行。

2014 年彩票公益金支持红十字事业项目预算总额为 48 284.59 万元，其中当年预算 44 598 万元，上年结转 3 686.59 万元，包括红十字人道救助救援项目当年预算 5 477.00 万元，上年结转 1 278.70 万元；红十字生命健康安全教育项目当年预算 4 344.00 万元，上年结转 2 185.56 万元；中国造血干细胞捐献者资料库项目当年预算 10 065.00 万元，上年结转 10.00 万元；贫困白血病先心病儿童救助项目当年预算 16 000.00 万元；人体器官捐献项目当年预算 829.00 万元，上年结转 212.33 万元；失能老人养老服务项目 7 883.00 万元。

二、2014 年彩票公益金各子项目实施情况

截至 2014 年 12 月 31 日，6 个项目完成了大部分任务内容，取得了较好的实施效益。

（一）红十字人道救助救援项目

“红十字人道救助救援项目”作为中央专项彩票公益金支持的项目之一，其目标是通过项目的实施使更多的脆弱群体得到救助，保障受灾群众的生命与健康。在紧急阶段，为受灾群众提供包括衣、食、住以及紧急医疗救援、生活用水、公共环境卫生等全方位的救助；在日常的救助中帮助贫困家庭解决暂时困难。

2014 年红十字人道救助救援项目全年支出 5 788.69 万元。项目通过紧急人道救助物资采购及储备，将价值 2 053 万元的棉衣、夹克衫、棉被、帐篷等物资储存至全国 18 个救灾备灾中心，在灾难发

生时能够迅速调拨及发放物资，第一时间为灾区群众提供救助；同时，通过对救援队开展培训及演练，提高了救援队的综合素质及救援能力，使救援可覆盖人数得以提升。2014 年鲁甸地震救援中，中国红十字总会派出供水、大众卫生等多类队伍开展了为期 20 多天的救援，搭设供水设备 3 套及供水点 5 个，送水 363 吨，解决了约 2.42 万灾区群众的用水需求；搭建并维护卫生厕所 104 套，消杀卫生厕所 221 次，张贴卫生宣传挂图 370 份，发放各类宣传资料 1 000 份，使 4 491 人接受卫生宣传教育，有效传播了卫生知识，保护了灾区群众的生命健康，同时有效避免了污染水源引发的生态环境问题，有利于灾区的可持续发展。

项目的实施有效带动了地方投入，经常性人道救助“博爱送万家”活动中，除总会投入 600 万元项目资金外，各省红十字会也积极投入配套资金及物资。内蒙古自治区投入包括地方自筹、政府配套在内的 2 283.8 万元资金，以及价值 1 976.6 万元的物资；河南省投入包括省红会配套、政府配套、地方自筹在内的 359.76 万元资金，以及价值 576.86 万元的物资。

（二）红十字生命健康安全教育项目

2014 年为进一步促进群众性救护工作的开展，提高群众的自救、互救能力，保护人的生命与健康，中国红十字会在彩票公益金的支持下开展了红十字生命健康安全教育项目，全年支出 4964.31 万元。项目主要内容有：

1. 开展救护师资培训

项目通过开展救护师资培训班、健康安全辅导员培训班，巩固了救护培训师资队伍。同时，经训师资及辅导员积极开展救护知识普及工作，2014 年全国红十字系统共培训救护员 378 万人次，开展各类校园安全教育、社区救护志愿服务活动超过 670 场次，受益师生、群众超过 34 万人次，提高了应急救护知识在群众中的普及率。

2. 进行学校健康安全辅导员培训及救护志愿活动

项目通过开展学校救护志愿活动，激发了在校大学生宣传应急救护知识的热情，全国 50 个优秀高校大学生志愿团队开展包括疾病防治、自救互救、幼儿自我保护等类型的宣传活动 50 场，着重向务工人员、在校学生、留守儿童等群体普及应急救护知识，同时也不断提升了在校大学生自身应急救护操作能力。

3. 开展安全教育和救护培训普及宣传

项目通过在各省开展形式多样的“世界急救日”系列宣传活动，向超过 22 万人次普及了急救知识；通过开展“身边的急救”摄影大赛，征集作品 3 000 余幅，调动了社会大众关注急救、参与急救的积极性；通过推广“红十字急救掌上学堂”手机软件，使社会大众获得了学习救护知识的新途径，有效传播了救护知识及理念，提高了广大群众的自救互救意识与能力。

（三）中国造血干细胞捐献者资料库项目

2014 年国家投入彩票公益金 1.0065 亿元支持中华骨髓库项目。项目主要内容包括：入库志愿者 16 万人份，支付检测费等 9 080 万元；网络系统运营维护，支付网络维护资料录入分析 150 万元；运输、保管血样样品，支付样品储存费 460 万元；进行入库数据质控，支付质控、采集移植案例统计分析 365 万元；开展绩效评价工作，支付绩效评价费 10 万元。

2014 年项目新增 16.67 万人份血样入库数据，库容增至 200 万人份，共为患者检索查询 6 744 人次。“十二五”期间，中华骨髓库每年新增入库血样数据达 16 万人份以上，逐年增加的基础数据有效提高了患者配型的成功率，缩短了患者寻找合适配型的时间，为挽救这些重症血液病患者争取宝贵时间。

中华骨髓库已经成为世界第四大骨髓库，为世界 32 个国家和地区的患者提供了检索和后续服务。2014 年中华骨髓库接受境外患者检索 1601 例，实现境外捐献移植干细胞 50 例，充分发挥了中华骨髓库为全球白血病等恶性血液病患者服务的作用，促进了我国骨髓库与世界骨髓库之间的交流和合作。2014 年，习近平主席在韩国首尔大学发表演讲，对张宝捐髓事件着重提出赞扬，加深了中韩两国人民的情谊，有利于促进中韩两国的合作和团结。

（四）贫困白血病、先心病儿童救助项目

2014 年彩票公益金贫困白血病、先心病儿童救助项目实施顺利，中国红十字基金会全年共执行项目资金 1.6 亿元，为来自全国 32 个省（区、市）和新疆生产建设兵团的 5 398 名贫困白血病、先心病患儿提供了医疗资助，全面完成年度各项工作任务。

“十二五”期间，通过彩票公益金的有力支持，资助贫困患儿数量逐年递增，截至 2014 年，获得项目资助的贫困患儿累计达到 16 437 名。通过项目实施，救助这些贫困家庭白血病、先心病儿童，使白血病患儿病情得到缓解，先心病患儿获得重生，有效减轻了贫困患儿家庭的经济和精神压力，促进社会的和谐与稳定。

该项目是社会医疗保险制度的有力补充，在受助人使用了国家基本医疗保险的报销额度后，利用彩票公益金对贫困家庭患儿进行二次救助，实现了社会救助资源的聚合。在救助资金有限的情况下，使得救助人数最大化。

发布《天使阳光基金评估报告》、《中国儿童大病医疗保障与社会救助分析》等系列人道报告，对我国现有儿童大病现状、保障政策框架及保障力度进行系统和全面的梳理，分析我国儿童大病慈善救助的模式、优势与挑战，并提出了儿童大病救助的发展方向。

（五）人体器官捐献项目

近年来，人民群众对人体器官捐献与移植服务的要求越来越高，但器官来源非常有限。为了建立中国人体器官捐献体系，推进我国器官移植事业健康发展，2014 年人体器官捐献项目共支出 950.71 万元，通过广泛的社会宣传、教育和动员，普及器官移植知识，传播“人道、博爱、奉献”的红十字精神，宣传相关政策，提高了人们对器官捐献重要性、科学性的认识。根据器官中心提供的数据，2011—2014 年，全国自愿报名捐献人数均呈现 50%—100% 的高幅度增长，反映出器官捐献宣传工作的成效。

项目的实施对于缓解人体器官来源严

重匮乏和移植器官需求不断增加之间的巨大矛盾、满足人民群众医药卫生需求、挽救生命和保护群众健康起到了一定的促进作用。据统计，2011 年全国成功捐献 157 例，经过几年的工作开展，2014 年全国成功捐献达到 1499 例，4 年期间实现了 9.55 倍的增长速度。

器官捐献项目也是对我国人体器官捐献的工作机构、工作机制和各项详细的规章制度、技术标准进行探索的途径，对于达成“建立公开、透明、合法的人体器官捐献工作体系”这样一项长期目标，能够起到良好的推动与促进。当然，器官捐献法律法规的进一步明确、参与者的协作机制仍需多方共同努力，逐步搭建与完善。

（六）失能老人养老服务项目

为贯彻国家相关政策要求，中国红十字会于 2014 年提出“彩票公益金失能老人养老服务”项目申请，2014 年 8 月经财政审批立项，由中国红十字会总会事业发展中心负责项目实施，2014 年项目支出 4 217.55 万元，向养老机构资助 6 720 张护理床，12 958 套床上护理用品，以及 6 688 套护理员服装，为贫困地区失能老人入住养老机构，并得到专业护理提供基本保障。项目注重对护理人员服务能力的提升，强化护理人员入职前的专业培训与辅导，组织由专业护理人员与志愿者相结合的服务团队，进而提高失能老人生活质量。结合我国当前养老工作的现实需求，通过项目宣传，引起全社会对老人，尤其是贫困地区失能老人生存现状的关注，激发社会组织积极参与养老服务工作，为政府排忧解难，为养老机构增加工作活力，为家庭减少后顾之忧，全面促进养老工作的可持续发展。

（中国红十字总会供稿）

2014年中央专项彩票公益金支持残疾人事业项目实施情况

2014年，中央财政安排中央专项彩票公益金21.64亿元，支持残疾人事业发展。其中，中央本级8.31亿元、地方专款13.33亿元。

一、中央本级项目执行情况

（一）为贫困残疾人免费配发辅助器具（2014年安排3 000万元）

2014年8月，完成招标采购程序，中标金额2 782.18万元，比预算节约资金近10%。在项目实施过程中，中国残联注重加强辅助器具产品的质量监督，组织对中标的部分产品进行质量检测，杜绝问题产品进入项目。

（二）培训辅助器具适配及假肢矫形器技术人员（2014年安排320万元）

2014年，中国残联共举办各类国家级培训29期，累计培训学员2 693人次，全年使用经费415万元。

（三）残疾人辅助器具流动服务车项目（2014年安排2 100万元）

2014年辅助器具流动服务车年度安全运行里程超过150万公里。流动服务车将辅助器具服务送到边远地区，进一步扩大了服务的覆盖面。此外，结合辅助器具流动服务车项目的实施，基层服务机构注重用活、用好辅助器具流动服务车这一载体，通过现场咨询、现场解说、实物展示、发放宣传册等多种方式，宣传残疾人事业，宣讲残疾人辅助器具知识和各项惠残政策。

（四）彩票公益金贫困成年听力残疾人（助听器）康复项目（2014年安排1 200万元）

2014年度助听器产品中标价约为市场价格的5%，充分显示了政府采购的价格优势。在项目推进过程中建立项目进度通报制度，有效督促各省（区、市）项目工作进展。同时，开展定点验配机构培育工作，共举办听力学技术培训班2期，培训112人。开展项目救助对象进行随机抽查，随访数据显示：受访者对残联提供的申报服务满意度为98%、验配服务满意度为91%。

（五）盲文教材、图书出版补贴项目（2014年安排2 300万元）

按照“十二五”时期盲人读物出版补贴项目要求和2014年《盲人读物出版补贴实施方案》，2014年盲人读物出版补贴（亏损补贴）支出2 226.31万元。

（六）盲文印刷设备补贴项目（2014年安排600万元）

2014 年购置盲人读物生产制作设备 79 件，当年支出采购资金 100.4 万元。由于盲文印刷设备的特殊性和市场局限性，当年采购计划未全部完成。

（七）残疾人体育项目（2014 年安排 4 000 万元）

该项目 2014 年实际支出 3 657 万元。一是举办“第四届残疾人健身周”和第八次全国特奥日，带动地方举办万余场活动，参与人次突破 200 万。二是在全国 26 个省（区、市）资助 150 个示范点，培养 719 名国家级残疾人体育健身指导员。三是组团参加索契冬季残奥会、仁川亚残运会。索契冬季残奥会上，我国轮椅冰壶队获得第四名，取得历史性突破。仁川亚残运会上，我国代表团夺得 174 枚金牌、317 枚奖牌，实现八连冠，组团参加了 19 项国际赛事，夺得 122 枚金牌。四是启动里约残奥会备战工作，完成项目布局，初步选定参加里约残奥会运动员。五是做好 2022 冬残奥申办工作，推动冬季项目发展。六是宣传推广残疾人体育健身活动。

（八）残疾人康复托养机构康复训练设备购置项目（2014 年安排 40 500 万元）

该项目 2014 年未执行。主要原因：一是自 2013 年下半年起，中国残联和地方残联陆续换届，对机构建设和设备需求统筹规划，统一部署，重新考虑；二是自 2014 年起，中央财政加大对地方康复托养机构设备补助的投入，中国残联对资金分配方案和资助范围及条件等统筹安排，力争科学、合理，发挥资金使用效益。

项目资金已于 2015 年 2 月 25 日全部下拨各地残联。

（九）孤独症儿童康复教育（2014 年安排 1 530 万元）

根据全国孤独症儿童康复工作发展现状，中国残联研究确定了 50 家试点机构，并于 2013 年 12 月将当年项目经费拨付各地。各试点机构通过项目扶持，扩大了服务范围，增强了服务能力。

由于本项目是新增项目，且 2013 年度项目资金下拨较晚，为考核项目资金使用效益，2014 年未拨付孤独症儿童康复教育机构补助资金，待 2015 年下拨。

（十）残疾儿童康复师资培训及书籍编写（2014 年安排 4 000 万元）

2014 年为项目启动之年，中国残联根据项目要求和工作实际，制定了项目实施方案和工作计划，项目启动的前期准备工作已完成，2014 年未支付项目资金。2015 年项目正式启动后，重点资助残疾儿童康复教育教材体系与配套支持平台建设和智力残疾和孤独症儿童康复人员培训。

（十一）盲人文化建设项目（2014 年安排 1 050 万元）

盲人文化建设项目主要用于盲人文化活动与社会教育、盲人信息化阅读推广和盲人有声教材出版等方面。

（十二）县级残联流动服务车（2014 年安排 16 500 万元）

由于政府采购周期较长，且服务车的使用单位遍布全国各地，配发周期亦较长。2013 年 10 月完成了当年的服务车和车载设备采购，截至 2014 年 4 月，完成了 2013 年度服务车配发、验收和牌照申请工作，各地陆续开展流动服务工作。虽然残疾人流动服务车项目开展时间不长，但已经为很多残疾人解决了许多以前难以解决的难题，切实改变了受助残疾人本人甚至是整个家庭的生活。为了更好地实施县级残联流动服务车项目，2014 年 8 月开始，中国残联对该项目进行了调研、广泛征求各地残联对车辆和车载设备性能和适用性的意见，根据各地意见和建议对车辆和车载设备参数等进行调整，故 2014 年县级残联流动服务车的采购和配发工作延续到 2015 年实施。

（十三）中国康复研究中心设备购置（2014 年安排 6 000 万元）

因进口产品审批和招标采购周期较长，2014 年 12 月进口设备获得审批，目前正在进行招标采购。

二、地方专款项目执行情况

2014 年中央财政安排彩票公益金地方专款 133 300 万元。

（一）残疾人康复（2014 年下达地方专款 106 334 万元）

1. 贫困精神病患者医疗救助（2014 年下达地方专款 15 000 万元）。2014 年对 49.2 万名贫困精神病患者进行了医疗救助。贫困精神病患者医疗救助项目的实施，产生了良好的社会反响。

2. 残疾人辅助器具服务（2014 年下达地方专款 19 800 万元）。2014 年，各级辅助器具机构共组织供应辅助器具 152.4 万件，其中：国家彩票公益金项目组织配置共 392 781 件，受益人数约 30 万人。

3. 贫困智力残疾儿童康复救助（2014 年下达地方专款 71 234 万元）。2014 年中央财政加大投入，增加安排专项彩票公益金 6 亿元，用于救助 5.9 万名智力残疾儿童进行康复训练，同时培训家长。2014 年全国共救助 30 816 名智力残疾儿童进行了康复训练，圆满完成原有任务的 100%，完成年度总任务（新增之后年度总任务是原来的近 6 倍）的 51.9%。承担任务的定点康复训练机构 1 142 个，其中残联系统 360 个，社会机构 354 个，教育系统 200 个，卫生系统 198 个，民政系统 30 个。

2014 年是本期项目追加任务后执行的第一年，任务重：任务量是原来的近 6 倍；时间短：下达任务时已经是 2014 年的 10 月底；方式新：新增“向社会力量购买服务”的方式尚在探索中；因此项目管理工作压力较大，部分项目任务延迟到 2015 年完成。

4. 贫困成年听力残疾人（助听器）康复项目（2014 年下达助听器验配地方专款 300 万元）。截至 2015 年 2 月，31 个省（区、市）共计验配 8 716 人，任务完成率 87%，主要原因是 2014 年助听器采购完成时间与往年相比滞后，2014 年 7 月完成助听器采购，8 月起陆续配发各地，造成各地验配任务完成时间滞后。

（二）助学项目（2014 年下达地方专款 5 366 万元）

2014 年共拨付项目资金 5 366 万元，一是为全国家庭经济困难的残疾儿童享受普惠性学前教育提供资助 1.13 万人次；二是为全国 22 所中高等特教学校（院）改善了办学条件，加强了残疾学生实习训练基地建设。

（三）贫困残疾人家庭无障碍改造项目（2014 年下达地方专款 5 600 万元）

各地圆满完成年度工作任务，取得了

显著成效。全国共完成改造148 510户，进一步改善了残疾人居家环境，提高了残疾人生活质量，为残疾人实现小康创造了条件。同时，取得了良好社会效果。

（四）国家辅助器具区域中心建设项目（2014年下达地方专款16 000万元）

为推动我国残疾人辅助器具工作的开展，中国残联在全国范围内开展了国家辅助器具区域中心创建工作，经认真考察和评估，分别确定湖北、江苏、辽宁、广东、甘肃和四川为华中、华东、东北、华南、西北及西南区域中心创建省份。中国残联根据各区域中心建设的资金缺口、投资规模和本省补助比例，对各区域中心给予了不同程度的资金补助。

三、加强项目监督管理，按期完成项目审计和公告

（一）加强项目资金监督管理

为加强“十二五”时期残疾人事业专项资金管理，全面掌握“十二五”时期残疾人事业专项资金执行情况，提高财政资金使用效益和管理水平，并为“十三五”时期残疾人事业专项资金需求测算提供相关依据，2014年在全国残联系统开展了“十二五”时期专项资金（含专项彩票公益金）执行情况自查，并对辽宁等6个省实施专项抽查。

（二）顺利完成项目审计和公告

委托会计师事务所，对中国残联2013年度“十二五”时期中央专项彩票公益金项目执行情况进行了审计。2014年6月，将专项审计报告在中国残联网站进行了公告，接受社会监督。

（三）注重项目宣传，营造舆论氛围

注重项目宣传工作，项目资金资助的实物和印发的宣传资料，在显著位置标明“彩票公益金资助——中国福利彩票和中国体育彩票”标识。

各地通过广播、电视、报纸、网络等媒体，对项目的内容、意义和执行情况进行广泛宣传，提升了彩票公益金项目的知晓度，也扩大了项目的影响，进一步增强了有关部门和社会公众对残疾人事业的关注程度，营造了尊重、理解、关心、帮助残疾人的良好社会氛围。

（中国残疾人联合会供稿）

2014 年中央专项彩票公益金支持革命老区扶贫项目实施情况

经财政部核准，2014 年度中央专项彩票公益金支持革命老区扶贫项目资金总投入 15 亿元，重点瞄准 20 个省（区、市）151 个革命老区县开展整村推进和小型公益设施建设两类项目。2014 年各地已完成了项目申报审批工作并已陆续开展项目实施，总体情况如下：

一、整村推进项目

安排中央专项彩票公益金 3 亿元。按照坚持集中连片，科学规划；突出重点，民生优先；民主决策，群众参与；公平竞争，公开公示；统筹各方，形成合力的原则，在 11 个省（区）30 个贫困老区县 205 个贫困村开展基础设施、环境和公共服务设施、产业发展等项目建设。

（一）基础设施建设情况

规划彩票公益金 17 972.83 万元通过开展基础设施建设（占总投入的 59.9%），改善贫困村生产生活条件。其中：

村内道路及相关设施建设投入 13 227.94 万元，主要用于修建和整治村道、村组路、生产路和联户路等 531 公里，建桥 51 座。

人畜饮水工程建设投入 1 335.93 万元，主要用于打机井 247 口，新建供水点 17 处，铺设供水管道 32 公里，修建水窖、水池等 17 口。

小型水利工程建设投入 2 794.09 万元，主要用于整治山坪塘 2 口，新建灌溉蓄水池 3 口，新建和整治灌溉渠 24 公里，新建提灌站 8 个，硬化集雨场 1 处，建石河堰/水闸 15 条、村内排洪渠 79 公里。

土壤改良建设投入 289.2 万元，主要用于旱地改良 834 亩等。

农村能源建设投入 132.5 万元，主要用于建沼气池 1 口，购太阳能灶/热水器 86 个。

农网改造建设投入 193.17 万元，主要用于建高压线路 9.6 公里、低压线路 5.3 公里，购变压器 18 台。

（二）环境和公共服务设施建设情况

规划彩票公益金 4 477.23 万元通过开展环境改善和公共服务设施建设（占总投入的 14.9%），改善贫困村人居环境，促进公共服务水平提高。其中：

人居环境改善项目建设投入 750.17 万元，主要用于 1 230 户改厕、改厨、改圈、建院坝和庭院治理等。

教育卫生文化设施建设投入 2 307.8 万元，主要用于村小改建 2 所，建文化活动室、卫生室和农村书屋 188 个，建文化广场50处，配健身设施35套。

村容整治项目建设投入1 419.26万元，主要用于建垃圾收集点229个，污水处理6处，建公共厕所69处，安装路灯1 679盏，建绿化设施31处。

（三）产业发展情况

规划彩票公益金7 549.94万元开展产业发展（占总投入的25.2%），用于培育和发展特色优势产业，促进农民增收。其中：

粮食作物投入135.4万元，主要用于种植水稻、玉米、小麦、土豆等1 140亩。

经济作物投入2 235.09万元，主要用于种植蔬菜、魔芋、中药材、花卉等3 238亩。

林果业投入261万元，主要用于新建和改造茶园587.6亩，种植水果和干果1 406亩。

养殖业投入3 245.35万元，主要用于养猪、牛、羊等12 784头、小家禽4 220万只、鱼虾等30万尾，建养殖小区184个，养蜂527箱等。

农副产品加工业投入1 519.6万元，主要用于粮食、饲草、肉食品、茶叶、干果等加工厂房建设10个，磨坊、蔬菜交易市场等建设3处。

能力建设投入48.5万元，主要用于实用技术培训5 898人次，实用技能培训286人次。

互助资金投入105万元，主要用于7个项目村开展贫困村互助资金项目。

二、小型公益设施建设项目

安排中央专项彩票公益金12亿元。按照突出重点、公开竞争、民主决策和集中连片的原则，在20个省（区、市）121个老区县开展交通、水利和环境改善三大类设施建设。

（一）交通设施建设情况

规划彩票公益金99 229.54万元通过开展交通设施建设（占总投入的82.7%），改善农户行路难的问题。主要用于修建和整治村组道路44 662公里、生产路（机耕道）3 814公里和联户路227公里。

（二）水利设施建设情况

规划彩票公益金14 488.96万元通过开展水利设施建设（占总投入的12.1%），改善农户生活、生产用水难的问题。主要用于建集中供水点7 891处，灌溉蓄水池307口，塘坝1 079口，灌溉渠3 875公里。

（三）环境改善建设情况

规划彩票公益金6 281.5万元通过开展环境改善设施建设（占总投入的5.2%），改善农户生活条件和环境。主要用于建垃圾收集点1 830处，污水处理1 192处，村内公共厕所761处。

三、项目成效

彩票公益金扶贫项目将通过制度保障、实施管理、监督考核等机制的全面建立，在充分尊重贫困地区农户的意愿、切实瞄准贫困地区现实需求的基础上，紧密围绕村内道路和小型水利等小型基础设施建设，教育、卫生、文化、环境等公共服务以及产业发展等相关内容开展项目实施。最终逐步解决项目村、项目户行路难、饮水难、灌溉难、发展生产难等突出困难，有效治理部分地区垃圾、粪便乱堆乱放、污水横流等“脏、乱、差”的现象，显著改善项目区村容村貌，不断丰富农民文化生活，有力推动贫困地区产业多元发展，促进农业增效、农民增收。

（国务院扶贫开发领导小组办公室供稿）

2014年中央专项彩票公益金支持精神病人福利机构建设项目实施情况

一、资金规模

经国务院批准，2014—2015年，财政部安排中央专项彩票公益金10亿元，支持20个新迁建、20个改扩建精神病人福利机构建设项目。项目将支持每个新迁建项目3 000万元、新增床位300张以上，支持每个改扩建项目2 000万元、新增床位200张以上。项目主要满足城乡“三无”、流浪乞讨、特困人员等特殊困难群体中精神障碍患者的救治需要，优先支持空白地级市新迁建精神病人福利机构建设，以及在救治、救助、康复、长期护理照料方面具有示范辐射功能的机构建设。

二、资助项目

2014年，中央专项彩票公益金安排5亿元，支持10个新迁建精神病人福利机构项目，10个改扩建精神病人福利机构项目。新（迁）建10个项目包括：青海省精神病人社会福利院建设项目、亳州市精神病人福利中心建设项目、兰州市精神病康复医院迁建项目、江西省康宁医院南昌院区建设项目、呼伦贝尔市民政精神疗护院建设项目、齐齐哈尔富裕精神病人疗养院迁建项目、内江市第二社会福利院精神病康复院迁建项目、常州市德安医院迁建项目、孝感市精神病人福利院建设项目、白城市社会精神病院迁建项目。改（扩）建10个项目包括：南阳市精神病人福利院扩建项目、重庆市精神病院整体搬迁项目、宁夏荣军康复中心建设项目、保定市民政事业服务中心精神病人福利楼改扩建项目、延安市社会福利院精神病康复托养中心建设项目、新疆静宁医院改扩建项目、永州市福利精神病院建设项目、菏泽市复退军人精神病医院迁建项目、宁德市福安精神病人疗养院建设项目、山西省精神康宁医院建设项目。

三、项目执行情况

中央专项彩票公益金支持精神病人福利机构建设项目，事关特困群体切身利益与生命安全、事关社会稳定与政府形象，敏感度高、投入额度大，因此民政部高度重视，明确提出抓好前期调研准备、制定项目方案、做好管理办法、开展实施监管等工作要求。一是积极开展前期调研。为做好项目实施准备，民政部与财政部多次联合前往精神卫生福利机构调研，两次摸底调查全国精神卫生福利机构数量、床位、收治人员、建设需求等情况，并与财政部多次研究沟通项目情况。二是严格项目管理办法。为加强管理，民政部、财政部共同研究制定了《财政部 民政部关于印发〈中央专项彩票公益金支持精神病人福利机构项目管理办法〉的通知》（财综［2014］44 号）、《民政部 财政部关于组织实施中央专项彩票公益金支持精神病人福利机构项目并下达 2014 年工作任务的通知》（民函［2014］215 号）等文件，还组织召开了由全国民政系统、财政系统共同参加的项目工作部署的视频会议，达到了引起重视、科学布置、积极宣传的目的。三是地方踊跃参与项目实施。各地政府高度重视，积极申报实施项目，安徽省亳州市、湖北省孝感市等专门召开市政府工作会议，研究成立精神病人福利机构事项，保证了土地、编制、财政等基础立项条件。据统计，2014 年全国投入建设资金总计 11.1 亿元，直接带动地方各级资金投入 6.1 亿元；建筑面积总计 43.4 万平方米，平均每个机构建筑面积 2.2 万平方米；机构总床位 10 720 张，平均每个机构 536 张；新增床位 7 120 张，超出原计划床位 2 120 张，平均新增床位 356 张；机构具有二级医院资质的有 6 个，具有三级资质的 3 个；4 个机构建成后将达到二、三级医院规模，各地项目资金投入、建设规模、床位增量均超过预期水平。四是加强项目实施监管力度。为督促各地按照既定的项目方案推动项目执行，民政部办公厅下发了《关于定期报送中央专项彩票公益金支持精神病人福利机构项目进度情况的通知》（民办函［2015］33 号），要求各地严格遵守 44 号项目管理办法要求，确保资金到位一年内开工、三年内竣工，并每隔 6 个月报送一次项目实施进度。

四、实际效果

中央专项彩票公益金支持精神病人福利机构建设项目，是新中国成立以来中央财政对精神病人福利设施的首次直接资助，也是继农村幸福院项目后，民政领域实施的第二个中央专项彩票公益金资助项目，资助标准较高，体现了中央财政对全国福利设施建设的高度关切，是一项兜底线、补短板的惠民工程。项目有力缓解当前和今后一段时期特殊困难精神病人集中服务床位紧张的局面，改善了特殊群体精神病人的医疗和康复服务条件，起到了“救治一人、造福一家、稳定一方”的民生保障作用。

（民政部社会福利和慈善事业促进司供稿）

2014 年中央专项彩票公益金支持农村幸福院项目实施情况

截至 2014 年年底，我国 60 周岁及以上人口已达 2.12 亿，占总人口的 15.5%。其中，约有 1.2 亿老年人生活在农村，人口老龄化水平高于城镇。为加快农村养老服务发展，解决农村空巢、留守等老年人的养老服务需求，2014 年，按照《中央专项彩票公益金支持农村幸福院项目管理办法》（财综［2013］156 号）和《关于做好 2014 年度中央专项彩票公益金支持农村幸福院项目管理工作的通知》（民函［2014］187 号）要求，安排中央专项彩票公益金 98 832 万元，在全国范围内支持建设 32 944 个幸福院，支持开展农村幸福院设施修缮和设备用品配备等工作。

自 2013 年中央专项彩票公益金支持农村幸福院项目以来，各地共建成农村幸福院 8 万多个，拥有床位 70 多万张，年服务农村老年人数达 5 000 万人次，基本实现了建设目标，逐步满足了农村老年人在吃饭、住宿和精神文化等方面的需求，保障了农村老年人获得物质帮助、享受社会服务和社会优待等各项合法权益。

（民政部社会福利和慈善事业促进司供稿）

2014 年中央专项彩票公益金支持文化事业项目实施情况

“十二五”期间，财政部通过中央专项彩票公益金支持文化部城市社区文化中心（文化活动室）设备购置和国家艺术基金 2 个项目，2014 年分别安排 2.5 亿元和 8 亿元。项目实施情况如下：

一、城市社区文化中心（文化活动室）设备购置项目

为保障城市社区文化活动的正常开展，加强城市社区文化建设，中央财政从 2014 年开始设立全国城市社区文化中心（文化活动室）设备购置专项资金，主要对中西部地区已建成且具有一定规模、配有专人管理、常年开展文化活动的城市社区文化中心（文化活动室）开展业务活动所需设备购置经费予以定额补助；对东部地区在社区文化中心（文化活动室）建设工作中取得突出成绩的省份予以奖励。专项资金从中央专项彩票公益金中安排。

（一）资金使用情况

为切实发挥资金使用效益，2009 年财政部和文化部按照国家有关法律法规和国家彩票公益金管理办法，结合我国城市社区文化中心和文化活动室建设的实际情况，制定并印发了《城市社区文化中心（文化活动室）设备购置专项资金管理办法》（财教［2009］447 号），以加强全国城市社区文化中心（文化活动室）设备购置专项资金的管理和使用。2009—2014 年，中央财政共安排专项资金 14.59 亿元，对中西部地区 3 337 个社区文化中心、19 414 个社区文化活动室设备购置进行了补助（其中 2014 年对中西部地区 535 个社区文化中心、3 356 个社区文化活动室设备购置进行了补助），对东部地区通过“以奖代补”方式予以一定支持。截至目前，各省（区、市）已基本按要求将所购设备全部配送到位。

（二）项目社会效益

随着项目的实施，我国城市社区文化中心和文化活动室的基本设备条件得到较大地改善，社区文化建设得到加强。文化设备配发后，群众反响强烈，交口称誉。社区居民反映，政府为社区配送文化设备，把功能丰富、先进实用的文化设备送到了居民的身边，为百姓文化生活提供了极大方便，长期扎根社区的文化团队也获得了开展活动急需的设施设备。目前这些社区的文化场所均已成为该地区群众文化活动的主阵地，群众文化活动开展的红红火火。该项目对于切实保障广大人民群众

的基本文化权益，构建覆盖城乡的公共文化服务体系，推进城市文化建设与发展，具有十分重要的意义。

二、国家艺术基金

为引导和推动我国艺术事业的繁荣发展，不断改进和创新艺术管理模式和财政资金投入方式，在财政部的大力支持下，2012 年 11 月，经国务院批准，正式设立了国家艺术基金。2014 年 4 月中编办正式批复成立了国家艺术基金管理中心。

由于 2013 年国家艺术基金工作主要放在机构设立和规章制度制订上，管理中心尚未进入正式运行阶段，同时，项目评审工作也未进行，因此，2013 年财政部安排国家艺术基金专项资金 3 亿元暂未支出，加上 2014 年度安排国家艺术基金专项资金 5 亿元，2014 年可动用资金共计 8 亿元。

（一）资助项目情况

2014 年，国家艺术基金制定发布了“舞台艺术创作”“美术、书法、摄影创作人才”“传播交流推广”和“人才培养”等四个资助项目申报指南。经宣传动员，通过网上申报的方式，从全国范围内征集到了 4 256 个申报项目，其中 4 124 个项目通过审查进入初评。经过专家独立网上评审、排序，系统自动汇总评选出了 764 个项目进入复评，其中 394 个项目通过复评。经媒体向社会公示后，最终确定了 393 个项目为 2014 年度国家艺术基金立项资助项目。

（二）资金使用情况

2014 年度国家艺术基金共计资助项目 393 项，资助金额共计 40 217.50 万元，包括：大型舞台剧 81 项，资助金额 21 000 万元；小型剧（节目）99 项，资助金额 1 831.70 万元；传播交流推广项目 79 项，资助金额 12 923 万元；人才培养类项目 41 项，资助金额 3 734 万元；美术、书法、摄影人才培养 93 项，资助金额 728.80 万元。

根据艺术生产规律和项目管理要求，按照管理中心与项目承担主体签订的协议，2014 年年底前已拨付资助资金共计 17 426.45 万元，包括：大型舞台剧 6 300 万元；小型剧（节目）905.85 万元；传播交流推广 8 533.80 万元；人才培养类 1 322.40 万元；美术、书法、摄影人才培养 364.40 万元。

（三）项目社会效益

2014 年国家艺术基金项目资助工作得到了各方广泛参与和好评，资助的项目覆盖中直文艺院团和国内全部省（区、市）的各级各类文艺院团，高等院校，国有、民营文化单位和机构；此外，121 位艺术家以个人身份获得了国家艺术基金的资助。

2014 年度资助项目的具体实施年度为 2015 年，申报主体要严格按照申报的实施方案进行项目的执行。目前，一些资助项目已经开始实施。例如：传播交流推广资助项目“传承与创新——景德镇当代原创陶瓷艺术作品巡回展”已经在广州开展，展出荟萃了瓷都老、中、青三代艺术家的精品佳作以及当代中国陶瓷艺术在陶瓷材料、造型技法、陶瓷审美等各个方面的巨变；人才培养项目“京剧尚派艺术表演人才培训班”在天津艺术职业学院正式开班，该项目挑选了分别来自国家京剧院、北京京剧院、湖北京剧院、山西京剧院等全国重点京剧院团和省级重点京剧院团的 24 名学员参加培训。一些资助项目已经在国际上获奖，例如：杂技节目《协奏·黑白狂想》于 2015 年 1 月 19 日在摩纳哥举行的第 39 届蒙特卡洛国际马戏节上斩获“金小丑”奖，比利时杂技马戏评论家罗兰·沃米勒先生和蒙特卡洛国际马戏节唯一健在的创始人兼新闻官阿兰·弗海、评委会主席乌兹·皮尔茨，均给予高度评价。

2014 年，国家艺术基金资助的项目突显中华民族伟大复兴中国梦的主题，坚持以人民为中心的创作导向，在践行社会主义核心价值观、弘扬中华优秀传统文化方面进行了积极探索，在传播当代中国价值观念、体现中华文化精神、反映中国人审美追求等方面取得了新突破、新亮点。

（文化部财务司供稿）

2014年中央专项彩票公益金支持法律援助项目实施情况

一、项目实施情况

2014年，中央专项彩票公益金法律援助项目共资助办理了59 763件案件，使91 720人直接受益，为受援群众挽回损失数超过35亿元。项目有682件重大疑难案件和658件执行难案件得到有效解决，有6 892件3人（含）以上群体性纠纷得到依法化解，促进了公平正义，维护了社会稳定。

（一）维护五类受援人群权益，保障改善民生

2014年项目支持的案件中，直接受益人为农民工案件29 560件，占当年支持案件总数的49.5%；妇女家庭权益保障16 084件，占26.9%；老年人7 346件，占12.3%；未成年人2 438件，占14.1%；残疾人4 335件，占7.3%。

（二）关注社会热点、难点问题，彰显司法正义

一方面，项目对刑事案件支持力度进一步加强。《刑事诉讼法》修改后，被告人的诉讼权利得到了更为全面的保护。2014年，项目支持的刑事案件为2 829件（侦查阶段281件，审判阶段2 009件），占当年案件总数的4.7%，同比增长6.2%。另一方面，项目对诉讼程序中再审案件给予了充分重视。2014年项目资助的再审案件296件，其中民事案件275件，刑事案件9件，刑事附带民事诉讼案件5件，行政案件7件。

（三）发展多元化实施主体，提升项目品质

2014年度，项目实施单位总计543家，其中，法律援助机构431家，比2013年有微弱增长；全国律协组织的律师事务所和依托律师事务所所建立的法律援助工作站27家，比2013年有所下降；全国妇联妇女维权机构33家，比2013年减少了三成多；法律援助类民办非企业单位18家，较2013年增加了一倍；高等法学院校法院社团组织14家，比2013年略有增加；全国总工会的工会帮扶组织20家，工会是2014年项目新增加的实施单位体系，丰富了项目实施单位格局，提升了项目品质。2014年，社会律师承办的案件27 261件，占项目支持案件总数的46%，接近五成，同比增长2.5%。

（四）坚持资金倾斜政策，促进社会公平

2014年，项目共向中部地区拨付资金5 176.94万元，超过当年资金量的五

成；西部地区次之，拨付资金 3 754.925 万元；东部地区最少，为 1 068.135 万元。在大量资金的支持下，中西部地区项目资助的案件数分别以 28 126 件和 27 460 件，远远超过东部地区的 4 177 件。

（五）扩大法律援助范围，提升项目覆盖面

与《法律援助条例》规定的援助范围相比，项目通过降低经济困难标准，扩大资助案件范围，支持办理扩大法律援助范围的案件有 32 551 件，达到了案件总数的 54.5%。2014 年项目支持的执行案件 658 件，占案件总数的 1.1%，民事执行是受援人合法利益得到实现的最终保障。

二、项目管理有效到位

（一）严把审核关，降低案件退补率

2014 年，共接受各实施单位申报法律援助案件 59 950 件，通过审核的案件有 59 763 件，未予通过有 187 件案件，未通过率 0.3%。在项目管理和实施单位的共同努力下，项目案件退补率又有了大幅度降低。

（二）强化监督，保障项目安全规范

2014 年共抽查案件卷宗抽查卷宗材料 2 319 份，补贴发放表 246 份。从卷宗抽查效果看，项目资助的案件质量和效果经得起检验，在有效维护贫弱群众的合法权益，化解社会矛盾等方面确实起到了积极良好的社会作用。从补贴发放抽查效果看，项目实施单位及时、足额向案件承办单位或承办人发放了办案补贴，未发生截留、挤占、拖欠、贪污挪用等违反项目监管制度的情况。

（三）做好培训，保障项目实施质量

中央专项彩票公益金法律援助项目实施单位众多，覆盖面大，其培训工作需要各省级项目管理办公室主动开展。中央项目办公室工作人员出席了中华全国总工会和宁夏组织的培训工作会。

（四）加大项目宣传，提升社会影响力

2014 年 9—10 月和 2014 年 12 月—2015 年 1 月，在北京首都机场 T3 航站楼“空港时空之旅”展廊 LED 圆柱屏、LED 矩阵联屏、LCD 高清屏幕对项目实施情况进行动态展示，提升了项目影响。2014 年 12 月—2015 年 1 月，在北京地铁四号线沿线站内灯箱进行项目宣传，让更多人群了解项目。

三、项目实施取得显著的经济、社会效益和示范效应

（一）项目经济效益突出

2014 年，项目资金 1 亿元，共资助办理了 59 763 件案件，使 91 720 人直接受益，为受援群众挽回损失数超过 35 亿元，投入产出比为 1∶35，取得了显著的经济效益。

（二）项目社会效益明显

中央专项彩票公益金法律援助项目 2014 年的实施工作取得了明显的社会效益：一是项目资助法律援助案件促进了社会公平和正义；二是项目在维护社会稳定方面发挥了重要的作用；三是项目吸纳了更多的社会组织参与到项目中来。

（三）项目发挥了典型示范效应

在项目的影响下，宁夏、北京、重庆、陕西等地提高了办案补贴标准，增强

了地方财政参与法援工作的力度；吉林省利用地方彩票公益金收入设立相应“彩票公益金”法律援助项目；河南省借鉴项目资金直接拨付形式，将补贴资金通过实施单位直接拨付给各承办人，减少了中间程序，保障了资金安全；许多省和地区成立了法律援助类的民办非企业单位，并与政府机构良好的合作与互动，推动我国法律援助事业发展。

（中国法律援助基金会供稿）

2014 年中央专项彩票公益金支持婴幼儿营养补助项目实施情况

2013 年至 2015 年，婴幼儿营养补助项目获得财政部中央专项彩票公益金 1.5 亿元的支持，为 6—24 月龄婴幼儿免费提供营养包，以预防婴幼儿营养不良和贫血，提高贫困地区儿童健康水平。

一、开展项目督导工作

2014 年 6—7 月，由项目国家级专家组成员和中国儿童少年基金会工作人员组成督导组，对 6 个项目省（区）进行项目督导。在当地各级妇联组织、卫生系统有关人员的积极配合下，督导组深入乡镇妇联、卫生院、村卫生室和受助婴幼儿家庭，召开座谈会 6 个、填写调查表 30 余份、一对一访谈 50 余人次、实地走访调研、入户调查近 30 户，就项目实施与进展情况，包括项目组织管理、营养包发放、各级培训和健康教育等情况进行调查。督导结果显示，各项目地区能够较好的执行《2013 年至 2015 年中央专项彩票公益金支持婴幼儿营养补助项目管理办法》相关文件资料较完整，基本保证了目标人群正确食用营养包。通过社会宣传，家长对营养包的作用有了进一步的认识，对婴幼儿营养知识也有了较大提高。

二、对生产企业质量进行考察

2014 年 12 月，由项目国家级专家组成员和中国儿童少年基金会工作人员组成考察组，赴营养包生产中标企业进行质量考察。结果显示，两家营养包生产企业 ISO、HACCP 等资质、车间设备设施、生产和质检能力等方面均满足并符合项目采购的要求。两家企业均已采用国家新实施的辅食营养补充品食品安全国家标准，组织营养包生产和供应。

三、扩大项目受益人数

鉴于服用营养包婴幼儿数量为各省妇联、卫生厅根据年均活产数推算统计，会与实际受益人数有出入，特别是因行政区划分割调整和随迁婴幼儿等原因导致实际受益人数比测算数量少，故 2014 年在原 6 个项目省（区）中，经各地妇联、卫生部门的需求申报，扩大了 18 个项目县，以保证所有的营养包能够充分落实到位，使更多贫困地区婴幼儿受益。截至目前，项目受益县（区）已达到 40 个，受益婴幼儿累计约 27.92 万人。

四、开展社会宣传工作

为大力宣传中央专项彩票公益金支持婴幼儿营养补助项目，特别是突出宣传彩票公益金的社会效益，中国儿基会充分利用各大媒体宣传平台，并结合自身公益品牌“美丽中国爱心行”大型公益活动契机，先后在中国妇女报、中国网、人民网、新华网、搜狐公益、凤凰公益等媒体上，对项目进行系列宣传报道。

五、经费使用情况

2014 年，项目针对 2013 年度、2014 年度预算委托中国远东国际招标有限公司组织开展了两次政府采购公开招标工作。2013 项目年度招标，帝斯曼维生素（上海）有限公司中标 1 626.48 万元，天添爱（青岛）生物科技有限公司中标 3 137.94 万元。2014 项目年度招标，帝斯曼维生素（上海）有限公司中标 1 080.11 万元，天添爱（青岛）生物科技有限公司中标 3 820.05 万元。

依照采购合同的约定，已经由财政部向两家生产企业支付两年度的首批 80% 货款，剩余 20% 将根据营养包实际发放情况支付。2013 年度、2014 年度项目工作经费共 200 万元，用于开展项目的督导评估、营养包发放、质量控制检测、健康宣传教育培训等工作。

（中国儿童少年基金会供稿）

2014 年中央专项彩票公益金支持农村贫困母亲“两癌”救助项目实施情况

2009 年以来，在党中央高度重视和财政部的大力支持下，国家卫生计生委（原卫生部）和全国妇联共同推动实施农村妇女“两癌”免费检查项目。为帮助解决农村贫困妇女“两癌”治疗难题，防止患病妇女家庭因病致贫、因病返贫，全国妇联于 2011 年设立“贫困母亲两癌救助”基金，通过中央专项彩票公益金的支持，开展“两癌”患病贫困妇女救助工作。四年来，全国妇联充分利用组织的六级网络工作体系，精心部署、规范运作，确保了对贫困患病妇女的及时救助和专项资金的有效落实，并逐步推动形成妇女“两癌”防治规范化、长效化工作机制。

截至 2015 年 3 月，2014 年度的 1 亿元救助金已按比例全部拨付到全国 31 个省区市和新疆生产建设兵团。

一、精心部署，做好资金发放工作

2014 年，全国妇联进一步完善救助申报程序，改进申报方式，确保救助工作有序进行。一是简化申报程序，科学合理做好资金分配工作。2014 年安排专门经费，对全国“两癌”信息采集系统进行升级改版，进一步完善了“两癌”贫困患病妇女数据信息管理，简化申报程序，试行“贫困母亲‘两癌’救助专项基金”网络申报。5 月，全国妇联发出通知，要求各省区市妇联，做好患病妇女调查摸底工作，对本辖区“两癌”免费检查试点内外的贫困患病妇女情况进行登记造册，并及时上报审核，各地共有 44 248 名申报者符合条件。全国妇联按照管理办法的规定，结合各地农村妇女“两癌”免费检查项目实施和贫困患病妇女申报情况，从中筛选确定最需要救助的人群，按照救助资金向集中连片特殊困难地区、中西部地区和少数民族地区倾斜的原则，确定各省区市救助资金分配额度，将救助资金及时足额拨付到位。二是及时拨款，确保贫困患者尽早受益。在收到财政部拨付的 1 亿元中央专项彩票公益金并确定救助资金分配方案后，全国妇联立即正式向各省区市妇联下发《关于拨付“贫困母亲两癌救助专项基金”的通知》，要求各地于收到款项之日起两个月之内将资金下拨到户。各地采取集中发放与入户发放相结合的方式，简化发放程序，及时发放救助金。许多省市由妇联主席或分管副主席亲自带队，在元旦和春节前后，走村入户，将党和国家的关心与温暖送到贫困患者的手中。三是强化监管督查，确保资金使用效益。全国妇联严格审核了各省报送的2014年拟救助患者名单及相关资料，对其中不符合救助条件未通过审核的236名患病妇女，要求各地限期调整，目前各省已完成整改，确保了救助标准严格执行。为进一步加强“贫困母亲两癌救助专项基金”资金管理，规范项目执行，完善救助程序，2014年12月，全国妇联向各省区市妇联下发了《关于开展“贫困母亲两癌救助专项基金”督查工作的通知》要求各地在做好2014年度专项救助资金发放工作的同时对2011年专项基金工作开展以来的项目执行情况展开专项督查。全国妇联对2011年项目开展以来的救助名单进行了全面审核。各地妇联目前已基本完成自查和整改工作。湖北省在开展督查工作中随机抽查各市州健康档案资料，并对获得救助的人员进行抽查回访。云南省妇联聘请省女医师协会专家对受助对象进行了电话回访，回访率在80%以上。在州市及项目县的工作督导中，对“两癌”项目进行实地查看台账及医院筛查情况，随机电话回访救助金的发放情况。海南省在接到通知后就对所有的项目实施市县进行抽查，指定专人对每个市县抽取1—3名受益妇女，通过入户回访或电话联系受益妇女本人或其家属，了解救助资金是否及时、足额到位。

二、调研评估，提高救助工作科学化水平

2014年，全国妇联进一步加强调查研究，委托第三方对项目实施全面评估，提高救助工作精准化、科学化水平。一是赴重庆、天津调研农村妇女因病致贫问题。5月，全国妇联接到刘延东副总理对新华社《国内动态清样》“重庆部分农村妇女‘两癌’致贫现象突出”一文所做的“对农村妇女‘两癌’的普查和防治要进一步完善有效措施”的批示，妇女发展部迅速组成调查组，赶赴重庆、天津两地调研农村妇女因病致贫问题，了解分析农村妇女“两癌”防治工作中存在的问题和困难，向刘延东副总理报送了《全国妇联关于农村妇女“两癌”免费检查与救助工作的报告》。二是开展第三方评估。为全面系统的衡量项目运行情况、实施效果，总结经验与教训，完善农村“贫困母亲‘两癌’救助”项目未来的管理规划、提升公益品牌，2014年4月全国妇联委托中国农业大学人文与发展学院社会学系对项目进行系统评估。评估组面向全国31个省（区、市）发放了上千份调查问卷，在全国东、中、西部抽取了广东、江苏、湖北、江西、贵州和陕西6个省进行实地现场评估，对12个项目县的相关负责人进行半结构访谈，对召集的农村妇女进行小组访谈，在每个项目县抽取了约3名受助人进行深入访谈。目前，调研和评估工作已基本完成。

三、督促落实，做好项目信息反馈工作

为了切实掌握项目实施成效，全国妇联把做好项目监测管理，落实项目信息反馈工作作为一项重要内容。一是利用农村妇女“两癌”免费检查项目信息网络采集系统，及时、准确掌握基层“两癌”检查、救助工作的进展情况及患病贫困妇

女的详细信息，同时为各省区市妇联网上申报和了解审批动态提供便利。二是督促各省项目执行单位依照《项目管理办法》执行项目，利用全国农村妇女“两癌”免费检查项目和贫困母亲“两癌”救助腾讯工作群，随时与各地保持联系，对项目进度及项目申报和资金发放工作给予指导，并对项目执行情况进行监督管理。通过工作群，随时与各地保持联系，及时收集、整理、审核各地项目执行情况报告、发放名单、宣传图片等材料，将项目监管快速落到实处。

四、示范带动，引导各地拓宽救助资金渠道

在“贫困母亲两癌救助”中央彩票专项公益金的带动下，各地妇联积极协调当地财政、民政、卫计部门支持，出资扩大“两癌”救助范围，同时积极争取社会资源，确保更多患病贫困妇女尽早受助治疗。一是争取地方财政支持。各地妇联积极争取当地政府财政支持，努力扩大农村妇女“两癌”检查和救助政策覆盖面，探索出可推广可复制的先进模式。重庆市妇联积极争取市委、市政府支持，成功推动贫困母亲“两癌”救助工作纳入2015—2017年重庆市重点民生实事项目，对每年确诊的1 000名农村贫困“两癌”患病母亲实施救助，救助标准每人1万元。辽宁省妇联从工作经费中拿出100万元，“母亲节”前对100名农村“两癌”患病贫困母亲每人给予1万元救助资金。吉林省松原市妇联将“两癌筛查救助”等4个妇女儿童项目纳入全市六年发展规划(2015—2020年)，政府将投资600余万元执行项目。二是多渠道争取救助资金。各地妇联多形式开展救助活动，通过各种渠道和措施筹措资金，发挥财政救助基金的示范带动效应，扩充救助资金总量。广州市积极探索开展“广州妈妈爱心互助计划”，拨付救助款783.8万元，救助了784名患病妇女。海南省争取到社会救助资金“海南成美肿瘤救助基金”10.5万元、海南省慈善总会爱汝行动项目基金60万元，救助贫困“两癌”妇女达274人。吉林省募集到省信托公司50万元爱心资金，对8个国家级贫困县的50名农村贫困“两癌”患病妇女给予专项救助。

五、积极整合资源，建立工作长效机制

为推进贫困母亲“两癌”救助工作的规范化制度化，各地通过建立农村妇女“两癌”免费检查相关部门参加的联席会议，完善了多部门协作的长效工作机制，明确分工，密切合作，推动工作取得较好成效。一是形成检查与救助相衔接的工作机制。各地妇联对“两癌”免费检查受检妇女开展摸底建档和后期跟踪，努力做到应知尽知，应检尽检，及时救治并争取救助。检查前，乡镇、村级妇联（女）干部走村入户摸底调查，登记信息，确保符合条件的农村适龄妇女应检尽检。检查中，定期与卫计部门沟通，了解掌握确诊患病妇女信息，及时将检查结果反馈本人，提高了妇女参检积极性。检查结束后，继续跟踪患病妇女治疗情况及家庭状况，并充分发挥组织优势，把“两癌”免费检查工作与贫困患病妇女救助相结合，积极为贫困患病妇女争取救助。二是

探索将检查与救助纳入工作考核。各地妇联积极探索将农村妇女“两癌”检查和“贫困母亲两癌救助”项目工作纳入妇联组织工作考核目标。安徽、重庆、西藏等地妇联已将该项工作列入妇联系统工作考核内容，作为年度考核、评先评优重要依据，确保工作有效推进。三是探索形成“两癌”救助保障的长效机制。各地妇联结合当地具体实际，积极争取“两癌”救助政策，不断拓展“两癌”救助模式，进一步健全救助保障的长效机制。湖北、重庆和山东等地妇联探索将“两癌”救治纳入新农合重大疾病保障范围，推动形成新农合补助、政府救助、社会援助、商业保险共同参与的救助机制，切实帮助贫困妇女后续治疗解压卸担，较好地解决了查治衔接的问题，提高了项目实施的效益。

六、层层宣传，打造项目公益品牌

全国妇联和各地妇联充分发挥动员优势，积极联合广电、宣传部门密切合作，认真开展中央专项彩票公益金的发放宣传工作，利用电视、报刊、网络等宣传媒体，多渠道、多层次、多方式开展“两癌”救助工作宣传，增加群众对“贫困母亲两癌救助”中央专项彩票公益金的知晓率，营造全社会关注妇女健康的良好氛围。一是协调中央主流媒体，专门做好全国范围的宣传报道工作。2014 年年初，中国妇女发展基金会就协调中央电视台深入云南省采访报道基层两癌救助工作，3 月 9 日在央视新闻频道《朝闻天下》栏目中播出。2014 年 11 月结合救助资金发放协调人民日报、中国妇女报等媒体给予集中宣传。二是各地妇联动员地方媒体，深入报道救助情况。吉林、黑龙江、重庆等省（区、市）及各项目市县，借力中央彩票公益金的发放活动，电视报纸广播网络齐上阵，帮助更多妇女群众知晓这项利国、利民的好政策，不断助推“两癌”免费检查参检率的提升，推动更多社会力量关注支持农村“两癌”患者，不断提高贫困“两癌”妇女救治率。三是开展健康知识讲座和“健康与美丽同行”活动助力“两癌”宣传。在江苏、浙江、福建、山西等 11 个省份举办了 11 场妇女“两癌”防治知识大讲堂，发放健康知识手册 10 万册。在北京、上海、湖南举办了“健康与美丽同行”长跑活动，发动了数千名妇女群众积极参与。各级妇联共举办“两癌”培训班和健康知识讲座 2.5 万期，参与妇女达 467 万，发放“两癌”宣传资料 2 000 余万份，发放“两癌”宣传光盘 17 万张、张贴画 116 万张，在网络、报纸、杂志刊登各类宣传文章 9.2 万篇，普及“两癌”防治知识和救助政策。

（中国妇女发展基金会供稿）

2014 年中央集中彩票公益金支持新疆社会福利设施建设项目实施情况

根据《财政部关于下达 2014 年中央集中彩票公益金支持新疆社会福利设施建设项目资金的通知》（财综［2014］52 号），2014 年中央财政安排中央集中彩票公益金 1.66 亿元支持新疆社会福利设施建设项目，共安排项目 70 个，主要用于县（市、区）的养老福利服务设施，孤残、流浪儿童服务设施的建设。

2014 年 7 月，新疆财政厅收到中央集中彩票公益金资助项目资金后，立即会同自治区民政厅将各县（市、区）的项目建设资金 1.66 亿元及时拨付各地，并要求各级财政部门及时拨付资金，为项目实施提供资金保障，同时督促民政部门认真做好项目前期准备工作，确保项目工程按照项目规划，及时开工建设。

一、养老福利服务设施项目

共安排项目 65 个，其中：地县级养老项目 23 个，社区老年人日间照料中心 42 个；共下达资金 14 500 万元，其中：地县级养老中心 6 100 万元，老年人日间照料中心 8 400 万元。

二、孤残、流浪儿童服务设施项目

共安排项目 5 个，下达资金 2 100 万元，均为地县级项目。

在各地民政部门、财政部门和项目建设单位的共同努力下，2014 年下达的中央集中彩票公益金建设项目进展较为顺利。目前前期工作已完成，项目已开工建设。

（新疆维吾尔自治区财政厅供稿）

2014年中央专项彩票公益金支持西藏社会公益事业建设项目实施情况

2014年，在中央的关心和支持下，西藏自治区各级财政、民政和体育等部门坚持以科学发展观为统领，着力强化彩票市场监管，促进彩票市场稳定健康发展，彩票公益金管理进一步科学化精细化，确保了财政资金发挥最大效益，努力推动西藏社会公益事业持续发展。

一、2014年中央专项彩票公益金支持西藏社会公益事业建设项目实施情况

2014年度，《财政部关于下达2014年中央专项彩票公益金支持西藏自治区社会公益事业建设项目资金的通知》（财综［2014］49号）下达西藏自治区2014年中央专项彩票公益金51 000万元，支持社会公益事业建设项目，其中用于支持社会福利事业资金20 800万元（含支持残疾人事业资金4 500万元），用于支持体育事业资金30 200万元。

西藏财政厅下达2014年中央专项彩票公益金支持西藏社会公益事业建设项目资金51 000万元。其中，下达2014年中央专项彩票公益金支持民政事业建设项目资金20 800万元，落实项目7个大项、158个子项；下达2014年中央专项彩票公益金支持西藏体育事业资金30 200万元，落实项目9个大项、23个子项。截至2014年年底，项目实施进度已达到90%以上。

（一）民政事业建设项目及资金落实情况

1. 新建2个县老年护理院，总建筑面积2 000平方米，包括老年宿舍、护理人员宿舍、食堂、医务室、老年保健及理疗室、娱乐活动室、室外活动设施及附属设施等。安排资金2 000万元。

2. 改扩建或新建17个县五保集中供养机构，新增床位1 864张。安排资金6 555万元。

3. 新建25个灾害应急避难场所，总建筑面积12 500平方米，包括物资储备库及指挥室、医疗救护室和工作人员住房、供水及附属设施等。安排资金795万元。

4. 新建23个西藏自治区城市社区服务设施，总建筑面积9 000平方米，包括服务用房、图书阅览室、文体活动室、便民服务室、警务室、一站式服务大厅、活动用房等，附属设施包括围墙、绿化、道路、水电气等。安排资金2 250万元。

5. 新建74个西藏自治区农村社区综合服务设施，总建筑面积14 800平方米，

包括服务用房、一站式服务大厅、活动用房等，附属设施包括围墙、绿化、道路、水电气等。安排资金 3 700 万元。

6. 新建 4 个地（市）、县（区）荣军院，总建筑面积 3 400 平方米，包括宿舍、食堂、医务室、娱乐活动室、澡堂以及附属设施等。安排资金 1 000 万元。

7. 新建 13 个区县级残疾人综合服务基础设施，总建筑面积 13 000 平方米，包括聋儿听力语言训练部、康复服务指导站、用品用具供应服务部、职业培训部、就业服务所、盲人按摩诊所、文体活动站等。安排资金 4 500 万元。

（二）体育事业建设项目及资金落实情况

1. 新建 5 个拉萨体育健身训练中心及配套设施项目，总建筑面积 59 745 平方米，包括新建体育科研服务综合楼项目设备以及新建马术训练馆、拉萨健身竞赛训练场、改扩建民族传统体育训练竞赛场等配备设备。安排资金 6 075 万元。

2. 西藏高山救援队装备，包括帐篷、技术装备、队员个人装备、3 年培训费、救援设备等。安排资金 146 万元。

3. 新建 4 761 个行政村体育健身场地设备，包括篮球架、乒乓球台、台球、全民健身路径器材、射箭和抱石头等民族传统体育项目器材等。安排资金 14 000. 75 万元。

4. 加强和改善西藏业余体校办学条件，包括发放助学金 5. 76 万元/校，购置体育器材等。安排资金 153. 25 万元。

5. 自治区体育馆更新设备，包括更换看台观众座椅，更换变压器、配电房、电子显示屏系统，更换馆内比赛场地地板，新增馆内取暖设备，屋面及消防设施设备改造等。安排资金 225 万元。

6. 新建 7 个县级全民健身活动中心，建筑面积为 1 500—2 000 平方米，配置设备及器材。安排资金 4 675 万元。

7. 3 个西藏体育公共服务设施维修改造项目，包括七地市体育场改扩建和设备更新，田径场煤渣跑道改建为塑胶跑道、足球场土场改建为人工草坪场地、完善看台观众座席和新闻媒体设施等服务设施、购置大屏幕显示器等电子终端系统和标准训练比赛器材等设备。安排资金 1 750 万元。

8. 3 个西藏民族传统体育训练基地建设项目，建设规模 2 000 平方米，包括新建运动员公寓及配套设施、马厩维修改造及配套设备、大门和值班室维修及配套设备等。安排资金 500 万元。

9. 新建西藏林芝高原训练基地，建设规模 14 206. 84 平方米，包括综合馆、运动员宿舍楼、动力站房、室外工程（含攀岩及拓展场地），安排资金 2 675 万元。

（三）社会效益

通过中央专项彩票公益金支持西藏社会公益事业建设项目的实施，进一步实现了保障和改善民生的目标，提高了广大人民群众特别是普通农牧民享受社会福利、体育公共设施的水平，极大地推动了项目所在地社会福利和体育事业的健康快速发展，对促进经济发展，维护社会稳定，建设平安、和谐新西藏具有极其重要现实意义。

二、2014 年中央专项彩票公益金支持五保集中供养和孤儿集中收养项目实施情况

（一）项目实施及资金落实情况

《财政部关于下达 2014 年中央专项彩票公益金支持西藏自治区五保集中供养和孤儿集中收养项目资金的通知》（财综［2014］83 号）下达西藏自治区 50 000 万元支持五保集中供养和孤儿集中收养建设项目。为积极推进“双集中”项目，为特殊困难群体提供更好的基本公共服务，2014 年，西藏财政厅及时安排专项资金共计 93 526 万元（含中央专项彩票公益金 50 000 万元，自治区发改委基建资金 20 000 万元），落实项目共 49 个。

1. 自治区五保集中供养建设项目 43 个，安排资金 64 958 万元（含自治区发改委基建资金 20 000 万元、自治区本级彩票公益金 4 000 万元）。项目建设地点分别为拉萨市 4 个：尼木县、堆龙德庆县、当雄县、林周县；日喀则地区 7 个：日喀则市、谢通门县、仁布县、萨嘎县、定结县、南木林县、萨迦县；山南地区 9 个：贡嘎县、桑日县、琼结县、洛扎县、措美县、隆子县、错那县、浪卡子县、加查县；林芝地区 5 个：墨脱县、波密县、工布江达县、米林县、朗县，昌都地区 10 个：昌都县、江达县、贡觉县、类乌齐县、丁青县、察雅县、芒康县、八宿县、洛隆县、边坝县；那曲地区 6 个：巴青县、聂荣县、尼玛县、双湖县、嘉黎县、班戈县；阿里地区 2 个：革吉县、日土县。以上五保集中供养建设项目均已开工建设。

2. 自治区孤儿集中收养项目 7 个，为拉萨市、日喀则市、山南地区、林芝地区、昌都市、那曲地区、阿里地区七地（市）孤儿集中收养建设项目，新增床位数 3 460 张，安排资金 28 568 万元。截至 2014 年底，项目建设进展顺利，其中拉萨市儿童福利院、山南地区儿童福利院已竣工，昌都市儿童福利院（一院）已完成总工程量的 80%，那曲地区儿童福利院已完成总工程量的 30%，日喀则市儿童福利院（二院）已完成总工程量的 15%，林芝地区儿童福利院已完成总工程量的 75%，阿里地区儿童福利院已完成总工程量的 65%。

（二）社会效益

实施五保集中供养和孤儿集中收养工作是维护社会和谐稳定、促进社会公平正义的必然要求，是西藏自治区特殊群体的现实需要，是保障人民群众权益享有、推进人民共享发展成果的迫切需要。中央彩票公益金支持五保集中供养和孤儿集中收养项目的实施，极大地改善了五保供养对象和孤儿的生活居住条件和环境，为西藏自治区的五保供养对象提供丰富多彩、健康向上的生活活动场所，切实保障五保供养对象的吃、穿、住、医、葬等问题，切实解决孤残儿童的生活、成长、学习等问题，有效地保障和维护弱势群体的基本生活权益，让五保供养对象和孤残儿童充分享受到改革开放和经济、社会发展的成果，将党和政府的关怀和温暖实实在在、持续不断地送到五保对象和孤儿的身上、心上，有效防止了孤寡老人和孤残儿童散居社会或寄养于某些背景复杂、缺乏有效监管的民办机构被分裂分子和别有用心的

人利用、炒作的风险，对于西藏自治区进一步加强民族团结，促进边防巩固，维护社会稳定和促进经济发展，体现社会主义制度的优越性，提升西藏的整体形象，有力回击达赖分列集团和西方敌对势力的分裂阴谋，有着积极的促进作用和深远的现实意义。

（西藏自治区财政厅供稿）

2014年中央专项彩票公益金支持江西省原中央苏区社会公益事业建设项目实施情况

一、项目整体情况

为贯彻落实国务院《关于支持赣南等原中央苏区振兴发展若干意见》（国发［2012］21号）精神，中央财政2013—2015年计划安排专项彩票公益金10.5亿元用于江西省原中央苏区社会公益事业发展，分三年实施，2013年安排5.31亿元，2014年安排4.23亿元，2015年安排0.96亿元。江西省2013—2015年组织该计划实施的社会公益事业建设项目共计119个，主要由光荣院、福利院、敬老院（以下简称“三院”）、重度残疾人托养、全民健身三大类项目组成，项目总投资20.4亿元，其中：中央专项彩票公益金补助资金10.5亿元。该计划安排的江西省原中央苏区包括赣州市11个县（市）、吉安市永新县以及抚州市广昌县和黎川县。

二、2014年项目实施情况

为规范项目资金管理，加快项目建设进度，使其尽早投入使用发挥应有作用，江西省各级政府和部门高度重视，成立工作领导小组抓落实，制定项目资金管理办法，建立项目建设工期承诺制和建设进度报告制，开展不定期检查督促项目建设，从而确保项目按时按质交付使用，并杜绝资金挤占、截留、挪用情况的发生。截至2014年底，江西省规划建设的119个项目除7个项目于2015年开工建设外，53个项目已竣工并投入使用，竣工率44.5%，3个项目完成了主体工程建设，56个项目正在建设。具体如下：

1. “三院”项目规划建设49个，其中，21个项目竣工并投入使用，竣工率42.9%，2个项目完成主体工程建设，26个项目在建。

2. 重度残疾人托养项目规划建设19个，其中，12个项目在建，7个项目于2015年开工建设。

3. 全民健身项目规划建设51个，其中，32个项目竣工并投入使用，竣工率62.7%，1个项目完成主体工程建设，18个项目在建。

4. 2014年6月，财政部下达中央专项彩票公益金4.23亿元。7月，为加快项目建设，尽早发挥社会效益，根据江西省原中英苏区社会公益事业建设项目规划，江西省已全额下达各地实施。

三、取得的成效

中央彩票公益金支持江西省原中央苏

项目的建设，为江西省原中央苏区县市初步搭建了“老有所养、老有所医、老有所学、老有所乐”的社会养老服务体系、“立体多样、康复托养、自立自强”的社会康复体系、“功能完善、便捷科学、管理规范”的社会全民健身体系。项目的建设，充分体现了党对老区人民的特殊关怀，为赣南苏区振兴发展注入了强大动力，让苏区百姓更多地享受了公共财政的阳光。

1. 社会福利设施得到明显提高。“三院”项目实施后，新增建设面积45.4万平方米，新增床位1.43万张，受益人数2.07万人，将极大缓解原有床位少，缺口大，供需矛盾突出的困境。

2. 康复托养条件得到有效改善。重度残疾人托养项目实施后，新建重度残疾人托养中心19个，建设面积共5.35万平方米，新增床位2 930张，受益人数2 930人，让江西省原中央苏区急需得到康复服务的残疾人治疗条件得到有效的改善。

3. 全民健身条件得到较大提升。全民健身项目实施后，新建全民健身场地建设面积82.4万平方米，受益人数183.2万人，提升了江西省原中央苏区县市体育健身活动中心覆盖率，缩小了国家“十二五”规划要求达到50%以上的差距，进一步增强了人民体质，丰富了广大群众的精神文化生活。

（江西省财政厅供稿）

2014年中央专项彩票公益金支持福建省原中央苏区社会公益事业建设项目实施情况

2014年，财政部继续安排中央专项彩票公益金支持福建省原中央苏区社会公益金事业项目建设，目前22个原中央苏区县项目建设取得了阶段性成效。

一、项目实施情况

（一）资金分配情况

2014年，财政部向福建省下达中央专项彩票公益金2亿元，其中用于支持社会福利事业资金6 400万元，用于支持体育事业资金13 600万元。目前，该补助资金已根据《福建省财政厅、福建省民政厅、福建省体育局关于印发中央专项彩票公益金支持福建省原中央苏区社会公益事业建设项目管理办法的通知》（闽财综［2013］41号）有关规定和各地项目进展情况全部下达各有关市县。

（二）项目进展情况

截至2014年底，7个原中央苏区县社会福利中心项目，已有3个主体建筑已完工，3个主体建筑正在施工，1个完成征地拆迁、主体建筑正在招投标。15个原中央苏区县全民健身体育活动场所建设项目，已有3个投入使用，4个完成征地拆迁、主体建筑已完工，4个主体建筑正在施工，4个主体建筑正在招投标。

二、工作举措

（一）高度重视，加强领导

在项目建设单位层面，各原中央苏区县成立了由分管县领导任组长，发改、住建、国土、财政、体育、民政等单位为成员的建设工作领导小组，采取倒排时间表和细化责任分工的方式，抓落实、抓责任、抓进度，扎实推进项目建设进度和质量。在省级层面，省财政厅牵头组织省民政厅、省体育局于2014年7月对22个原中央苏区县项目建设情况进行逐一检查和督促落实。

（二）加强监管，专款专用

一是实行专项管理。按照中央、省级对中央专项彩票公益金管理的有关规定，福建省各级财政部门督促项目建设单位严格落实的资金专项管理，并按照规定用途使用，杜绝截留、挤占、挪用。二是坚持政府采购。项目资金支出属于政府采购范围的，各级财政部门督促项目建设单位严格按照政府采购有关规定执行。三是加强支出管理。项目资金支付实施国库集中支付管理，实现了对资金列支科目、用款计划审批、使用情况的全程实时监督，提高资金支出透明度和使用效益。四是加强监督检查。积极发挥财政、审计、纪检等部门的监督作用，对项目实施和资金使用过程进行监督检查，确保资金专款专用。

（三）科学规划，注重实效

在福建省财政、体育、民政部门的指导下，各原中央苏区县都高度重视社会公益事业项目的总体规划，将建设工作置于县域经济文化发展、新型城镇发展大局中，把场馆（所）建设与旧城改造、城市建设紧密结合，不仅建设了专业场馆和专用场所，也建设了健步栈道、主题园林公园等文化品位高的附属项目；通过项目建设，进一步完善了城镇的城市功能，提升了城市品位。

（四）立足民生，惠及大众

各原中央苏区县以切实改善民生为立足点和出发点，力求以有限的资金资源最大限度的覆盖目标人群。在全民健身体育活动场所建设项目上，功能设置着眼于能满足不同年龄、性别、职业及不同消费水平人群的竞赛训练和健身要求，在运动场地和附属用房和设施的设计上力求多功能使用，形成各级各类体育设施布局合理、互为补充、覆盖面广、普惠性强的网络化体系。在社会福利中心建设项目上，着眼于构建集孤儿供养、孤儿养育、优抚保障、社会救助、社会养老等功能为一体的城市社会福利中心机构。

（福建省财政厅供稿）

2014年中央专项彩票公益金支持广东省原中央苏区社会公益事业建设项目实施情况

财政部2013—2015年安排中央专项彩票公益金2.1亿元，支持广东省原中央苏区社会公益事业项目建设。

为规范项目管理，提高资金使用效益，广东省财政厅制定《2013—2015年中央专项彩票公益金支持中央苏区县社会公益事业建设项目管理办法》，明确项目资金的使用范围，包括群众体育活动场所建设、敬老院建设、残疾人救助三类；明确资金分配、资金使用管理、监督管理等内容，切实规范资金管理。同时，为确保项目建设进度，该办法将资金拨付与项目建设进展情况挂钩，确保项目推进有效，及早发挥资金使用效益。

经申报，广东省共确定南雄市、梅江区、梅县、平远县、蕉岭县、大埔县、丰顺县、兴宁市、五华县、龙川县、饶平县等11个苏区县42个社会公益事业建设项目，并根据各项目的预计进展情况，编制了分年度项目规划表。按照项目规划，2013年拨付项目资金10 076万元，用于支持12个敬老院建设项目1 340万元，用于支持18个群众体育活动场所建设项目6 751万元，用于支持9个残疾人救助项目1 985万元。根据项目建设进展情况及项目建设规划，2014年拨付项目资金9 000万元，用于支持10个敬老院建设项目2 000万元，用于支持17个群众体育活动场所建设项目6 000万元，用于支持7个残疾人救助项目1 000万元。2013—2014年，中央彩票专项公益金共补助我省原中央苏区社会公益事业建设项目42个，其中敬老院建设项目13个、群众体育活动场所建设项目19个、残疾人救助项目10个。

广东省高度重视原中央苏区社会公益事业建设。相关县（市、区）确定建设项目后，积极整合资源，加快落实新建项目的建设用地，多渠道筹集项目建设资金。财政部门收到补助资金后，根据规划迅速将资金落实到项目，认真组织实施，加快推进项目建设，严格按照项目进度和资金管理要求拨付资金。截至2015年2月，中央专项彩票公益金支持的42个项目中，31个项目已完工或基本完工，5个项目正在实施建设，6个项目正在开展前期工作。31个已完工或基本完工的项目包括敬老院项目10个，群众体育活动场所建设项目14个、残疾人救助项目6个，部分项目已投入使用。

中央专项彩票公益金支持广东省原中央苏区社会公益事业建设项目资金大大支

持了广东省原中央苏区县社会公益事业发展，社会效益凸显，资金安排的宗旨和目标得到了充分体现。如：敬老院改扩建项目改变了部分地区敬老院设备陈旧，环境较差等现状，完善了服务功能，亮化美化了生活环境，扩大了收养规模，提高了苏区县养老服务水平；群众体育活动场所建设项目为苏区人民提供了一个集全民健身、休闲、文娱表演、体育比赛、训练及应急避难等功能于一体的综合运动休闲活动场所，对于完善城市功能，营造良好的人居环境，改善民生，满足人民日益增长的物质文化生活起到不可替代的重要作用；残疾人救助项目为苏区残疾人提供康复训练、寄宿、日间托管、生活技能训练、劳动功能康复等服务，提供了多项免费康复服务，逐步实现残疾人“人人享有康复服务”的目标。

（广东省财政厅供稿）

2014年中央专项彩票公益金支持贵州社会公益事业建设项目实施情况

2014年，中央财政共安排13亿元中央专项彩票公益金支持贵州社会公益事业建设项目。其中，用于社会福利支出5.2亿元，用于体育事业支出5.2亿元，用于残疾人事业支出2.6亿元。

一、项目总体进展情况

根据《财政部关于2014年至2015年安排中央专项彩票公益金支持贵州社会公益事业建设项目的通知》（财综函［2014］7号），2014年至2015年，中央财政共安排中央专项彩票公益金20亿元，支持贵州社会公益事业建设，其中2014年13亿元，2015年7亿元。2014年6月24日，贵州省财政厅会同民政厅、体育局、残疾人联合会按财政部《通知》精神，分别对214个民政社会公益事业项目、643个体育公益事业项目和43残疾人公益项目进行了正式批复。2014年6月27日，财政部印发《关于下达2014年中央专项彩票公益金支持贵州省社会公益事业建设项目资金的通知》（财综［2014］50号），下达2014年项目资金。贵州省财政厅于2014年8月19日以《省财政厅关于下达2014年中央专项彩票公益金支持贵州省社会公益事业建设项目资金的通知》（黔财综［2014］54号）将13亿元项目资金全部下划各相关市（州）、县。为用好中央专项彩票公益金，推进项目建设的顺利进行，贵州省财政厅、民政厅、体育局、残联联合下发了《关于对中央专项彩票公益金支持社会公益事业建设项目督查的通知》（黔财综［2014］78号），并组成四个联合检查组，由相关部门分管领导带队，对全省项目建设进展情况进行现场督查，并根据督查情况发了督查通报，同时对下一步工作提出了具体要求。

二、分项目进展情况

（一）社会福利公益项目

中央专项彩票公益金支持贵州社会福利公益项目214个，项目总投资12亿元，其中中央专项彩票公益金8亿元（2014年5.2亿元、2015年2.8亿元）。共包括108个农村敬老院、51个社区老年人日间照料中心、23个儿童福利项目、32个流浪未成年人救助保护中心（救助管理站）。2014年底，214个项目中完工项目23个，占总体的10.7%；开工项目186个，占总体的89.3%（其中主体完工项目14个，在建主体框架项目32个，平场105个，开挖基础孔桩的项目30个，地勘5个)；购建等方式项目5个。

为提高项目管理水平，有效督促建设进度，省民政厅将中央专项彩票公益金支持项目全部纳入民政项目管理平台，实现网络系统上报和进度实时管理；制定了项目管理督查机制和管理信息通报制度，并多次组织由分管领导带领，各业务处室共同参与项目督查，对各地中央专项彩票公益金支持的民政项目建设进展情况开展巡回检查，及时发现和解决问题，有效地推动了项目建设。

（二）体育公益项目

中央专项彩票公益金支持贵州体育公益事业建设项目643个，总投资20.76亿元，其中中央专项彩票公益金8亿元(2014年5.2亿元、2015年2.8亿元)。共包括3个省级体育场地、6个市（州）体育场馆、29个县（区、市）体育场地、5条公益体育健身步道工程、600个乡镇农民体育健身工程。各市（州）、县（区、市）得到建设资金后，除个别项目因规划更改，需换址建设外，其余项目均已经开始动工建设，按照各地上报进度预测，项目可按设计要求达到竣工验收条件。

29个县级体育场馆项目，大部分选在贵州省无体育场馆设施的县（区、市）。由于地产方财政困难，贵州省有超过一半的县（区、市）没有体育场馆设施，群众性全民健身活动开展滞后。通过本次中央专项彩票公益金对体育事业的大力投入，将极大地改善了贵州省基层体育场馆及体育设施缺乏的状况，有力地促进全民健身事业的快速发展，使公共服务更加均等化。

（三）残疾人公益项目

中央专项彩票公益金支持贵州残疾人公益事业建设项目43个，总投资4.3亿元，其中中央专项彩票公益金4亿元(2014年2.6亿元、2015年1.4亿元)。共包括44个残疾人托养中心、1个省残疾人康复中心设备设施补助项目。以上项目建设正按计划有序推进，安顺市西秀区托养中心2015年4月投入使用，其余均可按期建成投入使用。

为加快残疾人托养机构建设，省残联下发了《关于加快推进残疾人托养机构建设进度的通知》（黔残联［2015］18号)，要求各项目县每两个月将工作进展情况以工程款拨付凭据、照片和相关文字资料上报省残联，以确保工程进度。

（贵州省财政厅供稿）

2014年中央专项彩票公益金支持宁夏回族自治区社会公益事业建设项目实施情况

根据《财政部关于2014年至2015年安排中央专项彩票公益金支持宁夏回族自治区社会公益事业建设项目的通知》（财综［2014］62号），中央财政在2014年至2015年，安排中央专项彩票公益金12亿元（其中2014年6亿元，2015年6亿元），支持宁夏回族自治区社会福利、公共体育及残疾人救助等社会公益事业建设。

为进一步保障改善民生，提高城乡群众享受社会福利、体育公共设施服务水平，促进宁夏社会公益事业全面、协调、可持续发展，按照自治区政府的统一部署，宁夏财政厅会同民政厅、体育局、残联等相关部门，研究制定了2014年至2015年中央专项彩票公益金支持宁夏回族自治区社会公益事业建设项目实施方案。

一、社会福利事业项目

利用2014年至2015年中央专项彩票公益金支持宁夏回族自治区社会公益事业建设项目资金10亿元，基本完成自治区基本养老服务体系建设。每千名老人拥有床位数达到30张，五保老人集中供养率达到80%，农村老饭桌覆盖率达到50%，基本形成区、市、县（市、区）、乡（镇）、行政村五级基本养老服务网络，基层养老服务能力得到显著提升。

1. 敬老院新建、改扩建25所，建设床位3 890张，总投资41 666万元，中央专项公益金41 666万元。

2. 老年活动中心新建25所，建设床位3 650张，总投资38 748.5万元，中央专项公益金38 748.5万元。

3. 农村老饭桌新建、改扩建420个，总投资9 567万元，中央专项公益金9 567万元。

4. 社区日间照料中心新建、改扩建73个，建设床位1693张，总投资17 160万元，其中：中央专项公益金9 450万元。

5. 农村互助养老院新建、改扩建34个，建设床位1 895张，总投资6 236.5万元，其中：中央专项公益金568.5万元。

二、残疾人事业项目

利用2014年至2015年中央专项彩票公益金支持宁夏回族自治区社会公益事业建设项目资金，建设宁夏残疾人康复中心，建设规模30 000平方米，建设床位260张，总投资15 374万元，中央专项公益金1亿元，不足部分由地方配套解决。

三、体育事业项目

利用2014年至2015年中央专项彩票公益金支持宁夏回族自治区社会公益事业建设项目资金1亿元，建设社区多功能运动场，配置社区体育健身器材，为实现全民健身路径在街道、社区、行政村全覆盖，乡镇农民体育健身工程全覆盖，全民健身站点在乡镇、社区全覆盖，为实现体育服务均等化打下坚实基础。

1. 社区多功能公共运动场项目58个，投资2 790万元，占地800平方米以上。

2. 村级社区农民体育健身改扩建工程项目40个，投资520万元。

3. 村级社区农民体育健身工程提档升级项目200个，投资1 100万元。

4. 乡镇社区农民体育健身工程项目22个，投资1 320万元。

5. 社区全民健身器材项目（羽毛球架、室内乒乓球台、篮球架、乒羽网拍等4种），投资119万元。

6. 体育公园项目21个，投资4 151万元。

（宁夏回族自治区财政厅供稿）

2014年中央专项彩票公益金支持山东沂蒙革命老区社会公益事业建设项目实施情况

沂蒙革命老区（以下简称“沂蒙老区”）与井冈山、延安地区统称为中国三大革命老区，为民族解放和新中国建立做出了巨大牺牲和贡献。2011年9月，国务院办公厅印发了《关于山东沂蒙革命老区参照执行中部地区有关政策的通知》（国办函［2011］100号），指出在安排中央预算内投资等资金、中央财政转移支付以及其他相关专项资金等方面，加大对沂蒙老区的扶持力度，充分体现了党中央国务院对沂蒙老区人民的亲切关怀。财政部在农业农村、基础设施、产业发展等领域，不断加大对沂蒙老区的财政转移支付力度，使沂蒙老区面貌发生了巨大变化。同时，山东省积极调整支出结构，研究出台相关扶持沂蒙老区的政策措施，进一步加大支持力度，使沂蒙老区人民的生产生活条件得到明显改善。但是，由于人口多、基础弱、底子薄、自然条件差等原因，沂蒙老区的社会经济发展还比较落后。为支持沂蒙老区社会公益事业发展，着力提升基本公共服务水平，2014年，经国务院批准同意，2014—2015年，中央财政每年切块安排2.7亿元中央专项彩票公益金，支持沂蒙革命老区18个县（市）的社会福利、体育、教育、文化、残疾人和其他社会公益事业发展，重点解决沂蒙革命老区社会公益事业发展滞后、供需矛盾突出等问题，积极推进沂蒙革命老区各项社会公益事业加快发展。

按照《财政部关于2014年至2015年安排中央专项彩票公益金支持山东沂蒙革命老区社会公益事业建设项目的通知》（财综［2014］64号）的要求，山东省根据费县、沂水县、沂南县、郯城县、平邑县、蒙阴县、临沭县、莒南县、兰陵县、罗庄区、河东区、兰山区、沂源县、临朐县、泗水县、新泰市、五莲县、莒县18个沂蒙老区的经济发展水平、人口数量、项目投资规模、财力状况、工作开展等因素进行综合评估，研究制定了《山东省2014—2015年中央专项彩票公益金支持沂蒙革命老区社会公益事业建设项目规划》（以下简称《规划》）和《山东省中央专项彩票公益金支持沂蒙革命老区社会公益事业项目资金管理办法》（以下简称《办法》）。共资助全省残疾人康复和托养中心、特殊教育学校、康教结合项目、未成年人校外活动保障和能力提升项目、城乡文化中心（文化活动室）设备购置项目、农村社区服务中心建设、社区青年志愿服务站建设、社区老年人日间照料中心项目、社会福利中心建设项目、体育场馆建设项目、全民健身工程、农村敬老院项目等十二种类型项目。

2014 年中央切块安排专项彩票公益金 2.7 亿元已全部到位，根据《规划》和《办法》规定，专项用于支持山东省淄博、潍坊、泰安、济宁、日照、临沂市 6 个市 18 个县（市）沂蒙革命老区的社会公益事业建设项目，其中：用于支持教育事业发展资金 3 500 万元，用于支持残疾人事业发展资金 5 500 万元，用于支持文化事业发展资金 3 500 万元，用于支持其他社会公益事业发展资金 5 000 万元，用于支持社会福利事业发展资金 4 500 万元，用于支持体育事业发展资金 5 000 万元。目前，从各市（县）社会公益事业建设项目进展情况和资金使用情况看，各级、各部门高度重视，其中临沂市 10 个县的社会公益事业建设项目均纳入当地政府社会事业发展规划，由政府牵头组织项目建设，相关单位统一进行项目规划、立项批复、土地划拨供应、规划设计、建设招标等相关工作，绝大部分建设项目已完成立项批复等工作，财政部门已根据评审报告，按照工程进度和工程质量及时拨付资金。

（山东省财政厅供稿）

六、附　录

主要彩票游戏类型简介

传统型彩票（Draw games）：又称被动型彩票，指由彩票发行者事先在彩票上印好号码，通常是5至7位数字，并将固定编组、中奖规则、奖金等级和中奖金额或实物公布，彩票销售一段时间后集中公开摇奖，购买者所购彩票的号码与开奖号码比对，以确定是否中奖和中奖奖级的彩票游戏。传统型彩票有着悠久的历史，遍布全球，我国福利彩票早期主要是此类彩票。由于购买传统型彩票需要等待开奖时间，因此随着即开型彩票的出现，购买者更青睐即买即刮即兑的即开型彩票，对传统型彩票的兴趣逐渐减少。

乐透数字型彩票（Lotto）：指由购买者从M个号码中选取N个号码（M>N）的组合为一注彩票进行投注，并与彩票发行者在投注活动结束后某一时点从M个号码中随机抽取的N个开奖号码的组合比对，以确定是否中奖和中奖奖级的彩票游戏。如福利彩票双色球、体育彩票超级大乐透等属于此类彩票游戏。

数字型彩票（Number）：指购买者从由0至9个号码构成的N组数列中选取其中一组排列号码为一注彩票进行投注，并与彩票发行者在投注活动结束后某一时点从相同数列集合中随机抽取的某一组开奖排列号码比对，以确定是否中奖和中奖奖级的彩票游戏。如福利彩票3D、体育彩票排列3等属于此类彩票游戏。

即开型彩票（Instant Games）：指彩票发行者在某一固定奖组的彩票中，将中奖符号印制在彩票介质上加以遮盖，并事先公告中奖符号，购买者从同一奖组的彩票中选购后可即时刮开遮盖物以确定是否中奖和兑奖的彩票游戏。如福利彩票刮刮乐、体育彩票顶刮呱属于此类彩票游戏。

竞猜型彩票（Toto）：指以某种竞赛结果确定投注中奖结果的彩票游戏。相对于其他纯粹的幸运型游戏而言，竞猜型彩票具有更多的个人智慧因素。如体育彩票足球彩票、篮球彩票属于此类彩票游戏。

（财政部综合司供稿）

2014 年世界彩票销售情况综述

2014 年，全球彩票总销量达到 2 843 亿美元（不包括视频彩票 VLT），比 2013 年的 2 840 亿美元增加 3 亿美元。视频彩票（VLT）共销售 296 亿美元，其中欧洲视频彩票销量为 153 亿美元，所占份额最大，达 52%，其次是北美，销售 81 亿美元，所占份额为 27%。

2014 年，欧洲彩票销售额达到 1 091.3 亿美元，仍居全球绝对领先地位。其次是亚洲和中东地区，销量为 881.5 亿美元，位于第三位的是北美洲，销量为 738.6 亿美元。中南美洲和加勒比地区排名第四，总销量为 73.2 亿美元。

在各类型彩票销量统计中，乐透型彩票销量为 1 170 亿美元，是最主要的彩票产品，占总销售额的 41.2%。其次，即开型彩票共销售 792.9 亿美元，占总销量的 27.9%。传统抽奖型彩票销售 196.7 亿美元，占总销量的 6.9%。数字型彩票销售 170.2 亿美元，占总销量的 6.0%。基诺型彩票销售 115.9 亿美元，占总销量的 4.1%，体育竞猜型彩票销售 253.9 亿美元，占总销量的 8.9%。

2014年世界彩票销售

单位：百万美元

地　区	乐透/乐透附加	数字型	基　诺	其　他	足　彩	抽签式	即开型/撕开式	总销售额
非洲	495.2	2.1	22.7	117.1	68.9	9.2	151.4	866.7
澳大利亚	4 296.9	11.1	107.4	12.5	7.2	64.7	507.0	5 006.8
亚洲/中东	46 625.5	5 211.1	601.5	6 087.7	14 437.6	6 837.4	8 348.6	88 149.4
欧洲	45 627.7	679.1	6 887.8	7 163.2	10 268.3	10 801.4	27 698.7	109 126.2
中美洲、南美洲、加勒比海	5 022.8	5 255.0	933.2	105.6	17.8	109.0	747.4	147.0
北美洲	14 742.7	10 184.6	3 862.1	925.8	501.6	1 207.5	42 440.1	73 864.4
总计	117 043.1	17 021.1	11 587.0	14 324.0	25 392.5	19 667.7	79 292.9	284 328.4
占总额百分比	41.2%	6.0%	4.1%	5.0%	8.9%	6.9%	27.9%	100.0%

2014 年非洲彩票销售

彩票机构	国　家	年度[1]	人口[2]（百万）	乐透/乐透附加[3]（百万美元）	数字型[4]（百万美元）	基诺[5]（百万美元）	其他[6]（百万美元）	足彩[7]（百万美元）	抽签式（百万美元）	即开型/撕开式（百万美元）	总销售额（百万美元）	人均销售额（美元）	汇率[8]
阿尔及利亚体育彩票	阿尔及利亚	2003	32.5	5.0			0.1		0.5	6.9	12.5	0	0.0140
国家彩票	贝宁	2000	6.6				3.4	3.7		5.1	12.2	2	0.0014
国家彩票	布基纳法索	2008	15.7				62.1			7.1	69.2	4	0.0022
国家彩票	布隆迪	2010	9.9							0.6	0.6	0	0.0008
COGELO	刚果	1995	2.5				17.7				17.7	7	0.0020
国家彩票	科特迪瓦	2003	17.0							67.2	67.2	4	0.0019
国家彩票	埃塞俄比亚	2012	96.8	0.4					8.6	18.5	27.5	0	0.0543
国家彩票	冈比亚	1997	1.2				0.8			0.4	1.2	1	0.0955
国家彩票	加纳	2008	23.4	67.5							67.5	3	0.7927
慈善彩票	肯尼亚	1996	27.8						0.0	8.6	8.6	0	0.0185
Sociéte d'Explotiation	马达加斯加	1996	14.1	0.8						0.7	1.6	0	0.0003
LONAMA	马利	1999	10.8					0.1		0.0	0.2	0	0.0016
政府彩票	毛里求斯	2014	1.3	68.2						14.7	82.9	62	0.0304
体育彩票	摩洛哥	2006	33.2					27.0		13.3	40.3	1	0.1189
国家彩票	摩洛哥	2006	33.2	29.3	0.9	22.7					53.0	2	0.1189
莫桑比克博彩公司	莫桑比克	2001	19.4		1.1			1.0			2.1	0	0.0000
国家彩票	尼日尔	2003	10.4					11.9		1.0	12.9	1	0.0019
国家彩票	塞内加尔	2000	10.3				32.8	0.8	0.1	1.9	35.6	3	0.0014
南非国家彩票	南非	2014	48.4	317.3				18.1		5.0	340.3	7	0.0861
国家彩票	多哥	1999	5.3	6.8			0.1	6.3		0.5	13.7	3	0.0016
津巴布韦国家彩票	津巴布韦	2010	11.7				0.0			0.1	0.1	0	0.0027
总计													
占总额百分比				57.1%	0.2%	2.6%	13.5%	7.9%	1.1%	17.5%	100.0%		

2014 年亚洲/中东彩票销售

彩票机构	国　家	年度[1]	人口[2]（百万）	乐透/乐透附加[3]（百万美元）	数字型[4]（百万美元）	基诺[5]（百万美元）	其他[6]（百万美元）	足彩[7]（百万美元）	抽签式（百万美元）	即开型/撕开式（百万美元）	总销售额（百万美元）	人均销售额（美元）	汇率[8]
中国福利彩票	中国	2014	1355.7	20 631.9	3 542.8	142.0				3 021.0	27 337.7	20	0.1625
中国体育彩票	中国	2014	1355.7	16 116.1				9 991.1		2 561.2	28 668.4	21	0.1625
香港马会奖券有限公司	中国香港	2014	7.1	1 018.3							1 018.3	143	0.1289
幸运彩票	印度	2003	1049.7	1 369.4							1 369.4	1	0.0219
马丁彩票代理	印度	2003	1049.7	2.3					759.7		762.1	1	0.0219
瑞穗银行彩票部	日本	2014	127.1	2 656.1	693.9				3 751.0	444.0	7 544.9	59	0.0083
日本体育彩票中心	日本	2014	127.1						927.7		927.7	7	0.0083
韩国彩票联盟	韩国	2014	49.0	2 774.5					88.7	102.7	2 965.9	60	0.0009
体育足彩公司	韩国	2014	49.0					2 986.0			2 986.0	61	0.0009
济州岛（彩票）	韩国	2007	49.2				65.5				65.5	1	0.0011
韩国彩票协会	韩国	2007	49.2						23.2	32.4	55.7	1	0.0011
汉城奥林匹克彩票	韩国	2007	49.2					1 460.5			1 460.5	30	0.0011
Libanaise des Jeux	黎巴嫩	2013	4.1	99.9						3.6	103.5	25	0.0007
Magnum 彩票公司	马亚西亚	2013	30.1		906.9						906.9	30	0.3035
马来西亚体育足球彩票	马亚西亚	2014	30.1				1 018.6				1 018.6	34	0.2855
慈善彩票	菲律宾	2013	107.7	667.8		43.3	12.7		0.3		724.1	7	0.0225
新加坡博彩公司	新加坡	2010	4.7				4788.7				4 788.7	1019	0.7744
台湾彩票公司	中国台湾	2014	23.4	1 289.1	67.5	416.2	202.2			2 183.7	4 158.7	178	0.0315
政府彩票办公室	泰国	2008	65.9						1 286.8		1 286.8	20	0.0291
总计				46 625.5	5 211.1	601.5	6 087.7	14 437.6	6 837.4	8 348.6	88 149.4		
占总额百分比				52.9%	5.9%	0.7%	6.9%	16.4%	7.8%	9.5%	100.0%		

2014 年大洋洲彩票销售

彩票机构	国家	年度[1]	人口[2]（百万）	乐透/乐透附加[3]（百万美元）	数字型[4]（百万美元）	基诺[5]（百万美元）	其他[6]（百万美元）	足彩[7]（百万美元）	抽签式（百万美元）	即开型/撕开式（百万美元）	总销售额（百万美元）	人均销售额（美元）	汇率[8]
金匣子彩票公司	澳大利亚	2014	4.7	726.0				2.2		168.0	896.2	190	0.8156
新南威尔士州彩票公司	澳大利亚	2014	7.5	972.3				3.6	64.7	116.2	1 156.9	154	0.8156
新西兰彩票公司	新西兰	2014	4.4	573.3	1.4	23.2	12.5			115.8	726.3	167	0.7807
南澳大利亚彩票公司	澳大利亚	2014	1.7	239.8		84.2		0.4		27.6	352.0	209	0.8156
5 塔特萨尔彩票公司	澳大利亚	2014	6.6	1 216.5							1 216.5	184	0.8156
西澳大利亚彩票公司	澳大利亚	2014	2.6	568.9	9.7			0.9		79.3	658.8	256	0.8156
总计			27.5	4 296.9	11.1	107.4	12.5	7.2	64.7	507.0	5 006.8	182	
占总额百分比				85.8%	0.2%	2.1%	0.3%	0.1%	1.3%	10.1%	100.0%		

2014 年欧洲彩票销售

彩票组织	国 家	年度[1]	人口[2]（百万）	乐透/乐透附加[3]（百万美元）	数字型[4]（百万美元）	基诺[5]（百万美元）	其他[6]（百万美元）	足彩[7]（百万美元）	抽签式（百万美元）	即开型/撕开式（百万美元）	总销售额（百万美元）	人均销售额（美元）	汇率[8]
奥地利彩票[9]	奥地利	2014	8.2	1 353.2	22.8	0.0	1449.8	11.0	38.1	183.2	3 058.1	372	1.2155
国家彩票	比利时	2014	10.4	1 053.8	5.9	13.1		18.7		261.2	1 352.7	129	1.2155
体育彩票	保加利亚	2012	7.5				100.4				100.4	13	0.6761
欧洲足球彩票	保加利亚	2003	7.5					42.6			42.6	6	0.6439
Hrvatska Lutrija	克罗地亚	2014	4.5	64.5		1.2	34.5	83.4		3.5	187.2	42	0.1586
政府彩票	塞浦路斯	2009	1.1	58.1	10.2	203.3		0.8	17.0	84.5	373.9	345	1.4332
SAZKA a. s.	捷克	2014	10.6	261.2		49.4	3.2	3.4		37.7	354.9	33	0.0438
Danske Lotteri Spil A/S	丹麦	2012	5.6	652.9		26.2	179.8			130.1	989.0	178	0.1772
D. K. Klasselotteri	丹麦	FY14	5.6						133.6		133.6	24	0.1840
AS Eesti Loto	爱沙尼亚	2014	1.3	47.1		3.4				11.2	61.6	49	1.2155
AS Spordiennustus	爱沙尼亚	2009	1.3			0.4	0.8	2.0		0.1	3.3	3	0.0916
Veikkaus Oy	芬兰	2014	5.3	945.1		479.2	268.8	520.0		168.7	2 381.7	452	1.2155
La Française des Jeux	法国	2014	66.3	4 003.3		2 246.9	102.0	2404.7		7 042.8	15 799.7	238	1.2155
GKL（NKL & SKL）	德国	2012	81.1						162.3		162.3	2	1.3215
斯图加特足彩－乐透	德国	2014	10.8	871.4		21.4	74.3	30.3	50.7	47.1	1 095.2	102	1.2155
S. －Lotterie（巴伐利亚）	德国	2014	12.6	1 021.0		30.0	82.7	46.1	49.6	115.0	1 344.3	107	1.2155
D. Klassenlotterie（柏林）	德国	2013	3.5	322.4		9.6	21.3	6.3	10.2	6.3	376.2	107	1.3766
不莱梅足彩	德国	2004	0.7	76.4			8.6	7.8	2.2	1.5	96.4	145	1.3640
Nordwest Lotto，Kiel	德国	2007	2.8	319.9		8.3	58.7	18.6	8.6	6.9	421.1	148	1.4729
Lotterie Treuhand	德国	2014	6.1	558.8		18.6	43.8	20.7	26.2	51.5	719.7	118	1.2155
下萨克森州足彩－乐透	德国	2013	7.9	728.1		13.5	112.7	19.7	38.0	18.7	930.7	118	1.3766
Verwaltung. Lotte	德国	2003	1.8	125.0			24.0	6.4	3.1	4.6	163.0	91	1.2594
Westdeutsche Lotterie	德国	2013	17.8	1 843.0		31.8	154.0	59.5	54.2	69.2	2 211.8	124	1.3766
莱茵兰－普法尔茨州乐透	德国	2010	4.0	335.5		12.0	40.9	17.5	18.9	16.2	441.0	110	1.3252
萨尔体育彩票	德国	2014	1.0	113.1		3.7	10.2	4.3	5.3	5.4	141.9	140	1.2155
汉堡乐透	德国	2010	1.8	155.8		2.9	20.5	5.3	4.3	2.1	191.0	106	1.3252
L－Toto Sachsen－Anhalt	德国	2014	2.3	172.6		0.1	14.5	6.6	7.4	8.5	209.6	91	1.2155
Sçchsische Lotto，Leipzig	德国	2011	4.1	279.4		8.7	28.2	7.1	5.8	13.9	343.1	83	1.2949
L. Brandenburg Lotto	德国	2013	2.5	206.9		5.9	20.0	5.7	3.5	4.7	246.7	99	1.3766
Loterie－Treuhand，Suhl	德国	2010	2.4	142.7		4.2	15.5	4.7	4.8	2.9	174.7	72	1.3252
直布罗陀政府彩票	直布罗陀	FY13	0.03						7.5		7.5	260	1.5202
OPAP	希腊	2013	10.8	420.3	29.7	2 811.4	96.0	1 751.2			5 108.6	474	1.3766
希腊国家彩票	希腊	2014	10.8						137.5	340.1	477.6	44	1.2155
Szerencsejáték RT	匈牙利	2014	9.9	367.3	118.2	20.2		422.0		244.8	1 172.6	118	0.0039
冰岛大学彩票[9]	冰岛	2014	0.3						12.4	1.0	13.4	42	0.0079

续表

彩票组织	国家	年度[1]	人口[2]（百万）	乐透/乐透附加[3]（百万美元）	数字型[4]（百万美元）	基诺[5]（百万美元）	其他[6]（百万美元）	足彩[7]（百万美元）	抽签式（百万美元）	即开型/撕开式（百万美元）	总销售额（百万美元）	人均销售额（美元）	汇率[8]
Islensk getspá / getraunir	冰岛	2014	0.3	29.9				6.4			36.3	115	0.0079
国家彩票	爱尔兰	2013	4.6	657.9	17.9		36.5			230.9	943.1	206	1.3766
以色列体育竞猜	以色列	2013	7.7					551.2			551.2	72	0.2868
米佛尔哈佩斯彩票[9]	以色列	2014	7.8	340.2	437.4	154.4	9.0		114.4	396.4	1 451.8	186	0.2559
SISAL S. p. A.	意大利	2014	61.7	1 450.0			1 077.5	1 130.3		5.7	3 663.5	59	1.2155
Lottomatica S. p. A.	意大利	2014	61.7	8 057.4			2202.4	1 055.0	46.6	11 429.2	22 790.6	369	1.2155
国家彩票	哈萨克斯坦	2014	17.9				4.8		0.0	4.5	9.3	1	0.0054
拉脱维亚乐透	拉脱维亚	2014	2.2	16.1	5.1	3.0	8.4			5.1	37.9	17	1.7295
OLIFEJA	立陶宛	2014	3.5	43.0		1.8				22.5	67.3	19	0.3510
Loterie Nationale	卢森堡	2011	0.5	73.4		28.7				22.0	124.1	244	1.3252
Lotarija na Makedonija[9]	马其顿共和国	2008	2.6					9.6			9.6	4	0.0234
MALTCO	马耳他	2014	0.4	65.2		14.2	0.1	24.8		2.0	106.4	258	1.2155
摩尔多瓦彩票[9]	摩尔多瓦	2014	3.6	0.4				0.2			0.6	0	0.0629
SNS	荷兰	2014	16.9	184.5	9.3	28.4		83.5		85.7	391.4	23	1.2155
SENS	荷兰	2013	17.0						1 063.6		1 063.6	63	1.3766
Norsk Tipping AS[9]	挪威	2013	5.1	1 166.6		49.3	152.7	457.3		177.9	2 003.8	389	0.1633
Totalizator Sportowy	波兰	2014	38.3	518.7		274.6			34.4	158.0	985.8	26	0.2824
SCML	葡萄牙	2014	10.8	1 315.8				12.4	93.3	863.9	2 285.5	211	1.2155
罗马尼亚彩票[9]	罗马尼亚	2014	21.7	126.3			4.1	7.7	0.3	4.9	143.3	7	0.2712
LLC TD Gosloto	俄罗斯	2014	142.5	130.9	14.2	1.9	11.4			18.3	176.8	1	0.0176
Tipos AS	斯洛伐克	2014	5.5	115.8		62.5	200.9	45.9		60.5	485.8	88	1.2155
Sportna Loterija d. d.	斯洛文尼亚	2014	2.0		0.0		11.4	77.5		2.0	90.9	46	1.2155
SELAE	西班牙	2012	47.4	5 098.6				500.8	6 629.0		12 228.4	258	1.3215
Loteria Catalunya	西班牙	2014	7.6	15.8	4.0	11.0	155.6		29.1	5.9	221.4	29	1.2155
ONCE	西班牙	2014	47.7	118.0					1 706.2	321.0	2 145.2	45	1.2155
AB Svenska Spel[9]	瑞典	2014	9.7	551.1		152.7	63.4	711.9		425.1	1 904.2	196	0.1281
宾戈－乐透	瑞典	2011	9.1				100.4				100.4	11	0.1450
SwissLos	瑞士	2014	5.6	804.9		23.6	34.7	55.2		353.8	1 272.1	229	1.0105
Loterie mande[11]	瑞士	2014	1.8	263.0	4.3	46.3	124.6	12.2		259.3	709.8	393	1.0105
土耳其国家彩票	土耳其	2013	81.6	728.0					283.5	94.5	1 106.0	14	0.4673
国家彩票	乌克兰	2010	45.4	20.5		9.9					30.5	1	0.1239
英国国家彩票	英国	2014	63.7	7 236.5						3 866.1	11 102.6	174	1.5532
总计				45 627.7	679.1	6 887.8	7 163.2	10 268.3	10 801.4	27 698.7	$ 109 126.2		
占总额百分比				41.8%	0.6%	6.3%	6.6%	9.4%	9.9%	25.4%	100.0%		

2014年中美、南美和加勒比海彩票销售

彩票组织	国家	年度[1]	人口[2]（百万）	乐透/乐透附加[3]（百万美元）	数字型[4]（百万美元）	基诺[5]（百万美元）	其他[6]（百万美元）	足彩[7]（百万美元）	抽签式（百万美元）	即开型/撕开式（百万美元）	总销售额（百万美元）	人均销售额（美元）	汇率[8]
国家彩票	阿根廷	2014	43.0	118.5	325.2				7.2	1.4	452.2	11	0.1170
C. Economica Federal	巴西	2014	202.7	4 814.0				42.6	108.5	71.3	5 036.4	25	0.3722
Polla Chilena	智利	2014	17.4	168.4	4.9		1.4	16.5	3.1	12.4	206.7	12	0.0017
Lotería Concepcion	智利	2008	16.6	7.3		67.5			6.7	8.6	90.0	5	0.0016
Junta de Proteccion	哥斯达黎加	2014	4.8	11.1	87.6			0.1	273.8	15.1	387.7	82	0.0018
国家彩票	萨尔瓦多	2007	7.1						5.0	0.7	5.7	1	0.1165
Supreme Ventures Ltd.	牙买加	2009	2.8	27.6	242.9	3.6	16.1			1.5	291.7	103	0.0112
国家彩票	巴拿马	2001	2.8						343.1		343.1	121	1.0000
秘鲁彩票公司	秘鲁	2012	29.5	38.0	0.8	1.8	0.1	41.6		7.2	89.5	3	0.3914
圣卢西亚国家彩票	圣卢西亚	2014	0.2	2.0	7.2		0.0			1.6	10.9	67	0.3681
国家彩票	特立尼达	2010	1.2	37.8	191.3	3.4				17.0	249.5	203	0.1548
Banco de Quinielas	乌拉圭	2014	1.3	30.4	73.4	29.3	0.1	8.1		10.4	151.6	115	0.0406
总计				5 255.0	933.2	105.6	17.8	109.0	747.4	147.0	$7 315.0		
占总额百分比				71.8%	12.8%	1.4%	0.2%	1.5%	10.2%	2.0%	100.0%		

2014 年北美彩票销售

彩票机构	国家	年度[1]	人口[2]（百万）	乐透/乐透附加[3]（百万美元）	数字型[4]（百万美元）	基诺[5]（百万美元）	其他[6]（百万美元）	足彩[7]（百万美元）	抽签式（百万美元）	即开型/撕开式（百万美元）	总销售额（百万美元）	人均销售额（美元）	汇率[8]
大西洋彩票[9]	加拿大	2014	2.4	235.4	1.2	10.5	10.1	31.3		274.4	562.8	237	0.8599
不列颠哥伦比亚彩票	加拿大	2014	4.6	379.9		204.7	89.1	38.8	32.5	193.5	938.5	203	0.8599
乐透－魁北克彩票公司[9]	加拿大	2014	8.2	690.9	35.6	126.6	59.8	46.5	91.0	370.0	1 420.3	173	0.8599
安大略省彩票公司	加拿大	2014	13.5	1 505.6	112.9	71.8	89.8	249.9		882.1	2 912.1	215	0.8599
加拿大西部彩票	加拿大	2014	6.6	680.2	21.2	7.9		90.0		267.7	1 066.9	161	0.8599
Pronosticos	墨西哥	2008	111.2	386.0	113.7			44.9		15.6	560.2	5	0.0733
国家彩票	墨西哥	2014	120.3						344.6		344.6	3	0.0677
电子彩票	美国	FY14	3.5	142.8	279.3				278.7		700.8	198	1.0000
波多黎各彩票	美国	FY04	3.9						452.9		452.9	116	1.0000
维尔京群岛彩票	美国	FY10	0.1	4.6	1.1	0.2			7.9	3.1	17.0	154	1.0000
亚利桑那州彩票	美国	2014	6.7	186.2	9.3		4.4			513.1	713.0	106	1.0000
阿肯色州彩票	美国	2014	3.0	53.2	10.1		10.6			328.0	401.9	136	1.0000
加利福尼亚州彩票	美国	2014	38.8	1 210.2	166.3	196.2	17.0			3 545.5	5 135.2	132	1.0000
科罗拉多州彩票	美国	2014	5.4	151.3	8.6					362.7	522.5	98	1.0000
康涅狄格州彩票	美国	2014	3.6	140.9	227.8		74.7			666.3	1 109.6	308	1.0000
特拉华州彩票[9]	美国	2014	0.9	40.6	45.5	6.2				51.6	143.9	154	1.0000
哥伦比亚特区彩票	美国	2014	0.7	39.8	103.5	11.6	23.6			32.6	211.1	320	1.0000
佛罗里达州彩票	美国	2014	19.9	1 193.7	609.8		28.7			3 539.4	5 371.7	270	1.0000
乔治亚州彩票	美国	2014	10.1	327.1	722.2	202.7	23.5			2 801.4	4 077.0	404	1.0000
爱达荷州彩票	美国	2014	1.6	49.4	2.0		4.3			150.8	206.5	126	1.0000
伊利诺伊州彩票	美国	2014	12.9	501.3	465.9		22.8			1 765.2	2 755.3	214	1.0000
印第安纳州彩票	美国	2014	6.6	167.4	61.7		50.9			735.9	1 015.9	154	1.0000
爱荷华州彩票	美国	2014	3.1	85.6	10.1					213.0	308.7	99	1.0000
堪萨斯州彩票	美国	2014	2.9	70.5	6.1	18.8	6.4			154.2	255.9	88	1.0000
肯塔基州彩票	美国	2014	4.4	115.8	166.0	45.3	5.5			536.9	869.6	197	1.0000
路易斯安那州彩票	美国	2014	4.7	153.6	91.7					190.6	435.9	94	1.0000
缅因州彩票	美国	2014	1.3	45.1	9.2					183.2	237.5	179	1.0000
马里兰州彩票	美国	2014	6.0	232.6	518.2	304.2	155.6			514.5	1 725.1	289	1.0000
马萨诸塞州彩票	美国	2014	6.7	278.3	322.5	830.5	4.0			3 488.6	4 923.8	730	1.0000
密歇根州彩票	美国	2014	9.9	365.4	708.1	567.0	4.1			980.5	2 625.2	265	1.0000
明尼苏达州彩票	美国	2014	5.5	134.4	14.6		15.2			363.4	527.5	97	1.0000

续表

彩票机构	国　家	年度[1]	人口[2]（百万）	乐透/乐透附加[3]（百万美元）	数字型[4]（百万美元）	基诺[5]（百万美元）	其他[6]（百万美元）	足彩[7]（百万美元）	抽签式（百万美元）	即开型/撕开式（百万美元）	总销售额（百万美元）	人均销售额（美元）	汇率[8]
密苏里州	美国	2014	6.1	175.8	110.9	58.1	6.7			753.7	1 105.2	183	1.0000
蒙大拿州	美国	2014	1.0	26.6			7.1	0.2		17.9	51.8	51	1.0000
内布拉斯加州彩票	美国	2014	1.9	62.2	4.2					87.4	153.7	82	1.0000
新罕布什尔州彩票	美国	2014	1.3	59.5	9.9		1.6			205.6	276.7	209	1.0000
新泽西州彩票	美国	2014	8.9	601.3	702.5					1 584.1	2 887.9	323	1.0000
新墨西哥州彩票	美国	2014	2.1	52.4	4.3		0.7			74.1	131.5	63	1.0000
纽约州彩票[9]	美国	2014	19.7	1 043.5	1 708.9	705.5				3 743.8	7 201.7	365	1.0000
北卡罗莱纳州彩票	美国	2014	9.9	265.8	381.7					1 228.2	1 875.7	189	1.0000
北达科他州彩票	美国	2014	0.7	25.1							25.1	34	1.0000
俄亥俄州彩票	美国	2014	11.6	324.5	557.7	312.5	78.9			1 532.4	2 806.1	242	1.0000
俄克拉荷马州彩票	美国	2014	3.9	83.1	5.1		1.1			85.8	175.2	45	1.0000
俄勒冈州彩票[9]	美国	2014	4.0	92.9	1.4	91.9	7.5			110.1	303.9	77	1.0000
宾夕法尼亚州彩票	美国	2014	12.8	662.8	565.0		18.6			2 525.2	3 771.6	295	1.0000
罗得岛彩票[9]	美国	2014	1.1	47.0	24.3	78.8	1.0			87.3	238.4	226	1.0000
南卡罗莱纳州彩票	美国	2014	4.8	144.4	233.9					924.1	1 302.4	270	1.0000
南达科他州彩票[9]	美国	2014	0.9	25.0						24.4	49.4	58	1.0000
田纳西州彩票	美国	FY14	6.5	179.3	88.4		0.2			1 051.2	1 319.1	201	1.0000
德克萨斯州彩票	美国	2014	27.0	637.2	348.3		56.6			3 333.4	4 375.5	162	1.0000
佛蒙特州彩票	美国	2014	0.6	18.5	2.6		4.1			80.5	105.6	168	1.0000
弗吉尼亚州彩票	美国	2014	8.3	249.3	524.3		28.6			1 022.6	1 824.7	219	1.0000
华盛顿州彩票	美国	2014	7.1	159.1	16.7	5.8	12.5			391.2	585.2	83	1.0000
西弗吉尼亚州彩票[9]	美国	2014	1.9	58.0	13.1	5.2				105.0	181.3	98	1.0000
威斯康星州彩票	美国	2014	5.8	175.5	37.1		0.5			348.4	561.5	98	1.0000
俄怀明州彩票	美国	2014	0.6	6.2							6.2	10	1.0000
总计				14 742.7	10 184.6	3 862.1	925.8	501.6	1 207.5	42 440.1	$73 864.4		
占总额百分比				20.0%	13.8%	5.2%	1.3%	0.7%	1.6%	57.5%	100.0%		

脚注：[1] 除非有特殊标注的“财政年度”，所有彩票销售都表示为公历年度。如果2014年度彩票销售数据在截稿前未能获得，编辑人员将采用上一年度提供的数据。栏中标注的“年度”表示销售数据公布的年度。表格列中的“年”表示彩票的销售年度，“PC”表示人均量。

[2]根据世界各国2014年预计人口数据。美国人口数据为美国人口统计局2014年7月1日所预测的人口数据。2014年加拿大人口数据由加拿大统计局提供。2014年澳大利亚人口数据由澳大利亚统计局提供。其他国家的人口数据是该国2014年的预计人口数（来源：美国人口普查局国际数据库）。

[3]乐透游戏的销售数据包括各种乐透彩票的销售额以及乐透附加的销售额。

[4]此栏数字销售为非乐透玩法，如每日和周开型的2D、3D和4D。

[5]基诺彩票销售包括定期抽签式和快速抽签式。

[6]此栏为混合栏，彩票种类包括宾戈和一种类似于超级6的niche游戏。此外，新加坡博彩公司未提供销售明细，因此其总销售额列入“其他”类。

[7]足球彩票销售额包括赔率竞猜彩票和固定赔率投注彩票的销售。

[8]汇率根据2014年12月31日的比价计算。

[9]视频终端净收入未包含在总销售额中。

[10] Tactilo的毛收入未包含在销售额中。

2014 年非洲彩票销售

单位：当地货币百万计

彩票机构	国　家	年度[1]	货币[2]	乐透/乐透附加[3]	数字型[4]	基诺[5]	其他[6]	足彩[7]	抽签式	即开型/撕开式	总销售额
阿尔及利亚体育彩票	阿尔及利亚	2003	阿尔及利亚第纳尔	359			6		35	491	890
国家彩票	贝宁	2000	非洲金融共同体法郎				2 389	2 602		3 641	8 632
国家彩票	布基纳法索	2008	非洲金融共同体法郎				28 245			3 218	31 463
国家彩票	布隆迪	2010	非洲金融共同体法郎							780	780
COGELO	刚果	1995	中非金融合作法郎				8 738				8 738
国家彩票	科特迪瓦	2003	非洲金融共同体法郎							35 542	35 542
国家彩票	埃塞俄比亚	2012	埃塞俄比亚比尔	7					159	341	507
国家彩票	冈比亚	1997	达拉西				9			4	13
国家彩票	加纳	2008	加纳塞地	85							85
慈善彩票	肯尼亚	1996	肯尼亚先令						1	463	464
Sociéte d'Explotiation	马达加斯加	1996	马达加斯加法郎	3 393						2 813	6 207
LONAMA	马利	1999	西非法郎					95		2	97
政府彩票	毛里求斯	2014	毛里求斯卢比	2 242						484	2 726
体育彩票	摩洛哥	2006	摩洛哥迪拉姆					227		111	339
国家彩票	摩洛哥	2006	摩洛哥迪拉姆	246	8	191					445
Empresa de Lotarias	莫桑比克	2003	莫桑比克梅蒂卡尔		26 678			22 616			49 294
国家彩票	尼日尔	2003	中非金融合作法郎					6 292		523	6 815
国家彩票	塞内加尔	2000	中非金融合作法郎				23 286	573	68	1 331	25 258
南非国家彩票	南非	2014	南非兰特	3 685				210		58	3 953
国家彩票	多哥	1999	非洲金融共同体法郎	4 350			81. 741	4 023		290	8 745
津巴布韦国家彩票	津巴布韦	2010	津巴布韦元				11			43	54

2014 年亚洲/中东彩票销售

单位：当地货币百万计

彩票机构	国　家（地区）	年度[1]	货币	乐透/乐透附加[3]	数字型[4]	基诺[5]	其他[6]	足彩[7]	抽签式	即开型/撕开式	总销售额
中国福利彩票	中国	2014	元	126 958	21 800	874				18 590	168 222
中国体育彩票	中国	2014	元	99 170				61 480		15 760	176 410
香港马会奖券有限公司	中国香港	2014	港币	7 900							7 900
幸运彩票	印度	2003	印度卢比	62 500							62 500
马丁彩票代理	印度	2003	印度卢比	106	1 921				34 675		36 702
瑞穗银行彩票部	日本	2014	日元	318 475	83 196				449 754	53 234	904 659
日本体育彩票中心	日本	2014	日元						111 235		111 235
Nanum Lotto, Inc.	韩国	2014	韩元	3 048 909					97 509	112 836	3 259 254
体育足彩公司	韩国	2014	韩元					3 281 344			3 281 344
济州岛（彩票）	韩国	2007	韩元				61 183				61 183
韩国彩票协会	韩国	2007	韩元						21 704	30 317	52 021
汉城奥林匹克彩票	韩国	2007	韩元					1 364 945			1 364 945
Libanaise des Jeux	黎巴嫩	2013	黎巴嫩磅	153 700						5 600	159 300
Magnum 彩票公司	马亚西亚	2013	马来西亚元		2 989						2 989
马来西亚体育足球彩票	马亚西亚	2014	马来西亚元				3 568				3 568
慈善彩票	菲律宾	2013	菲律宾比索	29 681		1 923	565		13		32 181
新加坡博彩公司	新加坡	2010	新加坡元				6 184				6 184
台湾彩票公司	中国台湾	2014	新台币	40 976	2 146	13 229	6 428			69 412	132 191
政府彩票办公室	泰国	2008	泰铢						44 160		44 160

2014 年大洋洲彩票销售

单位：当地货币百万计

彩票机构	国　家	年度[1]	货币	乐透/乐透附加[3]	数字型[4]	基诺[5]	其他[6]	足彩[7]	抽签式	即开型/撕开式	总销售额
金匣子彩票公司	澳大利亚	2014	澳元	890				3		206	1 099
新南威尔士州彩票公司	澳大利亚	2014	澳元	1 192				4	79	142	1 418
新西兰彩票公司	新西兰	2014	新西兰元	734	2	30	16			148	930
南澳大利亚彩票公司	澳大利亚	2014	澳元	294		103		1		34	432
塔特萨尔彩票公司	澳大利亚	2014	澳元	1 492				3			1 494
西澳大利亚彩票公司	澳大利亚	2014	澳元	698	12			1		97	808

2014 年欧洲彩票销售

单位：当地货币百万计

彩票机构	国 家	年度	货币	乐透/乐透附加[3]	数字型[4]	基诺[5]	其他[6]	足彩[7]	抽签式	即开型/撕开式	总销售额
奥地利彩票	奥地利	2014	欧元	1 113	19	0	1 193	9	31	151	2 516
国家彩票	比利时	2014	欧元	867	5	11		15		215	1 113
体育彩票	保加利亚	2012	保加利亚列弗				148				148
欧洲足球彩票	保加利亚	2003	保加利亚列弗					66			66
Hrvatska Lutrija	克罗地亚	2014	克罗地亚库纳	407		7	218	526		22	1 180
政府彩票	塞浦路斯	2009	欧元	41	7	142		1	12	59	261
SAZKA a. s.[9]	捷克	2014	捷克克朗	5 958		1 126	72	78		860	8 094
Danske Spil A/S[10]	丹麦	2012	丹麦克朗	3 684		148	1 015			734	5 580
D. K. Klasselotteri	丹麦	FY14	丹麦克朗						726		726
AS Eesti Loto	爱沙尼亚	2014	爱沙尼亚克朗	39		3				9	51
AS Spordiennustus	爱沙尼亚	2009	爱沙尼亚克朗			5	8	22		1	36
Veikkaus Oy	芬兰	2014	欧元	778		394	221	428		139	1 959
La Française des Jeux	法国	2014	欧元	3 294		1 849	84	1 978		5 794	12 999
GKL（NKL & SKL）	德国	2012	欧元						123		123
斯图加特足彩－乐透	德国	2014	欧元	717		18	61	25	42	39	901
S. －Lotterie（巴伐利亚）	德国	2014	欧元	840		25	68	38	41	95	1 106
Lotto Berlin	德国	2013	欧元	234		7	16	5	7	5	273
不莱梅足彩	德国	2004	欧元	56			6	6	2	1	71
基尔西北乐透	德国	2007	欧元	217		6	40	13	6	5	286
Lotterie Treuhand	德国	2014	欧元	460		15	36	17	22	42	592
下萨克森州足彩－乐透	德国	2013	欧元	529		10	82	14	28	14	676
Verwaltung. Lotto	德国	2003	欧元	99			19	5	2	4	129
Westdeutsche Lotterie	德国	2013	欧元	1 339		23	112	43	39	50	1 607
莱茵兰－普法尔茨州乐透	德国	2010	欧元	253		9	31	13	14	12	333
萨尔体育彩票	德国	2014	欧元	93		3	8	4	4	4	117
汉堡乐透	德国	2010	欧元	118		2	16	4	3	2	144
萨克森乐透－足彩	德国	2014	欧元	142		0	12	5	6	7	172
莱比锡 Sächsische 乐透	德国	2011	欧元	216		7	22	6	5	11	265
波茨坦勃兰登堡彩票	德国	2013	欧元	150		4	15	4	3	3	179
苏尔信托基金彩票	德国	2010	欧元	108		3	12	4	4	2	132
直布罗陀政府彩票	直布罗陀	FY13	直布罗陀镑						5		5
OPAP	希腊	2013	欧元	305	22	2 042	70	1 272			3 711
希腊国家彩票	希腊	2014	希腊德拉克马						113	280	393
Szerencsejáték RT	匈牙利	2014	匈牙利福林	95 150	30 633	5 232		109 334		63 431	303 780
冰岛大学彩票[9]	冰岛	2014	冰岛克朗						1 583	126	1 709

续表

彩票机构	国家	年度	货币	乐透/乐透附加[3]	数字型[4]	基诺[5]	其他[6]	足彩[7]	抽签式	即开型/撕开式	总销售额
Islensk getspá / getraunir	冰岛	2014		3 806				821			4 627
国家彩票	爱尔兰	2013	欧元	478	13		27			168	685
以色列体育竞猜	以色列	2013	以色列谢克尔					1 922			1 922
米佛尔哈佩斯彩票[9]	以色列	2014	以色列谢克尔	1 330	1 710	604	35		447	1 549	5 675
SISAL S. p. A.	意大利	2014	欧元	1 193			886	930		5	3 014
Lottomatica S. p. A.	意大利	2014	欧元	6 629			1 812	868	38	9 403	18 750
国家彩票	哈萨克斯坦	2014	哈萨克坚戈				881		1	841	1 723
拉脱维亚乐透	拉脱维亚	2014	拉脱维亚拉特	9	3	2	5			3	22
OLIFEJA	立陶宛	2014	利特	123		5				64	192
Loterie Nationale	卢森堡	2010	欧元	55		22				17	94
Lotarija na Makedonija[9]	马其顿	2008	代纳尔					409			409
MALTCO	马耳他	2014	欧元	54		12	0	20		2	88
摩尔多瓦彩票[9]	摩尔多瓦	2014	摩尔多瓦列伊	7				2			9
SNS	荷兰	2014	欧元	152	8	23		69		71	322
SENS	荷兰	2013	欧元						773		773
Norsk Tipping AS[9]	挪威	2013	挪威克朗	7 144		302	935	2 800		1 090	12 271
Totalizator Sportowy	波兰	2014	兹罗提	1 837		972			122	559	3 490
SCML	葡萄牙	2014	欧元	1 083				10	77	711	1 880
罗马尼亚彩票[9]	罗马尼亚	2014	罗马尼亚列伊	466			15	28	1	18	528
LLC TD Gosloto	俄罗斯	2014	卢布	7 438	807	110	647			1 042	10 044
Tipos AS	斯洛伐克	2014	斯洛伐克克朗	95		51	165	38		50	400
Sportna Loterija d. d.	斯洛文尼亚	2014	欧元		0		9	64		2	75
SELAE	西班牙	2012	欧元	3 858				379	5 016		9 254
Loteria Catalunya	西班牙	2014	欧元	13	3	9	128		24	5	182
ONCE	西班牙	2014	欧元	97					1 404	264	1 765
AB Svenska Spel[9]	瑞典	2014	瑞典克朗	4 303		1 192	495	5 560		3 320	14 870
宾戈 - 乐透	瑞典	2011	瑞典克朗				692				692
SwissLos	瑞士	2014	瑞士法郎	797		23	34	55		350	1 259
Loterie Romande[11]	瑞士	2014	瑞士法郎	260	4	46	123	12		257	702
土耳其国家彩票	土耳其	2013	新土耳其里拉	1 558					607	202	2 367
国家彩票	乌克兰	2010	赫夫纳	166		80					246
英国国家彩票	英国	2014	英镑	4 659						2 489	7 148

2014 年中美、南美和加勒比海彩票销售

单位：当地货币百万计

彩票机构	国　家	年度[1]	货币[2]	乐透/乐透附加[3]	数字型[4]	基诺[5]	其他[6]	足彩[7]	抽签式	即开型/撕开式	总销售额
国家彩票	阿根廷	2014	阿根廷比索	1 012	2 779				62	12	3 864
C. Economica Federal	巴西	2014	巴西雷亚尔	12 935				115	292	192	13 533
Polla Chilena	智利	2014	智利比索	102 084	2 963		845	10 019	1 862	7 516	125 288
Lotería Concepcion	智利	2008	智利比索	4 573		42 374			4 197	5 397	56 541
Junta de Proteccion	哥斯达黎加	2014	哥斯达黎加科朗	6 140	48 413			58	151 247	8 336	214 193
国家彩票	萨尔瓦多	2007	美元						43	6	49
Supreme Ventures Ltd.	牙买加	2009	牙买加元	2 465	21 684	324	1 439			131	26 043
国家彩票	巴拿马	2001	巴拿马巴波亚						343		343
INTRALOT de Peru	秘鲁	2012	秘鲁索尔	97	2	5	0	106		18	229
圣卢西亚国家彩票	圣卢西亚	2014		6	20		0			4	29
国家彩票	特立尼达	2010	特立尼达和多巴哥元	244	1 236	22				110	1 612
Banco de Quinielas	乌拉圭	2014	乌拉圭新比索	748	1 807	721	3	200		255	3 734

2014 北美彩票销售

单位：当地货币百万计

彩票机构	国　家	年度[1]	货币[2]	乐透/乐透附加[3]	数字型[4]	基诺[5]	其他[6]	足彩[7]	抽签式	即开型/撕开式	总销售额
大西洋彩票公司[9]	加拿大	2014	加元	274	1	12	12	36		319	654
不列颠哥伦比亚彩票	加拿大	2014	加元	442		238	104	45	38	225	1 091
乐透－魁北克[9]	加拿大	2014	加元	803	41	147	70	54	106	430	1 652
安大略省彩票和博彩公司	加拿大	2014	加元	1 751	131	83	104	291		1 026	3 386
加拿大西部彩票	加拿大	2014	加元	791	25	9		105		311	1 241
Pronosticos	墨西哥	2008	墨西哥比索	5 266	1 551			612		212	7 642
国家彩票	墨西哥	2014	墨西哥比索						5 090		5 090

2014 年亚洲视频彩票终端（VLT）机器净收入

彩票机构	国家	年度	人口（百万）	乐透/乐透附加（百万美元）	数字型（百万美元）	基诺（百万美元）	VLT 净收入（百万美元）	足彩（百万美元）	抽签式（百万美元）	即开型/撕开式（百万美元）	总销售额（百万美元）	人均销售额（美元）	汇率
中国福利彩票	中国	2014	1 355. 7				6 134. 2				6 134. 2	5	0. 1625

2014 欧洲视频彩票终端（VLT）机器净收入

彩票机构	国家	年度	人口（百万）	乐透/乐透附加（百万美元）	数字型（百万美元）	基诺（百万美元）	VLT 净收入（百万美元）	足彩（百万美元）	抽签式（百万美元）	即开型/撕开式（百万美元）	总销售额（百万美元）	人均销售额（美元）	汇率
澳大利亚	澳大利亚	2014	8. 2				771. 8				771. 8	94	1. 2155
冰岛彩票大学	冰岛	2014	0. 3				22. 6				22. 6	71	0. 0079
米佛尔哈佩斯彩票	以色列	2014	7. 8				146. 6				146. 6	19	0. 2559
SISAL S. p. A. [1]	意大利	2014	61. 7				4 881. 5				4 881. 5	79	1. 2155
Lottomatica S. p. A. [1]	意大利	2014	61. 7				8 367. 4				8 367. 4	136	1. 2155
马其顿彩票	马其顿	2008	2. 1				20. 78				20. 8	10	0. 0234
摩尔多瓦彩票	摩尔多瓦	2014	3. 6				0. 4				0. 4	0	0. 0629
Norsk Tipping AS	挪威	2013	5. 1				125. 9				125. 9	24	0. 1633
罗马尼亚彩票	罗马尼亚	2014	21. 7				132. 2				132. 2	6	0. 2712
AB Svenska Spel[2]	瑞典	2014	9. 7				763. 6				763. 6	79	0. 1543
Loterie Romande	瑞士	2014	1. 8				91. 1				91. 1	51	1. 0105
总计			183. 8				15 323. 9				$15 323.9	83	

[1] 表示 VLT 和 AWP 的收入

2014年北美视频彩票终端（VLT）机器净收入

彩票机构	国家	年度	人口（百万）	乐透/乐透附加（百万美元）	数字型（百万美元）	基诺（百万美元）	VLT净收入（百万美元）	足彩（百万美元）	抽签式（百万美元）	即开型/撕开式（百万美元）	总销售额（百万美元）	人均销售额（美元）	汇率
阿尔伯塔省博彩与酒类	加拿大	FY14	4.1				553.1				553.1	134	0.9039
大西洋彩票	加拿大	2014	2.4				338.6				338.6	143	0.8599
乐透－魁北克（SLVQ）	加拿大	2014	8.2				771.8				771.8	94	0.8599
曼尼托巴省彩票	加拿大	FY14	1.3				277.2				277.2	216	0.9039
萨斯喀彻温省酒类和彩票	加拿大	FY14	1.1				216.1				216.1	192	0.9039
特拉华州彩票	美国	2014	0.9				351.7				351.7	376	1.0000
马里兰彩票	美国	2014	6.0				629.6				629.6	105	1.0000
纽约州彩票	美国	2014	19.7				1 898.3				1 898.3	96	1.0000
俄勒冈州彩票	美国	2014	11.6				648.3				648.3	56	1.0000
俄勒冈州彩票	美国	2014	4.0				760.1				760.1	191	1.0000
罗得岛彩票	美国	2014	1.1				511.2				511.2	485	1.0000
南达科他州彩票	美国	2014	0.9				191.7				191.7	225	1.0000
西弗吉尼亚彩票	美国	2014	1.9				952.7				952.7	515	1.0000
总计			63.1				8 100.4				$8 100.4	128	
世界各国销售总计							29 558.5				$29 558.5		

Denotes cash - in figures (not net machine income)

2014 年欧洲视频彩票终端（VLT）机器净收入

单位：当地货币百万计

彩票机构	国家	年度	货币	乐透/乐透附加	数字型	基诺	VLT 净收入	足彩	抽签式	即开型/老虎机	总计
澳大利亚	澳大利亚	2014	欧元				635				635
冰岛彩票大学	冰岛	2014	冰岛克朗				2 878				2 878
米佛尔哈佩斯彩票	以色列	2014	以色列谢克尔				573				573
SISAL S. p. A. [1]	意大利	2014	欧元				4 016				4 016
Lottomatica S. p. A. [1]	意大利	2014	欧元				6 884				6 884
马其顿彩票	马其顿	2008	代纳尔				887				887
摩尔多瓦彩票	摩尔多瓦	2014	摩尔多瓦列伊				6				6
Norsk Tipping AS	挪威	2013	挪威克朗				771				771
罗马尼亚彩票	罗马尼亚	2014	罗马尼亚列伊				488				488
AB Svenska Spel[2]	瑞典	2014	瑞典克朗				4 950				4 950
Loterie Romande	瑞士	2014	瑞士法郎				90				90

[1] 代表综合 VLT 和 AWP 收入

2014 年北美视频彩票终端（VLT）机器净收入

单位：当地货币百万计

彩票机构	国家	年度	货币	乐透/乐透附加	数字型	基诺	VLT 净收入	足彩	抽签式	即开型/老虎机	总计
阿尔伯塔省博彩与酒类	加拿大	FY14	加元				612				612
大西洋彩票	加拿大	2014	加元				394				394
乐透-魁北克（SLVQ）	加拿大	2014	加元				898				898
曼尼托巴省彩票	加拿大	FY14	加元				307				307
萨斯喀彻温省酒类和彩票	加拿大	FY14	加元				239				239
特拉华州彩票	美国	2014	美元				352				352
马里兰彩票	美国	2014	美元				630				630
纽约州彩票	美国	2014	美元				1 898				1 898
俄勒冈州彩票	美国	2014	美元				648				648
俄勒冈州彩票	美国	2014	美元				760				760
罗得岛彩票	美国	2014	美元				511				511
南达科他州彩票	美国	2014	美元				192				192
西弗吉尼亚彩票	美国	2014	美元				953				953

（国家体育总局体育彩票管理中心供稿）

七、彩票票样

中国福利彩票
面值5元
成语故事
最高奖金20万元
保安区刮开无效

中国福利彩票
面值5元
成语故事
最高奖金20万元
保安区刮开无效

中国福利彩票
面值5元
成语故事
最高奖金20万元
保安区刮开无效

中国福利彩票
面值5元
成语故事
最高奖金20万元
保安区刮开无效

中国福利彩票
面值5元
成语故事
最高奖金20万元
保安区刮开无效

中国福利彩票
面值5元
成语故事
最高奖金20万元
保安区刮开无效

中国福利彩票
面值5元
成语故事
最高奖金20万元
保安区刮开无效

中国福利彩票
面值5元
成语故事
最高奖金20万元
保安区刮开无效

中国福利彩票
面值5元
成语故事
最高奖金20万元
保安区刮开无效

中国福利彩票
面值5元
成语故事
最高奖金20万元
保安区刮开无效

中国福利彩票
面值5元
成语故事
最高奖金20万元
保安区刮开无效

中国福利彩票
面值5元
成语故事
最高奖金20万元
保安区刮开无效

中国福利彩票
面值20元
黄金盛典
最高奖金100万元
120个10万元或100万元大奖，超过2000万张中奖彩票！
31次中奖机会
保安区刮开无效
0483-14075-0000000-000-3

中国福利彩票
面值10元
刮开覆盖膜，在任意一局游戏中，如果任意一个“我的号码”与“中奖号码”相同，即可获得该“我的号码”所在行对应的奖金。如果在“我的号码”区刮出号码“五”“十”“二十”，即可获得该号码所在行对应奖金的5倍、10倍、20倍。共有两局游戏，中奖奖金兼中兼得。
好运加倍
最高奖金30万元！
10次中奖机会！
中奖号码
▲第一局玩法区 ▲我的号码
中奖号码
▲第二局玩法区 ▲我的号码
(1-1)
保安区刮开无效
0000-00000-0000000-000-1

中国福利彩票
面值20元
32次中奖机会
神秘好礼
最高奖金100万元
中奖号码
玩法区
我的号码
(1-1)
保安区刮开无效
0472-14027-0000000-000-3

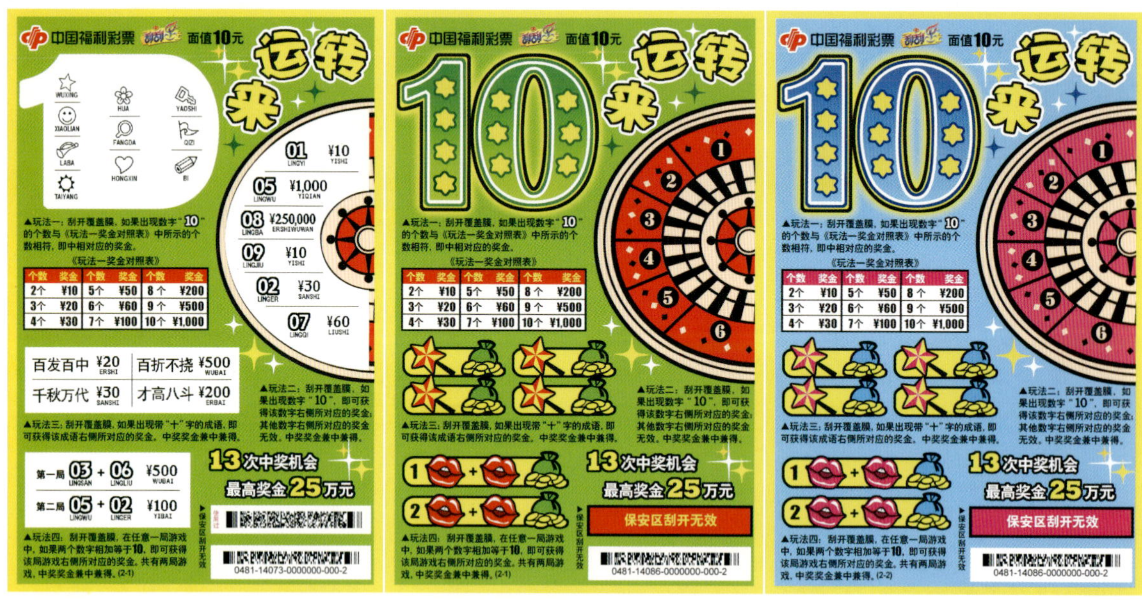

中国福利彩票
5倍惊喜
面值5元
保安区刮开无效

中国福利彩票
空战赢家
面值5元
保安区刮开无效

中国福利彩票
挖金豆
面值5元
最高奖金5万元
5次中奖机会
保安区刮开无效

中国福利彩票
钻石联盟
最高奖金20万元
面值5元

中国福利彩票
幸运星
面值5元
最高奖金15万元
6次中奖机会
保安区刮开无效

中国福利彩票
9次中奖机会
面值5元
最高奖金1万元
保安区刮开无效

中国福利彩票
砸金蛋
最高奖金10万元
面值5元
9次中奖机会
保安区刮开无效

中国福利彩票
钻石联盟
最高奖金20万元
面值5元

中国福利彩票
面值10元
12次中奖机会
最高奖金25万元
保安区刮开无效
0000-00000-0000000-000-3

中国福利彩票
熊出没
注意!
面值5元
7次中奖机会
最高奖金15万元
保安区刮开无效

中国福利彩票
相约咖啡
最高奖金15万元
面值5元
保安区刮开无效

中国福利彩票
最高奖金20万元
足球盛宴
比赛结果
保安区刮开无效

中国福利彩票
熊出没
注意!
面值5元
7次中奖机会
最高奖金15万元

中国福利彩票
面值5元
荣乡
赣南苏区
最高奖金40万元
玩法一
刮开覆盖膜，如果任意一个"我的号码"与任意一个"中奖号码"相同，即可获得该"我的号码"下方所对应的奖金，中奖奖金兼中兼得；其他不相同的号码下方所对应的奖金无效。
玩法二
刮开覆盖膜，如果刮出任何奖金金额，即中该奖金。
保安区刮开无效

中国福利彩票
面值5元
荣乡
赣南苏区
最高奖金40万元
保安区刮开无效

中国福利彩票
面值5元
荣乡
赣南苏区
最高奖金40万元
保安区刮开无效

中国福利彩票
面值5元
荣乡
赣南苏区
最高奖金40万元
保安区刮开无效

中国福利彩票
面值5元
荣乡
赣南苏区
最高奖金40万元
保安区刮开无效

中国福利彩票
七星瓢虫
面值2元
最高奖金3万元
刮开覆盖膜，如果刮出"瓢虫"瓢虫图符，即可获得该图符下方所对应的奖金。
玩法区
保安区刮开无效

中国福利彩票
面值5元
荣乡
赣南苏区
最高奖金40万元
保安区刮开无效

中国福利彩票
面值5元
荣乡
赣南苏区
最高奖金40万元
保安区刮开无效

中国福利彩票
面值5元
荣乡
赣南苏区
最高奖金40万元
保安区刮开无效

中国福利彩票
面值5元
荣乡
赣南苏区
最高奖金40万元
保安区刮开无效

中国福利彩票
面值5元
荣乡
赣南苏区
最高奖金40万元
保安区刮开无效

面值10元
开门8件事
兼中兼得！
最高奖金250,000元！
共有12次中奖机会！
保安区刮开无效
35-0260-0000001-000

面值10元
通吃
最高奖金 250,000元！
通吃号码
中奖号码
你的号码
共有12次中奖机会！
兼中兼得！
保安区刮开无效
35-0268-0000001-000

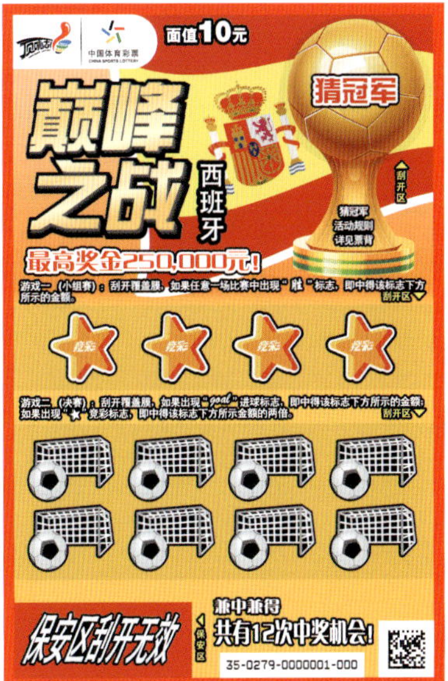
面值10元
巅峰之战
西班牙
猜冠军
最高奖金250,000元！
兼中兼得
共有12次中奖机会！
保安区刮开无效
35-0279-0000001-000

面值5元
中国红
最高奖金 10 万元！
幸运奖
保安区刮开无效
共有 9 次中奖机会！
35-0302-0000001-000

面值5元
星光大道
最高奖金100,000元！
保安区刮开无效
共有8次中奖机会！
35-0282-0000001-000

面值5元
清凉水果
共有8次中奖机会！
最高奖金 30,000元！
保安区刮开无效
35-0286-0000001-000

最高奖金100,000元！
面值5元
魔钻
共有8次中奖机会！
保安区刮开无效
35-0285-0000001-000

面值5元
九宫格
最高奖金100,000元！
奖金
保安区刮开无效
35-0290-0000001-000

弹珠
面值5元
你的弹珠号码
双倍弹珠号码
最高奖金 100,000元！
共有8次中奖机会！
通吃弹珠号码
保安区刮开无效
35-0297-0000001-000

中国体育彩票
面值2元
笑口常开
游戏一
游戏二
奖金
刮开覆盖膜，在任意一场游戏中，如果出现两个相同的标志，即中得该场游戏右方所示的金额。兼中兼得。
最高奖金15,000元！
保安区刮开无效
35-0281-0000001-000

中国体育彩票
面值2元
六六顺
最高奖金15,000元！
奖金
刮开覆盖膜，如果出现“6”标志，即中得该标志下方所示的金额；如果出现“66”标志，即中得该标志下方所示金额的两倍。兼中兼得。
保安区刮开无效
35-0291-0000001-000

面值20元
吉祥如意
最高奖金1,000,000元!
共有20次中奖机会!
保安区刮开无效

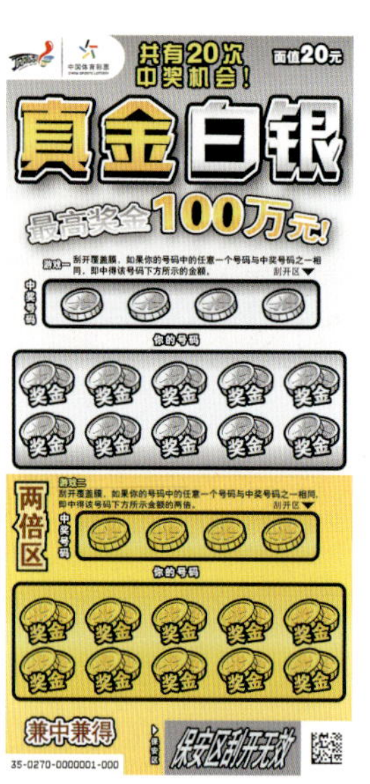
共有20次中奖机会!
面值20元
真金白银
最高奖金100万元!
两倍区
兼中兼得
保安区刮开无效

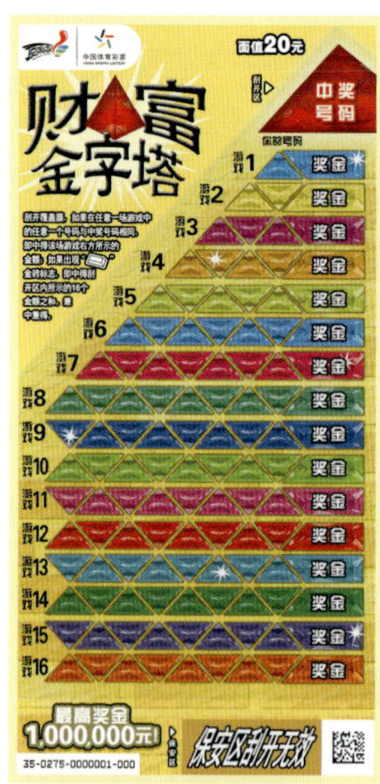
面值20元
财富金字塔
中奖号码
最高奖金1,000,000元!
保安区刮开无效

面值20元
黑旋风
Black
II
最高奖金1,000,000元!
共有20次中奖机会!
保安区刮开无效

面值10元
最高奖金250,000元!
璀璨钻石
保安区刮开无效

面值5元
双龙戏珠
游戏一:
刮开覆盖膜,如果出现两个相同号码,即中得该游戏右方所示的金额。
自动中奖区
刮开自动中奖区覆盖膜,如果出现的号码与游戏一中的任意一个号码相同,即中得50元;如果出现的符号与游戏二中的任意一个符号相同,即中得100元。
游戏二:
刮开覆盖膜,如果出现两个相同符号,即中得该游戏右方所示的金额。
最高奖金100,000元!
兼中兼得
保安区刮开无效
35-0305-0000001-000

面值10元
世界文化遗产—重庆·大足石刻
天下大足
最高奖金25万元
共有12次中奖机会
保安区刮开无效

百年好合
体彩"顶呱刮"购票须知
游戏规则
可在任一中国体育彩票销售网点兑奖
公益体彩 乐善人生
www.ticaidgg.com
国家体育总局体育彩票管理中心发行

面值10元
喜结良缘
共有12+1次中奖机会!
兼中兼得!
保安区刮开无效

开运罐
面值5元
共有8次中奖机会!
中奖号码
你的号码
奖金
最高奖金100,000元!
保安区刮开无效
35-0265-0000001-000

中国体育彩票
CHINA SPORTS LOTTERY
面值2元
第一刀
第二刀
第三刀
奖金
最高奖金15,000元!
切西瓜
保安区刮开无效
35-0276-0000001-000

梦想成金
面值5元
兼中兼得
奖金
最高奖金100,000元!
共有9次中奖机会!
保安区刮开无效
35-0269-0000001-000

面值10元
巅峰之战
荷兰
猜冠军
最高奖金250,000元!
兼中兼得
共有12次中奖机会!
保安区刮开无效
35-0279-0000001-000

面值10元
巅峰之战
意大利
猜冠军
最高奖金250,000元!
兼中兼得
共有12次中奖机会!
保安区刮开无效
35-0279-0000001-000

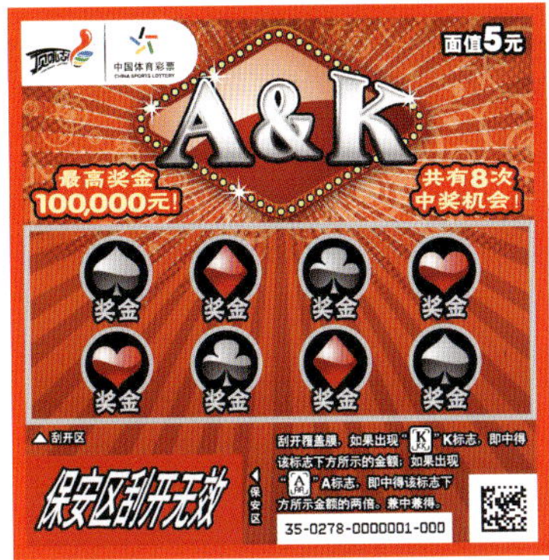

面值5元
A&K
最高奖金100,000元!
共有8次中奖机会!
奖金
保安区刮开无效
35-0278-0000001-000

面值5元
清凉水果
共有8次中奖机会!
奖金
最高奖金30,000元!
保安区刮开无效
35-0286-0000001-000

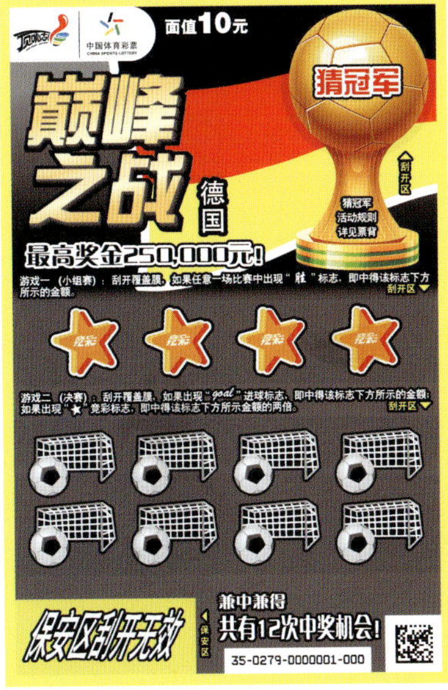

面值10元
巅峰之战
德国
猜冠军
最高奖金250,000元!
兼中兼得
共有12次中奖机会!
保安区刮开无效
35-0279-0000001-000

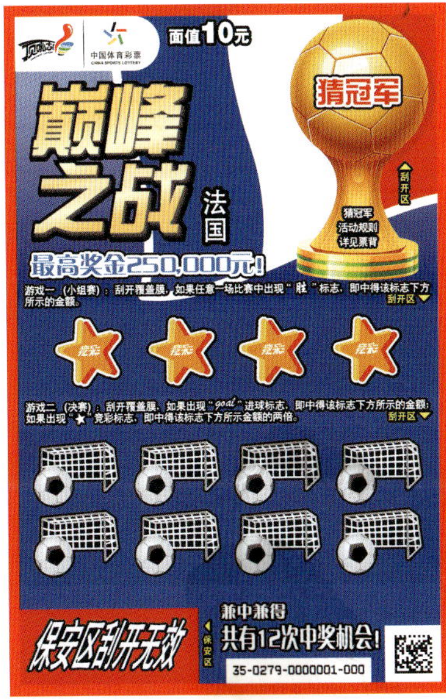

面值10元
巅峰之战
法国
猜冠军
最高奖金250,000元!
兼中兼得
共有12次中奖机会!
保安区刮开无效
35-0279-0000001-000

面值10元
完美中国
绿色生活
最高奖金
250,000元
保安区刮开无效
共有12次中奖机会!
35-0273-0000001-000

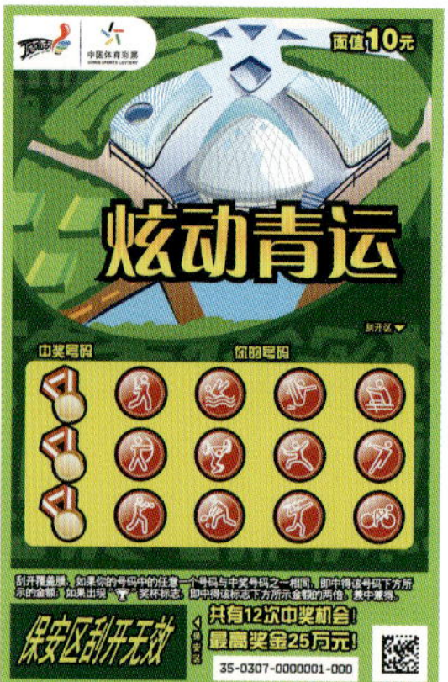
面值10元
炫动青运
中奖号码
你的号码
保安区刮开无效
共有12次中奖机会!
最高奖金25万元!
35-0307-0000001-000

面值10元
世界文化遗产
重庆·大足石刻
天下大足
保安区刮开无效
最高奖金25万元
共有12次中奖机会
35-0264-0000001-000

面值10元
世界文化遗产
重庆·大足石刻
天下大足
保安区刮开无效
最高奖金25万元
共有12次中奖机会
35-0264-0000001-000

面值10元
世界文化遗产
重庆·大足石刻
天下大足
保安区刮开无效
最高奖金25万元
共有12次中奖机会
35-0264-0000001-000

面值10元
赚翻天
你的号码
中奖号码
共有12次中奖机会
保安区刮开无效
最高奖金
250,000元!
35-0284-0000001-000

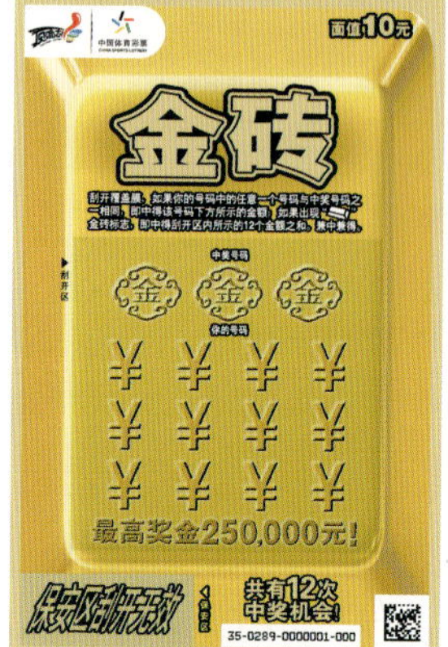
面值10元
金砖
最高奖金250,000元!
保安区刮开无效
共有12次中奖机会!
35-0289-0000001-000

最高奖金
50,000元!
面值10元
狂热中
保安区刮开无效
共有13次中奖机会!
35-0293-0000001-000

面值10元
炫动青运
中奖号码
你的号码
保安区刮开无效
共有12次中奖机会!
最高奖金25万元!
35-0307-0000001-000

面值10元
炫动青运
中奖号码
你的号码
保安区刮开无效
共有12次中奖机会!
最高奖金25万元!
35-0307-0000001-000

面值10元
大漠寻宝
最高奖金
250,000元!
保安区刮开无效
35-0304-0000001-000

面值10元
最高奖金25万元
中国红
保安区刮开无效
共有13次中奖机会!
35-0301-0000001-000

面值5元
共有8次中奖机会!
富贵金锁
中奖号码
你的号码
保安区刮开无效
最高奖金
100,000元!
35-0295-0000001-000

中国体育彩票
CHINA SPORTS LOTTERY
刮开覆盖膜，如果三刀中的任意一刀切出"西瓜"标志，即中得该标志下方所示的金额；如果切出"金币"标志，即中得该标志下方所示金额的两倍，兼中兼得。
面值2元
第一刀
第二刀
第三刀
奖金
奖金
奖金
刮开区
最高奖金15,000元!
切西瓜
保安区
保安区刮开无效
35-0276-0000001-000